이해가 순종은 아니지만, 말씀에 대한 확실한 이해는 제대로 된 순종의 필수 전제다. 저자들이 먼저 내놓은 『성경해석』이 성경의 여러 책을 그 나름으로 이해하게 도왔다면, 『성경 수업』은 성경 전체의 드라마와 그 속의 주요 지점들을 파악할 수 있게 돕는다. 이 책과 더불어 성경에서 발원하는 구원이라는 드라마의 긴 흐름을 따라가다 보면, 우리는 또 그 드라마의 연장선상에 선 우리 삶의 자리를 새롭게 깨닫는다. 그리고 그 자리에 어울리는 삶을 새롭게 생각한다. 두 저자는 탄탄한 말씀 이해와 묵상을 위한 또 하나의 보조 교재를 제공함으로써, 실천하는 신앙을 위한 더 탄탄한 기초를 놓아 준 셈이다. 널리 읽혀서 성도들에게 많은 유익을 끼칠 수 있기를 바란다.

권연경 숭실대학교 기독교학과 신약학 교수

이 책은 성경 66권이 '창조와 위기'에서 '완성'에 이르는 한편의 웅대한 드라마임을 설득력 있게 보여 준다. 독자들은 이 책을 통해 도입, 문제, 해결, 절정, 결말로 구성된 성경의 감동적인 이야기 속으로 빠져들고, 성경 전체가 조화롭게 연결되어 있음을 깨달을 것이다. 무엇보다 낙원에서 자기 백성과 누리셨던 친교를 회복해 가시는 하나님의 열심에 깊은 감동을 받을 것이다. 성경에 기록된 하나님의 위대한 창조와 구원 이야기를 알고자 하는 모든 이에게 이 책을 적극 추천한다.

길성남 고려신학대학원 신약학 객원교수

광대하게 펼쳐지는 그랜드캐니언의 장엄한 파노라마를 보려면 최상의 전망대가 필요하다. 이 책은 창세기의 천지 창조 이야기로 시작하여 요한계시록의 새로운 재창조의 이야기로 결말을 짓는 메타내러티브이요 그랜드스토리인 성경을 최적의 상태에서 바라보게 하는 전망대다. 탁월한 여행가이드처럼, 두 저자는 성경 이야기가 일관성 있게 전개됨을 보여 줄 뿐 아니라 신앙 공동체로 하여금 그 말씀의 길로 걷도록 자극한다. 목회자와 신학생은 물론 일반 성도들에게 필요한 영적 복합비타민이다.

류호준 백석대학교 신학대학원 구약학 은퇴교수

학생들을 성경 본문으로 끌어들여 성실하게 해석하게 하며, 아무 상관없어 보이는 본문이 서로 어떻게 연결되는지 이해하도록 돕는 교사가 있다. 이와는 달리 사람들의 현실에 성경을 적용하는 데 중점을 두는 교사가 있다. 스캇 듀발과 대니 헤이즈는 이 두 가지 모두에 능한 교사다. 이 책은 성경이 얼마나 응집되어 있는지 이해하게 도와줄 뿐 아니라, 성경의 위대한 이야기를 우리 자신의 삶과 연결하도록 성실하게 인도한다.

케네스 버딩 바이올라 대학 탤벗 신학교 신약학 교수

이 놀라운 책에서 스캇 듀발과 대니얼 헤이즈는 기독교 세계관과 인생관 형성을 위한 해석학적 틀로서 성경 이야기를 경이롭게 제시한다. 매력적인 문체와 흥미로운 접근 방식을 갖춘 이 책은 성경의 의미에 대한 최적의 입문서로 추천할 만하다. 이 책을 통해 독자들은 하나님이 이 세상 가운데 이미 행하셨고 지금도 행하고 계시는 일과 자신의 삶이 어떻게 연결되는지 이해하게 될 것이다. 이 훌륭한 작품을 추천할 수 있다니, 얼마나 감사한 특권인지!

데이비드 도커리 International Alliance for Christian Education 회장,
사우스웨스트 신학교 신학과 석좌교수

처음 출간된 이후 이 책은 수많은 사람이 창세기부터 요한계시록까지 이어지는 성경 이야기를 이해하고 그 이야기를 따라 살도록 도왔다. 듀발과 헤이즈가 초판을 여러 면에서 보완한 덕분에, 이 책은 하나님의 구속 계획을 이해하고 그 안에서 자신의 자리를 찾도록 돕는 교재로서 보다 충실한 역할을 감당하게 되었다. 학생들이 새롭고 의미 있는 방식으로 성경에 참여하도록 돕기 원하는 교사와 교수들에게 이 책은 풍부하고도 훌륭한 자료가 될 것이다.

매튜 하몬 그레이스 대학 및 신학교 신약학 교수

듀발과 헤이즈는 학생, 평신도, 교사를 위해 하나님의 이야기에 대한 간결하나 풍부한 입문서를 펴냈다. 이 책은 단순성과 아름다움 사이의 균형을 찾았다. 교실과 교회 모두에서 사용하기에 훌륭한 교재다.

메디슨 피어스 트리니티 복음주의 신학교 신약학 조교수

성경 수업

성경 수업

수업 목표:
하나님의 구원 드라마 속 삶의 자리 찾기

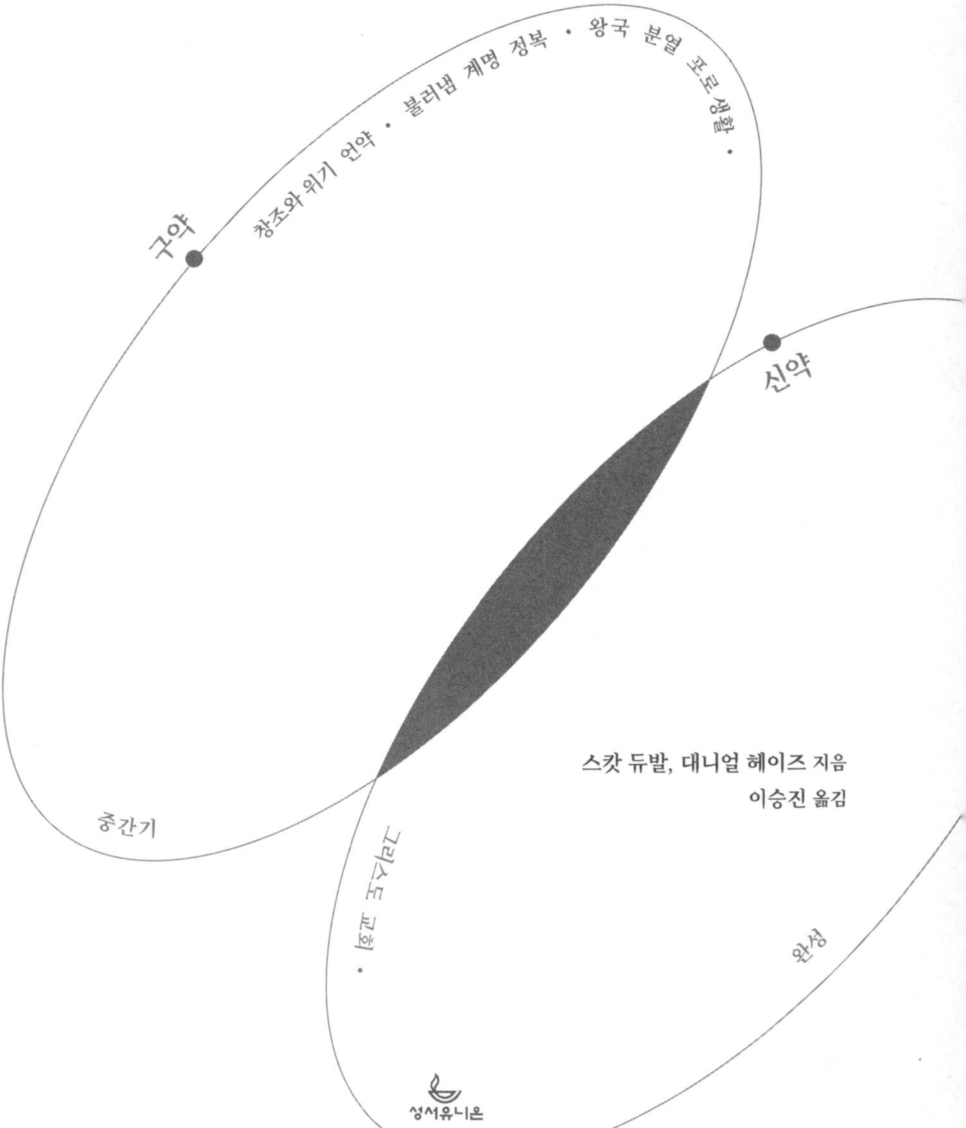

스캇 듀발, 대니얼 헤이즈 지음
이승진 옮김

성서유니온

일러두기 이 책은『성경실천』의 개정판으로, 최신 해설과 학습 자료를 반영하고 장정을 새롭게 하였습니다.

하나님의 위대한 이야기를 따라 살아오시고

또 그 이야기를 따라 가족을 양육해 주신 처부모님

밥, 조이스 범가드너(스캇의 아내 주디의 부모님),

찰스, 엘리자베스 리드(대니얼의 아내 도나의 부모님)께

깊은 감사를 드린다.

차례

왜 이 책이어야 하는가?

이 책의 공동 저자인 우리 두 사람은 대학교수이자 지역 교회 교사로 섬기고 있다. 우리는 여러 해 동안 아칸소의 워시타 침례대학교(Ouachita Baptist University)에서 학생들에게 구약개론과 신약개론을 강의했다. 여러 해 강의를 이끌어 오던 중에 우리는 다음 두 가지 교육 방식에 문제가 있음을 깨달았다. 첫째, 우리는 성경 전체가 어떻게 연결되어 조화를 이루는지 학생들에게 제대로 가르치지 못했다. 학생들은 수업을 통해 성경의 일부분에 대해 여러 설명을 듣지만, 성경 전체가 어떻게 한 편의 이야기를 형성하는지는 제대로 이해하지 못했다. 그것은 결코 바람직하지 않다. 둘째로, 학생들은 우리 강의를 통해 성경의 이야기를 어떻게 자신을 위해 읽어야 하는지 제대로 배우지 못했다. 그렇다고 (대부분의 대학교 3-4학년이나 신학교에서 그러하듯이) 구약개론과 신약개론 과목이 불필요하다는 뜻은 아니다. 다만 이런 과목들이 하나님의 위대한 이야기 자체를 배우고 또 그 이야기를 올바로 읽는 방법을 익히는 데 우선순위를 두지 않는 것이 문제였다.

그래서 우리는 두 전통 과목을 성경개론과 성경해석으로 변경하고, 이 두 강좌를 통해 학생들이 성경을 관통할 수 있도록 했다. 즉, 먼저 성경의 위대한 이야기를 설명하고, 이어서 그 이야기를 책임 있게 해석하는 방법을 설명한 것이다. 이와 동시에 우리는 이 두 강좌를 위한 안내서를 저술하기 시작했고, 성경해석 강좌를 위해 『성경해석: 성경을 바르게 읽고 적용하는 실제적 지침서』를 저술했다. 이 책의 4판이 2020년에 출판되었다. 독자들의 반응이 좋아서, 존더반 출판사는 우리에게 성경의 위대한 이야기 전체를 개괄하는 포괄적인 책을 저술해 달라고 의뢰했다. 그 결과 『성경 수업』(*Living God's Word*)이 빛을 보게 되었다.

이야기의 가치

영상이나 음악도 그 나름대로 효과적이지만, 이야기는 그 이상으로 사람들의 관심을 강하게 사로잡는다. 누구의 말을 듣다가 지루해질 즈음, 이야기가 시작되면 어떻게 되는가? "대학교 1학년 때 아주 친했던 친구들과 어울려 여행을 떠나게 되었어요…." 그런 이야기가 흘러나오면 당신은 솔깃해질 것이다. 흥미를 끄는 이야기가 시작되면 중간에 듣기를 멈추는 것은 거의 불가능하다.

우리는 왜 그토록 이야기를 좋아하는가? 이야기는 등장인물에 대한 우리의 호기심을 자극한다. 우리는 자신을 이야기에 나오는 인물과 동일시할 수 있고, 그들의 성격이나 선택, 성취, 고난에 대해서도 동일시할 수 있다. 또 이야기 속 어떤 인물에 대해 평가를 내릴 수도 있고, 그들에게 일어난 사건들을 보고 스스로 어떤 해답을 모색하기도 한다. 더 나아가 그 이야기가 어떻게 끝나는지 궁금해하기도 하고, 이야기의 결말을 좀 더 바람직하게 만들고 싶은 내면의 열망도 가지고 있다. (우리가 "다음 편에 계속" 이어지는 드라마에 그토록 열광하는 것도 이 때문이다.) 또한 이야기는 여러 복잡함과 다양한 감정으로 이루어진 인생의 모든 그림을 고스란히 그려 내는데, 특히 좋은 이야기일수록 인생을 사실적으로 묘사한다. 우리가 이야기를 좋아하는 또 다른 이유는, 이야기가 젊은이든 노인이든, 교육을 많이 받았든 그렇지 않든, 부자든 가난한 사람이든, 모든 사람에게 호소력을 발휘하기 때문이다. 그래서 어느 문화권에 속한 사람이든 누구나 이야기에 이끌린다. 당신은 어떤가? 이야기가 당신의 마음을 사로잡는 이유는 무엇인가?

점점 더 많은 사람이 이야기의 중요성을 실감한다. N.T. 라이트가 언급한 것처럼 "어떤 추상적 진리 안에서든, 있는 그대로의 사실에 관한 진술문 속에서든, 이야기를 가난한 사람들을 위한 현실 세계의 대용품으로 취급하는 것은 잘못이다."[1] 이야기가 다른 어떤 진술 방식보다 효과적으로 현실 세계를 묘사하므로, "가장 어른스러운 언어 형식"이라고 말한 유진 피터슨의 표현은 아주 정확하다. 공생애 동안 예수님이 사람들에게 단순한 이야기를 들려주셨을 때 유대의 종교 지도자들이 그토록 분노한 이유도 이 때문이다. 우리는 예수님이 농부에 대한(또는 그 밖의 다른 어떤 주제에 대한) 이야기를 들려주신 것에 당시 사람들이 왜 그토록 놀랐는지 가볍게 질문할 수 있다. 하지만 실상을 말하자면, 예수님의 이야기는 당시 종교 지도자들과는 전혀 다른 방식으로 하나님과 세상을 묘사한 것이었다. 이 거대한 이야기는 세상의 모든 것이 서로 어떻게 연관을 맺고 작동하는지를 설명하는 권위를 놓고 다른 거대한 이야기들과 경쟁한다. 이런 이유 때문에 이야기가 참으로 중요하며, 이야기를 그저 관심을 끄는 예화 정도로 푸대접하면 결국 손해를 보는 쪽은 우리다.

한번 생각해 보자. 누군가를 처음 만나거나 더 자세히 알고자 할 때, 우리는 자신의 인생에 대한 정보 몇 조각을 무작위로 내뱉지 않는다. 그보다 우리는 이야기를, 자신의 인생이 담긴 이야기를 들려주기 시작한다. "성탄절 때마다 우리 부모님은…하셨습니다." 그런 이야기를 들으면 우리는 그 이야기가 아주 단순하고 간단해 보여도 실상은 아주 정교하고도 복잡하게 발전된 언어 양식임을 잘 안다. 이야기를 들려줄 때 우리는 어른스럽게 말한다.

모든 이야기가 다 같은 것은 아니다. 어떤 이야기는 가게에 치약을 사러 가거나 야구 경기를 보러 가는 평범한 일상에 관한 것이다. 하지만 또 어떤 이야기는 "이 세상 **전체**에 대한, 그리고 그 속에서 살아가는 우리의 위치에 대한 이해를 제공하기 때문에"[2] 매우 중요하다. 우리는 인생을 더 잘 이해하기 위해 그러한 위대한 이야기들(또는 메타내러티브들)을 이용한다. 특히 이러한 이야기들은 다음과 같이 인생의 가장 중요한 질문들에 해답을 주기 때문에 권위가 있고 중요하다.

| 다섯 가지 기본 질문 |

1. 우리는 지금 어디에 있는가? 우리가 사는 이 세상은 어떤 세상인가?
2. 우리는 누구인가? 인간이 된다는 것은 무슨 의미인가?
3. 무엇이 문제인가? 우리가 그리고 이 세상이 시급히 해결해야 할 문제는 무엇인가?
4. 해결책은 무엇인가? 어떻게 이 문제를 해결할 수 있는가?
5. 이 이야기 속에서 우리는 어디에 서 있는가? 우리는 어디에 속해 있으며, 이 이야기는 지금 우리 삶에 어떤 영향을 주는가?

그 사실을 깨닫든 깨닫지 못하든 관계없이, 우리는 누구나 나름대로 거대한 이야기를 믿거나 그 이야기를 자기 인생의 일부분으로 받아들여 살고 있다. 그렇기에 이런 이야기 앞에서 던질 수 있는 유일한 질문은 어떤 이야기를 이 세상 만물의 진리에 대해 있는 그대로 들려주는 이야기로 인정하고 받아들일 것인가 하는 것이다. 어떤 지배적 이야기를 우리의 이야기로 주장할 것인가?

하나님의 위대한 이야기인 성경은 인생에 관한 가장 근본적인 질문들에 최선의 해답을 제공하는 유일하고도 참된 이야기로 표방된다.[3] 이 이야기는 이 시대의 지배적 문화 이야기와 우리의 개인적 이야기를 포함하는 여타 다른 모든 이야기에 대항하고 도전한다. 예를 들어, 오늘날 서구 문화를 반영하는 주류 이야기들이 좋은 상품을 더 많이 사고 소비할 때 그 속에서 인생의 참다운 의미를 발견할 수 있다고 주장한다면, 성경의 이야기는 단호하게 그렇지 않다고 말한다. 하나님의 이야기에 따르면 인생의 진정한 의미는 우리를 더욱 공허하게 만드는 쇼핑에서 발견되는 것이 아니라 중요한 관계 속에서 발견된다. 현대 사회가 소셜 미디어와 같은 기술 문명의 진보에 대해 항상 선하다고 말할 때, 성경은 지속적인 오락과 중독이 삶을 풍요롭게 하기보다 오히려 해롭게 한다고 가르친다.

오랫동안 인도 선교사로 활약한 레슬리 뉴비긴(Lesslie Newbigin)은 다음과 같이 말하는 힌두교도 친구의 지적에서 이 사실을 다시금 상기시켜 주었다.

> 성경을 읽다 보니 그 속에 보편 역사에 관해 매우 독특한 해석 체계가 있었고, 거기에서 역사에 대한 책임감을 지닌 행위자로서의 인간이라는 매우 독특한 이해를 발견했습니다. 그런데 당신네 기독교 선교사들은 성경을 마치 또 다른 종류의 종

교에 관한 책인 양 이야기했습니다. 종교 서적이라면 우리 인도에도 이미 수많은 책이 있기 때문에 여기에 보탤 또 다른 책은 더 이상 필요하지 않습니다.[4]

사실 성경은 이 모든 세상을 포괄하는 전망을 제시하는 단일한 이야기다.[5] 우리는 일상에서 접하는 소설이나 영화 또는 TV 드라마와 같은 여러 스토리라인에 익숙하다. 당신이 좋아하는 이야기는 보통 즐거운 일로부터 시작된다. 이때 저자나 작가는 등장인물을 소개하면서 스토리라인에 꼭 필요한 배경지식을 제공하고 이야기의 무대를 설정한다. 대체로 이야기의 도입은 좋은 내용으로 시작된다. 그러다 곧 이어 등장인물 한 사람이나 여럿을 위험에 빠뜨리는 문제가 발생한다. 그래서 대부분의 이야기는 이 문제를 해결하는 데(곧, 갈등 해소에) 집중된다. 대체로 해결 국면에서는 모든 것이 임계점을 향하여 돌진하면서 갑자기 전체 이야기가 한 가지 방향이나 다른 방향으로 전환되는 절정 단계가 있다. 그리고 마지막으로 문제가 해결되면서 결국에는 모든 것이 심지어 처음보다 개선된다. 모든 이야기가 이런 방식으로 전개되는 것은 아니지만, 많은 이야기가 이렇게 진행된다. 이야기의 끝에 행복한 결말이 없으면 우리는 그 이야기를 비극이라 부른다. 성경이 하나의 위대한 이야기로 진행되는 방식은 다음과 같다.

- 도입: 창세기 1-2장
- 문제: 창세기 3-11장
- 해결: 창세기 12장부터 요한계시록 18장까지
- 절정: 예수 그리스도의 공생애와 사역, 죽음 그리고 부활
- 결말: 요한계시록 19-22장

성경의 위대한 이야기를 쉽게 기억할 수 있는 형태로 이해하려면, 다음과 같이 알파벳 C를 이용한 개요를 참고하라.

이 책은 어떻게 구성되는가?

이 책의 구성은 성경 전체 이야기를 그대로 따라가는 방식으로 안내하되, 교육 효과를 높이기 위해 알파벳 C자를 활용하여 다음과 같이 각 장에 제목을 달았다. 창조와 위기(Creation and Crisis), 언약(Covenant), 불러냄(Calling Out), 계명(Commandments), 정복과 가나안화(Conquest and Canaanization), 왕국의 설립(Creation of the Kingdom), 왕국의 친교와 상식(Communion and Common Sense in the Kingdom), 왕국의 분열(Crumbling of the Kingdom), 포로 생활과 귀환(Captivity and Coming Home), 그리스도(Christ), 교회(Church), 그리고 완성(Consummation). 서론에서는 성경의 위대한 이야기에 대한 개략적 윤곽을 제시하며, 결론에서는 성경 전체의 이야기들이 어떻게 신학적 관점에서 서로 조화를 이루는지에 대해 복습할 것이다. 그리고 이 책을 읽는 학생들이 구약과 신약의 중간기를 잘 이해하도록 돕는 장도 덧붙였다.

각 장의 순서는 다음과 같다.

- 도입: 해당 장의 주제를 소개하는 이야기나 예화
- 준비: 미리 읽어 올 성경 구절들(다음 단락을 보라)
- 계속되는 이야기: 하나님의 위대한 이야기 중 해당 부분의 개요
- 연결: 일부 이야기가 전체 이야기와 어떻게 연결되는지 보여 주기
- 이야기 실천하기: 이 이야기의 일면을 실천에 옮길 아이디어 제시하기
- 마무리: 해당 장의 요약

- 암송 구절: 해당 장의 핵심을 간결하게 집약한 성경 구절
- 심층 연구: 추가 연구를 위한 추천 도서와 과제

학생들: 성경 읽기와 연구의 중요성

『성경 수업』의 목적은 독자들이 성경의 위대한 이야기를 올바로 이해하고 실천하도록 돕는 것이다. 그런데 약간 우려되는 점은 독자들이 이런 종류의 책에만 머무르다 보면 직접 성경 본문을 읽고 연구하는 데서 멀어질 수 있다는 것이다. 이는 참으로 불행한 일이다. 그래서 우리는 무엇보다 독자들이 직접 성경을 읽거나 듣기를 바란다.

각 장의 "준비" 부분은 독자들이 해당 장으로 들어가기 전에 반드시 읽어야 할 핵심 구절들을 제시한다. 책장을 넘기기 편하고 읽으면서 중요한 단어에 밑줄을 긋거나 뭔가를 적어 넣을 수 있는 여백이 있는 성경책이 낫다면 그것도 좋다! 혹시 성경 말씀을 오디오로 듣는 것을 좋아하더라도 자신을 2등급 신자로 여길 필요는 없다. 사실 소리 내지 않고 혼자서 읽을 개인용 성경책을 소장하기 전까지, 그리스도인들은 함께 모인 자리에서 큰 소리로 낭독되는 성경 말씀을 들었다. 고대 사회에서 사람들은 책을 큰 소리로 읽거나 다른 사람이 크게 소리 내어 읽는 것을 듣곤 했다. 1세기에는 전체 인구의 15퍼센트 정도만이 글을 읽고 쓸 줄 안 것으로 추정된다. 당시 유대인들과 유대계 그리스도인들은 성경을 보화처럼 여기고 자녀들에게도 성경을 잘 읽도록 교육했기 때문에(딤후 3:14-15) 이들의 독해력이 상대적으로 높았겠지만, 일반 대중의 독해력은 대체로 상당히 낮았다.

유대인의 정신적 유산이 안식일에 회당에 모여 구약성경을 읽는 전통에 기초했다면, 초대교회는 신구약성경 전체를 읽고 암송하는 데

최고의 가치를 부여했다. 예를 들어, 사도 바울은 자신이 적어 보내는 서신을 교회가 함께 모여 크게 낭독하는 관례에 대해 언급하면서(골 4:16; 살전 5:27), 디모데(와 에베소 교회)가 '성경을 함께 낭독하는 일에 전념하도록' 권면한다(딤전 4:13; 또한 눅 4:16; 행 13:14-16을 보라). 요한계시록 1:3에서는 예언의 말씀을 소리 내어 읽는 자와 그 말씀을 듣는 자가 복이 있음을 선언한다. "이 예언의 말씀을 읽는 자와 듣는 자와 그 가운데에 기록한 것을 지키는 자는 복이 있나니 때가 가까움이라." 그리고 낭독되는 하나님의 말씀을 듣는 것과 그 말씀에 순종하는 것 사이에는 흥미로우면서도 강력한 연결 고리가 존재한다(마 7:24-27; 요 14:23-24; 계 1:3; 3:3).

이 모든 구절은 입으로 낭독되는 성경 말씀을 귀로 듣는 것이 더할 나위 없이 좋다는 점을 깨우쳐 준다. 낭독되는 성경 듣기를 선호한다면 성경 앱을 스마트폰이나 태블릿 혹은 노트북에 다운받아 사용할 수도 있다. 성경 말씀을 올바로 이해하고 실천하도록 준비하는 방편으로 어떤 접근을 택하든, 그 말씀을 직접 소리 내어 읽거나 낭독되는 말씀에 귀 기울여 볼 것을 강력히 추천한다.

감사의 글

책이 한 권 출간될 때마다 감사의 말씀을 드려야 할 이들이 많다. 우리는 공동으로 이 책을 저술할 수 있도록 격려와 지원을 아끼지 않은 아내(주디 듀발과 도나 헤이즈)에게 먼저 감사한다. 그리고 그들의 부모님이자 우리의 장인 장모님들께 이 책을 헌정한다. 이분들은 대부분 주님 곁에 계시지만, 우리 삶에 미친 이분들의 영향력은 계속되고 있다.

우리에게 이 책을 저술하는 프로젝트를 위임해 준 존더반 출판사에, 특히 우리를 믿고 중요한 과제를 맡겨 준 편집부의 카티야 코브렛에게 감사드리며, 그 결실로 출간된 이 책을 기뻐해 주기를 바란다.

우리는 또 학교 수업 중에 우리의 기본 구상을 미리 듣거나 원고의 일부분을 미리 읽어 준 학생들에게도 감사의 뜻을 전한다.

이 책을 저술하면서 우리의 사상이 더욱 심화되도록 도움을 준 여러 학자, 존 월튼(John Walton)과 레슬리 뉴비긴, 브라이언 왈쉬(Brian Walsh), 리처드 미들턴(Richard Middleton), 크레이그 바르톨로뮤(Craig Bartholomew), 마이클 고힌(Michael Goheen), N.T. 라이트(Wright), 케빈 밴후저(Kevin Vanhoozer), 크레이그 블롬버그(Craig Blomberg), 대럴 벅(Darrell Bock),

그리고 마크 스트라우스(Mark Strauss)에게도 감사의 말씀을 드린다. 비록 이들을 개인적으로 잘 알지는 못하지만, 우리는 다양한 방식으로 하나님 나라에 기여한 이들의 저술에서 큰 유익을 얻었다.

무엇보다도 하나님이 자신의 창조 사역을 결코 포기하지 않으시고 우리를 당신의 위대한 이야기와 계속되는 구원 사역으로 부르셔서 참여할 수 있도록 하신 은혜에 감사드린다.

진부한 이야기처럼 들리지 않기를 바라면서, 우리는 독자 당신도 이 책을 통해 하나님의 위대한 이야기를 함께 경험하고 그 안에서 자신의 위치를 발견할 수 있기를 기도한다. 위대한 이야기의 참 저자이신 우리 주님께 모든 영광을 올려 드린다.

서론

> 사람들은 왜 이야기가 어른스럽지 않다고 무시하는가?…이야기는 가장 어른스러운 언어 형식이며, 언어로 만들 수 있는 가장 진지한 형식이다.[1]
>
> 유진 피터슨

> 누군가에게 무엇을 하라고 말하면, 그들의 삶을 하루 정도 바꿀 수 있다. 하지만 그들에게 이야기를 들려준다면, 그들의 삶 전체를 바꿀 수 있다.[2]
>
> N. T. 라이트

성경의 위대한 이야기

| 창조와 위기(Creation and Crisis) |

이 이야기의 시초에 하나님은 세상을 창조하시고 아담과 하와를 에덴동산에 두셔서 그분과 특별하고도 친밀한 관계를 누리도록 하셨다. 하지만 최초의 인류와 뒤따른 사람들은 이기적으로 행동하여 하나님의 뜻을 거스르는 편을 택했다. 이들의 악한 행동으로 말미암아 고통과 고난, 죽음 그리고 하나님으로부터의 분리와 같은 파괴적이고 치명적인 결과가 초래되었다. 그 결과, 인류는 좋은 출발점에서 완전히 멀어지고 말았다.

| 언약(Covenant) |

인간의 죄와 반역에 대한 반응으로, 하나님은 위대한 구원 계획을 실행에 옮기기 시작하셨다. 그분은 아브라함과 언약을 맺으시고, 그 언약 안에서 땅과 수많은 자손과 복을 약속하셨다. 또한 이 세상의 모든 사람이 아브라함을 통하여 복을 얻을 것이라 약속하셨다. 이러한 언약의 약속들은 이후 구약성경 전체를 관통하는 하나님의 이야기를 이끌어 가다가 예수 그리스도의 강림 단계에서 최종적으로 성취된다.

| 불러냄(Calling Out) |

아브라함과 맺은 약속을 성취하기 위해 역사하시는 과정에서 하나님은 모세를 일으켜 세워 자기 백성을 애굽에서 구원하여 인도하게 하신다. 출애굽을 통해 자기 백성을 노예로부터 해방시키신 극적 구원 사건은 이후에 하나님이 자기 백성을 예수 그리스도를 통하여 궁극적으로 구원하실 조짐을 나타내 주는 원형이 된다.

| 계명(Commandments) |

자기 백성들을 노예 상태에서 구원하신 다음 하나님은 이들에게 앞으로 살아갈 계명을 알려 주신다. 이러한 계명들은 그들 가운데 임재하신 거룩하신 하나님과 약속의 땅에서 살아가면서 누리게 될 엄청난 축복을 경험하기 위한 중요한 조건들이다.

| 정복과 가나안화(Conquest and Canaanization) |

하나님은 여호수아를 통해 자기 백성들이 "약속의 땅" 가나안을 정복하게 하셨다. 여기서 좋은 소식은 이들이 그 약속의 땅을 성공적으로 정복하여 정착한다는 것이다. 반대로 나쁜 소식은 여호수아가 사망하고 사사들이 다스리는 동안 하나님의 백성들은 그들이 얼마 전에 그 땅에서 쫓아냈다고 생각한 가나안 사람들처럼 악해졌다는 사실이다. 이렇게 가나안과 동화되어 버린 이들을 과연 누가 구원할 수 있을까?

| 왕국의 설립(Creation of the Kingdom) |

이 질문의 답은 다윗이다. 이스라엘의 초대 왕 사울은 부적합하고 하나님을 온전히 신뢰하는 데 실패했지만, 두 번째 왕인 다윗은 달랐다. 그는 하나님을 온전히 신뢰했으며 그 백성들을 가나안 족속의 악한 영향으로부터 끌어내 하나님을 향한 온전한 예배의 자리로 인도했다. 그래서 다윗은 하나님이 자기 백성들을 위하여 의도하신 축복 가득한 의로운 왕국을 설립하기에 적합해 보였다. 하지만 그 나라가 곧 설립될 것처럼 보이는 찰나에, 다윗은 간음죄와 살인죄를 범하여 우리로 하여금 '참으로 의로운 메시아'나 궁극적인 구원자를 다른 곳에서 찾을 수밖에 없도록 만들었다. 다윗이 사망한 다음 왕권을 계승한 그의 아들 솔로몬은 경솔하게도 온 나라를 우상숭배로 내몰았다. 그 결과, 하나님 나라의 꿈은 사라졌고 왕국은 분열의 길을 걷게 된다.

| 왕국의 친교와 상식(Communion and Common Sense in the Kingdom) |

성경의 위대한 이야기 내내 하나님은 자기 백성과의 영원한 언약 관계를 계속 강조하시며 "나는 너희 하나님이 되겠고 너희는 내 백성이 되리라. 나는 네[너희] 가운데에 머물리라"고 말씀하신다. 시편은 하나님이 자기 백성과 함께 누리기 원하시는 친밀한 친교를 노래한다. 또 하나님은 자기 백성들이 서로의 관계 속에서 지혜롭게 살아가기를 원하신다. 지혜로운 삶을 위한 지침들이 지혜서에 풍성히 담겨 있다.

| 왕국의 분열(Crumbling of the Kingdom) |

솔로몬이 죽은 다음 이스라엘 왕국은 내전에 휩싸이면서 이스라엘(북왕국)과 유다(남왕국)로 분열한다. 북왕국 이스라엘은 사악한 왕들이 통치하면서 곧장 우상숭배에 빠진다. 남왕국 유다는 대개 사악한 왕들이 통치하는데, 일부 선한 왕들도 나라 전체가 우상숭배의 길로 빠져드는 것을 막지는 못했다. 이런 상황에서 예언자들이 나서서 백성들에게 죄악을 버리고 하나님을 예배하며 그분의 계명을 순종하도록 촉구했다. 또한 예언자들은 이스라엘과 유다가 하나님께 돌아오지 않으면 끔찍한 심판이 임할 것이고 약속의 땅에서 내쫓김을 당할 것을 경고했다. 또한 임박한 심판 너머에 메시아가 가져올 미래의 놀라운 회복과 축복의 날을 선포했다.

하지만 몇몇 예외적인 경우를 제외하고 대부분의 이스라엘 사람은 예언자의 메시지에 귀 기울이지 않았고, 결국 이들이 선포한 비극적 심판이 그대로 밀어닥쳤다. 그 결과, 북왕국 이스라엘은 앗수르에 정복당하고 이스라엘 백성은 뿔뿔이 흩어지고 말았다. 남왕국 역시 바벨론에 정복당하고 유다 백성들은 포로로 끌려갔다. 결국 이스라엘과 유다는 약속의 땅을 잃어버리고 하나님의 임재도 그들 가운데서 떠나고 말았다. 이제 그들에게 남은 것이라고는 예언자들의 예언대로 장차 오실 메시아가 가져올 회복과 축복에 관한 미래의 약속과 소망뿐이었다.

| 포로 생활과 귀환(Captivity and Coming Home) |

이방 민족의 침입으로 패배한 유다 백성들은 바벨론에 포로로 끌려갔지만, 다니엘과 같은 인물들은 포로기 동안에도 여전히 살아 계신 하나님께 신실할 수 있음을 보여 주었다. 그리고 바벨론 포로 생활이 끝나자 남아 있던 일부는 에스라, 느헤미야와 같은 지도자의 인도 아래 예루살렘과 유다 땅으로 귀환한다. 귀환했지만 이스라엘 백성은 작고 볼품없는 오합지졸로서 여전히 이방 민족의 지배 아래 있으며, 예언자들이 예언한 놀라운 회복의 때는 아직도 요원할 따름이다. 회복과 축복의 때는 여전히 미래의 일이며, 그래서 구약성경은 장차 도래할 메시아에 대한 기대와 소망으로 끝을 맺는다.

| 그리스도(Christ) |

그로부터 약 400년 후 하나님은 친히 하나님의 아들이요 나사렛 예수라 불리는 메시아, 그리스도를 보내신다. 공생애를 시작하신 예수님은 하나님이 약속하신 언약의 성취로 하나님 나라의 복된 소식을 전하신다. 또한 열두 제자로 구성된 새로운 공동체를 형성하고 하나님 나라를 권위 있게 가르치며 이적을 행하신다. 또 그분은 군사 혁명이 아니라, 십자가에서 죽으시고 죽은 자들 가운데 부활하심으로써 (소외된 자들과 죄인들을 포함하여) 사람들을 그들의 죄에서 구원하신다. 이것이 바로 자기 백성을 구원하시고 만유를 회복하시려는 하나님의 계획이다. 예수 그리스도의 강림으로 말미암아 하나님이 온 세상을 회복하시는 구원의 이야기는 절정에 도달한다.

| 교회(Church) |

자신의 죄를 회개하고 예수 그리스도와 그의 복음을 믿는 자는 누구나 교회의 일원이 된다. 예수님은 지상에서 공생애 동안 실행하기 시작하신 구속 사역을 이제 자신의 몸 된 교회를 통해 계속하신다. 그러나 교회는 그 일을 자신의 능력으로 행하는 것이 아니다. 오순절에 강림하신 성령 하나님은 하나님의 백성들 가운데 개인적으로 그리고 공동체적으로 역사하시며 그들에게 권능을 부여하여 이 복음의 소식을 증언하고 모든 족속을 제자 삼게 하신다. 그러므로 드디어 우리는 아브라함을 통해 열방이 복을 얻으리라는 하나님의 약속이 어떻게 성취되었는지를 알 수 있다. 유대인과 이방인이 모두 포함된 예수님을 따르는 이들의 다문화 공동체인 메시아의 백성들을 통해, 하나님은 지금도 자기 백성들을 죄악에서 구원하시고 만유를 회복하신다.

| 완성(Consummation) |

만유를 회복하시려는 하나님의 우주적 계획은 악의 권세를 파멸하시고 자신의 창조 세계를 온전히 회복하심으로 완성된다. 그동안 하나님께 반역한 원수들 사탄과 마귀 그리고 사악한 인간들은 심판받을 것이고, 하나님과 메시아이신 예수님을 따르는 이들은 그분과 함께 영원히 살 것이다. 예언자들이 선포한 미래의 소망이 드디어 실현된다. 온전한 공동체를 자기 백성들과 공유하시려는 하나님의 계획도 완전히 실현된다. 오랫동안 기다려 온 하나님의 언약 또한 자기 백성들 가운데 거하시며 친밀한 교제를 나누실 새 하늘과 새 땅에서 완전히 성취된다(계 21:1-4을 보라).

이것이 바로 성경이 들려주는 가장 웅장한 내러티브, 곧 하나님의 위대한 구원 이야기다. 예수 그리스도를 구세주로 믿고 따르기로 결심한 자라면 누구나 한결같이 "하나님의 이야기가 내 이야기가 되기를 원합니다"라고 고백한다. 이것이 바로 성경이 들려주는 하나님의 위대한 이야기를 우리 각자의 이야기로 받아들이는 회심의 진정한 의미다.

성경의 위대한 이야기는 거대한 대로에 비견될 수 있다. 오래전부터 신실한 하나님의 백성들은 이 대로가 웅장한 모습을 드러내기 전부터 한결같이 같은 길을 순례해 왔다. 이제 수많은 문화권의 다양한 신자들도 이 대로를 따라 순례하고 있다. 하나님의 위대한 이야기가 당신을 인도하는 이야기가 될 때, 당신도 그 대로에 진입하여 합류한다. 그래서 회심은 합류를 포함한다. 회심은 그저 '예수님이 당신의 마음에 들어오시도록 간청하는 것'이 아니라, 하나님의 위대한 구원 이야기에 합류하여 이를 경험하고 그 이야기의 일부분이 되는 것이다. 흥미롭게도 사도행전에서는 기독교 운동을 "도"(the Way)로 묘사한다(행 9:2; 19:9, 23; 22:4; 24:14, 22).

어떤 이는 하나님의 위대한 이야기를 아름다운 융단을 만들어 내는 실에 비유하기도 한다. 회심이 일어나면 인생이라는 실은 거대한 하나님의 융단 속으로 이끌려 들어가기 시작한다. 기독교 신앙을 묘사하는 데 어떤 비유를 택하든, 하나님과 그분이 행하시는 것을 개인의 삶에 쑤셔 넣는 유비보다는 자신이 자기와는 비할 수 없이 거대한 어떤 것의 일부분이 되는 것을 묘사하는 비유를 택하도록 하라. 자신은 우주의 중심에 머물러 있고 하나님의 일부분을 자신의 인생에 보태려 하지 말라. 진정한 회심은 인생 전체가 참된 중심이신 하나님을 중심으로 재배치되는 것이다. 회심으로 말미암아 당신은, 악을 멸하고 자기 백성을 구원하시며 만유를 회복하기 위하여 하나님이 행하셨고 지금도 행하고 계시며 앞으로 행하실 것에 연결된다. 또한 당신에게 위로가 되는 놀라운 사실은, 당신이 하나님의 구원 이야기의 일부로 연결될 때 성령 하나님이 영원한 동반자로 당신의 순례 길에 동참하신다는 것이다. 그리고 당신이 예수 그리스도를 따르기로 결심할 때, 당신은 하나님의 위대한 이야기에 먼저 합류하여 같은 길을 여행 중인 동료 신자들로 이루어진 새로운 신앙 공동체와 함께 순례를 시작한다. 그러므로 당신은 결코 혼자가 아니다. 성령의 인도를 따르며 동료 순례자들과 함께 여행하기 때문에 어려운 시기를 만나더라도 끝까지 하나님을 신뢰하며 순례의 여정을 무사히 마칠 수 있다.

이제 이 이야기에 관한 이 모든 설명이 왜 그토록 중요한지를 이해할 수 있을 것이다. 당신이 선택한 이 이야기가 당신의 인생에 가장 중요한 선택이라는 말은 결코 과장이 아니다. 슬프게도 인생을 안내하는 이야기에 대해 전혀 생각해 보지 않는다면, 당신은 이 세상의 가장 강력한 문화의 조류에 휩쓸려 떠내려가고 말 것이다. 우리는 당신이 당신의 삶을 인도하는 하나님의 위대한 이야기를 더 잘 이해하고 현명한 선택을 할 수 있도록 돕기 위하여 이 책 『성경 수업』을 저술했다.

이 책의 구성

이 책은 매우 간단한 형태로 구성되어 있다. 앞서 정리하여 제시한 바처럼 전체 성경 이야기의 핵심 부분을 다루는 각 장을 쉽게 찾아볼 수 있을 것이다. 신구약 중간기에 대한 이해를 돕기 위해 그 시기를 다루는 장도 포함시켰다. 그리고 결론에서는 하나님의 위대한 이야기를 요약하면서, 인생의 가장 중요한 질문들에 하나님의 이야기가 다른 어떤 이야기보다도 나은 해답을 제시한다는 사실을 보여 줄 것이다.

심층 연구

| 도서들 |

Bartholomew, Craig, and Michael Goheen. *The Drama of Scripture: Finding Our Place in the Biblical Story.* 2nd ed. Grand Rapids: Baker Academic, 2014. 『성경은 드라마다』(IVP).

Wright, N. T. *Scripture and the Authority of God: How to Read the Bible Today.* New York: HarperOne, 2011. 『성경과 하나님의 권위』(새물결플러스).

| 토론을 위한 질문 |

a. 당신의 가정에서 이야기는 어떤 역할을 했는가? 다시 말해서 당신의 가정에서는 이야기를 들려주었는가? 들려주었다면 보통 언제 이야기를 들려주었는가? 들려주지 않았다면 당신이 놓쳤을 수 있는 것은 무엇이라고 생각하는가?

b. 이야기 중에는 삶을 이끄는 이야기, 즉 인생을 설명하려는 메타내러티브가 있다는 주장에 대해 어떻게 생각하는가? 현재 우리 문화에서 삶을 이끄는 이야기를 꼽자면, 어떤 이야기가 있는가?

c. 성경의 위대한 이야기가 어떻게 전개되는지 읽으면서 놀란 적이 있는가? 어떤 점에서 놀랐는가?

d. 어릴 적 교회에서 자랐다면, 성경의 핵심 이야기를 배웠다고 느꼈던 때는 언제인가? 성경의 핵심 이야기가 맞아 들어간다는 것을 정말 이해했다고 느꼈던 때는 언제인가? 그리스도인들에게 성경의 위대한 이야기를 가르치는 게 중요하다고 생각하는가?

e. 이 책을 통해 무엇을 얻기를 원하는가?

| 과제 |

1. 성경 이야기와 서구 문화의 이야기는 종종 양립할 수 없다. 앞(14쪽)에서 언급한 다섯 가지 기본 질문들에 대한 해답을 먼저는 서구 문명의 관점에서 적어 보고, 이어서 성경 이야기의 관점에서 그 해답들을 적어 보라. 길게 적어야 할 필요는 없지만 깊이 있는 성찰을 담아야 한다. 그런 다음 두 이야기가 어디에서 중첩되는지, 그리고 어디에서 철저하게 대립하는지를 보여 주는 결정적인 문단을 적어 보라. 이 책의 결론에서는 당신이 그동안 얼마나 학습했는지 확인하기 위하여 다시 동일한 과제를 제시할 것이다.

2. 당신은 회심에 대해서 어떤 비유를 접하며 자랐는가? 그 모델은 "예수님을 당신이 중심인 인생 속으로 들어오시도록 요청하는" 모델에 가까운가, 아니면 "당신의 인생이 하나님의 대로에 합류하는" 모델에 가까운가? 회심에 관한 두 모델을 비교해 보라.

1. 창조와 위기

나는 누구이고 무엇이 잘못되었는가?

도입 »

나는 누구인가? 나는 왜 여기에 존재하는가? 이 세상에 무엇이 잘못되었는가? 하나님은 누구신가? 그분은 어떤 분인가? 그분은 나에게 무엇을 원하시는가? 인생의 의미는 무엇인가? 이러한 질문은 우리에게 매우 중요하다. 이 질문에 대한 해답이 각자의 인생을 결정한다. 아직 이런 질문을 떠올려 보지 않았고 또 그 해답을 심각하게 고민해 보지 않았다면, 지금이 가장 좋은 시점이다. 성경의 첫 장은 이러한 질문에 정면으로 맞붙는다.

준비

창세기 1-9, 11장을 읽거나 들어 보라.

계속되는 이야기

성경은 기본적으로 하나님과 사람들에 관한, 그리고 때로는 양자 사이에 문제가 있는 상호 관계에 관한 이야기다. 이 이야기는 (아담과 하와, 아브라함, 다윗, 마리아, 베드로 등의) 등장인물 각각의 인생 이야기를 통해 전달되지만, 이야기의 핵심 플롯은 이야기에 등장하는 개인을 초월하여 그 범위가 가히 우주적이다. 이 이야기는 또한 당신의 이야기일 뿐만 아니라 나의 이야기이며, 성령께서는 우리 모두를 이 이야기 안으로 초대하신다. 달리 말해서 이 이야기는 하나님과 당신에 관한 이야기이며, 하나님이 당신과 맺은 언약 관계에 관한 이야기다. 놀라지 마시라! 이 이야기는 참으로 흥미진진하고 신나며, 모든 인생사 가운데 가장 중요하다. 그래서 우리는 이 이야기를 "하나님의 위대한 이야기"라 부를 것이다.

서론에서 언급한 바와 같이 대부분의 이야기에는 다음과 같은 다섯 가지 기본 요소 또는 '움직임'(movements)이 있다.

1. 일반적으로 이야기는 배경 묘사부터 시작한다. 여기에는 주로 주요 등장인물에 대한 소개와 초기 상황에 대한 묘사가 포함된다. 처음에는 상황이 좋게 진행된다.
2. 이어서 긴장감이나 위기감을 불러일으키는 어떤 사건이 발생한다. 이에 따라 하나 또는 그 이상의 등장인물들이 위협받는다.
3. 위협에 직면한 등장인물들은 이 위기나 긴장을 해결하고자 애쓴다. 이 부분이 주로 이야기의 중심부에 해당한다.
4. 이야기는 모든 요소가 정점에 이르는 최고조 또는 임계점에 도달한다.

5. 결론이나 결말에 이르면서 이야기를 끌어온 긴장이나 위기가 해소되고, 종종 주요 등장인물들이 시작보다 나은 상태에 도달하면서 이야기는 끝을 맺는다.

하나님의 위대한 이야기도 이와 동일한 기본 패턴을 따른다. 이 이야기의 전체 구성 안에서 창세기 1-11장은 특히 중요한 역할을 차지한다. 그 이유는 이 부분이 전체 이야기의 처음 두 단계를 담고 있기 때문이다. 먼저 창세기 1-2장은 이야기의 배경(하나님의 창조)과 주요 등장인물들(하나님과 그분이 창조하신 사람들) 그리고 처음의 긍정적 상황(복된 동산에서의, 하나님과 그분의 백성 간의 친밀한 교제)을 소개한다.

이어서 창세기 3-11장은 이러한 긍정적 상황에 발생한 혼란과 분열을 묘사한다. 하나님이 창조하신 사람들이 그분께 반역하며 이후에도 불순종을 반복한다. 그래서 하나님과 그 백성 간에 친밀한 교제가 깨어지며 에덴동산의 복된 삶은 붕괴되고 분열과 혼란, 공포, 죽음이 찾아온다. 복된 동산에 위기가 찾아오고 긴장이 발생한 것이다. 고집스럽고 반항적인 인간이 과연 어떻게 하나님과 화해를 이룰 수 있으며 그분과의 친밀한 교제와 축복으로 되돌아갈 수 있을까?

하나님은 어떤 분인가?

구약성경이 없다면, 우리는 하나님을 떠올릴 때 항상 형편없이 빈약한 모습일 수밖에 없다. 하나님은 결코 철학적인 구성체가 아니라 역사 속에 살아 활동하는 인격체시다. 그분은 아담을 창조하시고, 노아에게 언약을 베푸시고, 아브라함을 불러내시며, 모세에게는 자신의 이름을 소개하셨으며, 자기 백성 가운데 친밀하게 거하시려고 광야의 장막에 거처를 정하셨다. 창세기 1장부터 계속해서 하나님은 자신이 알려지기를

> 원하셨다. 그래서 구약성경은 하나님이 어떤 분인지를 알려 주는 가장 완전한 계시다.[1]
>
> –필립 얀시

위기에 대한 해결을 위해 고투하는 하나님의 위대한 이야기 제3부는, 창세기 12장에서 하나님이 문제 해결의 주도권을 쥐고 그분의 위대한 구원 계획을 서서히 펼쳐 보이시면서 시작된다. 그래서 이 이야기의 나머지 대부분은 하나님이 이 위기를 어떻게 해결하시고, 에덴동산에서 나눈 자기 백성과의 친밀한 관계를 어떻게 회복하시는지를 중심으로 진행된다. 이 이야기는 마지막 해결을 가져오는 예수 그리스도의 생애와 죽음 그리고 부활에서 절정(4부)에 도달한다. 하지만 이 이야기의 최종적인 해결(5부)은 하나님이 이 세상의 모든 악과 죽음 그리고 소외의 문제를 종결지으시고 만물을 회복하시면서(계 19-22장) 비로소 완성된다. 또다시 사람들은 새 하늘과 새 땅에서 하나님과 친밀한 교제를 나누며 놀랍고도 복된 삶을 살게 될 것이다.

| 하나님은 아름다운 세상을 창조하시고 태초의 사람들에게 풍성한 정원을 허락하셨다 |

하나님의 위대한 이야기는 "태초에 하나님이 천지를 창조하시니라"(창 1:1)는 선언으로 시작된다. 이 문장은 이 위대한 이야기의 배경에 대한, 그리고 우리가 그 배경에 어떻게 어울리는지에 대한 가장 기본적이고도 근원적인 묘사다. 이 개막 선언문에 담긴 함의는 광범위하고도 결정적이다. 이 선언문에서 우리는 이야기의 중심인물이신 하나님이 창조주이심을 알 수 있다. 또 이 이야기의 두 번째 등장인물인 사람들은 피조물의 일부임을 알 수 있다. 인생의 의미와 근본 쟁점에 관한 가장 중요한 질문의 해답이 이 구절에 들어 있다. 우리가 이 개막 선언문을 받아들인다면 연달아 수많은 것들이 명료해진다. 우리 인생은 명확하게 정돈된 모습을 갖출 것이고, 창세기 1장에 묘사된 대로 혼돈에서 질서로 변화할 것이다. 하나님과의 기본 관계가, 그분은 창조주이시고 우리는 지음받은 존재로 명확하게 설정될 것이다.

물론 이 선언문에 담긴 함의는 훨씬 광범위하다. 하나님은 우주 만물의 창조주로서 옳고 그름, 순결한 것과 불결한 것, 순종과 불순종을 구분하고 통치할 권리와 권위를 가지신다. 게다가 이 개막 선언문을 그대로 받아들인다면, 우리는 하나님이 주권자이시고 가장 강력하며 초월적으로 인간의 역사에 개입하실 수 있는 분임을 알 수 있다. 또 창세기 1:1을 그대로 받아들인다면, 하나님이 홍해를 가르셨고, 예수님이 오병이어로 5천 명의 군중을 먹이셨으며, 하나님이 예수님을 죽은 자들 가운데서 다시 살리셨음을 믿는 데 아무 문제가 없을 것이다.

> **통치자 하나님**
>
> 성경의 처음부터 끝까지 모든 구절의 강조점은 하나님의 통치자적 존엄성에 집중된다. 그분이 바로 주인공이시다. 때로는 간단하게 또는 짧게 표현되지만, 그분의 행동은 장엄하고도 감동적이다.[2]
>
> –앨런 로스

또한 창세기 1:1은 창세기 1–2장에 묘사된 전체 창조 세계의 창조 기사를 요약하는 진술문이기도 하다. 하나님의 창조에 관한 좀 더 자세한 묘사는 창세기 1:2에서 혼돈과 공허가 가득한 세상을 언급하면서 시작된다. 하나님이 무로부터 세상을 창조하셨다는 사실이 창세기 1장에 분명 암시되지만, 좀 더 실제적인 진술들은 하나님이 어떻게 사물들을 구분하시고 혼돈으로부터 질서를, 생명 없음으로부터 생명을 창조하셨는지에 집중된다. 창세기 1:2은 또한 "하나님의 영"이 수면 위에 운행하셨다고 진술한다. 이 구절은 하나님의 성령과 창조 능력 간의 긴밀한 연관성을 전체 이야기 속으로 끌어들이는 도입 설명으로, 이후 이야기를 관통하는 중요한 주제이기도 하다.

창세기 1:2-31에 소개된 창조 기사가 딱딱하거나 지루하거나 기계적인 방식으로 묘사되지 않는다는 사실에 주목할 필요가 있다. 그보다 이 기사는 시적이고 서정적이며, 일정한 리듬과 구조 그리고 반복("저녁이 되고 아침이 되니", "보시기에 좋았더라" 등)이 나타난다. 창세기 1장은 하나님을 자연법칙으로부터 완전히 자유로운 분으로 묘사하며, 예술가가 그림 작품이나 조각품을 창작하듯이 아름다운 창조 세계를 자유롭게 창조하시는 분으로 묘사한다. 게다가 창조 기사는 일직선의 흐름으로 진행되기보다는 오히려 두 가지 병행되는 사이클로 진행된다. 첫 번째 사이클이 진행되는 동안(첫째 날부터 셋째 날까지) 하나님은 창조 세계의 핵심 영역을 확립하시고, 이어 두 번째 사이클 동안(넷째 날부터 여섯째 날)에는 다시 앞서 확립한 영역으로 가셔서 각 영역을 점유물로 채우신다. 이러한 내용은 다음 도표로 설명된다.

영역들	점유물들
첫째 날(창 1:3-5) 하나님이 빛과 어두움을 나누신다.	넷째 날(창 1:14-19) 하나님이 해와 달과 별을 창조하신다.
둘째 날(창 1:6-8) 하나님이 하늘과 바다를 나누신다.	다섯째 날(창 1:20-23) 하나님이 새와 물고기를 창조하신다.
셋째 날(창 1:9-13) 하나님이 마른 땅과 물을 나누시고 식물을 창조하신다.	여섯째 날(창 1:24-31) 하나님이 가축과 짐승과 사람을 창조하신다.

고대의 제사장적 황제가 성전을 건축한 다음 백성 각각에게 맞는

지위와 기능을 부여하듯이, 하나님도 세상을 창조하시고 각 피조물에게 어울리는 속성을 부여하시고 그들의 역할을 규정하신다. 창조의 마지막 단계에서 하나님은 최고의 창조 사건으로 자기 형상을 따라 남자와 여자를 창조하신다. 이 창조 사건에 대한 간략한 진술은 먼저 창세기 1:26-31에 나타나며 좀 더 자세한 진술은 창세기 2:4-25에 나타난다. 최초로 창조된 인간 아담과 하와는 그 어떤 인종이나 부족으로 태어난 것이 아니다. 말하자면 이들은 히브리인이나 이스라엘 족속 또는 그 밖의 다른 인종이 아니다. 이들은 다만 "하나님의 형상대로"(창 1:27) 지음받은 존재로 묘사될 뿐이다. 이 말은 '하나님의 형상'이 문화나 사회 경제적 지위, 인종과 관계없이 모든 사람에게 각인되었다는 뜻이다. 모든 사람이 이러한 고유한 지위와 가치를 지녔다. 그리고 하나님의 형상을 따라 지어진 존재라는 것은 우리 모두 어떤 측면(영적·정서적·관계적)에서 하나님과 유사한 존재임을 암시한다. 게다가 이 구절은 하나님이 인간을 자신의 창조 세계를 다스리는 대표자로 지명하셨음을 의미한다. 이것이 바로 인류가 하나님께 부여받은 역할의 일부분이다.

창세기 2장에서 하나님은 최초의 인간 아담을 아름다운 에덴동산에 두시고 그의 완벽한 배필로 하와를 창조하여 가정을 이루게 하신다. 그래서 창조 기사는 결혼 제도로 끝을 맺는다. 남자와 여자는 가장 완벽한 배필이 되어 아름답고 풍성한 낙원에 살면서 하나님의 임재 안에서 깊은 인격적 교제를 누린다. 무엇이 더 필요하겠는가?

| 죄, 반역, 하나님으로부터의 분리, 죽음 |

하지만 당신도 잘 알듯이 우리는 그 낙원을 망가뜨렸다. 이것이 바로 창세기 3-11장의 주요 이야기다. 하나님은 자기 백성을 가장 아름다운 낙원에 두시고, 그들이 하나님과 함께 그리고 서로 간에 깊고도 행복한 교제를 나누며 살기를 원하셨다. 그렇다면 최초의 인간들은 이러한 계획에 어떻게 반응했는가? 창세기 3-11장은 하나님의 놀라운 축복에 대한 인간의 반응으로 네 가지 악독한 사건들을 차례대로 나열한다. 그 결과는 무엇인가? 하나님에 대한 죄와 반역으로 사람들은 하나님과 분리되었고, 사람들 사이에 적대감이 형성되었다. 또한 사망도 뒤따랐다.

그래서 창세기 3-11장은 하나님에 대한 인간의 대표적인 악한 반응 네 가지를 묘사하고, 그에 따른 비극적 결과도 제시한다. 이 기사 전체에 걸쳐서 사람들은 하나님으로부터 점점 멀리 떠날 뿐만 아니라 서로 간에도 더욱 분리되면서 결국 사망에 이르렀다. 그리고 인류는 낙원을 잃어버리고 말았다. 그 네 가지 악한 반응과 그에 따른 끔찍한 결과는 다음과 같다.

악한 반응 1. 아담과 하와는 에덴동산에서 하나님이 정해 주신 삶의 경계선을 벗어나 반역했다(창 3:1-24). 우리는 아담과 하와가 실제로 존재했다고 믿는다. 하지만 이들의 이야기는 역사적이면서 동시에 이후 모든 인류를 대표하기도 한다. 아담과 하와는 우리 모두의 태도와 행동을 그대로 반영한다. 하나님은 이들에게 에덴동산에서 누리는 최상의 삶을 선물하셨다. 덕분에 이들은 하나님과 친밀한 교제를 나누고 맛있고 풍성한 음식들을 즐기며 복된 삶을 살 수 있었다. 하지만 이들은 그 모든 축복을 내팽개쳤다. 사탄이 들려준 반쪽짜리 진리와 거짓말에 속아 하나님이 금하신 나무의 열매를 먹고 타락하고 말았다. 이 일로 하나님이 그들을 다시 대면하시자, 그들은 서로에게 책임을 전가하려고 애썼다.

문자적 창조, 유신 진화론 또는 우주적 성전의 개막

성경의 영감과 무오성을 믿는 복음주의 신학자 중에서도 창세기 1장을 해석하는 데 공통의 합의점을 찾기가 쉽지 않다. 나는 하나님의 천지창조 기사에 시적 표현들도 있어 현대의 관점에서 액면 그대로 받아들일 수 없음을 인정하면서도 가능한 한 문자적으로 이해하려고 노력해 왔다. 또 하나님이 자유로운 예술가처럼 자연법칙에 얽매이지 않고 일하시며, 오늘날의 모습 그대로 산과 계곡, 강, 해변, 숲을 자유롭게 창조하셨다고 믿는다. 과학적 관점에서 이러한 자연 경관이 형성되기까지는 오랜 시간이 걸린다. 그래서 만일 하나님이 오늘날 퇴적층과 화석을 보존하고 있는 자연 경관을 있는 그대로 창조하셨다면, 이 세상이 처음부터 그렇게 '오래된' 또는 '외관상 오래된' 모습을 가졌다는 설명이 개연성 있을 것이다. 하지만 모든 사람이 내 입장에 동의하지는 않을 것이다. 상당수의 사람은 창세기 6-9장에 등장하는 홍수는 지질학적 자료나 화석 자료의 상당 부분과 일치한다고 믿는다.

복음주의권에는 하나님이 참으로 우주 만물의 창조주이시지만, 그분은 세상의 창조에 진화론적 과정을 사용하셨다고 주장하는 사람들도 있다. 이런 부류의 학자들은 창세기 1장을 상징의 방식으로 해석하며, "날"을 문자 그대로의 24시간이 아니라 오랜 기간으로 이해하며, 창세기 1장의 연속적 흐름이 진화에 관한 표준 이론과도 일치한다고 주장한다. 그러나 나로서는 창세기 1장을 진화에 관한 표준 이론과 (심지어 상징적으로라도) 일치시킬 수 없다. 무엇보다도 채소는 셋째 날 창조되었는데, 이 채소와 식물들의 성장에 필수인 태양은 넷째 날에야 창조되었다.
최근에 복음주의 구약학자이자 고대 근동학자 존 월튼(John Walton)은 창세기 1장에 대한 전혀 다른 해석 방법을 제안했다. 그는 고대 근동의 다른 문학 작품들의 배경 속에서 창세기 1장을 읽어 보면 이 기사가 물질이나 자연의 창조를 묘사하는 것이 아니라, 하나님이 그분의 성전인 우주 안으로 어떻게 진입해 들어가셔서 그분의 새로운 성전 안에 있는 모든 만물에게 어떻게 고유한 속성과 기능들을 부여하시는지를 시적으로 묘사한 것으로 이해할 수 있다고 주장했다. 월튼은 다음과 같이 요약한다.

> 고대 근동의 다른 민족들과 마찬가지로 이스라엘 사람들은 우주 만물의 물질보다는 그 기능과 역할에 더 관심이 많았다. 그들에게는 만물의 고유한 기능이 더 중요했고 여기에 더 관심이 많았다. 그들은 우주 만물의 물질적 구조에는 별로 관심이 없었고, 누가 우주의 책임자이고 우주를 운행하는지에 더 큰 의미를 두었다. 그래서 창세기 1장은 (그동안 우리가 대체로 그렇게 읽는 데 익

숙했던 것처럼) 물질의 기원에 관한 설명보다는 (특히 사람들을 위한 만물의) 기능의 기원에 대한 진술로 제시되었다. 이렇게 창세기 1장은 만물의 기능의 기원에 관한 진술에 집중하는 반면에 물질의 기원에 관한 분명한 설명은 찾아보기 어렵다.

그래서 이 창조 기사는 7일 동안 진행되는 우주적 성전의 개막으로 이해될 수 있으며, 그 성전 안에서 피조물과 친교를 나누며 내주하시는 하나님과 관계 맺은 인간을 위한 우주 만물의 기능이 제시되고 있다.[3]

월튼에 따르면, 창세기 1장은 어떤 식으로든 우주의 기원에 관한 과학적 관심을 언급하는 것이 아니기 때문에 창세기 1장을 해석하는 데 과학과 신앙이 갈등할 필요는 없다. 그렇다면 존 월튼의 견해는 우리와 다른 복음주의 신학자들을 설득하기에 충분한가? 아직은 뭐라고 말하기 쉽지 않다. 하지만 그가 창세기 1장 해석에 관하여 완전히 새로운 사고방식을 제안한 것은 분명하다.

이로 인한 끔찍한 결과 1. 죄는 아담과 하와가 낙원에서 살 권리를 박탈했고, 결국 이들은 낙원에서 추방되었다. 또 예전에 누렸던 하나님과의 친밀한 교제를 더 이상 누릴 수 없게 되었으며, 더 이상 풍성한 음식도 제공되지 않았다. 그 대신 생존을 위해서라면 뜨거운 들판에서 힘들여 수고해야 했다. 무엇보다도 이들은 이제 영생할 수가 없다. 하나님으로부터 분리되었기에 그들에게 정해진 운명은 사망이다. 다만 아이를 낳음으로써 생명은 계속 이어지겠지만, 그 역시 힘들고 고통스러울 것이다.

악한 반응 2. 낙원 밖의 한 남자가 자기 동생을 살해하다(창 4:1-26). 낙원에서 추방된 아담과 하와는 계속해서 자녀를 낳았다. 이는 참으로 하나님으로부터 말미암은 축복이며 인생의 기적이다. 그러나 방금 태어난 햇병아리 같은 이 가족 공동체 안에서 사람들은 어떻게 처신하는가? 형 가인은 아우 아벨을 살해한다. 이는 끔찍하지만, 불행히도 사실인,

이어질 인간 행동의 전조다. 인류 역사의 모든 페이지는 살육과 전쟁으로 얼룩져 있다. 오늘 아침 신문을 봐도 마찬가지다. 우리는 어김없이 서로를 증오하고 계속 죽일 뿐이다.

> **사탄의 거짓말**
>
> 마귀는 우리에게 하나님의 계명과 하나님의 진노가 지닌 심각성을 제대로 느끼지 못하도록 속인다는 점에서 우리가 영적 자만이라는 죄를 범하도록 유혹한다. 그는 하나님의 은혜에 관한 말씀 하나를 선택해서 "하나님은 은혜의 하나님이시니 우리 죄를 심각하게 취급하지 않으실 거야"라고 우리 귀에 속삭인다.[4]
>
> -디트리히 본회퍼

이로 인한 끔찍한 결과 2. 가인은 하나님에게서 더욱 멀어졌으며 이제는 다른 사람들이 자신을 죽일까 염려하는 공포에 빠졌다.

악한 반응 3. 인간 사회는 행동의 기준으로 사악함을 채택하다(창 5:1–9:29). 인류가 증가함에 따라 다양해진 인간 사회는 부도덕과 불의한 행동을 삶의 표준으로 채택한다. 창세기 6:5은 그에 따른 암울한 상황을 이렇게 묘사한다. "여호와께서 사람의 죄악이 세상에 가득함과 그의 마음으로 생각하는 모든 계획이 항상 악할 뿐임을 보시고."

이로 인한 끔찍한 결과 3. 하나님은 홍수로 세상을 멸하신 다음, 그분이 발견하신 의로운 인간 노아를 통해 다시 시작하신다. 앞서 창세기 1장에서는 새로이 창조되는 모든 피조물에 대해 "하나님이 보시기에 좋았더라"는 후렴구가 반복적으로 울려 퍼졌음을 기억하라(창 1:4, 10, 12, 18, 21, 25, 31). 하지만 여기에서는 정반대로 하나님은 "사람의 죄악이 세상에 가득함"을 보고 계신다. 하나님이 보시기에 더 이상 세상은 좋지 않다. 그래서 하나님은 거의 모든 창조 세계를 멸하고 다시 시작하기로 결심하신다. 창세기 6-9장은 하나님이 일으키신 엄청난 홍수 사건을 자세히 묘사한다. 창세기 1장에 비추어 볼 때 홍수는 창조 사건의 역행이라는 관점에서 묘사되기 때문에, 창세기 6장 이하의 대홍수 사건을 창세기 1장의 관점에서 이해하는 것이 매우 중요하다. 창세기 1장에서는 궁창 위의 물과 궁창 아래의 물이 서로 나뉘었다(창 1:6-7), 그러나 이제 대홍수 사건에서는 두 물이 엄청난 홍수로 하나가 되었다(창 7:11). 창세기 1:9에서 하나님은 마른 뭍이 드러나라고 명령하신다. 그러나 대홍수 사건에서 육지는 뒤집어지고 마른 땅이 다시 물로 뒤덮인다(창 7:17-20). 창세기 1장에서 창조된 대부분의 생명체가 파멸되었고, 물로 뒤덮인 혼돈이 다시 찾아왔다. 하지만 이 와중에도 하나님은 방주에 노아와 그 가족들과 대표 동물들을 한 쌍씩 보존하시며, 물들이 물러가고(나뉘고) 동물들과 사람들이 다시 마른 땅에 거주하게 하시면서 본질적으로 세상을 '재창조하신다.'

악한 반응 4. 하나님에 대한 반역으로 사람들이 자신들의 명성을 떨치기 위해 거대한 바벨탑을 쌓다(창 11:1-9). 불행히도 노아의 후손들은 얼마 지나지 않아 하나님께 충실하지 않게 된다. 이내 그들은 자신들이 하나님의 형상대로 지음을 받았기 때문에 '그분의 이름'과 필연적으로 연결되어 있는 현실을 거부했다(창 1:26-27; 4:26). 이들은 하나님으로부터 떠나 독립하기를 열망하며 자신의 이름을 과시하고 싶었다. 또 서로 모여서 장대한 탑(아마도 성전)을 건축함으로써 하나님의 이름 대신 자신의 이름을 과시하려 했다. 말하자면 이들은 하나님으로부터 완전히 떠나 독자적으로 살아가기를 원했다.

이로 인한 끔찍한 결과 4. 하나님은 사람들이 세우는 바벨탑을 보고 진노하셨다. 그래서 사람들의 언어를 혼잡하게 하여(서로 다른 언어들이 등장했으며) 이 거만한 사람들을 서로 다른 집단으로 흩어 놓으셨다. 창세기 10장은 11장보다 앞서 소개되지만 10장의 내용은 아마도 창세기 11:8-9에서 흩어진 결과로 나타난 여러 족속에 대한 묘사일 것이다. 말하자면 창세기 11:1-9은 창세기 10장에 묘사된 대로 이 세상 사람들이 그토록 다양한 집단으로 나뉜 이유를 설명한다.

희망적 측면. 창세기 3-11장은 주로 하나님에 대한 인간의 범죄와 반역 그리고 그에 따른 결과로, 하나님의 현존으로부터 분리, 하나님과 사람 사이의 적대감, 흩어짐 그리고 죽음을 다룬다. 그러나 이 단락에서 동시에 희미하게 간간이 발견되는 것은 바로 새로운 희망의 불씨로, 하나님의 심판과 그에 따른 끔찍한 결과들 너머에 무언가 희망적인 것을 암시하는 짤막한 구절들이 등장한다. 예를 들어 아담과 하와가 금단의 열매를 먹음으로 말미암아 하나님이 그에 따른 끔찍한 심판을 선언하시면서(창 3:14-19), 뱀(곧, 사탄)에 대한 심판을 함께 선언하셨는데, 하와의 후손을 통해 궁극적으로 뱀은 짓밟힘을 당하고 패배할 것이라 말씀하신다(창 3:15).

이와 마찬가지로 가인이 동생 아벨을 살해한 결과 하나님의 무거운 심판이 뒤따르지만, 그와 동시에 아벨 대신 즉시로 또 다른 아들 셋의 탄생을 언급하면서 "그때에 사람들이 비로소 여호와의 이름을 불렀더라"고 한다(창 4:26). 이러한 사실은 비록 대부분의 인류가 하나님께 반역하고 그분과의 친밀한 관계를 거부하더라도 셋과 그의 아들 에녹처럼 진정으로 하나님을 경배하는 일부가 계속 존재한다는 것을 암시한다. 그래서 대홍수 사건(창 6-9) 때도 인류가 전부 멸망당한 것이 아니라 노아와 그의 가족들이 그 무시무시한 홍수 속에서도 구원받았음을 명심하는 것이 매우 중요하다.

이상의 세 가지 사례는 인류의 죄악과 그에 따른 심판 속에서도 새로운 소망을 제공하며, 비록 희미하지만 예수 그리스도께서 이 큰 위기 가운데 인류의 구원을 위해 장차 가져오실 궁극적 구원의 전조가 된다. 마지막으로 바벨탑 사건이 끝난 다음(창 11:9) 곧이어 노아 자손들의 계보가 소개되는데, 그 계보는 노아의 아들 셈으로부터 시작하여 나중에 아브라함으로 이름이 바뀌는 아브람에게로 이어진다(창 11:10-26). 하나님이 자기를 믿는 모든 이를 구원으로 인도할 거대한 계획을 드러내어 알리고 실행하기 시작하시는 대상이 바로 아브라함이다. 그래서 다소 암울해 보이는 단락이 끝나면서(창 3-11장) 믿음의 조상 아브라함에 대한 새로운 희망이 서서히 부각된다.

연결하기

하나님의 위대한 구원 이야기 안에서 현재 위치를 복습해 보자.

▸**창조와 위기**
언약
불러냄
계명
정복과 가나안화
왕국의 설립
왕국의 친교와 상식
왕국의 분열
포로 생활과 귀환
중간기: 구약과 신약의 중간 시기
그리스도

교회

완성

이야기 실천하기

창세기 1-11장에는 우리가 깊이 숙고하고 적용할 사항들이 아주 많다. 먼저 하나님과 우리의 관계에 관한 이해의 중심에는 "태초에 하나님이 천지를 창조하시니라"고 하는 창세기 1:1이 자리하고 있다. 일단 하나님을 창조주이자 우주 만물의 통치자로 인정하고 받아들이면, 나머지 삶의 모든 혼란스러운 문제들이 말끔하게 정돈될 수 있다. 그럴 때 우리는 진정으로 경배받기에 합당하신 분이 누구인지 알 수 있다. 그리고 창조주로서의 하나님이 이 세상에 그리고 인류의 역사에 개입하여 역사하고 계심을 알 수 있다.

그와 동시에 그분이 창조하신 인류를 위한 하나님의 계획이 낙원에서 그분과 함께 참으로 아름답고 복된 삶을 영원토록 영위하는 것이었음을 깨닫는 것은 우리에게 큰 힘과 격려가 된다. 하나님은 진정으로 그들이 자신과 깊은 교제 가운데 행복한 삶을 영위하기를 원하셨다. 그리고 하나님은 우리에게도 동일한 소망을 품고 계시며 그분의 커다란 구원 계획이 같은 방향으로(즉 자기 백성을 위하여 이 위대한 회복을 실현하는 때를 향하여) 진행되고 있다는 사실에서 우리는 큰 위로를 얻을 수 있다. 죄악이 창조 세계를 얼룩지게 했으며 이 세상에 고통과 슬픔을 가져왔다. 하지만 하나님의 위대한 구원 이야기는 마지막 웅장한 회복의 날을 향하여, 그리고 온 세상이 낙원에서 하나님과 함께 누리는 놀라운 복락으로 완전히 회복될 날을 향하여 진행되고 있다.

마지막으로, 우리는 이제 죄의 끔찍한 결과에 맞붙어 싸우기 시작했지만 그와 동시에 그 고통과 슬픔의 근원적 이유도 올바로 직시하기 시작했다. 하나님은 참으로 보시기에 좋은 아름다운 세상을 창조하셨다. 하지만 그 세상을 더럽히고, 하나님과의 분리, 다른 사람들과 멀어짐, 이기심, 살인, 죽음과 같은 비극적 결과들을 이 세상에 끌어들인 것은 인간의 죄악 때문이다. 이 세상이 그대로 방치된다면 세상 대부분은 이런 것들로 가득 찰 수밖에 없다. 달리 희망이 없다. 그러나 다행히도 이 모든 불행은 그리스도 안에서 역전될 것이며…하지만 그것은 이야기의 마지막 단계에서야 비로소 완성될 것이다. 그러니 이야기를 중단하지 말고 계속 읽어 보라.

마무리 «

하나님이 세상을 창조하시고 자신의 형상을 따라 사람을 지으셨다. 하나님의 처음 계획은 남자와 여자가 천국 같은 낙원에서 조화와 평화 가운데 하나님과 깊은 교제를 나누며 그분의 임재의 축복을 즐기고, 창조주 하나님의 다스리심에 감사하며 행복하게 사는 것이었다. 하지만 우리를 포함하여 모든 인류는 이 놀라운 계획을 거절하고 하나님께 반역했다. 아담과 하와는 금단의 열매를 먹었고, 가인은 동생 아벨을 죽였고, 사악함이 모든 사람에게 널리 퍼졌으며, 다시 시작한 다음에도 인류는 계속해서 하나님의 이름을 거부하고 하나님으로부터 떠나 독립하기만을 원했다.

그러면 무슨 일이 일어날까? 하나님을 떠나서 무엇을 할 수 있을까? 지상의 사람들이 과연 자기 힘으로 하나님과 화해할 수 있을까? 예전에 낙원에서 하나님과 최초의 사람들 사이에 누린 친밀한 관계가 다시 회복될 수 있을까? 인간들 사이에는 항상 적개심과 갈등이 떠나지 않고 남아 있을까? 살상과 전쟁은 어떤가? 또 죽음의 문제는 어떻게 할 것인가? 이것이 우리 모두 절대로 피할 수 없는 운명인가?

창세기 3-11장은 '무엇이 잘못되었는가?'라는 질문에 해답을 제시한다. 이 구절들은 어떻게 인류의 죄악이 하나님의 위대한 이야기에 급격한 위기와 갈등을 초래하면서 창세기 1-2장의 평화로운 세상에 파멸을 가져왔는지를 보여 준다. 하지만 하나님은 그저 가만히 의자에 앉아서 자기 백성들이 축복과 친교로부터 떠나 계속 죄 가운데 살아가는 것을 방치하실 수 없다. 그래서 하나님의 위대한 이야기의 나머지 부분은 하나님이 어떻게 예전에 낙원에서 자기 백성들과 누린 친교를 다시 회복하시는지를 보여 준다. 또한 그분은 사망과 맞서 싸우며 자기 백성들에게 영생을 선물로 주시기 위해 역사하신다. 이것이 바로 하나님의 구원 이야기이며, 이 이야기는 창세기 12장에서 하나님이 아브라함이라 불리는 한 남자와 언약을 맺으시면서 그 구체적인 내용이 본격적으로 드러나기 시작한다.

암송 구절

태초에 하나님이 천지를 창조하시니라. (창 1:1)

심층 연구

| 도서들 |

Charles, J. Daryl, ed. *Reading Genesis 1–2: An Evangelical Conversation.* Peabody, MA: Hendrickson, 2013.

Collins, C. John. *Reading Genesis Well: Navigating History, Poetry, Science, and Truth in Genesis 1–11.* Grand Rapids: Zondervan, 2018.

Longman, Tremper III. *How to Read Genesis.* Downers Grove, IL: InterVarsity Press, 2005. 『창세기를 어떻게 읽을 것인가』(IVP).

Miller, Johnny V., and John M. Soden. *In the Beginning...We Misunderstood: Interpreting Genesis 1 in Its Original Context.* Grand Rapids: Kregel, 2012.

Schnittjer, Gary Edward. *The Torah Story: An Apprenticeship on the Pentateuch.* Grand Rapids: Zondervan, 2006. 『토라 스토리』(솔로몬).

Walton, John H. *The Lost World of Genesis One: Ancient Cosmology and the Origins Debate.* Downers Grove, IL: InterVarsity Press, 2009. 『창세기 1장의 잃어버린 세계』(그리심).

| 토론을 위한 질문 |

a. 창세기 1장이 믿음과 과학 사이에 긴장을 일으킨다고 주장하는 사람들이 있다. 다음 질문에 대해 논의하며 이 관계에 대해 탐색해 보라. (1) 창세기 1장에서 '과학적으로' 받아들이기 어려운 요소는 무엇인가? 즉, 이 장에서 일어난 사건 가운데 믿음이 아니고서는 받아들이기 어려운 사건이 있는가? (2) 진화론의 요소 가운데 '믿음'이 아니고서는 받아들이기 어려운 요소는 무엇인가? 즉, 실험실에서 관찰에 의해 증명할 수 없어, 믿음으로 '가정'하거나 '받아들여야' 하는 사건은 무엇인가?

b. 창세기 1-2장이 당신의 삶에 의미하는 바가 무엇인지 생각해 보라. 다시 말해 하나님이 온 우주를 창조하셨다면, 이는 당신이 누구이며 무엇을 해야 하는지에 어떤 영향을 미치겠는가?

c. 창세기 1-11장에 근거해 서두에 나온 두 가지 질문에 답해 보라. 나는 누구인가? 그리고 무엇이 잘못되었는가?

과제

1. 창조의 일곱 날들을 열거하고, 매일 창조된 것들을 제시해 보라.

2. 사도행전 2:1-13에 언급된 사건이 어떻게 창세기 11:1-9의 역전으로 발생할 수 있는지에 대해 토의해 보라.

3. 검색을 통해 창세기 1-11장에서 "이름"이라는 단어의 모든 용례를 찾아보라. 이 단락 내에서 '이름'과 '이름 부르기'의 역할에 대해 토의해 보라.

4. 이 책 마지막 장(20. 완성)으로 가 잠시 내용을 훑어보라. 요한계시록의 결말(19-22장)이 창세기 1-11장에 드러난 문제에 어떤 방식으로 답하는지 찾아보라.

2. 언약

하나님의 약속과 자기 백성의 선택

도입 »

"나 대니는 당신 도나를 아내로 맞이하여 하나님이 당신의 남편으로서 나에게 맡기신 책임과 의무를 다하며 내 삶이 다하는 날까지 당신을 사랑하며 존중할 것을 엄숙히 서약합니다." 휴! 이 서약문은 내 평생 가장 중요한 선언이다. 이러한 언어 활동을 통해 나는 한 아름다운 여성과 결혼 관계를 맺었다. 이 서약을 통해 나는 어떤 일이 있더라도 그녀를 사랑하며 존중하겠다고 약속했다. 놀랍게도 그녀 역시 내 서약에 동의하여 평생토록 어떤 일이 있더라도 나만을 사랑하고 존중하겠다고 약속했다. 이 서약은 우리 인생에 가장 중요한 순간이며, 이 서약을 통해 우리는 가장 친밀하고도 특별한 관계로 들어갔다. 이 특별한 관계는 우리가 누구인지를 규정하며 우리 인생에 가장 중요한 결정을 내리고 생활을 영위하는 근간을 제공한다.

결혼 제도는 인생의 가장 기본적인 언약이며, 성경에 기록된 하나님과 그 백성 간의 언약 관계를 이해하는 좋은 모델을 제공한다. 고대 사회에서 언약(covenant)은 두 당사자를 특별한 상호 관계로 인도하는 법률적이고 결속력 있는 상호 약속이었다. 그리고 이 언약은 일반적으로 여러 약속을 포함했다. 결혼 언약이 내 인생에서 가장 중요한 사건이었듯, 하나님이 아브라함 및 그 자손들과 맺으신 언약 역시 성경에서 가장 중요한 사건 가운데 하나다. 창세기 12-17장에서 하나님이 아브라함과 맺으신 약속은 나머지 구약성경과 신약성경까지도 포함하여 전체 성경 이야기를 이끌어 가는 동력을 제공한다.

준비

창세기 11:29-17:27과 50:1-26을 읽거나 들어 보라.

계속되는 이야기

하나님의 위대한 이야기에 관하여 앞 장에서 결론적으로 확인한 바와 같이, 인류의 출발은 그다지 행복하지 않았다. 아담과 하와는 금단의 열매를 먹었고 그 결과 에덴동산에서 추방당했다(창 3장). 또 가인은 자기 동생 아벨을 살해했다(창 4장). 그 후에도 사람들은 점점 악해지고 하나님을 거역하여, 하나님은 이 세상을 홍수로 심판하기로 결정하실 수밖에 없었다(창 6-9장). 노아 시대 홍수 이후 다시 온 세상에 퍼지기 시작한 사람들은 또다시 하나님께 반항하고 포악해졌다. 그들이 바벨탑을 쌓자, 하나님은 다시 이들을 온 지면으로 흩으셨다(창 11장). 우리에게 상황은 썩 좋아 보이지 않는다.

하지만 하나님은 모든 만물을 다시 회복하고 자신이 창조한 사람들을 구원할 계획을 갖고 계셨다. 이 구원 계획은 아브라함과 함께, 그리고 하나님이 그와 맺으신 언약과 함께 서서히 펼쳐지기 시작했다.

| 아브라함과 아브라함 언약 |

성경에 따르면, 이 중요한 이야기가 시작되는 시점에 등장하는 중요한 인물의 이름은 아브람이다. 그는 메소보다미아 지역의 우르 출신으로 아브람이라는 이름의 의미는 '존귀한 아버지'다(창 11:27-32). 이 이야기의 뒷부분에서 하나님은 그와 언약을 맺으시고 그의 이름을 '열국의 아버지'를 의미하는 아브라함으로 바꿔 주신다(창 17:5). 그래서 일관성을 위해 이 책에서도 아브라함이라는 호칭을 사용할 것이다.

창세기 12:1-3은 성경 전체에서도 매우 놀라운 구절이다. 하나님은 아브라함에게 고향과 친척과 아버지의 집을 떠나 하나님이 장차 그에게 보여 주실 땅으로 떠나라고 말씀하신다. 또한 하나님은 그에게 복을 주어 그를 위대한 나라로 만들 것이고 그의 이름을 위대하게(곧, 그를 가장 유명하게) 만들어 주겠노라고 약속하신다. 계속해서 하나님은 아브라함이 다른 모든 이의 복의 근원이 될 것이라고 약속하신다. 정말로 하나님은 이 세상의 모든 사람/열국이 아브라함을 통하여 복을 받을 것이라고 선언하신다. 하나님은 아브라함을 축복하는 자들에게 복 주실 것이요 그를 저주하는 자를 저주하실 것이다.

이것이 바로 아브라함에게 주어진 약속이다. 이 약속은 다음의 네 가지 요소로 정리될 수 있다.

1. 땅에 대한 약속
2. 많은 후손에 대한 약속
3. 복에 대한 약속(아브라함에게 주어진 복과 모든 사람이 아브라함을 통해 받을 복)
4. 다른 사람들이 아브라함과 맺은 관계에 따른 축복과 저주에 관한 약속

하나님이 이런 약속을 하실 당시, 아브라함은 이 중에 어떤 것도 소유하고 있지 않았다. 아브라함이 이러한 약속을 실현하는 데 인간적으로 도움이 될 만한 것들, 예를 들어 고향에 남아 있는 친척들이나 아버지의 도움 같은 것들은 하나님이 약속하신 새로운 땅 가나안을 향하여 떠날 당시 전부 고향에 남겨둘 수밖에 없었다. 아브라함이 (나중에 이스라엘의 땅이 되는) 가나안에 도착했을 때도 하나님은 땅에 관한 약속을 다시 말씀하신다. "내가 이 땅을 네 자손에게 주리라"(창 12:7).

그 후에 이어지는 이야기는 하나님이 아브라함에게 어떻게 복을 베푸시며 아브라함이 받은 복이 어떻게 계속해서 주변으로 넘쳐흐르는지를 잘 보여 준다. 예를 들어 아브라함이 애굽으로 내려가서 자기 아내에 관하여 몇 가지 어리석은 결정을 내릴 때도, 하나님은 그에게 복을 주시고 또 (아브라함이 만난 바로와 같은) 다른 사람들이 아브라함과 그의 아내를 어떻게 대우하느냐에 따라서 때로는 다른 사람들을 저주하시기도 한다(창 12:10-20). 이와 마찬가지로 창세기 14장에서 하나님은 아브라함이 조카 롯을 사로잡아 간 네 왕과의 전쟁에서 크나큰 승리를 거둘 수 있도록 복을 베푸신다.

모세오경과 토라

성경의 처음 다섯 권(창세기, 출애굽기, 레위기, 민수기, 신명기)을 가리켜 그리스도인들이 보통 "모세오경"이라고 부르는 반면에, 유대인들은 "토라"라고 부른다.

창세기 15장에서 하나님은 창세기 12:1-3의 약속을 언약으로 공식화시키신다. 말하자면 하나님은 아브라함과의 관계를 확립하는 몇 가지 약속을 그와 맺으신다. 창세기 15장에서 하나님은 앞서 12장에

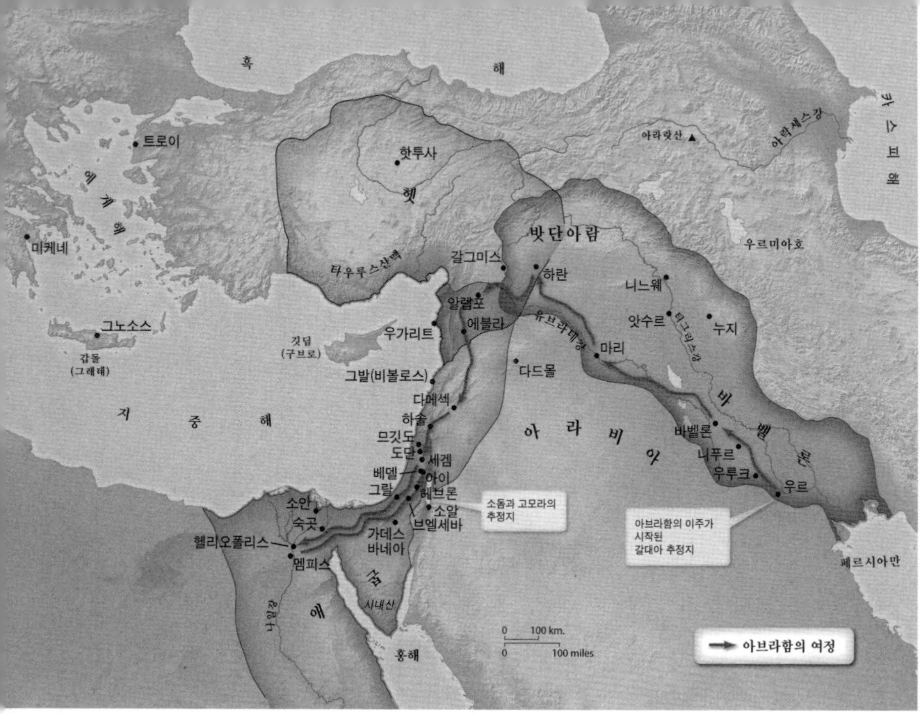

아브라함의 여정

서 제시한 약속을 한 단계 더 발전시켜서 두 당사자 사이의 언약을 공식화하는 언약 비준 예식을 실행하신다. 이 이야기에서 아브라함은 롯을 사로잡아 간 네 왕과의 전쟁에서 방금 승리를 거두고서(창 14장), 어쩌면 있을지 모르는 적들의 보복을 걱정했을 것이다. 그런 상황에서 하나님은 아브라함에게 나타나셔서 자신이 그의 "방패요 지극히 큰 상급"이라고 말씀하시면서 두려워 말라고 말씀하신다(창 15:1). 전에 하나님은 아브라함에게 수많은 후손을 약속하셨지만 당시까지 아브라함에게는 자기 혈통을 따라 난 자식이 하나도 없었기 때문에, 이 시점에서 아브라함은 하나님의 약속에 대해 절망할 수밖에 없었을 것이다. 하나님은 이런 불평에 반응하시기 위해 아브라함을 밖으로 데리고 나가 밤하늘의 별을 가리키면서 말씀하신다. "하늘을 우러러 뭇별을 셀 수 있나 보라.…[만일 네가 저 별들을 셀 수 있다면] 네 자손도 이와 같으리라"(15:5).

이어지는 구절은 구약성경에서 매우 중요한 구절이다. "아브람이 여호와를 믿으니 여호와께서 이를 그의 의로 여기셨다"(15:6). 그로부터 시간이 한참 지난 다음, 신약성경에서 사도 바울은 이 구절을 인용하여 심지어 구약성경 안에서도 의가 인간의 선행이 아니라 믿음으로 말미암는다는 점을 논증한다.

이어서 하나님은 아브라함에게 전에 하셨던 땅에 관한 약속을 다시 언급하신다(15:7). 그러자 아브라함은 이 약속이 실현될 것을 어떻게 확신할 수 있는지 질문한다. 이때 하나님은 공식적인 언약 비준 의식을 시작하신다(15:9-20). 하나님은 아브라함에게 몇몇 동물을 가져와서 절반으로 잘라 쪼갠 다음에 그 쪼갠 것들을 마주 대하도록 놓으라고 말씀하신다. 해가 지고 아브라함이 깊은 잠에 빠졌을 때 하나님은 그에게 나타나셔서, 아브라함의 자손들이 이방에서 400년 동안 압제를 당하지만(우리는 이 사실을 나중에 출애굽기에서 발견한다), 그들을 그 땅에서 구원하여 (지금 아브라함이 머무르고 있는) 약속의 땅으로 인도하겠다고 말씀하신다.

이때 참으로 놀라운 사건이 일어난다. 하나님을 상징하는 타오르는 불이 붙은 연기 나는 화로가 쪼갠 동물들 사이로 지나간다. 이는 중요한 의미를 지닌다. 고대 근동 지역에서는 두 사람 사이의 중요한 언약을 비준하는 공식적인 관행으로 동물을 반으로 자르고 양측이 그 사

성경의 중요한 언약들

성경에는 하나님의 위대한 이야기에서 핵심적인 역할을 감당하는 네 가지 중요한 언약이 있다. 아브라함 언약(창 12-17장), 모세 언약(출, 레, 민, 신), 다윗 언약(삼하 7장), 새 언약(렘 31장)

이를 지나가게 했기 때문이다. 이는 아마도 다음과 같은 메시지를 전달하는 상징적 방법이었을 것이다. '만일 내가 이 언약에 불충하면 내가 이 동물처럼 죽임을 당할지니라.' 그런데 주목할 점은 하나님과 아브라함 사이의 언약 비준 의식에서 쪼갠 동물 사이를 지나간 당사자가 하나님뿐이라는 사실이다. 말하자면 하나님은 일방적으로 혼자서 이 언약을 맹세하신 것으로 이해할 수 있다. 그런데 창세기 15:18은 이 언약 체결 사건을 다음과 같이 요약한다. "그날에 여호와께서 아브람과 더불어 언약을 세워 이르시되 내가 이 땅을 애굽 강에서부터 그 큰 강 유브라데까지 네 자손에게 주노[라]." 그래서 하나님은 창세기 12장에서 아브라함에게 먼저 약속하신 다음에 15장에서 이 약속을 언약으로 공식화하신다. 게다가 이 언약 사건의 모든 요소는 하나님이 홀로 이 언약을 성취하기로 약속하셨음을 가리킨다.

창세기 17장에서 아브라함이 99세의 노인일 때, 하나님은 다시 그에게 나타나셔서 그와 맺은 언약을 반드시 달성하겠다고 말씀하신다(17:2). 이때 하나님은 수많은 자손에 관한 약속을 다시 반복하시고, 또 몇 가지 새로운 생각도 덧붙여서 아브라함이 여러 민족의 아버지가 될 것도 말씀하신다(17:5-6). 또한 하나님은 아브라함과 맺은 언약이 그뿐 아니라 자손들에게도 계속 이어질 것을 말씀하신다(17:7, 19). 그리고 이 언약의 증표로 아브라함과 그의 자손들에게 할례받는 것을 요구하신다(17:9-14).

하나님이 할례를 요구하셨다고 해서 이 언약이 쌍방 간에 책임을 지는 쌍무적인 언약으로 바뀐 것은 아니다. 할례는 다만 아브라함과 그의 자손들이 하나님의 신성한 언약 아래 있음을 올바로 이해했다는 표식에 불과하다. 이는 달리 말하자면 자신을 언약과 동일시한 표시다. 할례의 의미는 결혼반지와 유사하다. 결혼반지는 쌍방 간의 결혼 관계에 대한 표식이자 이를 증언하는 상징물이며, 부부가 손에 낀다. 반지 그 자체로 또는 그 반지를 손가락에 낀다고 해서 (서로 사랑하고 서로에 대해 신의를 지키며 서로를 돌보는) 결혼 관계의 의무들이 자동으로 이행되는 것은 아니다. 그보다 반지는 부부가 결혼 관계 당사자로서의 정체성을 가지고 있음을 강조한다. 아브라함 언약에 담긴 가장 위대한 결속의 의무—땅과 수많은 자손과 축복—들을 이행하는 책임은 여전히 하나님께 달렸다. 다만 할례는 할례를 받은 아브라함과 그의 자손들이 이 놀라운 언약 관계의 당사자가 되었음을 분명히 천명할 뿐이다. 하나님 편에서 보자면 할례 사건은 앞으로 이 이야기가 구약성경 전체에 걸쳐 계속 확장되면서 “나는 그들의 하나님이 되리라”고(창 17:8) 말씀하신 언약 관계에 새로운 국면을 더한 것이다.

아브라함은 신화나 전설 속의 인물이 아니라 역사적으로 실존한 인물이다. 그도 몇 번 (의심하거나) 실족했다는 점에 비추어 볼 때, 그의 인간적 차원 역시 명백하다. 하지만 대체로 그는 믿음의 사람이었다. 그는 하나님과 그분이 하신 약속을 믿었다. 그는 또 특히 위기의 순간에 하나님을 굳게 신뢰했다.

| 이삭과 야곱(이스라엘) 그리고 야곱의 열두 아들에게 이어지는 언약 |

하나님은 드디어 전에 약속하신 그대로 아브라함에게 아들 이삭이 태어나게 하신다. 이삭의 탄생은 참으로 기적적이다. 당시 아브라함과 사라는 아이를 낳을 만한 나이를 훨씬 지났기 때문이다. 아브라함에게 맺어 주신 약속의 성취인 이삭이 점점 자라는 동안에도 하나님은 아브라함과의 언약 관계를 계속 이어 가시면서 땅, 수많은 자손, 축복이라는 언약의 세 가지 핵심 요소의 성취를 계속 확인하고 이를 더욱 분명히 하신다(창 26:3-5, 24).

하지만 이야기가 계속 진행되면서 하나님은 이삭을 통한 기존 언약의 재확인과 동시에 이후 성경 전체를 관통할 언약 관계의 몇 가지 새로운 차원들도 계시하신다. 먼저 하나님은 "나는 네 아버지 아브라함의 하나님이니라"고 선언하시면서 언약의 맥락에서 자신의 정체를 나타내신다. 우리는 앞으로 하나님의 자기 계시적 특성이 구약성경 전체에 걸쳐서 거듭 반복됨을 볼 것이다.

신현

좀 더 놀라운 사실은 하나님이 그 후에 신현(theophany)이라 불리는 사건들 속에서 자신을 계시하셨다는 점이다(창 18:1). 살아 계신 하나님의 현존이 현실로 드러나는 것은 약속과 위로와 인도에 관한 말씀이 지닌 중요성과 진정성을 강조한다. (신현이라고 알려진) 이러한 임재의 사건들은 인간과 하나님 그리고 인류를 향한 그분의 목적들을 매우 긴밀한 연결 고리로 결합한다. 창세기에 등장하는 세 족장은 한결같이 자기들의 삶에 찾아오신 하나님의 현존을 경험했다(12:7; 17:1; 18:1; 26:2-5, 24; 35:1, 7, 9). 각각의 신현 사건은 이를 경험한 사람들의 삶에서만 아니라 계시의 중요한 발전 단계에서도 획기적인 전환점을 제공한다. 매번 하나님은 이들에게 복을 주시며, 이들의 이름을 바꾸시나 앞으로 이어질 하나님의 전체 계획까지는 아니더라도 족장들에게 중대한 결과를 가져올 사명을 맡기신다.[1]

- 월터 카이저

둘째로 하나님은 이삭에게 "내가 너와 함께 있[겠다]"라고 선언하신다(창 26:3). 이는 하나님의 강력한 현존과 동행에 관한 약속의 말씀이다. 하나님의 구원 이야기 맨 처음에 아담과 하와가 낙원에서 하나님의 임재를 풍성히 누리던 모습을 회상해 보라. 하지만 하나님의 말씀에 불순종하자 그들은 이 놀라운 특권의 자리에서 쫓겨났고 낙원에서 추방되었다. 하지만 이제 아브라함과 그의 후손들과 맺은 하나님의 놀라운 회복의 언약 안에서 그분의 강력한 임재와 동행이 다시 이 이야기의 전면에 등장한다. 하나님은 이삭에게 "두려워하지 말라.…내가 너와 함께 있[으리라]"고 말씀하신다(창 26:24). 이러한 축복은 하나님과 관계를 맺은 자들이 누릴 수 있는 가장 놀라운 유익이다.

하나님과 맺은 언약 안에서 신자가 누리는 성결과 권능의 표지인 하나님의 임재는 구약성경뿐만 아니라 성경 전체를 관통하는 중요한 주제로 앞으로 계속 등장할 것이다. 신약성경의 복음서에서도 예수님은 "임마누엘", 즉 하나님이 우리와 함께 계신다는 이름으로 자신을 알리신다. 그리고 신약성경의 마지막 책 요한계시록도 하나님의 임재를 핵심 주제로 다시 부각하면서 하나님의 위대한 이야기의 대미를 완성한다(계 21장).

이삭에게는 에서와 야곱 두 아들이 태어났다. 야곱은 동생이지만 하나님은 두 형제 중에 언약 계승자로 야곱을 선택하셨다. 그리고 하나님은 이런 사실을 그에게 두 번 확인시켜 주셨다(창 28:13-15; 35:9-13). 야곱에게 맺어 주신 언약을 재확인하는 것의 일환으로 하나님은 그의 이름을 이스라엘로 바꾸어 주신다(창 35:10; 또한 32:28도 보라). 출애굽기에 이르러 야곱의 자손들은 거대한 나라를 형성할 것이고, 그들은 이스라엘이라는 명칭을 자신들의 국명으로 사용할 것이다.

비록 몇몇 아들의 성품은 다소 의심스럽지만, 야곱은 하나님의 축복 가운데 열두 아들, 곧 르우벤과 시므온, 레위, 유다, 잇사갈, 스불론, 요셉, 베냐민, 단, 납달리, 갓, 아셀을 낳았다. 창세기의 마지막 장에 소개되는 이야기(창 37-50장)는 특히 야곱의 아들 요셉에 집중하면서 야곱과 그의 열두 아들을 다룬다. 야곱은 요셉을 편애했고, 다른 아들들은 이 때문에 분개했다. 그래서 형제들은 요셉을 제거할 목적으로 동생 요셉을 애굽으로 내려가는 상인들에게 노예로 팔아 버렸다.

그런데 요셉이 애굽에서 노예로 고난을 당하는 동안에도 하나님은 그와 함께 계셨다(창 39:2, 21). 하나님이 이렇게 권능으로 함께하시는 것이 바로 언약의 일부분이었음을 기억하라. 게다가 요셉은 애굽에 머무는 동안에 그가 인격적으로 성숙하고 신실한 사람임을 증명했다. 하나님은 요셉에게 복을 주셨고, 참으로 놀라운 '역전의 운명' 속에서 요셉은 노예의 신분에서 바로 왕 다음으로 높은 관직에 올랐다. 예전에 하나님이 아브라함 언약의 일부분으로서 "너를 축복하는 자에게는 내가 복을 내리고 너를 저주하는 자에게는 내가 저주하리[라]"고 약속하셨음을 기억하라(창 12:3). 이러한 예언의 약속이 애굽에서 요셉의 생애 가운데 그대로 실현되었다. 요셉을 선대한 애굽 사람들은 복을 받았다. 바로가 요셉의 말을 신뢰했기 때문에 요셉도 애굽에 다가오는 흉년에 슬기롭게 대처할 수 있었다. 그 결과 애굽은 그 지역을 연거푸 강타한 끔찍한 재앙에서 벗어날 수 있었다.

이스라엘의 남성 족장들과 여성 족장들

아브라함과 이삭과 야곱은 이스라엘의 족장이라 불린다. "족장"(patriach)이란 단어는 어느 한 부족이나 가문의 조상이나 시조를 가리킨다. 이스라엘 온 나라 백성들의 혈통은 야곱과 이삭, 아브라함에게까지 거슬러 올라간다. 그래서 이 세 사람은 이스라엘의 족장이 되었다. 이와 마찬가지로 이 세 족장의 부인인 레아와 라헬, 리브가, 사라는 종종 "이스라엘의 여성 족장들"이라 불리기도 한다.

하지만 요셉을 애굽에 노예로 팔아넘겼던 요셉의 형제들을 포함

한 야곱의 가족들은 심각한 기근으로 절망에 빠졌고 살아남기 위하여 곡식을 사러 애굽으로 내려가야만 했다. 그런데 이들은 예상치 않게 이곳에서 자기 형제인 요셉, 지금은 강력한 권세를 가진 요셉을 만난다. 그런데 요셉은 복수하지 않고 오히려 자기 형제들의 죄를 용서해 주어 가족은 다시 회복된다.

창세기가 끝나면서 야곱(이스라엘)과 그의 가족은 애굽에 정착하여 요셉의 높은 지위 덕분에 많은 복을 누린다. 요셉의 두 아들인 므낫세와 에브라임은 야곱의 열한 명의 아들들과 함께 열두 지파를 대표하는 지위를 얻게 되고, 이후에 이들로부터 전체 열두 지파가 확장된다. 창세기의 마지막 부분에서 요셉은 죽기 직전에 가족들을 불러 모아 "하나님이 당신들을 돌보시고 당신들을 이 땅에서 인도하여 내사 아브라함과 이삭과 야곱에게 맹세하신 땅에 이르게 하시리라"고 약속하면서 아브라함의 약속을 끝까지 붙들 것을 유언한다(창 50:24).

연결하기

하나님의 위대한 구원 이야기 안에서 현재 위치를 복습해 보자.

창조와 위기
▸언약
불러냄
계명
정복과 가나안화
왕국의 설립
왕국의 친교와 상식

왕국의 분열

포로 생활과 귀환

중간기: 구약과 신약의 중간 시기

그리스도

교회

완성

성경 전체의 서막인 창세기에서 우리는 하나님의 장엄한 천지창조에 대해 살펴보았다. 그분은 아담과 하와를 창조하시고 이들을 복이 가득하고 결실이 풍성한 낙원에 두셨다. 그런 복 중에서 이들에게 가장 중요하고도 탁월한 복은 하나님의 친밀한 임재였다. 하나님은 아담과 하와에게 자신의 전부를 허락하셨다. 이 얼마나 놀라운 복인가? 하지만 이어지는 창세기 3-11장에서 아담과 하와를 포함한 모든 사람이 하나님을 반역하고 대적함으로써 패역함을 증명하는 사건들이 연이어 발생한다. 아담과 하와는 하나님이 금하신 열매를 먹는다. 그다음에 가인은 자기 동생 아벨을 살해한다. 그리고 인간의 사악함이 온 땅에 퍼져서 하나님은 홍수로 온 세상을 심판하실 수밖에 없었다. 마지막으로 사람들이 바벨탑을 쌓으며 하나님을 대적하자 하나님은 이들을 온 지면에 흩으신다. 그래서 하나님의 이야기는 창조에서 시작하여 위기로 치닫는다. 그렇다면 이러한 죄악과 반역의 결과는 무엇인가? 과연 인류는 최초의 낙원으로 돌아가서 하나님의 위대한 임재를 경험할 수 있을까? 과연 하나님은 이들을 파멸에 몰아넣으실까 아니면 구원하실까? 그분이 그토록 완악하고 반항적인 사람들을 구원하실 수 있을까?

이러한 질문에 대한 해답은 하나님이 아브라함과 맺은 언약을 통해 계시된다. 아브라함과 맺은 하나님의 위대한 약속과 언약(창 12; 15; 17장)은, 창세기 3-11장에서 분명하게 드러난 인간의 죄악과 반역에 대한 하나님의 해결책이다. 하나님의 놀라운 구원 계획이 단계적으로 펼쳐지는 토대가 바로 이 언약이다. 실제로 아브라함 언약은 하나님의 전체 구원 이야기가 구약과 신약 전체를 관통하여 흐르는 동력을 제공하며, 마지막에 예수 그리스도 안에서 궁극적이고 최종적으로 성취되고 완성될 것이다.

이야기 실천하기

하나님의 구원 이야기 안에서 우리의 위치를 확인할 때 우리는 먼저 이 이야기 초반부(위기)에서 우리가 맡았던 역할을 떠올려야 한다. 창세기 3-11장에서 처음 인류가 하나님을 향하여 "이것은 당신의 길이 아니라 내 길이야"라고 반항적으로 고함치며 하나님의 뜻을 거역했던 악행에 잘 드러나듯이, 인간의 죄악에 관한 이야기는 남의 이야기가 아니라 우리 자신의 이야기이기도 하다. 우리의 죄로 인하여 우리는 낙원과 하나님의 위대한 임재로부터 추방되었고 이 세상에서 무력한 집단들 속으로 흩어지고 말았다.

하지만 하나님은 자비하신 은혜로 놀라운 구원의 약속을 가지고 우리에게 다가오셔서 우리를 여기에 참여하도록 초대하신다. 우리에게는 이 축복을 누릴 만한 자격도 없고, 우리의 힘과 노력으로 쟁취할 수도 없다. 하지만 아브라함처럼 우리는 다만 믿음 안에서 이 놀라운 약속의 축복을 받을 수 있다. "아브람이 여호와를 믿으니 여호와께서 이를 그의 의로 여기시고"(창 15:6). 이 진리는 하나님의 구원 이야기 안에서 우리에게도 매우 중요한 국면에 해당한다. 왜냐하면 이 이야기가 계속 진행되어 우리에게도 적용되려면, 우리에게 하나님의 약속, 즉 궁극적으로는 예수 그리스도 안에서 최종적으로 성취되고 완성되는 약속에 대한 믿음과 신뢰가 필요하기 때문이다. 이 위대한 하나님의 약속을 믿음으로 받아들임으로써, 우리는 "하나님의 백성", 즉 하나님이 "내가 너희와 함께 있으리라"고 선언하신 백성들 가운데 참여할 수 있다.

마무리 «

아브라함 언약(창 12, 15, 17장)은 창세기 3-11장에 나타난 인류의 죄악과 반역에 대한 하나님의 응답이다. 하나님은 아브라함 언약을 통해 땅에 대한 약속과 수많은 후손에 대한 약속, 아브라함에 대한 축복과 그를 통해 온 인류가 받을 복에 대한 약속, 그리고 아브라함과 다른 사람들의 관계에 따른 축복과 저주에 관한 약속을 제시하셨다. 그리고 하나님의 위대한 이야기의 상당 부분은 하나님이 이러한 약속들을 실현하시기 위해 인류의 구원 역사 속에서 어떻게 일하시는지에 관한 내용들을 중심으로 전개된다.

암송 구절

아브람이 여호와를 믿으니 여호와께서 이를 그의 의로 여기시고. (창 15:6)

심층 연구

| 도서들 |

Hamilton, Victor P. *The Book of Genesis.* The New International Commentary on the Old Testament. 2 vols. Grand Rapids: Eerdmans, 1990. 『NICOT 창세기 1, 2』(부흥과개혁사).

Sailhamer, John H. "Genesis." In *The Expositor's Bible Commentary*, edited by Tremper Longman III and David Garland, 21–331. Revised Edition. Grand Rapids: Zondervan, 2008.

Schnittjer, Gary Edward. *The Torah Story: An Apprenticeship on the Pentateuch*. Grand Rapids: Zondervan, 2006.

Walton, John H. *Genesis*. The NIV Application Commentary. Grand Rapids: Zondervan, 2001.

| 토론을 위한 질문 |

a. 하나님이 아브라함과 사라를 향해 집을 떠나 장차 하나님이 보여 주실 새로운 땅으로 가라고 말씀하셨을 때, 두 사람이 느낀 감정은 어떠했겠는가? 두 사람은 어떤 두려움을 가졌겠는가? 이들의 순종이 어떤 면에서 믿음에 대한 본을 보여 주는지 논의해 보라.

b. 창세기 15:9-21에 등장하는 의식을 묘사해 보라. (아브라함이 아닌) 하나님만 쪼개 놓은 동물 사이로 지나가신 것이 의미하는 바가 무엇인지 이야기해 보라.

c. 하나님은 실제로 아브라함의 자손이 약속의 땅을 차지하는 때를 4백 년 늦추실 것이라고 선언하신다(창 15:13-16). 하나님이 이토록 오래 늦추신 이유가 무엇이라고 생각하는가?

| 과제 |

1. 하나님이 아브라함에게 하신 언약(창 12:1-8; 15:1-21; 17:1-22)의 구성 요소들과 이삭에게 하신 동일한 언약(창 26:1-25)의 구성 요소들 간의 차이점

과 유사성에 대해 토의하라.

2. 창세기 21-22장을 정독한 후에 다음 질문들에 답하라.

a. 이삭이 아브라함에게 그토록 특별하고도 소중한 이유는 무엇인가?

b. 창세기 22:8에서 아브라함은 하나님이 양을 준비해 두고 계셨음을 정말로 믿었을까, 아니면 속마음을 이삭에게 숨기려고 둘러댄 것일까?

c. 창세기 22장의 사건은 예수 그리스도의 십자가 처형이 있기 거의 2천 년 전에 발생했다. 하지만 두 사건 사이에는 몇 가지 유사성이 존재한다. 그 유사성을 생각나는 대로 모두 나열하여 보라. 예수 그리스도의 십자가 사건에 대한 개괄적인 윤곽을 위해 마태복음 27:32-56과 요한복음 19:17-27을 보라.

3. 불러냄

"나는 너희를 애굽 땅에서 인도하여 낸 여호와로다."

도입 »

"슈퍼맨의 망토는 건드리지 마라!" 이 말은 우스워 보이지만 진리를 담은 경구(짤막하면서도 함축적인 지혜가 담긴 말)로, "조로와 결투하려 들지 말라"는 식의 다른 경구들과 함께 사용되어 "당신을 쉽게 넘어뜨릴 만한 사람에게는 섣불리 대들지 말라"는 상식적인 진리를 효과적으로 전달한다. 이번 장의 이야기가 전개되면서 이 땅의 가장 강력한 군주인 애굽 왕 바로는 이러한 기본 상식을 철저하게 무시했고, 그 결과 아브라함과 이삭과 야곱의 하나님께 직접 대항하여 정면으로 맞서는 비극을 자초한다.

애굽의 바로는 하나님의 백성을 노예로 삼았고 그들에게 무자비한 노역을 강요했으며 그들의 어린 자녀들을 학살했다. 이후에 왕위에 오른 바로도 이런 가혹한 정책을 지속했고, 노예로 압제당하는 이스라엘 백성을 해방시키라는 하나님의 요구를 묵살하면서 "여호와가 누구이기에 내가 그의 목소리를 듣고 이스라엘을 보내겠느냐. 나는 여호와를 알지 못하니 이스라엘을 보내지 아니하리라"고 하나님께 반항적으로 반응했다(출 5:2). 이제 무슨 일이 일어날까? 과연 하나님은 어떻게 응답하실까? 바로의 패역에 대해 하나님은 인상적인 방식으로 역사에 개입하셔서 자기 백성을 구원하시며 애굽 사람들의 교만을 철저히 짓밟으신다. 그래서 하나님께 순종하는 자들은 특별한 구원을 경험하지만 그분께 대적하는 자들은 끔찍한 심판을 경험한다.

이번 장에서는 출애굽기 1-15장을 살펴볼 것이다. 우리는 하나님의 전체 구원 이야기에서 차지하는 이 부분을 가리켜 "불러냄"이라고 부른다. 그 이유는 이 단계에서 하나님이 자신의 백성을 애굽에서 불러내어 구원하시고 이들을 이스라엘 나라로 세우시기 때문이다. 이 부분은 구약성경에서 하나님의 구원에 관한 가장 위대한 사건이다. 구약성경의 출애굽 사건은 신약성경에서 십자가 사건에 해당한다. 실제로 하나님은 자신의 본성을 더욱 분명히 계시하실 때 이 사건을 종종 언급하신다. 이후 구약성경 전편에 걸쳐서 하나님은 종종 이렇게 선포하신다. "나는 너희를 애굽 땅, 종 되었던 집에서 인도하여 낸 네 하나님 여호와니라"(출 20:2). 자기 백성을 구원하신 이는 바로 하나님이시다. 이 점이 바로 하나님이 우리가 분명히 숙지하기를 원하시는 그분 성품의 중요한 부분이다.

준비

출애굽기 1:1-6:12; 11:1-10; 12:31-42; 13:20-14:31을 읽거나 들어보라.

계속되는 이야기

| 창세기와의 밀접한 연관성 |

출애굽기는 창세기에 나타난 하나님의 구원 이야기를 이어 가며, 아브라함과 이삭, 야곱 그리고 요셉의 이야기와도 밀접한 관련을 맺고 있다. 창세기 35:10에서 야곱의 이름이 이스라엘로 바뀐 것을 기억해 보라. 창세기의 마지막 부분에서 요셉이 애굽의 총리가 되어 애굽을 심각한 기근에서 벗어나도록 결정적으로 도운 덕분에 이스라엘의 후손들은 애굽으로 내려가 정착하게 된다. 출애굽기 1:1은 이전의 가족들에 관한 이야기를 상기시키면서 하나님의 위대한 구원 이야기가 이 독특한 가족들을 중심으로 전개된다는 사실을 알려준다. 창세기에서는 "이스라엘의 아들들"(또는 "이스라엘 자손", 곧 야곱의 아들들)이 열두 번 언급된다. 하지만 출애굽기에서 이 용어는 무려 125회나 등장한다. "이스라엘 자손"이란 용어는 출애굽기에서 등장하는 새로운 민족을 묘사하는 용어로 사용될 것이다. 사실 상당수의 영어 성경은 "이스라엘 자손"(sons of Israel)이란 용어를 간단히 "이스라엘 사람들"(Israelites)로 번역했다.

창세기(12, 15, 17장)에서 하나님이 아브라함과 맺으신 언약은 출애굽기의 이야기를 계속 이끌어 간다. 아브라함 언약의 핵심 요소들을 다시 떠올려 보라. 하나님은 아브라함에게 (1) 땅, (2) 수많은 자손들, (3) 위대한 민족, (4) 축복을 약속하셨다. 또한 하나님은 "너를 축복하는 자에게는 내가 복을 내리고 너를 저주하는 자에게는 내가 저주하리니 땅의 모든 족속이 너로 말미암아 복을 얻을 것이라"고 약속하셨다(12:3). 이러한 약속의 성취가 바로 출애굽기에서 진행되는 구원 이야기를 주도하며 그 속에서 발생하는 모든 사건 속에 분명히 나타난다.

주요 등장인물들

출애굽기의 구속 이야기에서 두드러지는 세 명의 등장인물로는 하나님, 모세, 바로가 있다. 모세는 바로에 대해 하나님의 대사/대리인 역할을 한다. 또한 하나님은 모세를 이스라엘의 지도자로 임명하신다. 그렇더라도 출애굽 이야기에서 가장 중요한 역할을 하는 분은 역시 하나님 자신이다. 출애굽기는 전편에 걸쳐서 하나님의 성품에 관한 엄청난 통찰들을 우리에게 제시한다.

> 출애굽기의 구속 이야기에서 두드러지는 세 명의 등장인물로는 하나님, 모세, 바로가 있다.

사실 출애굽기에는 두 명의 바로가 등장하는데, 한 명은 출애굽기 1-2장에 또 다른 한 명은 3-15장에 등장한다. 하지만 두 사람의 정확하게 구별된 실제 이름을 제시하지 않고 바로라는 모호한 이름을 사용하는 것으로 보아, 출애굽기 전체 이야기는 두 인물의 차이를 부각하는 데 별 관심이 없다. 이러한 묘사 방식은 다소 독특하지만 나름의 중요한 함의를 전달하는 것 같다. 사실 성경은 이방 왕들과 바로의 이름을 분명히 밝히는 데 별로 주저하지 않는 편이다. 오히려 그렇게 밝히는 것이 보통이다. 하지만 출애굽기에서 바로의 이름은 구체적으로 언급되지 않는다. 그래서 학자들은 출애굽 당시에 애굽을 통치한 바로가 누구였는지에 대해 여전히 의견이 분분하다. 이 점은 아마도 이 책의 가장 큰 아이러니이자 교훈 중 하나일 것이다. 이 세상에서 가장 강력한 군주였던 바로의 이름, 감히 하나님 그분께 도전한 자의 이름은 사라져 버렸다. 그러나 오늘날 누구나 모세의 이름은 알고 있다. 심지어 새로 태어난 히브리 아이들을 보호해 준 두 산파의 이름도 분명히 언급된다. 하지만 바로의 이름은 성경 어디에서도 찾을 수 없다. 이것이야말로 거만한 바로에 대한 가장 강력한 아이러니이자 시적 일격(一擊)이다.

| 이스라엘 자손을 탄압하는 바로(출 1:1-2:10) |

출애굽기가 시작되는 부분에서는 앞서 하나님이 약속하신 아브라함 언약의 일부분이 성취된다. 이스라엘 자손들이 애굽에서 번성하면서, 하나님이 아브라함에게 약속하신 것처럼 이 작은 가족이 거대한 나라의 규모로 성장한다. 노년이 될 때까지 자녀가 없었던 아브라함이 이제는 하나님 축복의 표시로 수많은 후손을 거느리게 되었다. 그러나 이스라엘 자손들은 여전히 애굽 변방에 거주하고 있으며, 자손 번성의 축복은 급기야 애굽 사람들의 탄압을 초래한다. 요셉은 벌써 오래전에 사망했고, 그 후 완전히 새로운 왕조가 시작되면서 애굽을 통치하기 시작한 새로운 바로는 요셉에 대한 기억이 전혀 없다. 그래서 요셉이 살았을 때의 전임자들과 달리 이스라엘 자손을 더 이상 복의 근원으로 존중하지 않았다. 이스라엘 자손들의 급격한 번성에 놀란 새 바로는 이스라엘 자손이 자기에게 반역할까 염려했다. 그래서 이스라엘 자손의 인구수를 통제할 목적으로 세 가지 연속적인, 그러나 성공적이지 못한 계획을 시도했다.

플랜 A (1:9-14). 가혹한 노동으로 이스라엘 사람들을 죽음으로 몰아넣기. 여기에서 발견되는 아이러니는, 바로가 자신을 위한 국고성을 건축하는 데 이스라엘 자손들을 동원하지만, 사실 이 전략은 요셉이 이전에 창세기 41:46-49에서 애굽을 위하여 집행한 정책이었다는 점이다. 그런데 이러한 가혹한 탄압에도 불구하고 이스라엘 자손은 결코 줄어들지 않는다. 그래도 바로는 이 계획을 철회하지 않고, 오히려 이스라엘의 출산율을 낮추고자 갑절의 폭정을 가한다.

플랜 B (1:15–21). 산파들에게 새로 태어나는 이스라엘의 영아가 아들이면 즉시 살해하도록 지시함. 명령을 받은 산파들이 그대로 따르기를 거부하고 바로의 명령에 지혜롭게 불순종하면서 이 계략도 제대로 먹혀들지 않는다. 하나님을 경외하는 산파들이 바로의 명령을 따르지 않고 오히려 하나님의 백성을 올바로 돌보자, 하나님은 이들에게 복을 베푸신다.

플랜 C (1:22). 새로 태어나는 이스라엘의 남자아이를 나일강에 던지게 함.

출애굽 연대

출애굽기의 이야기에서 발견되는 한 가지 아이러니는 두 바로 가운데 그 누구의 이름도 언급되지 않는다는 점이다. 이는 아마도 당시 지상 최고의 권력자였던 바로의 교만과 패역함을 노골적으로 모욕하고 심판하는 표현일 것이다. 하지만 출애굽기에 등장하는 바로가 정확히 누구인지 알 수 없으므로, 학자들은 정확히 언제 출애굽 사건이 발생했는지를 결정하는 데 어려움을 겪곤 한다. 사실 이 주제는 학자들이 정확한 결론을 내리지 못하고 계속 논란을 일으키는 쟁점이기도 하다.

그 와중에 다음 두 가지 연대가 제시되곤 한다. 만일 열왕기상 6:1이 제시하는 연대를 그대로 받아들여서 솔로몬의 통치 시점으로부터 역산한다면 출애굽 연대는 기원전 1446년이라는 결론에 도달한다. 그리고 이 연대가 정확하다면 당시 애굽의 바로는 투트모세 3세(Thutmose III)일 것이다. 이 입장은 연대를 결정할 때 성경 본문을 그대로 따르는 복음주의 학자들의 보편적 견해다. 하지만 일부 복음주의 신학자들을 포함하여 상당수의 다른 학자들은 주로 고고학적 발굴 자료들을 동원하여 그보다 늦은 기원전 1280–1260년을 주장한다. 이 견해가 옳다면 출애굽 당시 바로의 이름은 람세스 2세(Rameses II)다.

양쪽 진영 모두 방대한 논증 자료와 반박 자료들을 가지고 있어서, 이 쟁점을 더 깊이 연구하면 매우 복잡한 양상을 띤다. 그래서 우리는 이 문제를 해결하는 가장 중요한 논거로, 이방 왕들과 바로들의 이름을 제공하는 것이 성경의 일반적 관례임에도 불구하고, 성경이 출애굽과 관련된 바로의 이름에 대해서만큼은 침묵한다는 사실을 있는 그대로 받아들인다. 그리고 성경이 바로의 이름에 대해 침묵하는 것이 오히려 이들에 대한 심판으로 생각한다.

가혹한 노동을 강요하는 플랜 A는 매우 고통스러웠는데, 영아 학살이라는 플랜 B와 C는 더더욱 끔찍한 정책이었다. 하나님이 아브라함에게 "너를 축복하는 자에게는 내가 복을 내리고 너를 저주하는 자에게는 내가 저주하리[라]"고 약속하셨음을 기억하라(창 12:3). 그런데 바로가 이스라엘 자손들을 노예로 삼고 갓 태어난 영아들을 학살하는 것을 보면서, 우리는 숨도 제대로 쉬지 못하고 하나님이 어떻게 반응하실지 두려움으로 지켜볼 따름이다. 예상대로 하나님은 일련의 심각한 경고(재앙들)를 보낸 다음에, 대단히 파괴적인 심판으로 응답하신다. 출애굽기 11-12장에서 하나님은 애굽 모든 가정의 첫 소생의 목숨을 거두시고, 또 14장에서는 애굽의 모든 전차 부대를 홍해에 수장시키신다. 이것이 하나님의 시적 정의(권선징악, poetic justice)다.

뜻하지 않게 이스라엘의 영웅이자 구원자로 부상한 모세는 바로 그렇게 고통스러운 시기에 태어났다. 그의 모친은 갓 태어난 아들을 간절한 심정으로 보호하고자 갈대 상자에 역청과 나뭇진을 칠하여 일종의 방주를 만들었다(창세기 6-9장에 등장하는 노아의 방주를 묘사하는 데 사용된 것과 같은 히브리 단어가 사용된다). 그런 다음에 그녀는 자기 아들을 그 방주에 넣고 나일강 강가 갈대 사이에 두었다. 여기에서도 새로운 아이러니가 발견된다. 바로의 명령은 모든 사내아이를 강으로 내던지라는 것이었다. 그런데 이 어머니는 그 명령을 따르면서도 죽게 하지는 않고 자기 아이를 강가 갈대 사이에 두었다.

그런데 이 시점에 새롭고도 엄청난 아이러니가 발생한다. 그것은 다름 아닌 바로의 딸이 아기 모세가 우는 것을 발견한 것이다. 그녀는 부친 바로의 명령을 거역하면서까지 이 아이를 강에서 건지고 계속 보호하며 자기 아들로 양육하기로 결심한다. 장차 이스라엘을 구원하는 동시에 애굽을 끔찍한 파멸로 몰아갈 자가 바로의 가족에게 구출되고 양육까지 받게 된 것이다.

| 모세를 불러 권능을 부여하신 하나님(출 2:11-4:31) **|**

모세는 점점 자라나지만, 성인이 되기까지 모세를 향한 특별한 하나님의 말씀은 들리지 않는다. 우리는 모세가 자라면서 어떤 종류의 종교교육을 받았는지 알 수 없다. 다만 그의 진짜 히브리 어머니가 그에게 분명 종교적 유산을 전했으리라 추측할 수 있지만, 당시 애굽의 노예로 지내던 이스라엘 자손들이 구체적으로 어느 정도 아브라함의 신앙을 유지할 수 있었는지는 잘 알 수 없다.

청년 시절 모세는 애굽의 어떤 감독자가 히브리 사람을 구타하는 장면을 목격한다. 이때 모세는 여기에 관여하여 애굽 사람을 살해한다. 그는 살인 사건이 은폐되기를 원했지만, 이 사건은 곧 사람들에게 알려지고 이 일로 바로는 모세를 처형할 것을 명령한다. 그래서 바로의 낯을 피하여 북동쪽, 미디안 사람들이 살고 있는 시나이반도의 건조한 지역으로 도망한다. 이곳에서 그는 (아마도 대부분이 바알을 숭배하는) 미디안의 제사장 르우엘의 딸과 혼인하여 이 지역에 정착한다.

이런 모습을 보면 아마도 격렬한 이의 제기가 가능할 것이다. 독자로서 우리는 지금 모세의 행동이 아주 의아하다. 그는 이스라엘을 구원할 위대한 인도자가 되기로 예정되어 있지 않은가? 그런데 지금 그가 어떻게 미디안 제사장의 가족과 혼인할 수 있단 말인가? 우리가 알기에 모세는 이스라엘 사람이지만, 르우엘의 가족들은 맨 처음 그를 애굽 사람으로 여겼을 것이다. 그래서 모세는 미디안 사람과 혼인하고 그들의 일원이 되어 그곳에 정착한다.

땅에 관한 약속

하나님은 아브라함에게 땅에 관하여 약속하셨는데, 출애굽기가 시작되는 시점에 그 약속은 아직 성취되지 않았다. 그래서 약속의 땅은 나머지 모세오경과 여호수아서를 관통하는 지배적 주제로 부각된다.

드디어 하나님이 이 이야기에 직접 개입하시고, 이야기의 진행은 점점 변화하기 시작한다. 출애굽기 2:23-25은 이야기의 변화를 극적으로 이끌어 내는 중요한 전환 구절이다. 하나님은 이스라엘 백성이 고된 노역 때문에 탄식하며 부르짖는 소리를 들으시고 "아브라함과 이삭과 야곱에게 세운 그의 언약을 기억"하셨다(출 2:24). 그래서 드디어 이스라엘 백성에게 변화가 찾아오기 시작한다.

그런데 이 중요한 구절(출 2:23-25)에 이스라엘의 신앙에 대해서는 아무런 언급이 없다는 점을 주목해야 한다. 이 구절에는 이스라엘 백성이 하나님께 회개했다거나 희생 제사를 드렸다는 언급이 없다. 심지어 이 구절은 이들이 **하나님께** 울부짖었다고 말하지도 않고, 그저 그들이 고통스러워 울부짖었다고만 말한다. 그래서 이스라엘 백성의 고난에 대한 하나님의 응답은 철저하게 그분의 은혜와 아브라함에게 하신 그분의 약속(아브라함 언약)에 기인한 것이다. 이 은혜에 근거하여 하나님은 모세를 부르셔서 강한 권능의 팔로 이스라엘 백성을 구원하시고, 애굽을 파멸로 몰아넣는 데 그를 사용하신다. 하지만 이러한 하나님의 행동은 이스라엘 백성의 간절한 기도나 경건의 결과가 아니라 철저하게 하나님의 은혜와 그분의 은혜로운 약속의 결과다. 구약성경에 소개된 가장 위대한 구원 사건인 출애굽 사건은 (나중에 주어지기는 하지만) 그 어떤 율법적 조건 때문도 아니고 인간적 경건이나 기도 덕분도 아니다. 하나님은 직접 구원을 위한 조건과 수단을 제공하시며, 원한다면 누구에게나 구원을 베푸신다.

출애굽기 3:1-4:17에서 하나님은 모세에게 자신을 계시하시고 그에게 소명에 따른 임무를 부여하신다. 그래서 이 구절은 구약성경 전체와 신약성경까지도 긴밀하게 결부된 세 가지 중요한 주제인 하나님의 임재, 하나님의 거룩하심, 하나님의 권능을 담고 있다.

하나님은 광야의 불타는 떨기나무 가운데서 모세에게 나타나신다. 그분이 임재하신 곳은 주변까지 다 거룩하기에 모세에게 신발을 벗으라고 말씀하신 다음 본론으로 들어가신다. 하나님은 모세에게 말씀하시기를, 이스라엘 자손을 애굽에서 구원하고자 하늘로부터 강림하셨으며 모세를 바로에게 보내서 이스라엘 자손의 해방을 요구하도록 하시겠다는 것이다(출 3:8). 그러나 모세는 자신이 과연 그렇게 중요한 임무를 감당할 자격이 있는 사람인지 확신하지 못하여 몇 차례 거절한다. 그러자 하나님은 그러한 거절에 대해 인내하시며 대답하신다(3:11-4:17). 모세에게 확신을 심어 주시는 가운데 하나님은 "내가 너와 함께 있으리라"고 약속하신다(3:12). 그러고는 얼마 지나지 않아 모세는 하나님의 임재로 말미암아 놀라운 능력이 자신과 함께함을 깨닫는다.

계속해서 하나님은 모세에게 그가 이스라엘 자손을 애굽에서 인도하여 낸 다음에 그들은 불타는 떨기나무 가운데 하나님을 만난 이 산으로 나아와서 그분을 섬길 것이라고 말씀하신다. 사실 하나님은 미래의 일을 이미 성취된 일로 간주하신다. 그리고 이 약속은 출애굽기 19장에서 그대로 실현된다.

구약성경에 나타난 하나님의 이름들—"나는 스스로 있는 자이니라"

구약성경 히브리 원문에서는 하나님을 가리키는 두 가지 중요한 이름으로 '엘로힘'(*Elohim*)과 '야웨'(*Yahweh*)가 사용된다. '엘로힘'이란 단어는 2,570회 등장하는데, 이 단어는 일반적으로 '신'(god)을 의미한다. 이 단어는 성경에서 참된 하나님을 언급할 때도 사용되지만 이방의 '신들'(pagan gods)을 가리킬 때도 사용된다는 점에서 영어의 god이라는 단어와 유사하다. 그래서 '엘로힘'이라는 단어가 이스라엘 자손이 섬기는 참된 하나님을 가리킬 때 대부분의 영어 성경은 이 단어를 간단히 "하나님"으로 번역했고, 이 단어가 이방의 신들을 가리킬 때는 "신"(god)이나 "신들"(gods)로 번역했다.

하지만 '야웨'(*Yahweh*)라는 단어는 다르다. 이 단어는 구약성경에서 6,800회 정도 사용되고 있으며, 하나님의 실제적인 독특성을 부각하는 이름으로 기능한다. 달리 말하자면 이 단어는 하나님과 자기 백성 간의 언약 관계의 맥락에서 사용된다. '야웨'라는 이름은 "존재하다"라는 의미를 담고 있는 히브리어 동사와 관련이 있는 것으로 추정된다. 하나님이 모세에게 자신을 "스스로 있는 자"로 직접 소개하신 것은 이러한 이름에 대한 일종의 언어유희(wordplay)다. 대부분의 영어 성경 역본들은 '야웨'라는 단어를 소대문자를 사용하여 "주님"(the LORD)으로 번역하고 있다. 하나님에 대해 이상의 두 가지 이름이 동시에 사용될 때도 있다. 대표적인 사례는 출애굽기 20:2이다. "나는 너를 애굽 땅, 종 되었던 집에서 인도하여 낸 네 하나님 여호와니라." 이스라엘 주변의 열국들은 수많은 신들(*elohim*)을 섬겼지만, 이스라엘의 하나님(*Elohim*)은 '야웨'(*Yahweh*)시다.

그럼에도 불구하고 모세는 여전히 의혹을 털어 버리지 못하여 하나님께 감히 그분의 이름이 무엇인지를 묻는다. 그러자 하나님은 이 질문에 답하여, "나는 스스로 있는 자이니라"고 대답하신다(출 3:14). 이어서 하나님은 자신을 아브라함과 이삭과 야곱의 하나님으로 소개하신다(3:15). 또한 하나님은 모세에게 세 가지 표적을 보여 주시면서, 애굽으로 돌아가서 이스라엘 자손들에게 하나님이 참으로 자신에게 나타나서 말씀하셨음을 확신시킬 때 사용하도록 배려하신다. 이때 또다시 모세가 대중에게 말을 잘하지 못할까 염려하자, 하나님은 말을 잘하는 형제 아론이 도와줄 것이라고 말씀하신다. 드디어 하나님의 인내력이 한계에 도달한 것처럼 보이는 순간, 모세는 하나님의 뜻에 동의하여 애굽으로 돌아간다. 애굽으로 돌아온 모세와 아론은 이스라엘의 장로들을 모아 놓고, 먼저 아론이 나서서 하나님이 모세에게 말씀하신 것들을 이야기해 준다. 그러자 장로들은 모세와 아론의 말을 신뢰하고 하나님을 경배했다. 하지만 이스라엘 자손들의 이러한 긍정적 반응은 오래가지 못한다.

| 바로와 하나님의 대결: 애굽에 임한 아홉 재앙(출 5:1-10:29) |

이제 진짜 대결이 시작되었다. 모세와 아론은 바로에게 가서 하나님을 경배하도록 이스라엘 백성을 광야로 내보내라는 하나님의 명령을 전달했다. 이런 명령에 바로는 즉시 거절하며 말했다. “여호와가 누구이기에 내가 그의 목소리를 듣고 이스라엘을 보내겠느냐. 나는 여호와를 알지 못하니 이스라엘을 보내지 아니하리라”(출 5:2). 불길한 말이다. 바로는 하나님의 말씀에 반항하며 그분의 권위에 도전하고 있다. 그에 따른 결과는 바로와 애굽에게 대단히 치명적일 것이다.

아직 하나님의 권능을 실감하지 못한 바로는 주제넘게도 자신의 위력을 과시하기로 했다. 그는 모세의 요청을 묵시할 뿐 아니라, 모세의 뻔뻔함을 빌미로 이스라엘 백성에게 더 가중한 노역을 부과했다. 그러자 이스라엘 백성은 바로가 부과한 가중한 노역과 탄압 때문에 모세를 비난하기 시작했다. 문제는 이스라엘 백성조차 하나님이 누구이신지 전혀 알지 못했다는 점이다. 이런 상황에서 모세는 다시 낙담에 빠질 수밖에 없었다.

하지만 하나님은 자신의 계획을 다시 모세에게 확신시키시면서, 반드시 이스라엘 백성을 애굽에서 구원하겠다고 강조하셨다. 그러고는 다음과 같이 극적이고도 매우 중요한 약속을 말씀하셨다. “너희를 내 백성으로 삼고 나는 너희의 하나님이 되리[라]”(출 6:7). 이 두 문장은 출애굽기뿐 아니라 구약성경 전체에서 매우 중요하다. 하나님은 이스라엘 백성과 맺은 언약 관계의 가장 근간이 되는 핵심을 정의하기 위해 종종 다음과 같은 정형화된 문구를 사용하신다. “나는 너희의 하나님이 되고 너희는 내 백성이 되리라.” 이런 정형화된 언약의 표준 문구에 다음과 같이 자신의 임재에 관한 약속을 종종 덧붙일 때도 있으시다. “내가 너희 가운데 거하리라.”

> “너희는 내가 너희의 하나님 여호와인 줄을 알지라.”

출애굽기 6:7에서 발견되는 하나님 말씀의 두 번째 핵심 부분은 ‘너희는 내가 너희의 하나님 여호와인 줄을 알지라’이다. 이 구절은 동일한 의미를 담고 있는 몇 가지 변형 문장과 함께 출애굽기 전편에 걸쳐 반복된다. 하나님이 이스라엘 백성을 기적적으로 애굽에서 구원하여 인도하신 사건에서 알 수 있듯이, 역사 속에서 일하시는 하나님의 행동을 통해 모든 사람은 ‘그분이 진정 하나님이심을 알게 될 것이다.’ 이스라엘 백성과 하나님을 신뢰하는 이들은 모두 그분이 진정 위대한 구세주이고 구원자이심을 알 것이다. 그리고 애굽 사람들과 하나님께 반항한 모든 이는 심판을 받는 중에 그분의 주권을 깨달을 것이다. 그래서 구원으로든 심판으로든 모든 사람이 결국 그분을 알 것이다. 이 점이 출애굽기가 전하는 핵심 메시지다.

처음에 바로는 자기 마음을 강퍅하게 하고 하나님께 반항하면서 이스라엘 백성 내보내기를 거부한다. 하지만 시간이 흐르면서 회개할 시간이 지나자 하나님이 직접 바로의 마음을 더욱 완고하게 하신다. 이어서 심판이 시작되면서 애굽 사람들이 비로소 야웨가 참 하나님이심을 알 수 있도록 애굽을 향한 심판의 전체 시나리오를 집행하기로 작정하신다(7:3-5).

그 심판은 하나님이 애굽에 보내는 일련의 재앙들을 통해 단계적으로 펼쳐진다. 역병들은 각각 하나의 주기 안에서 서막의 경고와 본격적인 재앙 그리고 마지막 최고조의 재앙이 차례로 진행되며, 세 차례 주기로 애굽 땅에 임한다. 재앙의 전체 구조는 다음 도표와 같다.[1]

	재앙	성경 구절	모세의 경고	경고 시점	모세에게 주어진 지침
예비 경고	뱀의 표적	7:8-13			
첫 번째 주기	피 개구리 모기	7:14-24 8:1-15 8:16-19	있음 있음 없음	아침 없음 없음	바로와의 만남/대면 바로에게 가라 없음
두 번째 주기	파리 가축 종기	8:20-32 9:1-7 9:8-12	있음 있음 없음	아침 없음 없음	바로와의 만남/대면 바로에게 가라 없음
세 번째 주기	우박 메뚜기 흑암	9:13-35 10:1-20 10:21-29	있음 있음 없음	아침 없음 없음	바로와의 만남/대면 바로에게 가라 없음
절정	첫 소산의 죽음	11:1-10; 12:29-30	있음	없음	없음

일련의 재앙들은 특별한 의미를 전달한다. 첫 번째 사건 뱀의 표적은 장차 임할 재앙의 전조 역할을 할 뿐 아니라 바로에 대한 심판도 선언한다. 고대 애굽에서 코브라는 바로의 권위가 직접 미치는 지역인 하이집트의 상징으로 사용되었다. 그래서 대부분 바로는 황금이나 구

리로 제작된 코브라가 부착된 왕관을 쓰고 있었다. 이는 바로의 강력한 권위 그리고 그 백성들과 애굽 땅을 보호하는 권력을 상징한다. 아론이 자기 지팡이를 땅에 던져서 뱀이 되게 하자 바로의 요술사들도 자기 지팡이를 뱀으로 바꿈으로써 아론의 권능에 대항할 수 있으리라고 생각했다. 그러나 아론의 뱀이 바로의 요술사들이 만든 뱀을 삼킴으로써 이 사건의 진정한 의미가 제대로 드러났다. 말하자면 이 사건은 모세와 아론의 권능이 바로의 권능보다 막강하며, 정말 필요하다면 바로를 삼키고 파괴할 수 있음을 증명한다.

이어서 처음 두 가지 재앙(나일강의 물이 피로 변함, 개구리 재앙)과 마지막 재앙(첫 소산의 죽음)은 출애굽기 1장으로 되돌아가서 바로가 이스라엘의 영아들을 학살한 사건과 결부된다. 전에 바로는 이스라엘의 영아들을 나일강에 빠뜨려 죽게 했기 때문에 하나님은 그에 상응하여 나일강의 물이 모두 피가 되게 하셨다. 이 재앙은 애굽 사람들에게 그들이 이스라엘의 영아들에게 무슨 짓을 했는지를 상기시켜 줄 뿐만 아니라 애굽의 심장부를 강타한 사건이다. 나일강은 애굽 사람의 종교와 농경 생활에서 가장 핵심에 있다. 그렇게 중요한 나일강의 물이 피로 바뀐 것은, 상징적으로 나일강의 죽음을 의미한다. 두 번째 재앙(개구리 재앙)은 더욱 직접적으로 영아 학살과 밀접하게 결부된다. 왜냐하면 애굽의 신화에서 개구리는 헤케트(Heket)라는 이름을 가진 신의 상징이다. 헤케트는 생명과 다산의 신으로, 임산부의 보호자로 숭배된다. 시간이 흐르면서 재앙이 점차 고조되다가 재앙의 절정에서 하나님은 애굽 전역 모든 첫 소산의 생명을 거두신다. 이 재앙은 바로가 하나님 백성들의 영아들을 학살한 것에 대한 직접적 결과로 임한 심판으로 보인다.

이렇게 애굽에 임한 재앙들은 영아 학살과 밀접하게 결부될 뿐 아니라, 그 밖의 다른 상징적 의미와 중요성을 담고 있다. 그중에 몇몇 재앙은 애굽의 신들을 직접 파멸하는 의미를 담고 있다. 예를 들어, 애굽의 신 가운데 가장 핵심이자 바로와 가장 밀접하게 결부된 신은 태양신 레(Re)이다. 아홉 번째 재앙, 흑암은 이 신은 물론, 이 신과 바로의 연관성을 직접 타격하여 바로와 그의 신 레에 대한 하나님의 심판을 상징하고, 더 나아가 애굽의 처음 난 것들에 대한 임박한 죽음을 예시한다. 일부 학자는 애굽에 임한 열 가지 재앙 전체가 애굽의 신들과 관계가 있다고 주장하지만, 이는 너무 과장된 주장이다. 그러나 일부 재앙들은 애굽 신들의 권세를 모독하고 심판하는 것이 분명하다.

일부 학자들은 일련의 재앙들이 창세기 1장의 천지창조 과정을 역전시키는 것으로 이해한다. 말하자면 하나님이 질서 정연한 애굽 땅을 재앙으로 심판하심으로써 애굽 땅을 천지창조 이전의 혼돈 상태로 역전시키셨다고 볼 수 있다. 또 일부 작가들은 애굽의 재앙은 일부 지역에 발생한 거대한 화산 활동의 결과로 볼 것을 제안하기도 한다. 그러나 이 견해는 가능성이 약해 보이며 근거도 매우 빈약하다.

재앙에 담긴 전체적인 요점은 다차원적이다. 열 가지 재앙은 애굽과 바로 그리고 그의 신들에 대한 하나님의 궁극적 권위를 증명하며, 이스라엘의 영아 학살에 대한 하나님의 공의로운 심판의 의미를 담고 있다. 그래서 전체 의견을 종합하면, 열 가지 재앙은 애굽과 바로를 하나님 앞에 점진적이면서도 체계적으로 굴복시키며, 이들을 경제적, 정치적, 종교적으로 파멸시킨다. 이 재앙들을 통해 이들은 야웨가 과연 어떤 분인지를 알게 되었다.

| 하나님은 이스라엘을 구원하시고 애굽을 심판하신다(출 11:1-15:20) |

마지막 열 번째 재앙(죽음의 천사) 앞에서 결국 바로는 하나님의 주권 앞에 무릎 꿇고 항복하여 모세에게 이스라엘 자손을 데리고 나가게 한다(출 12:31-32). 이스라엘 자손이 소유물을 정리하며 출발을 서두르자 애굽 사람들은 드디어 그들이 떠난다고 기뻐하며 자신들을 우호적으로 생각해 달라는 뜻으로 은, 금, 의복 같은 선물들을 내놓았다. 그래서 이스라엘 자손은 마치 급히 도망치는 도둑처럼 애굽을 몰래 빠져나온 것이 아니라 승리를 거둔 군사들처럼 노획물을 가지고 당당히 애굽을 떠나왔다(12:35-36). 게다가 다양한 국적을 가진 여러 다른 민족도 이스라엘 자손에 합류하여 애굽을 떠났다(12:38). 그래서 독자들은 이스라엘 자손이 아닌 이방 족속들도 하나님 나라 백성의 일부분으로 받아들여지고 하나님의 복을 함께 받아 누리는 또 다른 사례를 발견할 수 있다. 출애굽한 '이스라엘 자손'은 이렇게 다양한 민족으로 구성되어 아브라함 언약의 또 다른 성취 사례를 보여 준다.

출애굽하는 이스라엘에 관한 이 이야기의 중간에는 유월절을 설명하는 구절들이 등장한다. 모세가 미리 지시한 대로 문설주에 어린 양의 피를 바른 모든 이스라엘 자손은 주께서 처음 난 것들을 치기 위하여 애굽 전역을 지나가실 때 죽음을 면할 수 있었다. 출애굽기 12장에 소개되는 유월절 규례는 바로 이 위대한 구원 사건을 경축하기 위하여 제정되었다.

이스라엘 자손들이 애굽을 떠날 때, 하나님은 그들을 인도하고 보호하시기 위하여 그들과 동행하셨다. 하나님이 이스라엘과 동행하시는 임재를 나타내는 현현은 이스라엘보다 앞서 낮에는 구름기둥으로 밤에는 불기둥으로 나타나서 그들의 가는 길을 인도했다.

하나님은 출애굽한 이스라엘의 여정을 홍해로 인도하셨다. 이스라엘 자손들이 홍해 앞에 도착했다는 소식을 들은 바로는 그들을 순순히 보내려던 생각을 바꾸었다. 바로는 홍해에 막힌 이스라엘 자손을 함정에 빠뜨릴 수 있을 줄로 생각하고 대규모 전차 부대를 동원하여 그 뒤를 추격하도록 지시했다. 추격하는 애굽 군대를 본 이스라엘 자손들은 크게 동요하고 두려워 떨었지만, 하나님은 모세에게 명하여 그의 손을 펴서 바닷물을 가르고 이스라엘 자손들을 그 바다 한가운데로 들어가 건너도록 인도하셨다. 이로써 하나님은 또다시 애굽 사람들이 정녕 이스라엘의 하나님이 만유의 주님이심을 알게 하는 사건을 실행하셨다. 하나님은 홍해를 둘로 나누시고 이스라엘 자손이 안전하게 건너가도록 인도하셨다. 그런데 애굽의 전차 부대도 이들을 뒤좇아 바닷속으로 들어갔다. 그 순간 하나님은 다시 모세에게 명하여 그의 손을 펴서 갈라진 바닷물이 합하도록 하셨다. 그 말씀에 모세는 그대로 순종했고, 바닷물이 다시 예전처럼 합하여 흐르자 바다로 들어간 애굽의 군대가 모조리 수장되고 말았다. 이 사건을 통해 이스라엘 자손들은 하나님을 참 구원자로 알게 되었고, 애굽 사람들은 그분을 보복하시는 심판자로 분명히 알게 되었다. 그 사이 절충안은 없다.

하나님 구원 이야기의 이 막은 하나님을 향한 찬양으로 끝맺는다. 출애굽기 15장은 바로 이 노래를 담고 있는데, 이스라엘 자손을 애굽에서 구원하신 하나님의 위대함을 찬양한다.

연결하기

하나님의 위대한 구원 이야기 안에서 현재 위치를 복습해 보자.

창조와 위기

언약

▶**불러냄**

계명

정복과 가나안화

왕국의 설립

왕국의 친교와 상식

왕국의 분열

포로 생활과 귀환

중간기: 구약과 신약의 중간 시기

그리스도

교회

완성

창세기 3-11장에 소개되는 인간의 비참한 범죄와 패역에 대한 반응으로 하나님은 아브라함과 그의 가족과 아브라함 언약을 맺으신다(창 12-50장). 그리고 창세기 마지막 부분에서 이 가족(아브라함의 자손들, 야곱과 그의 열두 아들)은 애굽으로 내려가 그곳에서 번성하기 시작한다. 이들은 애굽에서 아브라함 언약이 약속한 축복의 일부가 그대로 성취되는 것을 경험했으나, 그 약속의 대부분은 여전히 장래에 성취될 것을 기다리고 있다(약속의 땅, 수많은 자손, 위대한 나라, 세상의 다른 열방이 누릴 축복들).

출애굽기 1-15장에서 하나님은 직접 인류의 역사에 개입하셔서 아브라함 언약을 단계적으로 성취하시기 시작한다. 아브라함의 자손이자 그분의 백성이 애굽 사람들에게 고통스럽게 탄압받자, 하나님은 이들의 삶에 직접 개입하셔서 애굽 사람들을 징벌하시고 자기 백성을 구원하신다. 이 사건의 본질은 하나님이 자기 백성을 애굽에서 '불러내신' 것이다. 하지만 여기에는 더 큰 의미가 있다. 하나님은 이스라엘 자손들을 애굽의 종살이에서 건져 내셨을 뿐 아니라, 또한 이들이 약속의 땅에서 하나님의 백성이 되도록 부르셨다. 하나님은 이들을 애굽의 노예로 자녀들이 살해당하는 끔찍한 상황 속에서 건져 내시고, 약속의 땅에서 하나님과 놀라운 교제를 나눌 수 있도록 인도하셨다. 이와 함께 아브라함의 자손들을 하나의 작고 보잘것없는 가족에서 아브라함에게 맺어 주신 약속대로 위대한 나라로 변화시켜 주셨다. 우리는 이러한 변화의 과정을 다음 장에서 좀 더 자세히 살펴볼 것이다.

마지막으로 언급할 점은, 하나님의 구원 이야기의 초점이 아브라함의 후손인 이스라엘 자손에게 집중되지만, 또 다른 민족들도 계속 등장한다는 것이다. 하나님이 아브라함의 후손을 애굽에서 구원하셔서 이들이 그곳을 떠나올 때 수많은 '다른 민족들'도 여기에 동참하여 '하나님의 백성'이 되었다. 이 주제는 앞으로 구약성경 전편에 걸쳐서 반복될 것이며 신약성경에서는 다시 핵심 의제로 부각될 것이다.

출애굽 사건은 구약성경이 제시하는 구원에 대한 모범이자 전형적인 그림에 해당하며, 장차 신약성경에서 그리스도께서 가져오실 하나님의 구원을 미리 극적으로 예시하는 사건이다. 그래서 예언자 이사야는 장차 메시아의 오심을 '새로운 출애굽'으로 묘사하는데, 물론 이 새로운 출애굽은 예전의 사건에 비할 수 없을 정도로 강력하다.

하나님의 백성들 편에서 보자면 출애굽 사건은 놀라운 구원에 관한 이야기이지만, 하나님께 반항하고 그분을 인정하기를 거부한 자들에게는 끔찍한 심판의 이야기이기도 하다. 신약성경은 구약의 출애굽 사건을 대체하는 새롭고 위대한 구원으로서의 예수 그리스도와 그분의 복음을 제시하며, 그분을 믿는 모든 이를 위한 놀라운 구원의 복음을 소개한다. 하지만 출애굽 사건 때의 애굽 사람들처럼 하나님께 반항하고 예수 그리스도를 구세주로 인정하고 따르기를 거부하는 자들은 심판을 받을 것이다. 이 역시 엄연한 복음의 일부분이다.

이야기 실천하기

하나님의 구원 이야기 중 출애굽기를 통해 우리는 하나님이 얼마나 세심하게 자기 백성을 돌보시며 한번 맺은 언약을 얼마나 신실하게 준행하시는지를 알 수 있다. 출애굽기의 앞부분에서 우리는 하나님의 백성들이 비록 힘든 고난의 시간을 보내고 있지만, 그 무대 배후에서 하나님이 얼마나 조용하면서도 신속하게 일하고 계시는지를 간파할 수 있다. 그러다가 돌연 그분은 자신의 때에 구원 이야기의 전면에 등장하셔서 자기 백성들을 놀라운 방식으로 구원하신다. 그래서 신약성경 역시 고난의 시기에라도 하나님을 철저하게 신뢰하면서, 예수 그리스도가 인간의 역사에 개입해 들어오셔서 자기 백성을 구원하시고 만물을 새롭게 회복하실 때를 바라보며 인내할 것을 권면한다. 하나님은 참으로 신실하게 우리를 돌보시며 항상 자신의 언약에 신실하시다.

하나님의 위대한 이야기의 일부인 출애굽기에서 우리는 또한 하나님의 은혜도 발견할 수 있다. 그분은 이스라엘의 '선행이나 노력' 또는 '자격' 때문에 이들을 구원하신 것이 아니다. 그분은 순전히 자신의 은혜 때문에 그리고 아브라함과 맺은 약속 때문에 이들을 구원하신다. 오늘날의 그리스도인인 우리도 그분의 은혜를 통해 그리고 오직 은혜 덕분에, 예수 그리스도 안에 있는 하나님의 위대한 구원을 경험하는 것이기 때문에 하나님의 은혜를 경축하고 찬양하는 것이다.

마무리 «

출애굽기 1-15장은 출애굽 사건을 담고 있다. 하나님은 아브라함 언약을 이행하는 차원에서 자기 백성을 애굽의 노예 생활로부터 구원해 주셨다. 하나님의 전체 구원 이야기의 일부인 출애굽 사건에서 하나님의 백성들은 이방 민족들과 함께 놀랍고도 위대한 하나님의 구원을 경험했고, 반대로 하나님을 대적하고 그분의 백성을 탄압한 이들은 끔찍한 심판을 경험했다. 이러한 출애굽 사건을 통해 하나님은 자신을 모든 이에게 '알리셨다.' 그분의 백성들은 하나님을 구원자로 알게 되었지만, 애굽 사람들은 그분을 보응자이자 심판자로 알게 되었다.

암송 구절

하나님이 모세에게 이르시되 나는 스스로 있는 자이니라. 또 이르시되 너는 이스라엘 자손에게 이같이 이르기를 스스로 있는 자가 나를 너희에게 보내셨다 하라. (출 3:14)

심층 연구

| 도서들 |

Alexander, T. Desmond. *Exodus.* Teach the Text Commentary Series. Grand Rapids: Baker, 2016. 『TTC 누가복음』(부흥과개혁사).

Enns, Peter. *Exodus.* The NIV Application Commentary. Grand Rapdis: Zondervan, 2000.

Morales, L. Michael. *Exodus Old and New: A Biblical Theology of Redemption*. Essential Studies in Biblical Theology. Downers Grove, IL:

IVP, 2020. 『ESBT 출애굽 성경신학』(부흥과개혁사).

Schnittjer, Gary Edward. *The Torah Story: An Apprenticeship on the Pentateuch*. Grand Rapids: Zondervan, 2006.

Stuart, Douglas. *Exodus*. The New American Commentary. Nashville: Broadman & Holman, 2006.

| 토론을 위한 질문 |

a. 출애굽기 1-2장에는 수많은 여성이 등장한다(히브리 산파들, 모세의 어머니, 모세의 누이, 바로의 딸, 모세의 미디안인 아내 등). 각 인물이 이야기에 어떻게 등장하는지 논의하고, 각 인물을 묘사해 보라.

b. 출애굽기 3-4장에서 하나님은 모세를 향해 이스라엘 백성이 애굽에서 탈출하도록 인도하라고 말씀하신다. 이 명령에 모세가 어떤 이유를 들어 반대했는지, 또 하나님은 각각의 이유에 대해 어떻게 대응하셨는지 논의해 보라. 전체 이야기에서 이 부분을 오늘날 우리 삶에 어떻게 적용할 수 있겠는가?

| 과제 |

1. 출애굽기에서 아브라함을 언급하는 구절들을 연구해 보라(출 2:24; 3:6; 3:15-16; 4:5; 6:3; 6:8). 출애굽기의 처음 여섯 장에서 아브라함이 맡은 역할에 대해 토론하고 그 결과를 정리하여 보라.

2. 창세기 12:3에서 하나님은 아브라함을 향해 다음과 같이 말씀하신다. "너를 축복하는 자에게는 내가 복을 내리고 너를 저주하는 자에게는 내가 저주하리니." 출애굽기 1-15장이 이 약속과 어떤 관계에 있는지 논의해 보라.

2. 창세기 12:3에서 하나님은 아브라함을 향해 다음과 같이 말씀하신다. "너를 축복하는 자에게는 내가 복을 내리고 너를 저주하는 자에게는 내가 저주하리니." 출애굽기 1-15장이 이 약속과 어떤 관계에 있는지 논의해 보라.

3. 출애굽기 12:38에서는 이스라엘 백성이 애굽을 탈출하던 때를 가리켜 다음과 같이 설명한다. "그 밖에도 다른 여러 민족들이 많이 그들을 따라나섰고"(새번역). 이스라엘 백성이 아닌 자들이 출애굽 대열에 합류한 것이 신학적으로 어떤 의미인지 논의해 보라.

4. 계명

하나님을 중심에 모시고 약속의 땅에서 살기 위한 조건

도입 »

이 책의 저자 중 한 사람인 다니엘의 아들이 걸음마를 배우는 어린아이였을 때, 다니엘과 그의 아내는 이 귀여운 아기가 좋아하기 어려운 엄격한 규칙 하나를 요구했다. 그 규칙이란 "너의 손가락을 전기 콘센트에 대지 말라"는 것이었다. 하지만 이 아기는 전기가 무엇인지도 잘 몰랐고, 그 전기 때문에 야기될 위험도 알 수 없었다. 그러니 아이의 입장에서 이 규칙은 불공평한 처사나 다름없었다. 벽에 달린 콘센트의 작은 구멍은 이 아이의 키 높이에 설치되어 있었고, 또 아이의 작은 손가락도 콘센트 구멍에 들어가기에 딱 알맞았다. 전기의 위험에 대해 전혀 경험이 없다 보니 아이로서는 그 위험을 전혀 헤아릴 수 없었다.

어찌 보면 엄마와 아빠는 아이를 사랑하는 마음으로 완전히 자유롭게 지낼 수 있도록 그를 전기 콘센트가 없는 뒷마당에서 지내도록 할 수도 있었을 것이다. 뒷마당에는 전기로 인한 위험이 전혀 없기 때문에 아이는 자유롭게 자기 손가락을 울타리에 만들어진 구멍에 집어

넣어 보면서도 안전하게 지낼 수 있을 것이다. 하지만 비와 눈이 내리고 찌는 폭염과 매서운 한파, 그리고 일반적으로 밤을 두려워하는 아이의 습성 때문에 부모는 아이가 집 안에서 자신들과 가까이 지내게 하는 편을 선택할 수밖에 없었다. 부모는 아이가 따뜻하고 쾌적한 집에서 자신들과 깊은 친밀감을 나누면서 가까이 지내기를 원했다. 하지만 이는 아이가 전기라는 치명적인 위험에 좀 더 가까이 머물러야 한다는 것을 의미한다. 그래서 규칙이 필요하다.

우리의 이야기 안에서도 하나님은 자신의 연약한 백성들(이스라엘 자손들)이 행복한 삶을 영위하기를 바라신다. 그래서 그분은 이들을 뒷마당(광야)에서 집 안(약속의 땅)으로 인도할 계획을 세우셨고, 자신과 깊은 친교 가운데 살아가기를 원하셨다. 하지만 이를 위해서는 필연적으로 몇 가지 기본 규칙이 필요하다.

준비

출애굽기 19-20장과 신명기 6, 28장을 읽거나 들어 보라.

계속되는 이야기

| 계속되는 구원의 장면들 |

이전 장에서 우리는 하나님이 어떻게 이스라엘 백성을 애굽의 노예 신분과 압제로부터 극적으로 구원하시는지 살펴보았다. 그리고 이러한 '출애굽' 사건은 하나님의 구원이 무엇인지를 보여 주는 그림이라는 사실에 주목했다. 하지만 무언가 나쁜 것**으로부터** 구원받는 것은 하나님이 약속하신 구원 그림의 절반에 불과하다. 왜냐하면 구원은 하나님과의 새로운 관계 안으로 들어가는 것과 좋은 것으로 인도받는 것 또한 포함하기 때문이다.

이번 장에서 우리는 이스라엘 백성이 승리에 찬 해방의 차원에서 출애굽 이야기를 더 살펴볼 것이다. 하지만 방금 우리는 이스라엘이 출애굽으로 경험하기 시작한 하나님의 구원은 앞으로 경험할 엄청난 구원의 서막에 불과함을 알았다. 하나님은 이스라엘 백성을 위하여 참으로 놀라운 계획을 가지고 계시다. 그분은 이스라엘 백성과 특별하고도 친밀한 관계를 맺으시고, 약속의 땅으로 인도하여 그곳에서 그들 가운데 함께 거하시며, 그들에게 복을 내리고 보호하여 그들을 애굽에서 구원하셨고, 그들이 영원한 복을 누리며 살기를 원하셨다. 이 모든 계획이 제대로 실현되려면 이스라엘 백성은 하나님이 정하신 특정 조건들을 지켜야 한다. 달리 말하자면 그들은 하나님이 그들을 위하여 세심하게 지정하신 특정 규례들을 순종해야 한다. 이러한 '조건들'을 가리켜 계명(commandment)이라고 한다. 하나님은 이스라엘 백성이 약속의 땅에서 그들 가운데 거하시는 하나님과 놀랍고도 복된 삶을 영위할 수 있는 조건들을 제정하기 위하여, 이스라엘 백성이 약속의 땅으로 이동하는 도중에 그들에게 일련의 계명을 제시하셨다. 이런 내용들이 출애굽기 16-40장과 레위기, 민수기, 신명기에 걸쳐 소개된다.

| 시내산에서 하나님과 대면하고 십계명을 받음(출 16-24장) |

출애굽기 19장에서 하나님은 이스라엘 자손을 시내산으로 인도하신다. 모세도 예전에 이곳에 온 적이 있었다. 시내산은 하나님이 불타는 떨기나무 가운데 모세에게 나타나 말씀하시고 그를 불러 특별한 사명을 부여하신 곳이기도 하다(출 3장). 그래서 두 가지 사건이 서로 연결된다. 출애굽기 3장에서 하나님은 불타는 떨기나무로부터 한 남자(모세)에게 현현하여 말씀하신다. 출애굽기 19장에서는 시내산 전체가 불붙어 연기 나는 가운데 하나님이 이스라엘 전체에게 현현하여 말씀하신다. 두 차례의 만남 사건은 한결같이 하나님의 거룩함과 권능을 강조한다. 출애굽기 3장에서 하나님이 특별한 임무를 위하여 모세를 택하셨다면, 출애굽기 19장에서는 "제사장 나라가 되며 거룩한 백성이 되[도록]" 나라 전체를 선택하신다(19:6). 또 시내산 전체가 마치 하나님이 임재하시는 성전이 되고, 제사장이 성전에서 하나님을 뵙듯 이스라엘 백성은 시내산에 임재하시는 하나님을 만날 수 있게 되었다. 이 만남의 사건은 이스라엘 백성에게 참으로 비할 데 없는 특권이며, 하나님과 이스라엘 사이의 새롭고도 특별한 관계를 상징한다.

십계명의 요약

하나님을 섬기는 방법:

오직 주님만 경배를 받으셔야 한다. 다른 신을 두지 말라.
우상을 만들거나 섬기지 말라.
주님의 이름을 경홀히 사용하지 말라.
안식일은 노동을 멈추고 거룩하게 지키라.

사람들을 대하는 방법:

부모를 공경하라.
살인하지 말라.
간음하지 말라.
도둑질하지 말라.
거짓 증언하지 말라.
다른 사람의 물건을 탐내지 말라.

이어서 출애굽기 20장에서 하나님은 이스라엘에게 이 새롭고도 특별한 언약 관계를 위한 근본 조건들을 제시하신다. 우리는 이런 조건들을 십계명으로 부른다. 이 십계명은 출애굽기 20장과 신명기 5장에 등장하며, 하나님과 이스라엘 백성 간의 새로운 언약 관계에 관한 근본 혹은 핵심 요소들을 제시한다. 십계명은 또한 하나님과 이스라엘 사이, 이스라엘 백성들 사이의 상호 관계와 그 관계의 신실성을 강조한다. 십계명 중 처음 네 계명은 하나님의 백성들이 하나님과 어떻게 관계를 맺어야 할지를 강조한다. 그다음 여섯 계명은 그들이 다른 사람들과 어떻게 관계를 맺어야 할지에 대한 기반을 제공한다. 그래서 이 열 개의 계명은 이스라엘 백성이 어떻게 하나님의 백성으로 살아가야 하는지, 그리고 그들이 하나님과 이웃을 어떻게 대해야 하는지에 관한 가장 기초적이고 근본적인 조건들을 제공한다. 출애굽기에서 십계명 이후 몇몇 장들은 이 십계명에 대한 세부적 확장과 부연 설명 및 적용을 제공한다.

임재, 권능, 거룩함

하나님의 속성을 표현하는 임재, 권능, 거룩함이라는 단어들은 창세기의 에덴동산에서부터 광야 시대 성막과 성전을 거쳐, 성령의 내주와 새 예루살렘에 이르기까지 성경 전편을 관통한다.

하나님은 이스라엘 백성에게 엄청난 기회를 제공하셨다. 만일 그들이 이 기본 규칙들을 잘 지킨다면, 야웨 하나님은 약속의 땅에서 이스라엘 백성과 거하실 것이고 그들에게 즉시 풍성한 복을 베푸실 것이다. 출애굽기 24장에서 이스라엘 백성은 이 기회를 수락하고 '언약'

에 대한 동의를 비준한다. 이스라엘 백성이 약속의 땅으로 진행하는 중에 시내산에서 하나님이 그들과 맺은 이 언약을 가리켜 모세 언약(the Mosaic covenant)이라고 부른다. 일부 학자들은 이를 시내산 언약(the Sinaitic covenant)이라고도 부른다. 이 언약은 이전의 아브라함 언약을 이어받아 보충하지만, 그 언약과 완전히 같지는 않다.

| "내가 너희 중에 거하리라": 하나님의 강력하고도 거룩한 임재에 관한 약속과 그 함의(출 25-40장; 레위기) |

야웨 하나님이 자신과 그 백성들과의 언약 관계를 표현하는 데 사용하는 언약의 표준 공식은 다음 세 부분으로 이루어진다. (1) 나는 너희 하나님이 될지니라. (2) 너희는 내 백성이 될지니라. (3) 내가 너희 중에 거하리라. 하나님이 이스라엘 백성 가운데 거하시겠다는 약속, 다시 말해서 그들 가운데 거하며 그들과 동행하고자 강림하시겠다는 약속은 성경 전편에 등장하는 중요한 약속 중 하나이며, 하나님의 구원 이야기 전편에 걸쳐서 계속 울려 퍼지는 약속이다. 하나님은 자기 백성과 직접 자신의 임재로 연결되신다. 게다가 하나님의 임재와 밀접하게 결부된 것이 바로 그분의 권능이다. 하나님은 능력과 영광 중에 자기 백성들 가운데 거하신다. 하지만 하나님은 또한 거룩하신 하나님이시며, 그분의 임재는 그분 가까이 있는 모든 것과 모든 이에게 거룩함과 정결을 요구한다. 그래서 이스라엘 가운데 거하시는 하나님의 임재는 그들 삶의 전 영역을 바꾸어 놓는다.

첫째로, 하나님이 이스라엘 백성 가운데 실제로 거주하시려고 강림하신다면, 그분에게는 거주에 적합한 장소가 필요하다. 그래서 출애굽기의 후반부 전체(출 25-40장)가 주로 하나님이 거하실 성막, 즉 하나님이 내주하실 이동 가능한 장막 같은 성전을 어떻게 건축해야 하

금송아지 숭배 사건: 상상도 못 한 훼방

출애굽기 25-40장에서 하나님은 이스라엘 백성에게 자신이 그들 가운데 강림하여 함께 거주하실 장소인 성막을 어떻게 세워야 하는지에 대한 자세한 지시 사항을 말씀하신다. 그분이 자기 백성들 가운데 임재하여 함께 거주하신다는 것은 그들로서는 참으로 놀랍고 상상을 초월하는 축복이다. 하지만 놀랍게도 끔찍하고 돌발적인 비극이 성막을 건축하는 자세한 방안들을 훼방하면서 갑자기 등장한다. 출애굽기 32장에서 이스라엘 백성들은 모세가 시내산에서 하나님을 만난 뒤 더디 내려오는 것을 기다리다 지쳐, 급기야 금송아지를 만들어 하나님 대신 숭배하기로 결정한다. 시내산 위에서 하나님은 모세에게 십계명을 주고 계시는데, 그 산 아래에서 이스라엘 백성은 이미 하나님을 버리고 금송아지를 숭배하려 하고 있다.

그래서 하나님은 패역한 이스라엘 백성을 모두 멸망시키고 모세의 후손으로 새로운 하나님의 백성들을 만들겠다고 말씀하신다. 그러나 모세는 하나님께 아브라함과 맺으신 언약을 상기시키면서 그러지 마시기를 간청한다. 이는 참으로 불길하고도 믿기지 않을 정도로 아이러니한 사건이다. 하나님이 지금까지 주신 축복 가운데서 가장 위대한 복을 말씀하심에도 불구하고, 이스라엘 백성은 이 축복을 버리고 우상을 섬기겠다고 돌아서고 있다. 이 사건은 하나님이 앞으로 이스라엘 백성에게 크나큰 복을 베풀어 주시더라도 그들이 하나님을 버리고 돌아서서 우상을 섬길 날을 예견하는 것 같다.

는지에 관한 하나님의 지시들을 담고 있는 것도 그리 놀랍지 않다. 끔찍한 사건(출 32장)이 등장한 다음 이스라엘은 하나님의 지시에 따라 성막을 세우고, 이어서 이 기사의 절정에 해당하는 출애굽기 40:34-38에서는 실제로 하나님의 영광이 강림하여 성막을 가득 채운다. 약속의 말씀대로 하나님의 강력하고도 거룩한 임재가 그 백성들과 함께 장막에 거주한다.

둘째로, 만일 거룩하고도 놀라운 하나님의 임재가 실제로 이스라엘 가운데 강림하여 내주한다면, 그들은 이 새로운 하나님의 임재에 올바로 반응하는 것이 무엇인지 잘 이해해야 한다. 하나님의 초자연적이고도 거룩한 임재 앞에서 이스라엘 백성은 어떻게 반응해야 하는가? 이들은 심지어 그분께 어떻게 다가가야 하는가? 또 그분의 거룩한 임재에 어떻게 반응해야 하며, 거룩하신 하나님이 요구하시는 것들을 어떻게 이행해야 하는가? 레위기는 바로 이런 질문들에 답한다. 그래서 출애굽기로부터 레위기로 진행되는 하나님의 구원 이야기는 매우 논리적이고 자연스럽다. 출애굽기 후반부에서 이스라엘 백성은 참으로 거룩하고 전능하신 하나님이 이스라엘 가운데 거하실 장소로 성막을 만든다. 그리고 출애굽기의 마지막 장에서 하나님은 그 약속대로 이스라엘 가운데 강림하시고 그분의 영광스러운 임재로 그 성막을 가득 채우신다. 이어서 레위기는 이스라엘 백성이 그들 가운데 거하시는 거룩하고 전능하신 하나님과 어떻게 함께 살아가며 그분을 섬겨야 하는지에 대해서 교훈한다. 그래서 레위기의 핵심 주제는 하나님의 거룩하심이며, 이 책에서 이스라엘 백성은 "내가 거룩하니 너희도 거룩할지어다"라는 말씀을 네 차례에 걸쳐(11:44, 45; 19:2; 20:26) 듣게 된다.

> "나는 너희 하나님이 될지니라. 너희는 내 백성이 될지니라. 내가 너희 중에 거하리라." 거룩하고 전능하신 하나님이 우리 가운데 임재하시면 우리 삶의 모든 것이 완전히 변화할 것이다.

레위기는 기본적으로 거룩하고 전능하신 하나님이 그들 가운데 임재하시면 **삶의 모든 것이 완전히 변화할 것**이라는 사실을 이스라엘 백성에게 교훈한다. 하나님이 우리 안에 내주하시면 우리는 이제 삶의 모든 영역에서 거룩하고 전능하신 하나님에 대한 새로운 인식으로 살아가야 한다. 그래서 레위기는 이스라엘 백성의 모든 일상의 삶을 거룩함과 부정, 또는 깨끗한 것과 불결한 것이라는 기준과 범주를 따라 재편한다. 하나님은 거룩하시지만 인간은 죄로 물들어 있기 때문에, 레위기는 인간의 죄 문제를 해결하고 하나님과의 언약 관계를 새롭게 하는 데 결정적 역할을 감당하는 희생 제사와 관련하여 자세한 지침들도 제시한다. 그래서 레위기에 등장하는 희생 제사 제도에 관한 자세한 설명이 없다면, 신약성경에 등장하는 예수 그리스도의 위대한 희생 제사에 관한 우리의 이해는 심각하게 왜곡되거나 제약받을 수밖에 없다. 마지막으로 레위기는 이스라엘 백성이 어떻게 하나님을 예배하며, 모세 언약의 영향 아래 그분의 축복을 계속 누리며 살 수 있는지에 대해서도 설명한다.

| 불순종과 광야의 여정(민수기) |

출애굽기의 후반부에서 하나님은 시내산에서 이스라엘 백성과 모세 언약을 맺고 그들에게 성막을 건축하게 하시며, 이어서 그들 가운데 내주하고자 성막에 강림하신다. 그리고 성막에 강림하심으로써 그분은 이제 이스라엘 백성 가운데 직접 내주하신다. 레위기는 이스라엘 백성에게 하나님의 내주하심의 의미와 그 내주하심으로 인한 그들의 삶과 예배의 변화에 관해서도 설명한다. 민수기는 이 시점에서 이야기를 이어받는다. 민수기 10장에서 이스라엘 백성은 시내산을 떠나고, 하나님은 그들을 약속의 땅으로 인도하신다. 이제 하나님은 모세 언약을 통해 자기 백성과의 놀라운 관계를 확립하셔서, 그들을 언약 관계의 축복을 마음껏 누리게 하는 약속의 땅으로 인도하고자 하신다.

하지만 민수기에서는 참으로 상상할 수 없는 사건들이 발생한다. 놀랍게도 이스라엘 백성은 약속의 땅으로 들어가기를 거절한다. 약속의 땅을 정복하기 위해서는 믿음과 노력이 요구된다는 사실을 깨닫게 되었을 때, 그들은 하나님께 대적하고 그분의 인도를 따라 약속의 땅으로 들어가지 않으려 한 것이다. 이는 정말 상상도 못 할 일이다! 이전에 하나님이 자신의 무한한 영광을 나타내 보이신 출애굽 사건의 핵심은 이스라엘 백성을 애굽에서 구원하여 약속의 땅으로 인도하는 것이었다. 이 땅은 창세기로 거슬러 올라가면 이미 하나님이 그들의 조상 아브라함에게 약속하신 땅이다. 이제 하나님은 그 아브라함과 맺은 언약을 성취하시며 그 땅을 아브라함의 후손들에게 실제로 허락하시려고 한다. 그런데 이들이 어떻게 이것을 거절할 수 있단 말인가? 이스라엘 백성이 하나님과 맺은 모세 언약 전체는 바로 이 약속의 땅을 염두에 두고 있으며, 이 약속의 땅에서의 복된 삶을 지향하고 있다.

하지만 이스라엘 백성은 이 약속의 땅을 단호히 거절하며, 이 땅을 정복하고 쟁취하려고 노력하다가 죽는 것보다 광야에서 죽는 것이 더 좋았겠다고 자신들의 상황을 과장하여 불평을 늘어놓고 있다. 하나님은 이들의 어리석고 우스꽝스러운 불평을 들으시고는 이들의 패역한 불평을 가혹한 심판으로 뒤바꾸신다. 하나님은 이들을 모두 다시 광야로 내보내시고, 하나님의 구원에 대해 불평한 세대가 그들의 요청대로 광야에서 모두 죽을 때까지 40년 동안을 이리저리 방황하게 하신다.

그러나 하나님은 그들을 끝까지 지켜보신다. 결국 약속의 땅 앞에서 하나님께 반역한 불순종의 세대가 모두 죽고, 이어서 새로운 세대가 등장한다. 그러자 하나님은 이렇게 새로 형성된 이스라엘 백성을 다시 약속의 땅으로 인도하신다. 하지만 하나님은 이번에도 새로운 이스라엘 백성이 장차 약속의 땅에서 하나님과 어떻게 관계를 맺고 살아야 하는지를 분명히 이해하기 바라셨다. 그래서 이들이 약속의 땅으로 들어가기 직전에 신명기 말씀을 들려주신다.

| 약속의 땅에서 하나님과 함께 복을 누릴 조건들(신명기) |

이제 이스라엘 백성은 요단강 동편에 머물러 있으며, 강 건너에는 약속의 땅이 펼쳐져 있다. 이 새로운 세대는 이전 세대와 달리 약속의 땅을 쟁취하려는 의지와 열망을 어느 정도 가지고 있는 것 같다. 하지만 하나님은 이들이 약속의 땅에서 하나님과 누리는 언약 관계와 그 관계가 요구하는 사항들을 잘 알기를 바라셨다. 그래서 신명기는 이스라엘 백성이 약속의 땅에서 하나님과 동거하면서 그분으로부터 놀라운 복들을 받아 누릴 조건들을 명시하고 있다.

신명기(Deuteronomy)라는 제목은 '두 번째 계명'을 의미한다. '두 번째 계명'이란 이전과 완전히 다르고 독특하며 새롭다는 의미가 아니다. 그보다는 출애굽기 16장부터 레위기에 이르기까지 먼저 이스라엘 백성에게 제시된 기본 율법들을 이후에 새롭게 등장한 세대들에게 다시 제시한다는 의미다. 그래서 신명기는 이전 것에 몇 가지 새로운 자료들을 덧붙이기도 하지만, 이미 주어진 계명의 일부를 확장하고 해설하며 더욱 상세하게 설명한다. 출애굽기 20장에 먼저 등장한 십계명이 신명기 5장에서 다시 반복되고, 이전과 마찬가지로 이스라엘 백성이 하나님과 어떤 관계를 맺어야 하는지에 관한 수직적 차원과 이웃과 어떤 관계를 맺어야 하는지에 관한 수평적 차원을 함께 강조한다.

이 책에서 이스라엘 백성은 새로운 땅으로 들어가 그곳에 정착하여 살게 될 때, 오직 하나님만을 경배하고 섬길 것을 요청받는다. 그리고 그들과 함께 거주하게 될 이방인들의 우상숭배와 부도덕한 생활이 그들에게 전염되지 않도록 주의하라고 미리 경고받는다. 그리고 모든 삶의 영역에서 공의를 구하며, 공동체 안에서 고아와 과부, 이방인, 가난한 사람들처럼 힘없고 약한 자들에게 긍휼을 베푸는 삶을 살라는 도전을 받는다.

신명기는 이스라엘 백성이 약속의 땅으로 들어가기 직전에 모세가 그들에게 전한 일련의 메시지들을 담고 있다. 하지만 이 책의 기본 문학 구조와 형태는 '히타이트 종주권 조약'(Hittite suzerainty treaty)이라고 불리는 고대의 조약 문서와 흡사하다. 말하자면 하나님은 신명기를 마치 제국의 황제와 그 백성 간에 맺는 조약이나 계약처럼 받아들여질 수 있는 형태로 이스라엘 백성에게 제시하신다. 그래서 신명기는 하나님과 이스라엘 백성 사이에 맺은 언약 관계에 근거하여 약속의 땅에서 일어날 모든 삶의 영역을 포괄적으로 다룬다. 신명기는 다양한 조항과 일련의 결과를 담고 있다. 만일 이스라엘 백성이 이러한 조약들이 명시하는 규정을 순종하면, 그들의 전능하시고 거룩하신 하나님은 약속의 땅에서 그들과 함께 거주하시고 동행하시면서 평화와 풍성한 결실을 허락하실 것이다. 하지만 그들이 하나님의 말씀에 불순종하거나 이러한 조약들을 무시하고 이방의 가나안 족속들처럼 패역한 삶을 살면, 끔찍한 결과가 따를 것이다. 그러면 이스라엘 백성은 하나님의 축복을 경험하지 못하고 오히려 하나님의 끔찍한 심판을 경험할 것이다. 신명기에서 미리 경고하는 저주들이 실제로 뒤따라 일어날 것이고, 행복하고 풍성한 삶은 그와 정반대로 무시무시한 고통과 기근과 이방 민족의 침략으로 인한 파멸로 가득 채워질 것이다. 그 결과 이스라엘 백성에게서 하나님의 임재는 떠나 버리고, 심지어 약속의 땅에서 살 수 있는 권리마저도 박탈당하고 말 것이다.

신명기는 28-30장에서 그 절정에 도달한다. 여기서 하나님은 신명기 전체를 다시 요약하시면서 이스라엘에게 앞으로 다가올 일들을 설명하신다. 하나님이 이들에게 말씀하시는 것은 일종의 거래다. 만일 신명기에서 말하는 계명들을 순종하면, 이스라엘은 축복받은 백성으로서 약속의 땅에서 풍요로운 삶을 누릴 것이다. 하지만 하나님을 무시하고 신명기에 언급된 계명들에 불순종하면 끔찍한 비극이 따라올 것이고, 삶은 결국 악몽처럼 뒤집힐 것이며 약속의 땅에서 내쫓김을 당할 것이다. 그래서 하나님은 선택이 이스라엘에게 달렸다고 말씀하신다.

연결하기

하나님의 위대한 구원 이야기 안에서 현재 위치를 복습해 보자.

창조와 위기
언약
불러냄
▶**계명**
정복과 가나안화
왕국의 설립
왕국의 친교와 상식
왕국의 분열
포로 생활과 귀환
중간기: 구약과 신약의 중간 시기
그리스도
교회
완성

하나님이 천지를 창조하신 후에 사람들은 죄를 범했고, 그 결과 하나님과 분리되고 말았다(위기). 하지만 하나님은 아담의 범죄에도 불구하고, 아브라함과 위대한 언약을 맺으시고 그에게 수많은 후손과 땅, 그리고 축복을 약속하셨다. 아브라함 언약은 이후의 구약성경 전체와 신약성경까지 성경 전체를 관통하면서 하나님의 신실하심을 증언한다. 그 언약대로 하나님은 아브라함의 후손인 이스라엘 백성을 애굽의 노예 생활에서 구원하신다(불러냄). 이어서 하나님의 전체 구원 이야기 가운데 특히 계명을 제시하는 부분에서, 하나님은 이스라엘 백성을 시내산으로 인도하시고 그곳에서 십계명을 주신 후, 이들과의 언약 관계를 다음 세 부분으로 구성된 언약의 표준 공식으로 설명하신다. "나는 너희 하나님이 될지니라. 너희는 내 백성이 될지니라. 내가 너희 중에 거하리라." 만일 하나님이 자기 백성 가운데 거하신다면 그 분이 거하실 만하도록 거룩하게 구별된 장소가 필요하다. 그래서 출애굽기 후반부는 하나님이 거하실 성막의 건축 방법에 관하여 기술한다.

레위기는 이스라엘 백성이 그들 가운데 거하시는 거룩하신 하나님과 어떻게 함께 살아야 하는지에 대해 기술한다. 하나님은 이스라엘 백성을 약속의 땅으로 인도하시고 그분의 계명에 순종하라고 말씀하셨다. 하지만 그들은 (정신이 나갔던 것인가) 그 말씀을 받아들이지 않았다(민수기). 그래서 하나님은 이 패역한 백성들이 광야에서 방황하며 죽어 가도록 내버려두셨고, 이후에 태어난 후손들을 다시 약속의 땅 가장자리까지 인도하셨다.

여기에서 하나님은 다시 이스라엘 자손에게 신명기 말씀을 주시면서, 이들이 약속의 땅에서 그들 가운데 내주하시는 주님과 함께 살아가며 하나님의 복을 누릴 수 있는 조건과 계명들을 이야기하신다. 출애굽기 후반부와 레위기 그리고 민수기에 거듭 등장하는 계명들은 모세 언약을 구성한다. 이어서 신명기는 특별히 이스라엘과 하나님 사이의 언약 관계와 합의 사항을 규정한다. 그들이 신명기에 언급된 계명을 준행하고 하나님께 순종하며 그분을 신실하게 섬기면, 하나님은 약속의 땅에서 그들에게 복을 베푸실 것이다. 하지만 그들이 이 계명에 순종하기를 거부하고 다른 신들에게로 돌아서서 이방인들처럼 패역을 일삼는다면, 하나님은 그들에게 심판을 내리실 것이고 약속의 땅에서 내쫓으실 것이다.

하나님의 신실하심에 관한 아브라함 언약의 성취가 여전히 배경을 차지하지만, 이제 이 이야기의 주요 배경으로서 중심 위치를 차지하는 것은 신명기다. 과연 이스라엘 백성은 신명기 말씀에 순종하여 약속된 축복을 받아 누릴 수 있을까? 아니면 불순종하여 심판을 받게 될까? 이 질문이 바로 여호수아서와 사사기, 룻기, 사무엘상하, 열왕기상하 그리고 예언서들로 이어지는 중요한 질문이다.

이야기 실천하기

우리와 하나님과의 관계를 규정하는 분은 바로 하나님이심을 기억하는 것이 매우 중요하다. 우리가 어떻게 하나님과 관계를 맺고 그분을 섬길 것인지에 대한 조건을 우리 임의로 정할 수 없다. 우리가 그 조건과 계명에 순종하든 불순종하든 그 계명을 정하는 분은 하나님이다. 사람은 자신의 행위가 아니라 오직 예수 그리스도를 통한 믿음으로 말미암아 구원을 받는다. 하지만 이 세상에서의 삶의 질이나 인생의 의미는 결국 하나님에 대한 우리의 순종 여부와 밀접하게 결부된다.

성경에 펼쳐진 하나님의 구원 이야기 전체 흐름 속에서 하나님은 인간에게 다가오셔서 언약 관계를 맺는 방법과 조건을 제시하시는 분으로 명백하게 계시되신다. 그분은 이스라엘 백성이 우상을 통해 하나님을 섬길 수 있다는 생각을 거듭해서 철저히 거부하신다. 하나님은 오직 한 분이신 야웨 하나님만을 섬기도록 요구하신다. 성경에 야웨 하나님이 정하신 방법 외에 다른 종교가 대안이 될 수 있음을 암시하는 곳은 단 한 곳도 없다. 출애굽기와 민수기 같은 책들은 이 점을 계속해서 거듭 강조한다. 이 점에 대해 하나님은 한 치의 흔들림도 없으시다. 이 메시지가 말하는 바는 아주 분명하다. 하나님은 오직 그분의 독생자 예수 그리스도를 통해 그분께로 나아가고 그분을 섬기도록 우리에게 계시해 주셨다. 고대 근동의 가나안 종교 같은 여타 종교들에는 결코 선택의 여지가 없다. 하나님 앞에서 이는 결코 허용될 수 없다.

마지막으로 하나님의 전체 구원 이야기 안에서 이 '계명' 부분은 하나님의 거룩한 임재를 매우 강조한다. 그리고 하나님의 거룩한 임재에 관한 주제는 성경의 나머지 부분에서도 계속 반복된다. 오늘날 우리는 우리 안에 거하는 성령을 통해 하나님의 거룩한 임재를 경험한다. 고대 이스라엘 백성이 성막에서 그들 가운데 거하시는 하나님의 거룩하고 강력한 임재를 경험했듯이, 오늘날 우리도 내주하는 성령의 임재 속에서 살아간다. 이는 참으로 두려운 일이기에, 우리 삶의 거룩함에 관하여 세심한 주의를 기울여야 한다. "너희는 거룩하라. 이는 나 여호와 너희 하나님이 거룩함이니라"는 말씀은 오늘날 우리에게도 그대로 적용된다(레 19:2).

마무리 «

출애굽기와 레위기, 민수기의 계명들과 특히 신명기 말씀은, 이스라엘 백성이 약속의 땅에서 그들 중에 거하시는 하나님의 강력하고도 거룩한 임재 속에 생활하면서 그분으로 말미암은 축복을 누릴 수 있는 조건들을 제시한다. 그들은 과연 신명기 말씀을 준행할 것인가? 신명기 이후 하나님의 구원 이야기를 관통하는 중요한 질문이 바로 이것이다.

암송 구절

이스라엘아 들으라. 우리 하나님 여호와는 오직 유일한 여호와이시니 너는 마음을 다하고 뜻을 다하고 힘을 다하여 네 하나님 여호와를 사랑하라. (신 6:4-5)

심층 연구

| 도서들 |

Block, Daniel I. *Deuteronomy*. NIV Application Commentary. Grand Rapids: Zondervan, 2012.

Duvall, J. Scott, and J. Daniel Hays. *God's Relational Presence: The Cohesive Center of Biblical Theology*. Grand Rapids: Baker, 2019. 『하나님의 임재 신학』(새물결플러스).

Gundry, Stanley N., ed. *Five Views on Law and Gospel*. Counterpoints. Grand Rapids: Zondervan, 1996.

Schnittjer, Gary Edward. *The Torah Story: An Apprenticeship on the Pentateuch*. Grand Rapids: Zondervan, 2006.

Sprinkle, Joe M. *Leviticus and Numbers*. Teach the Text Commentary Series. Grand Rapids: Baker, 2015.

| 토론을 위한 질문 |

a. 신명기 5:6-21에 나오는 십계명을 읽고, 이 가운데 세 계명을 골

라 이 계명들이 오늘날 우리에게 의미하는 바가 무엇인지 논의해 보라.

b. 성막 가운데 임한 하나님의 임재가 하나님의 능력 및 거룩하심과 어떻게 연결되는지 논의해 보라.

c. 레위기는 출애굽기에서 성막 가운데 임한 하나님의 임재와 어떻게 연결되는가?

과제

1. 출애굽기 19:1-25과 20:18-21에서 이스라엘이 하나님과 만나는 장면과 출애굽기 3:1-4:17에서 모세가 하나님과 만나는 장면을 비교·대조해 보라.

2. 신명기 6장에서 하나님은 앞으로 이스라엘 백성에게 일어날 한 가지 중대한 사회 경제적 변화에 대처하도록 말씀하신다. 이들은 얼마 지나지 않아 광야에서 천막을 치고 생활하는 유목 중심의 사회에서 좀 더 안정적이고 복잡하게 발전된 마을/도시 사회를 형성할 것이다. 이 구절에서 경고하는 위험들을 확인해 보라. 이스라엘 나라가 모두 하나님만 신실하게 경배하도록 하는 데 한 가정이 감당해야 할 역할을 주제로 토론해 보라.

5. 정복과 가나안화

좋은 소식과 나쁜 소식

도입 »

우리는 종종 좋은 소식과 나쁜 소식을 함께 듣는 상황에 놓인다. 그리고 항간에 떠도는 수많은 "좋은 소식과 나쁜 소식"에 관한 우스갯소리에 대해서도 충분한 공감대를 갖고 있다. 좋은 소식과 나쁜 소식에 관한 우스갯소리에서는 대체로 나쁜 소식 쪽이 너무 나빠서 좋은 소식이 가져다주는 즐거움이 나쁜 소식에 완전히 파묻혀 버리는 경우도 많다. 아무튼 이러한 모순을 가진 우스갯소리는 두 소식을 서로 대비시키거나 비틀어서 유머를 만들어 낸다. 약간은 진부하게 느껴질지 모르지만 다음의 사례를 살펴보자. 로마 시대에 노예선에서 노예들을 관리하는 갑판장이 쇠사슬에 묶여 노를 젓는 노예들에게 이렇게 말했다. "너희에게 좋은 소식과 나쁜 소식이 있다. 좋은 소식은 오늘 점심은 평소보다 두 배 많은 음식이 배급되리라는 것이다. 나쁜 소식은 식사 후에 선장께서 수상 스키를 즐기기 원하신다는 것이다." 아마도 당신은 이 외에도 수많은 좋은 소식과 나쁜 소식에 관한 우스갯소리를 떠올릴 수 있을 것이다.

하나님의 거대한 구원 이야기 안에서 가나안 정복과 가나안화 단계에는 재미난 부분이라고는 조금도 찾아볼 수 없을 정도로 암울한 사건들로 가득 차 있기는 하지만, 좋은 소식과 나쁜 소식에 관한 대조법은 이 부분의 이야기를 그 어떤 유비 이상으로 아주 간결하게 요약해 준다.

좋은 소식은 무엇일까? 이스라엘 백성이 여호수아의 리더십 아래 가나안 땅을 성공적으로 정복했고 약속의 땅에 정착하게 되었다는 것이다.

그렇다면 나쁜 소식은 무엇일까? 가나안 땅에 정착한 이스라엘 자손들이 하나님을 부인하고 그들이 이 약속의 땅에서 몰아낼 것으로 예상했던 사악한 가나안 족속들처럼 그렇게 사악해지고 말았다는 사실이다.

준비

여호수아 1-7장과 사사기 1-2, 13-16, 19-21장을 읽거나 들어 보라.

계속되는 이야기

(창세기부터 신명기까지 이어지는) 모세오경이 끝나면서 우리는 하나님의 위대한 구원 이야기를 계속해서 여호수아서로 진전시키는 두 개의 커다란 플롯이 있음을 감지할 수 있다. 첫째로, 하나님은 아브라함에게 하신 언약의 몇 가지 요소들(수많은 후손, 위대한 나라, 그분의 백성에 대한 축복, 그리고 그들을 축복하는 자들에 대한 축복과 그들을 저주하는 자들에 대한 저주)을 성취하셨지만, 축복의 땅에 관한 약속은 아직 성취되지 않았

다. 이스라엘 백성을 구원하신 중요한 의도는 그들을 애굽의 압제에서 건져 내어 축복의 땅으로 인도하기 위함이었다. 여호수아서에서 이러한 약속은 그대로 성취된다. 이스라엘 백성은 요단강을 건너서 가나안 땅을 정복한다. 그리고 약속의 땅을 열두 지파의 수대로 나눈 다음, 이 놀라운 축복의 땅에 정착하여 하나님이 허락하시는 풍요로운 복을 누리며 살 것이다. 어떤 의미에서 가나안 땅은 창세기 2장으로 거슬러 올라가 에덴동산과 마찬가지로 하나님이 자신의 자녀에게 베푸시는 최고의 복을 의미한다. 그곳은 하나님의 임재로 말미암아 권능을 부여받고 세상의 죄악으로부터 거룩하게 구별된 축복의 땅이다.

모세오경 이후에 감지되는 또 다른 플롯은 하나님의 계명들, 특히 신명기 말씀에서 흘러나온다. 신명기는 이스라엘 백성이 약속의 땅에서 그들 가운데 내주하시는 하나님과 동거하면서 하나님이 베푸시는 복을 풍성하게 누릴 수 있는 조건들을 제시한다. 이 구원 이야기를 계속 끌어 나가는 중요한 질문이 있다. 그것은 이스라엘 백성이 과연 신명기의 말씀대로 순종하여 하나님의 축복을 받아 누릴 수 있을까 하는 것이다. 모세의 죽음 이후 이스라엘 백성을 이끌고 가나안 땅에서 치를 정복 전쟁에 대해 깊이 고민하는 여호수아에게 하나님은 이렇게 말씀하신다. "오직 강하고 극히 담대하여 나의 종 모세가 네게 명령한 그 율법을 다 지켜 행하고 우로나 좌로나 치우치지 말라. 그리하면 어디로 가든지 형통하리니"(수 1:7). 여호수아는 하나님의 말씀에 순종하며 그분의 계명을 이행함으로써 자신의 위대한 과업을 감당해야 한다. 그럴 때 그는 약속의 땅에서 정복 전쟁을 성공적으로 완수하면서 하나님의 놀라운 축복을 경험할 수 있을 것이다.

| 믿음 대 불순종, 그리고 여리고성의 함락 |

여호수아 2-7장은 하나님이 여호수아에게 허락하셔서 이스라엘 백성이 강력한 요새인 여리고를 함락하는 놀라운 승리를 묘사한다. 여기에서 하나님이 요단강의 강물을 차단하셔서 이스라엘 백성은 강물이 제방을 넘칠 정도인데도 그 강을 마른 땅처럼 건널 수 있었다. 이 사건은 출애굽기로 거슬러 올라가 예전 이스라엘 백성이 홍해를 마른 땅처럼 건넌 사건과 평행을 이룬다. 이전에 하나님이 이스라엘 백성을 노예 상태**에서** 구원하고자 홍해를 가르신 것처럼, 이제는 이스라엘 자손들을 약속의 땅에 마련된 새로운 축복의 삶**으로** 인도하시기 위하여 요단강을 가르신다. 이 사건은 다시 우리가 죄**에서** 구원받아 주님 안에서 누리는 새로운 축복의 삶**으로** 인도받는 신약성경의 묘사와 평행을 이룬다.

요단강을 가르신 후 하나님은 여리고 성벽을 무너뜨리고 그 도성을 여호수아와 이스라엘 자손들의 손에 넘기신다. 일반적으로 여리고성과 같은 요새를 함락하는 데는 거의 1년이 소요되거나 수년씩 걸리기도 한다. 하지만 하나님은 불과 일주일 만에 여호수아에게 승리를 안겨 주신다. 이 사건의 교훈은 분명하다. 주님의 말씀에 대한 순종과 믿음은 하나님이 그들에게 맡기신 과제를 성공적으로 완수하여 하나님이 베푸시는 위대한 복을 누리는 최고의 비결이다.

하나님의 구원 이야기를 구성하는 핵심 플롯은 여리고성 함락에 관한 내용으로 이루어지지만, 그 속에는 서로 밀접하게 연결된 매혹적이고도 중요한 하위 플롯(subplot)도 있다. 라합(수 2장)과 아간(수 7장)이라는 두 등장인물에 관한 이야기는 여리고성 함락이라는 전체 이야기를 시작하고 종결짓는 일종의 북엔드 역할을 감당한다. 여리고성에 거주하는 가나안의 기생 라합은 이스라엘의 하나님을 믿었으며 여리고

성이 함락될 때 구원받았다. 그리고 그녀는 '하나님 백성'의 일원이 되었고, 다윗과 예수님으로 이어지는 계보에 포함되는 영예를 누리게 되었다. 하지만 아간은 라합과 정반대의 모습을 보여 준다. 그도 이스라엘 백성의 일원이었기에 약속의 땅에서 하나님의 위대한 축복을 충분히 누릴 수 있었다. 하지만 그는 재물에 대한 탐욕으로 하나님을 멸시하고 정복한 도성에서 탈취한 물건들에 관한 하나님의 기본 계명들을 어기고 말았다. 그래서 라합이 이스라엘 백성의 일원이 되어 축복을 함께 누릴 수 있었던 것과는 정반대로, 이스라엘 백성 아간은 가나안 백성의 일원이 되어 하나님의 저주를 받고 말았다. 결국 두 사람이 서로의 자리를 맞바꾼 셈이다.

정복 기사의 서두에 있는 이 하위 플롯에는 매우 중요한 의미가 있다. 이방인일지라도 하나님을 믿고 그분의 계명에 순종하면 하나님 백성의 일원이 되어 이스라엘과 함께 하나님의 축복을 누릴 수 있다. 반면에 이스라엘 백성일지라도 하나님을 불신하고 그분의 계명에 불순종하면, 하나님 나라에서 배척당하여 결국 불신자들과 함께 심판을 받을 수밖에 없다.

| 가나안 정복과 땅의 분할 |

아간의 불순종으로 인한 잠깐의 지연 후에, 여호수아는 이스라엘 백성을 이끌고 다시 약속의 땅을 정복하기 시작한다. 먼저 그는 남부 지역에 위치한 주요 성읍들을 정복하고(수 9-10장), 이어서 북부 지역의 주요 거주지들을 정복한다(수 11장). 이어서 여호수아는 정복한 땅을 나누어 각 부족에 할당된 땅들을 분배한다(수 12-21장). 여호수아 21:43-45은 가나안 땅의 전체 정복 과정을 다음과 같이 요약한다.

여호와께서 이스라엘의 조상들에게 맹세하사 주리라 하신 온 땅을 이와 같이 이스라엘에게 다 주셨으므로 그들이 그것을 차지하여 거기에 거주하였으니 여호와께서 그들의 주위에 안식을 주셨으되 그 조상들에게 맹세하신 대로 하셨으므로 그들의 모든 원수들 중에 그들과 맞선 자가 하나도 없었으니 이는 여호와께서 그들의 모든 원수들을 그들의 손에 넘겨주셨음이니라. 여호와께서 이스라엘 족속에게 말씀하신 선한 말씀이 하나도 남음이 없이 다 응하였더라.

전쟁 중이신 하나님?

구약성경에 소개된 이스라엘과 이방 족속들의 전쟁에서 하나님의 의도는 세속 군사력을 과시하는 것이 아니라 그분의 위엄과 권능을 나타내 보이시는 것이다. 그리고 오늘날 참 이스라엘인 교회는 "혈과 육을 상대하는" 전투를 치르는 것이 아니다(엡 6:12). 오늘날 교회가 사탄 및 그를 따르는 악령들과의 영적 전투를 감당하는 성경적 근거는 구약성경에 나타난 야웨의 전쟁에서 찾을 수 있다.[1]

–폴 코팬

여호수아서 끝자락에 도달하면, 우리는 여호수아가 이스라엘 백성에게 하나님과의 언약에 대한 헌신을 새롭게 갱신하면서 앞으로 오직 하나님만을 섬기고 그분의 명령에 순종할 것을 맹세하도록 촉구하는 모습을 볼 수 있다.

그래서 여호수아서는 기본적으로 '좋은 소식'에 관한 책이다. 당시 최고의 지도자였던 여호수아는 하나님께 신실한 종이었으며, 그의 리더십 아래 이스라엘 백성은 하나님을 따랐다. 하나님은 그들에게 복을

가나안 정복의 윤리적 정당성

가나안 정복 과정에서 발생한 끔찍한 세부 사건들은 많은 사람들로 하여금 매우 심각한 질문들을 던지게 한다. 하나님은 가나안의 모든 사람을 진멸하라고 명하신다. 여리고성 함락의 경우처럼 때로는 가나안의 모든 남자와 여자, 어린아이 그리고 동물까지 모조리 죽여야 했다. 이는 과연 정당한가? 이러한 명령은 신약성경에서 교훈하는 하나님의 자비와 사랑에 충돌하지 않는가?

하지만 이 이야기에서 몇 가지 사항을 눈여겨보면 이 사건의 의미를 더 잘 이해할 수 있다. 첫째로, 도성에 거주하는 모든 거주민을 죽이라는 명령은 오직 약속의 땅 안에 있는 도성에만 적용된다는 점에 주의해야 한다. 이 명령은 이스라엘 백성이 모든 전투에서 항상 따라야 하는 일반 전투 규정이 아니다(신 20:16-18).

둘째로, 성경은 가나안의 문화가 특히나 부도덕하고 부패했음을 일관되게 지적한다. 소돔과 고모라의 이야기에 등장하는 가나안 사람들의 변태적 면모(창 19장)는 그 사회의 실상을 적나라하게 보여 주는 전형적인 장면에 해당하며, 가나안 사람들의 성적 죄악과 일탈에 관한 다른 성경 구절들(레 18장)을 통해서도 잘 나타난다.

셋째로, 하나님은 아브라함 시대에 가나안에 거주하는 사람들의 역겨운 죄악에 대해 이미 잘 알고 계셨다. 하지만 그분의 자비와 인내로 이들을 당장 심판하지 않으시고 무려 400년 동안이나 기다려 주셨다(창 15:13-16). 이 본문이 갖는 의미는 이것이다. 현재 가나안에 거주하는 사람들이 심각한 죄를 저지르고 있을지라도 하나님은 그들을 심판하기에 앞서 상당한 시간 동안 기다리기로 하셨고, 이는 그들에게 회개하고 하나님께 돌아올 충분한 시간을 주기 위해서였다. 여호수아를 통해 수행된 가나안 땅에 대한 심판은 새로운 것도, 갑작스러운 것도 아니었다. 하나님은 이보다 훨씬 오래전 창세기 15장에서 이들에 대한 심판을 경고하셨으며(아브라함), 창세기 18-19장에 나오는 소돔과 고모라의 멸망은 이 심판에 대한 전조가 된다.

마지막으로, 가나안 족속을 진멸하는 이야기 첫머리에 라합과 그의 가족들처럼 진멸에서 극적으로 제외된 사람들이 먼저 등장하는 것은 매우 아이러니하다. 정복 기사 첫머리에 배치된 라합 이야기는, 약속의 땅에 거주하면서 이스라엘의 하나님에게로 돌아서서 그분의 말씀에 순종하는 사람이라면 누구나 구원받아 하나님 백성의 일원이 될 수 있음을 독자들에게 생생하게 증언한다.

베풀어 주셨고 또 그들을 불러 맡기신 정복의 사명을 완수할 수 있도록 능력도 공급해 주셨다. 그래서 그들은 약속의 땅에 정착했고, 그곳에서 누릴 '안식'과 풍성한 복락의 시대를 기대할 수 있었다. 이렇게 여호수아서의 이야기는 주로 '좋은 소식'으로 가득하지만, 이와 정반대의 나쁜 소식을 암시하는 힌트들도 여기저기 깔려 있다. 약속의 땅에서 아직도 완전히 정복하지 못한 지역들과 성읍들에 관한 짤막한 언급들과 병행하여 등장하는 아간의 불순종에 관한 일화는, 거시적 차원에서 볼 때 정복 전쟁이 어느 정도 끝났지만 아직 모든 것이 정돈되지는 않았음을 보여 준다. 정복 전쟁을 이끈 여호수아와 초기 세대가 사망하자 모든 상황이 꼬이기 시작한다.

| 사사들과 불순종의 악순환 |

사사기 2:7은 여호수아서에 소개되는 이스라엘의 승리를 이렇게 간결하게 선언한다. "백성이 여호수아가 사는 날 동안과 여호수아 뒤에 생존한 장로들 곧 여호와께서 이스라엘을 위하여 행하신 모든 큰일을 본 자들이 사는 날 동안에 여호와를 섬겼더라." 그러나 약속의 땅을 정복한 여호수아와 그 세대가 다 죽자 이스라엘의 모든 것이 갑자기 악화되기 시작한다. 이후 세대는 선조들의 하나님을 잊어버리고 다른 신들, 특히 가나안의 바알을 섬기기 시작한다.

사사기 2:6-23은 오랜 세월 이스라엘 안에서 반복된 끔찍한 악순환을 묘사한다. 이스라엘 사람들이 하나님을 버리고 다른 신들에게로 돌아서자 하나님은 그들을 더 이상 보호하지 않으시고, 이방의 침략자들이 이스라엘을 침략해 들어와 그들을 탄압한다. 그러자 하나님은 이스라엘을 압제자로부터 구원할 구원자를 일으켜 세우신다. 사사기에서 그러한 구원자나 부족의 지도자를 가리켜 '사사'(judge)라고 부르

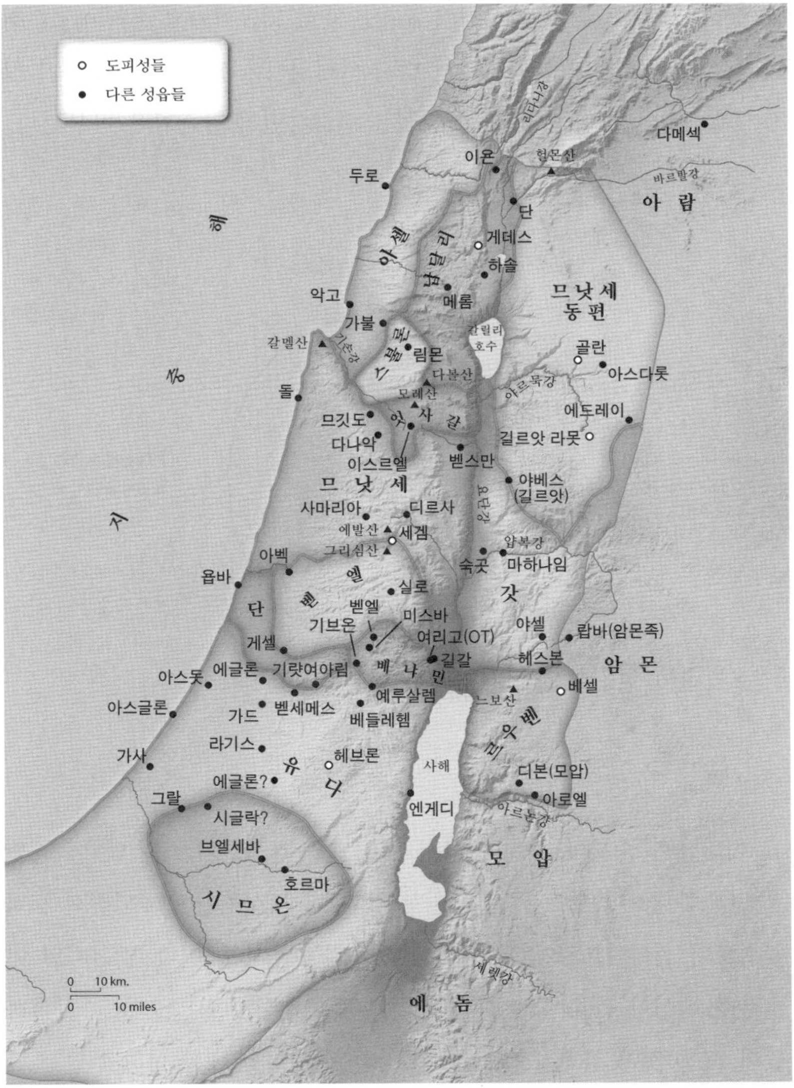

이스라엘 부족들의 정착지

는데, 이들 중에 실제로 법률에 근거한 통치권을 행사하거나 재판관의 역할을 감당한 경우는 많지 않다. 어쨌든 이스라엘은 압제에서 벗어난지 얼마 못 되어 다시 거듭해서 우상숭배로 되돌아가고, 심지어 그 죄악은 이전보다 심해진다. 그래서 다시 하나님이 이들을 더 보호하지 않으시자, 또 다른 대적자가 이스라엘을 침략하면서 악순환은 반복된다.

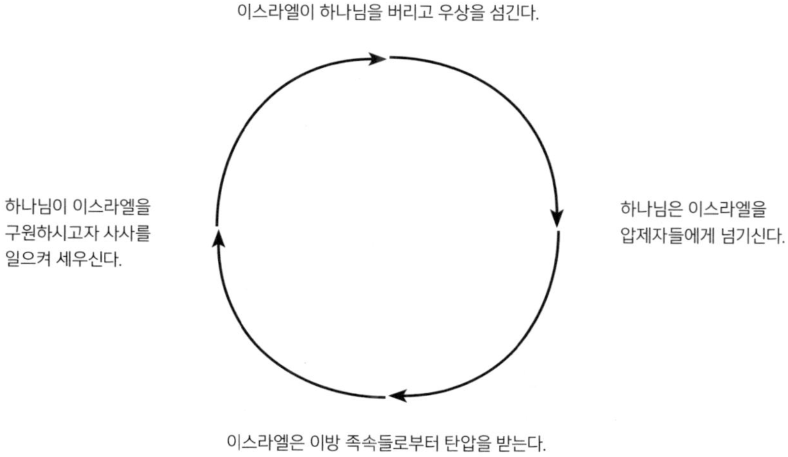

이러한 악순환의 패턴이 사사기 전체를 관통한다. 하지만 이 패턴은 단순히 주기적으로 똑같이 반복되기보다 사사기가 진행되면서 도덕적으로나 신학적으로 점차 악화되는 나선형 형태를 띤다. 말하자면 이스라엘 백성이 불순종의 회전목마를 타고 정신없이 악순환을 반복하면서, 모든 것이 점진적으로 악화되다가 결국 파국을 맞이하고 만다.

사사기 1-2장은 사사기 전체의 개요와 사이클을 제시한다. 점차 파국을 향하여 치닫는 악순환의 내용들은 몇몇 특정 사사에 관한 이야기를 통해 자세히 소개된다(삿 3-16장). 그 가운데 대표적인 사사로는 옷니엘과 에훗, 드보라와 바락, 기드온, 입다, 삼손이 있다. 아이러니하게도 사사기의 이야기가 진행되면서 이스라엘 백성이 점점 악화되는데, 이들의 인도자인 사사들도 마찬가지다. (최초의 사사인) 옷니엘과 (조연이나 조력자 역할을 하는) 드보라를 제외하면 각 사사들의 인물 됨됨이가 어떤 식으로든 얼룩져 있다. 게다가 이들의 결점은 이야기가 진행되면서 점점 심각한 양상을 띠는데, 하나님에 대해서나 순종의 삶에 대해서는 전혀 안중에도 없는 삼손에 이르러 최고조에 달한다. 중요한 사사들에 관한 간략한 소개는 다음과 같다.

옷니엘(삿 3:7-11)은 분명 좋은 성품의 소유자이며(삿 1:9-15), 이스라엘 백성을 메소보다미아의 압제자로부터 구원하면서 좋은 출발을 보여 주었다. 그러나 옷니엘에 관한 성경 본문에는, 그가 이스라엘 백성을 야웨 하나님을 향한 참된 예배로 인도했는지에 대한 정확한 언급이 없다.

에훗(삿 3:12-30)은 압제자 에글론왕과의 사적인 자리에 은밀히 칼을 숨기고 들어가 무방비 상태에 있던 비대한 모압 왕 에글론을 살해함으로써 이스라엘을 구원했다. 그 덕분에 이스라엘은 모압 왕의 압제로부터 구원받을 수 있었는데, 이는 참으로 대담한 행동이었다. 하지만 그의 행동이 그저 영웅적인 구원자의 용맹스러운 행동으로 보이지는 않는다. 그의 행동을 비교하면, 예를 들어 (사무엘상과 사무엘하에서 곧 주목받을 이스라엘의 영웅인) 다윗의 경우와는 달라 보인다. 게다가 옷니엘의 경우처럼 에훗의 구원 이후에도 이스라엘이 회개했다거나 하나님께로 돌아왔다는 언급은 없다.

드보라(삿 4-5장)는 '흠잡을 데 없는' 소수의 사사 중 한 사람이자 용맹스러운 여장부다. 그러나 그녀의 신앙과 영웅심은 당시 전쟁에서 이스라엘 백성을 지도하기로 되어 있었던 **바락**의 소심함과 비겁함을 더욱 강조할 뿐이다.

기드온(삿 6-8장)은 좀 더 복잡하다. 표면적으로 볼 때, 그는 하나님을 신뢰하는 용감한 구원자다. 하지만 본문을 좀 더 세심하게 살펴보면 기드온이 하나님을 신뢰하고 전투에 나서게 하기 위해 하나님이 반복해서 (결국 네 번의) 표적을 제시하시는 모습을 볼 수 있다. 게다가 이야기의 종결 부분에서 기드온은 탈취한 금의 일부를 모아서 (단지 제사장만이 착용할 수 있었던 의복 모양의) 금 에봇을 만들어서 이스라엘이 우상숭배의 범죄에 빠지게 했다(삿 8:27).

입다(삿 10:6-12:7)는 하나님께 다소 어리석은 맹세를 한다. 하나님이 전쟁에서 승리를 허락하신다면, 그가 집으로 돌아올 때 자기를 환영하러 제일 먼저 집 문밖으로 나오는 사람을 하나님께 희생 제물로 바치겠다고 서약한다. 서글프게도 그 서약을 이행하기 위해 입다는 자

사사기에 등장하는 나라들

약속의 땅 가나안에서 이스라엘을 압제했던 여러 적국은 사사기의 아이러니를 더욱 심화시킨다. 옷니엘은 메소보다미아인들과 싸웠고, 에훗은 모압 족속과 싸웠으며, 드보라와 바락은 가나안 족속과, 기드온은 미디안 족속과, 입다는 암몬 족속과, 그리고 삼손은 블레셋과 전쟁을 치렀다. 그런데 아이러니한 점은 모압과 암몬 그리고 미디안 족속은 모세의 지도 아래 이스라엘 백성이 약속의 땅으로 이주해 들어올 때 모두 모세에게 굴복했던 족속이다. 그래서 이들과 다시 전쟁을 치러야 한다는 것은 그만큼 이스라엘의 상황이 과거로 되돌아갔음을 암시한다. 이와 마찬가지로 여호수아도 가나안 족속의 기반을 허물어뜨렸는데, 후대의 이스라엘 백성이 다시 이들과 싸워야 하는 상황은 이스라엘에게는 부정적 신호다.

마지막으로 블레셋의 존재는 매우 불길하다. 다른 족속들은 아브라함 시대부터 그 지역에 세력을 형성해 온 인접한 나라들이다. 그러나 블레셋은 새롭게 생겨난 족속이다. 이스라엘과 마찬가지로 이들도 최근에 이 지역으로 이주해 왔다. 그래서 블레셋은 이 땅에서 이스라엘을 몰아내고 자신들이 약속의 땅을 지배할 기회만을 노리고 있다. 이 얼마나 아이러니인가!

기 딸을 희생 제물로 바친다. 참으로 아이러니하게도 입다가 전쟁에서 무찌른 암몬 족속이 섬기는 우상은, 어린이 인신 제사를 요구하는 것으로 알려진 무자비하고도 악명 높은 신 중 하나였다. 하지만 이스라엘의 하나님은 그런 끔찍한 제사를 혐오하시기 때문에 입다가 그런 맹세를 그대로 이행하는 것을 결코 받지 않으셨을 것이다.

마지막으로 사사기의 흐름은 **삼손**(삿 13-16장)에 이르러 최고조에 달한다. 삼손은 태어날 때부터 전적으로 하나님만을 섬기도록 나실인으로 구별되었다(민 6:1-12). 나실인이 지켜야 할 규정은 이렇다. 절대로 죽은 동물을 만져서는 안 되고, 술을 마실 수도 없으며, 머리카락을 자를 수도 없다. 하나님은 삼손에게 엄청난 힘을 허락하셨으며 위대한 전사가 될 수 있도록 그에게 권능을 부여하셨다. 하지만 삼손은 거룩하게 성별된 영웅이나 구원자보다는 이기적이고 방탕한 부랑자로 삶을 사는 쪽을 택했다. 그는 자주 죄를 범했고 심지어 부모에게까지 반항했다. 또 블레셋을 약속의 땅에서 내쫓을 기회마저 외면했다. 그가 블레셋 사람들을 무찌를 때는 그저 자신의 이기적인 목적 때문이었다.

> 삼손은 영웅이었을까 부랑자였을까?

삼손은 블레셋의 기생 들릴라에게 자기 머리카락을 잘라 버리면 엄청난 괴력도 사라진다는 비밀을 털어놓았다(과연 삼손은 그 사실을 정말 믿었을까?). 이 비밀을 알게 된 들릴라가 그의 머리카락을 자르자, 그의 힘도 사라지고 말았다. 결국 블레셋 사람들이 그를 결박하여 그들의 감옥에 가둬 버렸다. 블레셋 사람들은 제사를 드린 다음 그를 놀릴 심산으로 신전에서 열리는 연회 자리에 그를 데려다 놓았다. 그런데 그의 머리카락이 다시 자라기 시작했고 하나님은 그에게 다시 한 번 권능을 허락하셨다. 그는 건물의 지붕을 지탱하는 두 기둥 사이에 서서 기둥을 넘어뜨려 자신과 함께 그곳에 있던 모든 블레셋 사람을 죽였다.

삼손은 비극적 인물이다. 만일 삼손이 사사의 역할에 충실하여 자신의 위대한 능력으로 이스라엘 백성을 불러 모아서 그들을 이끌고 블레셋과의 전쟁터로 나아갔더라면 무슨 일이 벌어졌을까? 이스라엘 백성을 위한 사사들 가운데서 마지막 단계에 등장한 사사 삼손은 이스라엘의 실상을 아주 적나라하게 보여 준다. 말하자면 삼손은 이스라엘을 상징하는 역할을 가장 완벽하게 해냈다. 삼손은 믿을 수 없는 은사와 엄청난 잠재력을 지녔음에도 불구하고 하나님을 못 본 척하고 이방 신을 상징하는 이방 여인을 쫓는 데 그 모든 은사를 낭비해 버렸다.

불행히도 사사기의 후반부는 이전보다 더욱 악화된다. 사사기의 마지막 장(삿 17-21장)은 이스라엘 전반의 무정부 상태와 도덕적인 붕괴를 묘사하며, 이스라엘 백성 역시 자신들이 점령한 가나안의 다른 이방 족속들과 마찬가지로 도덕적으로 타락했으며 사악한 지경에 이르렀음을 보여 준다. 단 지파는 약속의 땅에서 자신들에게 할당된 지역을 떠나 좀 더 정복하기 쉬워 보이는 북부 지역으로 이주하기로 한다. 그 과정에서 이들은 손수 제작한 우상을 포함하여 가정의 수호신을 섬기는 레위 지파 제사장을 데려간다.

이어서 베냐민 지파에 속한 성읍에 거주하던 이스라엘 사람들은, 예전에 소돔과 고모라에 살던 가나안 족속들의 음란한 행위와 비슷하게도, 자기 마을을 여행하던 방문객을 성적으로 학대하려다 결국 그 대신 그의 첩을 강간했다. 그런데 이 방문객은 그 첩의 시신을 열두 토막 내서 이스라엘의 다른 지파들에게 보낸다. 그러자 이스라엘의 다른 지파들이 모두 동맹하여 베냐민 지파를 약탈하고 이 지파를 거의 전멸시킬 정도로 살육을 감행한다. 그리고 사사기는 다음과 같은 적절하고도 통렬한 구절로 마무리된다. "그때에는 이스라엘에 왕이 없으므로 사람들이 각기 자기 소견에 옳은 대로 행하였더라"(삿 21:25).

사사기 전체에 걸쳐서 이스라엘 사람들은 도덕적으로 그리고 신학적으로 점점 깊은 수렁에 빠져든다. 이런 사실은 사사기에 등장하는 여성들의 운명을 통해 더욱 분명하게 부각된다. 이렇게 이스라엘 백성은 특이하고도 극적인 모습으로 죄악의 맨 밑바닥까지 추락한다. 그리고 하나님을 가장 앞서 섬겨야 할 이스라엘의 제사장 레위인들은 다른 신들을 섬기며, 이스라엘의 한 지파는 약속의 땅을 버리고 다른 지역으로 이주하는가 하면, 이스라엘 사람들이 거주하는 성읍의 도덕성은 (도착적인 행동의 전형을 보여 주는) 소돔과 고모라의 죄악에 필적할 정도다. 게다가 이스라엘 사람들은 가나안의 다른 족속들이나 적군들과 싸우지 않고 오히려 한 형제자매 된 자들끼리 싸우고 있다. 이 지경이라면 이들이 약속의 땅에 대해 더 이상 무슨 권리를 주장할 수 있겠는가?

연결하기

하나님의 위대한 구원 이야기 안에서 현재 위치를 복습해 보자.

창조와 위기

언약

불러냄

계명

▸**정복과 가나안화**

왕국의 설립

왕국의 친교와 상식

왕국의 분열

포로 생활과 귀환

중간기: 구약과 신약의 중간 시기

그리스도

교회

완성

이야기 실천하기

여호수아의 삶에서 우리는, 하나님을 철저히 신뢰하고 담대하게 말씀을 따라 살아간다면 그분이 우리를 향한 자신의 계획과 목적을 성공적으로 달성할 수 있도록 우리에게 능력을 공급해 주신다는 사실을 배운다. 인생의 목적을 발견하고 달성하기 원한다면, 그 목적을 발견하기 위해 말씀을 통한 하나님의 인도를 구해야 하며, 그 목적을 달성하시는 그분의 능력과 임재를 신뢰해야 한다.

사사 시대로부터 우리는 하나님에게서 돌아서서 우리 자신을 믿거나 다른 우상을 섬기는 것은 결국 우리 인생에 총체적 비극을 초래한다는 사실을 분명히 배운다. 우리가 진정으로 회개하고 하나님께로 돌아가서 그분께만 신실하게 헌신하지 않는다면, 우리 삶은 하나님의 통제 밖에서 더욱 깊은 흑암의 수렁 속으로 빠져들 것이다.

마무리 «

하나님은 이스라엘 자손을 애굽에서 구원하신 다음에 그들이 약속의 땅에서 함께 거하시는 하나님의 임재 속에 살면서 그분의 임재로 말미암은 복을 누리며 살 수 있도록 계명을 주셨다. 이스라엘 자손이 이 언약의 조건인 계명들을 수락하자, 하나님은 이들을 약속의 땅으로 인도하여 악한 가나안 족속들을 물리치고 그 땅을 정복하도록 허락하셨다. 여호수아와 그 세대 사람들은 여전히 하나님을 신뢰하고 그분의 말씀을 믿었기에 그들이 사는 날 동안 성공할 수 있었다. 이는 참으로 좋은 소식이다.

하지만 나쁜 소식은 사사기에서 알 수 있듯이 이스라엘 자손이 반복적으로 하나님에게서 돌아섰다는 사실이다. 그래서 도덕적으로 그리고 신학적으로 점점 더 깊은 악의 수렁 속으로 빠져들고 말았다. 이제 하나님의 구원 이야기의 다음 단락으로 넘어가는 시점에서 우리는 '과연 누가 이들을 늪에서 건져 낼 수 있을까?' 하는 의구심을 가질 수밖에 없다.

> 과연 누가 이들을 늪에서 건져 낼 수 있을까?

암송 구절

이 율법책을 네 입에서 떠나지 말게 하며 주야로 그것을 묵상하여 그 안에 기록된 대로 다 지켜 행하라. 그리하면 네 길이 평탄하게 될 것이며 네가 형통하리라. (수 1:8)

심층 연구

| 도서들 |

Chisholm, Robert B. *A Commentary on Judges and Ruth*. Kregel Exegetical Library. Grand Rapids: Kregel, 2013.

Copan, Paul, and Matthew Flannagan. *Did God Really Command Genocide?: Coming to Terms with the Justice of God*. Grand Rapids: Baker, 2014.

Hamilton, Victor P. *Handbook on the Historical Books*. Grand Rapids: Baker, 2001. 『역사서 개론』(CH북스).

Hubbard, Robert L. *Joshua*. The NIV Application Commentary. Grand Rapids: Zondervan, 2009.

| 토론을 위한 질문 |

a. 여호수아 1장에서 하나님은 여호수아를 향해 "강하고 담대하라"고 반복해 말씀하신다. 당신은 이 말씀을 어떻게 해석하고 당신의 삶에 적용하겠는가?

b. 여호수아서에 기록된 정복의 윤리성에 대해 질문하는 사람에게 어떻게 대답해야 하겠는가?

c. 라합(수 2장)과 아간(수 7장) 사이의 유사점과 차이점을 이야기해 보라.

과제

1. 이번 과제에서는 삼손에 대해 보다 자세히 들여다보고자 한다. 아래에 제시된 네 가지 질문에 모두 답해 보라.
   a. 나실인의 규례와 관련하여 사사기 13:1-5, 13-14과 민수기 6:1-12을 비교하라. 나실인으로서 삼손에게 부과된 제약은 무엇인가? 그의 모친에게 부과된 제약은 무엇인가? 나실인이 되는 목적은 무엇인가? 달리 말하자면 나실인은 무엇을 의미하는가?
   b. 사사기 13-16장을 읽어 보라. 삼손이 나실인의 규례를 어긴 다양한 방식이나 사례들에 대해 토론해 보라. 야웨께 '구별'되거나 '거룩'하다는 것이 삼손에게는 어떤 의미였을까? 삼손의 머리카락이 잘린 것과 그 결과로 그의 능력을 상실한 것은 나실인의 헌신과 무슨 관련이 있는가? 삼손은 나실인인가 아닌가? 그 이유를 말해 보라.
   c. 삼손은 영웅인가 부랑자인가? 그 대답의 근거를 제시해 보라.
   d. 삼손의 인생이 여호수아 이래로 이스라엘 백성의 행동과 흡사해 보이는 이유에 대해 토론하면서 그 시대 이스라엘 백성과 삼손을 비교해 보라.

6. 왕국의 설립

보잘것없는 사람들과 중요한 사람들

도입 »

'가난뱅이가 부자가 되는' 이야기는 누구나 좋아하는 이야기다. 이 위대한 성경 이야기의 이 일화는 매일 먹을 것을 찾기 위해 고생하는 룻이라 불리는 시골 출신의 어리고 비천하고 '보잘것없는' 한 사람의 이야기로 조용히 시작한다. 그 이야기는 극적 대조 속에서, 상상을 초월하는 부귀와 영화를 누리며 산 솔로몬왕 이야기로 막을 내린다. 솔로몬을 '보잘것없는 사람'이라 부르기는 쉽지 않을 것이다! 이 일화에는 룻, 사무엘, 사울, 다윗, 솔로몬이라는 다섯 명의 주연 배우가 등장한다. 다윗은 이 부분에서 가장 중요하면서 중심되는 역할을 맡는다. 그는 스타다. 그러나 주의 깊게 성경을 읽어 보면, 이 일화가 단순히 똑바로 앞을 향해 진행된다고 추측할 수 없다. 이야기의 줄거리가 예기치 못한 전환과 많은 굴곡을 만나기 때문이다. 사실 이 이야기에서 '중요한 사람들'은 그렇게 썩 잘 해내지 못한다. 오히려 '보잘것없는 사람들'이 진정한 영웅으로 밝혀진다.

당신은 누구십니까?

"나는 보잘것없는 사람입니다. 당신은 누구십니까? 당신도 보잘것없는 사람입니까?"[1]

-에밀리 디킨슨

이 부분에서 또 다른 주요 인물은 하나님이다. 하나님은 이방인 룻에게 복을 주기 위해 무대 뒤에서 조용히 일하신다. 그리고 작은 소년 사무엘을 부드러운 음성으로 불러내신다. 성경의 위대한 구원 이야기가 점점 펼쳐지면서 하나님은 조용한 배경 역할에서 점차 전면으로 등장하여 이야기의 주인공으로 활약하신다. 하나님은 사무엘과 나단을 통해 간접적으로 사울과 다윗에게 말씀하셨지만, 때로는 그들의 삶에 적극 개입하여 활동하신다. 인상적이고도 중요한 점은 하나님이 솔로몬에게 두 번이나 직접 나타나신다는 것이다. 그런데도 솔로몬은 역설적으로 계속해서 하나님께 등을 돌리고, 그 결과 이 이야기의 일화는 솔로몬에 대한 하나님의 심판 말씀으로 막을 내린다(왕상 11:9-11).

준비

룻기 1-4장; 사무엘상 8-10, 17-19장; 사무엘하 7, 11-12장; 열왕기상 11장을 읽거나 들어 보라.

계속되는 이야기

5장에서 무슨 일이 있었는지 기억하는가? '좋은 소식'이 담긴 책 여호수아서에서, 여호수아는 그 땅의 모든 대적을 무찌르면서 이스라엘 백성을 약속의 땅(정복지)으로 인도한다. 여호수아서에서는 전반적으로 일들이 아주 잘 풀린다. 그러나 '나쁜 소식'이 담긴 책 사사기에서는 모든 것이 비극적으로 악화되다가 결국 이스라엘 백성이 그들이 몰아내기로 되어 있던 가나안 족속들과 동화되어 버린다(이스라엘의 가나안화). 이스라엘 백성은 도덕적·신학적으로 아주 깊은 악의 구렁텅이에 빠져든다. 상황이 이런데도 왜 하나님은 아무 일도 하지 않으시는가? 과연 이스라엘 백성은 이 재앙에서 구원받을 수 있는가? 누가 그들을 이 혼란에서 구원할까?

그 대답은 다윗이다. 그는 영웅이다. 하나님은 이스라엘 백성이 만들어 낸 재앙으로부터 이들을 구원하시고자 다윗을 일으키신다. 하지만 그 전에 하나님은 룻기를 통해 조용히 다윗을 소개하신다.

| 룻기 |

무섭고 소름끼치는 사사기의 사건들을 읽은 뒤, 룻의 이야기는 신선한 공기처럼 독자들에게 다가온다. 사실상 사사기에서 룻기로 넘어가는 것은 전쟁 영화에서 가족 드라마로 넘어가는 것과 비슷하다. 사사기와 룻기의 대조는 놀랄 만큼 극명하다. 룻기에는 왕들도, 전사들도 없을 뿐 아니라 어떤 포위 공격, 전투 혹은 위대한 군사적 승리에 관한 이야기도 없다. 거기에는 소박하지만 용감한 두 여인, 즉 룻과 그녀의 시어머니 나오미에 관한 차분한 이야기만 있다.

> 사실상 사사기에서 룻기로 넘어가는 것은 전쟁 영화에서 가족 드라마로 넘어가는 것과 비슷하다.

성경 전체 이야기 가운데서 룻기는 사실 소름끼칠 정도로 끔찍한 사사 시대에 벌어진 이야기다. 엘리멜렉이라 불리는 한 남자와 그의 아내 나오미, 두 아들이 **약속의 땅을 벗어나** 모압으로 이주한다. 약속의 땅에서 모압으로 이주할 당시 이들은 무슨 생각을 했을까? 그의 아들들은 모압 여인과 결혼하는데, 그중 하나가 룻이다. 그들이 하나님을 떠나 약속의 땅 밖에서 살 때 나쁜 일들이 이 가정에 일어나는데, 결과적으로 세 남자가 다 죽는다(룻 1:1-5). 과부 나오미는 다시 이스라엘로 돌아가기로 하고, 며느리 룻도 시어머니와 끈질기게 함께 가겠다고 한다. 룻은 이렇게 선언한다. "어머니께서 가시는 곳에 나도 가고 어머니께서 머무시는 곳에서 나도 머물겠나이다. 어머니의 백성이 나의 백성이 되고 어머니의 하나님이 나의 하나님이 되시리니"(룻 1:16).

고아와 과부와 이방인

신명기는 종종 이스라엘에게 고아와 과부와 이방인들을 잘 돌보도록 요구한다. 때때로 이 목록에 가난한 자들이 첨가된다. 어떤 의미에서 룻은 고아와 과부, 이방인, 가난한 자의 모든 경우에 해당한다. 보아스가 룻을 돌볼 때 그것은 또한 신명기의 계명을 이행하는 것이었고 그 결과는 축복으로 나타난다.

약속의 땅으로 돌아오자마자 이 일화는 "소년, 소녀를 만나다"식의 로맨틱한 이야기처럼 룻이 '하나님께 신실한 남자' 보아스를 만나는 것으로 변형된다. 보아스는 룻과 사랑에 빠져 결혼하고, 나오미를 보호하기 위해 그녀를 가족으로 받아들인다. 이어서 장차 엄청난 행복을 가져다줄 한 아기가 사람들의 축복 속에서 태어난다. 이 축복은 이야기의 첫 부분에 나오는 모든 남자의 죽음과 대조된다. 요점은 이 가정이 약속의 땅으로 돌아와서 하나님을 신뢰하자 비극이 축복으로 바뀐다는 것이다.

그러나 이 달콤하고 로맨틱한 줄거리는 마지막 부분에서 중요한 전환을 맞이한다. 이야기의 내레이터는 룻과 보아스 사이에서 태어난 그 남자 아기가 오벳이라고 조용히 우리에게 알려 준다. 오벳은 이새의 아버지가 되고 이새는 장차 다윗의 아버지가 된다(룻 4:13-17). 따라서 근본적으로 룻기는 다윗의 등장을 위한 서론 역할을 한다. 다윗은 사무엘상 16장에서 역사의 전면에 등장하는 영웅이다. 그는 장차 사사 시대 말기의 비참한 혼란으로부터 이스라엘을 구원할 사람이다.

| 사무엘서 |

사무엘서의 주요 인물은 사무엘, 사울, 다윗이다. 그러나 사무엘서는 우선적으로 다윗에 관한 책이다. 사무엘은 과도기적 시점에 예비하는 역할을 감당하고, 사울은 이야기의 진정한 영웅 다윗을 빛나게 하는 배경 역할을 한다.

한 권 혹은 두 권?

사무엘서는 원래 하나의 두루마리에 히브리어로 기록된 한 권의 긴 책이었다. 사무엘서의 초기 히브리 사본들(발견된 사해 두루마리의 일부)은 모두 사무엘서를 한 두루마리에 포함시켰다. 이 책이 그리스어로 번역되었을 때(70인역), 그리스어 문자는 히브리어 문자에 비해 더 많은 여백이 필요했고, 그 결과 이 긴 책을 더 이상 하나의 두루마리로 묶기 어려웠다. 그래서 번역자들은 이 긴 책을 둘로 나누고 두 개의 두루마리로 만들었다(사무엘상하). 우리의 번역 성경들은 이 전통을 따른다. 똑같은 일이 열왕기와 역대기에서도 일어난다.

사무엘(삼상 1–7장)

사사기는 사무엘상 첫 장의 배경을 제공한다. 그 배경 속에서는 모든 것이 비참하다. 성막과 언약궤는 실로라 불리는 한 성읍에 머물러 있다. 그러나 어리석고 무능력한 엘리라는 노인이 대제사장으로 있고, 자기 배만 아는 수치스러운 그의 두 아들이 하나님을 향한 이스라엘의 예배를 왜곡시키고 있다. 대조적으로 한나라 불리는 겸손하고 신실한 여인이 사무엘이라 불리는 사내아이를 낳는다. 그리고 이야기가 전개되면서 역할과 위치의 역전이 일어난다. 말하자면 대제사장 엘리와 부패하고 비도덕적인 그의 두 아들은 죽고, 그 자리는 헌신적으로 하나님을 섬기는 사무엘로 대체된다.

사무엘은 과도기에 등장한 인물이다. 그는 마지막 사사로 활동했으며 동시에 대제사장의 역할도 감당한다. 게다가 사무엘은 처음 두 왕을 기름 부어 세우고, 초대 왕 사울을 향해 하나님의 대변자 역할을 한다. 하나님을 위한 대변자라는 관점에서 사무엘은 또한 예언자의 역할을 하고 있다. 그래서 사무엘은 마지막 사사요 예언자이며 제사장이다. 사무엘은 "사사 시대"에서 "왕조 시대"로의 전환기를 관장하게 될 것이다.

약함을 통한 강함

성경 전체의 위대한 구원 이야기를 관통하며 흐르는 선명하고 일관된 주제는, 하나님은 인류 역사 속에서 자신의 진정한 능력을 펼쳐 보이기 위하여 종종 인간의 연약함을 사용하신다는 것이다. 예를 들어, 성경 전체의 구원 이야기 중 룻기에서 하나님은 이스라엘의 구원자를 일으키기 위해 소박하고 조용한 농촌의 이방 소녀 룻을 통해 일하신다. 게다가 사무엘과 한나와 다윗의 이야기는 연약한 사람들의 역할과 그들의 인생이 얼마든지 일순간 역전될 수 있음을 예고한다. 사회적 약자인 한나와 그녀의 아들 사무엘은 강자의 대명사인 대제사장 엘리와 그의 혐오스러운 아들들을 대체한다. 사무엘상 2:1-10에서 한나는 연약함을 통해 일하시는 하나님의 강한 능력과, 천한 자들과 힘 있는 자들의 역할과 운명이 하나님의 개입으로 역전되는 것을 찬송한다.

마침내 이 주제는 작은 목동 다윗이 거대한 전사 골리앗을 쓰러뜨리고 후에 왕이 되는 과정을 통해 극적으로 전개된다. 그리고 이 주제는 예수 그리스도 안에서 절정에 도달한다. 그분의 삶과 십자가는 궁극적으로 약함을 통한 강함의 선포이기 때문이다.

사울(삼상 8–15장)

사사들에 대한 이스라엘의 일반적인 경험은 좋지 않았다. 사무엘상 8장에서 이스라엘 백성은 다른 나라들처럼 강력한 힘을 소유할 수 있도록 왕을 세워 달라고 사무엘에게 요구한다. 이스라엘 백성은 특별히 "우리 앞에 나가서 우리의 싸움을 싸워야 할"(삼상 8:20) 왕을 요구한다. 이 요구가 하나님에 대한 믿음이 부족하다는 의미였음에도 불구하고, 하나님은 사무엘에게 가서 이스라엘 백성을 위해 왕을 지명하여 세우라고 말씀하신다. 분명한 것은, 왕을 요구하는 이스라엘 백성의 동기가 하나님의 마음을 움직인 것은 아니라는 사실이다. 그들의 잘못된 동기에도 불구하고 하나님은 그분의 목적을 이루기 위해, 그리고 하나님 나라를 예언적으로 암시하기 위해 이스라엘 왕조를 사용하신다. 또한 기억해야 할 것은 마침내 메시아, 예수 그리스도가 나타나 하나님의 계획을 온전히 성취하심으로 궁극적인 왕으로 다스릴 것이라는 사실이다.

이스라엘 백성이 전쟁터에서 그들을 인도할 왕을 요구하기 때문에, 하나님은 그들의 기준에 적합한 사울을 초대 왕으로 지목하여 세우신다. 그는 다른 사람들보다 머리 하나가 클 정도로 이스라엘에서 매우 키가 큰 사람이었다(삼상 9:2). 하나님은 사울을 도우셔서 좋은 출발을 하게 하시고 세 가지 중요한 능력을 공급하신다.

- 하나님은 사울에게 권능을 부여하시는 성령을 허락하신다(삼상 10:6, 10).
- 하나님은 사울에게 위대한 첫 승리를 주셔서 이스라엘 백성의 왕으로서 확신을 가지게 하신다(삼상 11:1-15).
- 하나님은 사울에게 지혜와 충고를 주시고 사무엘의 공개적 지지를 허락하신다(삼상 10:24-25; 11:14; 12:12-24).

그러나 사울은 하나님에 대한 불신을 암시하는 세 가지 중대 실수를 범하여 하나님의 은혜롭고 능력 있는 세 가지 은사를 모두 변질시킨다.

- 사무엘상 13장에서 사울은 조급해져서 전쟁 전에 도착해서 희생 제사를 주관해야 하는 사무엘을 기다리지 못한다. 그리고 사무엘의 지시를 어기고 자기 스스로 나서서 희생 제물을 드리는 예배를 직접 주관한다.
- 사울은 사무엘상 14장의 전쟁 중에 사사기 11장에서 입다와 같이 어리석은 맹세를 한다. 이 어리석은 맹세를 그대로 이행하다가는 사울의 용감한 아들 요나단을 죽음으로 이끌 수도 있었다. 다행히도 사울의 군사들이 나서서 요나단을 처형하려는 사울을 가로막는다.
- 사무엘상 15장에서 사울은 아말렉을 멸절시키라는 하나님의 분명한 명령을 정면으로 거역한다. 그리고 그는 자신의 잘못된 행동을 군대의 다른 사람들 탓으로 돌린다. 이제 하나님도 사울에게 마지막 결정타를 날리신다. 사무엘이 사울에게 통지한 메시지가 그것이다. "왕이 여호와의 말씀을 버렸으므로 여호와께서 왕을 버

려 이스라엘 왕이 되지 못하게 하셨음이니이다"(삼상 15:26).

다윗(삼상 16장–삼하 24장)

사울이 이스라엘의 왕으로서 자격 미달이라는 사실이 극적으로 증명되었기에, 사무엘상 16장에서 하나님은 이제 사울을 대신할 새로운 왕을 세우라고 사무엘에게 말씀하신다. 이번에는 백성들의 생각에 따르지 않고 하나님이 "그의 용모와 키를 보지 말라"고 선언하시며 왕을 세우는 데 기본이 되는 기준을 정하신다. 주님은 사람들의 기준을 고려하지 않으신다. 사람들은 외면을 보지만, 하나님은 마음의 중심을 보신다(삼상 16:7). 그래서 하나님은 사무엘을 인도하여 다윗에게 기름 붓게 하신다.

처음부터 우리는 다윗이 사울과 얼마나 다른지 잘 안다. 성경의 위대한 구원 이야기에서 사울이 처음 소개될 때, 그는 아버지가 잃어버린 당나귀들을 찾으려고 정처 없이 헤매고 있었다(삼상 9장). 이에 비해 다윗은 성경 이야기에 등장할 때 아버지의 양을 지키고 있었다(삼상 16:11; 17:34-37). 사실 성경 이야기에서 이 부분의 중요한 주제 가운데 하나는 사울과 다윗 사이의 분명한 대비다. 사울은 인간적 조건들을 미리 갖추고 태어났어도 실패한 왕으로 기록되지만, 다윗은 하나님의 마음에 합했기에 적어도 한동안 왕으로서 놀라운 성취를 보여 준다.

사무엘상 17-31장에 소개되는 성경 이야기의 대부분은, 다윗과 사울 사이의 극명한 대비를 중심으로 펼쳐진다. 앞서 언급했듯이 성경 전체 이야기에서 사울은, 오히려 다윗이 얼마나 총명하고 용감하고 헌신적인지를 돋보이게 하는 배경 역할을 한다. 우리가 기억해야 하는 것은, 사무엘이 비록 다윗을 사울 이후의 왕으로 지목했다고 할지라도 사울의 왕좌는 여전히 견고하고 사울은 다윗에게 왕위를 평화롭게 물려줄 마음이 전혀 없다는 사실이다.

사무엘상 17장에서 다윗은 일대일 전투에서 거대한 전사 골리앗을 용감하게 무찌른 사건을 통해 국가적 영웅으로 급부상한다. 사실 블레셋과의 전쟁은 이스라엘 백성 중에서 가장 크고 좋은 갑옷을 입은 사울이 지휘해야 할 과업이었다. 그러나 이를 지휘한 인물은 사울이 아니라 다윗이었다. 다윗의 승리 이후에 사울은 다윗을 질투하여 몇 번이나 그를 죽이려 한다. 그러나 반대로 다윗은 자신을 죽이려는 사울을 죽일 기회가 거듭 주어졌지만, 그때마다 오히려 그를 살려 준다. 다시 한번 사울과 다윗이 비교되는 순간이다. 사무엘상 18-28장에서 사울은 천천히 미쳐 가고 사무엘상 31장에 나타나는 블레셋과의 전투에서 마침내 죽음을 맞이한다.

사울이 죽은 후, 다윗과 사울 가문 사이에 내전이 일어난다(삼하 1-4장). 사무엘하 5장에서 다윗은 이스라엘 민족 전체의 왕으로 확정된다. 그러고 나서 그는 예루살렘성에서 여부스 족속을 내쫓고 자신의 수도를 건설한다. 그다음 성가신 블레셋 족속을 쳐부수고 마침내 나라 밖으로 그들을 몰아낸다. 사무엘하 6장에서 다윗은 언약궤를 예루살렘으로 가져온다. 그리고 그 언약궤가 이스라엘 전 국민의 예배의 중심에 자리 잡도록 회복시킨다.

다윗의 생애에 매우 중요한 사건들이 사무엘하 7장에서 일어난다. 다윗은 (성전을 의미하는) 하나님의 '집'을 건설하려는 열망을 품는다. 하지만 하나님은 나단을 통해 다윗이 하나님의 집을 짓는 대신에 하나님이 직접 다윗에게 (왕조를 의미하는) '집'을 지어 주겠다고 말씀하신다. 실로 사무엘하 7장은 성경 전체의 역사와 기독교 신학에서 상당한 비중을 차지하는 장 가운데 하나다. 여기서 하나님은 다윗 언약(the

Davidic covenant)을 세우신다. 이 언약에서 하나님은 다윗의 후손이 영원히 번영을 누리는 하나님 나라 보좌에 앉게 될 것이라고 약속하신다. 이후의 구약성경에서 예언자들은 이 언약을 장차 다윗의 후손으로 오실 왕이신 메시아에 대한 소망과 연결한다. 더 나아가 신약성경은 예수 그리스도가 다윗에게 한 약속의 성취이며, 약속된 다윗의 계보로 오시는 메시아이자 하나님의 왕이시라고 선포한다.

역사의 물결 속 다윗

우리는 쉼 없이 흐르는 인류 역사가 궁극적으로 하나님이 정하신 의도를 향하여 끊임없이 흘러가고 있음을 지켜보도록 초대받았다. 역사는 무언가 알 수 없는 힘이나 단순한 힘의 작용이 아니다. 우리를 주기적으로 깜짝 놀라게 하는 일에는 어떤 목적이 숨어 있다. 그것은 우리를 깨뜨리고 회복시키는 힘이다. 다윗은 이제 이 물결을 타고 흘러가고 있다. 그리고 그 이야기를 믿는 자들은 다윗과 함께 이 역사의 물결에 올라탄다. 그들은 그 이야기를 말하거나 들을 때마다 다윗과 함께 거기에 올라탄다. 그러나 사울과 같은 사람들은 죽거나 미친다.[2]

-월터 브루그만

한편 다윗은 새로운 왕으로서 환상적인 성공을 이룬다. 그는 이스라엘을 통일하고 예루살렘에 수도를 건설한다. 언약궤를 예루살렘으로 가져오고, 하나님을 향한 진실하고 온전한 예배를 회복한다. 사무엘하 5-10장에서 보듯이, **마침내 가나안 정복을 완수해 낸 사람은 바로 다윗이다.** 가나안을 정복하라는 과제는 원래 여호수아서에서 볼 수 있듯이 여호수아와 그 백성들에게 부여된 것이었다. 다윗은 이스라엘의 국경을 거의 모세에게 약속된 그 지경까지 확장한다. 따라서 다윗은 우리가 사사기 끝부분에서 보았던 재앙과도 같은 불순종으로부터 이스라엘을 구출해 낸 인물이다. 그는 영웅이요 구원자이며 (기름부음 받은 자라는 의미에서) 메시아이다.

그러나 성경의 이야기는 여기에서 끝나지 않는다. 진실로 다윗은 위대한 사람이다. 그는 아주 높이 날아오른다. 그는 성경 이야기의 영웅이다. 그러나 그는 우리가 기다리는 메시아가 아니라 단지 한 인간에 불과하다. 그리고 사무엘하 11장에서 갑자기 허물어진다.

사무엘하 11장은 성경 전체 이야기 중에서 가장 비극적인 일화 하나를 소개한다. 우리의 영웅 다윗은 그의 휘하 군사들을 전쟁터로 내보낸다. 하지만 자신은 (지루해서인지) 전쟁에 참가하지 않고 예루살렘에 남는다. 어느 날 밤, 왕궁 옥상에 올라가 주변을 둘러보고 있을 때, 아름다운 여인 밧세바가 자기 집 안마당에서 목욕하는 모습이 눈에 들어온다. 그녀는 다윗이 자신을 볼 수도 있다는 사실을 모르고 있다. 비록 하나님이 다윗에게 이미 일곱 명의 아내를 주셨음에도 불구하고, 그는 당장 밧세바를 취하기로 결심한다. 심지어 밧세바가 결혼한 여인임을 알면서도, 그것도 그녀의 남편 우리아가 전장에 나가 싸우고 있는 이스라엘 군대의 유력한 장수들 중 하나임을 알고서도 그렇게 한다. 다윗은 그가 하나님에 대해 알고 있는 모든 것을 애써 외면한 채, 밧세바를 데려와 그녀와 함께 잔다. 우리는 이 문제에 있어서 밧세바의 감정이 어떤지에 대해서는 들은 바가 없다. 오래지 않아 밧세바가 임신한 사실을 알게 되고 다윗은 심각한 문제에 봉착한다.

다윗이 이 혼란스런 상황을 "조작"하려고 할 때, 그의 혐오스런 죄는 여전히 숨겨진 채 상황은 점점 악화된다. 다윗은 우리아를 밧세바에게 돌려보내 그녀와 동침하게 만들려고 한다. 일이 잘 성사되면 우리아와 다른 사람들은 그 아기가 우리아의 아이라고 생각할 것이다. 그러나 충성스런 군사 우리아는 다윗의 명령에도 불구하고 자신의 집에 들어가기를 거부한다. 그러자 다윗은 자기 죄의 결과로부터 벗어나기 위해 사령관 요압에게 은밀히 명령을 내린다. 우리아가 전쟁터에서 죽도록 그를 전선 최전방에 배치한 후 다른 군사들은 철수시키라는 명령이었다. 요압은 이 명령을 그대로 따르고, 결국 우리아는 죽고 만다. 그다음 다윗은 밧세바와 결혼하고, 그녀는 아들을 낳는다. 그러나 그 장의 끝에 내레이터는 조용히 다음과 같이 알린다. "다윗이 행한 그 일이 여호와 보시기에 악했더라"(삼하 11:27).

사무엘하 12장에서 하나님은 이 엄청난 죄와 관련해서 다윗을 대면하도록 예언자 나단을 보내신다. 그러자 다윗은 변명하려 하지 않고 자기 죄를 있는 그대로 시인하고 고백한다. 하나님은 다윗을 용서하신다(삼하 12:13). 그러나 그 죄의 지독한 파장은 제거될 수 없다. 그 결과, 아기는 죽고 다윗왕국은 점점 붕괴되기 시작한다.

밧세바 사건은 사무엘서 이야기의 흐름에서 큰 전환점을 제공한다. 밧세바 사건이 일어나기 전까지 다윗은 승승장구하며 권세가 커가고 위대한 왕국이 건설된다. 그는 끊임없이 적들을 물리치고 약속의 땅을 정복하는 임무를 완수한다. 그는 영웅이고 모든 사람이 그를 사랑한다. 그러나 밧세바 사건 이후, 모든 것은 일순간 나쁘게 돌아간다. 사무엘하의 나머지 부분들은 단순히 다윗의 갈등과 문제들을 연대순으로 나열할 뿐이다. 다윗의 아들 암논이 자신의 배다른 누이인 다말을 강간한다. 그 결과, 다말의 오빠 압살롬은 복수심에 불타 그의 배다른 형제 암논을 죽인다(삼하 13장). 마침내 압살롬은 아버지 다윗에 대항하여 반역을 일으키고, 다윗은 수치 속에서 예루살렘을 빠져나온다. 전 챔피언이자 영웅인 다윗이 퇴각하느라 예루살렘 밖으로 터벅터벅 걸어갈 때, 사울 일가의 어떤 사람이 돌을 던지며 욕을 한다. 블레셋의 챔피언 골리앗을 용맹스럽게 처단한 이전의 젊은 다윗과 얼마나 비교되는가!

마침내 압살롬은 패하고 다윗의 사령관 요압에게 죽임을 당한다. 다윗의 승리는 고통스런 기쁨이었다. 그는 아들의 죽음을 애통해한다. 휘청거리며 쓰러진 다윗은 다시 제자리로 돌아가지 못한다. 다윗의 영광스런 왕국은 바람과 함께 사라진다. 다른 반역들이 일어나고(삼하 20장), 심지어 블레셋이 적으로 다시 등장한다(삼하 21:15-22). 마지막 넉 장은(삼하 21-24장) 선한 일과 악한 일을 포함해서 다윗의 통치를 요약하는 데 할애한다. 그러나 사무엘서는 다윗이 장차 지어질 성전 터 위에 제단을 쌓는다는 긍정적인 전망으로 끝난다(삼하 24:18-25).

다윗에 관한 쉬운 역사 연대

근사치의 숫자를 쉽게 기억하기 위해, 기원전 1천 년경에 다윗의 연대를 두라.

솔로몬(왕상 1-11장)

열왕기는 사무엘하의 뒤를 바짝 따른다. 열왕기상은 다윗이 늙어서 죽기 직전의 장면에서 시작한다. 다윗은 여러 명의 부인과 많은 아들을 두었지만, 밧세바의 청을 따라 그녀의 아들 솔로몬을 다음 왕으로 지목한다. 이 점이 다소 이상하게 생각되는 이유는, 사울과 다윗이 왕으로 지명된 것은 모두 하나님의 선택과 간섭으로 이루어졌는데 다윗이 솔로몬을 후계자로 선택하는 장면에서는 하나님이 침묵하시는 것처럼 보이기 때문이다.

다윗이 그의 왕좌를 아들 솔로몬에게 양도하면서, 그 늙은 왕은 아들에게 중대한 임무를 맡기고 중요한 충고를 들려준다. 다윗은 경고한다. "네 하나님 여호와의 명령을 지켜 그 길로 행하여 그 법률과 계명과 율례와 증거를 모세의 율법에 기록된 대로 지키라. 그리하면 네가 무엇을 하든지 어디로 가든지 형통할지라”(왕상 2:3). 여기에서 다윗은 신명기를 인용함으로써 솔로몬에게 신명기 말씀에 순종하는 것이 아주 중요하다는 점을 상기시킨다. 하나님도 솔로몬에게 다윗이 선언한 것을 반복하시면서 두 번이나 직접 말씀하신다. 네가 만일 모세의 율법(신명기)을 지키면 복을 받을 것이요, 그렇지 않고 불순종하면 화를 당하리라(왕상 3:14; 9:4-9).

표면적으로 볼 때, 솔로몬의 통치는 별 탈 없이 잘 진행된다. 이방 왕들의 딸들과 결혼함으로써 솔로몬은 이들과 중요한 정치적 동맹을 형성한다. 그는 다윗으로부터 물려받은 왕국을 더욱 강화하고 확장한다. 하나님의 사랑과 다윗에게 약속한 하나님의 약속 때문에, 하나님은 솔로몬에게 더 많은 지혜와 부귀영화의 복을 베푸신다. 솔로몬은 경탄을 자아낼 만한 거대한 건물들을 짓는 데 그 지혜와 부를 사용한다. 그는 대규모 궁정을 건설하고 자신의 많은 아내들이 거주할 저택들을 짓는다. 또한 숨 막힐 듯 웅장한 하나님의 전을 건설하고 그 성전의 “지성소” 안에 언약궤를 모신다. 이어 구름이 그 성전 안에 가득 차고 하나님이 그 성전에 거하기 위해 강림하신다(왕상 7:13-8:13). 솔로몬은 당시 최신 군사 기술인 대규모 전차 군단으로 거대한 상비군도 조직한다. 그는 홍해를 항해할 몇 척의 배도 만든다. 솔로몬 제국은 부로 넘쳐 난다. 솔로몬 제국에 관한 모든 것이 적어도 표면적으로는 화려하게 보인다.

그럼에도 불구하고, 다윗과 하나님이 모세의 율법(신명기)을 준행하라고 솔로몬에게 명령했던 경고의 메시지는 열왕기상 전체에 계속해서 울려 퍼지고 있다. 이런 점에서 우리는 이 본문을 좀 더 신중하고 진지하게 읽어 볼 필요가 있다. 먼저, 신명기의 중심이자 십계명의 핵심인 "오직 하나님 그분만을 섬기라"는 요구다. 그러나 솔로몬 이야기의 첫머리에서 무언가 문제가 발생하고 있음이 감지된다. "솔로몬이 여호와를 사랑하고 그의 아버지 다윗의 법도를 행**했으나** 산당에서 제사하며 분향하더라"(왕상 3:3). 이 구절에 등장하는 아주 사소해 보이는 단어 "했으나"가 매우 의미심장하다. 이 단어는 솔로몬의 문제점을 미묘하게 고발하고 있다.

열왕기와 역대기

역대기는 많은 부분에서 열왕기와 역사적으로 같은 시기를 공유하고 있으나, 각기 다른 강조점이 실려 있다. 열왕기는 신명기에 기초한 역사관으로 결말을 맺는다. 그리고 신명기 말씀에 순종하는 데 실패한 이스라엘과 유다에 강조점을 둔다. 왕들의 거대한 비극적 시기를 돌아보면서 왜 그 처참한 포로기(심판)가 도래했는지를 설명한다. 반면에 역대기는 왕들의 기사에 대해 좀 더 앞서 나가는 관점을 보여 준다. 즉 바벨론 포로 생활을 뛰어넘어 이스라엘의 예배와 다윗 언약의 지속성을 강조한다.

두 번째로, 신명기 17:14-20은 왕들이 지키며 살아야 할 특별한 기준들을 제공한다. 하나님은 이스라엘 왕들이 해선 안 되는 것 세 가지를 제시하신다.

1. 왕은 많은 수의 말들(필시 전차를 끄는 말들) 특히, 애굽산 말들을 가져서는 안 된다.
2. 왕은 많은 양의 은과 금을 축적해서는 안 된다.
3. 왕은 많은 아내를 거느려서는 안 된다(17:17).

네 번째는 비록 언급되어 있지는 않지만, 하나님이 이스라엘 백성을 구원해 내신 애굽과 어떤 긴밀한 유대 관계도 맺지 말 것을 경고하신다(17:16).

만약 우리가 신명기 17장의 배경으로 솔로몬의 이야기를 읽는다면, 솔로몬에 대한 또 다른 평가를 만나게 된다. 표면상으로 이 이야기의 내레이터는 솔로몬의 장엄한 왕국에 관해 그를 칭송하는 모습으로 나타난다. 그러나 우리는 그 수면 아래를 관찰한다. 내레이터가 칭송하는 바로 그러한 것들이 사실, 신명기 17장의 위반사항들이라는 점이다. 실로 똑같은 목록이 나타난다.

1. 내레이터는 솔로몬이 축적한 전차용 군마들의 큰 숫자(1만 2천)를 언급한다(왕상 4:26; 10:26). 또한 조심스럽게 솔로몬이 이 많은 말들을 애굽에서 얻어 왔음을 지적한다(왕상 10:28).
2. 솔로몬이 금을 많이 소유했다는 점 역시 강조한다(왕상 9:28; 10:14).
3. "많은 아내"에 대한 문제는 거의 조롱 수준이다. 내레이터는 솔로몬의 "후궁(대부분 이방인)이 칠백 명이요 첩이 삼백 명"이었다고 말한다(왕상 11:1-3).
4. 내레이터는 바로의 딸과 솔로몬의 결혼 이야기에 초점을 맞춤으로 금지된 애굽과의 긴밀한 유대 관계를 두드러지게 강조한다(왕상 3:1; 7:8; 11:1).

성경의 이야기가 표면적으로는 솔로몬을 칭송하는 것처럼 보이지만, 실제로 그 본문은 솔로몬의 실패를 미묘하게 비판한다. 솔로몬의 실패란 신명기를 통해 이스라엘에게 주신 하나님의 명령에 충실하지 못한 것이다. 마침내, 열왕기상 11:1-13에서 정신이 번쩍 드는 진리의 말씀이 분명히 언급된다. 솔로몬은 아브라함의 하나님으로부터 돌아서서 많은 다른 신들을 섬겼다. 심지어 이 구역질나는 이방 신들을 위한 예배 처소까지 짓는다. 몰렉과 그모스(왕상 11:7) 같은 몇몇 신들은 어린이를 제물로 요구하는 것으로 알려져 있다. 진노한 하나님은 솔로몬의 왕국을 찢어서 다른 사람들에게 넘길 것이라고 선언하신다. 단지 다윗을 향한 하나님의 크신 사랑 때문에 이 심판이 연기되고 있을 뿐이다. 그럼에도 불구하고 이 지점에서 이스라엘은 길고 비극적인 우상숭배로의 내리막길을 치닫기 시작한다. 마침내 이 우상숭배의 끝은 왕국의 종말과 포로기로 이어진다.

연결하기

하나님의 위대한 구원 이야기 안에서 현재 위치를 복습해 보자.

창조와 위기
언약
불러냄
계명
정복과 가나안화
▸**왕국의 설립**
왕국의 친교와 상식
왕국의 분열
포로 생활과 귀환
중간기: 구약과 신약의 중간 시기

그리스도

교회

완성

신명기에 등장하는 "계명"(commandments)의 말씀들은 성경의 거대한 흐름을 위한 신학적 배경을 제공한다. 하나님은 이스라엘 백성을 애굽에서 불러내시고 그들과 모세 언약을 맺으신다. 그리고 그들에게 놀라운 약속의 땅을 베풀어 주신다. 신명기의 모세 언약에서는 이스라엘 백성이 그 약속의 땅에서 하나님의 풍성한 복을 누리며 살 수 있는 조건들을 제시한다. 하나님이 이스라엘 백성에게 신명기 말씀을 주신 후에 구약의 나머지 부분을 관통하며 성경의 큰 이야기를 이끌어 가는 질문은 다음과 같다. "이스라엘 백성은 과연 신명기의 말씀을 잘 순종하고 약속의 땅에서 복을 받을 수 있을까?" 이 질문에 대한 대답은 슬프게도 "아니오"이다.

앞 장에서 우리는 여호수아가 이스라엘 백성을 약속의 땅으로 이끌었고 좋은 출발을 하게 했음을 살펴보았다. 그러나 사사기는 하나님을 떠난 백성들에게 임한 재앙의 실상을 적나라하게 보여 준다. 사사기에서 이스라엘 백성은 신학적으로, 도덕적으로 나선형을 그리며 추락하여 결국 가나안 백성들과 똑같은 모습으로 동화된다. 누가 이스라엘 백성을 이 혼돈에서 건져낼 것인가? 그 답은 다윗이다. 적어도 단기적으로는 그렇다. 그는 이스라엘 백성을 사사기의 재앙에서 건져낸, "메시아를 닮은"(Messiah-like) 왕이며 영웅이다. 다윗은 가나안 정복을 완수하고 예루살렘을 이스라엘의 수도로 건설한다. 그는 이스라엘에 참된 예배를 회복한다. 그러나 우리가 본 대로 다윗은 모두가 기다리는 참 메시아가 아니다. 다윗도 그저 실수하는 한 인간에 불과하다.

그로 인해 우리는 다윗의 연약함을 찾아볼 수 없는 진정한 메시아를 소망한다.

그다음 솔로몬이 눈부신 왕국을 건설한다. 그러나 솔로몬은 다윗과 크게 다른 걸음을 걷는다. 솔로몬 왕국의 현란한 겉모습과 달리 그 내부에서는 일들이 바르게 진행되지 않고 있음을 발견하며, 신명기 말씀에 불순종하는 솔로몬을 발견한다. 사실 솔로몬은 이스라엘 왕국을 부추겨서 우상숭배라는 어둡고 비참한 지경으로 몰아넣는다.

하나님의 위대한 구원 이야기의 흐름에서 또 하나 기억할 연결 고리는, 다윗이 시편의 많은 시들을 지었다는 사실이다. 이 시편의 노래들은 하나님을 따르는 다윗의 성품과 마음에서 우러나온다. 단순히 믿고 순종하는 것이 하나님께 중요하기는 하지만, 우리를 향한 하나님의 진정한 바람에 온전히 부응하지는 못한다. 하지만 시편은 우리가 삶의 모든 영역에서 좋은 때나 나쁜 때나 항상, 그리고 모든 인생의 여정 속에서 하나님과 교제하며 하나님을 예배하는 삶의 실상을 보여준다.

이스라엘이 율법(신명기)을 지키지 못하고 무력하게 넘어질 때, 하나님은 여전히 그 백성을 은혜롭게 용서하시고 아브라함과 하신 약속을 따라 이스라엘을 고치신다. 게다가 사무엘하 7장에서 하나님은 다윗과 언약을 맺으신다. 이 다윗 언약은 성경 이야기의 나머지 부분에서 중요한 역할을 감당한다. 모세 언약(율법, 특히 신명기)을 준행하는 데 실패함으로써 이스라엘 백성은 심판이라는 이미 예견된 비극을 경험한다. 그러나 또한 아브라함과 다윗이 하나님과 맺은 언약 안에서 하나님의 그 은혜로운 약속들은 계속 유효하다. 따라서 장차 오실 메시아로 인한 미래의 소망이 존재한다.

이야기 실천하기

겸손하면서도 신실한 룻의 삶은 우리가 배워야 할 모범을 제공한다. 환난의 때에 룻은 신실하게도 나오미와 함께 이스라엘의 하나님을 붙잡았다. 룻은 고결하면서도 위엄 있게 행동한다. 그리고 마침내 룻은 엄청난 복을 받는다. 하나님이 룻을 통해 조용히 일하시고 이스라엘의 구원자를 일으키기 위해 그녀를 사용하고 계시다는 사실을 룻 자신은 잘 몰랐을 것이다. 하지만 룻은 "보잘것없는 사람"이 아니라 "중요한 사람"이다. 우리는 하나님의 장래 계획이 무엇인지 혹은 우리가 어떻게 그 계획 속에 포함되는지 결코 알 수 없다.

그러나 우리는 하나님께 참으로 소중한 존재들이며, 그분이 당신의 계획 속에서 우리가 참으로 중요한 역할을 감당하기 원하신다는 것을 명심해야 한다. 하나님의 관점으로 보자면 그분의 나라에 "보잘것없는 사람"은 단 한 명도 없다. 오직 "중요한 사람들"만 있을 뿐이다. 성경의 그 위대한 이야기에서 룻은 솔로몬보다 위대한 사람으로 나온다. 당신은 어떤가?

이와 마찬가지로, 다윗의 초기 시절에도 이끌어 낼 수 있는 중요한 교훈과 적용점이 많이 들어 있다. 다윗은 하나님을 갈망하는 마음을 지닌 겸손한 사람이었다. 하나님을 향한 그의 믿음은 그의 삶 가운데 놀라운 용기를 만들어 낸다. 그러므로 다윗은 우리에게 위대한 모범이 된다. 하나님을 향한 헌신의 마음을 갖기 위해 우리는 어떻게 할 것인가? 겸손과 용기를 겸비하기 위해 어떻게 해야 하는가? 이 모든 것은 하나님을 향한 우리의 믿음에서 나오고 강화된다.

다윗의 엄청난 비극, 즉 밧세바와의 간음 사건에서 우리가 배워야 할 교훈들이 있다. 밧세바 사건에 나타나는 다윗의 전적 부패는 무엇을 보여 주는가? 우리 가운데 어느 누구도 완전무결하게 거룩한 삶을 산다고 장담할 수 없고, 또 우리 가운데 어느 누구도 유혹에 빠지지 않을 만큼 강한 믿음을 가진 자는 단 한 사람도 없다는 것이다. 다윗이 담장 너머로 아름다운 밧세바가 목욕하는 모습을 내려다볼때, 우리는 스스로 우리의 영웅 다윗에게 이렇게 소리친다. "거기서 당장 떠나라! 우물쭈물하다가 죄가 너의 상상력을 사로잡도록 하지 마라! 네가 있어야 할 그 전선으로 돌아가라!" 그러나 다윗은 그렇게 하지 않았고, 결국 그의 삶은 붕괴되고 만다. 이와 똑같은 일이 우리에게도 일어난다. 당신이 간음의 유혹을 느낄 때, 당신은 그 아름답거나 멋지게 생긴 상대방의 눈동자를 살펴볼 필요가 있다. 당신이 반해 버린 그 눈동자 속에 **당신의 삶이 파멸되는 모습이 보일 것**이다. 당신의 악한 행동으로 인해 얼마나 많은 사람들의 삶이 충격적으로 산산조각 날 것인지를 깨달아야 한다. 그러므로 즉시 그 자리를 떠나라! 당신을 유혹할 가능성이 있는 사람들로부터 거리를 유지하라! 나는 절대로 그러한 유혹에 빠지지 않을 것이라고 교만하게 생각하지 말라!

궁극적으로, 의로운 왕으로서 다윗의 최선의 역할은 우리를 그리스도께로 인도하는 것이다. 다윗의 언약 역시 우리를 그리스도께로 이끈다. 그리스도는 온전하고 의로운 왕으로 오셔서 하나님의 위대한 왕국을 영원히 다스리실 것이다. 다윗의 실패로 인해 우리는 다윗에게 머무를 수 없고, 결국 그리스도께로 나아갈 수밖에 없다. 어떤 사람도 메시아와 구세주의 역할을 대신할 수는 없다는 것을 깨닫고 그리스도를 바라본다. 다윗과 같은 위대한 지도자들도 우리에게 도움이 되지만, 궁극적으로 우리는 그리스도만 의지해야 한다. 그분은 결코 우리를 버리시지 않을 것이다. 그분은 결코 다윗처럼 실패하시지 않을 것이다.

마무리 «

배경: 사사 시대 말기의 그 혼돈 속에서 누가 이스라엘 백성을 구원할 것인가?

룻: 겸손한 농촌 소녀. 하나님은 구원자 다윗을 일으켜 세우기 위해 룻을 통해 조용히 역사하신다.

사무엘: 예언자이자 제사장이며 마지막 사사였던 사무엘은 사사 시대에서 왕조 시대로의 전환을 위한 연결 고리를 제공한다. 사무엘은 이스라엘의 초대 왕 사울을 기름 부어 세우고, 그다음 왕 다윗도 세운다.

사울: 이스라엘의 초대 왕. 그는 백성들이 원하던 크고 강력한 왕이었다. 하나님은 사울이 성공할 수 있도록 그에게 세 가지 선물을 주신다. 그러나 사울은 오히려 어리석은 실수와 불순종으로 응답한다. 그 결과 하나님은 사울에게서 왕국을 빼앗으신다.

다윗: 성경 이야기 속에서 다윗은 사울과 극명한 대조를 보여 준다. 다윗은 사람들이 원하는 왕이 아니라 하나님이 기뻐하시는 왕이다. 그는 겸손하고 신실한 믿음을 지녔고, 이스라엘을 사사기의 혼란 속에서 구출한다. 또한 가나안 정복을 완수하고, 하나님을 향한 진정한 예배를 재정립한다. 그러나 인간으로서 그는 유혹에 빠졌고 밧세바에 대한 간음으로 무너진다. 그러나 다윗 언약은 하나님의 은혜의 약속에 기초하기에 계속 유효하다. 다윗의 연대는 기원전 1천 년이다.

솔로몬: 하나님이 베푸신 위대한 힘과 잠재력을 신명기 말씀에 대한 불순종과 우상숭배로 탕진한다. 그는 실로 굉장한 성전을 건설한다. 그러나 그래서 어쨌단 말인가? 하나님은 현란한 겉모습에 감동하지 않으시고 신실한 순종에 감동하신다. 솔로몬의 나라는 비극적 구

렁텅이로 빠져든다.

암송 구절

내가 보는 것은 사람과 같지 아니하니 사람은 외모를 보거니와 나 여호와는 중심을 보느니라. (삼상 16:7b)

심층 연구

| 도서들 |

Arnold, Bill T. *1 and 2 Samuel*. The NIV Application Commentary. Grand Rapids: Zondervan, 2003.

Block, Daniel I. *Judges, Ruth*. The New American Commentary. Nashville: Broadman & Holman, 2002.

DeRouchie, Jason S., ed. *What the Old Testament Authors Really Cared About*. Grand Rapids: Kregel, 2011. 룻기와 사무엘서, 역대기에 관한 소논문들을 살펴보라.

Evans, Paul S. *1–2 Samuel*. The Story of God Bible Commentary. Grand Rapids: Zondervan, 2018.

Firth, David G. *1 & 2 Samuel*. Apollos Old Testament Commentary. Downers Grove, IL: IVP; Nottingham, England: Apollos, 2009.

| 토론을 위한 질문 |

a. 룻의 이야기에서 가장 인상 깊게 느껴진 점은 무엇이었는가?

b. 이스라엘 백성이 왕을 원한 이유가 무엇이었을지 이야기해 보라.

c. "약함을 통한 강함"이라는 주제는 성경의 이 지점에서 어떻게 드러

나는가? 예수님의 삶에서 이 주제가 어떻게 드러나는지 설명할 수 있겠는가?

d. 솔로몬에 대한 위의 논의를 감안할 때, 당신은 솔로몬을 어떻게 평가하는가? 그는 위대한 왕이었는가? 아니면 실패자였는가? 아니면 그는 어떤 사람이었는가?

과제

1. 하나님의 구원 이야기 속에서 이 단락을 구성하는 시작과 끝에 해당하는 룻(룻 1-4장)과 솔로몬(왕상 1-11장)을 비교 대조해 보라.

2. 사무엘상 1-4장과 7장을 읽어 보라. 한나와 그의 아들 사무엘, 그리고 엘리와 그의 두 아들을 비교 대조해 보라.

3. 다윗과 아비가일의 만남과 결혼(삼상 25장), 그리고 다윗과 밧세바의 만남과 결혼(삼하 11장)을 비교 대조하라.

7. 왕국의 친교와 상식

예배와 지혜로운 삶의 방식들

도입 »

친교는 생각이나 감정을 가깝고도 친밀하게 교환하는 것을 의미한다. 예배가 하나님과 그분의 백성들 간의 친교에서 큰 부분을 차지한다. 하지만 친교는 예배보다 훨씬 넓은 개념이며, 하나님과의 관계에서 쌍방향을 강조한다. 하나님과의 친교는 그분과 친밀하게 생각과 감정을 나누고, 그런 뒤 하나님의 응답을 듣고 묵상하는 것을 포함한다.

시편의 중심에는 친교가 자리하고 있다. 이스라엘의 이방 이교도들도 자기들 나름의 신을 '숭배'했다. 그들도 희생 제물을 바치고, 향을 태우고, 축제를 즐기는 방법으로 신들을 숭배한다. 그러나 이교도들과 신들 사이에는 인격적 관계 맺음과 친교를 찾아볼 수 없다. 하지만 아브라함의 하나님은 확연히 다르다. 하나님이 이스라엘과 언약 관계를 맺으실 때 이렇게 말씀하신다. '나는 너희의 하나님이 되고 너희는 내 백성이 되리라. 내가 너희 중에 거할 것이다.' 이 말씀은 양자 사이에 소통과 친교로 완성되는 진정한 관계를 암시한다.

그렇다. 예배는 하나님을 향한 올바른 응답이고 친교의 한 부분이다. 그러나 친교는 예배를 훨씬 뛰어넘는다. 시편은 우리를 하나님과의 친교로 인도한다. 분명히 시편은 우리가 어떻게 하나님을 예배하고, 어떻게 찬송해야 하는지에 대한 위대한 모범들을 보여 준다. 또 시편은 우리가 혼란과 고통 속에서 어떻게 하나님께 간구하고, 위기와 비통함 속에서 어떻게 하나님의 음성을 들어야 하는지에 대해서도 가르친다. 이러한 하나님과의 긴밀한 친교가 성경 전체를 통해 전개되는 하나님의 위대한 구원 이야기의 일부분이다. 그 친교는 하나님이 이스라엘에게 원하시는 것인 동시에 오늘날 우리에게도 요구하시는 것이다.

이번 장의 후반부는 지혜서(잠언, 욥기, 전도서, 아가)를 다룬다. 하나님은 자신의 백성들이 자신과 가깝고 의미 있는 관계를 맺기를 원하실 뿐만 아니라, 백성들이 서로 간에도 긴밀하고 의미 있는 관계를 맺기를 원하신다. 또한 하나님은 자신의 백성들이 약속의 땅에서 의미 있고 복된 삶을 살기를 원하신다. 달리 말하자면 하나님의 백성들이 어리석게 사는 것이 아니라 현명하게 살 필요가 있다는 것이다. 지혜서들은 언약 아래 있는 사람들이 매일의 삶의 현실을 직시하는 가운데 어떻게 지혜롭게 살 수 있을지에 대한 실제적 안내를 제공한다.

그러므로 이번 장에서는 성경의 거대한 구원 이야기의 흐름 속에서 우리가 그간 살펴본 인상적인 역사적 사건들은 잠시 중단되고, 하나님과의 수직적 친교와 하나님 앞에서 이웃과의 수평적 관계 속에서 지혜롭게 사는 삶에 관한 가르침들을 성찰해 보고자 한다. 이 또한 성경 이야기의 중요한 일부분이다.

준비

시편 1, 8, 9, 19, 22, 23, 74편; 잠언 1, 10-11장을 읽거나 들어 보라.

계속되는 이야기

| 시편 |

앞서 6장에서 살펴보았듯이, 다윗은 사사기의 혼란 상태로부터 이스라엘을 구원한 영웅이다. 그는 이스라엘 백성을 하나님을 향한 올바른 예배라는 본래의 궤도로 회복시킨다. 다윗은 '하나님의 마음에 맞는 사람'이고 하나님과 가깝고도 친밀한 관계를 누렸다. 음악가로서 다윗은 또한 음악이 하나님과 교제하는 놀랍고도 적절한 방법이라는 것을 알았다. 시편은 단순하게 말하면 종교적 노래다. 다윗은 150편의 시 가운데 73편을 지었으며, 공식 예배와 개인 묵상에 시편의 노래를 사용하는 전통을 확립했고, 그 전통은 오늘날까지 이어진다.

시편은 150편의 개별 시 모음집이며, 다섯 권의 '책'으로 묶여 있다. 각각의 시는 비교적 오랜 기간에 걸쳐 기록되고 수집되어 다섯 권의 책으로 편집되었을 것이다. 이는 다윗 시대로부터 시작해서 포로기 이후까지 계속되는 긴 시간 동안 진행된 작업이다. 그러나 예외적으로 다윗보다 좀 더 이른 시기에 모세가 지은 시편 90편도 있다. 성경의 전체 이야기 속에서 이 기간에 해당하는 내용은 6장("왕국의 설립")과 8장("왕국의 분열"), 9장("포로 생활과 귀환")이다. 다섯 권의 책으로 편집된 시편의 순서는 연대기적 수집 과정에 기인했을 것이다. 그리고 시편이 다섯 권의 책으로 묶인 것은 다섯 권으로 구성된 모세오경(토라)의 형태와 일치시키려는 의도가 반영된 것 같다. 시편 다섯 권의 책은 각각 주님을 찬양하는 말로 끝을 맺는다. 다섯 권의 책은 다음과 같다.

150편의 시편 전체 본문은 주님을 찬양하라는 하나의 외침으로 집약된다. 그래서 시편은 전체 모음집의 결론이 찬양으로 집약되는 찬송가다.

책	내용	맺는말
1권	시편 1-41편	"이스라엘의 하나님 여호와를 영원부터 영원까지 송축할지로다. 아멘, 아멘." (41:13)
2권	시편 42-72편	"그 영화로운 이름을 영원히 찬송할지어다. 온 땅에 그의 영광이 충만할지어다. 아멘, 아멘." (72:19)
3권	시편 73-89편	"여호와를 영원히 찬송할지어다. 아멘, 아멘." (89:52)
4권	시편 90-106편	"여호와 이스라엘의 하나님을 영원부터 영원까지 찬양할지어다. 모든 백성들아 아멘 할지어다. 할렐루야." (106:48)
5권	시편 107-150편	"호흡이 있는 자마다 여호와를 찬양할지어다. 할렐루야." (150:6)

시편의 다양한 찬송은 성경의 전체 이야기 안에서 저자들의 대조적 상황에 따라 주로 다음 두 가지 범주로 구분된다. 첫 번째 범주는 '찬양시'다. 이 찬양시에서 시편 기자는 그가 받은 복으로 인해 감사와 찬송을 드리고자 한다. 때때로 시편 기자는 하나님이 놀랍고 존귀하다는 이유만으로 그분을 찬양하기도 한다. 또 어떤 경우에는 찬양시가 현대의 '간증'과 같은 기능을 한다. 이 간증 같은 찬양시에서 시편 기자는 하나님이 자기를 심각한 위기 상황에서 어떻게 구원하셨는지에 대한 감동을 공동체와 공유한다. 일반적으로 이러한 찬양 시편들은 (최소한 현재만큼은) 모든 것이 잘 진행되고 있는 상황 속에서 불리고, 시편 기자는 하나님의 그 풍성한 복들을 찬양하며 기뻐한다.

> 히브리 성경에서 시편의 제목은 '테힐림'(*Tehillim*), 곧 '찬양'이다.

두 번째 시편의 범주는 '탄식시'다. 탄식시는 고통과 번민으로 인한 시적 외침이다. 탄식시는 현대 음악 장르 '블루스'를 닮은 고전 스타일의 신학적 노래다. 성경의 위대한 이야기 전체에 걸쳐서 하나님의 백성들은 종종 고통과 고난을 경험한다. 심지어 다윗처럼 가장 강하고 신실한 백성조차 종종 큰 혼란에 빠지곤 한다. "하나님은 어디 계신가?" 그들은 솔직하게 외친다. '왜 하나님은 나를 구원하시지 않는가?' 이런 상황에서 절규한다. 다윗 시대 이후 포로기 동안 이스라엘 백성은 하나님께 자신들의 비통스러운 마음을 토로한다. "주여! 얼마나 오랫동안 우리에게 진노하시렵니까?" 시편 기자들은 이러한 탄식시를 통해 자신의 마음을 솔직하게 쏟아 놓는다. 하나님과의 친교 방법 중 하나는, 자신의 아픔과 슬픔 그리고 하나님에 대한 혼란스러운 마음을 솔직하게 표현하는 것이다. 이러한 탄식시에는 하나님을 속이고 자기 자신마저 속이는 가식이나 외식하는 종교심은 찾아볼 수 없다. 시편 기자는 극한의 고통과 슬픔 속에 하나님을 향하여 울부짖으면서 하나님이 정녕 자신과 함께하심을 차츰 깨닫는다. 그리고 그 슬픔과 비탄을 쏟아 내는 탄식시는 나중에 하나님에 대한 신뢰로 끝맺는다.

성경의 위대한 이야기는 시편 곳곳에서 찾아볼 수 있으며, 시편 메시지의 배경이 된다. 시편 기자들은 온 세상을 지으신 창조의 하나님을 찬송하고, 자기 백성들과 영원한 언약을 맺으시는 언약의 하나님을 노래한다. 또 이스라엘 백성을 애굽에서 해방시킨 위대한 구원 사건(불러냄)이 하나님의 구원을 보여 주는 전형적인 구원으로 송축되며, 몇몇 시편은 그 구원 덕분에 하나님을 직접 찬양하기도 한다. 또 어떤 시편은 율법을 준수함으로써 얻을 수 있는 복을 나열하기도 하고, 하나님의 계명(특히 신명기)에 대한 순종을 강조하기도 한다. 그리고 하나님을 찬송하는 또 다른 이유로 약속의 땅(정복)이라는 선물과 왕국의 설립이 언급되기도 한다.

하지만 또 다른 시편들은 불순종과 심판이라는 우울한 주제들을 다루기도 한다. 다윗은 비통한 죄악을 자백하면서 울부짖어 밧세바 사건을 회개한다(시 51편). 시간이 흘러 바벨론 포로기에 흩어져 방황하던 이스라엘 백성도 죄악이 가져다주는 파국을 깨닫고, 하나님의 용서와 이스라엘의 회복을 위하여 기도한다. 마지막으로 몇몇 시편들은 메시아에 관한 예언을 노래하기도 한다. 다윗 계열의 왕을 찬양하는 시편들은 단순히 지상의 왕들을 칭송하는 데 머무르지 않고, 장차 만물을 다스릴 주님의 통치권 확립을 소망하면서 메시아가 성취할 하나님 나라를 암시한다.

하나님 찬양

우리는 자신이 즐거워하는 것을 찬송할 때 기쁘다. 찬송은 단순히 즐거움을 표현하는 것이 아니라 그 즐거움을 완성하기 때문이다. 찬송은 즐거움의 극치다. 찬송은 사랑하는 연인들이 서로를 향해 너무나 아름답다고 계속 말해 주는 것과 별반 다르지 않다. 사랑의 기쁨은 그렇게 표현되기 전까지는 미완성이기 때문이다. 새로운 작가를 발견했는데도 다른 사람들에게 그가 얼마나 탁월한 작가인지를 말할 수 없을 때 우리는 답답함을 느낀다. 오솔길을 돌아서자 갑자기 눈앞에 웅장한 계곡들이 펼쳐졌는데도 불구하고, 당신과 동행하는 사람들은 그 장관을 그저 시궁창의 깡통 정도로만 생각하기 때문에 그 장관에 대해 침묵을 지켜야 한다면 그 역시 괴로운 일일 것이다. 재미있는 농담을 들었음에도 그 농담을 함께 나눌 사람이 없을 때도 마찬가지다.…스코틀랜드 장로교회 교리문답은 사람의 가장 중요한 목적이 "하나님을 영화롭게 하며 그분을 영원히 즐거워하는 것"이라고 가르친다. 하지만 우리는 영화롭게 하는 것과 즐거워하는 것이 똑같다는 사실을 알아야 할 것이다. 완전히 즐거워하는 것은 영화롭게 하는 것이다. 그분을 영화롭게 하라는 명령 속에서 하나님은 우리가 그분을 즐거워하도록 초대하고 계신다.[1]

-C. S. 루이스

| 지혜서: 개관 |

우리가 성경의 위대한 구원 이야기에서 보았듯이, 만약 이스라엘이 하나님께 신실하고 신명기 말씀에 순종한다면, 그들은 약속의 땅에서 복을 받으며 살 것이다. 성경 이야기 전체를 통해 이스라엘은 하나님을 의지하고 그분의 계명에 순종하라는 말씀을 계속 듣는다. 이것이 온 나라가 복을 누릴 비결이다. 그런데 개인적 차원에서 만약 누군가가 무모하고 미련하게도 하루하루의 삶을 어리석은 결정으로 살아간다면, 그들은 자신의 어리석은 행동으로 인한 자연스러운 결과로 고통을 당할 것이다. 그러므로 하나님은 지혜서를 통해 자기 백성들이 현명하게 살 수 있는 길을 가르쳐 주신다.

약속의 땅에서 '복된 삶'을 산다는 것은 하나님을 의지하고 그분의 계명에 순종하는 것과 긴밀하게 결부된다. 그러나 그 삶은 또한 지혜롭고 현명한 결정과도 밀접하게 연결되어 있다. 성경 전체의 구원 이야기에서 자주 발견되는 주목할 만한 명령어들은 '의지하라!', '믿으라!', '충성하라!', '순종하라!'이다. 그런데 성경 전체 이야기 중 특히 지혜서에서 반복되는 명령어들은 '생각하라!', '반성하라!', '분별하라!', '이해하라!'이다.

하나님을 따르는 성숙한 성도에게는 담대한 믿음뿐 아니라 매일의 삶을 위한 실제적 지혜도 필요하다. 믿음과 실제적 지혜는 서로 분리되거나 모순되지 않는다. 오히려 둘은 서로 연결되어 있고, 심지어 상호 보완적이다. 잠언 1:7은 "여호와를 경외하는 것이 지식의 근본"이라고 선언한다. 지혜서들은 하나님의 언약 백성들이 생활 속에서 현명한 결정을 하도록 돕는다. 지혜서들은 신자가 일상에서 지혜로운 선택을 내리도록 실제적 안내를 제공하며, 더 중요한 점은 좋은 인격을 개발시켜 하나님의 백성들이 지혜로운 결정을 하도록 돕는다.

메시아 시편

시편에는 메시아에 대한 약속의 뉘앙스가 담긴 시들도 있다. 시편 2편과 110편은 확실히 오실 메시아를 언급하고 있다. 이러한 연관성은 신약성경에서도 자주 언급된다(마 22:41-45; 막 12:35-37; 눅 20:41-44; 히 1:5). 또한 예수님은 십자가에 달리셔서(마 27:46) 시편 22:1을 인용한다. "나의 하나님, 나의 하나님, 어찌하여 나를 버리셨나이까?" 이는 시편 22편에 묘사된 고통이 다윗의 고통과 메시아 예수님의 고통 모두를 나타냄을 보여 준다. 시편 22:15-18은 그리스도의 십자가 처형을 놀라울 정도로 자세하게 표현한다.

네 권의 지혜서들은 잠언, 욥기, 전도서, 아가서다. 이 책들은 추상적이고 보편적인 약속들을 제시하지 않고, 오히려 지혜롭고 경건한 삶에 구체적으로 적용될 만한 통찰들을 제시한다. 네 권의 책 가운데서 먼저 잠언은 지혜의 바탕이 되는 '기준선'을 제공한다. 잠언은 일반적인 진리라고 할 수 있는 삶의 규범들을 보여 준다. 열심히 일하면 성공하겠지만, 게으름을 피우면 성공은 없다고 가르친다. 이것은 일반적인 진리이기는 하지만 보편적인 진리는 아니다. 이것은 어떤 약속이라기보다 생활 속에서 일반적으로 발생하는 통찰이다.

이어서 다른 세 권의 책들(욥기, 전도서, 아가)은 잠언의 규범에서 벗어난 예외 사항들을 제시한다. 욥기는 잠언의 일반적 규범들이 완전히 무너지는 전혀 다른 상황을 다룬다. 다시 말해서, 선하고 의로운 사람에게 좋은 일이 아니라 오히려 불행한 일들이 발생하는 고통스러운 상황을 다룬다. 이어서 전도서는 잠언의 규범들을 따르는 것이 일상생활 속에서는 좋지만(현명한 것은 어리석은 것보다 확실히 좋다), 그렇게 엄격하게 합리적이고 현명한 대비책들도 궁극적으로는 부족한 면이 있다고 가르친다. 게다가 믿음이 없는 지혜는 인생에 어떤 참다운 의미도 제공할 수 없을 것이라고 전도서는 가르친다. 또 아가서는 한 남자와 한 여자 사이의 미치도록 뜨거운 사랑을 이야기한다. 이것은 잠언이 서술하고 있는 질서 정연하고 합리적인 삶과는 전혀 다른 경험이다.

그러므로 욥기, 전도서, 아가서는 잠언과 더불어 균형을 이룬다. 이 네 권의 책은 지혜롭고 경건한 생활이라는 온전한 그림을 위해 반드시 함께 다루어져야 한다. 진실로 지혜로운 사람은 잠언의 규범들을 끌어안고 인격 수양을 위해 그 규범들을 사용할 것이다. 그러나 또한 지혜로운 사람은 삶의 규범에서 벗어난 예외 상황을 인정하고 이를 포용할 수 있는 통찰을 자기 인격의 한 부분으로 발전시킬 것이다.

> **할리우드에서 들려오는 잠언?**
>
> 인생은 고되다. 하지만 어리석으면 더 고되다.
>
> -존 웨인

| 잠언 |

잠언에 소개되는 지혜는, 하나님에 대한 신앙이 매일 펼쳐지는 삶의 의미와 결부되어 있으며, 그 삶 속에서 어떻게 지혜로운 결정을 내려야 하는지를 보여 준다. 앞서 언급한 것처럼 잠언은 삶의 규범들, 즉 일상적 삶이 어떻게 진행되는지를 설명한다. 그래서 매우 실천적이며 노동, 친구, 자녀 양육, 남편과 아내, 성적 부도덕, 정직, 소문, 분노, 인내, 가난, 부, 지식의 필요성과 같은 주제들을 다룬다.

잠언은 교훈의 요점을 분명하게 드러내고 예증해 주는 네 가지 전형적인 인물들을 반복적으로 사용한다. 교훈의 효과를 극대화하기 위해 주로 사용하는 네 유형의 인물은 다음과 같다.

잠언은 독자들에게 **지혜로운** 자가 되기 위해 애쓰도록 권면하고, **어리석은** 자, **미련한** 자, **거만한** 자가 되지 말라고 교훈한다.

사용된 용어	묘사
어리석은 자	이들은 지혜롭지도 않고 또 그렇게 되기를 원하지도 않는다. 신앙은 있으나 통찰력이 부족하다. 그래서 잘못된 신념으로 아무것이나 받아들이기 쉽다.
미련한 자	이들은 전혀 지혜롭지 못하다. 하지만 자기 나름의 생각은 한다. 또 자신이 볼 때 스스로가 너무 현명해서 믿음도 필요 없고 지혜를 찾을 필요도 없다고 생각한다. 이미 다 알고 있다고 생각하기 때문이다.
거만한 자	이들은 인간적으로 말하면 그 나름 똑똑하다. 그러나 하나님에 대한 믿음이 없다. 그래서 이들의 지식은 참다운 지혜로 바뀌지 않는다. 이들은 다만 영리하고, 신랄하고, 거만한 회의론자가 될 뿐이다
지혜로운 자	이들은 관찰력과 분별력이 있으며, 항상 듣기를 갈망하고 더 배우기를 원한다. 또한 하나님에 대한 믿음도 가지고 있다. 그래서 이들의 학습은 늘 신앙과 통합된다.

잠언 1:1-7은 이 책의 서론으로 지혜와 하나님에 대한 신앙을 서로 연결한다. 이어서 첫 번째 단락(1:8-9:18)에서는 어리고 쉽게 속아 넘어가는 아들을 위한 아버지의 지혜가 등장한다. 그다음 중간 단락(10:1-29:27)은 전형적으로 '잠언'(혹은 격언이나 속담, proverbs)으로 불리는(두 행으로 구성된) 한 절의 간결한 교훈들 묶음에 해당한다. 잠언 30장은 그다지 알려지지 않은 지혜자인 아굴의 잠언이다. 그리고 마지막 31장은 잘 알려지지 않은 또 다른 인물인 "르무엘 왕"의 어머니가 주는 잠언이다. 잠언은 아들에게 주는 아버지의 교훈으로 시작해서 아들에게 주는 어머니의 교훈으로 끝맺고(31:1-9), 이어서 지혜롭고 고귀한 아내에 대한 묘사가 나온다.

| 욥기 |

잠언의 지혜는 삶의 모든 영역을 이해하고자 한다. 착하고 의롭고 열심히 일하는 사람들은 번성하고 잘된다. 반면에 게으른 사기꾼들은 망한다. 대체로 이것이 인생의 기본 진리다(즉, 이것이 인생의 규범이다). 그러나 이런 진리가 통하지 않는 경우도 있다. 때로는 선한 사람들에게 비극적인 일들이 발생한다. 자동차 사고와 암은 선인과 악인을 가리지 않고 발생하는 것 같다. 회사들이 경영난에 봉착하면, 아무 잘못 없는 수천 명의 사람들, 열심히 일한 직원들이 일자리를 잃고 해고된다. 가난한 나라들이 엄청난 기근을 겪는다. 심지어 신앙이 투철한 그리스도인들의 공동체도 큰 고통을 겪는다. 하나님의 백성들, 특히 지혜로운 사람들은 이런 인생의 엄청난 부조화를 만났을 때 어떻게 극복해야 하는가? 욥기는 이 문제에 도전한다.

욥기는 잠언과 매우 다르다. 욥기는 하나의 이야기다. 도입부와 중간 부분 그리고 마무리가 있는 이야기이며, 이 이야기의 대부분은 욥과 그의 친구들 그리고 마침내 하나님이 직접 나서서 참여하시는 일련의 시적 대화로 진행된다. 욥기의 메시지는 잠언의 메시지와 사뭇 다르다. 욥은 지혜롭고 경건한 사람들의 삶 속에서 발생하는 무서운 비극을 어떻게 다루어야 하는가라는 질문과 씨름하고 있기 때문이다. 그런 비극은 완전히 불공평하게 보이기도 하고 어떤 논리로도 설명할 수 없는 듯하다.

욥기의 서두에서 의롭고 신실한 욥은 건강과 부와 대가족이라는 축복을 누린다. 그러나 사탄의 도전 때문에 그의 인생에 비극이 시작되고 그 결과 모든 것을 잃는다. 잠언의 신학에 입각해서 그의 친구들은 고난당하는 욥이 사실은 알 수 없는 어떤 큰 죄를 범한 것이 틀림없다고 추측한다. 욥은 자신이 그 어떤 큰 죄도 범하지 않았음을 알고, 왜 이런 일이 자신에게 일어났는지를 이해하려고 애쓴다. 그는 하나님의 정의에 대해, 그리고 하나님이 어떻게 세상을 경륜하시는지에 대해 질문하기 시작한다.

네가 어디 있었느냐?

"내가 땅의 기초를 놓을 때에 네가 어디 있었느냐? 네가 깨달아 알았거든 말할지니라."

-욥 38:4

이때 하나님이 나타나신다. 그리고 욥에게 직접 말씀하신다. 그러나 하나님이 욥에게 나타나신 것은 욥의 반론이나 질문을 듣기 위해서가 아니고, 오히려 세상을 다스리는 자신의 권리를 분명히 선포하시기 위해서다. 본질적으로 하나님은 욥이 우주의 운행에 대해 얼마나 아는지를 물으신다. 하나님은 욥에게 그저 하나님을 신뢰하라고 요구하시는 듯 보인다. 그다음 하나님은 욥의 친구들을 책망하시고, 욥이 잃어버린 건강과 부와 가족을 회복시켜 주신다. 하나님은 결코 이 모든 일이 왜 일어났는지 욥에게 말씀하시지 않는다. 다음 네 가지 요점은 욥기가 잠언과의 조화를 위해 제시하는 메시지를 통합한다.

1. 하나님은 주권자이시고, 그분의 백성은 주권자가 아니다.
2. 하나님은 세상의 모든 것을 아신다. 반면 그분의 백성들은 실제로 알고 이해하는 것이 거의 없다.
3. 하나님은 항상 옳으시다. 그러나 하나님의 정의에 대해 백성들에게 항상 설명하시지는 않는다.
4. 하나님은 자기 백성들에게 비록 설명할 수 없는 비극이 발생하더라도 그들이 하나님의 성품과 주권을 신뢰하기를 기대하신다.

오늘날 인기를 끄는 일상의 잠언들

실제로 세상의 모든 문화와 언어는 나름대로 지혜에 대한 속담 형태의 가르침 혹은 간략한 한 줄짜리 진술 같은 것들을 가지고 있다. 이런 것들은 북미와 영국 문화에 많이 있다. "물가로 말을 인도할 수는 있으나, 물을 마시게 할 수는 없다." "뜨거운 열을 참지 못하겠거든, 주방에서 나가라." "알이 부화하기도 전에 닭부터 세지 말라." 우리가 좋아하는 닭에 관련된 격언은 에티오피아에서 왔다. 많이 인용되는 격언 중 하나는 이것이다. "알 속에서 아주 천천히 자라던 다리가, 어느 날 갑자기 떠나 버린다." 이것은 인내에 대한 잠언이다. 무관심한 관찰자가 보기에는 알 속에서 아무런 일도 일어나지 않는 것 같다. 그러나 실제로 알 속에서 병아리는 무럭무럭 자라고 있고 그 결과는 갑자기 드러난다. 그러므로 조급해하지 말라. 당신의 문화에서 가장 널리 회자되는 격언은 무엇인가?

| 전도서 |

전도서는 인생의 궁극적 의미를 탐구한다. 잠언에서 인생은 지혜를 통해 어느 정도 이해되고 납득될 수 있다. 전도서는 '전도자'로 불리는 사람(아마도 솔로몬)의 말씀을 기록한 책이다. 전도자는 모순과 불의가 가득한 이 세상에 대해 바르고 견실하며 철학적인 관점을 얻으려고 지혜라는 합리적 수단을 사용한다. 전도서는 전도자가 지혜와 잠언의 논리를 통해 복잡하고 불합리해 보이는 세상을 나름대로 이해하고자 노력하면서 얻은 인생의 의미에 대한 탐구 과정을 담고 있다. 그래서 전도자는 인생을 합리적이고 정돈된 방식으로 접근하는 것, 즉 지혜가 분명 도움이 되고 바람직하다는 사실을 발견하지만, 그렇다 하더라도 이 '지혜'라는 접근 방식이 인생의 의미를 온전히 파악하는 틀을 제공해 주지 못한다는 사실도 함께 깨닫는다.

그래서 전도자는 진리 탐구의 끝자락에서 하나님에 대한 믿음으로 돌아온다. 그 믿음은 무엇보다도 잠언의 진정한 출발점이었다는 사실을 기억하자. 전도서 마지막에서 전도자의 결론은 이것이다. "하나님을 경외하고 그의 명령들을 지킬지어다. 이것이 모든 사람의 본분이니라"(12:13). 지혜는 인생에 대한 하나의 좋은 접근 방법이고 분명히 일상의 결정을 위해서는 어리석음보다 훨씬 좋다. 그러나 지혜가 모든 문제의 해답도 아니고 인생의 궁극적 의미도 제공하지 못한다. 사람은 오직 세상의 주인이자 창조자이신 하나님을 인정할 때 인생의 참 의미를 발견할 수 있다.

모든 것은 '헤벨'(*Hebel*)이다

전도서에 자주 등장하는 중심 단어 중 하나가 히브리어 '헤벨'이다. 히브리 성경에서 전도서 1:2은 8개의 단어로 구성되는데 그중 5개가 '헤벨'이다. 영어 성경에서 이 단어는 무의미나 헛됨, 절대적 무익함으로 번역된다. '헤벨'이라는 단어는 히브리어에서 호흡, 증기, 특히 안개구름을 표현하기 위해 일상적으로 사용되는 단어다. 다시 말해, 마치 확고한 본질을 가지고 있는 듯 보이는 어떤 것이 실제로는 아무것도 아니라는 의미다. 일반적으로 안개구름은 사람이 가까이 다가가면 사라져 없어진다. 전도서의 전도자는 엄격하게 합리적인 접근 혹은 지혜로워 보이는 이성적 방법으로 궁극적 의미를 찾고자 하는 것이 결국 헛되다는 사실을 깨닫는다. 멀리 떨어져서 보면 거기에 있어야 할 어떤 견고한 본질처럼 보이지만, 사실은 거기에 아무것도 없다. 예언자들은 이 똑같은 단어를 우상을 표현하는 데 사용한다.

| 아가 |

결혼과 남녀 관계는 인생에서 매우 중요하고 근본적인 부분이다. 그러므로 성경의 위대한 구원 이야기 속에 이런 실제적 지혜가 포함된 것은 그리 놀라운 일이 아니다. 성경의 이야기는 결혼과 성(性)에 대해서도 언급한다. 잠언은 사랑과 결혼에 대한 합리적이며 이성적인 차원을 언급한다. 또 잠언은 게으르고 술 취한 남자와 시끄럽고 성가신 여자에 대해서도 경고한다. 그리고 결혼의 신실성을 강조하고 간음과 불충함의 파괴적 결과도 보여 준다. 잠언 31장은 현명하고 고귀하며 근면한 여인인 이상적인 아내에 대해 소개한다. 이상적인 남편인 지혜로운 남자가 잠언 전체에 걸쳐서 소개되는 한편, 미련한 자와 거만한 자들이 어떤 사람들인지에 대해서도 폭로한다. 또 잠언은 적합한 결혼 상대자가 누구인지에 대해서도 중요한 조언을 제시한다. 하지만 잠언은 이런 조언들을 주로 공적인 관점에서 제시할 뿐이다. 달리 말하자면 잠언에 소개되는 남편과 아내는 수줍고 조용하며 열심히 일하고 분별력이 있다. 그래서 잠언이 소개하는 남편과 아내는 품위 있고 존경스러운 존재다.

반면, 아가서는 이와 많이 다르다. 이 책은 '성인용 등급'을 매겨야 하는 책처럼 보인다. 아가서는 결혼의 사적이고 은밀한 차원을 다루기 때문이다. 아가서의 주요 주제는 인간의 성적 관심이다. 아가서는 결혼 속에서 즐기는 인간의 성행위라는 놀라운 선물을 긍정적으로 묘사한다. 아가서는 구애 기간(1:1-3:5)과 결혼(3:6-5:1), 신혼 기간(5:2-8:14)이라는 세 개의 중요한 흐름으로 이루어졌다. 이 책은 한 남자와 한 여인이 서로에게 불러 주는 짧은 노래들로 구성되어 있다. 가끔 그들의 친구들이 이 노래의 흐름에 참여하기도 한다. 이 노래들은 감성적이고, 약간은 노골적으로 성적인 면을 묘사하기도 한다.

이 이야기는 필시 솔로몬이 썼거나 수집한 것으로, 갓 결혼한 사랑하는 사람들의 꿈같은 이야기다. 그러나 아가서를 수많은 부인을 둔 솔로몬의 자서전으로 간주할 필요는 없다. 이 책이 솔로몬을 묘사하는 것은 아니기 때문이다. 오히려 한 남자와 여자 사이에 얼마나 놀라운 사랑이 존재할 수 있는지에 대해서 하나님의 언약 백성들에게 구체적으로 설명한다. 아가서는 또한 하나님의 백성들에게 다음과 같이 말한다. 잠언의 그 고귀한 부부의 태도는 공적인 면에서 좋은 것이다. 그러나 집에 불이 꺼지고 남편과 아내가 단둘이 남았을 때, 서로의 귓가에 속삭이는 달콤하고 감상적인 칭찬이 제일 좋은 것이다. 이것이 안정된 결혼 생활과 행복한 삶을 만든다. 이것이 또한 지혜이고, '선한 삶'의 일부다.

연결하기

하나님의 위대한 구원 이야기 안에서 현재 위치를 복습해 보자.

창조와 위기
언약
불러냄
계명
정복과 가나안화
왕국의 설립
▶**왕국의 친교와 상식**
왕국의 분열
포로 생활과 귀환
중간기: 구약과 신약의 중간 시기
그리스도
교회
완성

하나님은 아브라함에게 하신 약속(언약)에 근거하여 이스라엘을 애굽의 노예 상태로부터 구원하신다(불러냄). 그리고 하나님은 이스라엘 백성이 약속의 땅에서 복을 주시는 하나님과 더불어 복을 누리며 살 수 있게 하는 계명들을 일러 주셨다(계명). 그 후 가나안 땅은 정복되었고, 그 땅에 이스라엘 왕국이 건설되었다.

이때 하나님은 그 땅에서의 성공적인 삶을 위한 규약들을 좀 더 세심하게 발전시키신다. 그러한 발전은 다윗과 함께 시작되는데, 하나님은 이스라엘에게 하나님에 대한 찬송의 중요성과, 고난과 고통 가운데 하나님께 간구해야 함을 가르치신다(친교). 하나님은 또한 상식을 가르치신다(지혜). 하나님과 동행하는 경건한 삶이란 지혜롭고 분별력 있는 존재가 되는 것을 포함한다. 지혜와 분별력은 매일의 삶에서 요구되는 복잡한 결정들을 통해 하나님의 방식으로 지혜롭게 항해하도록 안내한다. 시편에서 강조되는 하나님을 향한 찬송과 하나님과의 친교는 잠언, 욥기, 전도서, 아가의 지혜와 적절한 균형을 이룬다. 믿음은 진정한 지혜의 통합체고, 반대로 지혜는 진정한 믿음의 통합체이기도 하다.

이 중요한 연결점이 솔로몬의 삶을 통해 그림처럼 생생하게 그러나 부정적 차원에서 묘사된다. 솔로몬은 하나님으로부터 놀라운 지혜를 받았음에도 불구하고 이 지혜를 믿음과 신실함으로 통합하는 데는 실패한다. 솔로몬은 엄청난 조직 경영의 기술로 놀라운 영감을 일으키는 성전과 화려한 궁전을 거느린 환상적인 왕국을 건설한다. 그러나 종국에 솔로몬은 자신의 그 모든 지혜 때문에 신앙과의 진정한 통합이라는 핵심을 놓치거나 무시해 버린다. 그 통합이라는 핵심은 잠언의 첫 장과 전도서의 마지막 장, 시편 전체에 언급되어 있다.

신약성경은 하나님과의 친교라는 주제를 계속 강조하면서도, 예수님을 주님으로 아는 것과 성령의 내주를 즐거워하는 맥락에서 이 주제를 수정하고 더욱 발전시킨다. 분별력 있고 지혜로운 삶(상식)이라는 주제 역시 신약성경에서 계속 등장한다. 분별력 있고 지혜로운 삶은 경건한 생활과 교회 안에서 연합을 이루는 데 꼭 필요하기 때문이다. 예수님과 바울 모두 잠언에서 언급되는 똑같은 주제들에 대해 실제적 조언을 제공한다. 또한 신약성경의 야고보서는 구약성경의 지혜서에서 많은 영향을 받았다.

이야기 실천하기

하나님은 우리와의 개인적 친교 및 공동체의 친교를 모두 포함하여 친밀한 교제를 나누기 원하신다. 또 시편은 삶의 모든 환경 속에서 쉼 없이 하나님께 나아갈 수 있는 환상적인 통로를 우리에게 제공한다. 또 우리가 하나님을 예배하고 찬송하는 데 탁월한 모델을 제시한다. 그래서 모든 그리스도인은 시편을 사랑한다. 시편 기자들은 하나님을 향한 우리의 찬송과 사랑을 우리가 할 수 있는 것보다 훨씬 잘 표현할 수 있도록 도와준다. 시편을 읽고 시편으로 하나님을 높이며 노래함으로써 우리는 인생의 더욱 중요한 주제에 전심으로 집중할 수 있다.

시편은 또한 고난과 고통의 시간에 우리가 어떻게 하나님께 기도하며 간구할 수 있는지를 교훈한다. 시편은 혼란과 좌절 가운데 하나님께 따지듯 묻는 것이 잘못은 아니라고 말해 준다. 우리의 깊은 고통과 슬픔과 혼란을 하나님께 표현하는 것이 친교의 한 부분이고, 이것은 회복으로 나아가는 첫 단계이다. 하나님은 우리가 어떻게 느끼고 있는지를 듣기 원하신다. 하나님은 우리가 고통과 고난을 견디도록 도우실 것이다. 궁극적으로 하나님은 고난과 고통과 불의로부터 우리를 건지실 것이다.

지혜서에는 실제적인 적용도 가득 들어 있다. 잠언은 우리에게 지혜를 찾으며 분별력(지식)과 이해력(명철)을 얻기 위해 애쓰라고 가르친다. 그 말씀들은 우리에게 다음과 같이 도전한다. 인내하며 명철하고, 말하기는 천천히 하며, 다른 사람들을 격려하고, 인간관계에 충실하고, 열심히 일하고, 정직하며, 친절하고, 겸손하고, 가난한 자들에게 긍휼을 베풀라고 외친다. 욥기는 비록 비극이 왜 우리에게 일어났는지 이해할 수 없을지라도, 하나님의 성품을 신뢰할 것을 권고한다. 전도서는 하나님과의 관계를 떠나서 인생의 의미를 찾는 일은 헛되다고 지적한다. 마지막으로 아가서는 결혼 생활에 열정적으로 임하고 뜨겁게 사랑하라고 충고한다.

마무리 «

각각의 시편은 찬양시와 탄식시라는 두 개의 기본 범주로 구분된다. 그 둘 다 하나님과의 친밀한 교제의 일부다. 지혜서는 지혜롭고 경건한 일상의 삶을 위한 지침들을 제공한다. 잠언은 삶의 일반적 규범을 묘사하고, 다른 세 권의 지혜서는 예외를 묘사한다. 먼저 욥기는 '왜 선한 사람들에게 나쁜 일이 일어나는가'를 다루며, 전도서는 '인생의 궁극적 의미를 찾기 위해서는 합리적 사고만으로는 한계가 있다'는 사실을, 아가서는 '결혼 생활에서 격렬하고 열정적인 사랑은 이성으로 설명되지 않음'을 말한다.

암송 구절

복 있는 사람은
　악인들의 꾀를 따르지 아니하며

죄인들의 길에 서지 아니하며
  오만한 자들의 자리에 앉지 아니하고
오직 여호와의 율법을 즐거워하여
  그의 율법을 주야로 묵상하는도다. (시 1:1-2)

심층 연구

| 도서들 |

Bullock, C. Hassell. *Psalms*. 2 vols. Teach the Text Commentary Series. Grand Rapids: Baker, 2015–2017.

Estes, Daniel J. *Handbook on the Wisdom Books and Psalms*. Grand Rapids: Baker, 2005.

Goldingay, John. *Psalms*. 3 vols. Baker Commentary on the Old Testament: Wisdom and Psalms. Edited by Tremper Longman, III. Grand Rapids: Baker, 2006–2008. 『시편 주석』(CLC).

Longman, Tremper III. *The Fear of the Lord is Wisdom: A Theological Introduction to Wisdom in Israel*. Grand Rapids: Baker, 2017. 『지혜신학 개론』(CLC).

Longman, Tremper III, and Peter Enns, eds. *Dictionary of the Old Testament: Wisdom, Poetry and Writings*. Downers Grove, IL: InterVarsity Press, 2008.

Waltke, Bruce K. *The Book of Proverbs*. 2 vols. The New International Commentary on the Old Testament. Grand Rapids: Eerdmans, 2004–2005. 『NICOT 잠언 1, 2』(부흥과개혁사).

| 토론을 위한 질문 |

a. 당신이 가장 좋아하는 시편은 무엇인가? 그 시편은 찬양시인가? 그 시편을 좋아하는 이유가 무엇인가? 그 시편은 인생의 어떤 면을 담고 있는가?

b. 성경에 나오지는 않지만, 어릴 적 들은 격언을 몇 가지 나눠 보라 (예를 들어 '물가로 말을 끌고 갈 수는 있어도 억지로 물을 먹일 수는 없다').

c. 잠언 10-29장에서 마음에 드는 잠언(격언) 세 가지를 고른 후 각각의 잠언이 무엇을 의미하는지 설명해 보라.

d. 욥기로부터 유익과 교훈을 얻을 만한 당신이나 당신 주위 사람이 처한 상황이 있다면 나눠 보라.

| 과제 |

1. 찬양시 가운데 제일 좋아하는 두 편을 고르라. 왜 그 시편을 좋아하는지 그 시편의 의미가 무엇인지 설명하라. 그다음 탄식시 가운데 두 편을 고르라(시 3-5, 7, 9-10, 13, 14, 17, 22, 25-28, 31, 35, 39-43, 52-57, 59, 61, 64, 69-71, 77, 86, 88-89, 109, 120, 139-142편 중에서 선택하라). 그 두 시편의 의미와 이 시편들을 좋아하는 이유가 무엇인지 설명하라.

2. 욥기의 서두부터 마무리까지 정리하면서 요약해 보라.

3. 성구사전을 사용하여 미련한 자를 묘사하는 잠언 구절을 최소한 열 개 정도 찾아보라. 이 구절들을 동원하여 미련한 자의 특징을 묘사하라.

4. 전도서 2장에서 인생의 의미를 찾는 전도자의 탐구를 주제로 토론하라.

8. 왕국의 분열

예언자들과 이스라엘과 유다의 종말

도입 »

성경의 위대한 이야기는 신화나 지어낸 옛날이야기가 아니다. 성경 이야기는 실제로 존재하는 사람들과 실제 삶에 관한 실제 이야기다. 이 이야기 안에서 어떤 사람들은 그 후로 계속 행복한 삶을 살지 못한다. 우리도 때로는 인생의 중요한 순간에 직면하여 이후의 인생에 결정적 영향을 미칠 중요한 선택을 내리곤 한다. 하나님은 이스라엘 백성에게 놀라운 제안을 하셨다. 이스라엘은 그들 중에 거하시며, 그들을 보호하시고 풍성한 복을 주시는 하나님과 함께 약속의 땅에서 행복하게 살 수 있었다. 그들은 잘 살 수 있었고, 하나님과 친밀하고 의미 있는 관계를 맺을 수도 있었다. 이것이 신명기의 제안이다. 그들이 이 좋은 제안을 받아들이고 그 복된 삶을 살아야 하는가? 생각해 볼 필요도 없는 당연한 질문으로 들린다.

그러나 잘 믿어지지 않겠지만, 이스라엘 백성은 하나님의 얼굴에 침을 뱉고 그 제안을 거절한다. 행복한 결혼을 걷어차고 간음의 현장으로 분별없이 달려가는 신실하지 못한 배우자처럼 이스라엘은 하나님을 거부하고 이웃 나라의 이방 신들을 좇아갔다. 그랬으니 놀랄 일도 아니지만, 하나님이 베푸실 행복한 삶과 축복들은 곧 사라지고 말았다. 그리고 하나님은 계속해서 이스라엘 백성에게 당장 회개하고 하나님께로 돌아오라고 간청하신다. 그러나 그들은 계속 거절한다. 그래서 마침내 파국적 결말이 도래하며 끔찍한 악몽이 이스라엘을 급습한다.

> 아담과 하와가 에덴동산에서 쫓겨난 것처럼, 이스라엘 백성은 약속의 땅에서 쫓겨났다.

이번 장 끝에서는 이해할 수 없는 비극적인 이야기가 등장한다. 그 약속의 땅은 황폐해졌고, 잔인한 바벨론 군대에 의해 파괴된다. 그 땅에서 하나님의 임재는 사라지고, 성전은 잿더미 속에 방치된다. 실로 이스라엘 전체가 파괴되어 버린다. 수많은 사람들이 죽임을 당하고, 깨지고 부서진 채로 살아남은 자들은 터벅터벅 무거운 발걸음으로 이방 땅에 포로로 끌려갔다. 간결하면서도 암담한 이스라엘 왕국 붕괴에 관한 역사적 기사가 열왕기상 12장에서 열왕기하 25장에 걸쳐 소개된다. 더 자세하고 복잡한 기사는 이후에 등장하는 예언자들이 진술한다. 그 예언자들은 이스라엘이 하나님을 무시한 결과로 준엄한 심판을 경험할 때, 하나님이 겪으시는 고통과 번민을 생생하게 보여 준다. 아담과 하와가 에덴동산에서 쫓겨난 것처럼, 이스라엘 백성은 약속의 땅에서 쫓겨났다.

그러나 다행스럽게도, 이번 장에는 밝은 이야기도 있다. 예언자들은 예루살렘 멸망과 바벨론 포로 생활 그 너머에 있는 미래의 놀라운 회복을 바라보고 있다. 그 회복의 때에 메시아가 오셔서 영원히 변치 않는 참된 복으로 가득 찬 의로운 왕국을 건설하실 것이다. 이 왕국은 이스라엘과 유다라는 타락하고 무너진 현재의 왕국들과 현저히 다르다.

준비

열왕기상 25장; 이사야 1-2장; 예레미야 3-4장; 에스겔 8-10장; 이사야 52:13-53:12; 예레미야 31장; 에스겔 34장을 읽거나 들어 보라.

계속되는 이야기

뇌리를 떠나지 않는 질문이 하나 있다. 과연 이스라엘 백성은 하나님을 좇으며 신명기 말씀에 순종하여 약속의 땅에서 하나님의 놀라운 임재와 그로 말미암은 축복을 누리며 살 수 있을까? 이 질문이 성경의 위대한 구원 이야기 전체를 계속 추동하며 끌어간다. 사무엘서에서 하나님은 이스라엘 왕조를 세우셨다. 그리고 이스라엘을 축복하는 하나의 수단으로 그 왕조를 사용하실 수도 있음을 말씀하셨다. 실제로 다윗왕의 치하에서 이스라엘은 번성했고, 백성들은 그 왕국에서 하나님의 엄청난 복을 경험했다. 그러나 다윗은 (밧세바 사건으로) 넘어졌고, 왕국의 축복은 더는 진전되지 못하고 멈춘 것처럼 보였다.

다윗의 아들 솔로몬이 왕으로 등극했을 때, 하나님은 그가 신명기 말씀에 순종한다는 조건으로 엄청난 왕국의 복들을 약속하시고 실제로 많은 복을 허락하셨다. 열왕기상 1-11장에는 하나님이 솔로몬에게 베푸신 부귀와 복들이 자세히 열거된다. 여기에서는 왕과 백성이 하나님께 순종함으로 하나님과 동행할 때, 얼마나 놀라운 일들이 일어날 수 있는지를 생생하게 보여 준다. 하지만 슬프게도 솔로몬은 그 복들을 헛되이 낭비하기 시작하며, 뻔뻔스럽게도 신명기 말씀에 불순종하여 이방 나라의 공주들과 결혼하고, 이들이 가져온 이방 우상들을 숭배하며, 심지어 이 신들을 위한 신전을 예루살렘 안팎에 건설하여 하나님의 복을 산산조각 내고 짓밟아 버린다. 그 결과 이스라엘 백성 모두가 우상숭배에 빠져들었고, 그 약속의 땅에서 신명기의 복들은 멀리 사라져 버린다. 상황은 참으로 처참하다. 이스라엘은 과연 하나님을 따르며 신명기 말씀에 순종할 것인가? 이 질문에 대한 대답은 "아니오"다.

| 열왕기상 12장에서 열왕기하 25장까지 |

솔로몬은 수많은 화려한 건물을 건설하고 도시를 요새화했다. 이를 위해 그는 신명기 말씀을 어기면서까지 (과거에 애굽 사람들이 이스라엘 백성을 학대한 것처럼) 수많은 백성을 강제 노역에 징집했다. 솔로몬이 사망한 후 왕위를 계승한 그의 아들 르호보암 역시 백성들의 강제 노역이 앞으로도 계속되며 심지어 이전보다 가중될 것이라고 고지한다. 그래서 백성들은 "더는 용납할 수 없다"고 말하며 왕권에 항거하는 내란을 일으킨다. 그 결과 이스라엘 왕국은 둘로 나뉜다. 유다와 베냐민 두 지파로 구성되어 수도를 예루살렘에 둔 남쪽 왕국은 유다라 불린다. 반면, 열 개 지파로 구성되어 사마리아에 수도를 둔 북쪽 왕국은 이스라엘이라 불린다.

반란의 지도자이자 북쪽 왕국의 새로운 왕으로 등극한 여로보암은 북쪽 백성들이 하나님께 예배드리기 위해 남쪽 원수의 나라 수도 예루살렘으로 내려가는 것을 용납할 수 없었다. 그래서 여로보암왕은 백성들을 붙잡아 둘 심산으로 단과 벧엘에 새로운 신전을 건설한다. 그리고 그 신전 안에 금송아지 우상을 세우고는 참담하게도 "이스라엘아 이는 너희를 애굽 땅에서 인도하여 올린 너희의 신들이라"고 선언한다(왕상 12:28). 금송아지 사건은 이전에 출애굽기 32장으로 거슬러 올라간다는 사실을 기억하라! 이것은 도저히 상상할 수 없는 일이다. 새로운 왕과 그의 새 왕국이 어떻게 이보다 더 하나님께 무례하고 모욕적인 행동을 감행할 수 있겠는가?

열왕기상 12장에서 열왕기하 25장까지의 내용은 대부분 유다와 이스라엘을 다스리는 많은 왕의 통치 업적과 그에 대한 평가를 곁들여 서술하고 있다. 여기에 소개되는 왕들에 대해서는 다음과 같이 간략하게 요약할 수 있다.

- 이스라엘의 모든 왕은 악하다.
- 유다의 몇몇 왕은 선하나, 다른 대부분의 왕은 악하다.

기본적으로 알아야 할 연대들

북왕국 이스라엘은 기원전 722년에 앗수르에게 멸망한다.
남왕국 유다는 기원전 587/586년에 바벨론에게 멸망한다.

이스라엘 백성은 이제 경쟁하는 두 왕국으로 나뉘었고, 다시 한번 신학적·도덕적 면에서 악순환에 빠져든다. 신명기 말씀은 무시되고, 많은 왕과 지도자는 우상숭배에 빠진다. 솔로몬 왕국의 화려한 업적은 모두 붕괴되고 그의 부는 열왕기상하에 걸쳐 점차 사라져 간다. 아사, 히스기야, 요시야 등을 포함한 유다의 몇몇 선한 왕들이 그 악순환을 중지시켜 보려고 시도한다. 그러나 그 악순환의 힘이 너무 커서 그들의 개혁은 오래가지 못하고, 그들이 죽자마자 개혁을 위한 몸부림

들은 수포가 되어 버린다. 이런 상황에서 하나님은 예언자들을 보내셔서 백성들에게 회개하고 돌아오라고 간청하신다. 그러나 이스라엘과 유다 모두 하나님 앞에서 자신들의 죄악을 인정하고 회개하기를 계속 거부한다.

그럼에도 불구하고 하나님은 한량없는 은혜로 이스라엘 백성에게 시간을 연장해 주시기까지 그들이 하루빨리 돌아오기를 기다리신다. 이와 관련하여 열왕기하 13:23은 성경의 구원 이야기 안에 다음과 같은 중요한 신학적 언급을 포함시킨다. "여호와께서 아브라함과 이삭과 야곱과 더불어 세우신 언약 때문에 이스라엘에게 은혜를 베풀며 그들을 불쌍히 여기시며 돌보사, 멸하기를 즐겨하지 아니하시고 이때까지 자기 앞에서 쫓아내지 아니하셨더라." 비록 이스라엘과 유다가 야웨 하나님의 율법에(특히 신명기가 규정하는 모세 언약의 말씀에) 순종하는 것을 계속 실패하더라도, 하나님은 그 율법의 경고에만 근거하여 즉각적으로 심판하시지는 않는다. 하나님은 또 다른 한편에서 아브라함에게 하신 은혜로운 약속에 근거하여 그들의 불순종을 인내하시며 백성들이 회개하기를 기다리신다.

하지만 불행히도 이스라엘은 끝까지 회개하기를 거부한다. 그리고 상황은 계속해서 악화된다. 마침내 하나님의 인내는 다하고, 신명기 28장에 기록된 심판이 이스라엘과 유다에 쏟아지기 시작한다. 모든 악한 왕과 두 개의 금송아지 때문에 북왕국 이스라엘이 먼저 패망한다. 기원전 722년에 무시무시한 앗수르가 쳐들어와서 이스라엘을 파멸로 몰아넣는다. 그 땅의 거주자들은 이방의 여러 나라로 끌려가고 흩어진다. 한편, 남쪽 왕국의 몇몇 선한 왕은 유다에게 약간의 시간을 벌어 준다. 그러나 마침내 다른 지도자들과 백성들이 저지른 우상숭배와 불의한 행위가 계속 누적되면서, 나라를 개혁하기 위해 몇몇 왕이 추진한 미약한 시도들을 압도하고 무위로 만들어 버린다. 그리고 유다의 마지막 왕들은 최악의 왕들로 자리매김된다. 그 결과, 유다는 기원전 587/586년에 바벨론에게 패망하여 예루살렘은 파괴되고 백성들은 바벨론의 포로로 끌려간다.

한편 열왕기 중간에서, 왕들과 그들의 통치에 대한 일련의 서술이 잠시 중단된다. 왕들에 대한 계속되는 이야기의 흐름을 끊고 엘리야와 엘리사, 두 명의 강력하고 신실한 하나님의 예언자들에 대한 이야기가 중간에 등장하여, 계속 진행되고 있는 왕들의 이야기에 대한 특별한 통찰과 평가를 제공한다. 열왕기 전체의 이야기가 이스라엘과 유다 두 나라의 거국적 운명에 초점을 맞추고 있는 반면, 엘리야와 엘리사 이야기는 특별한 개인에게 초점을 맞춘다. 다시 말해서, 비록 온 나라는 국가적 차원의 죄로 인해 파멸로 곤두박질치고 있더라도 몇몇 개인은 신실한 믿음으로 구원받는다. 엘리야와 엘리사의 이야기는 왕뿐 아니라 바알과 같은 이방 신들과 원초적인 가나안 땅의 신들조차도 무능력한 존재들임을 분명히 보여 준다. 오직 이스라엘의 참 하나님만이 위대하시다. 마지막으로 이 이야기들이 지향하는 요점은 이것이다. 비록 강력한 군주 정치와 온 나라 절대다수의 이스라엘 백성이 하나님을 버리고 우상을 숭배하더라도, 그 속에는 항상 소수이지만 믿음의 사람들이 남아 있을 것이다.

| 예언자 |

예언자는 하나님의 메시지를 이스라엘 백성에게 전달하는 하나님의 대변인이다. 비록 모세도 예언자로 불리기는 하지만, 우리가 일반적으로(이사야나 예레미야 혹은 에스겔처럼) 예언자로 호칭하는 집단은 왕조 시대(열왕기 시대)에 등장한다. 하나님과 이스라엘 백성은 신명기에 규정된 (모세) 언약을 체결했다는 사실을 기억하라. 이스라엘 백성이 신명기의 규정들을 잘 지키면, 하나님이 그들 가운데 동행하시며 약속의 땅에서 베푸시는 풍성한 복을 누리며 살 수 있을 것이다. 그러나 신명기의 말씀을 신실하게 따르기를 거부하고 다른 이방 신들을 숭배한다면, 그들에게 저주가 임할 것이고 약속의 땅에서 추방될 것이다. 열왕기는 이스라엘과 유다가 신명기 말씀에 순종하려던 계획을 포기하고 하나님께 극도로 불순종하며, 부정부패하고 사악하며 이기적인 왕들이 이끄는 끔찍한 이야기를 전한다.

예언자들은 바로 이러한 신학적 상황 속에서 등장한다. 엄밀히 말하자면 예언자들을 하나님이 파송하신 '검사'로 보는 것이 이들을 이해하는 데 도움이 될 수 있다. 예언자들은 신명기(모세 언약) 말씀에 근거하여, 왕과 그 왕이 통제하는 타락한 제사장들과 거짓 예언자들, 나라의 지도자들, 그리고 일반 백성들이 저지른 포악한 언약 위반의 죄악을 추궁한다. 또 그들은 왕과 백성들이 회개하고 하나님께로 돌아오지 않을 때 임할 놀라운 파국적 결말을 예고한다.

예언자들을 이해하기 위한 다른 중요한 배경은 당시의 역사적 상황이다. 대부분의 예언자가 활동한 시기의 역사적 상황은 위에서 언급한 대로 왕들이 통치하던 때였다. 당시 고대 근동의 역사를 좌우한 강력한 세력은 이 시기에 급부상해서 많은 영토를 정복한 두 개의 '절대 강자' 제국들이다. 첫째로, 앗수르는 고대 근동을 가로지르면서 그들의 제국을 확장한다. 이들은 기원전 722년에 북왕국 이스라엘을 손쉽게 정복하고 그 수도 사마리아를 파괴한다. 앗수르는 이어서 기원전 701년에 예루살렘까지 공격한다. 그러나 이사야의 예언 사역과 유다 왕 히스기야의 충성스러운 응답으로 하나님은 예루살렘을 구원하고 앗수르를 격퇴하신다(왕하 18장; 사 36-37장). 비록 잠시 후에 유다가 앗수르의 통치에 복종하게 되지만, 그 당시에는 앗수르의 공격을 물리쳤다.

그 후에 앗수르는 새롭게 부상하는 바벨론에 굴복하고 강대국의 지위가 바벨론으로 교체된다. 바벨론이 유다를 정복하고 기원전 587/586년에 예루살렘을 완전히 파괴하면서, 많은 사람이 바벨론에 포로로 끌려간다. 따라서 하나님의 백성은 약속의 땅을 잃어버린다. 다니엘과 에스겔도 바벨론에 포로로 끌려간 무리에 속한다. 대부분의

책의 분량으로 분류되는 예언서들

전통적으로 예언서들은 책의 분량을 기준으로 분류된다. 네 개의 대예언서로는 이사야서, 예레미야서, 에스겔서, 다니엘서가 있으며, 열두 개의 소예언서로 호세아서, 요엘서, 아모스서, 오바댜서, 요나서, 미가서, 나훔서, 하박국서, 스바냐서, 학개서, 스가랴서, 말라기서가 있다. '대'(major) 와 '소'(minor)라는 단어는 책의 분량을 의미하는 것이지 중요성을 암시하는 것이 아님을 유념하라. 그리고 열두 개의 소예언서는 본래 "열두 편의 책"(The Book of the Twelve)이라 불리는 하나의 긴 두루마리로 묶여 있었다.

책의 내용(신학)으로 분류되는 예언서들

바벨론의 침공으로 인한 예루살렘 파괴와 바벨론 포로 생활은 예언자들의 메시지에 심대한 영향을 미친 분수령과 같은 사건이었다. 따라서 바벨론 포로기를 기준으로, 예언자들이 어느 시대에 활동했는지를 구분하는 것이 예언서들의 신학적 강조점을 이해하는 데 도움이 된다. 포로기 이전과 포로기 동안 책을 쓴 예언자들을 바벨론 포로기 이전/포로기의 예언자(pre-exilic/exilic prophets)라고 부른다. 이들은 오늘날 우리가 '표준적인 예언서들의 메시지'라 부름 직한 내용을 담아낸다. 표준적인 예언서들의 메시지를 담고 있는 바벨론 포로기 이전/포로기 예언자는 이사야, 예레미야, 에스겔, 호세아, 요엘, 아모스, 미가, 하박국, 스바냐다. 이와 달리 표준적이지 않거나 다소 독특한 포로기 이전/포로기 예언자는 다니엘, 오바댜, 요나, 나훔이다. 그리고 바벨론 포로 생활이 끝나고 활동한 세 예언자는 학개와 스가랴와 말라기가 있다.

전형적인 예언자들은 앗수르와 바벨론 두 나라가 침략하기 직전에 그들의 메시지를 선포했다. 그래서 이 예언자들이 이스라엘 백성과 유다 백성들에게 회개하여 우상숭배를 멈추지 **않으면 곧 하나님의 심판이 임할 것**이라고 경고할 때, 그들이 언급한 심판은 앗수르나 바벨론의 임박한 침략과 밀접한 관계가 있다.

| 표준적인 예언서들의 메시지 |

예언서에는 매우 다양한 메시지들이 실려 있다. 하지만 예언서의 표준적이고 기본적인 메시지는 다음 세 가지 요점으로 정리될 수 있다.

1. 너희—이스라엘 그리고/혹은 유다—는 언약(곧, 신명기)을 파기했다. 너희는 반드시 회개해야 한다!
2. 회개하지 않으면, 심판이 임할 것이다!
3. 심판 이후에 의의 왕이신 메시아를 통해 은혜로운 회복의 때가 도래할 것이다.

당신의 성경책 가운데 이사야서, 예레미야서, 에스겔서, 호세아서, 요엘서, 아모스서, 미가서, 하박국서, 스바냐서의 아무 페이지나 펼쳐 보라. 그 본문의 메시지는 대부분 위 세 가지 주제 중 하나를 말할 것이다. 예언서가 전하는 이 세 가지 핵심 메시지는 성경 전체 이야기에서 매우 중요한 역할을 한다. 그러므로 각각의 요점들은 토론할 만한 가치가 있다.

요점 1. 너희—이스라엘 그리고/혹은 유다—는 언약(곧, 신명기)을 파기했다. 너희는 반드시 회개해야 한다!

예언서들은 신명기에 규정된 언약 체결을 파기한 왕과 백성의 특별하고 일관된 죄악들을 상술하는 데 많은 시간을 할애한다. 예언자들은 이러한 행동을 "죄", "반역", '강퍅한 마음', '불법' '하나님에게서 돌아서기' 등으로 명명하며, 고발 혹은 고소의 형태로 죄목들을 나열한다. 하나님에 대한 죄와 반역 행위에 대한 고소들은 예언자들이 반복적으로 비판하는 다음 세 가지 기본 죄악의 범주로 정리될 수 있다.

맨 먼저 비판받는 죄악은 **우상숭배**다. 모든 표준적 예언서가 이 언약에 대한 위반을 지적한다. 북왕국 이스라엘은 유다로부터 갈려 나오자마자 하나님을 버리고 단과 벧엘에 금송아지 우상을 만들었고, 이어서 이들의 예배 현장에 다른 우상 신들이 더해진다. 또 남왕국 유다의 왕들과 백성들은 아브라함의 거룩하신 하나님을 끌어내려 단지 수많은 이방 신 가운데 하나처럼 그들의 신전에 가두어 놓을 수 있을 것으로 생각한다. 그런 생각으로 이들은 이웃 나라 이방 신들을 가져와 섬기기 시작한다. 이스라엘 땅에 수입된 가나안의 신들로는 바알과 아세라, 모압의 신 그모스와 암몬의 신 몰렉이 있다.

두 번째로, 예언자들이 이스라엘과 유다를 반복적으로 고소하는 주요한 언약 위반 사항은 **사회적 불의**(social injustice)다. 신명기의 말씀은 이스라엘과 유다가 (수직적 차원에서) 하나님과 올바른 관계를 맺는 것을 요청한다. 하지만 신명기는 또한 하나님의 백성들이 (수평적 차원에서) 서로 간에도 올바른 관계를 맺는 것을 요구한다. 하나님은 자기 백성들 가운데 하나님의 정의가 올바로 구현되기를 원하신다. 그래서 신명기에서는 사회적으로나 경제적으로 불안정한 사람들이나 스스로를 돌볼 힘이나 자원이 없는 연약한 사람들을 공동체가 함께 돌보는 특별한 노력은 물론이고, 법정에서 공평과 정의가 시행되도록 요구한다.

구약성경의 맥락 안에는, 신명기에서 천명되고 예언서에서도 거듭 선포되고 있듯이 가난한 자와 과부, 고아 그리고 이방인처럼 특별한 보호와 보살핌이 필요한 사람들이 자주 언급된다. 이스라엘과 유다가 하나님과의 언약을 파기했을 때 이들은 이기적으로 그저 자기 자신에게만 관심을 쏟으며, 힘 있는 사람들은 힘없는 사람들을 억압하며, 이미 타락하고 부패한 법률 시스템을 동원하여 부자는 더욱 부자가 되고 가난한 사람들은 더욱 가난해진다. 그러자 예언자들이 등장하여 이들의 죄악을 혹독하게 비판한다. 이들은 사회적 불의가 우상숭배와 똑같은 죄악이며 하나님께 대한 반역임을 강조한다!

세 번째로 예언자들의 중요한 고발은 **종교적 의식주의**(religious ritualism)에 대한 것이다. 이스라엘과 유다 백성들은 주변 이방 민족들의 종교 경험에 영향을 받아 헛된 생각을 품기 시작했다. 이 땅의 사람들이 그 앞에서 적당한 종교 의식들(희생 제사, 분향, 금식, 절기 축제 등)을 이행하기만 하면, 하늘의 하나님은 그들의 실제 삶의 행실에는 별 관심이 없으시다는 생각이다. 그래서 가난한 자를 억압하고, 바알 신을 숭배하면서도 하나님을 위해 약간의 희생 제사와 분향을 계속 드리기만 하면 하나님 보시기에는 별문제가 없을 것이라고 믿는다.

그러자 하나님은 예언자들을 보내 이스라엘의 패역함을 강력히 책망하시면서 심판을 경고하신다. 하나님이 자기 백성들에게 진정 원하시는 것은 친밀한 관계다. 종교 의식은 레위기와 출애굽기와 신명기에 기록된 대로 온전히 시행되기만 한다면, 하나님과의 관계를 더욱 견고히 하고 깊이 있게 만드는 수단으로 활용될 수 있다. 그러나 이스라엘 백성은 이를 실생활과 아무 관계가 없는 일종의 의식으로 변질시키려고 한다. 심지어 이들은 그러한 종교 의식이 (사회적 불의와 같은) 자신들의 뻔뻔스러운 악행과 죄악들을 모두 덮고 씻어 줄 것으로 생각한다. 그래서 하나님의 예언자들은 (하나님만 섬기며 사회 정의를 실천하는) 언약에 충실하지 않은 종교 의식들은 모두 무가치한 것임을 분명히 지적한다. 사실, 하나님은 그런 행동들을 매우 증오하신다.

그리스도인과 공의

이제 우리는 성경이 말하는 **공의**가 무엇을 의미하는지 더 분명히 이해할 수 있게 되었다. 일반적으로 '공의를 행한다'는 것은, 인간이 복락을 누릴 수 있는 강력한 공동체를 형성하는 방식으로 살아가는 것을 의미한다. 좀 더 구체적으로 말하자면 샬롬의 옷감이 찢어진 자리, 사회적 약자들이 추락하는 자리로 가서 그 찢어진 구멍을 기우고 수선하는 삶을 의미한다. 이를 위해 우리는 가난한 이들의 필요에 초점을 맞추고 그 필요를 채워야 한다. 그렇다면 이를 위해 우리는 어떻게 해야 할까? 찢어진 옷감을 다시 기우고 수선하려면 우리 스스로가 실이 되어 그 옷감 속으로 들어가야 한다.[1]

-티머시 켈러

그래서 예언자들이 강조한 세 가지 중요한 고발 또는 죄목들은 우상숭배와 사회적 불의 그리고 종교적 의식주의다. 예언자들은 시적인 언어와 수많은 비유, 시각 언어를 사용하여 죄의 심각성을 각인시키려 한다. 하나님이 죄에 대한 그분의 관점을 설명하기 위해 가장 즐겨 사용하시는 비유는 결혼 관계에 충실하지 않은 배우자다. 표준적인 예언서들에서 하나님은 자신을, 아내를 충실하게 사랑하는 남편으로 묘사하며, 이스라엘과 유다는 신실하지 못하여 간음하는 부도덕한 아내로 묘사한다. 부부의 정절을 비유로 예언자들이 책망하는 것은 이스라엘의 죄악이 하나님과 맺은 언약의 근간을 뒤흔들고 있다는 점이다. 이들의 죄악은 하나님을 거부하는 것이며 그분에 대한 신실함을 내팽개치는 것이다. 이러한 배신은 마치 신실하지 못한 배우자가 자기 남편/

아내에게 고통을 안겨 주듯, 하나님을 아프게 한다.

요점 1의 결정적 측면은 회개다. 그래서 예언자들은 이스라엘 백성에게 회개하고 다시 하나님께 돌아오라고 반복적으로 외친다. 그들은 간청하고, 탄원하고, 경고하고, 위협한다. 회개를 이끌어 내기 위해 모든 시도를 다 해 보는 것이다. 심지어 심판이 이스라엘과 유다를 향해 돌진해 올 때도, 예언자들은 계속해서 너무 늦어서 구원받지 못하는 일은 없으니 지금이라도 회개하고 하나님께로 돌아오라고 외친다.

요점 2. 회개하지 않으면, 심판이 임할 것이다!

성경의 위대한 구원 이야기에서 이번 장의 비극이 강조하는 메시지는 이스라엘도 유다도 전혀 회개하지 않는다는 것이다. 예언자들은 계속해서 이스라엘의 회개를 간청하고 탄원하지만, 하나님은 예언자들에게 이스라엘과 유다가 회개하지 않을 것임을 알려 주신다. 그래서 예언자들은 회개와 회복을 선포하면서도 또 다른 한 편으로는 회개하지 않음으로 인한 임박한 심판을 함께 선포한다. 앞서 언급했듯이 대부분의 예언자는 앗수르나 바벨론의 침공 직전에 또는 침공 기간에 하나님의 예언자로 활동한다. 너희가 회개하지 않으면 혹은 너희가 회개하지 않았기 때문에, 곧 무섭고 끔찍한 침략이 다가온다는 것이다. 예언자들은 하나님의 임박한 심판을 선포하고 묘사하는 데 전혀 주저함이 없다. 이들이 선포하는 심판의 이미지는 너무나도 생생하고 끔찍해서 듣는 이의 마음을 아주 불편하게 만든다. 이것이 바로 요점이다.

(예를 들어 예레미야와 에스겔 같은) 몇몇 예언자는 실제로 예루살렘의 멸망을 함께 목격하고 체험한다. 그래서 독자들은 그런 예언서들에서 임박한 심판에 대한 예언과 아울러 그 심판 예언이 구체적으로 어떻게 성취되었는지에 관한 서술을 찾아볼 수 있다. 에스겔 8-10장이 특히 중요하다. 이 장면에서 하나님은 에스겔을 예루살렘 성전으로 데

리고 가신다. 그리고 하나님은 에스겔에게 그 거룩한 성전 안에서 일어나고 있는 유다 왕과 백성들의 우상숭배가 어느 정도로 심각한지를 적나라하게 보여 주신다. 그들의 죄악은 너무나 심각하여 하나님이 보시기에 매우 가증스럽다. 그래서 이제 하나님은 그 **성전을 떠나시고 만다.** 이는 참으로 엄청난 사건이다. 이스라엘 백성 가운데 거하는 하나님의 임재가 하나님과 이스라엘 사이의 언약 관계의 근간이었기 때문이다. 이렇게 이스라엘에게서 떠나신 하나님의 임재는 장차 예수 그리스도께서 그 문으로 걸어 들어가시기 전까지는 성전으로 돌아오지 않을 것이다.

여호와의 날

하나님을 모독하는 악한 자들에게는 진노하여 심판하시고, 그분을 믿고 신뢰하는 자들에게는 구원과 복을 베푸시고자 하나님이 인간의 역사 속에 개입하시는 결정적 시점을 묘사하기 위해 예언자들은 "여호와의 날"이라는 용어를 사용한다. 이와 관련된 다른 용어로는 "그날"도 사용된다. 여호와의 날이라는 개념에는 앗수르와 바벨론의 침공, 그리스도의 초림과 재림에 관련된 사건들이 모호하게 섞여 있다. 신약성경 또한 "그날"과 같은 수많은 유사한 표현을 사용한다. 이 표현은 그리스도의 미래 재림을 묘사하는데, 이 시간은 그분을 거부한 이들에게는 끔찍한 심판의 때이고, 그분을 믿는 자에게는 큰 기쁨과 복락과 궁극적 공의의 때다.

요점 3. 심판 이후에 의의 왕이신 메시아를 통해 은혜로운 회복의 때가 도래할 것이다.

이방 나라의 침공으로 붕괴하는 이스라엘 왕국은 수많은 왕과 제사장, 여러 지도자뿐 아니라 일반 백성까지 한결같이 신명기의 가장 기본적인 언약의 말씀을 순종하는 데 실패했음을 분명하게 강조한다.

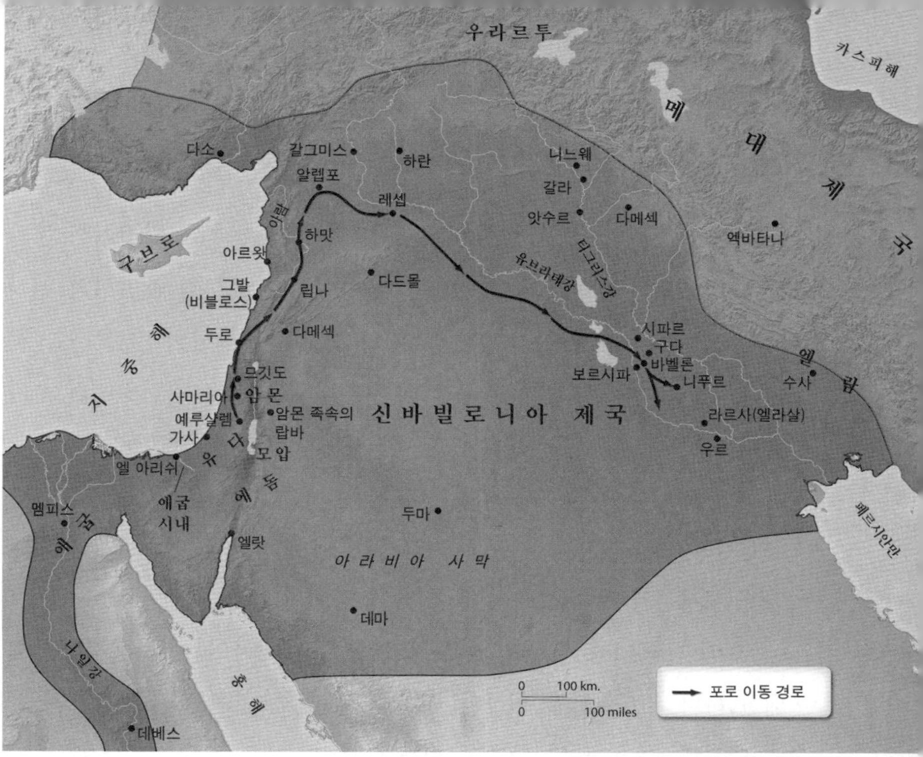

신바빌로니아 제국과 유대인의 포로 이동 경로

그래서 예언자들은 불순종한 이스라엘에게 임하는 하나님의 심판을 아주 자세하게 선포하는데, 심판에 관한 이들의 선언은 끔찍할 정도다.

하지만 예언자들을 통해 심판과 아울러 희망의 메시지도 선포된다. 다가오는 심판의 파멸과 어두움의 한복판에서, 예언자들은 인간이 주도하는 현재 왕국의 실패 너머를 바라본다. 그리고 위대하고 의로운 메시아가 다스리는 영광스러운 미래의 왕국을 선포한다. 그 영광스러운 왕은 이스라엘을 회복하실 것이다. 그러나 그분은 또한 이방인들(이스라엘 사람이 아닌 사람들)을 모으실 것이다. 그래서 이 영광스런 메시아는 단지 율법을 지키지 못한 이스라엘의 실패라는 문제에 응답하는데 그치지 않고(여호수아-열왕기하), 창세기 3-11장에 언급된 모든 인류의 죄악의 문제에 대한 해답을 제시하실 것이다.

| 비표준적 예언서들 |

다니엘서, 오바댜서, 요나서, 나훔서, 학개서, 스가랴서, 말라기서 등과 같은 비표준적 예언서의 메시지는 앞서 살펴본 표준적 예언서의 메시지와 크게 다르지 않다. 다만 메시지의 강조점과 상황이 약간 다를 뿐이다. 먼저 다니엘서는 이스라엘 백성이 바벨론 포로 기간일지라도 어떻게 하나님 앞에서 신실하게 살 수 있는지에 대한 해답을 제시한다. 다른 예언서들이 이스라엘과 유다 왕국에 초점을 집중하는 반면, 다니엘서는 현재와 미래를 모두 포함하는 세계 열국을 다스리시는 하나님을 제시하기 위해 그 시야를 더욱 확장한다.

오바댜와 나훔은 각기 이스라엘의 두 적대국인 에돔과 니느웨에 대한 하나님의 심판을 선언한다. 다른 예언자들이 이스라엘 백성과 유다 백성에게 하나님의 말씀을 선포했다면, 예언자 요나는 니느웨에 있는 앗수르 백성에게 다가가서 직접 설교한다. 그러나 요나의 메시지는 이스라엘과 유다 백성을 곧장 향한 것이기도 했다. 왜냐하면 니느웨 사람들이 이스라엘과 유다 백성이 하지 않는 바로 그 일을 했기 때문이다. 그것은 바로 회개하고 구원받는 것이다. 요나서에 나오는 니느웨 사람들의 반응, 곧 회개는 하나님의 백성에게 주는 역설적 메시지다. 전혀 주저함 없이 하나님에게서 돌아서서, 예언자들이 전하는 하나님의 말씀을 외면하고 회개도 거절하는 이 백성이 사실은 얼마나 어리석은 죄악을 범하고 있는지를 역설적으로 강조한다.

학개, 스가랴, 말라기는 이전의 예언자들의 환경과 달리 바벨론 포로기 이후에 (하나님의 심판이 끝나고 고국으로 돌아오는 동안) 하나님의 말씀을 전한 예언자들이다. 이들의 메시지에 대해서는 "9. 포로 생활과 귀환"에서 더 자세히 다룰 것이다.

희망과 회복의 주제를 위한 개별 예언자들의 특별한 공헌들

이사야는 모세 시대 구약의 출애굽에서 계시된 것보다 위대하고 놀라운 하나님의 계시가 펼쳐지는 **새로운 출애굽**으로서 메시아 시대를 예언한다. 이사야는 또한 예수님이 성취하신 위대한 역설 가운데 하나인 **고난받는 종**(suffering servant)으로 오실 메시아를 예언한다.

예레미야는 이스라엘의 타락으로 산산조각 난 모세 언약을 대체할 **새로운 언약**을 장차 하나님이 자기 백성과 직접 맺으실 것이라 예언한다. 이 새 언약의 시대는 예수님의 마지막 만찬에서 열렸다. 예레미야는 또한 이스라엘 백성이 70년 동안 바벨론에서 포로로 머물게 될 것을 예언한다.

요엘과 **에스겔**은 장차 다가오는 메시아 왕국에 관한 약속에 근본적이고도 새로운 차원을 덧붙인다. 장차 하나님은 그분을 믿는 **각 사람에게 성령을 보내 주실** 것이라고 예언한다. 예루살렘 성전에 강림한 하나님의 임재가 떠나 버렸으나 이전보다 위대한 하나님의 임재, 곧 그분의 백성들에게 직접 부어지는 성령의 임재가 회복될 것이다.

연결하기

하나님의 위대한 구원 이야기 안에서 현재 위치를 복습해 보자.

창조와 위기

언약

불러냄

계명

정복과 가나안화

왕국의 설립

왕국의 친교와 상식

▸ **왕국의 분열**

포로 생활과 귀환

중간기: 구약과 신약의 중간 시기

그리스도

교회

완성

하나님과 자기 백성 간의 언약은 성경 전체의 위대한 구원 이야기에서 결정적으로 중요한 위치를 차지하며, 성경 이야기 중에 이 단계는 언약과 관련하여 특히 중요하다. 이스라엘과 유다는 모세 언약, 특히 신명기에 언급된 계명들에 순종하기를 거부한다. 그래서 그들은 이 언약에 포함된 엄청난 축복들, 곧 그들 가운데 계신 하나님의 임재와 약속의 땅에서의 놀라운 삶과 같은 축복들을 상실한다. 이어서 등장한 예언자들이 모세 언약의 위반에 근거하여 하나님의 임박한 심판을 선포하지만, 그들은 또한 다윗과 아브라함에게 하신 하나님의 무조건적 약속으로 돌아가서, 심판을 넘어선 미래 회복에 관한 희망의 메시지를 선포할 수 있었다. 그래서 예언서에서는 (쌍무적인) 모세 언약에 근거해서 심판을 선포하지만, (편무적인) 아브라함과 다윗 언약에 근거하여 장차 도래할 메시아의 놀라운 회복도 함께 선포된다.

신약성경은 구약의 예언서들과 밀접하게 연결된다. 신약의 저자 중 특히 사도 바울은 "율법"과 "은혜"라는 용어를 사용하여 언약의 이중성에 관해 더욱 자세히 설명한다. 신약의 서신에서 사도 바울은 죄의 본성을 지닌 우리는 그 율법들(곧, 그 계명들)을 지킬 능력이 없다고 단언한다. 이 실패의 결말은 곧 사망이다. 그러나 바울은 곧이어 하나님을 찬양하라고 외친다. 그 이유는 우리가 믿음을 통해 은혜로 구원을 얻을 수 있기 때문이다. 그래서 사도 바울은 구약의 예언자들처럼 율법과 모세 언약을 연결하고, 은혜와 아브라함 언약을 연결한다(롬 2-4장; 갈 3장).

이와 마찬가지로, 예언자들 역시 의와 공평의 왕이 다윗의 혈통을 따라 이스라엘을 회복하기 위해 강림하실 것이며, 이방인들을 그에게로 모으시고, 어그러진 모든 것을 올바로 세우실 것이라고 선포한다. 이런 맥락에서 신약성경은 예수 그리스도를 구세주로 그리고 의와 공평의 왕으로 분명히 선언한다.

이야기 실천하기

오늘날 서구의 많은 사람은 '관용'이라는 이름으로 하나님께로 가는 다양한 길이 있다고 주장한다. 그들은 모든 종교는 궁극적으로 같은 하나님께로 귀결되고 누구도 자신의 종교만이 옳다고 고집 피울 수 없다고까지 주장한다. 물론 성경은 이런 생각을 절대적으로 거부하고, 예언자들은 이 점을 분명히 선언한다. 과연 우리가 다른 종교를 통해서도 (즉, 그모스와 바알과 같은 다른 신들을 숭배함으로) 참된 하나님을 만날 수 있을까? 성경의 예언자들은 이 문제에 대해 아주 단호하다. 그들의 대답은 "아니다. 아니다. 그렇지 않다!"다. 현대인들은 메시아 예수 그리스도 이외의 다른 길을 통해 참된 하나님을 만날 수 있을까? 성경은 분명히 알아듣기 쉽게 대답한다. "아니다. 아니다. 그렇지 않다!"

예언자들로부터 명심해야 할 또 다른 중요한 교훈은, 우리의 죄악과 하나님의 성품에 관한 것이다. 예언자들의 가르침에 따르면, 하나님은 우리를 진심으로 사랑하시고 우리와의 친밀하고 애정 어린 관계를 원하신다. 실로 이 관계를 설명하기 위해 하나님이 쓰시는 중요한 비유는 결혼 비유다. 인간의 죄악은 반드시 이 문맥에서 이해되어야 한다. 죄는 속도위반 벌금 청구서 같은 것이 결코 아니다. 속도위반 벌금 청구서는 교통질서를 어긴 대가다. 누군가 정해진 교통질서를 어기고 과속을 하면 벌금을 문다. 그러나 과속에도 불구하고 아무런 사고가 일어나지 않는다면 그로 인해 다친 사람도 없을 것이다. 정부나 경찰, 교통질서 담당 부서 직원들은 과속 운전자에 대해서나 속도위반 벌금 청구서 때문에 기분이 상하거나 상처받지 않는다. 하지만 하나님의 비유에 따르면 죄는 마치 간음과 같은 것으로 관계의 배신을 의미하며, 상대방에게 심각한 고통을 가져다준다. 당신이 가장 사랑하는 사람이 때로는 당신에게 가장 깊은 상처를 안겨 줄 수 있다. 하나님과 우리의 관계도 이와 마찬가지다. 우리가 삶 속에서 범하는 의도적 죄악은 하나님과의 관계를 배신하는 것이고, 그 결과 하나님께 말할 수 없는 고통을 안겨 드린다.

마지막으로 예언자들은 율법과 은혜에 대해 교훈한다. 우리는 자기 힘으로는 결코 충분히 선해질 수 없고, 율법을 통해 구원에 이를 정도로 율법을 잘 지킬 수도 없다. 하지만 참으로 감사하게도, 예언자들이 전하는 위대한 메시아 언약에 따르면, 하나님은 메시아 예수 그리스도를 믿는 믿음을 통하여 하나님의 은혜로 백성들을 구원하기로 작정하셨다.

마무리 «

열왕기는 하나님과 맺은 그 언약(신명기)을 거부한 이스라엘과 유다에 대한 비극적인 이야기를 들려준다. 그 왕국은 북쪽 이스라엘과 남쪽 유다로 분열한다. 북왕국 이스라엘에는 악한 왕들뿐이다. 남왕국 유다에는 몇몇 선한 왕이 있지만, 대부분의 왕 역시 악하다. 그 결과 북왕국 이스라엘은 기원전 722년에 앗수르에게 멸망당하고, 남왕국 유다는 기원전 587/586년에 바벨론에게 멸망당한다. 이 기간에 예언자들은 세 가지 서로 밀접하게 연관된 주제들을 선포한다.

1. 너희–이스라엘 그리고/혹은 유다–는 언약(곧, 신명기)을 파기했다. 너희는 반드시 회개해야 한다!
2. 회개하지 않으면, 심판이 임할 것이다!
3. 심판 이후에 의의 왕이신 메시아를 통해 은혜로운 회복의 때가 도래할 것이다.

암송 구절

우리는 다 양 같아서 그릇 행하여
  각기 제 길로 갔거늘
여호와께서는 우리 모두의 죄악을
  그에게 담당시키셨도다. (사 53:6)

심층 연구

| 도서들 |

Bullock, C. Hassell. *An Introduction to the Old Testament Prophetic Books.* 2nd ed. Chicago: Moody Press, 2007. 『구약 선지서 개론』(크리스찬출판사).

Chisholm, Robert B. *Handbook on the Prophets*. Grand Rapids: Baker, 2002. 『예언서 개론』(CH북스).

Hays, J. Daniel. *The Message of the Prophets: A Survey of the Prophetic and*

Apocalyptic Books of the Old Testament. Grand Rapids: Zondervan, 2010. 『역사서 개론』(CH북스).

Konkel, August H. *1 & 2 Kings*. The NIV Application Commentary. Grand Rapids: Zondervan, 2006.

McConville, J. Gordon. *Exploring the Old Testament: A Guide to the Prophets*. Downers Grove, IL: InterVarsity Press, 2002. 성경이해: 예언서(성서유니온).

| 토론을 위한 질문 |

a. 표준적인 예언서에 담긴 세 가지 핵심 메시지와 세 가지 고발 내용을 외울 수 있게 하라.

b. 이스라엘이 하나님께 순종하지 못한 이유는 무엇일까?

c. 구약 시대의 우상숭배를 향한 유혹에 비견될 만한 유혹을 현대에서 찾자면 무엇이겠는가?

d. 하나님은 자기 백성이 정의를 행하고 사회 경제적 약자들을 옹호하기를 기대하신다. 하나님의 이러한 기대가 오늘날 그리스도인들에게 시사하는 바는 무엇이겠는가?

| 과제 |

1. 이사야 52:13-53:12과 마태복음 26-28장을 읽어 보라. 이사야의 예언이 그리스도에 의해 어떻게 성취되었는지 토론하라.

2. 이사야(사 6장), 예레미야(렘 1장) 그리고 요나(욘 1장)의 소명을 비교하고 대조해 보라.

3. 요한복음 10:1-21에 소개되는 예수님의 모습이 에스겔 34장과 어떻게 연결되는지를 설명하라.

4. 예레미야 7장과 23:1-8을 읽고 예언서의 세 가지 핵심 메시지와 고발 내용이 이 두 본문에 어떻게 반영되어 있는지를 설명해 보라.

9. 포로 생활과 귀환

바벨론 포로 생활에서의 생존과 귀환

도입 »

생존자들. 우리는 모두 생존자들에 관한 이야기를 좋아한다. 이번 장은 고난 속에서 생존한 사람들에 관한 이야기다. 생존자들의 후손 중 일부는 고향으로 되돌아오기도 했다.

이스라엘 땅에 하나님의 심판이 임했다. 바벨론 사람들은 예루살렘과 성전을 완전히 불사르고, 충격에 빠진 생존자 대부분을 바벨론으로 강제 이주시켰다. 하나님의 임재는 이스라엘 가운데서 떠났다. 약속의 땅도 사라졌다. 그다음엔 무슨 일이 일어났을까? 이 부분의 이야기는 바벨론 포로 생활과 그 후에 비록 더딜지라도 꾸준히 진행되는 귀환을 다룬다. 이 이야기는 다니엘서, 에스더서, 에스라서, 느헤미야서, 학개서, 스가랴서, 말라기서를 통해 듣게 된다.

다니엘서는 이스라엘 백성이 포로로 끌려간 땅에서 어떻게 하나님을 신실하게 섬기며 살 수 있는지에 대한 모범을 제시한다. 더욱이 다니엘서는 거대한 바벨론과 페르시아(바사) 제국의 그늘에서 세계적인 제국들을 올바른 관점에서 바라보게 하며, 하나님이 역사에 대한 통제력을 잃지 않으셨음을 보여 준다. 실로 하나님의 왕국은 파괴될 수 없으며 그분의 통치는 결코 끝나지 않는다. 그분의 왕국은 지존(至尊)하다.

에스더서의 미묘한 이야기는 바벨론 포로 기간 중이라고 해도 하나님이 자기 백성을 여전히 돌보고 계심을 보여 준다. 이스라엘 백성이 늘 신실하게 주님을 따르지는 않았지만, 하나님은 변함없이 이스라엘을 돌보신다.

에스라서와 느헤미야서는 약속의 땅으로의 귀환, 곧 도전과 승리 그리고 돌아온 하나님 백성들의 재건 실패에 관하여 묘사한다.

끝으로, 우리는 바벨론 포로기 이후에 약속의 땅으로 돌아온 백성들에게 예언했던 예언자들 곧 학개, 스가랴, 말라기의 예언적 관점을 듣게 된다. 세월이 흘러도 예전과 똑같은 문제들이 다시 반복된다.

준비

다니엘 1-3장; 느헤미야 1:1-7:3; 학개 1-2장; 말라기 3-4장을 읽거나 들어 보라.

계속되는 이야기

성경의 위대한 이야기는 당연히 시간의 흐름을 따라 진행되기 때문에 이 이야기의 역사적 배경도 늘 바뀌기 마련이다. 8장에서 우리는 북왕국 이스라엘이 기원전 8-7세기 동안 그 지역을 정복한 앗수르에게 멸망당했음을 살펴보았다. 기원전 7세기 말로 접어들면서 앗수르 제국은 남왕국 유다와 수도 예루살렘을 정복하고 파괴한 바벨론에게 정복당하여 역사의 뒤안길로 사라진다. 다니엘서 첫머리에 바벨론 제국은 여전히 강대국의 모습으로 나타난다. 그러나 다니엘이 살아서 일하는 동안, 그 권력의 무게 중심은 점차 페르시아로 이동한다. 이번 장에서 살펴볼 다른 예언서들(에스라, 느헤미야, 에스더, 학개, 스가랴, 말라기)의 활동 기간 동안, 페르시아 제국이 그 지역을 강력히 통치하고 있었다. 이 지정학적 요소가 성경 전체 이야기 중에 특히 이 부분을 이해하는 데 중요한 역할을 감당한다.

| 다니엘 |

우리가 가진 성경에서는 다니엘서가 예언서의 범주에 포함된다. 비록 다니엘이 많은 예언의 말씀을 전했지만, 그의 메시지는 다른 예언자들과는 사뭇 다른 내용을 많이 포함하고 있다. 다니엘은 바벨론에 의해 포로로 잡혀간 땅에서의 첫 세대 유대인이다. 다니엘 1-6장에 등장하는 다니엘과 세 친구는 처음에는 바벨론을 배경으로 그리고 후에는 페르시아를 배경으로 등장한다. 하나님을 향한 그들의 용감한 믿음, 심지어 (불타는 용광로에 던져지고 사자 굴에 던져지는) 극한 핍박 중에도 하나님을 향한 불변의 신실한 믿음은, 약속의 땅에서 추방당한 이스라엘이 어떻게 바벨론 포로기의 그 어려운 시간 동안 하나님을 계속 신뢰할 수 있는지에 관한 탁월한 모델을 제공한다.

앞서(8장에서) 엘리야와 엘리사의 이야기에서도 살펴본 바와 같이, 국가적 배교와 국가적 심판의 시기에도 다니엘과 같은 개인들은 여전히 하나님을 신실하게 섬겼다. 다니엘 1-6장의 주요 주제는 비록 바벨론 왕이 예루살렘 도성을 파괴했을지라도, 그 역시 다니엘이 섬기는 하나님 앞에서는 무력한 존재임을 강조한다. 이와 마찬가지로, 비록 페르시아가 유다와 유대인들을 포함한 거대한 제국을 이루어 통치를 확장하며 그 세력이 커진다고 할지라도, 이스라엘의 하나님이 실로 유일한 주권자임을 강조한다.

다니엘서의 후반부(7-12장)는 전반부와 사뭇 다르다. 후반부는 장차 이룰 하나님의 큰 계획 중 특히 이 세상의 강력한 인간 제국들과 미래에 임할 하나님의 위대한 제국 사이에 극명한 대조를 이루는 계획에 집중된다. 다니엘서가 강조하는 교훈은 다음과 같다. 비록 하나님을 거역하는 적대적 세력이 지배하는 고난의 시기일지라도, 하나님은 자기 백성들이 그분과 맺은 약속을 신실하게 의지하며 하나님이 홀로 세계 역사를 통치하시고 그분이 정하신 때에 자신의 영광스러운 미래 왕국을 분명히 세우실 것이라는 약속의 말씀을 끝까지 믿고 의지하기를 원하신다.

하나님의 구원 이야기가 에스라서와 느헤미야서, 학개서, 스가랴서, 말라기서로 이어져 펼쳐질 때, 우리는 포로로 끌려간 이스라엘 공동체의 일부가 유다 땅으로 귀환하는 모습을 발견한다. 또한 귀환한 백성이 가나안 땅에 그들의 사회와 문화를 재건하기 위해 갈등하는 모습도 볼 수 있다. 다니엘 7-12장이 분명하게 밝히는 것은, 오합지졸에 불과한 유대인 무리가 페르시아의 통치 아래 예루살렘 재건을 위해 발버둥 치는 이 상황이 하나님의 위대한 미래 제국에 대한 다니엘서의 전망에 전혀 어울리지 않는다는 사실이다. 미래에 있을 그분의 위대한 제국은 바벨론과 페르시아 같은 얄팍한 인간 제국 모두를 대체한다. 다니엘서뿐 아니라 (우리가 주의 깊게 읽기만 한다면) 다른 예언서들 역시 우리의 시선을 에스라와 느헤미야 시대를 뛰어넘어, 장차 도래할 영원한 하나님 나라를 바라보도록 이끌고 있음을 깨달을 수 있다.

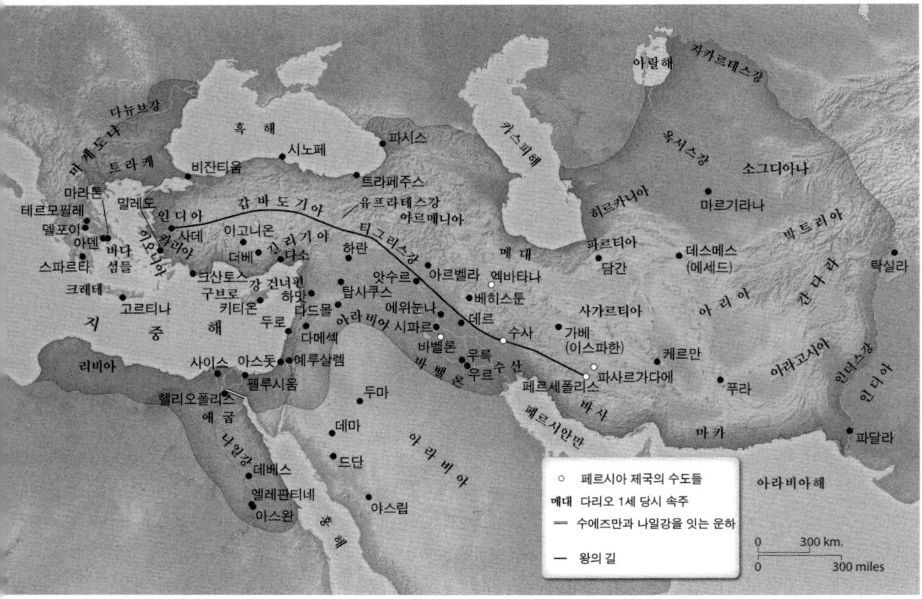

페르시아(바사) 제국

| 에스라-느헤미야 |

유다의 계속되는 불순종과 회개에 대한 거부 때문에, 마침내 신명기 28장에 기록된 심판이 유다에 임하고 말았다. 기원전 587/586년에 바벨론이 유다를 침공했고, 예루살렘을 파괴했다. 가나안 땅에 사는 대부분의 사람이 바벨론에 포로로 끌려갔다. 이어서 기원전 539년에 페르시아가 바벨론을 침략하고 포로로 끌려간 유대인들과 유다 땅을 바벨론에게서 다시 빼앗았다. 그리고 기원전 538년 페르시아 왕 고레스는 유대인 포로들이 원한다면 그들의 고향으로 돌아갈 수 있다는 칙령을 공포한다. 그래서 이스라엘 백성은 드디어 약속의 땅으로 돌아가 자기 나라를 재건할 기회를 얻었다! 드디어 포로 생활이 끝나고 고향으로 돌아갈 때가 온 것이다. 에스라서와 느헤미야서는 이스라엘 백성이 약속의 땅으로 돌아와서 예루살렘과 성전과 그들의 사회를 재건하고자 어떻게 몸부림쳤는지를 기록하고 있다.

포로였던 백성들은 세 번의 주요 시기에 고향 땅으로 귀환한다. 첫 번째 귀환은 기원전 538년 고레스 칙령 이후 즉각적으로 시작된다. 스룹바벨이라 불리는 사람의 인도를 따라 이 그룹은 예루살렘에 도착하여 파괴된 성전을 재건하려는 미약한 시도를 시작한다(스 1-6장을 보라). 그러나 이들은 곧 정치적 반대를 비롯한 여러 어려움에 부딪쳐 재건을 위한 노력을 멈추고 만다. 그러다 예언자 학개와 스가랴의 격려, 그리고 페르시아 왕 다리오의 새 칙령에 힘입어 기원전 515년에 이들은 현장으로 돌아와 성전 재건을 마무리한다(스 6:13-15). 제사장 에스라는 기원전 458년 두 번째 귀환을 주도하고(스 7-10장), 총독 느헤미야는 기원전 445년에 이스라엘 백성을 예루살렘으로 귀환시키는 세 번째 귀환을 주도한다. 에스라는 성전 재건과 하나님 백성들의 재편성(달리 말하자면, 하나님을 예배하기 위한 체계가 정상적으로 작동되도록 하는 일)에 집중한다. 느헤미야는 무엇보다도 예루살렘 성벽과 그 문들을 재건하는 일에 집중한다. 만만찮은 지방 세력들의 적대적인 반대에도 불구하고 하나님은 이스라엘 백성이 놀랍도록 짧은 기간 안에 성벽을 재건하도록 느헤미야에게 능력을 공급하신다.

느헤미야서의 후반부에서 느헤미야는 새롭게 재건된 사회가 제대로 돌아가도록, 특히 하나님께 순종하는 일(예를 들어 안식일 준수처럼)에 유념하도록 에스라와 협력한다. 비록 느헤미야가 예루살렘 성벽과 그 성벽의 문들을 재건하는 일에 성공을 거두지만, 느헤미야와 에스라의 성공은 이스라엘 전체 백성들을 하나님께 대한 올바른 예배로 인도하기에는 한계가 있었다. 예루살렘의 파괴와 바벨론 포로기로 유다의 심각한 문제인 우상숭배가 제거되었다. 이제 유다 백성들은 결코 다시 이방의 우상숭배에 빠지지 않을 것이다. 하지만 사회적 불의와 종교적 의식주의 같은 문제들이 귀환한 백성들을 다시 괴롭히기 시작한다. 그래서 에스라와 느헤미야는 이러한 문제들을 바로잡고자 노력한다. 이런 노력에도 불구하고 귀환한 백성들이 뿌리 깊은 악습이라 할 수 있는 사회적 불의와 종교적 형식주의로 다시 빠져들고 있기에, 느헤미야서는 해피엔딩으로 귀결되지 못한다. 귀환한 이스라엘 백성의 여전한 죄악 때문에 실의에 찬 느헤미야가 이들을 근본적으로 변화시키기란 거의 불가능해 보인다. 한 나라의 종교 및 사회적 속성들을 올바로 회복시키는 것은, 성벽이나 성전을 재건하는 일보다 훨씬 어렵다.

한 권의 책으로서의 에스라-느헤미야서

에스라서와 느헤미야서는 처음에 분명 한 권의 책으로 쓰였을 것이다. 하지만 그 후 서기관들이 이 모든 내용을 하나의 두루마리에 담아서 편집하는 것이 어려워지자, 이를 편의에 따라 둘로 나누어 두 개의 두루마리로 편집했을 것이다. 7장에서 언급한 것처럼, 동일한 현상이 사무엘상과 사무엘하, 열왕기상과 열왕기하, 역대상과 역대하에서도 일어났다.

표준적인 예언자들의 예언대로 바벨론 포로기는 끝나고 이스라엘 백성은 약속의 땅으로 귀환했다. 비록 예전의 영광에 비할 수 없지만 예루살렘과 성전도 재건되었다. 그러나 에스라서와 느헤미야서의 이야기는, 이렇게 재건된 이스라엘이 과거 예언자들이 약속한 그 위대하고 놀라운 회복과는 분명히 거리가 멀다는 사실을 입증한다. 다윗의 후손으로 오실 왕은 아직도 보좌에 좌정하지 않으셨고, 이 땅은 여전히 페르시아가 통치하고 있다. 비록 우상숭배의 문제는 제거되었더라도 하나님의 정의는 아직도 정착되지 않았고, 사회적 불의와 종교적 의식

주의 같은 다른 죄악이 다시 고개를 쳐들고 있다. 결정적으로 가장 중요한 문제는, 그 어디에도 떠난 하나님의 임재가 성전으로 되돌아왔다는 언급이 없다는 것이다.

다시 말해서 모든 것이 '원래 있던 그 자리'로 회복되기는 거의 불가능하다. 오래전 신명기 말씀에 근거한 이스라엘의 축복, 즉 그들 가운데 거하시는 하나님과 더불어 약속의 땅에 사는 복과 이스라엘이 부요하고 정치적으로 강력한 나라가 되는 복은 바람과 함께 사라져 버렸다. 그래서 성경의 구원 이야기 안에서 고대 이스라엘 백성의 궤적을 추적하여 여기까지 따라온 독자들에게 다음과 같은 위대한 예언자들의 약속만 남는다. 어느 날 하나님은 이 모든 것을 근본적으로 뒤바꾸실 놀라운 구원자를 보내실 것이다.

| 에스더 |

에스더서의 이야기는, 어떤 유대인 소녀가 눈부신 미모와 성품 덕분에 특별히 발탁되어 페르시아의 강력한 황제와 혼인했다는 재미있는 역전 드라마를 담고 있다. 새롭게 황후가 된 에스더는 페르시아 제국에서 모든 유대인을 제거하려는 무시무시한 음모에 용감하게 맞선다.

이 매혹적인 이야기를 그저 하나의 감동적인 이야기로 읽는 것은 그다지 어렵지 않지만, 이 이야기를 성경의 위대한 구원 이야기의 맥락에 맞추어 해석하기란 결코 쉽지 않다. 에스더서에는 몇 개의 중요한 특징이 있다. 첫째로, 이 책에 등장하는 인물 중 누구도 하나님께 기도하는 장면이 나오지 않는다. 하나님께 미래의 방향을 묻지도 않고, 그분께 감사하는 장면도 등장하지 않는다. 사실 하나님은 에스더서 어디에도 직접 언급되지 않는다. 이런 점은 에스라와 느헤미야, 특히 하나님께 정규적으로 기도하고 하나님이 하신 모든 일로 말미암아 그분을 즉각적으로 찬양하는 다니엘과 극명하게 대조된다. 두 번째로, 이 위대한 이야기에서 중요한 역할을 감당하는 인물들은 약속의 땅으로 귀환한 유대인 포로들이다. 이들 귀환한 백성에게서 희망찬 미래를 찾아볼 수 있다. 그러나 에스더는 약속의 땅으로 귀환하지 않고 오히려 이방 왕과 혼인한다. 그래서 에스더는 포로로 남아 있는 사람들을 대표한다.

그렇다면 에스더서의 요점은 무엇인가? 모든 사람이 동의하지 않을 수도 있겠지만, 우리는 에스더서가 약속의 땅으로 순순히 돌아오지 않은 사람들을 향한 하나님의 위대한 은혜에 관한 이야기라는 점을 강조하고자 한다. 에스더서에서 아무도 직접 하나님께 기도하지 않고 아무도 그분을 예배하지 않는다고 할지라도, 하나님은 여전히 인류 역사와 인생들의 무대 뒤에서 보이지 않게 일하고 계시며, 에스더 같은 사람들을 사용하셔서 흩어진 백성들을 보호하신다. 그래서 마침내 그분의 위대한 약속이 자기 백성들 가운데 성취될 것이다.

| 학개, 스가랴, 말라기 |

학개, 스가랴, 말라기는 포로 후기 예언자들로 불린다. 왜냐하면 그들이 포로기 이후에 살면서 하나님의 말씀을 전했기 때문이다. 학개와 스가랴는 바벨론에서 예루살렘으로의 첫 번째 귀환 이후 약 18년이 지난 기원전 520년경 예루살렘에서 사역한다. 학개는 성전 재건에 초점을 맞춘다. 몇 년의 시간이 흐르면서 성전 재건에 관한 현실적 부담이 가중되자 1차 귀환자들은 재건 의욕을 완전히 잃는다. 이들은 본질적으로 하나님을 향한 예배를 자신들의 관심 밖의 일로 무시해 버린다. 이런 상황에서 학개는 하나님을 예배하는 것이 백성들의 삶의 중심에 자리 잡도록 도전하고 성전 재건을 독려한다. 그런데 놀랍게

엘리야와 세례 요한

엘리야는 이스라엘과 유다의 왕들이 통치하던 시기에 활동한 강력한 예언자였다. 그의 이야기는 열왕기상 17-19장과 열왕기하 2장에 등장한다. 한편 세례 요한은 신약성경에 등장하는 인물로, 예수님보다 앞서서 그분의 구속 사역을 소개했다. 이 두 사람 사이에 어떤 연결 고리가 존재하는가? 말라기 3:1에서 하나님은 그 앞에서 길을 예비할 사자를 보내겠다고 선언하신다. 이어서 말라기 4:5에서 그 사자는 엘리야를 암시하는 듯 보인다. 하나님은 위대한 야웨의 날이 이르기 전에 엘리야를 보낼 것이라고 말씀하신다. 이 지점에서 말라기 예언의 정확한 의미가 다소 모호해진다.

그러나 우리가 말라기서에 머무르지 않고 신약성경의 마태복음과 마가복음 그리고 누가복음으로 페이지를 계속 넘기면, 복음서의 저자들은 세례 요한을 말라기서와 이사야서의 예언을 성취하는 인물로 여기고 있음을 알 수 있다(사 40:3; 마 11:10; 막 1:2; 눅 7:27). 즉 복음서 저자들은 세례 요한을 주님(예수님)이 오시기 전에 먼저 그분의 길을 예비하러 온 그 사람으로 선언한다. 그리고 요한복음(성경에 요한이라 불리는 두 사람이 있다)에서 세례 요한은 첫 장부터 등장한다. 세례 요한의 설교를 듣는 군중은 세례 요한과 말라기 4:5의 예언 사이에 분명한 연결점이 존재한다는 것을 감지한다. 그래서 이들은 세례 요한에게 단도직입적으로 그가 혹시 엘리야냐고 묻는다(요 1:21). 그런데 놀랍게도, 세례 요한은 아니라고 대답한다. 그 대신 그는 자신을 "광야에서 외치는 자의 소리"라는 예언의 말씀과 동일시한다(요 1:23; 참고. 사 40:1). 그러나 예수님은 세례 요한을 가리켜서 말라기 4:5의 예언이 성취된 것으로 간주하신다. 그렇다면 과연 세례 요한은 누구인가?

그 해결책은 누가복음 1:17에서 찾아볼 수 있다. 주의 천사가 요한의 아버지 사가랴에게 다음과 같이 통지한다. 사가랴의 아들은 실로, "엘리야의 심령과 능력으로 주 앞에 먼저 와서…주를 위하여 세운 백성을 준비"할 것이다. 실제로 세례 요한은 엘리야의 "심령과 능력"을 구현함으로써 말라기 4:5의 예언을 성취한다. 그래서 세례 요한은 자신이 문자적 의미로는 엘리야가 아니라고 주장할 수 있던 반면에, 예수님은 세례 요한을 가리켜서 그가 말라기의 예언을 그대로 성취한 엘리야라고 말씀하실 수 있었다.

도, 포로기 이후 예루살렘에 거주하는 백성들은 포로기 이전과 달리 학개가 전하는 메시지를 듣고 그대로 순종한다.

스가랴 역시 성전 재건에 관심을 가지고 있다. 그는 또 백성들에게 다가올 왕국을 기다리는 동안 하나님을 올바로 섬기며 살라고 권면한다. 스가랴서의 주된 강조점은 다가오는 주의 날과 하나님의 놀라운 왕국 건설이다. 따라서 스가랴서에 수많은 메시아 예언이 언급되는 것은 결코 놀라운 일이 아니다. 학개서와 스가랴서 모두 페르시아의 통치자들에 대해 언급하면서, 이들의 모습 속에서 예언자들이 예언하는 그 영광스러운 다윗 왕국이 아직 도래하지 않았음을 유비적으로 상기시킨다. 예루살렘으로의 포로 귀환은, 장차 이루어질 하나님 나라의 회복이 벌써 시작되었음을 알린다. 그러나 그 약속의 진정한 성취를 위해 우리는 여전히 장차 오실 왕, 메시아를 기다려야 한다.

말라기서는 학개서나 스가랴서와 달리 구체적 날짜에 대한 언급이 없지만, 말라기서의 내용은 아마도 느헤미야서와 동일한 시기(기원전 430년경), 그래서 학개서나 스가랴서보다는 조금 늦은 시기를 반영한다. 이때에 바벨론 포로 생활이 끝나고 유대인들은 예루살렘으로 귀환했다. 하지만 영광스러운 왕국은 아직도 미래의 이야기다. 그래서 말라기서의 초점은, 다가오는 주의 날과 그분의 왕국 건설을 기다리는 동안 이스라엘 백성이 어떻게 하나님을 예배하며 살아야 할 것인지에 있다. 말라기서는 예배와 일상생활에서의 몇 가지 문제점, 즉 인정할 수 없는 희생 제물과, 부패한 제사장들, 성전 지원을 거부하는 문제, 사회적 불의의 문제를 지적한다. 우리는 이런 몇 가지 문제점이 이미 에스라-느헤미야서에서도 언급되었음을 살펴보았다. 그런데 이런 문제들은 예언자 말라기가 활동하던 시대에도 여전히 반복된다. 그리고 460년이 지난 후인 예수님 시대에도 이런 문제점은 이스라엘 사람들의 예배 체계의 특징으로 남아 있다.

말라기서는 우리가 가지고 있는 구약성경의 마지막 책이다. 이 마지막 책은, 하나님의 백성들이 주님의 위대한 날과 메시아 도래의 여명을 알리는 예언자 "엘리야"가 등장하기만을 손꼽아 기다리는 동안에도, 변함없이 하나님의 계명에 순종할 것을 권면하는 내용으로 끝나고 있음에 주목해야 한다.

연결하기

하나님의 위대한 구원 이야기 안에서 현재 위치를 복습해 보자.

창조와 위기
언약
불러냄
계명
정복과 가나안화
왕국의 설립
왕국의 친교와 상식
왕국의 분열
▸**포로 생활과 귀환**
중간기: 구약과 신약의 중간 시기
그리스도
교회
완성

이스라엘 백성이 신명기의 계명들을 준행하는 데 실패하고, 회개를 요구하는 예언자들의 외침을 청종하는 데 실패했기 때문에 결국 이스라엘 왕국은 분열하고 말았다. 바벨론은 예루살렘을 파괴했고 대부분의 백성을 포로로 잡아갔다. 그러나 예언자들은 죄와 회개와 하나님의 심판, 그 이상의 메시지를 선포했다. 그들은 하나님의 심판과 포로로 끌려가는 고난의 시간을 넘어서, 하나님의 위대하고 영광스러운 왕국이 다시 건설되리라고 약속한다. 이 놀라운 왕국은 아브라함과 다윗 언약을 성취할 것이고, 장차 그 보좌 위에는 다윗의 후손이 좌정할 것이다. 흩어진 이스라엘 백성은 약속의 땅으로 다시 모일 것이고, 온 열방이 이스라엘 백성과 함께 하나님을 향한 경배에 동참할 것이다.

다니엘서와 에스더서는 바벨론의 포로 생활 속에서 극명하게 대조되는 장면들을 보여 준다. 또 에스라서와 느헤미야서, 학개서, 스가랴서, 말라기서는 예루살렘으로 돌아가는 포로들의 귀환(귀향)에 관한 이야기를 담고 있다. 그런데 이들 모두가 분명하게 천명하는 바는, 이 귀환이 예언자들이 예언한 그 위대한 나라의 회복과는 분명 거리가 멀다는 사실이다. 아마도 이는 그 나라의 회복의 시작을 알리는 일일 것이다. 왜냐하면 이스라엘 백성이 실제로 약속의 땅으로 돌아와 그 땅에 다시 거주하기 시작했지만, 현실의 모습은 예언자들이 전망하는 회복의 때와는 사뭇 다르기 때문이다. 에스라서와 느헤미야서, 학개서, 스가랴서 모두 페르시아 제국의 통치와 지배가 엄연한 현실임을 강조한다. 이러한 강대국의 지배 아래 있는 이스라엘에게는 높은 보좌에 앉은 다윗왕은 찾아볼 수 없다. 그 어느 곳에도 이스라엘 왕은 보이지 않는다. 게다가 바벨론 침공 직전에 성전을 떠난 하나님의 임재(겔 8-10장)가 성전으로 다시 돌아오지도 않았다. 이 점이 중요하다. 바벨론에서 귀환한 백성들은 예루살렘과 성전을 재건했지만, 그곳에서 떠나간 하나님의 임재가 되돌아왔다는 언급은 전혀 없어서 재건된 예루살렘과 성전은 이전과 극명한 대조를 이룬다. 그래서 이스라엘 백성은 그들 가운데 거하는 하나님의 임재로 인한 놀라운 축복을 다시 경험하기 위해 하나님이 보내실 메시아 예수를 기다려야만 한다.

구약성경은 오실 메시아에 대한 희망찬 기대로 마친다. 그 메시아는 하나님의 왕국을 이 땅으로 가져오실 것이고 모든 것을 회복하실 것이다. 그러므로 말라기서의 마지막 장면과 메시아의 도래를 소개하는 마태복음의 시작 장면 사이에는 깊은 간격이 있다. 구체적으로 말라기 3:1은 "내가 내 사자를 보내리니 그가 내 앞에서 길을 준비할 것이요"라고 선언한다. 신약성경은 이 사자를 세례 요한과 동일시한다. 그가 담당할 사역은 예수 그리스도를 소개하는 것이다(마 11:10; 막 1:2; 눅 7:27). 포로 생활과 귀환 이후, 이 위대한 이야기의 다음 에피소드는 초대형 사건을 다룬다. 그것은 바로 예수 그리스도의 오심이다.

이야기 실천하기

고난의 시간에도 불구하고 하나님을 향한 신실함 위에 든든히 서 있는 다니엘과 친구들의 이야기는 우리에게 큰 용기, 즉 이 세상 모두가 우리를 반대한다 해도 믿음 안에 흔들림 없이 담대하게 서 있을 수 있는 그런 용기를 준다. 또한 하나님이 예언자 다니엘을 통해 바벨론 포로 생활 중인 사람들에게 말씀하신 것처럼, 그분은 오늘날 우리에게도 이 세상의 권세를 두려워하지 말라고 말씀하신다. 그들이 아무리 강해 보이더라도 잠시 있다가 사라지는 덧없는 존재일 뿐이고 결국 이 세상은 하나님이 통치하신다. 하나님은 그분의 정하신 시간에 자신의 나라를 완성하실 것이다. 그때까지 우리는 다니엘과 그의 친구들이 그러한 것처럼 하나님을 의지하며 신실하게 살아야 한다.

느헤미야는 리더십에 대한 수많은 교훈을 우리에게 들려준다. 그는 무엇보다도 기도와 믿음의 사람이었다. 그는 또 믿음을 직접 실천으로 옮긴 사람이었다. 때때로 우리는 고난에 직면하면 "문이 닫혔다"라고 말하면서 우리 앞길을 가로막는 여러 도전들을 회피한다. 그러고는 좀 더 쉬워 보이는 '열린 문'을 찾아 두리번거린다. 이에 대해 느헤미야는, 진실한 기독교 지도자라면 '닫힌 문' 앞에서 낙심하지 말고 담대하게 발길질하여 '닫힌 문'을 열거나 열린 창이라도 찾는 사람이라고 교훈한다. 하나님이 느헤미야와 함께하셨듯이 하나님이 우리와 함께하시고 우리가 분명히 그분의 뜻 가운데 있다면, 우리는 어려운 사역이나 계획 때문에 움츠러들지 말아야 한다.

성경의 위대한 구원 이야기의 흐름 중에서 이 단계에 등장하는 인물들은 하나님 나라 회복의 시작과 완성 그 사이 시대를 살았다. 어떤 의미에서 오늘날 우리도 이와 동일한 상황을 살아가고 있다. 예수님은 그 왕국의 '이미'(already)에 해당하는 부분을 완성하셨다. 그 부분은 이미 시작되었고 우리는 그 나라의 일부다. 그러나 우리는 그 나라가 아직 완전히 성취된 것은 아니라는 의미에서 여전히 '아직'(not yet)의 시대에 살고 있다. 그러므로 우리는 다니엘서, 에스라서, 느헤미야서, 학개서, 스가랴서 그리고 말라기서로부터 그 나라의 사이 시간을 믿음으로 사는 법을 배울 수 있다. 즉 하나님을 신뢰하고, 그분의 백성들을 더욱 든든히 세워 가기 위하여 일하며, 그리스도께서 다시 오셔서 통치하시는 그 나라의 실제적인 완성의 때를 간절한 열망으로 내다보면서 이 시기를 믿음으로 살아가는 법을 배울 수 있다.

마무리 «

바벨론에서의 짧은 포로 생활(포로기) 후에 이스라엘 백성은 유다와 예루살렘으로 돌아가도록 허락을 받았다(귀환). 다니엘은 포로 생활이라는 척박한 환경 속에서도 하나님의 백성들이 어떻게 여전히 하나님께 충성하며 살 수 있는지를 보여 준다. 다니엘서의 예언들은 하나님이 여전히 다스리시며, 언젠가 이 연약한 인간 제국들을 다 무너뜨리고 그분의 위대한 왕국을 다시 건설하실 것이라고 선포한다. 에스더서에서 우리는 모든 유대인이 약속의 땅으로 돌아온 것은 아님을 보았다. 그러나 하나님은, 비록 그들이 항상 신실하게 하나님을 따르지 않을지라도 여전히 그들을 보살피신다. 에스라서와 느헤미야서는 유다의 귀환과 예루살렘의 재건에 대해 언급한다. 에스라서와 학개서는 성전 재건에 초점을 맞춘다. 느헤미야서는 예루살렘 성벽과 그 문들의 재건에 집중한다. 스가랴서와 말라기서는 하나님의 백성들이 메시아의 오심을 간절히 기대하며 기다리더라도 그날이 오기까지 하나님을 향한 충성을 지켜야 한다고 권면한다. 이스라엘 백성은 약속의 땅으로 돌아온다. 그러나 이것은 예언자들이 열정적으로 선포한 하나님 나라의 위대한 회복의 전조에 불과하다. 성전이 재건되었지만, 그 속에서 하나님의 임재를 찾아볼 수 없다면 재건된 성전은 아무런 의미가 없다. 구약성경은 희망과 기대로 끝이 난다. 곧이어 왕께서 이 땅에 다시 오실 것이고 성전에는 하나님의 임재가 가득할 것이며 그분이 하나님의 백성 가운데 내주하실 것이다.

암송 구절

땅의 티끌 가운데에서 자는 자 중에서 많은 사람이 깨어나 영생을 받는 자도

있겠고 수치를 당하여서 영원히 부끄러움을 당할 자도 있을 것이며. (단 12:2)

심층 연구

| 도서들 |

Boda, Mark J. *Haggai, Zechariah*. The NIV Application Commentary. Grand Rapids: Zondervan, 2004.

Fuhr, Richard Alan, Jr., and Gary E. Yates. *The Message of the Twelve: Hearing the Voice of the Minor Prophets*. Nashville: B&H Academic, 2016.

Hays, J. Daniel. *The Message of the Prophets*. Grand Rapids: Zondervan, 2010.

Jobes, Karen H. *Esther*. The NIV Application Commentary. Grand Rapids: Zondervan, 1999.

Longman, Tremper III. *Daniel*. The NIV Application Commentary. Grand Rapids: Zondervan, 1999.

Nykolaishen, Douglas J. E., and Andrew J. Schmutzer. *Ezra, Nehemiah, and Esther*. Teach the Text Commentary Series. Grand Rapids: Baker, 2018.

| 토론을 위한 질문 |

a. 느헤미야 1:1-7:3을 되짚어 보라. 느헤미야는 믿음과 올바른 계획, 그리고 믿음과 단호한 결단력 사이에서 어떻게 균형을 이루었는가?

b. 에스더서에 대한 우리의 논의를 상기해 보라. 에스더서에 대한 우리의 평가에 동의하는가? 혹은 반대하는가? 동의하거나 반대한다면 그 이유는 무엇인가?

c. 뜨거운 풀무불 안에 있던 다니엘과 세 친구에 대한 다니엘 3장과 유사하나 현대적 배경을 가진 이야기를 재구성해 보라.

과제

1. 다니엘 1-3장에 나오는 각각의 이야기가 포로 생활을 하던 유대인들을 어떻게 격려했을지 논의해 보라.

2. 느헤미야 1-6장으로부터 얻을 수 있는 훌륭한 기독교적 리더십의 원칙이 무엇인지 설명하고 논의해 보라.

3. 성경 사전이나 백과사전, 온라인 자료 등을 활용해 다음 도시에 대해 설명하는 글을 각각 한 단락씩 작성해 보라. 엑바타나, 수사, 페르세폴리스, 파사르가다에.

4. 에스더 17:8-14, 신명기 25:17-19을 읽어 보라. 그런 다음 사무엘상 9:1-2과 15:1-35을 읽어 보라. 그런 다음 에스더 2:5-6과 3:1-6을 읽어 보라. "아각 사람"이 아각의 후손을 의미한다는 점을 기억하라. 이제 에스더서의 주요 등장인물 두 사람, 모르드개와 하만에 대해 논의해 보라. 이 둘의 조상은 어떤 관계에 있는가? 이들 조상의 역사는 이 두 사람의 관계에 어떤 영향을 미치고 있는가?

10. 중간기

구약과 신약의 중간 시기

도입 »

나(대니)의 가족 중 누구도 인내심을 가지고 잘 기다리는 사람은 없다. 우리 가족의 인내심이 어느 정도인지에 대해서도 알려진 바가 없다. 인내심과 관련하여 나는 특히 음식 문제로 간혹 죄책감을 느끼곤 한다. 아내가 집에서 정성 들여 음식을 준비할 때면, 나는 그 요리가 제대로 완성되고 식탁에 근사하게 차려질 때까지 기다리지 못하고 그 전에 요리를 시식해 봐야 직성이 풀린다. 미리 맛보지 않고 맛있는 음식이 완성되어 식탁에 차려지기를 기다리기란 내게 참으로 어려운 일이다. 부엌에서 음식이 조리되는 동안 나는 여러 가지 다양한 소리를 들을 수 있다. 또 스토브 위에 놓인 여러 그릇과 프라이팬을 볼 수도 있다. 그리고 온 집 안에 가득한 맛있는 냄새를 맡을 수도 있다. 그러다 보면 음식에 대한 내 기대감이 점점 커져서 마지막까지 기다리기는 점점 더 어려워진다.

하지만 내가 아무리 조바심을 내더라도 음식은 아직 제대로 준비되지 않았다. 그래서 나는 종종 이런 핀잔을 듣는다. "아직 뚜껑을 열지 말아요! 요리가 푹 익지 않잖아요!" 혹은 "빵 오븐 안에 다시 넣어요! 아직 반죽이 덜 익었잖아요!" 혹은 "그거 빨지 말아요! 숟가락이 아니라 주걱이잖아요!" 그렇게 조바심을 내다가 드디어 모든 음식이 다 준비되면 환상적인 식탁이 펼쳐진다. 모두 함께 앉아서 감사의 기도를 드리고, 드디어 그토록 기다린 맛있는 음식을 함께 먹고 나누기 시작한다.

성경의 위대한 구원 이야기 안에서 구약성경의 마지막 예언서 말씀과 그리스도의 탄생 사이에 약 400년이 조금 더 되는 시기가 바로 기다림의 시간이다. 이 시기가 지나면 하나님이 드디어 이 세상에 강림하시고 구약성경의 모든 예언이 바로 그때에 놀라운 모습으로 성취될 것이다.

준비

이번 장을 위한 읽기 과제는 다른 장과는 다소 다른 양상을 띤다. 성경은 구약과 신약 사이에 일어난 역사적 사건에 대해 침묵한다. 이 시기에 대해 정보를 얻기 위해 우리는 마카베오상이라는 외경에 의존한다. 개신교인으로서 우리는 마카베오상을 정경으로 여기지는 않지만, 이 책이 지닌 역사적 가치는 인정한다. 마카베오상은 신약과 구약 사이의 유대 역사와 관련한 정보를 담고 있는 소중한 자료 중 하나다. 그러므로 이번 장을 들어가기에 앞서 마카베오상 1-4장을 읽도록 권한다. 마카베오상 본문은 온라인에서 검색하면 찾을 수 있다. Biblegateway.com에서는 GNT역으로 된 본문을, YouVersion 앱에서는 KJVA역으로 된 본문을 제공한다(마카베오상 공동번역 개정판 본문은 대한성서공회 홈페이지에서 제공한다—옮긴이).

계속되는 이야기

이스라엘은 포로로 끌려간 곳에서 생존했고, 살아남은 자들은 하나님의 정하신 때에 약속의 땅으로 귀환했다. 앞 장에서 살펴보았듯이, 구약성경이 끝날 즈음에 이스라엘 백성은 유다(Judah)로 귀환한다[신약 시대 로마 통치하에서는 유대(Judea)로 불린다]. 에스라, 느헤미야, 말라기와 함께 귀환한 이스라엘 백성은 흩어진 공동체의 재건을 시도한다. 이때가 대략 기원전 430년의 일이다. 작고 소박하게 장식된 성전이 재건되었다. 그러나 하나님의 임재는 이곳으로 돌아오지 않았다. 예루살렘 도성이 재건되었고, 하나님을 예배하는 생활도 다시 자리 잡았다. 그러나 에스라서, 느헤미야서, 말라기서의 이야기에 따르면 모든 일이 잘 풀린 것은 아니다. 이스라엘에서 우상숭배는 제거되었다. 그러나 다른 문제들이 표면으로 끓어오르는 것을 볼 수 있다. 위선적 예배와 부패한 제사장, 저급한 제물, 사회 불의의 문제가 등장했다. 또 왕좌에 다윗 계열의 왕이 등극한 것도 아니다. 여전히 강대국 페르시아가 유다를 지배하고 있다. 예언자들이 전한 그 왕국은 아직 오지 않았다. 하지만 구약성경이 말라기서로 종료될 때, 말라기와 다른 예언자들은 성경의 위대한 구원 이야기를 장차 이 땅에 찾아오실 메시아에 대한 기대와 대망 사상에 연결시킨다. 그래서 하나님의 백성들은 메시아의 말씀과 약속들을 붙들고 그를 의지하며 앞일을 잘 살피며 기다린다. 그분이 곧 오시리라.

말라기서의 마지막 예언과 예수님의 탄생 사이에 약 430년의 시간이 걸린다. 그래서 성경의 전체 구원 이야기의 계시와 관련하여 약 400년 이상의 침묵이 흐른다. 하지만 이 침묵 기간 동안에도 예수 그리스도께서 탄생하시고 성육신하여 들어오실 이 세상을 빚어내는 여러 가지 중요한 역사적 사건이 계속 발생한다. 말라기 시대의 세상은 나중에 사도 바울이 복음으로 변혁시키는 세상과 많이 다르다. 그 시대가 열리기까지 하나님은, 예수 그리스도를 보내셔서 하나님의 구원 이야기가 정점에 도달할 바로 그 시점을 기다리고 계신 듯하다.

짧고 제한적인 독립

유대인은 기원전 164년에 그들을 다스리던 셀류쿠스 왕조(시리아 지역에서 알렉산더 대왕 이후의 계승 왕조)의 통치자들을 내쫓고 짧은 기간이나마 독립을 쟁취할 수 있었다. 그러나 무능력한 리더십과 후계자 논쟁을 둘러싼 권력 다툼과 혼란 때문에 이들은 곧이어 로마인에게 정복당하고 로마 제국에 편입된다.

| 제국들 |

성경 시대에 근동 지방에 형성된 강력한 제국들은 성경 이야기의 배경 속에서 나름대로 중요한 역할을 감당한다. 우리는 앞서 앗수르가 메소보다미아 지역에서 패권을 장악하는 것을 살펴보았다. 역사의 주인이신 하나님은 기원전 722년에 불순종과 우상숭배로 얼룩진 북왕국 이스라엘을 멸망시키기 위하여 이 나라를 사용하신다. 하지만 곧이어 바벨론이 앗수르를 이기고 메소보다미아 지역의 새로운 강자로 등장한다. 이 나라 역시 남왕국 유다와 예루살렘을 멸망시키는 데 하나님께 쓰임받는다. 남왕국 유다도 기원전 587/586년에 언약에 대한 불순종과 우상숭배의 반역 때문에 바벨론에 멸망당한다. 하지만 곧이어 기원전 539년에 또다시 페르시아라는 새로운 강대국이 등장하여 바벨론을 무너뜨린다. 그래서 구약성경이 끝나 가는 시기에 유다를 통치하던 나라는 페르시아다.

기원전 334년부터 시작하여 격변이 발생한다. 알렉산더 대왕은 마케도니아와 그리스를 통합하고, 다음에 소아시아, 시리아, 팔레스타인, 이집트를 아우르는 거대한 페르시아 제국을 정복한다. 이어서 알렉산더와 그의 계승자들은 그리스 문화['그리스의'라는 의미를 지닌 단어 '헬레니코스'(*hellenikos*)에서 유래된 헬레니즘이라 불린다]를 이 제국의 모든 도시에 정착시키려고 한다. 여기에는 그리스어를 전 제국 안에서 좀 더 지적이고 문학적인 언어로 사용할 뿐만 아니라 무역 공용어로 사용하도록 유도하는 작업도 포함된다.

기원전 323년 알렉산더 대왕이 죽고 난 후, 그의 부하 장군들이 헬라 제국을 넷으로 나눠 통치하게 되었다. 그 가운데 한 장군 셀류쿠스 니카토르, 즉 셀류쿠스 1세가 유대와 소아시아 대부분 지역과 바벨론을 아우르는 시리아 지역을 통치하게 되었다. 셀류쿠스 1세의 후손 셀류쿠스 왕조는 유다 땅을 가혹하게 통치한다. 훗날 셀류쿠스 왕조의 한 왕이자 에피파네스라 불리는 안티오쿠스 4세는 유대인의 예배를 불법화하고 예루살렘 성전을 훼손한다. 유대 제사장 가문인 하스몬 가문은 안티오쿠스 4세에 대항해 봉기를 일으킨다. 그러다 기원전 164년, 그들은 예루살렘을 되찾고 성전을 정비하며 예배를 회복한다. 하스몬 가문은 로마 제국이 정복할 때까지 유대 지역을 다스린다.

곧이어 등장한 로마인은 근동의 패권을 장악하여 알렉산더 대왕의 헬레니즘 계승자들과 하스몬 가문을 대신한다. 기원전 63년에 로마인은 예루살렘을 정복하고, 기원전 37년에는 헤롯을 유대와 그 주변 지역의 분봉 왕으로 세운다. 헤롯 대왕으로 알려진 이 인물은 심지어 유대인 아닌 이두매인(Idumea)이었다. 유대 지역을 통치하는 것에 대한 정당성을 확보하기 위해 그는 유대인 공주와 혼인했다. 헤롯은 예수님이 태어날 당시 유대 지역을 다스리고 있었으나, 나이가 많았기에 얼마 안 있어 죽음을 맞이한다. 헤롯의 여러 후손은 다양한 정치적 역할로 신약성경에 등장한다. 그의 아들 헤롯 안티파스(막 6:14-29)와 빌립(막 6:17), 그의 손자 헤롯 아그립바 1세(행 12:1-24), 그의 증손녀 버니게(행 25:13-26:32)와 드루실라(행 24:24), 그의 증손자 헤롯 아그립바 2세(행 25:13-26:32) 등이 그 예다. 로마인들은 신약 시대 전체에 걸쳐(즉 기원후 1세기 동안) 이 지역에서 강력한 영향력을 행사한다. 이들은 로마 제국 전역에 도로를 건설하고 지중해를 가로지르는 해상 운송로를 발전시킨다. 신약성경에서 사도 바울과 그의 동료들은 이렇듯 비약적으로 발전한 이동 수단을 자주 이용하게 된다.

| 흩어진 유대인들과 회당들 |

430년의 중간기 동안 고대 근동 지방에는 또 다른 중요한 발전과 변화들이 일어난다. 포로로 끌려간 이스라엘 백성 가운데 어떤 이들은 유다로 귀환하지만, 상당수 유대인들은 바벨론과 페르시아의 잔존 지역에 흩어져 삶을 이어 간다. 이 시기를 지나면서 그들은 소아시아와 지중해 대부분으로 퍼져 나갈 것이다.

하지만 많은 유대인이 예루살렘과 그 주변으로 귀환했다. 로마 시대에는 이 지역을 유대라고 부르며 이 지역에 사는 사람들을 가리켜 유대인이라고 부른다. 이들의 종교는 처음에 구약성경에 기초했지만, 중간기를 거치면서 뚜렷한 변화를 경험한다. 구약성경에는 등장하지 않는 새로운 기관인 회당은 유대인들의 예배와 안식일 준수에 있어서 중요한 역할을 감당하는 것으로 부각된다. 이러한 상황은 구약의 상황과는 사뭇 달라진 모습이다.

새롭게 부각되는 또 다른 현상으로, 지역에 세워진 회당에서의 랍비 교육을 들 수 있다. 랍비들이 주도하는 예배는 토라(즉, 구약성경의 모세오경)에 대한 교훈과 안식일 준수에 초점을 맞추어 시작된다. 구약성경에 근거하되 새롭게 부각되는 종교적 신념과 실천 시스템에 부여되는 이름이 바로 유대교다. 여전히 성전은 이들의 종교 생활 속에서 나름대로 중요한 역할을 차지한다. 하지만 로마 제국 시대에 예루살렘의 대제사장 직분은 주로 정치적 위상을 갖추게 되었고, 제사장의 직무 역시 점차 세속화되었다.

성막과 성전, 회당 그리고 교회

성경에 펼쳐진 하나님의 구원 이야기를 읽어 가면서 이 이야기와 긴밀한 관계를 맺어 갈 때, 성막과 성전, 회당, 교회의 신학적 경계선을 무시하고 모두 하나로 채색하지 않도록 하는 것이 중요하다. 성막은 말 그대로 이동식 텐트였다. 이스라엘 백성을 애굽에서 이끌어 내 약속의 땅으로 인도하실 때, 하나님은 백성들의 중앙에 있는 성막에 임재하셨다. 하지만 그 성막은 계속 남아 있지 않고 솔로몬이 예루살렘에 건축한 성전으로 대체되었다. 그 후에 솔로몬의 성전은 바벨론 사람에 의해 파괴되었고, 이후 바벨론에서 귀환한 사람들이 소박한 모습으로 복원시켰다. 이후 헤롯 대왕은 그 성전을 더욱 확장했고, 신약성경에 언급된 대로 화려한 구조물로 지었다.

하지만 회당은 이전의 성막이나 성전과는 아주 다르다. 이 건물은 훨씬 작은 지방의 건물들로서, 유대 지역뿐 아니라 유대인이 사는 곳이면 전 세계 어디에나 세워졌다. 이전에 제사장들이 성전에서 섬겼던 반면, 랍비들은 회당에서 섬겼다.

교회는 신약 시대에 새롭게 등장했다. 구약성경에서는 교회(혹은 회당)를 직접 발견할 수 없다. 하지만 신약의 교회들은, 기독교 교리와 실천에 따라서 수정되기는 했지만 유대교의 회당과 유사한 면들이 존재한다. 기원후 1세기의 그리스도인들은 분명 오늘날과 달리 집에서 모였거나 가끔은 (유대교의 회당을 포함한) 다른 건물들에서도 모였을 테지만, 기원후 3세기에 이르러 많은 기독교 신자들은 그들의 고유한 건물을 짓기 시작했다.

연결하기

하나님의 위대한 구원 이야기 안에서 현재 위치를 복습해 보자.

창조와 위기
언약
불러냄
계명
정복과 가나안화
왕국의 설립
왕국의 친교와 상식
왕국의 분열
포로 생활과 귀환
▸ **중간기: 구약과 신약의 중간 시기**
그리스도
교회
완성

지금 우리는 성경의 위대한 이야기의 중간기에 들어와 있다. 포로로 끌려간 하나님의 백성은 약속의 땅으로 귀환했지만, 예언자들이 약속한 위대하고 놀라운 메시아의 회복은 아직 실현되지 않았다. 그래서 하나님의 백성은 그분을 신뢰하고 끝까지 인내하며 메시아를 기다려야 한다.

이야기 실천하기

이 짤막한 중간기에 관한 이야기 속에서는 우리가 지금 당장 실천해야 할 특별한 성경 본문을 찾아볼 수 없다. 하지만 이 중간기 동안에도 인류 역사의 무대 뒤에서 일하시는 하나님의 모습을 발견하기란 그다지 어려운 일이 아니다. 성경은 이 기간에 침묵하지만, 하나님은 가만히 계시지 않는다. 그분은 예수님을 보내시기 위해 세상을 준비시키고 계신다. 그리고 그때를 기다리고 계신다. 그래서 우리는 정하신 역사를 준비하시는 하나님으로부터 많은 것을 배울 수 있다. 때때로 하나님은 우리에게 신실하게 기다리도록 요구하실 때도 있다. 이것은 어려운 일이다. 맛있게 요리되는 음식을 가만히 인내로 기다리거나 우리의 이야기보다 앞서서 움직이고 계신 하나님을 기다리기란 참으로 쉬운 일이 아니다. 우리는 항상 일이 더 빨리 진행되기를 원한다. 그러나 하나님은 결코 조급하게 서두르시지 않는다. 하나님은 그분의 위대한 지혜 가운데 단호하게 행동해야 할 온전한 시점을 끝까지 기다리신다.

마무리 «

예수님이 십자가에 달리셨을 때, 로마 총독 본디오 빌라도는 십자가 위에 "나사렛 예수 유대인의 왕"이라는 푯말을 부착했다(요 19:19). 이 푯말은 당시 유대 땅에 통용되던 아람어와, 알렉산더 대왕과 그의 계승자들이 전 지역에 정착시킨 그리스어, 그리고 당시 그 지역을 다스리던 로마 제국의 공식 언어인 라틴어 등 세 언어로 기록되었다. 이렇게 기록된 역설적인 푯말에서 우리는 중간기의 세 가지 중요한 특징이 서로 결합되어 있음을 발견할 수 있다.

신약 시대가 동틀 무렵에, 우리는 하나님의 정하신 때는 참으로 완벽하고 그때가 바로 이때라는 사실을 깨닫는다. 소아시아 태생의 유대인 바울은 당시 지중해 연안의 여러 도시에서 사용되던 그리스어와 유대인들이 통상적으로 사용하던 아람어를 유창하게 구사할 수 있었다. 게다가 바울은 로마 시민권을 갖고 태어났다. 당시 로마인들은 전 세계에 걸쳐 비교적 안정적인 정치 체계를 구축했고 제국 전역에 광범위한 도로망을 건설했다. 또한 로마 시민권은 해당 시민에게 일정한 법적 보호 장치와 아울러 특정한 권리와 특혜까지 제공했다.

이렇게 독특한 시점에 기독교는 전 세계로 확산된다. 사도 바울과 초기의 다른 전도자들은 광활하게 뻗은 로마 제국의 넓은 지역을 여행할 수 있었다. 그리스어를 구사하는 덕분에 바울은 그가 방문한 모든 도시에서 거의 모든 사람과 자유롭게 소통할 수 있었다. 게다가 사도 바울은 아람어를 구사할 줄 아는 유대인 학자로 훈련을 받았기 때문에, 유대 지역의 회당에도 자유롭게 접근할 수 있었고 그곳에서도 예수님의 복음을 선포할 수 있었다. 덕분에 유대 회당은 사도 바울에게 적절한 복음의 출발점을 제공했으며 새로운 도시로 나아갈 발판이 되었다. 또한 사도 바울은 로마 시민권을 가진 덕분에 어느 정도 로마 제국의 보호를 받을 수 있었으며, 지방 귀족이나 통치자들은 함부로 사도 바울을 방해하거나 정당한 이유 없이 감옥에 투옥시킬 수 없었다.

결국 하나님의 정하신 때가 찼고, 아기 예수가 태어난다.

심층 연구

| 도서들 |

Ferguson, Everett. *Backgrounds of Early Christianity*. 3rd ed. Grand Rapids: Eerdmans, 2003.

Green, Joel B., and Lee Martin, eds. *The World of the New Testament: Cultural, Social, and Historical Contexts*. Grand Rapids: Baker, 2013.

Jeffers, James S. *The Greco-Roman World of the New Testament: Exploring the Background of Early Christianity*. Downers Grove, IL: InterVarsity Press, 1999.

| 토론을 위한 질문 |

a. 구약 시대가 끝나고 메시아 예수님을 유대 땅에 보내기까지 하나님이 400년 넘게 기다리신 이유가 무엇이라고 생각하는가?

b. 중간기 동안 지중해 주변 세계에는 많은 일이 일어났다. 이러한 일들이 예수 그리스도의 오심과 복음 전파를 위해 어떻게 세상을 준비시켰는지 논의해 보라.

| 과제 |

1. 알렉산더 대왕에 대해 조사하고 두 장 분량의 연구 보고서를 작성하라.

2. 헤롯 대왕에 대해 조사하고 두 장 분량의 연구 보고서를 작성하라.

11. 그리스도

이 세상 속으로 오신 예수님

말씀이 육신이 되어 우리 가운데 거하시매.

-요한복음 1:14

도입 »

당신은 아마도 예수님의 길을 준비한 예언자적 인물, 세례 요한에 대해 들어 봤을 것이다. 하지만 그의 아버지 사가랴에 대해 들어 본 적이 있는가? 세례 요한의 부친은 제사장이었다(눅 1:5-25). 그는 영광스럽게도 특별한 시점에 하나님의 성소에 들어가서 분향하도록 선택된 인물이었다. 그가 성소에서 하나님께 분향하고 있을 때 한 천사가 그에게 나타나 사가랴와 엘리사벳 사이에 한 아들이 태어날 것이고, 그 아들이 메시아의 길을 준비할 것이라는 놀라운 소식을 전했다. 그러나 사가랴는 그 천사를 의심했고, 그 때문에 아이가 태어날 때까지 몇 달간 말 못 하는 채로 지내야 했다.

마침내 아기는 태어났고 그 아이의 이름을 지어야 할 순간이 왔을 때 사람들은 아버지의 이름을 따라 아이의 이름도 사가랴로 지을 줄 알았다. 그러나 말을 할 수 없었던 사가랴는 서판에 "그의 이름은 요한"이라고 적었다(눅 1:63). 그 순간 사가랴의 의심은 믿음으로 바뀌었고, 즉시 다시 말할 수 있게 되었다. 그런 그의 입에서 흘러나온 첫마

디는, 그의 아들 요한을 통해 그리고 우리가 예수로 알고 있는 메시아를 통해 백성들에게 말씀하시는 하나님을 향한 찬양이었다(눅 1:64-79). 세례 요한에 대해서는 잠시 후에 더 다룰 것이다.

하나님의 위대한 구원 이야기의 흐름 속에서 하나님이 예언자들에게 직접 말씀하신 지 약 400년의 세월이 흘렀다. 하나님은 예언자 말라기를 통해 마지막으로 말씀하신 시대 이후로 잠시 침묵하셨다. 하지만 이제 막 변화가 시작되고 있다. 하나님은 또다시 자기 백성들에게 말씀하실 준비, 그보다는 자기 백성들에게 크게 소리칠 준비를 하고 계신다. 신약성경의 히브리서 저자는 이를 다음과 같이 잘 요약한다.

> 옛적에 선지자들을 통하여 여러 부분과 여러 모양으로 우리 조상들에게 말씀하신 하나님이 이 모든 날 마지막에는 아들을 통하여 우리에게 말씀하셨으니 이 아들을 만유의 상속자로 세우시고 또 그로 말미암아 모든 세계를 지으셨느니라. (히 1:1-2)

우리는 이제 하나님의 위대한 구원 이야기에서 '예수님에 관한 장'에 도달했다. 하지만 이것은 이 이야기의 마지막 장이 아니라, 예수님이 인류를 구원하시고 그분의 창조를 회복하기 위한 하나님 계획의 중심에 해당하며, 그 이야기의 절정에 예수님이 좌정하신다는 의미에서 매우 중요한 부분에 해당한다.

준비

마태복음 1-4장; 마가복음 1-3장; 누가복음 1-2, 8장; 요한복음 1-4장을 읽거나 들어 보라.

계속되는 이야기

| 크리스마스 이야기 |

크리스마스에 대해 생각할 때 당신은 아마도 "조심하지 않으면 눈을 다칠 수 있다"는 자막이 흘러나오는 〈크리스마스 스토리〉나 〈화이트 크리스마스〉, 〈34번가의 기적〉, 〈멋진 인생〉, 〈나 홀로 집에〉, 〈엘프〉와 같은 유명한 성탄절 영화들을 떠올릴 것이다. 또는 가족과 함께 선물을 개봉하고 또 맛있게 준비된 음식을 먹거나 크리스마스트리를 장식하는 시간을 상상할 수도 있다. 또 어느 곳에선가는 비현실적인 고요함 속에서 아기 예수의 탄생을 나름대로 묘사해 보려는 모습을 발견할 수도 있다. 하지만 우리가 어느 정도 공감하는 것은 크리스마스 전후로 고조되는 상업주의와 크리스마스 캐럴, 가족 간의 전통, 축구 경기 관람과 같은 여러 문화적 관습 때문에 최초의 성탄절이 정말로 어떠했는지를 제대로 알지 못하고 있다는 점이다.[1]

계보

마태복음과 누가복음 모두에 예수님의 계보가 등장한다(마 1:1-17; 눅 3:23-38). 고대 사회에서 계보(또는 족보)는 개인의 사회적 위치나 신분을 나타내고 통치자의 정당성을 제시하는 데 매우 중요한 역할을 했다. 마태는 이 계보를 전면에 배치함으로써, 예수님이 요셉의 합법적 후손이었고 따라서 다윗왕(이스라엘의 가장 위대한 왕)과 아브라함(유대 족속의 아버지)의 후손이라는 사실을 보여 준다. 이 계보는 예수님이 유대인으로 태어나신 메시아라는 사실을 확증한다. 그런데 마태복음 계보에 등장하는 다섯 여인 중 마리아를 제외한 모든 여인은 예수님이 단순히 유대인들만의 구세주가 아니라, 모든 인류의 구세주이시라는 사실을 천명한다.

한편, 누가복음의 계보는 마태와 다른 각도에서 예수님의 계보를 아담에 이르기까지 추적하면서 예수님이 모든 인류의 구세주이심을 강조한다.

진짜 크리스마스 이야기는 하나님이 수백 년의 기나긴 침묵을 깨고 가브리엘 천사를 통해 두 가정이 곧 아들을 출산하게 되리라는 기쁜 소식을 전하면서 시작된다. 먼저, 하나님은 사가랴와 그의 아내 엘리사벳에게 (세례 요한으로 더 잘 알려진) 요한을 주시기로 약속하신다(눅 1:5-25, 57-80). 세례 요한은 종종 엘리야와 비교되곤 한다. 엘리야처럼 그들의 구원자를 받아들이도록 백성들의 마음을 미리 준비시키는 어려운 임무를 수행했기 때문이다. 죄를 회개하거나 영적 지향점을 바꾸도록 사람들을 설득하는 일은 아마도 가장 어려운 사역일 것이다.

동정녀 수태

성경은 마리아가 남자와의 성관계를 통해서가 아니라 오직 성령의 초자연적 능력으로 아기 예수를 임신했음을 분명히 밝힌다(마 1:18, 20, 25; 눅 1:35; 3:23; 막 6:3; 요 8:41을 보라). 이 기적에 대한 최선의 표현은 '동정녀 출산'이라기보다는 '동정녀 수태'라고 해야 한다. 예수님의 육체적 탄생에 관해서는 그 어떤 특이한 점도 발견할 수 없기 때문이다.

동정녀 수태는 구원이 인간의 업적이 아니라 오직 하나님의 선물이라는 사실을 우리에게 상기시킨다. 인간은 하나님의 도움 없이는 구원자를 낳을 수조차 없다. 그것은 또한 하나님은 인간의 연약함을 통해 당신의 능력과 은혜를 보여 주신다는 사실을 우리에게 가르쳐 준다. 매우 중요한 것은, 동정녀 수태는 예수님이 인간이시며 동시에 하나님이시라는 사실을 말한다. 예수님은 100퍼센트 하나님이시며 동시에 100퍼센트 사람이시다. 그분의 존재는 하나님의 존재와 동일하다. 그러나 그분은 성부 하나님과 구별된다. 하나님으로서 예수님은 죄로부터 우리를 구원하실 수 있다. 인간으로서 예수님은 우리와 관계를 맺고 우리를 이해하실 수 있다.

둘째로, 마리아와 요셉에게는 예수님의 탄생이 약속으로 주어진다(마 1:18-25; 눅 1:26-56). 천사 가브리엘이 마리아에게 나타나서 앞일을 예언하는 부분을 읽을 때, 우리는 마리아가 당시 종교적 중심지인 예

루살렘으로부터 아주 멀리 떨어진 어느 작은 마을에 살고 있는 어린 10대였다는 사실을 기억해야 한다. 게다가 당시 그녀는 결혼도 하지 않은 처녀였다. 그런 그녀가 갑자기 한 아기를 임신하게 될 것이라는 소식을 전하는 천사의 방문을 받는다. 의심의 여지 없이 마리아는 그 천사의 소식으로 '큰 곤경에 처한다'(눅 1:29, 개역개정은 "놀라"로 번역하는 부분을 NIV는 "greatly troubled"로 번역한다—편집자).

기쁨과 고통

하나님의 일이란 종종 큰 기쁨과 큰 고통이라는 두 측면을 동반하면서 진행된다. 마리아는 이 두 측면을 받아들였다. 그녀는 나름의 방식으로 개인적 희생을 감수하면서까지 예수님을 받아들인 최초의 인물이었다.[2]

-필립 얀시

하지만 마리아는 곧이어 그 아들이 평범한 아이가 아님을 알게 된다. 그녀는 아이의 이름을 '여호와께서 구원하신다'는 의미의 히브리 이름을 그리스어로 번역한 "예수"로 지으라는 지시를 받는다. 그의 이름은 사탄과 죄로부터 자기 백성을 구원할 사명을 담고 있다. 계속해서 마리아는 예수님이 위대하게 될 것이고, 하나님께 선택된 메시아라는 사실을 보여 줄 '가장 높으신 하나님의 독생자'로 불리게 될 것이라는 소식을 듣는다. 또한 예수님이 다윗왕의 보좌를 이어서 영원한 왕국을 통치하시게 될 것을 알게 된다. 이러한 소식을 접한 마리아는 자기 몸에서 태어날 아기가 장차 온 세상의 구세주이자 하나님의 아들이요, 만왕의 왕이 될 것이라는 충격적인 사실을 받아들이려 노력한다.

천사로부터 하나님의 계시를 전해 들은 마리아는 이전의 평범한 날들과 달리 아주 많은 생각과 고민에 빠질 수밖에 없었다. 하나님은 약하고 천한 자를 사용하셔서 그분의 위대하고 강하신 뜻을 성취하기를 기뻐하신다. 또한 그분은 겸손한 자를 높이시고 교만하고 거만한 자를 낮추신다. 그런데 처녀의 몸으로 깜짝 놀랄 만한 소식을 들은 마리아의 반응 역시 아주 대담하고도 놀랍다. 하나님의 계시된 말씀에 대해 마리아는 "[나는] 주의 여종이오니 말씀대로 내게 이루어지이다" 라고 응답한다(눅 1:38). 이 얼마나 놀라운 겸손과 믿음과 용기인가!

명예와 수치

1세기 팔레스타인 세계에서 명예와 수치는 공동체의 매우 중요한 가치였다. 명예는 동료들로부터 인정과 존경을 받는 것이며, 가족과 교육, 부, 사회적 관계, 업적 등과 같은 것에 근거했다. 반면 수치는 그러한 존경을 일순간 앗아가 버리는 것이며, 공동체 안에서 멸시받을 행동 때문에 동료들에게 배척당하는 것이었다. 그래서 당시 사람들은 명예를 추구하고(혹은 유지하고) 수치를 피하려는 동기로 행동했다. 오늘날 서구 문화가 공동체적 가치보다 개인적이고 경제적인 관심들이 동기가 되어 행동하는 것과 달리 고대 사회에서 일차적인 관심사는 명예와 수치였다. 이런 배경을 이해한다면 신약 시대 요셉과 마리아가 왜 결혼 전의 임신 때문에 엄청난 사회적 딜레마에 빠질 수밖에 없었는지를 잘 이해할 수 있을 것이다.

그 상황은 다음과 같은 것이다. 마리아와 요셉이 약혼 혹은 정혼했다는 것은 그들이 약 1년간 지속되는 법적 결속 제도 안으로 들어갔다는 것을 의미하며, 이 법적 결속 관계는 이혼이나 죽음으로만 깨질 수 있음을 의미한다. 당시에는 약혼 기간에 보통 공적인 결혼식이 성사되곤 했다. 이런 상황에서 마리아가 정식 결혼식과 성관계를 갖기 전에 임신했고, 그것이 하나님의 계획이라는 소식을 그녀에게 들었을 때, 요셉의 마음이 어땠을지 상상할 수 있는가? 이제 요셉은 명예

와 수치를 중요시하는 관습과 문화 때문에 그 시대 의로운 남자로서의 명예와 평판을 지켜야 할 사회적 필요성과 마리아를 향한 사랑 사이에서 어떻게 균형을 유지할 수 있을 것인지 강력한 딜레마에 빠질 수밖에 없었다.[3] 이런 상황에서 요셉은 마리아에 대한 연민으로 (공개적으로 하기보다는) 은밀하게 이혼하기로 결심했다. 그러나 하나님은 요셉의 꿈을 통해 개입하셔서 마리아를 아내로 받아들이라고 반복해서 말씀하신다(마 1:18-25; 2:12-13, 19-22). 그리고 마리아처럼 요셉 역시 아들의 이름을 '예수'로 명명하라는 말씀을 듣는다.

당시 요셉은 다윗 왕조 혈통에 속해 있었기 때문에, 다윗의 동네인 베들레헴으로 이동하여 그곳에서 인구 조사에 참여해야 했다(구약의 예언자 미가는 예수님이 베들레헴에서 태어나실 것을 예언했었다, 미 5:2). 그런데 당시 인구 조사를 위해 마리아가 굳이 요셉과 동행할 필요는 없었다. 하지만 마리아는 요셉과 헤어져 있는 동안 그녀의 가족에게 수치를 줬다는 비난과 함께 집에서 쫓겨날 수도 있었을 것이다. 출산이 임박한 시점에서 수백 마일을 여행한다는 것은 예나 지금이나 상상하기 어려운 일이다. 그러나 마리아에게는 달리 선택의 여지가 없었던 것 같다.

마리아와 요셉은 베들레헴에 도착하지만 "여관"을 구할 수 없었다(눅 2:7, 누가는 10:34의 "주막"에는 다른 단어를 사용한다). 요셉의 친척들이 먼저 객실을 차지했지만, 당시로서는 평판이 좋아 보이지 않았던 요셉과 마리아 부부가 자신들과 같은 객실에 머무는 것을 허락하지 않았을 수도 있다. 어떤 이유로든 당시 마리아가 아기 예수를 출산할 수 있는 유일한 장소가 남았는데, 바로 가축들이 머무는 아래층이었다. 그래서 마리아는 그 갓난아기를 "구유" 혹은 가축들을 먹이는 여물통에 눕힐 수밖에 없었다. 성자 하나님이 이보다 비천한 방법으로 이 세상에 오실 수 있을까?

비록 어떤 이들은 아기 예수를 배척하고 거부했지만, 또 다른 두 그룹은 그분을 알아보고 갓 태어난 왕께 경배했다. 천사는 이 소식을 평범한 목자들에게 가장 먼저 전한다. "무서워하지 말라! 보라 내가 온 백성에게 미칠 큰 기쁨의 좋은 소식을 너희에게 전하노라. 오늘 다윗의 동네에 너희를 위하여 구주가 나셨으니 곧 그리스도 주시니라"(눅 2:10-11). 하나님은 유대 대제사장이나 로마 황제 같은 사람들을 택하실 수도 있고 누구든지 택하셔서 아들의 탄생 소식을 전하게 하실 수 있었을 텐데, 왜 굳이 낮고 비천한 목자들을 택하셔서 가장 먼저 이 복된 소식을 전하게 하셨을까? 그것은 하나님이 스스로 겸손한 분이시기 때문이다. 이 교훈은 목자들이 아기 예수를 찾을 때 그를 알아볼 수 있도록 주어진 "표적", 곧 구유에 누인 아기를 보게 될 것이라는 분명한 겸손의 표적과 함께 주어진다(눅 2:12).

여관에 방이 없다

최초의 성탄절 밤 베들레헴 땅에는 고통과 거부가 서려 있었다. 오늘날 우리는 마구간 여물통 옆에 서서 마리아에게 태어난 그 아기를 놀라워하며 기뻐한다. "기쁘다 구주 오셨네!"라고 노래한다. 그러나 의심의 여지 없이 최초의 성탄절 밤 요셉과 마리아의 눈에는 눈물이 흘렀다. 주변의 어느 가정도 그들을 돕지 않았다. 아무도 돌보지 않았다. 하나님의 직접적인 지시로 그 아기를 보기 위해 마구간에 온 사람들은 다만 밤을 지키는 천한 목자들이었다. 반면에 단정하고 품위 있는 (스스로 의롭다고 여기는) 친척들은 바로 위층에 있으면서도, 인류 역사의 가장 놀라운 탄생을 놓치고 말았다. 이 얼마나 믿을 수 없는 슬픔인가![4]

-베를린 벌브루그

아기 예수를 알아보는 것이 허락된 두 번째 그룹은 잠시 후에 등

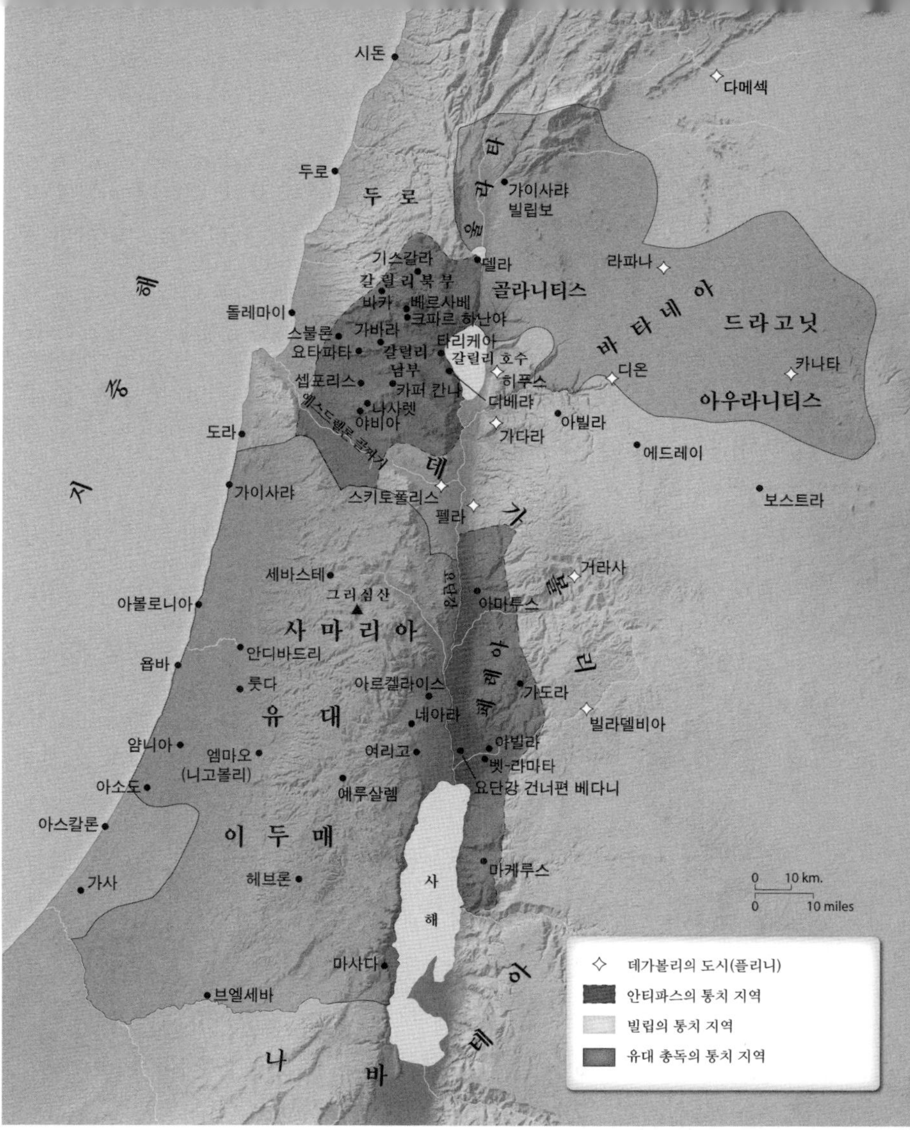

헤롯 대왕의 통치 지역

장한다. 아기 예수의 탄생에 관한 전통적 이야기에는 세 명의 동방 박사가 곧이어 등장하지만, 성경에 따르면 그들은 예수님의 탄생 이후 수개월이 지난 다음에 예수님의 가족이 살고 있는 집으로 방문했다(마 2:11). 또 성경은 이들을 가리켜 구체적으로 세 명이라고 밝히거나 이들이 왕이었다고 밝히지도 않고 (단지 세 개의 선물만 언급하며) 박사로만 소개한다. 하지만 성경이 강조하는 진정한 아이러니는 이방 나라의 천문학자들조차 왕이신 예수님께 경배하기 위해 먼 길을 찾아왔다는 것이다. 그래서 목자들과 박사들과 더불어 온 하늘이 그리스도의 탄생을 축하했다(눅 2:13-14). 하나님이 잃은 자를 찾아 구원하기 위해 역사 안으로 들어오실 때, 하늘이 그저 조용히 있을 수만은 없었던 것이다.

| 예수님의 유년기 |

예수님은 율법을 지키는 유대 가정에서 자라나셨다. 예수님의 부모는 아기가 태어나서 8일째 되는 날 할례를 행하고, 후에 '하나님 앞에 그를 드리기 위해'(눅 2:22-24; 레 12:1-8을 보라) 베들레헴에서 조금 떨어져 있는 예루살렘 성전으로 데리고 갔다. 그 가족이 제물로 어린 양을 대신하여 두 마리의 새를 드린 사실은 예수님이 그다지 부유하지 않은 가정에서 자라셨음을 보여 준다.

성전을 방문하는 동안, 예수님의 부모는 어린 예수님의 정체성과 앞으로의 사명을 알려 주는 나이 든 시므온과 안나를 만난다. 어린 예수님을 만난 시므온은 이렇게 하나님을 찬양한다. "내 눈이 주의 구원을 보았사오니 이는 만민 앞에 예비하신 것이요 이방을 비추는 빛이요 주의 백성 이스라엘의 영광이니이다"(눅 2:30-32). 또 안나는 예수님을 "예루살렘의 속량"(눅 2:38)과 연관 짓는다. 이 두 사람은 예수님이 유대인과 이방인, 즉 모든 백성에게 하나님의 구원을 베푸시기 위해 태어났음을 천명한다.

이렇게 예수님은 천사들과 목자들, 예루살렘의 나이 많은 성도들, 동방 박사들에게서 경배를 받으셨지만 모든 사람이 그분을 경배한 것은 아니었다. 동방 박사들이 떠난 직후에 하나님은 요셉에게 나타나셔서 헤롯왕의 악한 의도를 피해 마리아와 아기를 데리고 애굽으로 피신하라고 말씀하신다. 예수님이 애굽으로 내려가는 이 여행은 예수님의 구출 경험과 구약 시대 하나님이 이스라엘 백성을 애굽에서 불러내 인도하신 그들의 경험을 서로 연결함으로써 미리 예언된 성경 말씀을 성취한다(마 2:13-15; 참조. 호 11:1). 동방 박사들이 헤롯왕을 속여서 아기 예수의 탄생 장소를 알려 주지 않자 헤롯왕은 광분하여 베들레헴 부근에 있는 두 살 이하의 남자아이를 모두 살해한다. 그 후 시간이 흘러 헤롯왕이 죽자 하나님은 다시 꿈을 통해 요셉에게 나타나셔서 유대 땅, 좀 더 구체적으로는 갈릴리로 돌아가라고 말씀하신다(마 2:19-23). 이러한 일련의 과정을 거치면서 예수님은 작고 외딴 마을 나사렛에서 성장하신다. "아기가 자라며 강하여지고 지혜가 충만하며 하나님의 은혜가 그의 위에 있더라"(눅 2:40).

한편, 예수님의 부모는 아들을 경건한 유대 소년으로 양육했다. 예수님은 태어나자 곧 할례를 받았고 장자로 주님께 바쳐졌으며, 지역의 유대인 회당에서 히브리어로 성경을 배우면서 토라 교육도 받으셨을 것이다. 그분은 아마도 가정에서 사용하는 아람어와 종교적으로 사용되는 히브리어, 경제와 정치 영역에서 사용되는 그리스어 등 3개 국어를 구사하셨을 것이다. 예수님은 오늘날의 노동자 계급에 해당하는 가난한 가정에서 성장하셨을 것이다. 부친 요셉과 예수님은 둘 다 목수였고, 나무와 돌 또는 쇠를 다루는 기능공으로서 힘든 육체노동을 감당해야 했다. 예수님 아래로는 마리아와 요셉 사이에서 태어난 형제와 누이동생들도 있었다(마 12:46-47; 13:55-56; 막 3:31-35; 6:3; 요 2:12; 7:3-5, 10; 행 1:14; 고전 9:5을 보라).

예수님의 유년기와 성년기 사이의 모습을 볼 수 있는 유일한 성경 기록은 누가복음 2:40-52이다. 예수님이 열두 살 되던 해에 가족과 함께 유월절을 지키기 위해 예루살렘으로 올라가신다. 예루살렘에서의 일정을 마치고 가족들이 귀갓길에 올랐는데도 예수님은 예루살렘에 남아서 당시 유대의 종교 전문가들과 토론하셨다. 이런 사실을 까마득히 모르다가 일행 중에서 아들이 사라진 것을 알고 발을 동동 구르던 부모가 다시 예루살렘으로 돌아와서 마침내 아이를 발견했을 때, 예수님은 "내가 내 아버지 집에 있어야 될 줄을 알지 못하셨나이까?"라고 대답하신다(눅 2:49). 이 대답에서 우리는 성부 하나님과 예수님 사이의 독특한 관계와 아울러 예수님이 하나님으로부터 받은 소명 의식을 엿볼 수 있다.

예수님의 어린 시절에 대한 성경의 '침묵'은 그분도 다른 사람들처럼 소년으로 그리고 청년으로 지극히 일반적인 삶을 사셨다는 것을 역설적으로 시사한다. 이런 점에서 우리는 예수님이 우리와 똑같은 성정을 지닌 온전한 인간으로서 우리가 경험하는 것과 동일한 많은 것을 경험하셨다는 사실을 확신할 수 있다. 예수님은 위험, 슬픔, 기쁨, 시험, 실망, 거부, 그리고 히브리서 저자가 말하듯이 우리의 연약함을 똑같이 경험하셨다(히 4:14-16). 누가복음 2:51-52을 통해서도 알 수 있듯이 예수님은 나사렛으로 돌아가 순종의 삶을 사시며, 하나님과 사람들의 사랑 안에서 점점 그 지혜와 키가 자라 가셨다.

| 세례 요한 |

이제 세례 요한에 대해 더 살펴보자. 하나님은 세례 요한에게 예수님의 공생애 사역을 위하여 사람들을 준비시키라는 사명을 주셨다. 하지만 세례 요한은 침례교도나 감리교도, 또는 장로교도나 다른 어떤 교단의 설립자도 (혹은 회원조차도) 아니다. 그는 단지 사람들에게 물로 세례를 베푸는 '세례자'다. 그는 극도로 어려운 사명을 감당하는 다소 이상해 보이는 사람이었다.

그렇다면 성경은 왜 세례 요한과 그의 메시지를 그렇게 큰 비중으로 다룰까? 앞서 살펴본 바처럼 하나님이 자신의 백성들에게 말씀하시기 위해 마지막 예언자를 보낸 이래로 수백 년의 침묵이 흘렀다. 그 후 구약의 예언자 엘리야와 흡사한 세례 요한이 등장했을 때(왕하 1:8; 마 3:4-6), 사람들은 하나님의 새로운 말씀을 듣고자 기대감에 찼다(마 17:10-13; 막 9:11-13; 요 1:19-27). 이스라엘 사람들은 하나님이 약속을 성취하시기 위해 드디어 메시아를 보내신 것인지 궁금해했다. 예언자들은 주의 길을 예비하기 위해 누군가가 올 것이라 예언했다(사 40:1-11; 말 3:1-2; 4:5-6). 그런데 세례 요한이 바로 그 사람이다!

고루한 예언자

세례 요한은 직업이나 공식 직함도 없었고 동굴에 사는 사람 같은 옷차림을 하고서 (메뚜기와 석청을 먹으며) 다른 사람들과 떨어져 살았다. 그는 하나님의 말씀을 들을 준비가 된 청중을 쉽게 찾을 수 있는 도시가 아닌 황량한 광야에서 설교하는 쪽을 택했다. 오늘날 시골의 도로 주변에서 설교하는 사람이 있다면 사람들은 그의 설교를 들으려 차를 멈추고 차 밖으로 나오기는커녕, 오히려 차 문을 걸어 잠그고 속도를 높여서 빨리 그곳을 지나치려 할 것이다. 그런 의미에서 세례 요한은 노숙자 수용 시설에나 있을 법한 사람이었다.[5]

-팀 스태포드

요한은 두 가지 요점이 담긴 메시지를 선포하여 메시아를 위하여 사람들을 준비시키고자 했다(마 3:1-12; 막 1:1-8). 첫째는 사람들이 각자의 죄를 회개하고 그 죄악으로부터 돌아서는 것이 필요하다. 세례 요한은 단지 이스라엘 백성 개개인에게만 도전하는 것이 아니라, 하나님의 백성 전체에게 심령의 변화를 요청한다. 또 세례 요한은 하나님께로 돌아와 진실하게 살라고 백성들에게 충고한다. 진실한 삶은 어떻게 사느냐로 결정되는 것이지 단지 어떻게 말하느냐로 결정되지 않는다(눅 3:7-14). 사람들이 세례 요한에게 나아와 자신의 죄를 회개할 때, 요한은 요단강에서 그들에게 세례를 베풀었다. 당시 요단강은 이스라엘 백성에게 매우 심오한 상징적 의미를 지니고 있었다. 구약 시대에 이스라엘 백성은 약속의 땅으로 들어오기 위하여 바로 이 강을 건넌 적이 있었다. 그런데 지금 세례 요한은 그 요단강에서 하나님이 새롭고 놀라운 일을 행하고 계심을 보여 주기 위해 세례를 베푼다. 당시 요한의 세례는 곧 오실 메시아를 위하여 백성을 준비시키기 위한 회개의 세례였으며, 오늘날 교회 안에서 시행되는 확장된 의미가 담긴 기독교 세례와는 구분된다.

세례 요한이 선포한 두 번째 요점은, 곧 자신보다 능력이 많은 분이 오신다는 것이다. 요한은 자신이 메시아가 아니라 그저 결혼식 들러리에 불과함을 강조한다. 그가 맡은 역할은 신랑 되신 예수님께 영광을 돌리는 것이다. 그래서 세례 요한은 예수님에 대해 "그는 흥하여야 하겠고 나는 쇠하여야 하리라"고 말한다(요 3:30). 요한은 물로 세례를 베풀지만, 그보다 능력 많으신 예수님은 심판의 의미인 "성령과 불로" 세례를 베푸실 것이다(마 3:11-12).

세례 요한이 감당한 사역은 오늘날 우리가 '사라지는 사역'(fading ministry)이라고 부를 수 있을 것이다. 그의 과제는 그리스도를 위해 백성들을 준비시키고 예수님을 무대 중앙으로 모신 다음, 자신은 무대 뒤로 조용히 사라지는 것이다. 요한은 그 과제를 잘 해냈다. 하나님을 향한 흔들림 없는 헌신으로 감옥까지 들어가서 결국 헤롯 안티파스에게 참수를 당한다(막 6:14-29). 그래서 세례 요한은 한편으로는 율법과 예언자를, 다른 한편으로는 예수님이 선포하신 하나님 나라의 복음을 연결하는 다리와 같다(눅 16:16).

| 예수님의 세례 |

이스라엘 백성은 세례 요한 앞에서 자기들의 죄를 고백하고 회개를 요청하는 세례를 경험하면서 곧 오실 메시아를 기다렸다. 그토록 위대한 분은 어떻게 이 땅에 찾아오실 것인가? 그토록 강력한 구원자가 이 땅에 오셔서 가장 먼저 무슨 일을 하실 것인가? 우리가 예수님의 장엄한 등장을 기대할 때 성경 전체의 거대한 구원 이야기는 인상적인 숨 돌리기 단계에 진입한다. 어느 날 세례 요한은 자기에게 다가오는 예수님을 바라보고 주변 사람들에게 말한다. "보라 세상 죄를 지고 가는 하나님의 어린 양이로다"(요 1:29, 36). 곧이어 주변의 모든 사람에게 충격적인 사건이 발생한다.

예수님은 세례 요한에게 나아와 세례를 베풀어 주기를 요청하신다. 요한은 처음에 예수님의 부탁을 거절하나 마지못해 승낙한다. 예수님은 죄가 없고 회개할 필요도 없으시지만 "모든 의를 이루[기]" 위해(마 3:15) 세례 요한에게 직접 세례를 받으신다. 이 얼마나 이해하기 힘든 말씀인가? 이 구절에서 여러 의미를 끌어낼 수 있겠지만 대부분 예수님이 직접 요한에게 세례를 받으심으로써 자신을 회개가 필요한 죄 많은 인류, 특히 이스라엘 백성과 동일시하신 사건으로 이해한다. 팀 스태포드는 이스라엘 백성의 죄에 대한 예수님의 대속적 회개의 중요성을 다음과 같이 설명한다.

> 예수님은 매우 신중하게 한 운동을 시작하셨다. 하지만 그 운동은 그분이 처음으로 시작하신 것이 아니다. 예수님은 정말

> 오래된 운동, 곧 역사적 유대교를 받아들이고 끌어안으셨다. 그리고 이전에 모세와 사무엘 그리고 다윗이 그러했듯이 하나님의 목적을 위하여 그 오래된 운동을 더욱 구체화하고 발전시키셨다. 이런 일은 위대한 지도자들이 하는 일이다. 그러나 예수님은 이스라엘 백성의 죄와 있는 모습 그대로를 온전히 끌어안고서 이 일을 시작하셨다. 예수님은 이스라엘에 문제를 일으키신 것이 아니라, 오히려 그들의 비극을 있는 그대로 짊어지신다. 그분은 이스라엘 백성의 짐을 지고 그들의 경험 속으로 들어가셨다. 같은 방식으로, 이스라엘의 죗값을 치르는 데 자신의 생명을 바치셨다.[6]

예수님이 세례 요한에게 세례를 받고 물 밖으로 나오시자 두 가지 중요한 사건이 일어났다. 하늘이 활짝 열리고 성령 하나님이 예수님 위에 임하셔서 기름을 부어 공생애 사역을 위한 능력을 공급하셨다. 앞으로 예수님은 사람들에게 성령으로 세례를 베푸시겠지만, 이 세상에 머무는 동안 그분도 성령의 능력을 의지하셔야 하기 때문이다.

이어서 하늘로부터 성부 하나님의 음성이 들려온다. "이는 내 사랑하는 아들이요 내 기뻐하는 자라"(마 3:16-17). 성부 하나님은 메시아 예수의 존재를 천명하기 위해 세 가지 구약 본문을 결합하신다. 예수님은 다윗왕의 후손으로 오시는 왕이며("너는 내 아들이라", 시 2:7), 자발적 희생 제물이며("네 아들 네 사랑하는 독자[를]", 창 22:2), 종("나의 종, 내 마음에 기뻐하는 자", 사 42:1)이 되실 것이다. 다시 말해서 예수님은 고난받는 섬김의 왕(a Suffering Servant King)이 되실 것이다. 자기 생명을 백성의 죄를 대신 담당하는 궁극적 희생 제물로 드림으로써 그분의 왕관은 십자가 위에 단단히 묶일 것이다. 흥미롭게도 예수님의 세례 역시 앞으로 다가오는 죽음과 장사 지냄과 부활, 곧 그분이 받아야 할 궁극적인 세례를 상징한다(눅 12:49-50).

| 예수님이 받으신 시험 |

우리는 예수님이 새로운 왕관을 쓴 왕으로서 이제 본격적으로 자신의 통치 사역을 시작하기 위하여 곧바로 성전으로 달려가실 것으로 기대할 수 있다. 예수님 당시 대부분의 유대인도 하나님이 역사 안으로 들어오셔서 이 땅에 곧장 그분의 왕국 세우시기를 갈망했다. 또 당시 유대인들은 메시아(혹은 구원자)가 빨리 와서 자신들의 원수인 로마 제국을 하루빨리 무너뜨리기를 기대했다. 하지만 예수님은 자신의 왕국을 세우러 예루살렘으로 달려가시지 않고 "성령에게 이끌리어 마귀에게 시험을 받으러 [오히려] 광야로" 가신다(마 4:1). 그분은 하나님이 정하신 때가 되면 당연히 예루살렘으로 나아가실 것이다. 그러나 먼저 이스라엘 백성이 실패한 시험(예를 들어, 출 15:22-17:7을 보라), 곧 광야의 불 시험을 통과해야 한다. 이 세상에 메시아로 보냄받으신 예수님은 로마 제국보다 훨씬 위험하고 강력한 적인 사탄과 마귀의 지배로부터 자기 백성들을 구원하시기 위해 이 세상에 오셨다. 광야로 나아간 예수님은 이곳에서 에덴동산만큼이나 오래된 유혹에 직면하신다(창 3:1-7을 마 4:1-11과 비교하라). 그분은 세상의 운명을 좌우할 마귀와의 결정적인 전투를 위해 성령의 인도를 따라 광야로 들어가셨다.

유혹 자체는 범죄가 아니라 범죄로의 초대다. 예수님은 유혹받으셨으나, 우리가 아는 대로 결코 죄를 범하지 않으셨다(히 4:15). 예수님이 40일 동안 금식하시자(이는 이스라엘의 광야 40년 세월과 대칭된다), 유혹하는 자는 예수님을 영적으로 공격하기 시작한다. 사탄은 "만일 [네가] 하나님의 아들이어든"(또는 "네가 하나님의 아들이므로")라고 말을 건네면서 유혹하기 시작하는데, 이 말에는 예수님이 자신의 거룩한 능력을 이기적 목적을 위해 사용하도록 유혹하려는 속셈이 있다. 예수님은 구체적으로 다음의 세 가지 시험을 당하신다.

- 마태복음 4:3-4, 옳은 일을 잘못된 시점에 실행하라(돌을 빵 덩이가 되게 하라).
- 마태복음 4:5-7, 하나님을 신뢰하기보다 하나님을 시험하라(성전 꼭대기에서 뛰어내리라).
- 마태복음 4:8-10, 하나님과의 관계보다는 그분을 위한 일을 더 중요시하라(지상 왕국을 얻기 위해 사탄에게 경배하라).

시험 단계마다 예수님은 자기에게 부여된 사명을 완수하기 위해 손쉬운 지름길을 택하도록 유혹을 받으신다. 하지만 이러한 지름길에는 성부 하나님에 대한 예수님의 헌신을 파괴하는 치명적인 타협안이 내포되어 있다. 성부 하나님은 앞서 예수님이 세례를 받으실 때, 이미 그가 장차 고난받는 섬김의 왕이 되리라고 말씀하셨다. 그런데 이제 예수님은 사탄의 유혹 앞에서 십자가를 감당하지 않고 더 쉬운 방법으로 왕이 되려는 유혹을 극복하셔야만 한다. 예나 지금이나 사탄의 속임수는 변하지 않는다. 잘못된 시기에 혹은 잘못된 방법으로 하나님이 주신 사명을 수행하라고 당신을 유혹할 때 절대 놀라지 말라.

예수님은 시험마다 "기록되었으되"(마 4:4, 7, 10)로 시작하는 성경의 진리로 대응하신다. 사탄의 시험에 대응하기 위해 신명기 6-8장의 말씀을 인용하시는데, 이 말씀은 출애굽한 이스라엘 백성이 요단강을 건너 약속의 땅으로 들어가려고 준비할 때, 모세가 그 백성들을 향해 하나님께 순종하라고 요구한 말씀이다. 그런데 예수님도 이스라엘 백성이 건넌 동일한 강에서 세례를 받으신 다음, 공생애를 시작하시기 전에 먼저 광야에서 시험에 직면하신다. 예수님은 과연 예전에 이스라엘 백성이 실패한 그곳에서 하나님을 향한 믿음과 순종을 증명하실 수 있을까? 예수님은 시험에 직면하여 하나님의 말씀을 인용하심으로써 마귀와의 전투에서 승리를 거두신다. 격렬한 영적 전투가 끝난 다음 마귀는 떠나고, 천사들이 예수님을 찾아와 섬긴다(마 4:11). 예수님은 마귀와의 우주적 전쟁의 첫 전투에서 승리를 거두신다. 이제 예수님의 다음 단계는 하나님 나라가 도래했음을 선포하시는 것이다.

> **하나님을 이용하려고 하지는 않는가?**
>
> 어떻게 해서든 세상을 목적으로, 믿음을 수단으로 만드는 데 성공한다면, 네 사람들을 다 잡아 놓은 것이나 마찬가지야. 세속적 명분이야 무엇을 추구하든 상관없어. 우리[사탄]가 정말로 간절히 바라는 것은 사람들이 기독교를 그저 수단으로 취급하는 것이야. 물론 기독교를 자신의 출세 수단으로 이용한다면야 더 바랄 것이 없겠지만, 그것이 아니라면 다른 목적을 위한 수단으로라도 취급하는 것이야.[7]
>
> –스크루테이프, C. S. 루이스의 『스크루테이프 편지』 중에서

연결하기

하나님의 위대한 구원 이야기 안에서의 현재 위치를 복습해 보자.

창조와 위기

언약

불러냄

계명

정복과 가나안화

왕국의 설립

친교와 상식

왕국의 분열

포로 생활과 귀환

중간기: 구약과 신약의 중간 시기

▸그리스도

이 세상 속으로 오신 예수님

예수님의 메시지

예루살렘을 향한 예수님의 여정

십자가 위에서 죽으신 예수님

무덤에서 부활하신 예수님

교회

완성

예수님의 성육신 사건이 구체적으로 성경의 위대한 구원 이야기의 다른 부분들과 어떻게 긴밀히 연결되는지를 이해하려면, 먼저 이 사건이 어떻게 하나님의 언약을 성취하는지 살펴볼 필요가 있다. 이를 통해 우리는 예수님의 성육신 사건과 성경의 위대한 구원 이야기의 다른 부분들과의 견고한 연결 고리를 찾을 수 있다. 구약성경에는 아브라함 언약(창 12-17장)과 모세 언약(출-신), 다윗 언약(삼하 7장), 새 언약(렘 31장)의 네 가지 언약이 소개된다.

우리는 이 네 언약 중 모세 언약에 대해 가장 친숙할 것이다. 하나님은 이스라엘 백성을 애굽의 종살이로부터 구원하신 다음, 이들을 광야 기간에 먹이고 입히시며 이들과 언약을 맺고 약속의 땅을 허락해 주셨다. 모세 언약의 상당 부분은 하나님이 복을 베푸신 이스라엘 백성이 축복의 땅에서 구체적으로 어떻게 살아가기를 원하시는지 자세히 소개하고 있다. 과연 이스라엘 백성은 하나님의 말씀대로 그분께 순종하는 삶을 살 것인가? 이 질문에 대한 대답은 비통하지만 '아니오'다. 이스라엘 백성은 반복적으로 하나님에 대한 반역의 길을 선택한다. 반역한 이스라엘 백성에게 나타난 하나님의 예언자들은 마치 법정에서 죄인을 기소하는 하나님의 검사들 같다. 이들은 우상숭배와 사회적 불의, 종교적 의식주의를 범하여 모세 언약을 파기한 이스라엘의 죄악을 고발한다. 그 결과 이스라엘은 하나님의 무서운 심판을 경험했다. 하나님의 영광은 예루살렘 성전에서 떠나가고, 예루살렘 도성은 파괴되고, 이스라엘 백성은 포로로 끌려갔다. 그러나 예언자들의 메시지 속에는 심판과 비극만이 아니라 희망도 들어 있다. 이들은 또한 심판 이후에 임할 회복의 시간에 대해서도 예언했다.

이스라엘이 모세 언약을 파기했기 때문에 하나님의 심판이 있었다면, 미래의 회복은 아브라함 및 다윗과 맺은 하나님의 영원한 언약 때문에 도래할 것이다. 아브라함 언약은 실제로 모세 언약보다 수백 년 전에 맺어졌다. 하나님은 아브라함과 약속을 맺고 언약 관계 안으로 아브라함과 함께 들어가셨다(창 12장; 15장). 오늘날 우리는 창세기 15:6에서 "아브람이 여호와를 믿으니 여호와께서 이를 그의 의로 여기시고"라는 구절을 읽는다(참조. 롬 4:3, 18-24; 갈 3:6; 약 2:23). 창세기 17장에서 하나님은 반드시 이 언약을 성취하시기로 스스로 속박하신다. 비록 이전의 모세 언약이 깨졌을지라도 하나님은 아브라함과 맺은 언약을 성취하시고자 앞으로 계속 나아가신다. 하나님은 아브라함에게 복을 주셔서 그를 통해 수많은 후손이 태어나고, 아브라함과의 관계를 통해 모든 민족이 복을 받을 것이라고 말씀하신다. 그렇다면 다윗과 맺은 하나님의 언약은 어떻게 진행되는가?

다윗 언약은 하나님이 아브라함과 맺은 언약을 성취하는 **방식**에서 매우 중요한 역할을 감당한다. 다윗 언약을 통해 하나님은 영원한 왕국을 세울 자가 다윗의 후손으로 태어날 것을 약속하신다(삼하 7장). 이 약속에 근거하여 예언자들은 장차 태어날 다윗 계열의 왕이 메시아가 될 것이며, 하나님의 백성을 위한 미래의 희망은 바로 이 메시아 안에서 찾아볼 수 있음을 분명히 선포한다. 이런 배경에서 이제 우리는 마태와 누가가 복음서를 시작하는 서두에 왜 예수님을 다윗 계열의 메시아로 소개하는지 그 이유를 올바로 이해할 수 있다. 마태는 마태복음의 첫 구절에서 이러한 언약의 연결 고리를 잘 보여 준다. "아브라함과 다윗의 자손 예수 그리스도의 계보라"(마 1:1). 이와 마찬가지로 누가도 사가랴의 예언을 다음과 같이 기록한다.

> 우리를 위하여 구원의 뿔을
> 　그 종 다윗의 집에 일으키셨으니
> 이것은 주께서 예로부터 거룩한 선지자의 입으로 말씀하신
> 바와 같이
> 우리 원수에게서와
> 　우리를 미워하는 모든 자의 손에서 구원하시는 일이라.
> 우리 조상을 긍휼히 여기시며
> 　그 거룩한 언약을 기억하셨으니
> 　곧 우리 조상 아브라함에게 하신 맹세라.
> 　　(눅 1:69-73; 또한 1:54-55을 보라)

예수님은 성부 하나님이 아브라함과 다윗과 맺으신 영원한 언약을 완성하는 메시아시다. 그분은 공의로우신 왕으로 이스라엘을 회복하실 것이고, 이방인들을 자기에게로 모으실 것이며, 모든 피조물을 새롭게 하실 것이다. 그분의 왕국은 결코 끝이 없다!

예수님의 성육신 사건이 성경의 더 큰 구원 이야기와 연결되는 또 다른 중요한 연결 고리는 자기 백성들과 조화를 이루며 살기 원하시는 하나님의 열망에서 찾아볼 수 있다.[8] 하나님께 사람을 반드시 창조해야 하는 필요나 의무가 있었던 것은 아니다. 하지만 하나님은 우리를 사랑하시고 온전한 공동체 안에서 함께 살기를 원하셔서 우리를 창조하셨다. 하나님은 아담과 하와를 창조하시고, 에덴동산에서 이들과 교제하셨지만, 이후에 죄가 들어옴으로써 에덴동산은 파국을 맞고 말았다. 하지만 하나님은 포기하지 않으시고 다시 아브라함과 이삭, 야곱, 모세 같은 사람들에게 특별히 나타나셨다. 또 그분의 인격적 임재가 머물게 될 이동식 성소인 장막 혹은 성막을 만들도록 모세에게 지시하셨다(출 25:8; 29:44-46). 이후에 솔로몬은 예루살렘에 성전을 건축하고 "내가 참으로 주를 위하여 계실 성전을 건축하였사오니 주께서 영원히 계실 처소로소이다"(왕상 8:13)라고 선포한다. 하지만 시간이 흐르고 슬프게도 이스라엘 백성의 언약 파기로 말미암아 하나님의 영광이 그 성전을 떠나고 말았다.

마침내 하나님은 예수 안에서 우리에게 다시 찾아오셨다. 그분은 "하나님이 우리와 함께 계시다"를 뜻하는 "임마누엘"이시다. 세상에 오신 예수님은 잃어버린 낙원을 회복하여 자신의 백성 가운데 영원히 거하시려는 하나님의 강력한 의지를 있는 그대로 보여 준다. 로마서 5:12-21에서 사도 바울에 따르면 첫째 아담은 우리와 하나님의 관계를 파괴했지만, "둘째 아담"이신 예수님의 대속적 사건은 그 잃어버린 관계의 회복을 위한 결정적인 길을 제공했다. 한마디로 예수님은 인류에게 임한 저주를 제거하기 위해 오셨다.

성육신과 수족관

우리 집에 수족관이 있을 때 나는 성육신에 대해 배운 바가 있다. 수족관을 관리하기란 여간 힘든 일이 아니었다. 수족관에 넣어 줄 질산염 농도와 암모니아의 양을 일정하게 유지하기 위해 간단한 화학 실험실까지 갖추어야 했다. 그리고 비타민이나 항생제, 술파제 등을 투입하고, 수족관 바닥에 깔린 자갈에 붙어 자라는 효소까지도 충분히 넣어 주었다. 그리고 수족관의 해수 전체를 유리 섬유와 숯으로 걸러 낸 다음 자외선으로 살균까지 했다. 내가 수족관의 물고기들을 위해 그토록 정성을 쏟았으니 이제 물고기들이 나에게 고마워할 것이라고 혹시나 생각하는 사람이 있을지 모르겠다. 하지만 전혀 그렇지 않다. 수족관 근처에 내 그림자가 어른거릴 때마다 물고기들은 늘 가까운 조개껍데기 속으로 숨어 버리곤 했다. 그 물고기들은 나에게 '공포'라는 단 하나의 감정만을 표현했다. 나는 하루에 세 차례씩 수족관 덮개를 열고 정성스럽게 먹이를 뿌려 주지만, 물고기들은 나의 행동을 자신들을 괴롭히려는 의도가 담긴 신호로 받아들였다. 매번 이런 식이기 때문에 나는 물고기들에게 나의 진정한 관심을 전달할 수 없었다.

물고기 입장에서 보자면 나는 신이었다. 그들의 눈에 비친 내 모습은 너무도 거대하고, 내 행동도 전혀 이해할 수 없다. 물고기들은 나의 자비로운 행동을 잔혹한 행위로 받아들였다. 치유를 위한 모든 시도도 그저 파괴적 행동으로 보였다. 그러면서 내가 점차 깨닫기 시작한 것이 있었다. 물고기들의 생각을 바꾸려면 나 자신이 직접 물고기로 성육신하는 방식이 필요하다는 것이다. 내가 직접 물고기가 되어서 그들이 알아듣는 언어로 그들과 직접 이야기를 해야만 한다는 것이다. 인간이 물고기가 된다는 것은 하나님이 인간의 아기가 된 엄청난 사건과 비교할 수 없다. 그렇지만 복음서에 따르면 그 엄청난 사건이 베들레헴에서 발생했다고 한다. 마치 화가가 자신이 그린 그림의 한 점이 되듯이, 마치 극작가가 자신이 쓴 연극 대본의 한 등장인물이 되듯이, 물질을 창조하신 하나님이 직접 그 물질의 형태를 취하신 것이다. 하나님은 실제 역사의 페이지에 실제 인물을 사용하여 하나의 거대한 이야기를 직접 쓰셨다. 말씀이 육신이 되셨다.[9]

–필립 얀시

우리는 요한복음을 통해 이 세상에 오신 예수님에 대한 보완적 관점을 얻을 수 있다. 요한복음은 예수님의 탄생에 관한 전통적 서술 방식을 따르지 않고, 하나님이 인류와의 끊어진 언약 관계를 다시 회복하는 사명을 가지고 이 세상에 강림하셨음을 잘 보여 준다.

요한복음 1:1–3. "태초에 말씀이 계시니라. 이 말씀이 하나님과 함께 계셨으니 이 말씀은 곧 하나님이시니라. 그가 태초에 하나님과 함께 계셨고 만물이 그로 말미암아 지은 바 되었으니 지은 것이 하나도 그가 없이는 된 것이 없느니라."

요한복음 1:1이 "태초에 하나님이 천지를 창조하시니라"는 창세기 1:1과 매우 흡사하게 들린다는 점에 유의해야 한다. 창세기 1장에서 하나님은 말씀 한마디로 세상을 창조하신다("하나님이 이르시되"). 이것이 바로 하나님이 자신을 나타내시는 중요한 표현 방법이다. 창세기 1장과 요한복음 1장에는 이뿐 아니라 (예를 들어 창조, 어둠, 빛, 생명 같은) 여러 병행 주제를 찾아볼 수 있다. 구약성경을 살펴보는 동안에 우리는 하나님의 말씀이 곧 그분의 인격이라는 것을 깨달았다(예를 들어, 시 19:1-4; 사 55:10-11). 그런데 사도 요한에 따르면, 하나님의 인격적인 "말씀"이 고스란히 한 인격, 곧 나사렛 예수를 통해 우리 가운데 나타나셨다(요 1:1; 계 19:13). 예수님은 하나님을 완벽하게 표현해 내신다.

요한복음 1:14. "말씀이 육신이 되어 우리 가운데 거하시매 우리가 그의 영광을 보니 아버지의 독생자의 영광이요 은혜와 진리가 충만하더라."

하나님의 말씀이 직접 육신이 되었다. 사도 요한은 하나님이 '사람'[그리스어 '안트로포스'(*anthrôpos*)]이 되셨다거나 '몸'[그리스어 '소마'(*sôma*)]을 입으셨다고 표현함으로써 하나님의 성육신 사건을 좀 더 공손하게 표현할 수도 있었을 것이다. 그러나 그는 절제된 표현 대신 좀 더 손으로 만져지는 단어, 그래서 다소 노골적인 "육신"[그리스어 '사르크스'(*sarx*)]이라는 단어를 사용한다. 하나님은 인간의 모든 나약함과 연약함을 받아들이면서까지 우리 인간의 상황으로 완전히 전적으로 들어오셨다. 이렇게 하나님이 직접 사람이 되셨음을 묘사하는 전문 신학 용어가 바로 '육체를 가진 존재'를 의미하는 **성육신**(incarnation)이다. 하나님은 우리를 죄악으로부터 건지시고자 우리가 머무는 곳으로 직접 들어오셔서 그 안에서 우리를 만나 주셨다. 그래서 성자 하나님이 살과 피를 가진 인간이 되신 것이다.

요한복음에서 우리는 계속해서 하나님이 "우리 가운데 거하시매"라는 구절과도 만난다(1:14). 구절 후반부에서는 하나님의 임재가 어떻게 그분의 영광과 긴밀하게 연결되는지에 대해서도 주목해야 한다. 구약 시대에 이스라엘 백성이 광야에서 방랑하는 동안 하나님은 성막에 그분의 임재와 영광을 가득 채우셨다(출 40:34-35). 요한은 1:14에서 하나님의 말씀(예수님)이 우리 가운데 '장막을 치셨다' 혹은 '야영하셨다'라고 말한다["거하시매"에 쓰인 그리스어 동사 '스케노오'(*skenow*)의 본래 의미다-편집자]. 하나님이 예수 그리스도의 인격 안에서 우리와 함께 거하시기 위해 찾아오셨고, 하나님의 영광스러운 임재는 이제 예수님 안에서 찾아볼 수 있다(계 21:3을 보라).

요한복음 1:18. "본래 하나님을 본 사람이 없으되 아버지 품속에 있는 독생하신 하나님이 나타내셨느니라."

하나님이 어떻게 생겼는지 알기 원한다면, 예수님을 바라보라. 하나님 아버지를 직접 본 사람은 아무도 없다. 그러나 성자 하나님은 분명하게 그분을 우리에게 보이시고 설명하신다. "나타내셨느니라"로 번역된 그리스어 단어는 '알리다' 혹은 '해석하다'라는 의미를 담고 있다. 예수 그리스도는 보이지 않는 하나님의 인격과 본성을 밖으로 끌어내시고, 우리에게 직접 나타내 보여 주시는 분이다(골 1:15-20). 하나님의 온전한 본성을 지니신 예수 그리스도만이 아버지 하나님이 어떤 분인지를 우리에게 진실하게 보여 주실 수 있다.

이야기 실천하기

우리는 최소한 다음 네 가지 중요한 방법을 따라서 하나님의 위대한 구원 이야기에 포함된 예수님의 성육신 사건을 실천할 수 있다. 첫 번째 가장 분명한 방법은, 우리가 하나님의 선물인 구세주를 받아들이는 것이다. 예수님의 탄생은 모든 인류를 두 부류로 나누었다. 새로 태어난 왕께 경배하는 사람들(예를 들어, 목자들이나 박사들)과 그분을 멸시하는 사람들(헤롯). 지금도 이 구분은 계속된다. 예수님은 하나님이 인류에게 주신 선물이다. 하나님이 우리에게 주실 수 있는 최고의 선물은 하나님 자신이다. "임마누엘…하나님이 우리와 함께 계시다"(마 1:23). 모든 이를 위한 가장 귀한 크리스마스 선물을 거절하는 것은 영원한 비극이 될 것이다.

둘째로, 예수님의 탄생은 우리에게 겸손한 하나님의 마음으로 들어갈 창문을 제공한다. 당신이 하나님이고, 하나님으로서 어떤 문제를 해결하기 위해 당신이 창조한 세상으로 들어가야만 한다면, 어떻게 그 세상으로 들어갈 것인가? 당신이 상상하는 대안이 무엇이든 간에 한 가지 분명한 것은, 우리는 대부분 하나님이 이 세상에 오실 때 실제로 행하신 방법을 그대로 따르기에는 너무나도 이기적이라는 사실이다. 그런 의미에서 빌립보 교회를 향한 사도 바울의 경고가 충분히 이해된다.

> 아무 일에든지 다툼이나 허영으로 하지 말고 오직 겸손한 마음으로 각각 자기보다 남을 낫게 여기고 각각 자기 일을 돌볼

뿐더러 또한 각각 다른 사람들의 일을 돌보아 나의 기쁨을 충만하게 하라.

너희 안에 이 마음을 품으라. 곧 그리스도 예수의 마음이니

그는 근본 하나님의 본체시나
　하나님과 동등 됨을 취할 것으로 여기지 아니하시고
오히려 자기를 비워
　종의 형체를 가지사
　사람들과 같이 되셨고. (빌 2:3-7)

사람은 겸손할 때 하나님을 가장 많이 닮는다.

셋째로, 우리가 예수님의 성육신 사건을 실천하는 또 다른 방법은 하나님이 스캔들 따위는 결코 두려워하시지 않는다는 사실을 배우는 것이다. 우리는 대체로 자신의 사회적 평판을 보호해야 한다 싶으면 지나치게 신중히 처신하려 든다. 물론 현명하게 사는 것은 중요하다. 하지만 자기 의를 내세우기 좋아하는 사람들이 어떻게 생각하든 관계없이, 옳은 일을 행해야 하고 또 사람들을 사랑해야 하는 때가 있기 마련이다. 예수 그리스도의 탄생에 결부된 다음의 여러 사회적 스캔들에 대해 생각해 보자.

- 10대 소녀 마리아가 결혼하기 전에 임신을 했다. 정혼한 여인이 임신하면 간음한 여인으로 간주되고 당시 유대 율법에 따라 죽음의 벌을 받을 수도 있다.
- 이웃의 눈에 예수님은 사생아처럼 보였을 것이다.
- 요셉은 비록 그가 결백할지라도, 이혼과 사회적 평판의 추락 사

이에서 선택해야 했다.

- 요셉은 무죄를 주장하는 마리아와 평생을 살아야 한다.
- 마리아는 동시대에 그녀의 이야기를 믿어 줄 사람이 거의 없는 현실 속에서, 그녀의 몸에서 일어난 성령의 불가사의한 역사와 더불어 살아가야 했다.
- 이러한 스캔들을 가진 가족이 소문이 쉽게 퍼지는 작은 마을에서 살고 있다.… 더 이상의 말이 필요 없다.

혹시 하나님이 사람들의 눈치를 보지 말고 좀 더 용기 있는 삶을 살라고 명령하시지는 않는가?

넷째로, 우리는 예수님의 시험 사건으로부터 많은 교훈을 배울 수 있다. 사탄은 항상 악을 그럴싸하게 포장해서 파국적 결말에 대한 어떠한 암시도 없이 그저 모든 것이 좋은 것인 양 내놓는다. 그러므로 우리는 지름길에 속기보다 오히려 장기적 관점을 가져야 한다. 조지 맥도널드(George McDonald)가 언급했듯이 하나님은 "최선이 아닌 차선을 위해 급히 서두르려는 모든 충동을 물리치신다."[10] 존 오트버그(John Ortberg)는 성숙한 인격을 가리켜 "옳은 것을, 옳은 시간에, 옳은 방법과 옳은 정신으로 할 수 있는 사람"으로 묘사했다.[11] 만약에 하나님의 때가 아니라면, 그것은 하나님의 뜻도 아니다.

마무리 «

오랜 침묵의 시기가 지나고, 하나님은 새 언약의 예언자 세례 요한을 통해 다시 말씀하시기 시작한다. 세례 요한은 하나님이 아브라함과 다윗에게 하신 언약의 약속을 성취하는 메시아를 맞이하도록 사람들을 준비시키러 왔다. 그러한 배경 속에 예수님이 겸손한 모습으로, 그러나 아주 용감하게 이 세상 속으로 들어오셨다. 그분은 헌신된 유대 소년으로 지극히 평범한 삶을 사셨고, 요한에게 받은 세례를 통해 죄 많은 인류와 자신을 동일시하셨다. 또한 마귀와의 광야 전투에서 첫 번째 시험을 통과하셨다. 이전에 이스라엘 백성이 실패한 그 자리에서 "둘째 아담"이신 예수님은 성공하셨다. 예수님이 광야 시험을 잘 극복하셨기에, 이제 천국 사역을 시작할 준비가 끝났다. 다음과 같은 유명한 성경 구절이 그분의 사역을 간결하게 선포한다. "하나님이 세상을 이처럼 사랑하사 독생자를 주셨으니 이는 그를 믿는 자마다 멸망하지 않고 영생을 얻게 하려 하심이라"(요 3:16).

암송 구절

말씀이 육신이 되어 우리 가운데 거하시매 우리가 그의 영광을 보니 아버지의 독생자의 영광이요 은혜와 진리가 충만하더라. (요 1:14)

심층 연구

| 도서들 |

Blomberg, Craig L. *Jesus and the Gospels: An Introduction and Survey*. 2nd ed. Nashville: Broadman & Holman, 2009. 『예수와 복음서』(CLC).

Bock, Darrell L. *Jesus According to Scripture: Restoring the Portrait of Jesus from the Gospels*. 2nd ed. Grand Rapids: Baker Academic, 2017. 『복음서를 통해 본 예수』(솔로몬).

Stein, Robert H. *Jesus the Messiah: A Survey of the Life of Christ*. Downers Grove, IL: InterVarsity Press, 1996. 『메시아 예수』(IVP).

Strauss, Mark L. *Four Portraits, One Jesus: An Introduction to Jesus and the Gospels*. 2nd ed. Grand Rapids: Zondervan, 2020. 『네 편의 초상, 한 분의 예수』(성서유니온).

Verbrugge, Verlyn. *A Not-So-Silent Night: The Unheard Story of Christmas and Why It Matters*. Grand Rapids: Kregel, 2009.

| 토론을 위한 질문 |

a. 다른 여러 방법을 통해 세상에 들어오실 수 있었던 하나님이 굳이 이 방법을 택하신 이유가 무엇일까? 외딴 마을에서 변변찮은 벌이로 사는 평범한 부부를 고르신 이유가 무엇일까? 왜 마리아와 요셉이어야 했을까? 왜 나사렛이어야 했을까? 왜 이토록 공격받기 쉬운 방법으로 들어오셔야 했을까? 하나님이 이 세상에 들어오기 위해 택하신 방법을 통해 우리가 섬기는 하나님의 어떤 면을 알 수 있는가?

b. 혹시 예수님의 신성이나 인성을 받아들이는 데 어려움을 느낀 적이 있는가? 예수님이 어떤 분이셨고 어떤 분이신지에 대한 더욱 균형 잡힌 시각을 얻는 데 이번 장 내용이 도움이 되었는가?

c. 예수님이 세례를 받으실 때 일어난 일은 예수님이 어떤 분이고 무엇을 하기 위해 오셨는지 이해하는 데 중요한 의미가 있다고 생각하는가?

d. 예수님이 사탄의 유혹에 대항하시는 방식에서 어떤 교훈을 얻었는가? 유혹과 맞서 싸울 때, 예수님에게서 배운 교훈을 어떻게 적용할 수 있겠는가?

e. 아브라함, 모세, 다윗과 맺으신 하나님의 언약은 예수님 안에서 어떻게 성취되었는가?

과제

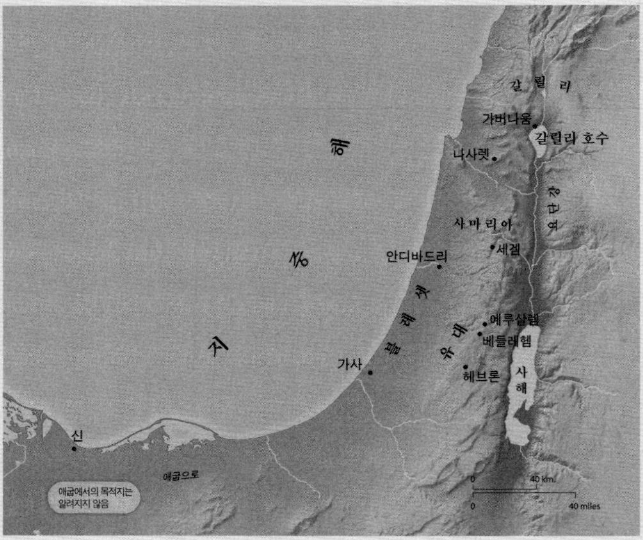

1. 마태복음 1-2장과 누가복음 1-2장을 읽고 예수님께 주어진 이름과 직함의 목록을 만들라. 그런 다음 예수님이 누구이시고 무엇을 하기 위해 오셨는지에 대해 그 이름과 직함들이 무엇을 말하고 있는지를 짤막하게 적어 보라.

2. 마태복음 1-2장과 누가복음 1-2장을 다시 읽으면서 위의 지도에서 예수님 가족의 여정을 추적해 보라. 그리고 이 가족의 여정에서 중요하다고 생각하는 부분에 대해 설명하는 글을 짤막하게 써 보라.

3. 가끔 우리는 진짜 인간이셨던 예수님을 상상하는 데 어려움을 겪는다. 하지만 성경은 예수님이 완전한 하나님이자 완전한 인간이셨다고 분명히 가르친다. 상상력을 동원해 예수님의 인성을 새롭게 인식해 보라. 온전한 한 인간으로서 작은 마을에서 성장하면서 예수님이 겪으셔야 했던 평범한 일상을 기술해 보라(예를 들면, 여드름이 난다거나 가시에 찔린다거나 이성에 대해 알아간다거나 힘겨운 노동 후에 지쳐 쓰러진다거나

하는 것 등). 온전한 인간이 되었기에 예수님이 다루셔야 했을 경험 목록을 만들어 보라.

4. 사탄의 유혹에 담긴 속임수는 아담과 하와가 머문 에덴동산(창 3:1-7)이나 예수님이 잠시 머문 광야(마 4:1-11)에서나 비슷하다. 두 기사를 읽고 두 상황에서 공통으로 발견되는 사탄의 시험 전략 목록을 만들어 보라(예를 들어, 하나님의 말씀에 대한 의심을 자극하기, 인간의 육체적 욕망에 호소하기 등).

12. 그리스도

예수님의 메시지

도입 »

2010년에 발표된 영화 〈소셜 네트워크〉는 2004년 하버드 대학교 캠퍼스에서 만들어진 소셜 미디어 웹사이트인 페이스북에 관한 영화다. 페이스북을 처음 만들 당시에 누가 2020년에 페이스북 사용자가 25억 명 이상으로 성장할 것이라고 예상했겠는가? 2020년 미국 전체 인구는 3억 3천만 명을 조금 웃도는 수준이니, 페이스북의 창시자 마크 저커버그(Mark Zuckerberg)가 (다른 이들과 함께?) 일종의 사회적 혁명을 가져왔다고 해도 과언이 아니다.

예수님 역시 새로운 혁명을 가져오셨다. 오늘날 기독교는 전 세계적으로 10억 명이 넘는 신자를 거느리는 가장 큰 규모를 지닌 종교다. 새로운 혁명을 시작하던 시기에 예수님은 하늘의 권위를 가졌으나 단순하고도 심오한 메시지를 전파하셨고, 그 메시지를 확증하기 위한 여러 이적을 행하셨으며, 그 결과 그분의 가르침을 받아들이는 제자 공동체가 세워졌다. 이제 당신은 하나님의 위대한 구원 이야기 안에서, 특별히 이 단락에서는 하나님 나라에 초점을 맞춘 예수님의 공생애에 관하여 배울 것이다.

준비

마태복음 4-7장; 마가복음 1-7장; 누가복음 3-7장; 15장을 읽거나 들어 보라.

계속되는 이야기

"삼십 세쯤" 되던 해(눅 3:23) 예수님은 팔레스타인 북부 지역인 갈릴리 지방에서 공생애 사역을 본격적으로 시작하신다. 그분의 공생애 사역은 크게 세 시기로 구분된다.

1. **무명인** 시기: 세례, 광야 시험, 가르침, 첫 번째 이적
2. **인기를 끌던** 시기: 제자들을 부르심, 많은 가르침과 이적, 예수님을 따르는 많은 무리
3. **거부당한** 시기: 종교 지도자들의 반대, 신앙 고백과 변화산 사건, 나사로의 부활, 예루살렘에서의 마지막 주간

예수님은 공생애 초기에 고향 나사렛에 있는 회당에서 처음으로 말씀을 전하셨다. 처음에는 군중이 예수님의 메시지를 잘 받아들였지만, 설교가 계속되자 점점 분노하기 시작했고 결국 이들이 예수님을 절벽 아래로 떨어뜨리려고 하는 지경에 치달았다(눅 4:14-30에서 이러한 일화를 찾아볼 수 있다). 예수님은 공생애 내내 군중으로부터 이런 식의 반응을 얻으셨다. 도대체 예수님이 무슨 말씀을 하시고 어떻게 행

동하셨기에 그토록 격렬한 반대자들이 생겼을까? 동시에 그분이 무슨 말씀을 하시고 또 어떻게 행동하셨기에 때로는 헌신적인 제자들이 만들어졌을까? 이제 그 이유를 살펴보자.

| 하나님 나라 |

신약성경의 기록에 따르면, 세례 요한이 감옥에 갇힌 후 예수님은 하나님 나라의 복음을 선포하시기 시작했다. 예수님이 공생애를 시작하면서 선포하신 메시지는 "때가 찼고 하나님의 나라가 가까이 왔으니 회개하고 복음을 믿으라"는 것이었다(막 1:14-15). 그 복음은 하나님 나라에 관한 것이며, 예수님은 그 나라의 도래를 선포하시기 시작했다. 병행 구절인 누가복음 4장의 설교에 따르면, 하나님 나라의 도래는 예수님 자신의 인격과 긴밀하게 연결된다. '하나님 나라'가 예수님이 가장 선호하신 가르침의 주제라는 데는 이견이 없다. 그러나 오늘날 우리는 하나님 나라에 대해 자주 듣지 못한다.[1] 예수님이 가르치려 하신 '하나님 나라'는 과연 무엇인가? 그리고 이것은 성경 이야기와 어떤 관계가 있는가?

기본적으로 '하나님 나라'는 그의 백성을 포함하여 창조 세계를 향한 하나님의 인격적 통치 혹은 다스림을 의미한다. 하나님 나라에 대한 유대인의 관점은 구약 전체에 걸쳐 내려오는 두 가지 중요한 생각에 근거한다. 첫째로, 유대인들은 하나님이 지금 주권적 왕으로서 모든 창조 세계를 다스리신다고 믿는다. "여호와께서 그의 보좌를 하늘에 세우시고 그의 왕권으로 만유를 다스리시도다"(시 103:19; 사 43:15; 시 99:1; 145:13을 보라). 하나님은 지금 만유 위에 계시는 왕이시다. 둘째로, 장차 하나님이 이 땅 위에 그분의 왕국을 건설하실 때가 도래한다는 것이다. "만군의 여호와께서 시온산과 예루살렘에서 왕이 되시고 그 장로들 앞에서 영광을 나타내실 것임이라"(사 24:23b). 유대인들은 역사를 '이 세대'와 (메시아 시대로도 알려진) '오는 세대'로 나누고, 이 세대보다는 오는 세대를 훨씬 많이 기대했다.

오는 세대는 의와 평화와 축복의 시대가 될 것이다(예를 들어, 사 2:2-4; 11:4-5). 또한 예레미야가 말한 새 언약이 실현될 것이며(렘 31:31-34; 32:38-40), 성령 충만의 시대가 될 것이다(욜 2:28-30). 이때에는 죄와 아픔도 사라질 것이며(사 53:5; 슥 13:1), 심지어 사람 이외의 다른 피조물들도 새 세대의 기쁨으로 인하여 행복을 누릴 것이다(사 11:6-9).[2]

하나님 나라에 대한 유대인의 관점

하나님은 지상에 왕국을 세우신다

이 세대	오는 세대
죄와 반역	위로와 안전
고통	악과 고통이 사라짐
사탄과 마귀들	흠 없음
질병과 죽음	의로움
어둠	영생불사
악과의 전쟁	하나님의 임재

유대인들은 하나님 나라에 관한 이상의 두 가지 사상, 즉 하나님이 현재 우주 만물을 통치하고 계시며, 장차 그 왕국이 이 땅에 세워질 것이라는 기대를 강하게 고집한다. 그래서 유대인들은 하나님이 이 세상 속으로 개입해 들어오셔서 이 땅에 왕국을 세우실 날을 간절히 기다린다.

이 점을 잘 이해한다면, 예수님이 선포하신 메시지가 당시 군중으로부터 왜 그렇게 터무니없는 메시지로 배척당했는지를 이해할 수 있다. 예수님은 하나님 나라가 자신의 인격과 사역을 통해 지금 실제로 이 세상에 도래했다고 주장하실 만큼 용기 있고 대담하셨다. 당시 유대인들은 하나님이 이 세상의 악을 물리치고 자신의 왕국을 세우기 위해 이 세대의 마지막에 강림하실 것이라 믿었던 반면, 예수님은 자신이 지금 이 땅에 하나님 나라를 세우고 있다고 주장하셨다. 이는 참으로 파격적이고 급진적인 주장이었다. 예수님은 하나님 나라를 선포하고, 병자들을 고치고, 마귀를 내쫓고, 굶주린 자들을 먹이고, 죄인들을 용서하셨다. 이 모든 일은 이 세상에 하나님 나라가 도래했다는 표지다. 예수님의 말씀과 행동에서 하나님 나라는 현실이었다(마 11:11-12; 12:28; 18:1-5; 눅 17:20-21).

하나님 나라에 들어가려면 어떻게 해야 하는가?

- 마 5:20. 하나님 나라에 들어가려면 우리의 의가 바리새인의 의를 능가하는 마음의 의로움이 되어야 한다.
- 마 7:21. 하나님 나라에 들어가려면 예수님을 입으로 '주님'이라고 부르는 것 이상으로 그분의 뜻을 실천해야 한다.
- 마 18:3; 막 10:15; 눅 18:17. 하나님 나라에 들어가려면 어린아이처럼 하나님 나라를 받아들여야 한다.
- 마 19:23-24; 막 10:23-25; 눅 18:24-25. 하나님이 아닌 부에 의지하는 자들이 하나님 나라에 들어가는 것은 거의 불가능하다.
- 마 21:28-32. 하나님 나라에 들어가려면 회개와 예수님에 대한 믿음이 필요하다.
- 마 9:47. 하나님 나라에 들어가려면 우리의 죄를 철저하게 다루어야 한다.
- 눅 9:59-62. 하나님 나라에 들어간 후에는 예수님과 그분의 나라가 삶의 최우선순위가 되어야 한다.
- 요한복음 3:5. 하나님 나라에 들어가려면 성령으로 다시 태어나야 한다.

예수님은 하나님의 인격적 통치 아래로 나아올 것을 촉구하셨다. 달리 말해서 사람들에게 하나님 나라 안으로 들어오라고 크게 외치

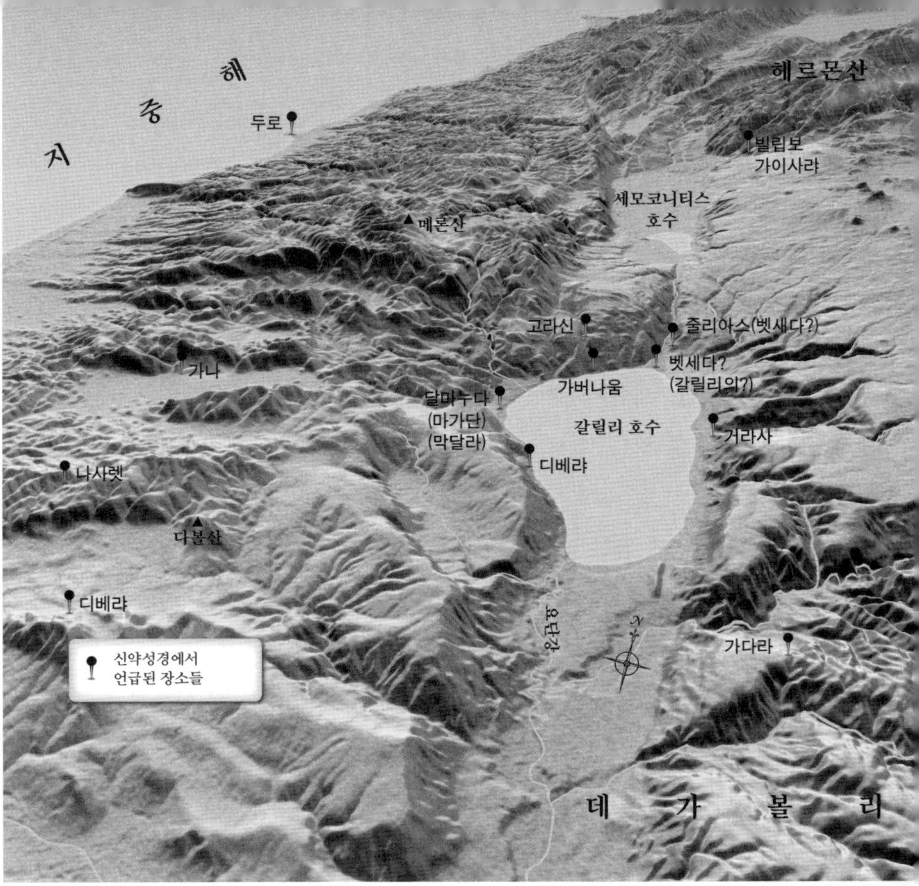

갈릴리

신 것이다. 그렇게 하려면 사람들은 반드시 먼저 자기 죄를 회개하고 복음을 믿어야 한다. 죄에 대한 회개는 하나님을 의지하지 못하도록 방해했던 것들에 대해 '아니오'라고 선포하는 것이다. 죄에 대한 회개는 단순한 후회를 뛰어넘는다. 그것은 피상적이거나 일시적인 정서적 경험이 아니라, 삶의 방향 전환을 의미한다.

하나님의 통치 아래로 나오는 것은, 죄에 대한 회개로부터 시작하여 믿음에서 그 정점에 이른다. 곧 회개하라 **그리고** 복음을 믿으라는 말이다. 하나님 나라는 예수님과 밀접하게 관련되어 있기에, 그 나라에 들어가는 것은 결국 예수님의 제자가 되는 것을 의미한다.

| 예수님의 제자들: 새로운 하나님 나라 공동체 |

예수님은 자신을 따르는 제자 공동체를 형성하시면서 본격적인 공생애를 시작하셨다. '제자'라는 단어는 학생이나 배우는 자 혹은 추종자를 의미한다. 예수님의 첫 번째 제자들이 예수님을 따르기 위해 가족이나 직업, 재산과 같은 것을 모두 버렸다는 말씀을 읽을 때 놀라움을 금할 수 없다(막 1:14-20을 보라; 참조. 마 4:13-22).

> 요한이 잡힌 후 예수께서 갈릴리에 오셔서 하나님의 복음을 전파하여 이르시되 때가 찼고 하나님의 나라가 가까이 왔으니 회개하고 복음을 믿으라 하시더라.
>
> 갈릴리 해변으로 지나가시다가 시몬과 그 형제 안드레가 바다에 그물 던지는 것을 보시니 그들은 어부라 예수께서 이르시되 나를 따라오라. 내가 너희로 사람을 낚는 어부가 되게 하리라 하시니 곧 그물을 버려두고 따르니라.
>
> 조금 더 가시다가 세베대의 아들 야고보와 그 형제 요한을 보시니 그들도 배에 있어 그물을 깁는데 곧 부르시니 그 아버지 세베대를 품꾼들과 함께 배에 버려두고 예수를 따라가니라.

이 본문은 제자들이 예수님을 처음 만난 자리에서 그분을 따라나섰다는 인상을 주지만, 요한복음 1:35-51은 이전에 서로 만났을 가능성을 제시한다. 예수님의 제자 가운데 상당수는 원래 세례 요한의 제자였고, 그래서 이들은 예수님을 본격적으로 따르기 전부터 친분이 있었다. 세례 요한이 체포되어 감금되었을 때, 예수님은 갈릴리에서 공생애를 시작하면서 본격적으로 제자들을 부르시기 시작했다. 마이클 윌킨스(Michael Wilkins)에 따르면 "초기 제자들은 기존의 친족 관계

(예를 들어, 안드레와 시몬 베드로, 요한과 야고보 같은 형제 관계)나, 동업 관계(예를 들어, 베드로와 안드레는 야고보와 요한의 고기잡이 동료였다, 눅 5:10), 이웃 관계(열두 제자 대부분이 가버나움과 벳세다 출신이었다)에 근거한다."[3]

예수님이 첫 제자로 선택하신 이들이 어떤 사람들인지 생각해 본 적이 있는가? 이들 가운데는 네 명의 어부(베드로, 안드레, 야고보, 요한), "우레의 아들"이라 불릴 정도로 성질이 불같은 사람(야고보와 요한), 당시 경멸의 대상이던 세리(레위라고도 하는 마태), 광신적 애국자(열심당원 시몬), 배신자가 될 사람(가룟 유다) 등이 있었다. 아마도 당신이 새로운 모임을 꾸릴 때 창립 멤버로 선택하고 싶은 사람들은 아닐 것이다.

당시 유대 랍비들은 보통 제자들을 거느렸다. 유명한 스승의 제자가 되고 싶으면, 먼저 그 존경하는 스승을 찾아가서 제자가 되기를 간청하고 허락을 받곤 했다. 예를 들어, 마태복음 8:19에는 어떤 제자 지망생이 이런 식으로 예수님의 제자가 되고자 하는 장면이 나온다. 그러나 예수님은 이러한 관례와 전혀 다르게 접근하신다. 그분은 제자들을 부르심으로써 주도적으로 이끄신다. 그야말로 그분은 당시 관습대로 제자들이 택할 만한 명망 있는 종교 전문가가 아니셨다. 오히려 독보적 권위를 지니셔서 지극히 우리의 충성을 받으실 만한 분이다. 제자들이 예수님의 선택과 부름을 받은 이유는 그들이 앞선 지식이나 특별한 능력, 영향력 있는 신분이나 도덕적 강직함을 지녀서가 아니다. 예수님의 열두 제자가 선택된 것은 어떤 이유 때문이었을까?

예수님의 제자 공동체의 핵심은 열두 제자다. (위임받은 대행자인) 사도라는 독특한 역할을 수행할 사람들을 좀 더 큰 제자 무리에서 선발하신 분은 바로 예수님이셨다. 누가복음 6:12-13을 읽어 보자.

> 이때에 예수께서 기도하시러 산으로 가사 밤이 새도록 하나님

께 기도하시고 밝으매 그 제자들을 부르사 그중에서 열둘을 택하여 사도라 칭하셨으니.

예수님은 열두 제자를 다음과 같은 목적으로 지명하신다. "이에 열둘을 세우셨으니 이는 자기와 함께 있게 하시고 또 보내사 전도도 하며 귀신을 내쫓는 권능도 가지게 하려 하심이러라"(막 3:14-15). 예수님은 제자들에게 "더러운 귀신을 쫓아내며 모든 병과 모든 약한 것을 고치는 권능을" 주셨다(마 10:1). 달리 말하자면, 열두 제자는 가르치며 기적을 행하는 예수 왕국의 사역을 확장하기 위해 임명되었다. 그중에 단 한 명(가룟 유다)만 제외하고 이들은 모두 초대교회의 "창립자들"이다(엡 2:19-20; 3:4-5; 계 21:14을 보라). 사도들은 예수님의 교훈을 보존했고, 사도들의 가르침은 이후에 신약성경의 기초가 되었다(행 2:42). 열두 제자의 목록에 대해 다음 도표를 살펴보라.[4]

예수님의 열두 제자		
마가복음 3:13-19	마태복음 10:1-4	누가복음 6:12-16
시몬(베드로)	시몬(베드로)	시몬(베드로)
	그의 형제 안드레	그의 형제 안드레
세베대의 아들 야고보	세베대의 아들 야고보	야고보
요한(우레의 아들)	그의 형제 요한	요한
안드레[1)]		
빌립	빌립	빌립
바돌로매	바돌로매	바돌로매
마태	도마	마태
도마	세리 마태[2)]	도마
알패오의 아들 야고보	알패오의 아들 야고보	알패오의 아들 야고보
다대오	다대오	

가나나인[3] 시몬	가나나인 시몬	셀롯[3]이라는 시몬
		야고보의 아들 유다[4]
가룟 유다	가룟 유다	가룟 유다

1) 마가는 열두 제자의 명단에서 핵심 제자들(즉 베드로, 야고보, 요한)을 함께 언급하는 방식을 선호하는 반면에, 마태와 누가는 제자들의 명단에서 베드로와 그의 형제 안드레를 함께 언급하는 방식을 선호한다.

2) 예상대로 마태가 "세리"라는 자신의 직업을 언급했다.

3) '가나나인'(Cananean)은 '셀롯'(Zealot), 열심당원의 아람어다. 누가는 아람어를 그리스어로 번역했다.

4) (마가복음과 마태복음의) 다대오와 (누가복음의) 야고보의 아들 유다는 동일인인 것 같다. 열두 제자 명단 가운데 다섯 명의 이름은 (예를 들어 세베대의 아들 야고보처럼) 추가된 이름이 사용되고 있다. 가룟 유다라는 이름은 (야고보의 아들 유다처럼) 열두 제자 중에 또 다른 유다가 존재함을 암시한다. 아마도 마가와 마태는 유다라는 이름과 관련된 오점 때문에 또 다른 유다를 다대오로 불렀을지도 모른다. 하지만 누가복음에서 그렇지 않은 이유는 쉽사리 설명할 수 없다.

왜 예수님은 일곱이나 열다섯 혹은 서른 사도가 아니라 열두 사도를 선택하셨을까? '열둘'이라는 숫자는 성경 이야기 안에서 이스라엘의 역할과 관련되기 때문이다. 당시 유대인들은 '열둘'이라는 숫자를 들었을 때 자동으로 이스라엘 열두 지파를 떠올렸을 것이다. 예수님이 종말의 날에 관해 언급하실 때, 당시 유대인들은 하나님이 열두 지파의 회복과 더불어 이스라엘을 회복하실 마지막 때와 이 땅에 하나님의 왕국을 건설할 때를 기대했다. 열두 사도를 선택하심으로써, 예수님은 제자 공동체를 통해 새 이스라엘을 형성하고 있다는 강력한 메시지를 전하고 계신 것이다(마 19:28; 눅 22:29-30을 보라). 새로운 공동체를 형성한 목적은 자신의 백성을 위한 하나님의 근본 목적과 관련된다. 하나님은 이스라엘이 다른 민족에게 빛을 비추도록 그들을 선택하시고 복을 주셨다(창 12:1-3; 사 42:6-7; 49:6). 이제 예수님은 다른 민족들을 위한 하나님의 목적을 이루기 위해 하나님의 백성을 회복시키고 계신다. 예를 들어 마태복음 28:19의 "모든 민족을 제자로 삼[으라]"고 하신 예수님의 명령을 생각해 보라.

예수님이 열두 제자 외에 다른 제자들도 부르셨다는 사실에 주목해야 한다. 누가는 누가복음에서 예수님과 함께 여행하고 그분을 후원한 여성 제자들(눅 8:1-3), 복음 전파와 치유 사역을 위해 파송된 70인의 제자(눅 10:1-24)에 대해 언급한다. 물론 무리와 군중도 예수님을 뒤따랐으나 그들은 진정한 제자가 아니었다. 단지 예수님에 대한 호기심을 가지고 그분의 사역에서 어떤 세속적 이득을 챙겼지만(마 15:29-31), 제자로서의 진정한 헌신은 하지 않았다(요 6장). 예수님은 군중 가운데서 자신을 따르는 제자들을 끊임없이 부르신다(마 8:34-35; 8:18-22; 눅 9:59-60).

| 예수님의 기적: 최종적인 하나님 나라를 힐끗 보다 |

예수님이 귀신의 왕 바알세불의 능력으로 귀신을 쫓아낸다는 비판에 직면하셨을 때, 그분은 그 능력이 사탄에게서 나오는 것이 아니라고 강력하게 부인하시면서 "그러나 내가 하나님의 성령을 힘입어 귀신을 쫓아내는 것이면 하나님의 나라가 이미 너희에게 임하였느니라"고 반격하셨다(마 12:28). 예수님의 강력한 사역들은 성령의 능력으로 행하시는 것이며, 하나님 나라에 대한 그분의 가르침과도 밀접하게 연결되어 있다. 이러한 기적들은 예수님이 참으로 하나님이 보내신 메시아이며, 하나님의 강력한 능력이 그분을 통해 역사하고 있음을 증명한다.

사복음서는 예수님이 행하신 약 서른다섯 개의 기적 사건을 기록한다. 그 기적들은 네 가지 유형으로 구분된다. 치유의 기적, 축사 곧 귀신을 쫓아내는 기적, 죽은 자를 되살리는 기적, 자연 현상과 관련된 기적 등이다(274-275쪽의 표를 보라). 이들 가운데 먼저 예수님의 치유 기적은 이 세상에 실현되는 하나님 나라와 밀접하게 관련된다. 세례 요한이 감옥에 있을 때, 제자들을 예수님께 보내 이렇게 묻는다.

"오실 그이[메시아]가 당신이오니이까. 우리가 다른 이를 기다리오리이까?"(마 11:3). 예수님은 이렇게 응답하신다. "너희가 가서 듣고 보는 것을 요한에게 알리되 맹인이 보며 못 걷는 사람이 걸으며 나병 환자가 깨끗함을 받으며 못 듣는 자가 들으며 죽은 자가 살아나며 가난한 자에게 복음이 전파된다 하라"(마 11:4-5). 다시 말해서 그 치유 기적들은 하나님 나라가 임했다는 증거다. 이 점을 놓치지 말아야 한다.

더 나은 세상에 대한 희미한 그림

질병과 죽음의 결박을 끊어 버린 예수님의 기적은 원래 이 세상이 어떠해야 했는지를 우리에게 보여 줄 뿐 아니라, 장차 하나님이 이 세상의 모든 잘못을 고치시는 날을 소망하게 해 준다. 간단히 말해서 우리가 그러하듯이 하나님도 지금의 세상에 만족하지 못하신다. 그리고 예수님이 베푸신 기적은 하나님이 장차 이 세상에 대해 이루실 계획을 미리 보여 주는 단서를 제공한다.[5]

-필립 얀시

예수님은 세 번에 걸쳐서 죽은 자를 일으키신다(눅 7:13-15; 눅 8:49-55; 요 11:14-44). 이때 영생불사의 몸이 아니라 다시 죽을 수밖에 없는 보통의 삶으로 이들을 부활시키셨다. 진정한 부활은 그리스도인들이 새 몸을 입는 이 세대의 종말에 일어날 것이다(고전 15장을 보라). 부활의 기적에 담긴 메시지는 치유의 기적에 담긴 메시지와 동일하지만, 더 인상적이다. 하나님 나라는 생명의 나라다! 사탄과 죄가 성경의 구원 이야기 안에 포함시킨 죽음은, 결국 참된 왕이 온 세상을 다스릴 때 정복되고 완전히 제거될 것이다.

예수님은 또한 마귀를 쫓아내신다. 하나님 나라는 이러한 축사 사역을 통해 사탄의 나라에 대한 전면 공격을 개시했다. 예수님은 귀신을 쫓아내는 과정에서 사탄을 공격하시고, 적에게 포로로 사로잡혀 고통받던 귀중한 생명을 되찾아 오셨다. 자유를 얻은 포로들은 한 번 더 새로운 생명으로 살아가기 시작한다. 예수님은 이러한 축사의 기적을 통해 사탄의 왕국을 제압하고 무너뜨리신다.

마지막 유형은 자연 현상에 관한 기적이다. 흥미롭게도 자연 기적들은 종종 여러 상징적 의미를 동반한다. 예를 들어, 수많은 사람을 먹이는 기적은 사람이 살기 위해 꼭 필요한 것을 하나님이 공급하신다는 사실을 교훈하며, 예수님이야말로 생명의 떡이시라는 것을 보여 준다. 물을 포도주로 바꾼 기적은 하나님 나라의 "새 포도주"가 어떻게 유대교 율법주의의 "물"을 대체할 수 있는지를 상징적으로 교훈한다. 무화과나무의 저주 기적은 이스라엘이 예수님과 그분이 시작하시는 하나님 나라에 올바로 반응하는 데 실패할 때 하나님이 그들에게 행하실 심판을 보여 준다. 자연 기적들은 또한 하나님이 모든 창조 질서를 새롭게 회복하고 계신다는 것을 가르쳐 준다.

예수님의 치유 기적	
베드로의 장모	마 8:14-17; 막 1:29-31; 눅 4:38-39
나병 환자	마 8:1-4; 막 1:40-45; 눅 5:12-15
중풍 환자	마 9:1-8; 막 2:1-12; 눅 5:17-26
손 마른 사람	마 12:9-14; 막 3:1-6; 눅 6:6-11
혈루증 앓는 여인	마 9:20-22; 막 5:25-29; 눅 8:43-48
귀먹고 말 더듬는 자	막 7:31-37
눈먼 남자	막 8:22-26
눈먼 바디매오	마 20:29-34; 막 10:46-52; 눅 18:35-43
백부장의 하인	마 8:5-13; 눅 7:1-10
두 명의 눈먼 사람	마 9:27-31

열여덟 해 동안 불구였던 여인	눅 13:10-17
수종병 환자	눅 14:1-6
열 명의 나병 환자	눅 17:11-19
가나에서 왕 신하의 아들	요 4:46-54
베데스다의 환자	요 5:1-18
선천적으로 눈먼 사람	요 9:1-41
대제사장의 하인	눅 22:49-51; 요 18:10-11

예수님의 부활 기적	
야이로의 딸을 일으키심	마 9:18-26; 막 5:22-24, 35-43; 눅 8:41-42, 49-56
나인성 과부의 아들을 일으키심	눅 7:11-16
나사로를 일으키심	요 11:1-45

예수님의 축사 기적	
회당의 귀신 들린 자	막 1:23-27; 눅 4:33-36
거라사 지방의 귀신 들린 자	마 8:28-34; 막 5:1-20; 눅 8:26-39
수로보니게(가나안) 여인의 딸	마 15:21-28; 막 7:24-30
마귀 들린 소년	막 9:14-29; 마 17:14-20; 눅 9:37-43
귀신 들려 눈멀고 말 못 하는 사람	마 12:22; 눅 11:14
귀신 들려 말 못 하는 사람	마 9:32-34

예수님의 자연 기적	
광풍을 잠잠케 하심	막 4:35-41; 마 8:23-27; 눅 8:22-25
5천 명을 먹이심	막 6:32-44; 마 14:13-21; 눅 9:10-17; 요 6:5-15
물 위를 걸으심	막 6:42-52; 마 14:22-33; 요 6:16-21
4천 명을 먹이심	막 8:1-9; 마 15:32-39
무화과나무의 저주	막 11:12-14, 20-25; 마 21:17-22
물고기 입속의 동전	마 17:24-27
처음으로 많은 물고기를 잡음	눅 5:1-11
물을 포도주로 바꾸심	요 2:1-11
두 번째로 많은 물고기를 잡음	요 21:1-14

말은 적게, 능력은 크게

(초대교회) 성도들은 복음을 단순히 귀로만 들은 것이 아니라, 그 복음이 실제 능력으로 역사하는 것을 지켜보았고 그 복음에 감동을 받아 반응했다. 하지만 서구 교회는 지나치게 말에 의존하면서 성장해 왔고 성령의 능력에 별로 의존하지 않는다.…주님의 권능을 나타내는 공동체가 되기보다 끝없이 말만 하는 공동체가 되고 말았다. 우리는 "하나님의 나라는 말에 있지 아니하고 오직 능력에 있[다]"라는 사실을 기억해야 한다(고전 4:20). 교회가 다시 하나님의 성령을 의존하는 곳에서, 하나님이 오늘도 그 백성 가운데 활동하고 계심을 믿는 곳에서, 그리고 하나님께 훌륭한 성품뿐 아니라 영적 능력도 달라고 기도하는 곳에서, 신약성경에 나오는 은사들이 오늘날도 그대로 나타나는 것을 볼 수 있다. 전 세계에서 가장 빠르게 성장하는 기독교 공동체가 있다면 오순절파 교회다. 물론 그들에게도 약점이 있지만, 그들은 하나님이 그들 가운데 일하시는 모습 보기를 기대하며 치유되기를 갈망한다.…그리고 사람들을 결박하는 영적 어둠의 세력들과 대면할 때면 그것들이 하나님의 성령에 의해 쫓겨나고 그 결과 새로운 해방 곧 신약성경이 말하는 새로운 창조의 역사가 이뤄지는 것을 목격한다.…우리는 오랫동안 이런 은사들이 오늘날 더는 필요 없다거나 얻을 수 없다고 무시하는 것을 일종의 유행처럼 받아들여 왔다. 하지만 이런 태도는 결코 바람직하지 않다. 이런 은사들은 하나님이 복음 전도를 위해 자신의 교회에 갖추게 하시는 것들 가운데 하나다.[6]

-마이클 그린

예수님의 기적 사건들은 하나님이 이 세상 만물을 통치하실 때 결국 삶이 어떻게 될지를 어렴풋이 보여 준다. 자연 현상에 관한 기적들은 하나님의 통치가 온전히 구현되는 새 하늘과 새 땅에서의 재창조를 의미한다(롬 8:18-25). 이 외에도 치유와 축사, 부활의 기적들은 죄의 파국적 영향과 사탄으로 인한 비극으로부터 자기 백성을 구원하시고 보호하시는 하나님의 인격적인 임재를 나타낸다. 요한계시록 21:3-4은 이 점을 다음과 같이 잘 요약한다.

> 내가 들으니 보좌에서 큰 음성이 나서 이르되 보라 하나님의 장막이 사람들과 함께 있으매 하나님이 그들과 함께 계시리니 그들은 하나님의 백성이 되고 하나님은 친히 그들과 함께 계셔서 모든 눈물을 그 눈에서 닦아 주시니 다시는 사망이 없고 애통하는 것이나 곡하는 것이나 아픈 것이 다시 있지 아니하리니 처음 것들이 다 지나갔음이러라.

성령의 권능을 받아서 예수님이 시작하신 구원 사역은 결국 그 마지막 날에 반드시 완성될 것이다.

| 예수님의 가르침: 하나님 나라 백성의 삶 |

하나님 나라 백성으로 살아가도록 제자들을 구비시키기 위하여, 예수님은 제자들을 가르치고 훈련하는 일에 많은 시간을 투자하셨다. 예수님이 제자들에게 가르치신 내용의 상당 부분이 산상수훈에 담겨 있다. 마태의 설명이 약간 더 길지만, 마태복음(5-7장)과 누가복음(6:17-49) 모두 산상수훈을 담고 있다. 이 점으로 미루어 볼 때, 예수님이 하나님 나라에 대한 가르침을 여러 번 반복하신 것 같다. 예수님이 평소에 선포하신 설교 메시지 중 하나를 얻을 수 있다는 것은 우리로서는 크나큰 축복이다.

산상수훈의 서론에 해당하는 마태복음 5:1-2에서 우리는 예수님의 1차 청중이 그분의 제자들이라는 것을 알 수 있다. 결과적으로 산상수훈은 하나님 나라 밖에서 그 나라 안으로 들어오기를 원하는 사람들에게 어떤 가입 조건을 제시하는 것이 아니라, 이미 예수님을 따르는 사람들에게 참된 제자 공동체의 구성원으로 살아가는 것이 무엇을 의미하는지를 교훈한다. 산상수훈에 따르면, 하나님 백성의 삶의 방식은 세상과는 구별되어야 한다(마 6:7-8).

크레이그 블롬버그의 주장에 따르면, 산상수훈은 세 개의 단위 혹은 세 개의 집합체로 이루어졌다.[7] 산상수훈이 시작되는 마태복음 5:3-16은 아홉 개의 '복 선언'(Beatitudes)과 소금과 빛에 관한 말씀으로 구성된다. 제자들을 향해 복을 선포하는 이 말씀은 하나님이 우리에게 무언가를 요구하시기 전에 은혜롭게도 그분이 먼저 복을 베푸신다는 점을 상기시킨다. "복이 있나니"[그리스어로 '마카리오스'(*makarios*)]라는 단어는 피상적이고 세속적인 행복을 훨씬 뛰어넘는 진정한 복을 가리킨다. 또 이 단어는 하나님이 우리를 기뻐하시고 그분의 은혜를 우리에게 부어 주시는 자리에, 우리가 거하는 상태를 의미한다. 어떤 복들은 이미 실현되었지만, 또 다른 많은 복은 미래 세대를 위해 보존된다("연결하기"를 보라).

예수님은 마태복음 5:17-20에서 하나님 나라의 의에 관하여 설명하시는데, 대다수 학자가 이 단락을 산상수훈 전체 설교의 주제 단락으로 간주한다. 이 구절에서 우리는 예수님의 가르침이 위대한 성경 이야기의 앞부분들, 즉 구약성경과 어떻게 연결되는지를 이해할 수 있다. 예수님이 가르치시는 내용은 몇몇 사람이 비판하는 것처럼 구약성경과 모순되지 않는다. 예수님은 분명히 말씀하신다. "내가 율법이나 선지자를 폐하러 온 줄로 생각하지 말라. 폐하러 온 것이 아니요. 완전하게 하려 함이라"(마 5:17). 하나님 나라에 들어가고자 하는 사람들은 예수님의 의로만 들어가야 한다. 예수님의 의는 하나님의 거룩한 기준들을 충족시키는 의의 핵심이며, 당시 종교 지도자들이 만든 위선적 경건을 훨씬 뛰어넘는 진정한 의다(마 5:20).

불꽃으로 달려드는 불나방처럼

마태복음을 5장부터 7장까지 읽다 보면, 이 구절에 점점 더 이끌림과 동시에 이 구절 때문에 더욱 부끄러워할 수밖에 없는 내 모습을 발견한다. 밝은 빛처럼 비추는 이 말씀들은 마치 불꽃으로 달려드는 불나방처럼 나를 끌어당긴다. 하지만 그 빛은 너무나 밝아서 다가오는 모든 것을 불태우며, 겉치레와 허풍 떠는 엉터리에 불과한 경건의 모양들이 그 앞에서 아무것도 아닌 게 된다.[8]

-D. A. 카슨

구약의 율법을 성취하시려는 예수님의 의도는 마태복음 5:21-48에서 분명히 드러난다. 이 구절에서 예수님은 하나님 나라의 의를 살인, 간음, 이혼, 맹세, 보복, 원수 사랑을 다루는 여섯 개의 범주에 적용하신다. 여기서 예수님 자신의 삶과 사역, 가르침에 의해 성취되고 있는 구약성경의 참된 목적과 의도를 강조하신다. 예수님은 위대한 구원 이야기에서 가장 중요한 부분을 완성시키는 정점에 해당하신다.

하나님 나라의 시민으로 살아가려면 부와 재산에 관한 새로운 우선순위(마 6:19-34)뿐 아니라 경건을 나타내는 진정성 있는 표현, 특히 기도 생활(마 6:1-18)이 필요하다. 마태복음 7:1-12은 크게 세 단락으로 구분하여 "다른 사람들을 어떻게 대할 것인가?" 하는 질문을 다루며, 끝으로 '황금률'이라는 별명이 붙은 말씀이 등장한다. "그러므로 무엇이든지 남에게 대접을 받고자 하는 대로 너희도 남을 대접하라. 이것이 율법이요 선지자니라"(마 7:12).

산상수훈은 예수님을 위하든지 반대하든지 둘 중 하나가 될 것이라는 동일한 요점이 담긴 몇 개의 비유로 결론을 맺는다(마 7:13-27). 좁은 문은 생명으로 인도하지만, 넓은 문은 멸망으로 인도한다. 또 지혜로운 자들은 예수님의 가르침을 듣고 순종할 것이나 어리석은 자들은 예수님을 무시할 것이다. 산상수훈의 일차 청중은 예수님의 제자들이지만, 이차 청중은 주변 군중이며 이들은 예수님의 권위 있는 가르침에 놀란다(마 7:28-29).

예수님은 하나님 나라의 삶에 관하여 여러 방법을 동원하여 가르치시되, 특히 비유를 사용하여 가르치신다.[9] 대략 예수님의 가르침 중 3분의 1은 비유를 통해 전달된다고 볼 수 있다. 심지어 성경에 익숙지 않은 사람들일지라도 탕자의 비유나 선한 사마리아인 비유에 대해서는 한 번쯤 들어 본 기억이 있다. '병렬로 놓다'라는 의미가 담긴 용어인 **비유**는 두 가지 차원의 의미를 지닌 짧은 이야기다. 그 짧은 이야기 속의 세부 내용은 문자적 의미 그 이상을 담고 있다. 예를 들어, 탕자의 비유에서 아버지는 하나님을 의미하고, 형은 자기 의를 내세우는 의로운 사람들을 의미하고, 동생은 불의한 사람들을 의미한다(눅 15:11-32을 보라).

예수님의 독특한 황금률

예수님의 황금률과 관련하여 종종 다른 종교의 가르침이나 수많은 유대교의 교사들도 이와 동일한 내용을 가르쳤다는 주장이 심심찮게 제기되지만, 본질적 차이를 지적하자면 다음과 같다. 그들은 대부분 황금률을 부정적 차원에서 "네가 싫어하는 것은 다른 사람에게도 행하지 말라"고 진술한다. 그러나 예수님은 이 원리를 강조하여 긍정적 형태로 가르치신 유일한 교사이시다. 선을 행하는 데 주도적이 되는 것은 단순히 악을 피하는 것보다 훨씬 도전적이다.[11]

-크레이그 블롬버그

예수님의 비유들은 전형적으로 한 가지 이상의 요점을 제시하지만, 지나치게 알레고리적 방식으로 이해해서는 안 된다. 비유의 정확한 의미를 파악하는 실제적 방법은 비유에 등장하는 주인공이나 일련의 인물들 배후에 한 가지 핵심 의미가 있다고 보는 것이다.[10] 비유에서 등장인물 이외의 다른 모든 세부 사항은 그 이야기의 설득력을 강화하기 위해 존재한다. 누가복음 15:11-32의 탕자의 비유는 다음과 같은 핵심 의미들을 담고 있다.

- 동생: 죄인들은 자기 죄를 하나님께 고백하고 회개함으로 하나님께 돌아올 수 있다.
- 형: 자신이 하나님의 은혜를 받을 만하다고 생각하는 사람들은 하나님이 자격 없는 자들에게 은혜를 베푸실 때 분개해서는 안 된다.
- 용서하는 아버지: 하나님은 자격 없는 백성들에게 은혜로 용서를 베푸신다.

예수님은 하나님 나라의 본질을 가르치기 위해 단순하면서도 심오한 이야기를 자주 사용하셨다. 예수님은 종종 '천국은 마치 이와 같으니'라는 말로 이야기를 시작하신다(마 13:44, 45, 47; 막 4:26; 눅 13:18). 하나님 나라가 예수님 비유의 중심 주제라 해도 절대 과장은 아니다. 우리는 그 비유들을 통해 하나님이 누구신지, 그 나라 공동체에 속해서 사는 것이 어떤 의미인지, 만약 우리가 그 왕을 거절한다면 무슨 일이 발생하는지에 대해 많은 것을 배울 수 있다.

격언, 수수께끼, 은유, 짧은 금언들을 비유로 간주해야 할지 판단하는 것은 다소 어렵기 때문에 스터디 바이블과 다양한 참고 서적에

실린 비유 목록을 참고하라. 다음은 예수님의 비유에 담긴 요점의 개수를 기준으로 정리된 목록이다.[12]

한 가지 요점 비유

- 겨자씨와 누룩(마 13:31-33; 막 4:30-32; 눅 13:18-21)
- 감추어진 보물과 극히 값진 진주(마 13:44-46)
- 망대 건설자와 전쟁하는 임금(눅 14:28-33)

두 가지 요점 비유

- 은밀히 자라는 씨(막 4:26-29)
- 지혜로운 건축자와 어리석은 건축자(마 7:24-27; 눅 6:47-49)
- 집주인과 도둑(마 24:42-44; 눅 12:35-40)
- 밤중에 찾아온 친구(눅 11:5-8)
- 어리석은 부자(눅 12:16-21)
- 열매 없는 무화과나무(눅 13:6-9)
- 잔치의 끝자리(눅 14:7-11)
- 무익한 종(눅 17:7-10)
- 불의한 재판관(눅 18:1-8)

세 가지 요점 비유

- 장터의 아이들(마 11:16-19; 눅 7:31-35)
- 씨 뿌리는 자와 씨(마 13:1-9, 18-23; 막 4:1-9, 13-20; 눅 8:5-8, 11-15)
- 좋은 씨와 가라지(마 13:24-30, 36-43)
- 물고기를 모는 그물(마 13:47-50)
- 용서하지 않는 종(마 18:23-35)

- 포도원의 품꾼들(마 20:1-16)
- 두 아들(마 21:28-32)
- 악한 소작인들(마 21:33-46; 막 12:1-12; 눅 20:9-18)
- 혼인 잔치(마 22:1-14)
- 충성된 종과 악한 종(마 24:45-51; 눅 12:42-48)
- 열 처녀(마 25:1-13)
- 달란트(마 25:14-30; 눅 19:12-27)
- 양과 염소(마 25:31-46)
- 두 빚진 자(눅 7:41-43)
- 선한 사마리아인(눅 10:25-37)
- 큰 잔치(눅 14:15-24)
- 잃은 양과 잃은 동전(눅 15:4-10)
- 탕자(눅 15:11-32)
- 불의한 청지기(눅 16:1-13)
- 부자와 나사로(눅 16:19-31)
- 바리새인과 세리(눅 18:9-14)

연결하기

하나님의 위대한 구원 이야기 안에서의 현재 위치를 복습해 보자.

창조와 위기

언약

불러냄

계명

정복과 가나안화

왕국의 설립

친교와 상식

왕국의 분열

포로 생활과 귀환

중간기: 구약과 신약의 중간 시기

▸그리스도

이 세상 속으로 오신 예수님

예수님의 메시지

예루살렘을 향한 예수님의 여정

십자가 위에서 죽으신 예수님

무덤에서 부활하신 예수님

교회

완성

예수님 시대의 유대인들은 로마의 압제자를 자기들의 땅에서 몰아내고 하나님의 의로운 나라를 건설할 메시아 혹은 "기름 부음을 받은 자"(Anointed One)를 간절히 기다렸다. 하나님은 그 땅에 결코 망하지 않을 왕국을 세우시고, 다윗왕과 같은 강력한 정복자를 메시아로 보내시겠다고 약속하셨다(삼하 7:12-16; 사 9:7; 렘 23:5-6; 단 2:44). 이제 드디어 예수님은 하나님 나라의 도래를 선포하는 단계에 도달하셨다. 그분은 병자를 치유하시고, 배고픈 자를 먹이시고, 마귀를 쫓아내시고, 죽은 자를 살리시며, 하나님의 백성들에게 영적 자유를 제공하신다. 그런데도 예수님은 유대 땅에서 로마 군대를 몰아내기 위한 그 어떤 노력도 하지 않으신다. 예수님의 제자들은 그들이 살아 있는 동안 예수님이 유대 땅에 하나님 나라를 세워 주시리라고 기대했다. 그래서 우리는 예수님이 십자가에 못 박히실 때 그 제자들이 얼마나 당황했을지 충분히 상상할 수 있다. 분명히 예수님은 당시 거의 모든 사람이 갖고 있던 메시아에 대한 기대를 조금도 충족시켜 주시지 않았다.

그러나 예수님은 분명 내면으로부터의 새로운 혁명을 시작하셨다. 이 나라는 아주 작게 시작해서 천천히 자라나기 때문에 처음에는 사람들에게 특별한 인상을 남기지 못한다. 그러나 시간이 지나면서 예수님의 하나님 나라 혁명은 계속해서 추진력을 얻는다. 그리고 예수님의 삶과 죽음, 부활이라는 굳건한 반석 위에 세워진 성령의 새로운 공동체인 교회가 마침내 세상을 뒤집어 놓을 것이다. 이 과정에서 제자들도 서서히 하나님의 위대한 계획을 이해하기 시작했다. 하나님 나라는 오랜 세월에 걸쳐서 이 세대와 오는 세대가 서로 겹침으로 말미암아, 현실과 미래를 모두 포함한다. 그 결과 그리스도인들은 하나님 나라에 대한 유대교적 관점을 다음과 같이 수정하게 되었다.

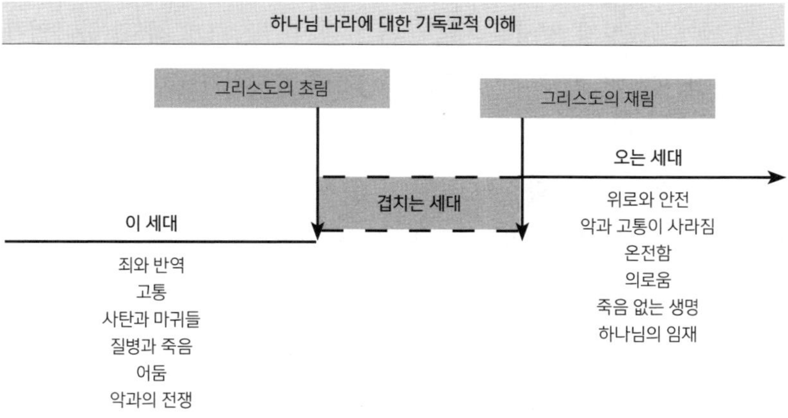

예수님의 탄생과 성육신 사건을 계기로 하나님 나라는 죄와 반역,

사탄, 어둠 그리고 악으로 가득한 이 세상에 진입했다. 그래서 이 세상은 하나님에게서 오는 평화와 의와 생명을 접했으며, 예수님을 따름으로써 하나님의 통치 아래 있는 백성들은 "오는(혹은 영원한) 세대"의 생명을 지금 당장 경험하기 시작한다(골 1:13-14). 이들은 이 땅 위에 사는 동안에도 천국을 미리 맛볼 수 있다. 물론 하나님이 그분의 나라를 이미 시작하시고 출범시켰을지라도, 그 나라가 온전히 완성된 것은 아니다. 다만 하나님 나라는 **이미** 도래했으나 **아직** 완전히 도래한 것은 아니다(이 점은 종종 "이미/아직"이라는 주제로 언급된다). 하나님 나라의 거대한 계획은 이미 시작되었으나 아직 끝나지 않았다. 하나님 나라는 개시되었으나 완결되지는 않았다. 그래서 현재의 하나님 나라는 미래의 희망을 수반한다(마 7:21; 25:34; 막 14:25; 눅 13:29-30; 요 14:1-3을 보라). 마지막 날에 예수님은 죄와 사탄의 폭정으로부터 피조물을 완전히 해방시키기 위해 이 땅에 재림하실 것이다. 그날에 로마 제국보다 훨씬 거대한 하나님의 원수들은 파멸할 것이고, 하나님은 새 하늘과 새 땅에서 자신의 백성들과 영원히 사실 것이다. 이러한 이야기는 창세기 1-2장의 영광스러운 장면을 다시 생각나게 하고, 하나님이 처음부터 끝까지 항상 품고 계셨던 생각이 무엇이었는지 우리에게 분명하게 보여 준다.

예수님은 당대 사람들이 가지고 있던 메시아에 대한 즉각적인 기대를 채워 주시지는 않았지만, 하나님의 메시아로서 궁극적인 기대를 이 땅에 성취하셨다. 그래서 성경이 가르치는 위대한 구원 이야기는 오직 예수님 안에서만 참되고도 궁극적인 성취를 얻을 수 있다. 예수님은 자신의 놀라운 사역과 기적들을 통해 사탄이 부당하게 사로잡고 있던 것들을 되찾아 온 우주 만물과 피조물을 회복하시기 시작했으며, 무덤에서 생명을 일으키고 죽은 자들에게 영생을 공급하시기 시작했다. 이 모든 일은 하나님이 약속하신 그대로 예수님을 통해 성취되었다. 가난한 자들이 복음을 듣고, 갇힌 자들이 자유를 얻으며, 눈먼 자가 눈을 뜨고, 절름발이가 걸으며, 나병 환자가 치유되며, 귀머거리가 듣고, 죽은 자가 살아났다(마 11:5; 눅 4:18-19; 참조. 사 29:18-19; 35:5-6; 61:1-2). 이러한 기적들은 장차 다가올 온전하고 최종적인 하나님 나라를 미리 맛보는 것과 같다. 예수님의 부활은 단지 자신이 메시아라고 주장하는 데 멈추지 않고, 새 하늘과 새 땅에서 하나님 나라 백성들이 장차 누릴 미래의 부활과 생명을 미리 보증한다(고전 15장을 보라). 그래서 우리는 예수님의 기적들을 보며 성경의 위대한 이야기가 실제로 성취되는 희망에 관한 이야기라는 사실을 배운다.

예수님은 말씀과 가르침을 통해 하나님 나라의 본질과 하나님의 통치 아래 살아가는 삶의 의미를 설명하셨다. 예수님은 성경 이야기의 첫 번째 부분에 해당하는 구약성경을 무시하거나 옆으로 제쳐 두고 새로운 교훈을 제시하러 오신 것이 아니다. 오히려 구약의 진정한 목적을 보여 줌으로써 성경 이야기를 성취하신다. 예를 들어 산상수훈에서 예수님은 다음과 같은 구절을 사용해 구약의 진정한 목적을 설명하신다. "…했다는 것을 너희가 들었으나 나는 너희에게 이르노니"(마 5:21-44). 이전에 모세가 하나님이 주시는 최초의 율법을 받기 위해 시내산을 오른 것처럼, 이제 예수님은 그 율법의 완성을 선포하시기 위해 산에 오르셨다. 산상수훈에서 예수님은 하나님이 자기 백성을 향하여 늘 마음에 품고 계셨던 하나님의 뜻을 거듭 반복하여 계시하신다. 하나님은 살인이나 간음처럼 단지 겉으로 드러나는 도덕적 행동에만 관심을 두시지 않는다. 그분은 미움이나 정욕을 물리치는 것처럼 사람의 마음이 변화되는 것에 가장 큰 관심을 가지신다. 그래서 예수님의 공의는 사람의 내면이 깨끗해야만 비로소 사람의 외면

두 종류의 사람들

결국 오직 다음 두 종류의 사람만 있을 것이다. 하나님께 "당신의 뜻이 이루어지이다"라고 말하는 사람과 하나님이 "네 뜻이 이루어질 것이다"라고 말해 주는 사람이다.[13]

-C. S. 루이스

도 깨끗해진다는 원리를 따라 마음의 의를 추구함으로써 단순한 종교적 겉치레를 초월한다. 그리고 시간이 지나 오순절에 성령이 강림하심으로(행 2장), 하나님의 율법은 우리 마음속에 기록되고 새겨질 것이다(렘 31:31-34; 약 1:21, 25). 예수님은 이 모든 변화의 과정을 주도적으로 시작하신다.

예수님은 비유를 통해서도 하나님 나라의 참된 속성에 대해 더 많이 설명하신다. 마치 아주 작은 겨자씨가 자라서 큰 나무가 되듯이 혹은 적은 양의 누룩이 큰 밀가루 덩어리 전체에 퍼지듯이, 하나님 나라는 아주 작게 시작되기 때문에 처음에는 사람의 눈에 보잘것없어 보일 것이다. 그러나 그 나라는 결국 강력한 영향력을 발휘하는 운동으로 성장할 것이다(마 13:31-33). 예수님은 하나님 나라의 메시지를 어떤 이들은 받아들이고 다른 많은 이는 거부하리라는 사실을 아셨음에도, 모든 부류의 사람들에게 차별 없이 전파하셨다(마 13:1-9, 18-23의 밭에 관한 비유를 보라).

사실 예수님의 비유들은 헌신된 제자들에게는 진리를 올바로 계시하지만, 반대로 마음이 굳어 딱딱해진 사람들에게는 진리를 은폐하기도 한다(마 13:10-17; 사 6:9-10). 놀랍게도 예수님은 이 세대에 의로운 사람들과 악한 사람들이 당분간 공존할 것이라고 분명히 밝히신다. 그러나 이 세대의 끝에 있을 마지막 심판 때에, 하나님은 그들이 예수님께 어떻게 반응했는지에 따라서 두 부류로 나누어 의로운 사람들은 상을 받고 악한 자들은 벌을 받게 하실 것이다(마 13:24-30, 47-50; 25:31-46을 보라). 분명한 것은 하나님 나라는 그것을 얻기 위해 어떤 값을 치른다고 할지라도 그만한 가치가 있다는 것이다(마 13:44-46).

제자가 되지 않고도 그리스도인이 될 수 있을까?

신약성경에서 "제자"라는 단어는 무려 269회나 등장한다. "그리스도인"이란 단어는 3회 나오는데, 이 단어는 정확히 예수님의 제자들을 가리키는 말로 처음 등장했다.…신약성경은 예수 그리스도의 제자들에 관한, 제자들에 의한, 제자들을 위한 책이다.…예수님의 제자들은 당시 최고급 사양이나 고강도 모델도 아니었으며, 좁은 직선 도로의 고속 주행에나 어울리는 푹신하고 질감 좋은 유선형 모델은 더더욱 아니었다. 당시 그리스도인들은 신약성경 말씀을 하나님 나라에서 가장 기본적이고 일차원적인 교통수단으로 붙잡았다.…예수님이나 그분의 초기 제자들이 가르친 말씀에서 예수님의 희생으로 그저 죄 용서만 얻고 그 후에는 그분과 관계없이 지내기로 결심할 수 있다는 암시는 그 어디에서도 찾아볼 수 없다.[14]

-달라스 윌라드

이야기 실천하기

우리는 몇 가지 의미 있는 방법들로, 성경의 위대한 구원 이야기 중에서 특히 하나님 나라에 관한 예수님의 메시지를 삶으로 실천할 수 있다. 첫째로, 우리는 하나님 나라에 들어가는 것이 제자가 되어 예수님을 따르는 것과 긴밀하게 연결되어 있음을 명심해야 한다. 하나님 나라의 구성원이 되는 것은 인종, 국적, 재산, 종교적 전문성이나 진지함에 관한 문제가 아니다. 오히려 그것은 예수님과의 인격적 관계에 관한 문제다. 오늘날 어떤 사람들은 예수님의 제자나 추종자가 되지 않더라도 그리스도인이 될 수 있다고 생각한다.

그러나 예수님은 자신의 제자가 되지 않고서는 결코 그리스도인이 될 수 없음을 분명히 말씀하신다. 제자가 되는 것은 그리스도를 믿고 따르는 것을 의미한다. 제자가 되지 않고서도 그리스도인이 정말로 될 수 있다면, 도대체 누가 제자가 되고 싶어 하겠는가? 이미 모든 특권을 누리고 있는데, 왜 책임을 지고 싶어 하겠는가? 하지만 제자도가 일종의 선택에 불과하다는 생각은 신약성경에서 결코 찾아볼 수 없다. 예수님은 자신을 따르게 하려고 사람들을 세상 무리 밖으로 따로 구별하여 부르신다. 예수님은 사람들을 자신의 제자가 되도록 부르신다. 예수님을 따르는 제자들은 나중에 **그리스도인**으로 불린다(이 단어는 행 11:26; 26:28; 벧전 4:16에 딱 세 번 나타난다). 어떤 제자들은 다른 제자들보다 좀 더 성숙하겠지만, 이들 중에 예수님의 제자가 아닌 그리스도인은 한 사람도 없다.

예수님의 말씀에 따르면, 제자가 된다는 것은 누가복음 9:23에 나오는 다음의 책임과 의무를 감당하는 것이다.

- **자기 부인**: 헌신을 방해하는 모든 것을 거절하고 부인하라. 자기 중심성에 대해 '아니오!'라고 말하라. 자신을 우주의 중심에 두지 말라.
- **매일 십자가를 지라**: 매일, 계속해서, 전 생애에 걸쳐 하나님의 계획에 헌신하라. 그 계획 속에 심지어 고난이 포함될지라도 이를 감당하라.
- **나를 따르라**: 예수 그리스도의 인격을 삶의 모범으로 삼도록 하라.

나 자신이 삶의 근원이요 중심이라는 생각을 포기하고 예수님께 돌아올 때, 비로소 우리는 그분의 제자가 된다. 그런 다음 예수님은 우리가 삶의 모든 국면에서 예수님을 닮아 가게 성장시키는 평생의 훈련 과정을 시작하시는데, 이를 가리켜 **제자도**라고 한다. 예수님은 우리 마음 중심의 충성심과 야망을 바꾸어 내면의 변화로부터 행동의 변화까지 이끌어 내신다. 또한 그분은 우리의 욕망과 결정과 관계를 올바로 변화시키기 위하여 생활 속 여러 경험과 영적 훈련을 사용하신다. 이 모든 목적은 우리가 예수님을 닮아 가도록 하는 것이다(마 10:24-25; 롬 8:29; 고후 3:18; 갈 4:19). 우리는 프로그램이나 어느 기관을 따라가는 것이 아니라, 한 분 예수 그리스도를 따라가는 것이다. 예수님도 친히 말씀하신 바와 같이 "제자가 그 선생보다 높지 못하나 무릇 온전하게 된 자는 그 선생과" 같이 된다(눅 6:40). 이것이 바로 그분의 목적이요, 동시에 우리의 목적이어야 한다.

성경 전체 이야기 중에서 하나님 나라에 관한 예수님의 가르침을 실천하는 두 번째 방법은, 이 세대와 오는 세대가 겹쳐진 세대를 살고 있음을 기억하는 것이다. 비록 우리는 하나님 나라에서 살지만, 지금 당장은 사탄의 영향력이 점령하고 있다. 예수님을 따르는 제자들로서 우리는 하나님의 첫 승리(예수님의 초림)와 악에 대한 완전한 승리(예수님의 재림) 사이에 놓여 있는 적의 점령지 안에서 살아가고 있다.

그래서 예수님이 다시 오실 때까지 승리를 경험하기도 하지만 때로는 갈등도 경험한다.

- 우리는 하나님의 용서를 경험하지만, 생활 속에서 여전히 죄를 범하기도 하며 결코 이 세상의 삶에서는 완전에 도달할 수 없다.
- 우리는 죽음에 대해 승리를 얻었지만, 언젠가 모두 육체의 죽음

을 맞이한다.

- 우리는 여전히 질병에 걸리며, 신자들이라고 해서 모두 치유를 경험하지는 않는다.
- 우리는 성령 안에 살지만, 사탄은 계속해서 우리를 공격하고 손상을 입힐 수 있다.
- 하나님은 우리 안에 거하시지만, 아직 우리는 하나님의 임재 가운데 살고 있지 않다.

"이미/아직"이라는 하나님 나라의 이중적 속성 때문에, 우리는 하나님 나라에 대한 기대치를 조정할 필요가 있다. 양쪽 극단에서 순진한 낙관주의자가 되거나 절망하는 비관주의자가 되기보다는 오히려 하나님 나라 안에서 지금 여기에서의 삶에 대해 희망을 지닌 현실주의자가 되어야 한다.

자기 부인의 모습

우리는 날마다 하나님의 주도권과 지배권에 자신을 열어 두어야 한다. 자기를 부인하는 방식은 여러 가지가 있다. 예수님의 제자들이 그러했듯이, 어떤 사람에게는 기존의 직업을 버리거나 가족으로부터 떠나는 것을 의미할 수도 있다. 자존심이 강한 사람에게는 신분과 명예에 대한 야망을 포기하는 것을 의미한다. 탐욕스러운 사람에게는 부에 대한 욕망을 포기하는 것을 의미한다. 심약한 사람이라면 안전에 대한 집착을 포기해야 할 것이다. 폭력적인 사람은 보복에 대한 열망을 버려야 한다. 자기 부인이란 바로 이런 것이다.[15]

-데이비드 갈런드

이 이야기를 실천하는 세 번째 방법은 산상수훈에 있는 예수님의 가르침(마 5-7장)을 우리가 어떻게 받아들이는지와 관련된다. 산상수훈을 읽다 보면, 하나님이 요구하시는 삶의 수준과 우리 자신의 현실적인 죄의 본성 사이에 여러 간격과 긴장감을 느낄 수 있다. 하지만 이 긴장은 부정할 수도, 피할 수도 없다. 우리는 그분의 백성들을 향한 하나님의 요구를 무시할 수 없다. 그러나 또한 그 요구에 정확히 응답하며 살 수도 없다. 그렇다면 어떻게 해야 하는가? 산상수훈에서 읽은 것처럼 다음을 기억하라.

1. 산상수훈의 가르침은 그리스도 안에서 중생을 체험한 사람들만이 도달할 수 있다. 우리는 믿음으로 말미암은 은혜로 하나님과 관계를 맺는다. 그리고 하나님과의 관계는 성령의 능력으로 말미암아 우리 삶 속에서 열매로 나타난다.
2. 하나님은 시간을 들여 우리 삶 속에서 구원을 완성해 가신다. 그리고 이 구원 사역은 예수님이 재림하실 때까지 계속 진행될 것이다(빌 1:6을 보라). 이런 생활 속에서 우리는 계속 자라고 성숙해 간다. 하지만 그리스도께서 돌아오실 때까지는 도덕적으로 완전하고 죄 없는 상태에 도달하지 못한다. 그래서 마태복음 5:48과 같은 구절("그러므로 하늘에 계신 너희 아버지의 온전하심과 같이 너희도 온전하라")은 마태복음 6:12("우리 죄를 사하여 주시옵고")과 함께 읽어야 한다.
3. 우리는 산상수훈이 단지 제자 개인들에게만 선포된 것이 아니라 제자 공동체에 선포된 것임을 기억해야 한다. 예를 들어, 산상수훈이 공동체를 향한 설교라는 사실을 아는 것은 마태복음 6:33을 올바로 해석하는 데 도움이 된다. 산상수훈이 신앙 공동체를 위하여 선포된 메시지였다는 사실은, 오늘날 우리로 하

여금 개인적 책임을 회피하도록 만들어 주는 것이 아니라, 오히려 우리가 속한 공동체의 도움 안에서 하나님 나라의 시민답게 살아야 함을 의미한다.

마지막으로, 우리는 예수님의 기적들에 대해 새로운 관점을 택함으로써 성경 이야기를 실천할 수 있다. 복음서에서 예수님 당시 사람들이 어떤 기적을 통해 하나님을 믿게 되었다는 것을 근거로, 오늘날 하나님께 어떤 기적을 보여 달라고 요구해서는 결코 안 된다. 항상 그렇지는 않지만, 때때로 기적을 통해 믿음이 자라나기도 한다. 그러나 예수님의 기적을 경험한 모든 사람이 그 기적을 계기로 믿음을 갖게 된 것은 아니다. 예를 들어, 심지어 요한복음 11장에서 죽었던 나사로가 다시 살아났을 때도 믿지 않는 자가 있었다. 오늘날 하나님께 막무가내로 기적을 요구하는 것은, 예수님이 광야에서 시험을 받으실 때 직면하신 여러 유혹 가운데 하나에 걸려 넘어지는 것과 같다. 기적을 요구하는 것은 하나님을 신뢰하기보다 하나님을 시험하는 것이다. 하지만 오늘날 우리 가운데 많은 이가 정반대의 문제와 투쟁하고 있다. 우리는 자연주의 세계관에 지나칠 정도로 나쁜 영향을 받아서 교회와 생활 속에서 일어나는 하나님의 특별한 간섭에 대해 신앙적 태도를 견지하는 데 어려움을 겪는다. 우리가 언제부터 기적의 신비가 역사하는 신앙의 세계를 떠나 물질적이고 이성적인 세상이 제공하는 안락함 속으로 들어가 안주하기 시작했는가?

신앙생활의 중심은 기적이 아니라 예수님이어야 한다. 예수님의 영은 오늘도 계속해서 우리 가운데 놀라운 기적의 역사를 행하고 계시기 때문에 우리는 기적들을 향해 마음을 열어 두어야 한다. 우리는 무엇보다도 예수님의 기적으로부터 용기를 얻어야 한다. 성경의 기적들은 하나님이 언젠가 세상의 모든 악한 것을 올바로 회복하시리라는 하나님의 구체적이고 실제적인 약속들이다. 어떤 이들은 이를 가리켜 "하나님의 서명"(God's Signature)이라고 부른다. 몰트만은 이렇게 말한다. "예수님의 치유 사건은 자연 세상에서 일어나는 초자연적 기적들이 아니다. 그 치유의 기적들은 부자연스럽고, 악마적이고, 상처투성이인 세상에서 오히려 자연적인 것이 무엇인지를 보여 준다."[16] 달리 말하면 예수님의 기적들은, 어느 날 하나님 나라가 완전히 임했을 때 세상 만물이 어떻게 존재해야 하며, 존재하게 될 것인지를 보여 주는 암시다.

마무리 «

예수님은 하나님 나라의 도래를 선포하시면서 공생애 사역을 시작하셨다(막 1:14-15). 그분은 회개하고 복음을 믿으라고 사람들을 부르신다. 하나님 나라에 들어가기 위해, 사람들은 반드시 예수님의 제자 혹은 그분을 따르는 자가 되어야 한다. 하나님 나라의 혁명은 예수님이 새로운 공동체를 형성하심으로, 권위 있게 가르치심으로, 그리고 기적들을 행하심으로 구체화되었다. 공생애 첫 해가 지나면서 예수님의 하나님 나라 혁명에 관한 대중적 인기는 점점 고조된다. 예수님께 하나님 나라에 관한 교훈을 듣고, 먹을 것을 공급받고, 구원받은 사람으로서, 그 가운데 몇몇은 죽었다가 다시 살아나기까지 한 사람으로서, 그들은 다음과 같은 선택의 기로에 직면한다. 예수님을 하나님의 메시아로 받아들일 것인가 아니면 거부할 것인가! 이 선택은 지금도 계속되고 있다.

암송 구절

또 무리에게 이르시되 아무든지 나를 따라오려거든 자기를 부인하고 날마다 제 십자가를 지고 나를 따를 것이니라. (눅 9:23)

심층 연구

| 도서들 |

Blomberg, Craig L. *Interpreting the Parables*. 2nd ed. Downers Grove, IL: InterVarsity Press, 2012. 『비유해석학』(생명의말씀사).

Keener, Craig S. *Miracles: The Credibility of the New Testament Accounts*. 2 vols. Grand Rapids: Baker, 2011. 『오늘날에도 기적이 일어날 수 있는가?』(새물결플러스).

McKnight, Scot. *Sermon on the Mount*. The Story of God Bible Commentary. Grand Rapids: Zondervan, 2013. 『산상수훈』(에클레시아북스).

Pennington, Jonathan. *The Sermon on the Mount and Human Flourishing: A Theological Commentary*. Grand Rapids: Baker Academic, 2017. 『산상수훈 그리고 인간 번영 신학적 주석서』(에스라).

Snodgrass, Klyne. *Stories with Intent: A Comprehensive Guide to the Parables of Jesus*. 2nd ed. Grand Rapids: Edermans, 2018.

Stein, Robert H. *The Method and Message of Jesus' Teaching*. Louisville: Westminter John Knox, 1994. 『예수의 가르침에 나타난 방법과 메시지』(한국장로교출판사).

Stott, John R. W. *The Message of the Sermon on the Mount(Matthew 5-7)*. Downers Grove, IL: InterVarsity Press, 1978. 『존 스토트의 산상수훈』(생명의말씀사).

Wilkins, Michael J. *Following the Master: A Biblical Theology of Discipleship*. Grand Rapids: Zondervan, 1992. 『제자도』(은성).

| 토론을 위한 질문 |

a. '하나님 나라'는 어떤 곳이며, 그 나라에 가려면 어떻게 해야 하는지 친구나 가족에게 어떻게 설명해 줄 수 있겠는가? 이 세대와 오는 세대가 겹쳐진 현재 삶에 대해 무엇을 기대해야 하겠는가?
b. 예수님은 하나님 나라를 세우는 자신의 사명을 펼칠 열두 제자를 어떻게 선택하셨는가?
c. 제자가 되지 않고도 그리스도인이 될 수 있다고 생각하는가? 그렇다고 생각한다면, 그 이유는 무엇인가? 반대로 그렇지 않다고 생각한다면, 그 이유는 무엇인가?
d. 예수님의 비유 중 가장 좋아하는 것은 무엇인가? 이유는 무엇인가?
e. 하나님은 우리가 오늘날 기적이라는 사안에 어떻게 접근하기를 원하신다고 생각하는가?

| 과제 |

1. 누가복음 4:14-30에 나오는 예수님의 나사렛 설교를 연구하라. 대럴 벅(Darrell Bock)의 『베이커 신약 성경 주석』(부흥과개혁사) 혹은 로버트 스타인(Robert Stein)의 『뉴아메리칸 주석』 등 누가복음의 이 부분에 해당하는 좋은 주석 한두 권을 읽어 볼 필요가 있다. 왜 사람들이 처음에는 예수님을 칭찬하다가 나중에는 그분을 죽이려 할 정도로 마음이 바뀌었는지에 대한 설명을 두 장 분량으로 적어 보라. 예수님의 어떤 말씀이 그들에게 공격적이고 급진적으로 들렸겠는가?

2. 일반적으로 유대의 랍비들은 자기 제자들에게 삶의 중심을 토라, 곧 구약성경의 첫 다섯 권에 나오는 하나님의 교훈에서 찾으라고 가르쳤다. 하지만 예수님은 다르다. 그분은 제자들에게 삶의 중심을 예수님 안에 두라고 가르치셨다. 마태복음 11:28-30을 연구하고 그 본문에서 예수님이 주시는 교훈을 두 장 분량으로 적어 보라. 크레이그 블롬버그의 『뉴아메리칸 주석』이나 마이클 윌킨스의 『NIV 적용주석』 등과 같은 좋은 성경 주석도 참고하라.

마태복음	구약의 금지	예수님의 성취
5:21-26		
5:27-30		
5:31-32		
5:33-37		
5:38-42		
5:43-48		

3. 산상수훈의 주제 문단인 마태복음 5:17-20에서 예수님은 율법과 예언자들을 폐하러 온 것이 아니라 완성하기 위해 왔다고 말씀하신다. 마태복음 5:21-48을 연구한 후 다음 도표를 완성하라.

13. 그리스도

예루살렘을 향한 예수님의 여정

도입 »

예전에 대도시의 큰 교회에 출석한 적이 있는데, 이 교회에는 마이크란 이름의 성도가 노숙자들을 대상으로 봉사 활동을 하고 있었다. 나는 마이크가 피곤한 중에도 남에게 전혀 인정도 받지 못하면서 정말 종처럼, 노숙자들에게 음식과 숙소를 제공하고 예수님의 복음을 전하는 일에 헌신하는 것을 1년 넘게 지켜보았다. 그는 가진 것도 전혀 없고 미래의 희망이란 전혀 찾아볼 수 없는 사람들을 섬기는 일에 자기 삶을 헌신했다. 한번은 주일 아침 예배를 지원하러 나갔다가 그에게 도움을 받은 사람들이 마이크를 진심으로 사랑한다는 사실에 완전히 압도되었다. 그들은 마이크의 깊은 긍휼에 사로잡혀 있었다. 마치 "세리와 죄인"이 예수님께 나아오듯, 그들은 마이크에게로 나아왔다.

성경의 구원 이야기를 계속 살펴보면, 예수님이 군중에게 아주 큰 인기를 끄셨다는 사실을 알 수 있다. 예수님 사역의 독특성은 부랑자들과 죄인들에게 구원을 베푸셨다는 데 있다. 예수님은 정말로 "죄인의 친구"라는 평판과 명성에 어울리는 인물이었다. 그러나 그 인기는 종교 지도자들과의 갈등이 고조되면서, 점차 사그라져 정반대로 거부와 배척으로 나타나기 시작한다. 말하자면, 예수님의 공생애 사역은 그 이름이 아직 세상에 잘 알려지지 않은 첫 1년과, 제자들을 부르시고 가르치시고 기적을 행하심으로 점차 군중으로부터 많은 인기를 얻은 그다음 1년, 그리고 절정의 시기인 거부와 배척의 마지막 1년이라는 세 시기로 나눌 수 있다.

성경 전체의 이야기 가운데 이 부분은 어려운 장이다. 왜냐하면 하나님의 계획과 사람들의 기대가 늘 일치하지는 않기 때문이다. 부랑자와 죄인들을 위한 예수님의 사랑은 종교 지도자들의 철저한 반대를 불러온다. 예수님이 군중을 말씀으로 가르치시고 질병을 치유하시며 굶주린 자들을 먹이시는 동안에, 군중은 그분을 주님(Lord)으로 따르기보다 자신들의 배를 불려 줄 음식에 관심이 더 많았다(요 6:15, 26을 보라). 심지어 예수님의 가장 가까운 제자들도 그분이 고난의 종 메시아가 되기 위해 이 세상에 오셨다는 사실을 항상 인식하지는 못했다. 하지만 예수님은 세상 죄를 위해 십자가에서 죽어야 하는 하늘의 뜻을 재확인하신 다음, 바로 그렇게 죽게 될 예루살렘을 향해 긴 여정을 시작하신다.

준비

마가복음 8-10장; 누가복음 9-19장; 요한복음 5-12장을 읽거나 들어 보라.

계속되는 이야기

| 죄인의 친구이신 예수님 |

"죄인의 친구"로서 예수님의 명성은 점점 높아져 갔다(마 9:11; 11:18-19; 눅 15:2; 19:7). 당시 문화에서 '죄인'이라는 말은, 마치 요한복음 4장에 등장하는 다섯 번이나 결혼했지만 지금도 남편이 아닌 다른 남자와 사는 사마리아 여인처럼, 하나님의 뜻을 거스르고 역행하는 사람을 의미했다. 하지만 '죄인'이란 용어에는 당시 종교 지도자들이 만들어 놓은 정결 규례를 준수하는 데 실패한 사람이라는 의미가 포함되기도 한다. 당시 종교 지도자들은 그들 나름의 기준으로 승자와 패자를 결정하는 일종의 종교 게임을 발명했고, 그 결과 많은 사람이 질병이나 육체적 장애, 불명예스러운 직업 또는 수치스러운 과거 때문에 마치 실패자나 부랑자로서의 운명을 짊어지고 살아가야 했다. 당시 이 사람들은 이스라엘의 종교적이고 사회적인 생활에서 영구적으로 배제되었으며, 그들은 영적으로 그리고 감정적으로 노숙자나 다름없었다.

예수님은 이렇게 버림받은 자들에게 하나님의 자비를 베풀기 위해 전통적인 경건의 규례들을 타파하셨다. 예수님의 비유로 설명하자면, 주인은 종들에게 밖으로 나가서 "가난한 자들과 몸 불편한 자들과 맹인들과 저는 자들을" 큰 잔치에 초청하라고 지시한다. 이 비유는 하나님 나라가 이러한 믿음이 있는 노숙자들로 가득 차게 될 것을 의미한다(마 22:1-14; 눅 14:15-24). 말하자면, 예수님은 공허한 종교 의식보다 사람들을 사랑하신다. 그분은 분명 사람들의 악한 행동에 결코 타협하지 않고 죄를 범할 구실을 만들어 주시지도 않았지만, 버림받은 자들에게 의도적으로 긍휼을 베푸셨다. 또한 나병 환자를 만지시고, 세리와 함께 식사하시고, 안식일에 질병을 고치시고, 사회적으로 버림받은 여성을 만나셨고, 늘 죄인을 환영하셨다. 이들은 모두 다 예수님께로 나아와 위로를 받았다. 예수님 안에서 이들은 더 나은 삶을 향한 한 줄기 희망의 빛을 발견했다.

예수님은 죄인들과 한 식탁에서 식사하심으로 당시 유대인들이 관례로 여기던 정결 규례를 종종 위반하곤 하셨다. 당시 문화에서 누군가와 함께 식사하기 위해 식탁에 앉는 것(즉, '식탁 교제'로 불리는 것)은 중요한 의미가 있었다. 왜냐하면 예나 지금이나 식탁 교제는 함께 식사하는 그 사람을 있는 그대로 받아들인다는 것을 의미하기 때문이다. 예수님이 당시 사회적으로 버림받은 자들과 함께 식탁 교제를 가지신 경우가 복음서에 최소한 다섯 번 등장한다. 마태의 집에서 세리 친구들과(마 9:9-13), 나병 환자 시몬과(마 26:6-13), 죄인인 여인이 예수님께 기름을 부을 때(눅 7:36-50), 병자를 고친 곳에서(눅 14:1-6), 세리장 삭개오와(눅 19:1-10).

이것들 외에도 예수님이 죄인들과 친구가 되시는 모습을 우리는 성경 여러 곳에서 찾아볼 수 있다. 누가복음 15:1-2에서는 "모든 세리와 죄인들이 말씀을 들으러 가까이 나아오니 바리새인과 서기관들이 수군거려 이르되 이 사람이 죄인을 영접하고 음식을 같이 먹는다"라고 말한다. 종교 지도자들의 불평과 비판을 고려하신 예수님은 잃은 것을 되찾은 세 가지 비유로, 잃은 양의 비유와 잃어버린 동전의 비유 그리고 탕자의 비유를 말씀하신다. 각 비유의 끝부분에서는 잃은 것을 되찾았을 때 하나님이 얼마나 기뻐하시는지에 대한 언급이 뒤따른다(눅 15:7, 10, 32).

예수님은 죄인들과 버림받은 자들에게 손을 내미심으로써 하나님 나라가 작용하는 방식에 관한 중요한 교훈을 말씀하신다. 하나님은 은혜롭게도, 자신들의 죄를 깨닫고 하나님이 필요하다는 사실을 인정하는 모든 자에게 하나님 나라의 문을 열어 주신다. 예수님도 말씀하셨다. “건강한 자에게는 의사가 쓸데없고 병든 자에게라야 쓸데 있느니라. 너희는 가서 내가 긍휼을 원하고 제사를 원하지 아니하노라 하신 뜻이 무엇인지 배우라. 나는 의인을 부르러 온 것이 아니요 죄인을 부르러 왔노라”(마 9:12-13).

부정한 사람들과 교제하기?

예수님의 생애에서 누가 봐도 분명한 부분이 있다면, 그분이 무언가 잘못된 사람들을 용납하고 환영하셨다는 점이다. 어떤 운동을 시작하려면, 전문가나 신학자 혹은 공동체 지도자처럼 당시 사회에 영향력 있는 사람들을 찾아가야 하는데, 예수님은 오히려 죄인과 세리와 계속해서 교제를 나누셨다. 창녀가 그분 앞에서 울고 머리카락으로 그분의 발을 닦아 드렸다. 열두 제자 중 한 사람은 매국노와 배신자가 우글거리는 세금 징수 창구에서 부름을 받았다.

바리새인들은 예수님이 이런 부류의 사람들과 관계를 맺고 교제한다고 비난했지만, 예수님은 그 어떤 해명도 하지 않으셨다. 오히려 그분은 바리새인들이 이들과 어울리기에는 스스로를 너무나 선량한 존재로 생각하는데, 그것이 더 심각한 문제임을 넌지시 드러내셨다.

사실 이것이 바로 예수님이 사랑하신 이스라엘을 향한 일관된 비판의 핵심이었다. 이스라엘은 이 세상에서 지나칠 정도로 분리주의를 고집해 왔다. 그러는 중에 이들은 주변 이웃들을 위험하다고 꺼리면서 자기들끼리만 교류하는 폐쇄적인 사람들이 되어 버렸다. 기독교 교육을 중시해서가 아니라 불신자들에게 받을 악영향이 두려워 자녀들을 신학교에 보내는 그리스도인 부모들처럼, 그렇게 그들은 세상으로부터 고립되고 말았다.

하지만 예수님은 낙천주의자셨다. 단순히 이 세상이 너무나 좋고 즐거운 곳이라고 생각해서가 아니라, 하나님의 영향력은 이 세상 어느 곳에서든 풍성하게 나타날 수 있음을 아셨기 때문이다. 예수님이 보시기에 하나님의 영향력은 마치 반죽에 번지는 누룩과 같은 것이었고, 작은 씨앗이 큰 숲을 이룰 만큼 경이롭게 자라는 겨자씨와 같은 것이었다. 그래서 예수님은 죄인들을 배척하지 않으시고 오히려 끌어안으셨다.…그분은 오직 “너희 안에 계신 이가 세상에 있는 자보다 크심”을 그대로 믿고 이를 실천하셨다(요일 4:4).[1]

–팀 스태포드

| 완강한 반대에 직면하신 예수님 |

복음서를 주의 깊게 읽지 않으면, 예수님은 항상 모든 사람을 기쁘게 해 주시며 한 번도 화를 내시지 않고 또 누군가의 감정을 절대로 상하게 하시지 않으셨을 거라는 인상을 받을 수도 있다. 그러나 복음서의 기록에 따르면, 예수님은 1세기의 '친절한 선생님' 이미지를 뛰어넘는 존재셨다. 복음서 전체에 걸쳐 예수님은 항상 여러 사람과의 논쟁과 다툼에 휘말려 계셨다. 그런데도 우리는 종종 예수님의 사역에서 이러한 측면들을 쉽게 무시하거나 간과한다.

복음서에 따르면, 예수님은 주로 네 가지 중요한 집단과의 대립에 직면하셨다. 첫째로, 충분히 예상할 수 있듯이 예수님은 사탄과 맞서야 하셨으며 마귀들과 싸우셨다. 이 첫 번째 갈등은 예수님의 광야 시험 기사에서 분명하게 드러나며(마 4:1-11; 막 1:12-13; 눅 4:1-13), 유혹과 시험 사건 이후에도 끊이지 않고 전 공생애 동안 반복된다. 그런데 가끔 마귀는 예수님을 심지어 "하나님의 거룩한 자" 혹은 "하나님의 아들"이라 부르고 그분에게 자비를 구하기도 하면서 공개적으로 예수님을 인정하기도 한다(막 1:24; 5:7).

예수님이 대립하신 두 번째 집단은, 다소 의외겠지만 예수님의 가족이다. 예수님이 열두 제자를 선택하여 부르신 다음 집으로 돌아오셨을 때, 가족들은 예수님이 "미쳤다"고 생각했다(막 3:21). 이러한 가족들의 반대는 용납하시기가 참으로 쉽지 않았을 것이다(마 13:53-58; 막 6:1-6). 나중에 예수님의 가족 중에 여럿이 예수님을 주님과 메시아로 받아들였지만, 그 과정에서 예수님은 가족이라는 용어의 의미를 "내 아버지의 뜻대로 행하는 자"라는 영적 의미로 재정의하신다(마 12:46-50; 막 3:31-35; 눅 8:19-21을 보라).

세 번째로 주목할 만한 갈등은, 예수님의 제자들 또한 그분의 구원 계획에 반대했다는 점이다. 마가복음에서 예수님은 자신의 수난과 죽음을 세 차례 예언하신다(막 8:31-32a; 9:31; 10:32-34). 당시 예수님의 제자들은 세속적 정권을 무너뜨리고, 적을 정복하고 이 땅에 하나님의 왕국을 건설할 메시아를 간절히 기다렸다. 이런 이유로, 예수님이 머지않아 십자가에서 죽게 될 것을 예언하시자 제자들은 예수님이 틀렸다고 주장할 수밖에 없었다(막 8:31-33). 하지만 예수님은 인내심을 갖고 제자들에게 좀 더 장기적인 관점을 갖도록 교훈하셨으며, 자기 죽음을 세상의 악을 정복하고 이 땅에 하나님 나라를 세우는 하나님의 방법으로 이해하도록 권면하셨다(막 8:33-38). 물론, 예수님이 제자들로부터 경험하신 최악의 반대는 가룟 유다의 배신이며, 이로써 예수님은 결국 체포되고, 고문당하고, 돌아가시게 된다.

네 번째로, 예수님은 유대교 지도자들의 가장 강력한 반대에 직면하신다. 마가복음은 거의 모든 장마다 그런 갈등 사례를 제시한다.

- 막 2:1-12. 죄를 용서할 수 있다는 주장 때문에(신성 모독으로 간주됨)
- 막 2:13-17. 죄인과 세리와 함께 식사하시기 때문에
- 막 2:23-28. 안식일에 제자들에게 이삭 자르는 것을 허락하셨기 때문에
- 막 3:1-6. 안식일에 병자를 고치셨기 때문에
- 막 3:22. 예수님이 사탄의 능력으로 마귀를 쫓아낸다는 종교 지도자들의 편견 때문에
- 막 7:1-23. 제자들에게 정결 의식을 무시하고 먹도록 허락하셨기 때문에
- 막 8:11-13. 예수님을 시험하여 표적을 요구함으로
- 막 10:2-12. 이혼의 정당성에 관한 질문으로 예수님을 시험함으로

- 막 11:15-19. 성전 정결 사건으로
- 막 11:27-33. 하나님으로부터 비롯된 권위를 가지고 있다는 주장 때문에
- 막 12:1-12. 종교 지도자들을 빗대어 소작농에 관한 비유를 말씀하신 것 때문에
- 막 12:13-17. 가이사에게 세금을 바치는 것에 관한 질문으로 예수님을 시험하면서
- 막 12:18-27. 부활에 관한 질문으로 예수님을 시험하면서
- 막 12:38-40. 백성들에게 유대교 지도자들을 조심하라고 하신 것 때문에
- 막 14:1-2. 예수님을 잡아 죽이려는 음흉한 계략으로

요한복음에서도 대립과 갈등의 주제가 5-12장에 걸쳐 계속 고조되다가 결국 예수님의 십자가 처형에 다다른다.

- 요 5:1-18. 안식일에 병자를 고치신 일과 하나님을 친히 아버지라고 부르신 일 때문에
- 요 5:19-47. 안식일의 치유와 관련된 갈등의 여파로
- 요 6:41-59. 자신이 하늘로부터 온 생명의 떡이라는 주장 때문에
- 요 7:1-52. 유대 지도자들이 예수님을 죽일 방도를 찾으면서
- 요 8:12-59. 자신이 세상의 빛이고, 아버지로부터 보냄받았으며, 위로부터 났고, 진리를 가르치는 자이며, 아브라함보다 큰 자라는 주장들 때문에
- 요 9:1-41. 날 때부터 눈먼 자를 안식일에 고치신 일 때문에
- 요 10:1-21. 종교 지도자들은 이리이지만 자신은 선한 목자라는

주장 때문에

- 요 10:22-39. 아버지와 자신은 하나(하나님과 동등함)라는 신성모독적 주장 때문에
- 요 11:1-54. 죽은 나사로를 부활시키신 사건으로(요한복음의 일곱 번째 표적)
- 요 12:1-50. 권위 있는 말씀과 기적의 사역 때문에

하나님 나라에 대한 예수님의 가르침은 당시 유대교 지도자들의 입장과 근본적으로 달랐기 때문에 예수님은 매번 그들과 충돌하셨다. 요컨대 예수님은 하나님이 인간의 마음을 포함하여 모든 피조물을 다스리기 원하신다고 믿었다. 하나님은 사람의 전 인격이 변화되기를 원하시며, 그 변화된 인격을 지닌 하나님 백성의 공동체가 하나님의 성품을 온 세상에 비추기를 원하신다. 하지만 당시 유대 종교 지도자들의 전략은 주변의 이교 문화로부터 자신들의 종교를 지킬 광범위한 통치망을 형성하는 것이었다. 하지만 이렇게 자기중심적인 전략으로는 인간의 마음을 바꿀 수 없고, 하나님의 목적을 성취하는 일도 결국 실패할 수밖에 없다.

| 전환점: 베드로의 신앙 고백 |

우리는 대부분 삶에서 맞닥뜨리는 여러 전환점에 익숙하다. 우리는 인간관계가 깊어질 때나 경력을 쌓을 때, 교회를 새로 개척할 때 혹은 스포츠 경기나 투자, 영화 이야기에 있어서 결정적인 전환점에 대해 잘 알고 있다. 그러한 전환점은 실제로 존재하고, 누구도 그 전환점의 중요성을 부인할 수 없다. 예수님의 공생애에서 중요한 전환점을 꼽으라면 대다수가 예수님이 정녕 그리스도(메시아)시라고 시인했던 베

드로의 고백과 그 고백 이후 예수님의 교훈, 즉 그분이 어떤 메시아가 되기 위해 이 세상에 왔으며 그분을 따르는 것이 무엇을 의미하는지에 대한 교훈을 지목할 것이다(막 8:27-37).

싸우는 메시아

예수님은 로마에 대항하여 무기를 들어 싸우려 하시기보다 하나님의 정하신 때를 따라 팔을 펼쳐 로마의 십자가를 그대로 받아들이셨다.[2]

-피터 워커

이 중차대한 순간에 우리는 서로 다른 기대가 충돌하는 것을 볼 수 있다. 베드로와 다른 제자들은 자신들에게 유익하고 힘이 되는 방식으로 예수님이 '그리스도'가 되시기를 기대했다. 이들은 당장 예루살렘으로 달려 나가 그곳에 왕국을 세울 준비가 되어 있었다. 아마도 당시 제자들은 자신들의 기대가 얼마나 잘못된 것인지 깨닫지도 못한 채, 그저 예수님이 자신들이 원하는 무엇이든 달성해 주실 것으로 기대했다. 하지만 예수님은 그러한 잘못된 기대에 편승하실 수 없었다. 다양한 기대감이 표출될 때, 그것들은 서로 절충되거나 한쪽의 기대가 바뀌거나 서로 충돌하면서 갈등을 초래한다. 이제 이 장면에서는 무슨 일이 벌어지는지 살펴보자.

예수님은 공생애 마지막 해(대략 기원후 29년)에, 제자들을 데리고 이스라엘 북부 지역 빌립보 가이사랴 마을을 방문하신다. 아마도 예수님은 그 장소가, 자신이 세상 죄를 위하여 고난당하고 십자가에서 죽게 될 거룩한 도시 예루살렘으로의 여행을 준비하기 위하여 잠시 머물러 있기에 가장 적당한 장소라고 생각하신 듯하다. 그 길에서 예수님은 사람들이 자신에 대해 뭐라고 말하는지 제자들에게 물으셨다(막 8:27). 이 질문에 제자들은 사람들이 예수님을 세례 요한이나 엘리야 같은 예언자로 믿고 있다고 보고한다(막 8:28). 이러한 평가를 들은 예수님은 다시 제자들에게 백만 불짜리 질문을 던지신다. “그러나 너희는 어떠냐? 너희는 나를 누구라 하느냐?” 이 질문에서 언급되는 인칭대명사 ‘너희’는 예수님이 제자들 전체에게 질문하신 것을 암시한다. 이 질문에 베드로는 재빨리 열두 제자를 대표하여 “주는 그리스도시니이다”라고 대답한다(막 8:29). 사람들의 기대나 평판에 자신을 내맡기지 않도록 늘 조심하시던 예수님은 즉시, 아직은 아무에게도 이것을 말하지 말라고 경고하신다(막 8:30). 나중에 시간이 흘러서 초대교회는 “예수는 그리스도”라고 고백하겠지만, 하나님의 방법으로 구속사역을 감당할 때 항상 적절한 시기를 기다리는 것은 매우 중요하다.

십자가를 사랑하는 사람은 드물다

예수님의 천국을 사랑하는 사람은 많지만, 그분의 십자가를 짊어지려는 사람은 매우 적다. 그분의 위로를 받고자 하는 사람은 많지만, 그분과 함께 고난을 받으려는 사람은 거의 없다. 그분과 만찬을 나누고자 하는 사람은 많지만, 그분과 함께 금식하겠다는 사람은 많지 않다. 그분과 함께 기쁨을 누리고자 하는 사람은 많으나, 그분을 위하여 기꺼이 괴로움을 참고 인내하려는 사람은 적다. 떡을 나누는 일에는 많은 군중이 모이지만, 고난의 쓴 잔을 함께 마시려는 사람은 거의 없다. 많은 사람이 기적을 원하지만, 십자가의 고통과 수치를 함께 감당하려는 사람은 거의 없다. 핍박과 어려움이 닥치기 전에는 많은 사람이 예수님을 사랑하며, 예수님께 어떤 위로를 받는 동안에는 많은 사람이 그분을 찬양한다. 하지만 예수님이 그들에게서 떠나 자신을 숨기시거나 더 이상 위로를 베풀지 않으시면, 그들은 곧장 불평하거나 낙담에 빠진다. 그러나 자기의 특별한 만족이나 위안 때문에 그분을 사랑하지 않고, 예수님 때문에 그분을 사랑하는 사람은 어떤 환난과 마음의 고통 가운데서도 최상의 위로와 기쁨을 누리던 때와 마찬가지로 그분을 사랑하고 찬양한다. 설령 주님이 그들에게 위로를 전혀 주시지 않더라도 그들은 항상 주님을 찬양하고 언제나 주님께 감사드린다. 이렇게 자기의 이해관계나 자기애의 이기심이 전혀 섞이지 아니하고 순수한 마음으로 주님을 사랑하는 그 사랑의 능력은 얼마나 위대한가?[3]

–토마스 아 켐피스

이어서 예수님은 하나님의 보냄을 받은 메시아 혹은 구원자로서 장차 "많은 고난을 받고 장로들과 대제사장들과 서기관들에게 버린 바 되어 죽임을 당하고 사흘 만에 살아나야 할 것"을 제자들에게 분명히 예고하신다(막 8:31). 이전에 베드로는 예수님이 누구이신가 하는 질문에 올바르게 대답했지만, 당시 베드로와 다른 제자들은 예수님이 정확히 어떻게 하나님의 통치를 구현할 것인가에 대해서는 제대로 이해하지 못했다. 그래서 베드로는 십자가를 지시겠다는 예수님 곁으로 다가가서 그렇게 하시지 말라고 책망하기 시작한다(8:32). 당시 베드로는 예수님의 핵심 측근 가운데 한 사람으로서 결정적인 전투에서의 극적 승리를 한 치의 의심도 없이 확신하고 있었으며, 그 전투에서 승리한 후에 자신이 중책을 감당할 영광스러운 지상 왕국이 세워질 것으로 기대하고 있었다. 그래서 당시 베드로는 "십자가에 못 박힌 그리스도"를 상상조차 할 수 없었다.

이 순간은 예수님께도 매우 중요한 순간이며, 동시에 온 세상이 사느냐 죽느냐의 문제와 관련해서도 결정적인 순간이다. 지금 베드로는 예수님께 십자가를 지시지 말라고 말한다. 이러한 권면은 예수님의 공생애 초기에 사탄이 시험한 것과 똑같은 유혹이다. 과연 예수님은 그 유혹을 받아들여 제자들의 기대에 부응하실 것인가? 아니면 하나님 아버지를 따르는 순종의 여정을 그대로 고집하실 것인가? 그 대답을 듣기 위해 그렇게 오래 기다릴 필요는 없다. 메시아를 향한 베드로의 생각은 너무나도 빈약하고 인간적이고 이기적이다. 당시 베드로는 메시아의 죽음과 부활을 통해 세상을 구원하려는 하나님의 계획에 반대함으로써 사탄의 편에 섰다. 그래서 예수님은 재빨리 몸을 돌려 제자들 모두를 바라보시며 베드로를 꾸짖으신다. "사탄아 내 뒤로 물러가라 네가 하나님의 일을 생각하지 아니하고 도리어 사람의 일을 생각하는도다"(막 8:33).

이어서 예수님은 메시아를 따르는 것이 정확히 무슨 의미인지 교훈하고자 주의를 집중시키신다(막 8:34-37). 그분은 전체 무리를 불러서 제자에게 요구되는 사항들을 설명하신다. 모든 사람이 예수님을 따르도록 부름을 받지만, 모든 사람이 기꺼이 예수님의 요청을 받아들이는 것은 아니다.

| 하늘로부터의 격려: 그리스도의 변모 사건 |

예수님을 그리스도로 고백하는 베드로의 신앙 고백은 예수님의 공생애 사역과 제자들의 신앙 여정에 중요한 전환점을 제공한다. 이 사건은 "내가 진실로 너희에게 이르노니 여기 서 있는 사람 중에는 죽기 전에 하나님의 나라가 권능으로 임하는 것을 볼 자들도 있느니라"라는 예수님의 말씀으로 결론을 맺는다(막 9:1). 이어서 복음서에서 좀처럼 찾아보기 어려운 시간에 관한 언급이 등장한다. "엿새 후에"(마 17:1; 막 9:2)라는 표현은 베드로의 신앙 고백을 예수님의 변모 사건과 밀접하게 연결해 준다. 그래서 그리스도의 변모 사건은 제자들에게 하나님 나라의 영광을 보는 데 꼭 필요한 일종의 시사회를 제공하는 것으로 이해할 수 있다.

예수님은 자신의 핵심 측근이라 할 수 있는 베드로와 야고보, 요한을 데리고 높은 산으로 올라가신다. 빌립보 가이사랴는 해발 2,800미터가 넘는 눈 덮인 정상이 있는 헤르몬산 기슭에 위치해 있기 때문에, 베드로의 신앙 고백 이후 예수님이 제자들과 함께 올라가신 높은 산은 분명 헤르몬산으로 추정된다. 예수님의 핵심 제자들은 야이로의 죽은 딸을 살릴 때도 함께 있었고(막 5:37), 나중에 예수님이 돌아가시기 전날 밤 겟세마네 동산에서도 예수님과 동행할 것이다(막 14:33). 아마 다른 제자들보다 특히 베드로는 이 높은 산에서 일어날 일을 반드시 보고 들을 필요가 있었을 것이다.

우리가 듣기로 예수님은 변화산에서 "그들 앞에서 변형"되셔서 "그 얼굴이 해같이 빛나며 옷이 빛과 같이 희어"지셨다(마 17:2). 변형으로 번역된 단어 '메타모르포오'(*metamorphoô*)는 물질적이고 가시적인 변화를 의미한다. 본문이 전달하는 이미지는 밝게 빛나는 영광스러운 어떤 빛이 예수님의 머리를 비췄다기보다는 밝고 영광스러운 빛이 예수님 안에서 바깥으로 뿜어져 나왔음을 의미한다. 이 빛은 예수님이 보여 주시는 일시적인 영광의 빛이다. 여기서 우리는 그분의 거룩한 영광을 잠시 바라보는데, 이 영광은 세상을 창조하기 전에 예수님이 가지셨던 영광이며(빌 2:5-7), 재림의 날에 다시 나타날 영광이다(단 7:13-14; 마 24:30). 이런 방법으로 예수님의 변모 사건은 마지막 날에 있을 그분의 재림을 예시한다.

예수님의 변모 앞에서 베드로는 경외감에 사로잡혀(막 9:6) 초막 셋을 짓되 하나는 주를 위하여, 또 하나는 모세를 위하여, 마지막 하나는 엘리야를 위하여 짓겠다는 계획을 세운다. 하지만 이 계획과 열망은 하나님의 아들이신 예수님을 유명한 하나님의 종들 수준으로 평가 절하하는 것이다(마 17:4). 그래서 하나님은 횡설수설하는 베드로의 입을 막으시고 예수님의 정체성과 사명에 대해 다시 말씀하신다. 그 말씀에 따르면 하나님의 계획 중심에는 예수님이 계시며, 비록 예수님이 자신의 고난과 죽음에 대해 말씀하시더라도 제자들은 무조건 그분의 말씀을 청종해야 한다는 것이다.

> 말할 때에 홀연히 빛난 구름이 그들을 덮으며 구름 속에서 소리가 나서 이르시되 이는 내 사랑하는 아들이요 내 기뻐하는 자니 너희는 그의 말을 들으라 하시는지라.
>
> 제자들이 듣고 엎드려 심히 두려워하니 예수께서 나아와 그들에게 손을 대시며 이르시되 일어나라 두려워하지 말라 하시니 제자들이 눈을 들고 보매 오직 예수 외에는 아무도 보이지 아니하더라.
>
> 그들이 산에서 내려올 때에 예수께서 명하여 이르시되 인자가 죽은 자 가운데서 살아나기 전에는 본 것을 아무에게도 이르지 말라 하시니. (마 17:5-9)

베드로의 신앙 고백과 예수님의 변모 사건을 함께 연결시켜 읽어 본다면(사실 그렇게 읽어야 한다) 무엇을 깨달을 수 있을까? 예수님은 그리스도이시고 왕이시다! 베드로는 이 부분에 대해서는 올바로 이해했다. 하지만 예수님이 자신은 다름 아닌 십자가에 못 박힌 그리스도이며 고난받는 종이 되리라고 말씀하셨을 때, 이러한 말씀은 베드로의 기대와 전혀 어울리지 않기 때문에 베드로는 그렇게 하시지 말라고 예수님을 저지했다. 그러자 예수님은 하나님의 방법과 계획을 받아들이지 못하는 베드로를 책망하신다. 그러고 얼마 지나지 않아 그들 앞에서 변형되신다. 이를 계기로 세 제자는 하나님 아들의 영광을 미리 본다. 그 산 위의 구름 가운데 하나님은 베드로와 다른 제자들에게 그들의 속된 기대를 버리고 예수님의 말씀에 귀 기울여 청종하라고 말씀하신다!

| 예루살렘을 향한 예수님의 여정 |

예수님은 사람들을 죄악에서 구원하여 하나님과 올바른 관계를 맺도록 하기 위하여 고난당하고 죽는 것이 바로 자신의 사명임을 분명히 말씀하신다. 마가복음에서 예수님은 세 번에 걸쳐서 자신의 수난과 죽음에 대해 예언하신다(막 8:31-32; 9:31-32; 10:32-34). 그럴 때마다 제자들은 매번 교만과 무지로 응답한다. 베드로는 예수님을 책망하고(막 8:33), 제자들은 누가 제일 큰 제자인지를 논쟁하고(막 9:33-34), 하나님 나라에서 제일 중요한 자리를 차지하려고 음모를 꾸민다(막 10:35-41). 세 번의 왜곡된 반응 후에 예수님은 제자들에게 자신을 따르는 것이 어떤 의미인지를 교훈하신다. 예수님을 따르는 자들에게는 각자가 짊어져야 할 십자가가 있으며(막 8:34-38), 그들은 우두머리나 첫째가 아니라 맨 마지막이며(막 9:35-37), 섬김을 받는 주인이 아니라 섬기는 종이다(막 10:42-44). 이런 이유로 예수님은 마가복음의 주제 구절 10:45에서 다음과 같이 선포하신다. "인자가 온 것은 섬김을 받으려 함이 아니라 도리어 섬기려 하고 자기 목숨을 많은 사람의 대속물로 주려 함이니라." 예수님은 고난받는 섬김의 왕이시다. 예루살렘에서 그분은 고난당하고 돌아가실 것이다. 이 목적을 위해 그분은 예루살렘으로 가셔야만 한다.

예수님의 '예루살렘을 향한 여정'은 누가복음 중앙에 위치한다. 이 여정은 누가복음 9:51에서 시작하여 19:44까지 이어진다. 이 여정은 거룩한 도시로 가는 직선 코스를 택하지 않는다. 예를 들어, 누가복음 10:38-42에서 예수님은 예루살렘에서 가까운 베다니에 머물러 계신다. 하지만 나중에 그 나라의 북부 지역인 사마리아와 갈릴리 사이

내 눈 주의 영광을 보네

우리 주 예수 그리스도의 능력과 강림하심을 너희에게 알게 한 것이 교묘히 만든 이야기를 따른 것이 아니요, 우리는 그의 크신 위엄을 친히 본 자라. 지극히 큰 영광 중에서 이러한 소리가 그에게 나기를 이는 내 사랑하는 아들이요 내 기뻐하는 자라 하실 때에, 그가 하나님 아버지께 존귀와 영광을 받으셨느니라. 이 소리는 우리가 그와 함께 거룩한 산에 있을 때에 하늘로부터 난 것을 들은 것이라. (벧후 1:16-18)

를 지나가신다(눅 17:11을 보라). 우리는 예수님의 여정에 관해 정확한 시간표나 일정표를 그리려 해서는 안 된다. 예수님의 사역은 십자가에 처형당하는 마지막 주간에 절정에 도달하는데, 이 단계를 묘사하기 위해 일반적으로 '여정'(journey)이라는 단어를 사용한다. 때로는 예수님이 우회로를 이용하여 여행하시기도 하지만, 언제나 그분의 최종 목적지는 예루살렘이며 이 도성에서 그분은 고난받는 섬김의 왕이 되는 하나님의 계획을 결국 성취하실 것이다. 이 목적지를 향한 여정은 하나님이 정하신 운명적 여행이다.

나중에 사도행전에서 기독교 운동은 간단히 "그 도"(The Way)로 묘사될 것이다(행 9:2; 19:9, 23; 24:14, 22). 이는 마치 거룩한 도성 예루살렘을 향한 예수님의 마지막 여정이 제자들을 위해 계획된 영적 여정의 본보기가 되는 것 같다. 예루살렘으로 올라가는 도중에 예수님은 하나님을 사랑하는 것에 대해, 이 세상을 위한 우리의 사명에 대해, 반대에도 불구하고 포기하지 않는 헌신에 대해, 관용에 대해, 기도와 용서에 대해, 서로를 섬기는 것에 대해, 그리스도의 재림을 기다리는 것에 대해, 고난에 대해 그리고 그 밖의 많은 것에 대해 교훈하신다. 사람들을 위해 자기 목숨을 대속물로 주시기 위해 올라가는 그 길 위에서, 예수님은 '도'에 대해 많은 것을 제자들에게 가르치신다.

연결하기

하나님의 위대한 구원 이야기 안에서의 현재 위치를 복습해 보자.

창조와 위기

언약

불러냄

계명

정복과 가나안화

왕국의 설립

친교와 상식

왕국의 분열

포로 생활과 귀환

중간기: 구약과 신약의 중간 시기

▸그리스도

이 세상 속으로 오신 예수님

예수님의 메시지

예루살렘을 향한 예수님의 여정

십자가 위에서 죽으신 예수님

무덤에서 부활하신 예수님

교회

완성

하나님은 버림받은 자들에게 항상 긍휼의 마음을 갖고 계신다. 당신은 아마도 구약성경에서 모압 여인 룻이나 정탐꾼을 숨겨 준 기생 라합, 엘리야를 섬긴 시돈 땅의 과부, 엘리사에 의해 깨끗함을 받은 수리아 사람 나아만과 같은 인물들을 떠올릴 수 있을 것이다. 그런데 예수님의 계보에는 네 명의 여인이 등장한다. 이는 유대의 가계도에서는 그 유례를 찾아보기 어렵다(마 1:1-17). 하나님은 약하고 힘없는 자들에게 자비를 베풀기 원하시며, 때로는 버림받은 자들을 사용하여 그분의 계획을 성취하신다. 예수님은 이러한 전통을 그대로 계승하신다.

큰 잔치 비유에 등장하는 가난한 자들과 다리 저는 자들, 눈먼 자들, 장애인들에 대한 예수님의 말씀은 하나님 나라의 백성들이 장차 포로 생활로부터 궁극적으로 회복될 것을 예고하는 이사야 35:5-6을 그대로 되울린다.

> 그때에 맹인의 눈이 밝을 것이며
> 　못 듣는 사람의 귀가 열릴 것이며
> 그때에 저는 자는 사슴 같이 뛸 것이며
> 　말 못하는 자의 혀는 노래하리니
> 이는 광야에서 물이 솟겠고
> 　사막에서 시내가 흐를 것임이라.

이뿐 아니라 동일한 비유에서 "길과 산울타리 가로 나가서 사람들을 강권하여 데려다가 내 집을 채우라"는 예수님의 초청의 말씀(눅 14:23)은 이방인도 하나님 나라의 백성으로 포함될 것이라는 암시로 이해할 수 있다. 하나님의 위대한 이야기에서 비유대인이 하나님 나라의 백성으로 포함된다는 메시지는 결코 새롭지 않다. 예를 들어 이사야 25:6-8을 살펴보자.

만군의 여호와께서
  이 산에서 만민을 위하여 기름진 것과
  오래 저장하였던 포도주로 연회를 베푸시리니
곧 골수가 가득한 기름진 것과
  오래 저장하였던 맑은 포도주로 하실 것이며
또 이 산에서 모든
  민족의 얼굴을 가린 가리개와
열방 위에 덮인 덮개를 제하시며
  사망을 영원히 멸하실 것이라.
주 여호와께서
  모든 얼굴에서 눈물을 씻기시며
자기 백성의 수치를
  온 천하에서 제하시리라.

'죄인들'과 함께 음식을 먹음으로써 예수님은 맨 처음부터 하나님이 마음속에 품고 계셨던 일, 즉 회개하는 자라면 인종이나 성별, 경제적 수준, 과거사와 관계없이 무조건 하나님의 가족으로 환영하며 받아들이는 그 일이 지금도 진행되고 있음을 몸소 보여 주셨다. 모세 언약의 시대에도 하나님은 "인애를 원하고 제사를 원하지 아니하며 번제보다 하나님을 아는 것을 원하노라"고 말씀하신다(호 6:6; 마 9:13; 참조. 삼상 15:22). 식탁 교제에 관한 예수님의 행동은 또한 마지막 날에 있을 메시아의 종말론적 큰 잔치를 미리 보여 주는 것이다(마 8:10-11; 눅 13:28-30).

예수님과 종교 지도자들 간의 충돌은 대체로 '누가 하나님 나라에 속한 사람인가'에 관한 대조적 입장에서 비롯된다. 예수님은 죄인들과의 접촉으로 말미암아 자신이 부정해지는 것을 결코 두려워하지 않으셨으나, 당시 유대교 지도자들은 전염병 확산을 차단하고 격리하는 방식으로 의로움의 문제를 이해하고 있었다. 예수님은 사람의 과거가 얼마나 더럽고 어두운지에 관계없이, 하나님의 은혜와 능력은 그 누구라도 죄와 수치의 세계로부터 용서와 자유의 세계로 옮길 수 있음을 잘 알고 계셨다. 예수님이 직접 말씀하신 것처럼 "건강한 자에게는 의사가 쓸데없고 병든 자에게라야 쓸데"가 있는 것이다(마 9:12). 당시 종교 지도자들이 보기에 "병든" 사람은 경건의 기준에 미달된 사람이었다. 하지만 예수님은 그러한 종교 지도자들을 가리켜서 자신들의 죄악과 내면에 가득한 위선을 제대로 알아보지 못하는 소경이라고 책망하신다. 예수님은 죄 많은 사람을 피하기 위해 이 세상에 오신 것이 아니라 위대한 의사로서 그들을 직접 치유하기 위해 오신 것이다.

예루살렘을 향한 예수님의 여정에서 결정적 전환점은 베드로의 신앙 고백과 그로부터 일주일 후에 발생한 예수님의 변모 사건이다. 이 변모 사건에 특별히 등장하는 모세와 엘리야는 예수님이 율법(모세)과 예언자(엘리야)의 완성이심을 보여 준다. 또 다른 신학자들은 모세와 엘리야의 등장을 메시아 시대의 시작과 연결시켜, 이들의 등장으로 말미암아 예수님에 의한 하나님 나라의 도래를 확증한 사건으로 이해하기도 한다(말 4:5-6). 흥미롭게도 모세와 엘리야 모두 높은 산 정상에서, 곧 시내산과 호렙산에서 하나님의 비전을 목격했다(출 24:15-18; 왕상 19:8-16).

산에 관한 직접적 언급(마태복음에서는 종종 영적 사건을 알리는 신호로 사용된다. 마 4:8; 5:1-2; 14:23; 15:29-30; 17:1-2; 21:1-2; 24:3; 26:30; 28:16)과 구름의 등장(종종 하나님의 영광스런 임재와 연결된다. 출 19:16-19)은 중요한 사건을 부각시켜 강조한다. 성부 하나님이 직접 말씀하시는 경우는 공관복음서에 오직 두 차례 등장하는데, 두 번 다 거의 동일한 내용을 담고 있다.

- 마태복음 3:17, 예수님의 세례: "이는 내 사랑하는 아들이요, 내 기뻐하는 자라."
- 마태복음 17:5, 예수님의 변모: "이는 내 사랑하는 아들이요, 내 기뻐하는 자니 너희는 그의 말을 들으라."

앞에서 살펴본 대로 "너는 내 아들이라"라는 구절은 시편 2:7과 연결되는데, 이는 먼저 다윗왕에게 해당되는 제왕시로 이후 이스라엘 왕들의 대관식에서 낭독되었다. 이어서 "내 기뻐하는 자"라는 구절은 네 편의 '종의 노래' 가운데 첫 번째 노래인 이사야 42:1에서 비롯된 듯하다. 이 구절에서 가리키는 바와 같이 예수님 역시 고난받는 종이시다. 그리고 예수님의 변모 사건 중 하늘에서 들려온 음성은 신명기 18:15의 "너희는 그의 말을 들을지니라"고 하는 짧은 구절을 덧붙인다. 여기서 하나님 아버지는 일차적으로 베드로와 야고보, 요한(그리고 이 이야기를 듣는 나머지 제자들)에게 말씀하신다. 당시 이들은 예수님이 메시아라는 사실을 잘 받아들였다. 하지만 그들은 십자가에 죽기 위해 예루살렘으로 가시는 예수님을 방해하는 잘못을 저지르고 말았다. 예수님은 옳고 제자들은 틀렸다. 제자들은 '그의 말을 들어야' 했다. 예수님은 승리하는 사자이실 뿐 아니라, 고난당하는 어린양이시기도 하다(계 5:5-6). 그분은 고난당하시고, 죽으시고, 죽음에서 부활하실 것이다. 예수님이 생명을 걸고 하나님의 계획을 드러내어 실행하시기 때문에 제자들은 잘못된 기대감을 버리고 그분의 말씀에 따라야 한다.

예수님은 예루살렘으로 올라가신다. 왜냐하면 전에 언급하셨듯이

누가복음에서의 예루살렘을 향한 예수님의 여정		
눅 9:51-53	이정표	눅 19:41-44
예수께서 승천하실 기약이 차가매 예루살렘을 향하여 올라가기로 굳게 결심하시고 사자들을 앞서 보내시매 그들이 가서 예수를 위하여 준비하려고 사마리아인의 한 마을에 들어갔더니 예수께서 예루살렘을 향하여 가시기 때문에 그들이 받아들이지 아니하는지라.	13:22 13:33-34 17:11 18:31-33 19:11 19:28	가까이 오사 성을 보시고 우시며 이르시되 너도 오늘 평화에 관한 일을 알았더라면 좋을 뻔하였거니와 지금 네 눈에 숨겨졌도다. 날이 이를지라. 네 원수들이 토둔을 쌓고 너를 둘러 사면으로 가두고 또 너와 및 그 가운데 있는 네 자식들을 땅에 메어치며 돌 하나도 돌 위에 남기지 아니하리니 이는 네가 보살핌 받는 날을 알지 못함을 인함이니라 하시니라.

"선지자가 예루살렘 밖에서는 죽는 법이 없기"(눅 13:33) 때문이다. 예전부터 그 거룩한 도성은 예언자를 죽이기로 악명이 높았다. 이전에도 예언자 우리야는 예루살렘에서 여호야김왕에게 죽임을 당했다(렘 26:20-23). 스가랴 역시 예루살렘에서 죽었다(대하 24:20-22; 눅 11:51). 예레미야 역시 예루살렘에서 죽임당할 뻔했으며, 전승에 의하면 이사야는 예루살렘에서 살해당했다고 한다.[4] 역사가 요세푸스의 기록에 따르면, 므낫세왕은 "악명 높게도 히브리인들 중에서 의로운 사람들을 학살했을 뿐 아니라 예루살렘이 피로 넘쳐날 때까지 예언자들을 매일 학살했기 때문에 남아 있는 예언자가 없었다."[5] 초대교회 당시 스데반은 예루살렘에서 돌에 맞아 죽었다(행 6:8-7:60). 스데반이 죽기 직전에, 예루살렘의 종교 지도자들을 향하여 다음과 같은 예언의 말씀이 선포되었다.

> 목이 곧고 마음과 귀에 할례를 받지 못한 사람들아 너희도 너희 조상과 같이 항상 성령을 거스르는도다. 너희 조상들이 선지자들 중의 누구를 박해하지 아니하였느냐. 의인이 오시리라

예고한 자들을 그들이 죽였고 이제 너희는 그 의인을 잡아 준 자요 살인한 자가 되나니. (행 7:51-52)

미리 예언된 그 예언자이신 예수님은 대속적 희생 제물의 사명을 완수하기 위해 예루살렘으로 올라가신다. 1세기 유대인들에게 예루살렘은 미국의 워싱턴 D.C.나 영국의 런던, 이탈리아의 로마 같은 의미를 지녔다. 예루살렘은 당시 이스라엘의 중심이었고, 그 도시의 중심에는 거룩한 성전이 자리하고 있었으며, 당시 유대인은 그 성전에 거룩한 하나님이 임재하신다고 믿었다. 지금 예수님은 이스라엘 백성에게 다음과 같은 운명적 선택을 하게 하려고 예루살렘으로 올라가신다. 이스라엘 백성은 과연 예수님을 희생적 사랑을 감당하는 거룩한 왕으로 인정하며 받아들일 것인가? 아니면 그분을 왕으로 받아들이기를 거부하고, 군사적·정치적 무기로 로마 군대에 대항하여 전쟁을 시도할 것인가? 우리는 이 질문에 대한 결말을 이미 다 알고 있다. 이스라엘은 예수님을 왕으로 받아들이기를 거부했고, 곧이어 로마군의 침공을 받아 멸망하고 말았다. 기원후 70년에 로마는 예루살렘과 성전을 완전히 파괴해 버렸다. 하나님의 본래 계획은 이스라엘이 다른 모든 나라에 복의 근원이 될 수 있도록 이스라엘에 풍성한 복을 베푸시는 것이었지만(창 12:1-3), 그 계획은 수포가 되고 말았다. 이 나라는 자신들의 왕을 거부함으로 말미암아 어리석은 선택을 하고 말았다.

그러나 하나님은 우리의 상상을 초월하는 주권적 계획을 갖고 계신다. 그래서 예수님은 십자가를 향한 순종과 사랑의 여정을 완성하여 백성들의 죄를 제거하시고 그 죄로부터 해방시킴으로 하나님과의 관계를 회복시키셨다. 예수님께 내려진 유죄 선고와 사형 집행이라는 비극적 판결은 하나님이 그분을 죽음에서 부활시키실 때 역전되고 말았다. 또 유대인 중에 어떤 이들은 완전한 용서와 생명에 관한 예수님의 제안을 받아들였다. 우리가 사도행전에서 찾아볼 수 있듯이, 메시아 예수의 제자들은 새로운 이스라엘을 구성하여, 그분의 복음을 전하기 위한 사명을 가지고 예루살렘에서부터 온 세상 모든 나라를 향하여 순례의 여정을 떠날 것이다.

이야기 실천하기

우리는 다음과 같은 방법으로, 성경의 위대한 구원 이야기 가운데 이 부분을 행동으로 실천할 수 있다. 첫째로, 예수님은 우리에게 종교적 규율이나 실천적 의무보다 사람 자체에 우선순위를 두어야 한다고 교훈하신다. 일반적으로 우리의 신앙은 우리가 고집하는 종교적 전통에 의하여 형성되며, 자기 나름의 종교적 경건을 증명하려는 열정에 치우쳐서 그만 그것이 지향하는 근본 목적을 놓치곤 한다.

우리는 어떤 종류의 사람만을 사랑하는가?

우리가 종이 되기로 결심했을 때는, 그와 동시에 어떤 일에 책임을 지는 권리도 포기하는 것이다. 여기에는 엄청난 자유가 있다.…우리가 종이 되는 편을 선택할 때는, 동시에 누구를 섬기고 언제 섬길 것인지를 결정하는 권리도 포기하는 것이다. 이때 우리는 참으로 쓰임받을 수 있는 존재이자 매우 취약한 존재가 되는 것이다.[6]

-리처드 포스터

예를 들어, 하나님은 사람들에게 회복의 기회를 제공하시고자 안식일을 정하셨다. 거룩하게 계획된 창조의 리듬 안에서는 일과 휴식이 서로 조화를 이루도록 짜였다. 우리는 대부분의 시간에 열심히 일하고 나머지 시간에는 휴식을 취한다. 그런데 유대교 지도자들은 그 자체로 가치가 있는 것처럼 보이는 엄격한 안식일 규칙과 전통을 발전시켰다. 하지만 안식일에 병자를 고치시자 종교 지도자들은 예수님이 안식일 규례를 침해했다고 강력하게 반발했다. 그래서 예수님은 "안식일에 선을 행하는 것과 악을 행하는 것, 생명을 구하는 것과 죽이는 것, 어느 것이 옳으냐?"라고 질문하신다(막 3:4; 참조. 요 9장). 이 질문을 통해 예수님은 당시 종교 지도자들이 요구하는 정결 규례보다는 긍휼과 자비가 오히려 하나님의 뜻으로 인도하는 더 효과적인 안내자임을 상기시키신다.

이 교훈은 우리가 사회로부터 '버림받은 자들'이나 '죄인들' 과 관계를 맺는 새로운 방식과도 밀접하게 연결된다. 이와 관련하여 예수님은 분명, 유대의 종교 지도자들이 선호한 죄인들을 사회로부터 '격리하는 방식'보다는 오히려 죄인들에게 다가가 그들을 '변화시키는 방식'을 더 선호하신다. 물론 이 방식에도 세속적 위험이 도사리고 있지만(요일 2:15-17), 예수님은 악한 길을 그대로 따르거나 받아들이지 않으면서도 죄인의 친구가 되는 것이 가능함을 보여 주신다. 물론 이것이 쉬운 일은 아니지만 그렇다고 전혀 불가능한 일도 아니다. 상당수의 그리스도인이 사회적으로 불신자들과 격리된 환경에서 성장하다 보니 불신자들 역시 하나님의 형상을 따라 창조되었으며 하나님의 사랑을 받는 고귀한 존재임을 망각하곤 한다. 예수님이 죄인들과 식사하시더라도 하나님을 향한 그들의 반역을 그대로 인정하여 받아들이신 것은 아니다. 그보다는 이들을 향한 하나님의 은혜와 용서를 실현하시기 위해 자신이 종교 권력자들로부터 오해받는 것을 전혀 두려워하지 않으셨다.

예수님은 사람들을 선인과 악인으로 구별하시지도 않았고 그중에 몇 사람을 면전에서 배척하시지도 않았다. 그러므로 우리도 사람을 차별해서는 안 된다. 매력적이고 좋은 매너를 지니고 있고 경제적으로 안정적인 소위 '좋은 사람'이라 불리는 이들과 가까이하는 것은 쉬운 일이다. 그러나 예수님은 사람의 고귀한 가치를 제대로 이해하지도 않

겸손한 행동

우리는 두 가지 정신적 근육을 동시에 사용하는 방법을 잊어버렸다. 그 두 근육은 바로 도덕적 확신에 관한 근육과 도덕적 수준과 관계없이 모든 사람에게 긍휼을 베푸는 근육이다. 세속 사회나 세속 종교는 종종 편협한 논리에 따라 작동된다. 당신은 당신과 생각이 같은 사람들과만 친구로 지낼 수 있다. 이러한 논리는 우리를 두 방향으로 이끈다. 이런 논리에 기초한 종교는 자신이 인정하는 협소한 생활 방식에 맞추기 위해 그 종교가 사랑할 수 있는 사람의 수를 감소시킨다. 이런 논리에 기초한 세속 사회는 자신이 인정하는 생활 방식의 형태를 넓혀서 사실상 모든 것을 받아들이는 수준에 이른다….

두 경우 모두 그 저변에 깔린 논리는 동일하다. 당신이 허용하는 삶을 사는 사람들만 사랑하라는 것이다. 하지만 성육신의 논리로 살펴볼 때 두 경우 모두 그 속에 약점이 도사리고 있다. 먼저 이런 논리에 기초한 종교의 약점은 도덕적 허용의 경계선 바깥에 있는 자들에게는 결코 긍휼을 베풀 수 없다는 것이다. 또 이런 논리에 기초한 세속 사회의 약점은 가장 최우선적으로 무엇이 옳고 그른지에 관한 기준을 잃어버릴 수밖에 없다는 것이다.

하지만 이와는 전혀 다른 논리에 기초한 제3의 대안이 존재한다. 우리가 심각한 수준에서 서로 불일치하는 사람들을 존중하는 방법을 배우고, 심지어 이들을 돌보는 방법을 배우는 자리에 그 대안이 존재한다. 우리는 자신의 확신을 포기하지 않고 그대로 유지하면서도, 우리와 모순되는 확신을 가진 자들보다 우리 자신을 더 의롭다고 생각하지 않는 쪽을 선택할 때, 단순한 관용을 넘어 진정한 겸손의 자리로 나아갈 수 있다. 이것이야말로 사회 전체의 차원에서 조화를 이루는 비결이다.[7]

–존 딕슨

고 구원받을 만한 사람이나 용서받지 못할 사람으로 구분하지 말라고 교훈하신다. 우리는 모두 영적으로 병자이며, 우리 자신의 힘으로는 자신의 삶을 고치기 위해 아무것도 할 수 없는 존재들이다. 우리는 모두 하나님의 은혜와 자비가 절대적으로 필요한 존재들이다.

세 번째 적용도 이와 연관이 있다. 우리가 이번 장에서 살펴보았듯 예수님이 이 세상에서 소망을 확장하시는 방법은 세리나 죄인과 공개적으로 친구 관계를 맺으시는 것이다. 마태복음 9장의 이야기를 살펴보면, 예수님은 비정상적인 무리와 단지 즐거운 시간을 보내려고 마태의 집을 방문하신 것이 아니다. 오늘날 어떤 이들은 예수님의 사례를 떠올리면서 혼자 은밀히 술집이나 스트립쇼를 하는 클럽에 드나들 정당한 근거를 확보한 것처럼 군다. 하지만 우리는 성경 본문을 주의 깊게 읽고 지혜롭게 적용할 필요가 있다. 예수님은 기본적으로 마태의 회심을 축하하기 위해 마태의 친구들을 불러 모으셨다. 그리고 세리 마태는 친구들도 자기처럼 예수님을 만나 죄를 용서받기 원했다. 그리고 예수님과 제자들이 함께 마태의 집에 모인 것에도 주목할 필요가 있다(마 9:10). 달리 말하자면 예수님은 소위 '사역 팀'에 소속되어 계셨다는 것이다. 예수님은 당시 '세리와 죄인'과 함께 공개적으로 대화를 나누신 것이지, 자신의 메시지가 전혀 들리지 않는 어둡고 악한 환경에 들어가신 것이 아니다.

본문의 교훈이 이렇게 분명한데도 오늘날 우리는 대부분 본문의 교훈과 정반대의 상황을 가정하면서 그 속에서 고민한다. 우리는 버림받은 자나 죄인과의 대화를 회피하려 한다. 예수님은 사람들에게 긍휼을 베푸시고, 그들과 깊이 공감하도록 우리를 부르셨다. 그리고 하나님의 치유의 은혜를 공급하시기 위해 그들에게 충분히 가까이 다가가도록 우리를 부르셨다. 죄인을 두려워하거나 그들로부터 도망하는 대신에, 기꺼이 그들과 함께 먹으며 그들의 이야기에 귀를 기울이며, 인간 대 인간으로서 그들과 인격적 관계를 맺어야 한다. 단순히 사람들을 교회로 데려오기보다는, 그들에게 예수님을 모시고 가서 소개해야 한다. 물론 그곳에서 거북하고 불편한 순간들이 있을 것이다. 그러나 위대한 의사이신 주님이 종교적 보호막을 깨고 이 세상의 병든 자들을 향해 나아가라고 우리를 부르신다. 주님은 이미 거기서 일하고 계시면서 우리의 지원을 기다리신다.

우리가 성경 이야기의 이 부분을 삶으로 실천할 중요한 방법은, 제자들이 베드로의 신앙 고백과 주님의 변모 사건에서 배운 것과 밀접하게 연결되어 있다. 제자들은 예수님이 그리스도라고 제대로 신앙을 고백했음에도, 십자가에 못 박히시겠다는 주님의 계획을 그대로 인정하여 받아들이기를 거부했다. 당시 제자들은 메시아가 세상의 기준으로 볼 때 화려하고 찬란한 길을 걸을 것으로 기대했었다. 하지만 변화산 위에서 하나님 아버지는 제자들에게 예수님의 말씀을 그대로 "들으라"고 말씀하신다(마 17:5; 막 9:7; 눅 9:35). 예수님의 말씀을 듣는 것은 그분을 따르는 데 가장 핵심이다. 예수님의 길은 세상의 길과 다르다. 우리의 과업은 "이 일이 결코 주께 미치지 아니하리이다"라는 베드로의 말처럼(마 16:22) 예수님의 존재나 성격을 재정의하는 것도, 세 개의 초막을 짓고자 하는 베드로의 계획처럼 또 다른 종교 시스템을 만드는 것도 아니다. 우리의 과업은 예수님의 말씀을 듣고 그대로 따르는 것이다. 그러나 이 바쁘고 시끄럽고 산만한 사회에서 예수님의 말씀을 경청하여 따른다는 것은 말로는 쉽지만 그대로 실천하기는 어려운 일이다. 경청은 우리의 믿음을 성숙시킨다. 또한 경청은 우리가 즉각적인 해결책을 거부하고 두려움을 과감히 떨쳐 버리고, 하나님이 어떻게 행하시고 응답하실 것인지에 대한 우리의 기대를 하나님이 친히 바꾸시도록 우리 자신을 내어 드리게 만든다. 우리는 하나님이 기쁘시도록 우리에게 말씀하신 예수 그리스도의 계시를 들어야만 한다.

마무리 «

공생애 동안 예수님은 군중에게 점점 유명해지셨다. 그들은 예수님의 권세 있는 가르침에 감동했고, 그분의 긍휼로 커다란 용기와 격려를 받았으며, 그분의 기적 덕분에 큰 도움을 받았다. 당시 예수님은 사회적으로 버림받은 자와 죄인에게 구원을 베푸셨다. 이렇게 당시의 종교 관습과 전통에 얽매이지 않는 파격적 행보로 예수님은 유대의 종교 지도자들과 점점 깊은 갈등에 빠지셨다. 그리고 예수님의 인기가 점차 식어 갈 무렵, 예수님은 자신이 누구이고 무엇을 하기 위해 이 세상에 왔는지를 제자들에게 가르치기 위해 그들을 데리고 여행길에 오르신다. 사도 베드로가 주도하는 가운데 당시 제자들은 예수님이 그리스도(혹은 메시아)이심을 올바로 깨달았다. 하지만 당시 제자들은 군대를 조직하여 로마 군과 전쟁하는 방식으로 가나안 땅에 구원을 실현하리라고 기대했기 때문에, 예수님이 십자가에서 죽고 부활하여 사람들을 구원하신다는 사실을 이해하는 데는 실패하고 만다. 하지만 예수님의 변모 사건에서 성부 하나님은 제자들을 위해 예수님의 사명을 분명히 밝히시면서 "그의 말을 들으라"고 말씀하신다. 이 명령은 예수님을 따르는 모든 자가 진지하게 받아들여야 하는 하나님의 말씀이다.

암송 구절

인자가 온 것은 잃어버린 자를 찾아 구원하려 함이니라. (눅 19:10)

심층 연구

| 도서들 |

Blomberg, Craig A. *Contagious Holiness: Jesus' Meals with Sinners*. NSBT. Downers Grove, IL: InterVarsity Press, 2005.

Bock, Darrell L. *Luke 9:51–24:53*. Baker Exegetical Commentary. Grand Rapids: Baker, 1996. 『BECNT 누가복음2』(부흥과개혁사).

Butterfield, Rosaria. *The Gospel Comes with a House Key: Practicing Radically Ordinary Hospitality in Our Post-Christian World*. Wheaton, IL: Crossway, 2018.

Yancey, Philip. *The Jesus I Never Knew*. Grand Rapids: Zondervan, 1995. 『내가 알지 못했던 예수』(IVP).

| 토론을 위한 질문 |

a. 예수님은 자신의 신념이나 사명을 타협하지 않고도 "죄인의 친구"라는 평판을 얻으셨다. 그분은 어떻게 그렇게 하셨는가? 이를 통해 우리가 사회적 약자나 죄인들과 교제하기를 원하시는 하나님의 마음에 대해 무엇을 배울 수 있는가?

b. 가끔 우리는 모든 사람이 예수님을 사랑했을 거라고 생각하지만, 이 장에서 본 것처럼 예수님은 공생애 기간 내내 격렬한 반대에 부딪치셨다. 반대와 갈등을 어떻게 다루어야 할지에 대해 예수님에게서 얻을 수 있는 교훈은 무엇인가?

c. 베드로의 신앙 고백과 예수님의 변모 사건이 나란히 기술된 본문에서 당신에게 가장 인상 깊은 점은 무엇인가?

d. 이번 장을 통해 예수님 사명의 핵심이 어디에 있었는지 깨달았을 것이다. 예수님이 마침내 예루살렘까지 가신 것은 무엇을 위해서였

는가? 그것은 왜 그렇게 중요했는가?

과제

1. 예수님이 공생애 동안 군중에게 많은 인기를 얻다가 이어서 이들로부터 배척당하시는 결정적 전환점은, 요한복음 6장에서 5천 명을 먹이시고 이어서 이들에게 생명의 떡에 관하여 교훈하시는 과정에서 발생한다. 이 일화를 읽으면서 당신도 당시 상황 가운데 이 무리와 함께 그 자리에 있었다고 가정해 보라. 예수님이 가르치시고 행동하신 것에 대한 당신의 개인적 견해와 아울러, 예수님을 메시아로 따를 것인지 말 것인지의 문제로 그 현장에서 서로 논쟁할 때 당신이 느꼈을 개인적 느낌을 두 쪽 분량으로 적어 보라.

2. 사회적으로 버림받은 자나 죄인과 함께 식사하시는 예수님의 식탁 교제에 관한 본문들을 각각 살펴보라. 마태복음 9:9-13; 26:6-13; 누가복음 7:36-50; 14:1-6; 19:1-10. 각 일화를 묵상하면서 다음 질문에 답하라.
   a. 예수님이 이 사람들과 교제하시는 것이 왜 당시 종교 지도자들을 그토록 당황하게 했는가?
   b. 예수님은 종교 지도자들의 종교 게임의 규칙을 어떻게 바꾸셨는가?
   c. 당신의 세계에서 버림받은 자는 과연 누구인가?
   d. 예수님이 죄인의 죄의 습관을 용납하거나 인정하지 않으면서도 그들의 친구가 되시는 것을 보고 당신이 배울 수 있는 교훈은 무엇인가?

3. 마가복음 8:34-37을 연구하라. 예수님이 자기를 따르기 원하는 자들에게 요구하신 세 가지 요구 사항의 의미를 설명하라(막 8:34의 끝부분을 보라). 이 구절이 진정으로 뜻하는 바는 무엇인가? 마가복음 8:35-37에서 왜 사람들이 이러한 요구를 받아들이고 예수님의 제자가 되어야 하는지에 관하여 예수님이 제시하시는 이유를 설명하라. 역설적으로 예수님을 따르는 것은 사람들의 기대를 어떻게 채워 주는가?

4. 예루살렘을 향한 예수님의 여정에서는(눅 9:51-19:44) "그의 말을 들으라"는 주제가 중요한 역할을 할 가능성이 있다. 누가복음 9:51-19:44을 주의 깊게 읽고 "그의 말을 들으라"는 주제가 등장하는 곳을 모두 찾아보라. "그의 말을 들으라"는 말씀은 예수님의 도를 받아들이라는 주제, 그러니까 예수를 메시아로 따르라는 주제만큼 자주 접하지는 않았을 것이다. 이것이 누가복음 중심 부분의 매우 중요한 주제라고 생각하든 생각하지 않든, 이제 당신의 설명으로 결론 문단을 작성해 보라.

14. 그리스도

십자가 위에서 죽으신 예수님

도입 »

거미줄을 자세히 관찰해 본 적이 있는가? 거미줄은 무수히 많은 연결점이 통합된 중심으로 향하는 아름답고도 복잡한 예술 작품이다. 거미줄의 모든 부분이 중요하며 각자 자기만의 방식으로 거미줄 전체에 기여하지만, 중심을 둘러싼 각 부분은 모두 거미줄의 중심을 향하고 있다. 거미줄의 어떤 부분이 먼저 눈에 들어오든 간에, 희한하게도 우리의 눈길은 결국 중심을 향하기 마련이다. 예수 그리스도의 십자가와 부활을 다루는 이번 장과 다음 장은 성경 이야기의 중심이라 할 수 있다. 성경 이야기의 모든 요소가 이 중심을 향한다. 복음서들은 상당히 많은 부분을 예수님의 공생애 마지막 주간에 할애한다. 예를 들어, 요한복음의 거의 절반은 예수님의 마지막 한 주 동안에 발생한 사건들에 초점을 맞춘다. 예수 그리스도의 십자가와 부활 이야기에 담긴 심오함과 강렬함 때문에, 이 짧은 지면에 이 부분에 관한 개괄 이상의 깊은 내용을 다룰 수는 없을 것이다. 하지만 비록 간략한 개관일지라도 우리에게 깊은 감동을 주며 십자가와 부활에 관하여 많은 생각을 이끌어 낼 것이다. 2천 년 전 이 마지막 며칠 동안 예루살렘에서 일어난 사건들이 성경의 전체 이야기 가운데 가장 핵심이라고 해도 과언은 아니다. 성경 이야기가 여기서 끝나지는 않지만, 예수님의 십자가와 부활은 인류 역사의 중심에 있다.

준비

마태복음 19-27장; 누가복음 20-23장; 요한복음 11-19장을 읽거나 들어 보라.

계속되는 이야기

| 나사로의 부활 |

기원후 30년(혹은 기원후 33년) 유대 땅에 유월절이 얼마 남지 않은 봄에 예수님은 제자들과 예루살렘에 도착하신다. 그분은 먼저 예루살렘에서 3킬로미터도 채 떨어지지 않은 작은 마을 베다니에 사는 병든 친구 나사로를 방문하신다. 그런데 예수님이 나사로의 집에 도착할 무렵, 나사로는 이미 죽었고 슬픔에 싸인 나사로의 두 누이 마르다와 마리아는 예수님께 도움을 청한다. 요한복음 11장에 기록된 그 두 자매와 예수님 사이의 인상적인 대화에서 우리는 예수님이 삶과 죽음을 모두 초월하여 통치하시는 주님이심을 알 수 있다. 마르다와 마리아의 부탁을 들은 예수님은 사망의 권세가 자기의 사랑하는 친구에게 행한 일에 분노하시면서 나사로를 죽음으로부터 다시 일으키신다.

요한복음에 소개되는 일곱 번째 '표적'인 이 기적 사건은 복음서에서 가장 극적이며, 두 세력 간의 가장 강력한 대결을 생생하게 묘사한다.

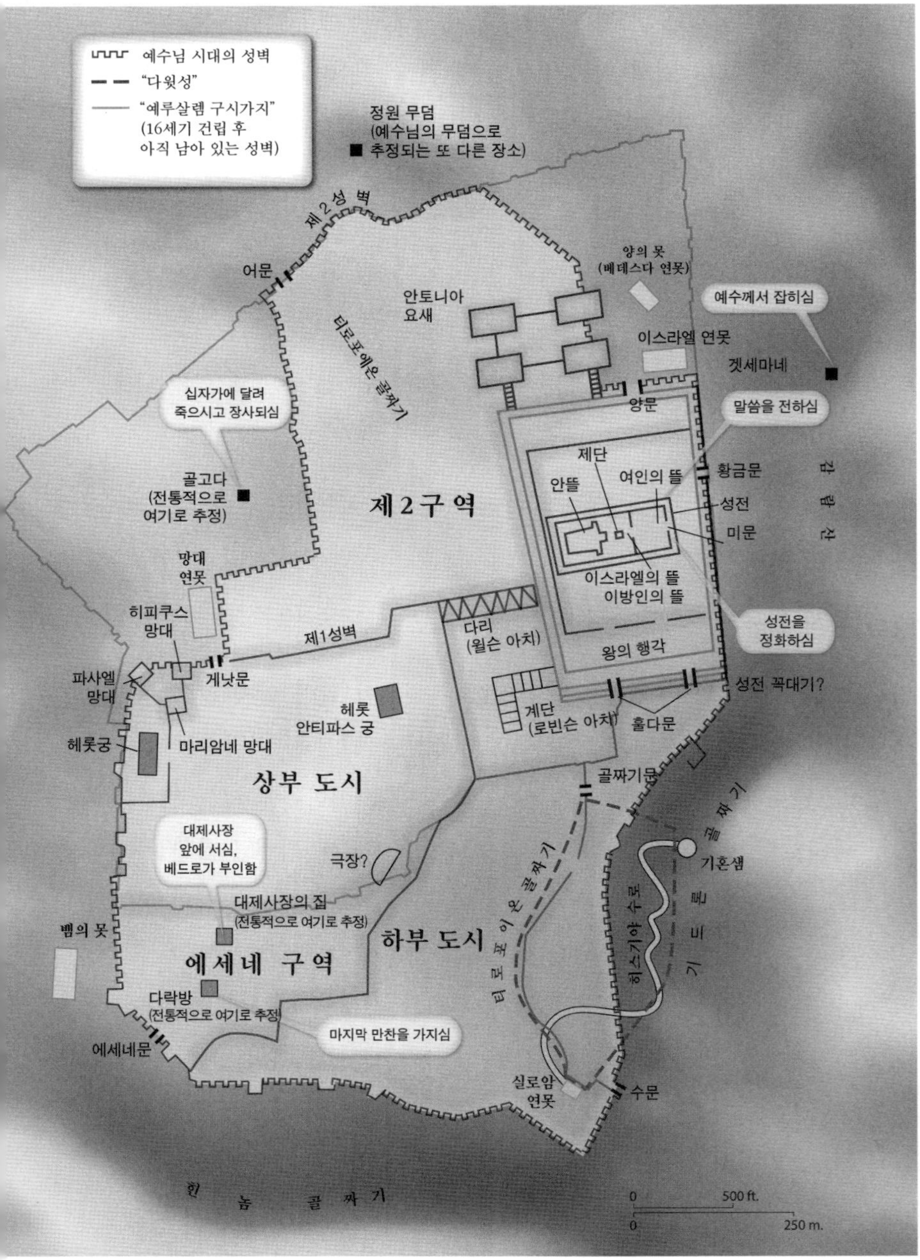

예수님 시대의 성벽
"다윗성"
"예루살렘 구시가지" (16세기 건립 후 아직 남아 있는 성벽)
정원 무덤 (예수님의 무덤으로 추정되는 또 다른 장소)
제 2 성 벽
어문
양의 못 (베데스다 연못)
예수께서 잡히심
안토니아 요새
티로포에온 골짜기
이스라엘 연못
겟세마네
십자가에 달려 죽으시고 장사되심
양문
말씀을 전하심
골고다 (전통적으로 여기로 추정)
제단
안뜰
여인의 뜰
황금문
감람산
제 2 구 역
성전
미문
망대 연못
이스라엘의 뜰
이방인의 뜰
히피쿠스 망대
제1성벽
다리 (윌슨 아치)
성전을 정화하심
왕의 행각
파사엘 망대
게낫문
헤롯 안티파스 궁
성전 꼭대기?
계단 (로빈슨 아치)
훌다문
헤롯궁
마리암네 망대
상부 도시
골짜기문
대제사장 앞에 서심, 베드로가 부인함
극장?
기혼샘
티로포이온 골짜기
히스기야 수로
기드론 골짜기
대제사장의 집 (전통적으로 여기로 추정)
뱀의 못
하부 도시
에세네 구역
다락방 (전통적으로 여기로 추정)
마지막 만찬을 가지심
에세네문
실로암 연못
수문
힌놈 골짜기
0 500 ft.
0 250 m.

신약 시대 예루살렘

먼저 나사로의 부활은 예수님 자신의 부활을 예고한다. 또 이 순전한 기적의 능력은 그것을 본 많은 사람을 설득하여 예수님을 믿도록 한다(요 11:45). 그러나 역설적으로, 나사로의 부활은 당시 종교 지도자들로 하여금 예수님을 죽이려는 음모를 꾸미게 하는 원인이 되기도 한다(요 11:46-57; 12:9-11). 나사로의 부활을 계기로 종교 지도자들은 그 어느 때보다 더 이 말썽꾼을 제거해야 한다고 다짐한다. 결국 예수님은 남의 생명을 살려 주신 것 때문에 자기 생명을 내주어야 하는 자리로 점점 다가서셨다.

| 예루살렘으로의 승리의 입성 |

수난 주간 바로 직전 토요일 밤 베다니에서는 나사로와 그의 누이 마르다와 마리아를 비롯한 예수님의 친구들이 예수님을 위해 잔치를 마련했다(요 12:2). 겸손한 예배의 행위로 마리아는 예수님의 발에 값비싼 향유 병을 깨서 붓고 그녀의 머리카락으로 닦는다. 도적이나 다름없는 가룟 유다가 값비싼 향유를 그렇게 사용하는 것은 무의미한 낭비라고 비난하지만, 예수님은 그녀의 예배 행위가 다가오는 자신의 장례를 준비하는 것이라고 칭찬하신다(요 12:7).

일요일 아침 예수님이 예루살렘 도성으로 들어가시는 '승리의 입성'으로 고난 주간 혹은 수난 주간이 시작된다. 예수님은 감람산에서 내려와 예루살렘 도성으로 들어가신다. 당시 많은 사람이 마지막 날에 메시아가 이 감람산에 등장할 것으로 믿었기 때문에 이 "산"은 특별한 의미를 지니고 있었다(슥 14:4-5). 베다니는 광야 방향으로 감람산 동쪽에 있으며, 감람산 정상에서 예루살렘 도성 중심부까지는 도보로 약 20분밖에 안 걸린다. 유월절 기간에는 순례자들 때문에 예루살렘의 인구가 갑자기 증가한다. 게다가 나사로의 부활 소문으로 많은 사람이 죽음에서 나사로를 소생시킨 그 사람을 만나 보고 싶어 했다(요 12:9-11). 이렇게 메시아에 대한 기대감은 하늘을 찌를 정도였다.

> 시온의 딸아 크게 기뻐할지어다.
> 　예루살렘의 딸아 즐거이 부를지어다.
> 보라 네 왕이 네게 임하시나니
> 　그는 공의로우시며 구원을 베푸시며
> 겸손하여 나귀를 타시나니
> 　나귀의 작은 것 곧 나귀 새끼니라. (슥 9:9; 참조. 마 21:1-9)

이전에 예수님은 자신이 메시아라는 사실을 소문내지 말라고 제자들에게 주의를 주셨다. 그런데 이제는 공개적으로 자신에 대해 세상에

요한복음의 일곱 가지 표적

사도 요한은 요한복음 전반부에서 예수님에 대한 신앙심을 고취시킬 사건들을 소개하며 "표적"[그리스어로 '세메이온'(*sēmeion*)]이라는 단어를 사용한다(요 20:30-31). 예수님이 행하신 이런 강력한 이적 사건들은 그 기적을 뛰어넘어 예수님의 정체성과 사명을 제시한다. 그 일곱 가지 표적은 다음과 같다.

1. 물로 포도주를 만드심(요 2:1-11)
2. 신하의 아들을 고치심(요 4:43-54)
3. 베데스다못에서 병자를 고치심(요 5:1-15)
4. 오천 명을 먹이심(요 6:1-14)
5. 물 위를 걸으심(요 6:16-21)
6. 날 때부터 눈먼 자를 고치심(요 9:1-12)
7. 나사로를 죽음에서 소생시키심(요 11:1-44)

알리고 계신다. 예수님이 바로 그토록 대망해 온 메시아시다! 그분은 유대인의 왕이시다. 예수님은 자기 백성의 구원을 성취하시기 위하여 군마가 아니라 나귀를 타고 겸손한 왕으로 입성하신다. 예수님의 '승리의 입성'이 오직 십자가에서의 죽음을 통해 쟁취되는 승리를 미리 암시하고 있다는 것이 얼마나 역설적인가? 승리로 나아가는 하나님의 길은 섬김과 희생을 통과해야만 한다.

왕 중의 왕께서 나귀를 타시다

나귀는 가난한 사람들이 기르는 볼품없고 느리며 고집 세고 평생토록 일만 하는 가축이다.…나귀를 타신 하나님이신 예수님은 인간의 눈높이에서 참으로 인간적인 방식으로, 우리와 함께하시는 임마누엘의 하나님으로 우리에게 나타나고 싶어 하신다.[1]

-프레더릭 브루너

예수님을 환영한 수많은 무리 중에는 의심의 여지 없이 다양한 집단이 포함되었다. 열두 제자들, 나사로와 그의 누이들처럼 예루살렘 지역에서 예수님을 따르는 제자들, 유월절을 지키기 위해 예루살렘을 방문한 다른 지역 출신의 제자들, 예수님의 제자는 아니더라도 단순한 호기심으로 모여든 구경꾼들, 그리고 예수님을 계속 감시하는 몇몇 종교 지도자들이 그 집단들이다(눅 19:39-40; 요 12:17-19을 보라). 이 가운데 많은 사람이 예수님이 감람산에서 예루살렘 도성으로 들어오실 때 자신들의 겉옷을 벗어 왕이 지나갈 길 위에 깔아 놓았다. 또 다른 이들은 그 길 위에 종려나무 가지를 깔아 놓기도 했다(요 12:13). 오늘날 기독교 전통에서 이 주일을 종려주일이라고 부르는 이유도 이러한 배경 때문이다. 당시 종려나무 가지는 유대인의 국가적 자존심과 승리의 상징으로 간주되었다(마카베오상 13:49-51; 마카베오하 10:1-8).

> **성전은 정결케 되었는가, 아니면 지위를 박탈당했는가?**
>
> 무화과나무 사건은 성전 사건을 앞뒤로 감싸면서 이에 대한 해석을 제시한다. 무화과나무 사건은 성전을 정결케 하는 것이 예수님의 의도가 아니었음을 분명히 드러낸다. 예수님의 행동은 성전의 지위 박탈을 시각화한 선언이었다. 열매 맺지 못한 무화과나무는 개혁되거나 정결케 되는 것이 아니라 저주받았다.[2]
>
> -데이비드 갈런드

이 무리는 계속해서 소리친다. "호산나 다윗의 자손이여, 찬송하리로다 주의 이름으로 오시는 이여, 가장 높은 곳에서 호산나"(마 21:9). '호산나'라는 단어는 본래 '하나님, 우리를 도우소서!'라는 의미를 담고 있지만(삼하 14:4; 왕하 6:26), 예수님 당시에는 하나님을 찬송하는 보편적인 표현으로 사용되었다. 그런데 예수님을 환영하면서 그분을 가리켜 "다윗의 자손" 또는 "주의 이름으로 오는 이"(시 118:26)로 표현하는 것은, 당시 많은 사람이 예수님을 하나님의 보냄을 받은 메시아나 구원자로 이해하고 있음을 분명히 보여 준다.

이들의 '간구'는 분명 응답될 테지만, 그 응답의 방법은 이들이 기대하는 방법이 아니다. 이 땅에 세워지는 하나님 나라는 군사적 정복이 아니라 고난을 통해 세워질 것이기 때문이다. 하나님의 백성들은 로마군보다 훨씬 강력한 사탄과 죄악에서 구원받을 것이다. 그러나 무리는 늘 변덕스럽게 변할 가능성이 있다. 이렇게 예수님을 열렬히 환영한 지 불과 며칠 후, 예수님이 그들이 기대한 해방을 제공하는 데 실패하시자, 군중은 태도를 바꾸어 예수님을 "십자가에 못 박[으라]"

고 고함친다(마 27:22).

예수님은 예루살렘 입성이 단지 구원을 가져다줄 뿐 아니라 심판도 가져올 것이라는 사실을 잘 알고 계셨다. 그래서 수난 주간에 일어난 상당수의 사건은 종말론적 심판에 초점을 두고 있다. 그분은 장차 성전을 심판하실 것이고, 유대의 종교 지도자와 군중의 마음속에 도사리고 있는 제국주의적 야망과 제자들의 순전치 못한 기대와 동기들 그리고 백성들의 죄악을 심판하실 것이다. 그래서 누가가 '예수님이 예루살렘으로 가까이 오사 성을 보시고 우셨다'고 진술하는 것은 그리 놀랍지 않다(눅 19:41).

| 무화과나무와 성전 |

승리에 찬 예루살렘 도성으로의 입성 후, 예수님은 성전으로 가서 그 현장을 살펴보셨다. 그곳에서 예수님은 슬픔과 의로운 분노를 느끼신 것이 분명하다. 하지만 이미 날이 저물 때가 되어 예수님은 베다니로 돌아가신다(막 11:11). 다음 날 예수님은 다시 예루살렘으로 들어가셔서 그 성전을 향하여 심판을 선포하신다. 예수님의 성전 심판 선언은 (인간적 관점으로 볼 때) 자기 목숨을 걸어야 하는 매우 무모한 처신이었다. 이 행동 때문에 예수님은 유대 권력자들과 더욱 심각한 갈등에 휘말려 들어가시게 되었다(막 11:15-18). 당시의 종교적이고 정치적인 부패에 직면할수록 예수님은 더욱 위험한 대결을 시도하신다.

당시 성전은 예루살렘 도성의 중심에 위치했으며 상징적으로도 이스라엘 국가의 심장이나 다름없었다. 첫 번째 성전은 솔로몬왕이 기원전 10세기에 세웠는데, 기원전 587년경 바벨론에 의해 파괴되었다. 두 번째 성전은 바벨론에서 귀환한 이스라엘 백성이 기원전 538년경, 처음 성전이 세워진 그 장소에 다시 세웠다. 그 후로 기원전 20년에 헤롯 대왕은 이 둘째 성전의 거대한 개축 공사를 시작했고, 그 공사는 거의 50년 동안 계속된다(요 2:20). 당시 이 성전은 이스라엘의 정치와 경제 그리고 종교의 중심이나 다름없는 기능을 감당했다. 삶의 여러 영역이 서로 분리된 현대적 관점에서 볼 때, 어느 한 장소에 그 나라의 모든 경제와 권력 그리고 종교적 거룩성이 하나로 집약되는 것을 상상하기란 쉽지 않다. 그러나 예루살렘 성전에는 이 모든 것이 하나로 집중되어 있었다.

마가복음에서 성전 청결 사건과 무화과나무 저주 사건은 '샌드위치'처럼 연결되어 있다. 마가는 복음서 안에서 종종 두 가지 사건에 관한 묘사를 연결해서 독자들로 하여금 별개의 것처럼 보이는 두 사건을 유사한 관점에서 이해할 수 있도록 유도한다(막 3:20-35; 5:21-43; 6:7-31; 14:1-11, 53-72을 보라). 마가복음 11:12-25에서 성전 청결 사건에 관한 기사는 무화과나무 저주 기사 안에 위치하기 때문에 이 본문을 읽는 독자들은 성전에서 벌어진 사건을 단순히 청결에 관한 사건보다는 열매 없는 무화과나무를 향한 저주와 유사한 맥락에서, 성전을 향한 예수님의 저주와 유죄 선고로 이해할 수 있다. 마가복음의 흐름에 비추어 볼 때, 예수님은 이스라엘의 상징에 해당하는 무화과나무에 마땅한 열매가 없는 것을 심판하신 것과 동일하게 영적 결실을 내지 못하는 성전을 모두 심판하고 계신다.

마가복음 11:12-14을 처음 읽는 일부 독자는 예수님이 무화과나무가 결실을 보는 계절도 아닌데 무조건 열매를 맺지 못했다고 나무를 저주하시는 이유를 잘 이해하지 못할 것이다. 하지만 11:13에서 "이는 무화과의 때가 아님이라"는 마가의 언급은 무화과나무에 대한 저주 사건의 심층부에 깔린 상징적 의미를 이해할 실마리를 제공한다. 당시 예수님은 분명히 무화과나무에 열매가 맺히는 계절이 아니라는 사실을 잘 알고 계신다. 하지만 그 나무는 예수님이 예루살렘 성전을 향해 이제 막 행하시고자 하는 일에 대한 이해를 돕는 교육용 도구로 사용된다. 무화과나무가 풍성한 잎사귀들 때문에 주위 사람들에게 따 먹을 만한 열매가 있을 것이라는 잘못된 기대감을 심어 주는 것처럼, 당시 예루살렘 성전도 사람들에게 이곳이야말로 진정 하나님을 만날 수 있는 장소라는 거짓된 인상을 심어 주고 있었다. 하지만 이제 메시아가 도래함으로 열매 없는 성전을 심판할 시간이 왔으며, 그 성전이 하나님께로 나아가는 참된 길인 예수님 그분으로 대체될 순간이 도래했다.

종종 극적 행동을 통해 분명한 요점을 제시한 구약의 예언자들처럼, 예수님도 성전의 기능을 일시적으로 중단시킴으로써 당시 타락한 성전에 대한 하나님의 거부를 분명하게 선포하신다. 마가복음 11:15-17에서 우리는 당시 예루살렘 성전의 상업주의와 부패한 제사 제도, 예배 의식들을 강하게 책망하고 저주하시는 예수님의 모습을 볼 수 있다. 예수님의 분노에도 불구하고 돈 바꾸는 자들은 순식간에 땅바닥에 흩어진 동전들을 다시 줍고 넘어진 상을 바로 세우고 다시 거래를 시작했겠지만, 예수님은 상징적 행동을 통해 성전에 대한 그분의 핵심 요점을 선언하셨다. 예루살렘 성전은 하나님의 임재를 중개하기는커녕 곧 하나님의 심판 아래 놓일 것이다.

그 사건이 발생한 다음 날 아침에 제자들이 예수님과 다시 예루살렘으로 돌아왔을 때, 베드로는 그 무화과나무가 단 하루 만에 놀라울 정도로 뿌리부터 말라 버렸음을 발견한다(막 11:20-25). 예수님이 성전을 저주하셨기 때문에 그 성전은 곧 파괴될 것이다. 하지만 예수님은 성전을 무너뜨리기만 하는 것이 아니라 새로운 것으로 대체시키신다. 성부 하나님의 성육신하신 독생자 예수 그분이야말로 성전보다 위대한 분이며, 그 성전을 완전히 새롭게 대체하고 계신다. 예수 그리스도 안에서 우리는 하나님의 임재를 발견한다. 그 새로운 길은 하나님에 대한 의심 없는 믿음(막 11:23)과 하나님께 믿음으로 기도하는 것(막 11:24) 그리고 우리를 용서하신 하나님을 믿는 마음 그대로 다른 사람을 용서하는 지속적 용서(막 11:25)에 기초할 것이다.

| 감람산 강화 |

아마도 고난 주간 수요일경에 예수님이 성전 뜰을 나와서 걷고 계실 때, 동행하던 제자들이 웅장하고 화려한 성전 건물에 대해 언급한다(마 24:1). 그러자 예수님은 돌연히 그 모든 것이 곧 무너질 것이라고 말씀하신다(마 24:2). 성전이 무너질 것이라는 충격적 선언을 들은 제자들의 마음속에 두 개의 중요한 질문이 생겼다. "우리에게 이르소서. 어느 때에 이런 일이 있겠사오며 또 주의 임하심과 세상 끝에는 무슨 징조가 있사오리이까?"(마 24:3) 마태복음 24-25장과 마가복음 13장에 기록된 예수님의 긴 응답은, 예수님이 제자들의 질문에 대답할 당시 감람산에 머물러 계셨기 때문에 감람산 강화로 불린다(마 24:3). 또 다른 사람들은 이 가르침을 종말론적 혹은 묵시적 강화로 명명했다. 그 이유는 예수님이 이때 말씀하신 상당 부분이 마지막 시대에 해당되는 것처럼 보이기 때문이다.

제자들의 두 질문은 다음 두 사건과 연관된다. (1) 첫째는 기원후 70년에 발생한 로마의 예루살렘 함락과 성전 파괴이며, (2) 둘째는 세상 마지막 날에 임하는 예수님의 재림이다. 감람산 강화에서 예수님의 대답 역시 두 사건을 언급한다. 예수님은 마지막 날에 재림할 때 함께 일어날 심판을 경고하시기 위해, 하나의 예로 머지않은 미래에 일어날 성전 파괴에 관한 예언을 함께 언급하신 것 같다. 예수님은 중

예수님과 함께하는 고난 주간

오늘날의 요일	고난 주간에 발생한 사건들
금요일	·베다니에 도착하심(요 12:1)
토요일	·만찬에서 마리아가 예수님께 기름을 붓다(요 12:2-8; 마 26:6-13을 보라)
일요일	·승리에 찬 예루살렘 입성(마 21:1-11; 막 11:1-10; 요 12:12-18) ·성전을 둘러보시는 예수님(막 11:11) ·베다니로 돌아오심(마 21:17; 막 11:11)
월요일	·예루살렘으로 가는 길에 무화과나무를 저주하심(마 21:18-22; 막 11:12-14) ·성전 청결과 저주(마 21:12-13; 막 11:15-17) ·성전에서의 기적과 도전(마 21:14-16; 막 11:18) ·베다니로 돌아오심(막 11:19)
화요일	·예루살렘으로 다시 가는 도중의 무화과나무 저주에 대한 반응(마 21:20-22; 막 11:20-21) ·예루살렘에서 일어난 종교 지도자들과의 논쟁과 성전에서의 가르침(마 21:23-23:39; 막11:27-12:44) ·베다니로 돌아오는 길에서의 (종말론적) 감람산 강화(마 24:1-25:46; 막 13:1-37)
수요일	·'침묵의 수요일'-예수님과 제자들은 마지막 친교를 위해 베다니에 머무름 ·유다는 배신을 결행하고자 혼자 예루살렘으로 돌아감(마 26:14-16; 막 14:10-11)
목요일	·유월절을 위한 준비(마 26:17-19; 막 14:12-16) 일몰 후: ·유월절 식사와 마지막 만찬(마 26:20-35; 막 14:32-42) ·다락방 강화(요 13-17장) ·겟세마네 동산의 기도(마 26:36-46; 막 14:32-42)
금요일	·배신과 체포(마 26:47-56; 막 14:43-52) ·유대의 법정—세 번에 걸친 예수님의 등장 · 안나스 앞에(요 18:13-24)· · 가야바와 산헤드린 공회 일부 앞에(마 26:57-75; 막 14:53-65) · 산헤드린 공회 전체 앞에(아마도 동튼 후, 마 27:1-2; 막 15:1) ·로마의 재판—세 번에 걸친 예수님의 등장 · 빌라도 앞에(마 27:2-14; 막 15:2-5) · 헤롯 앞에(눅 23:6-12) · 빌라도 앞에(마 27:15-26; 막 15:6-15) ·십자가 처형(대략 오전 9시-오후 3시, 마 27:27-66; 막 15:16-39) ·무덤 장례(일몰 전, 마 27:57-66; 막 15:42-47)
토요일	무덤에 안치된 예수님의 시신
일요일과 그 후	·예수님의 부활 ·부활의 증인들(마 28:1-8; 막 16:1-8; 눅 24:1-12) ·부활하신 예수님의 출현(마 28:9-20; 눅 24:13-53; 요 20-21장)

*Michael J. Wilkins, *Matthew*, The NIV Application Commentary(Grand Rapids: Zondervan, 2004), pp. 709-710에서 약간의 수정을 거쳐 인용. 『NIV 적용주석 마태복음』(솔로몬).

요한 두 사건을 의도적으로 연결하시면서, 첫 번째 사건(기원후 70년 성전 파괴)을 두 번째 사건(예수님의 재림)의 예고로 사용하신다. 그래서 가까운 미래는 먼 미래와 긴밀하게 연결되어 있다.

이 본문은 마치 멀리서 커다란 산맥을 바라보는 것과 비슷하다. 매우 먼 거리에서 바라보면 모든 산이 하나처럼 보인다. 그러나 좀 더 가까이 다가서면, 어떤 봉우리는 다른 봉우리보다 훨씬 가까이에 있음을 알 수 있다. 이와 같이, 감람산 강화에서 예수님이 말씀하신 어떤 내용들은 1세기 안에 즉 가까운 미래에 성취될 것이고, 또 어떤 내용들은 종말 즉 먼 미래에 성취될 것이다. 마태복음 24-25장에 나오는 예수님의 교훈을 다음과 같이 요약해 볼 수 있다.

24:3-35	**제자들의 두 질문에 대답하시는 예수님—예루살렘의 멸망과 인자의 재림**
24:3-14	고통의 시작—시대마다 일어날 사건들
24:15-20	예루살렘 멸망의 모진 고통
24:21-28	막간의 큰 환난이나 재난
24:29-31	인자의 강림
24:32-35	결론—임박한 그리스도의 재림
24:36-25:46	**그리스도의 재림을 위해 준비해야 할 것**
24:36	그리스도의 재림 시기는 하나님 아버지만 아신다
24:37-41	예상치 못한 그리스도의 재림에 관한 묘사
24:42	그러므로 깨어 있으라!
24:43-25:30	재림의 대비에 관한 네 가지 비유
25:31-46	마지막 심판과 보상

예수님은 역사의 종말이 가까워질 때 일어날 사건들(출산의 고통)을 묘사하시면서 종말에 관한 가르침을 시작하시지만, 구체적으로 역사의 종말이 언제 일어날지 그 시점을 알려 주시지는 않는다(마 24:4-13). 종말과 관련하여 특히 '극심한 고통'은 기원후 70년의 예루살렘 파괴를 통해 나타날 것이다(마 24:15-20). 또 예수님은 초림과 재림 사이의 중간기 동안이나 그리스도의 재림 전 과도기에 밀어닥칠 큰 환란에 대해서도 교훈하신다. 마태복음 24:29-31에서는 그리스도의 재림을 예고하는데, 이어서 그 재림 사건이 멀리 있지 않고 가까이 임박했다는 경고의 말씀이 뒤따른다(마 24:32-35). 마태복음 24장 나머지 부분과 25장 전체에서 예수님은 제자들에게 갑자기 임하는 예수님의 재림을 늘 준비해야 한다고 교훈하신다.

때로는 감람산 강화가 전하려는 요점이 불분명해 보일 수도 있겠지만, 예수님의 특별한 교훈과 명령을 요약해 본다면 그 핵심 메시지는 다음과 같이 명확하게 드러난다.

1. 제자들은 거짓된 소문이나 가짜 메시아에 속아서는 안 된다. 비록 그들이 신비로운 기적을 행하고 군중을 속일지라도 결코 여기에 속아 넘어가지 말아야 한다. 실제로 그리스도가 재림하면, 모든 사람이 그 진실을 알게 될 것이다!(마 24:27)
2. 제자들은 전쟁과 기근과 지진 같은 혼란스러운 사건들 때문에 불안해하면 안 된다. 이런 혼란스러운 사건들은 역사 속에서 늘 발생하지만, 이러한 사건들이 꼭 마지막 때를 의미하지는 않는다.
3. 제자들은 예수님을 향한 충성 때문에 반대와 핍박, 심지어 순교도 각오해야 한다.
4. 제자들이라면 예수님의 재림이 분명하고 확실하다는 것을 잘 안다.

5. 하지만 재림의 시간은 알려지지 않았다. 그분은 반드시 재림하시지만, 아무도 그 시기는 알 수 없다. 결국 예수님의 재림은 항상 '임박'했거나 긴급하다. 달리 말하자면 예수님의 재림이 언제든 일어날 수 있다는 뜻이다. 재림의 시기를 예측하는 것은 무익하고 비생산적이다.
6. 제자들은 깨어서 예수님의 재림을 준비해야 한다. 이것이 감람산 강화의 핵심 명령이다. 무엇보다 먼저, 예수님은 우리가 깨어서 그분의 재림을 준비하기를 원하신다.
7. 제자들은 영적으로 항상 깨어 있어야 하며 하나님이 자신에게 주신 소명을 행함으로, 즉 모든 족속에게 복음을 전하며(마 24:14) 자신에게 맡겨진 일들을 행함으로(마 24:45-46) 그리고 자신의 은사와 능력을 주님 섬기는 데 사용함으로(마 25:14-30) 주님의 재림을 준비해야 한다.

| 마지막 만찬과 주의 만찬 |

고난 주간 목요일에는 예수님이 십자가에 도달하시기까지 불과 몇 시간밖에 남지 않았다.

예수님이 제자들과 함께 나누시는 마지막 식사는 유월절 만찬이다. 유월절 식사는 유대인이 애굽의 노예 생활로부터 하나님이 어떻게 그들을 구원하셨는지를 기억하기 위하여 먹는 음식이다. 예수님은 베드로와 요한에게 유월절 식사를 준비하는 임무를 맡기신다. 그래서 이들은 예루살렘으로 들어가서 물 한 동이를 들고 가는 어떤 사람을 만나고, 그를 따라 다락방으로 들어가 유월절 만찬을 준비한다(막 14:12-17). 밤이 되자 예수님은 제자들을 다락방에 모으신다.

예수님과 제자들은 중세 후기의 아름다운 예술 작품에 등장하는 길고 곧은 테이블보다는 U자 형태로 제작된 낮은 상이나 침상에 비스듬히 기대어 앉았을 것이다.[3] 만찬에 참석한 사람들은 발을 바깥쪽으로 향하고 오른손으로 음식을 집어 먹기 편하도록 몸을 왼편으로 비스듬히 기대었을 것이다. 이때 만찬을 준비한 주인(이 경우 예수님)은 대부분 양편의 중요한 손님들과 함께 테이블의 아랫자리에 앉곤 했다. 그런데 참으로 역설적으로 가룟 유다는 예수님 바로 옆에 만찬의 중요한 손님 자리에 앉은 것이 분명하다.

제자들이 모두 도착하고 만찬 음식이 준비된 다음, 예수님은 주위 사람들이 전혀 예상치 못한 충격적인 행동을 시작하신다. 그분은 일어나서 겉옷을 벗고 허리에 수건을 두르신 다음, 대야에 물을 떠서 한 사람씩 제자들의 발을 씻기시고 수건으로 닦기 시작하신다(요 13:3-5).

당시에는 이렇게 자존심이 망가질 지저분하고 더러운 일은 유대 하인들이 감당하기에도 너무나 격이 떨어지기 때문에 가장 밑바닥 계층인 비유대인 출신의 노예들이 감당했다. 예수님의 파격적이고 지극히 겸손한 행동은 제자들에게 하나님 나라에서의 섬김의 가치에 대해 잊을 수 없는 교훈을 가르친다.

> 그들의 발을 씻으신 후에 옷을 입으시고 다시 앉아 그들에게 이르시되 내가 너희에게 행한 것을 너희가 아느냐 너희가 나를 선생이라 또는 주라 하니 너희 말이 옳도다. 내가 그러하다. 내가 주와 또는 선생이 되어 너희 발을 씻었으니 너희도 서로 발을 씻어 주는 것이 옳으니라. 내가 너희에게 행한 것같이 너희도 행하게 하려 하여 본을 보였노라. 내가 진실로 진실로 너희에게 이르노니 종이 주인보다 크지 못하고 보냄을 받은 자가 보낸 자보다 크지 못하나니 너희가 이것을 알고 행하면 복이

있으리라. (요 13:12-17)

사실 예수님은 제자들보다 비교할 수 없이 높은 지위와 신분을 지니셨다. '주님'(Lord)이라는 단어는 그리스어 구약성경에서 일반적으로 하나님(God)으로 쓰였다. 그러나 예수님은 하나님 나라에서는 권력과 지위가 있는 사람들이 오히려 섬기는 종이 되어야 한다고 교훈하신다. 예수님은 제자들을 위해 하나의 모범 혹은 본보기를 제시하고 계신다. 주인이 자기를 기꺼이 낮춰서 문화의 관습에 얽매이지 않고 다른 사람들을 섬긴다면, 당연히 우리도 그와 같이 섬겨야 한다. 성자 하나님이 우리를 위한 종의 임무를 수행하시려고 몸을 낮추셨다면, 우리는 더욱 다른 이들을 섬기기 위해 얼마나 많이 몸을 낮춰야 하겠는가?

제자들이 예수님과 식사하고 있을 때, 예수님은 그 자리에 참석한 열두 제자 중 한 명이 곧 배신할 것이라고 예언하여 주변 제자들에게 충격을 안기셨다. 예수님과 식탁 교제를 나누면서 그와 동시에 마음 한구석으로는 예수님을 배신할 준비를 하고 있던 가룟 유다의 끔찍한 모순은 분명해졌다. 시편 41:9은 예수님이 배반당하실 것을 예언한다. "내가 신뢰하여 내 떡을 나눠 먹던 나의 가까운 친구도 나를 대적하여 그의 발꿈치를 들었나이다"(참조. 요 13:18). 예수님의 죽음을 준비하기 위하여 값비싼 향유를 예수님의 몸에 부은 마리아의 예배 행위와는 매우 대조적으로, 유다는 자기 마음을 열어 사탄의 유혹을 받아들였다(눅 22:3; 요 13:2, 27). 유다는 군중의 어떤 방해도 받지 않고 은밀히 예수님을 체포할 수 있는 정보를 종교 지도자들에게 제공하기로 약속한다. 그리고 배신의 대가로 일반 노동자의 넉 달 치 임금에 해당하는 은 30닢을 받는다(마 26:15). 요한복음에 따르면 유다는 이 시점에서 그 만찬 자리를 떠난다(요 13:30).

종이 주인보다 크지 못하다

예수님이 섬기신 것처럼 섬기기 위해서는 겸손이 요구되며 희생도 필요하다. 그것은 누군가를 섬기기 위하여 그보다 낮은 역할을 떠맡아야 한다는 것을 의미한다. 이와 관련된 사례로 많은 이야기가 소개될 수 있겠지만, 내게는 항상 한 가지 사건이 떠오른다. 로버트슨 맥퀼킨 박사(Dr. Robertson McQuilkin)는 여러 해 동안 사우스캐롤라이나주에 있는 컬럼비아 성경대학과 신학대학원의 총장이었다. 1980년경에 그는 아내 뮤리얼에게 기억상실증 증세가 나타나기 시작하는 것을 발견했다. 그 후 수년간 그는 아내의 콘퍼런스 강연과 텔레비전, 라디오 방송 출연이 점점 줄어들다가 결국 모두 사라지는 상황을 지켜보았다. 1980년대 중반에 그녀는 결국 치매 진단을 받았고, 이후로 그녀의 증세는 빠른 속도로 악화되었다.

이러한 상황은 자연히 맥퀼킨 박사에게도 위기로 다가왔다. 잘나가는 대학과 대학원의 총장으로서 어떻게 아내와 학교의 요구를 모두 충족시킬 수 있을까? 주변의 그리스도인 친구들은 그에게 아내 뮤리얼을 전문 요양 병원으로 보내라고 충고했다. 하지만 그는 도저히 그렇게 할 수 없었다. 그는 (자신의 표현을 빌리자면) "진정성의 문제"(a matter of integrity)에 관한 결단을 내렸다. 그는 종일 아내를 돌보기 위해 총장직을 사임했다. 그는 "그것은 두 가지 사랑 사이에서의 선택이었다"라고 말했다. 컬럼비아 대학교는 현명하게, 애정을 가지고 그의 결정을 지지해 주었고 그의 자리를 대신할 새로운 사람을 찾기 시작했다.

맥퀼킨의 인사에서 놀라운 점은 그러한 선택의 저변에 깔린 신학적 토대다. 어떤 사람들이 보기에는 그가 상당한 사회적, 직업적 손실을 감수하고 그런 선택을 한 것처럼 보인다. 그가 자신의 사회적 경력을 포기한 것처럼 보인다. 하지만 사실은 그렇지 않다. 그의 결정은 자신을 향한 하나님의 사랑에 근거한 것이다. 또한 뮤리얼이 그에게 베풀었던 42년간의 사랑을 통해 하나님의 사랑을 경험했던 것이 그의 섬김을 기쁘게 만들어 주었다. 맥퀼킨 박사는 이렇게 적었다.

> [illegible] 약속을 [illegible] 것과 공평하게 처신하는 것 이상의 문제다. 그녀가 심한 [illegible] 속으로 [illegible]드는 것을 보고 있지만, 뮤리얼은 내 삶의 기쁨이다. 나는 날 [illegible] 내가 항상 사랑해 온 바로 그 여인이라는 새로운 증거들을 본다. [illegible] 더 완전하게 사랑하기를 고대하는 하나님 그분 사랑의 신선한 증거 [illegible] 본다[4]
>
> –게리 버지

유대 전통에서 유월절 식사는 애굽의 노예 생활에서 자기 백성을 구원해 내신 하나님의 놀라운 능력을 기념하는 것이다. 구원의 행위는 출애굽 사건이었다. 그리고 그 행동에 대한 상징적 기념은 유월절 만찬이었다(출 12장을 보라). 전통적인 유월절 식사에는 네 가지 요소가 있다.[5]

- 유월절 양: 어린 양의 피로 자기 백성을 보호하신 사건을 상기시킴
- 무교병: 빵을 누룩으로 발효시켜 구울 겨를도 없이 속히 출애굽한 사건을 상기시킴
- 소금물 한 그릇: 노예 생활의 슬픔과 눈물을 상기시킴
- 쓴 나물: 노예 생활의 고난을 상기시킴
- 과일로 만든 퓌레: 노예 시절 벽돌을 만들던 진흙을 상기시킴
- 물을 희석한 넉 잔의 적포도주: 출애굽기 6:6-7의 하나님의 약속을 상기시킴

만찬을 주관하는 주인은 유월절 만찬의 한 부분으로 보통 출애굽 사건을 다시 들려주곤 했다. 그 만찬의 주인으로서 예수님은 이제 사람들에게 친숙한 구약성경의 이야기를 다가오는 십자가와 부활의 관점에서 재해석하신다. 이때 예수님은 마지막 만찬을 주의 만찬으로 바꾸는 의미심장한 네 가지 말씀을 덧붙이신다.

- "이것은 내 몸이니라"(마 26:26): 이 말씀은 다른 이들을 살리기 위해 자신을 희생 제물로 드리는 (무교병으로 상징되는) 예수님의 삶과 관련된다. 예수님의 몸은 사람들에게 죄로부터 구원을 얻

게 하려고 십자가에서 제물로 바쳐질 것이다.

- "많은 사람을 위하여 흘리는 바 나의 피 곧 언약의 피니라"(마 26:28): 이 말씀에서 예수님은 자신을 가리켜 하나님의 참된 어린양으로 묘사하신다. 그 포도주 잔은 "죄 사함을 얻게 하려고 많은 사람을 위하여 흘리는" 예수님의 피를 의미한다(마 26:28). 예수님의 희생적 죽음은 새 언약을 가져온다.
- "내가 포도나무에서 난 것을 이제부터 내 아버지의 나라에서 새 것으로 너희와 함께 마시는 날까지 마시지 아니하리라"(마 26:29; 또한 막 14:25; 눅 22:16, 18을 보라): 이 말씀은 하나님의 백성이 그동안 고대하던 메시아의 잔치에 참여하게 될 예수님의 재림을 의미한다. 언젠가 하나님 나라가 완전히 영광 가운데 임할 것이고 하나님은 자기 자녀들을 위해 거대한 잔치를 베푸실 것이다.
- "이를 행하여 나를 기념하라"(눅 22:19; 또한 고전 11:23-26을 보라): 이 말씀은 신자에게 십자가에 나타난 예수님의 희생적 죽음을 기억하고, 장차 다시 오실 예수님의 재림을 기대하라는 요구를 담고 있다.

유월절 만찬을 마친 후 예수님은 제자들과 함께 아마도 시편 113-118편 가운데 한 편으로 찬송을 부르신 다음, 감람산의 겟세마네 동산으로 올라가셨다.

| 고별 강화 |

다락방을 떠나기 전에, 예수님은 다가올 일에 대해 (유다를 제외한) 제자들에게 공개적으로 말씀하신다. 이를 통해 예수님은 제자들과 이별을 준비하신다. 제자들은 예수님이 이전에 이렇게 마음을 다하여 열정적으로 말씀을 전하신 적이 없었다고 느꼈을 것이다(요 13-17장을 보라). 예수님과 제자들은 어둠의 세력이 그들을 덮치기 전에 비교적 여유 있는 몇 시간을 함께 보낸다. 무엇보다도 예수님의 사심 없는 헌신의 자세가 그 시간 내내 빛을 발하고 있다. 예수님은 제자들의 혼란한 마음을 진정시키시면서, 자신의 이름으로 드리는 새로운 기도의 특권과 더불어 성령과 평안을 약속하신다. 또한 제자들에게 세상의 반대와 핍박에 대해서도 경고하신다. 그러나 십자가의 길이 아버지께로 가는 유일한 길임을 확신시키며, 제자들에게 예수님 안에 머무르면서 서로 사랑하라고 간절한 마음으로 권면하신다. 마지막으로 예수님은 제자들을 위해 기도하시며 그들을 위로하신다. 이제 그분은 십자가로 갈 준비를 모두 마치셨고, 곧이어 배신자가 도착할 것이다.

| 겟세마네 동산과 체포 |

예수님과 제자들은 다락방을 떠나서 감람산의 겟세마네 또는 '기름 짜는 틀'이라 불리는 올리브 동산으로 향한다(막 14:26). 예수님은 자신의 최측근 베드로, 야고보, 요한에게 함께 기도하러 겟세마네 동산 안으로 더 깊이 들어가자고 제안하신다. 당시 예수님은 가장 가까운 친구들에게 자신을 짓누르는 엄청난 중압감을 고백하셨다. "내 마음이 심히 고민하여 죽게 되었으니"(막 14:34). 올리브기름을 짜내기 위해 올리브 열매를 정기적으로 압착하는 이 장소에서, 예수님은 모든 사람의 죄를 대신 짊어지시는 절박한 죽음이라는 무거운 짐에 짓눌림을 느끼고 계셨다.

이제 예수님은 기도하시기 위해 혼자서 동산 안으로 더 깊숙이 들어가신다. 그분의 첫 번째 기도는 할 수만 있다면 이 고난의 때가 자기에게서 지나가도록 해 달라는 것이다(막 14:35-36a). 예수님은 솔직하게 하나님 아버지께 자신의 가장 깊은 속생각과 감정을 있는 그대로 쏟아 놓으신다. 그러나 거기에 머물지 않고 온전한 복종의 단계로 나아가신다. "아빠 아버지여 아버지께는 모든 것이 가능하오니 이 잔을 내게서 옮기시옵소서. 그러나 나의 원대로 마시옵고 아버지의 원대로 하옵소서"(막 14:36). 예수님이 세 번이나 다시 제자들에게로 돌아오셨을 때 그들은 계속 자고 있었다. 그러다 마침내 예수님은 배반과 고통의 시간이 시작되었음을 알리신다(막 14:41).

이 시점에서 가룟 유다는 종교 지도자들에게 권한을 부여받은 무장한 무리와 예수님이 계신 곳에 도착한다. 이들은 예수님을 체포할 기회를 엿보며 그동안 여러 음모를 꾸며 왔으나 늘 백성들의 반응을 두려워했다(막 14:1-2). 유다가 어떻게 그들의 계획에 맞출 것인가? 정확히 어떤 방식으로 배신할 것인가? 가룟 유다는 종교 지도자들에게 예수님에 관한 정보를 제공한다. 이전에 먼저 다락방을 떠난(요 13:27-30) 유다는 종교 지도자들을 찾아가서 불필요한 소란을 일으키지 않고도 은밀한 방법으로 예수님을 체포할 비법을 제시한다. 그런 다음 유다는 군중을 피해 조용히 예수님을 체포할 시점을 포착하여 예수님과 제자들이 머무는 정확한 위치를 확인한다. 제자들은 유다와 친근한 사이였기 때문에 유다가 그들의 진영으로 무장한 무리를 데리고 오리라고는 추호도 생각하지 못했다. 유다는 예수님을 체포할 사람들을 예수님이 계신 장소로 인도했을 뿐 아니라, 보통 제자가 스승에게 존경을 표하는 인사법인 입맞춤이라는 제스처로 누가 예수님인지를 확인까지 해주었다.

이들이 예수님을 체포하려 하자, 시몬 베드로는 칼을 뽑아서 대제사장의 종 말고의 오른쪽 귀를 베어 버렸다(요 18:10). 하지만 예수님은 베드로에게 칼을 거두라고 명령하시고, 이어서 베드로의 칼에 다친 종의 귀를 즉시로 고쳐 주신다(눅 22:51). 만일 예수님이 군사력으로 악을 정복하시고자 했다면, 그분은 하늘의 아버지께 열두 사단의 천군들을 보내 달라고 요청하실 수도 있었다(약 7만 명; 마 26:53). 그러나 예수님은 이미 기도하시면서 그 문제를 정리하셨다. 예수님은 고난의 잔을 마실 것이고, 아버지께서 정하신 길을 순종으로 받아들이실 것이다(요 18:11). 예수님이 체포되어 결박당하자 주변의 모든 사람은 그분을 버리고 떠나 버렸다(막 14:50).

사형의 상징

사람들은 십자가를 장신구로 사용한다. 십자가를 회사 로고의 일부로 사용하는 사람들도 있다. 교회는 공개적으로 십자가를 전시한다. 십자가는 기독교 전통의 거의 유일한 상징이라 할 수 있다. 칼, 단두대, 교수대, 전기의자, 주사기 등 사형과 관련된 상징이 십자가만큼 대중화되어 사용된 적이 있는가?[6]

-워런 카터

| 재판, 십자가 처형, 장사 |

예수님을 체포한 유대 지도자들은 곧바로 예수님을 심문하기 시작한다. 유대의 재판은 현 대제사장인 가야바의 장인이자 전 대제사장(기원후 6-15년)인 안나스의 심문으로 시작된다(요 18:13-24을 보라). 그들은 유죄를 선고할 정당한 증거를 얻기 위해 예수님을 거칠게 심문한다. 두 번째 심리는 그날 밤늦게 가야바(기원후 18-36년)와 편파적인 산헤드린 공회 앞에서 있었다(마 26:57-68; 막 14:53-65).

예수님이 여러 거짓 증거에 대해 스스로를 변호하시지 않자, 대제사장은 결정적 질문을 던진다. "네가 하나님의 아들 그리스도인지 우리에게 말하라"(마 26:63; 막 14:61). 그러자 예수님은 "내가 그니라"라고 대답하신다. 그리고 덧붙여서 "인자가 권능자의 우편에 앉은 것과 하늘 구름을 타고 오는 것을 너희가 보리라"고 말씀하신다(막 14:62). 예수님은 시편 110:1과 다니엘 7:13을 인용하시면서 자신이 하나님의 존전으로 직접 나아갈 수 있고 하나님 곁에서 일한다고 주장하신다. 이러한 주장은 예수님 자신이 그들의 진정한 심판자라는 의미다.[7]

예수님이 하나님과 동등한 권위를 가지고 있다고 주장하시자, 대제사장은 자기 옷을 찢으면서 예수님께 신성 모독죄를 덮어씌운다(마 26:65-66; 막 14:63-64). 그리고 예수님이 나라를 어지럽히는 참람한 거짓 예언자이기 때문에 당연히 죽어 마땅하다는 결론을 내린다. 예수님이 (일종의 정치적 인물로서) 메시아라고 시인하시자 이를 빌미로 사형 선고를 내릴 권한을 가진 빌라도에게 데려간다. 그리고 예수님을 죽이기로 한 한밤중의 급작스러운 결정을 정당한 결정으로 만들기 위해 동이 트자마자 온전한 산헤드린 공회가 소집된다(마 27:1-2; 막 15:1; 눅 22:66-23:1). 산헤드린 공회는 예수님을 죽이기로 뜻을 모았다. 하지만 사형 선고는 로마의 권력자만이 내릴 수 있다(요 18:31). 그래서 종교 지도자들은 예수님을 결박해 총독 빌라도에게로 데리고 간다. 성경 이야기 가운데 이 대목에서 마태는 유다가 스스로 목숨을 끊었다고 기록한다(마 27:3-10; 참조. 행 1:18-19).

로마의 재판은 세 가지 국면으로 구성된다. 첫 번째, 유대 지도자들은 예수님이 나라를 미혹하고 가이사에게 세금 내는 것을 금하며 스스로 왕이라고 주장한 혐의로 그분을 고소한다(눅 23:2). 하지만 빌라도는 고소 내용이 빈약한 것을 알고 판결에 대한 의견을 구하기 위해 예수님을 헤롯 안티파스에게 보낸다(눅 23:6-12).

그리하여 예수님은 헤롯 대왕의 아들이자 기원전 4년부터 기원후 39년까지 갈릴리와 베뢰아를 통치한 안티파스에게 두 번째 심문을 받으신다. 안티파스는 공정한 재판보다는 예수님이 어떤 기적을 행하시는지 구경하는 데 더 관심이 있었다. 그 가운데 예수님은 조롱과 수치를 당하시고 또다시 무죄 선고를 받고 빌라도에게 돌려보내지신다.

세 번째로 예수님은 또다시 빌라도 앞에서 심문을 받으신다(마 27:15-31; 막 15:6-20; 눅 23:13-25; 요 18:39-19:16). 빌라도는 문제를 일으킨 죄로 예수님을 채찍질하고 석방하기를 원했다. 그래서 유월절 축제 기간에 한 명의 수감자를 놓아주는 관습을 근거로 예수님을 석방시키고자 한다. 그러나 그 시도는 군중이 예수님 대신 바라바를 놓아 달라고 요구하는 바람에 실패하고 만다. 물론 빌라도 역시 군중의 요구를 만족시켜 주고 싶었다. 이 전체 이야기를 통해 예수님은 아주 세심하게 그러나 강력한 방법으로, 자신을 죄인을 위한 희생 제물로 바치신다.

유대교 지도자들의 조작에 이끌려 당시 유대 백성은 자신들이 거짓 메시아를 처단함으로써 하나님의 뜻을 이행하고 있다고 착각했다. 하지만 역설적으로 당시 종교 지도자들은 예수님을 죽이려는 의도를 관철할 수만 있다면 하나님 대신 가이사에게 완전히 충성하겠다고 맹세한다. 종교 지도자들은 가이사에게 "이 사람을 놓으면 가이사의 충신이 아니니이다. 무릇 자기를 왕이라 하는 자는 가이사를 반역하는 것이니이다.…가이사 외에는 우리에게 왕이 없나이다"라고 주장한다(요 19:12, 15). 이어서 빌라도는 예수님을 십자가 처형에 넘기기 전에 잔인하고 고통스러운 채찍질을 가했다. 또 로마 병사들은 예수님께 왕의 겉옷을 입히고 가시 면류관을 씌우고 그분을 조롱하며 때렸다. 그런 다음 예수님을 십자가에 못 박기 위해 골고다(아람어로 '해골 골짜기')로 끌고 간다. 골고다는 오늘날 갈보리라는 지명으로 더 잘 알려져 있다. 갈보리는 라틴어로 '해골'이라는 뜻을 담고 있다.

예수님 시대에 십자가 처형은 너무나 고통스럽고 굴욕적인 죽음으로 간주되었으므로, 로마 당국은 로마 시민에게 십자가 처형을 허락하지 않았다. 십자가에 처형당하는 자는 먼저 채찍질을 당하는 과정에서 엄청난 양의 피를 흘린다. 십자가에 달릴 때는 이미 너무나 많은

모든 사람을 위한 독생자

아무 죄가 없으신 예수님이 흉악범 바라바를 대신하여 십자가에 달리신 것은 대표적 은유다. 복음서의 저자들 중 아무도 언급하지 않았지만, 바라바라는 이름은 아람어로 '아버지의 아들'이라는 의미를 담고 있다. 그래서 당시 아람어를 알고 있으며 이름에 담긴 종교적 상징주의를 이해하는 사람이라면 누구나 한 아들의 목숨이 다른 아들의 목숨과 맞바꿔졌음을 이해할 수 있을 것이다. 죽어 마땅하다고 사형 선고를 받은 한 아들이 풀려나고 무죄한 아들이 그를 대신하여 사형 선고를 받아 죽게 되었다.[8]

-대럴 벅

피를 흘렸을 뿐만 아니라 몸을 제대로 가누지 못할 정도로 쇠약해져서 숨조차 제대로 쉬지 못하고 결국 서서히 질식사하게 되는 고통스러운 죽음이다. 그래서 십자가 처형은 로마 사회에서 하층 계급의 범죄자나 노예 그리고 외국인에게만 적용되었다.

복음서 저자들은 예수님의 죽음을 직설적으로 묘사한다. 예수님은 십자가에 못 박히셨고, 병사들은 마취제를 넣은 포도주를 그분께 건넸지만, 예수님은 이를 거절하신다. 병사들은 예수님의 머리맡

에 "유대인의 왕"이라는 명패를 걸어 두고, 그분이 벌거벗은 몸으로 수치스럽게 죽도록 그분의 옷을 제비뽑기한다. 예수님은 두 죄인 사이에서 십자가에 못 박히셨는데, 예수님에 대한 두 죄인의 반응은 대조적이다(눅 23:39-43을 보라). 그 죽음의 현장을 지나가는 자들은 예수님이 사흘 만에 성전을 다시 지을 수 있다고 주장했다는 이유로 그분을 조롱하는가 하면, 자신을 하나님의 아들이라고 주장했음에도 불구하고 십자가에서 내려오지 못하고, 자신이 이스라엘의 왕이라고 주장하면서도 스스로를 구원하지 못한다고 비웃었다(마 27:39-43). 십자가 위에서 하신 예수님의 마지막 말씀은 자신이 누구이며, 이 세상에 무슨 목적을 위해 왔고, 지금 자신이 어떻게 죽음에 직면하는지를 충분히 표현하고 있다.

제6시(정오)에 어둠이 온 땅을 덮자 예수님이 "다 이루었다"고 외치셨고, 자신의 영혼을 아버지께 부탁하는 마지막 기도를 드리는 제9시(오후 3시)까지 그 어둠은 계속된다. 예수님의 죽음과 더불어 거대한 성전 휘장이 위에서 아래로 찢어지는 사건(막 15:38)과 이적 기사들이 뒤따른다(마 27:51-53). 공관복음서 저자들은 예수님의 십자가 처형 장면

예수님의 가상칠언

1. "아버지 저들을 사하여 주옵소서. 자기들이 하는 것을 알지 못함이니이다"(눅 23:34).
2. "내가 진실로 네게 이르노니 오늘 네가 나와 함께 낙원에 있으리라"(눅 23:43).
3. "여자여 보소서. 아들이니이다.…보라 네 어머니라"(요 19:26-27).
4. "나의 하나님, 나의 하나님, 어찌하여 나를 버리셨나이까?"(마 27:46)
5. "내가 목마르다"(요 19:28).
6. "다 이루었다"(요 19:30).
7. "아버지, 내 영혼을 아버지 손에 부탁하나이다"(눅 23:46).

을 로마 병사들의 다음과 같은 역설적 고백으로 마무리한다. "이 사람은 진실로 하나님의 아들이었도다"(막 15:39). 이 고백이 역설적인 이유는 유대인 예수가 로마의 십자가에 처형당하지만 로마 병사들은 그분을 하나님의 아들로 인정하기 때문이다.

사복음서 모두 십자가에 못 박힌 예수님을 목격한 증인들이 있었음을 보고하며, 그 목격자들은 특히 갈릴리 출신의 여자들이라고 언급한다(마 27:55-56; 막 15:40-41; 눅 23:49; 요 19:25-27). 또한 사복음서 모두 예수님의 시신이 무덤에 매장되었음을 기록한다(마 27:57-61; 막 15:42-47; 눅 23:50-56; 요 19:31-42). 이렇게 예수님의 시신이 무덤에 장사되었다는 사실은 독자들에게 예수님이 정말로 죽으셨다는 사실을 이해시키는 데 매우 중요하다. 만약 예수님이 진짜 죽으신 것이 아니라면, 예수님이 죽음에서 부활했다는 초대 그리스도인들의 주장은 헛된 것이 된다. 이런 의미에서 예수님의 죽음과 매장에 관한 기사는 예수님의 진정한 죽음을 확증해 준다.

덧붙여서, 마태는 유대 지도자들이 예수님의 무덤을 봉인하고 한 무리의 병사를 무덤 앞에 배치하려고 빌라도에게 허가를 받아 낸 과정을 기록한다. 이러한 조치는 예수님의 제자들이 시체를 훔쳐 간 다음 예수님이 예언한 대로 죽음에서 부활했다고 거짓 주장을 하지 못하게 하려는 조치였다(마 27:62-66). 그 무덤은 곧 빈 무덤이 될 것이다. 하지만 예수님의 부활 이전에 무덤을 지키는 로마 병사들이 있었다는 것은 그 빈 무덤이 시체를 도둑질한 결과가 아니라는 사실을 보증한다.

연결하기

하나님의 위대한 구원 이야기 안에서의 현재 위치를 복습해 보자.

- 창조와 위기
- 언약
- 불러냄
- 계명
- 정복과 가나안화
- 왕국의 설립
- 친교와 상식
- 왕국의 분열
- 포로 생활과 귀환
- 중간기: 구약과 신약의 중간 시기
- ▸그리스도
  - 이 세상 속으로 오신 예수님
  - 예수님의 메시지
  - 예루살렘을 향한 예수님의 여정
  - **십자가 위에서 죽으신 예수님**
  - 무덤에서 부활하신 예수님
- 교회
- 완성

거미줄의 중심이 거미줄 바깥 부분과 수많은 연결점을 가지고 있듯이, 성경의 중심에 위치한 예수 그리스도의 이야기 역시 성경의 다른 부분과 여러모로 연결된다. 이번 장에서 우리는 그러한 무수한 연결 고리 가운데 몇 가지만 다룰 수밖에 없었다. 예수님이 군중의 환호를 받으며 예루살렘으로 입성하실 때, 그분은 다윗의 자손으로 오시는 왕이심을 선언하고 있다(마 21:9; 막 11:10; 참조. 시 118편). 예수님은 자기 백성 이스라엘을 구원하시기 위해 하나님이 보내신 메시아로 칭송받으신다. 그러나 예수님은 세상 사람들이 기대하는 그런 구원자나 메시아가 아니시다. 예수님이 예루살렘으로 입성하실 때 전쟁용 군마가 아니라 당나귀를 타고 입성하셨다는 사실이 그 점을 잘 보여 준다. 예수님은 하나님의 백성을 해방시키기 위해 겸손의 길을 택하실 것이다. 하나님의 길은 사람의 길과 아주 다르다.

예수님이 부패한 성전에서 파격적인 행보를 감행하실 때, 그분은 당시 성전이 왜 하나님의 저주 아래 있는지를 설명하기 위하여 구약성경에서 두 본문을 사용하신다. 마가복음 11:17에서 예수님은 당시 종교 지도자들이 "만민이 기도하는 집"(사 56:7)을 "강도의 소굴"(렘 7:11)로 바꿔 버렸다고 책망하신다. 하나님의 모든 계획은 이스라엘을 온 세상의 다른 민족과 다른 나라 백성에게 복 주는 데 쓰시는 것이었다. 예를 들어, 이사야 56:1-8에서 하나님은 "이방인"이나 "고자"처럼 주님을 따르기 원하면서도 스스로 하나님으로부터 버림받았다고 생각하는 사람들을 결코 버리지 않고 용납하여 받아들이고 그들에게 복을 베풀겠다고 말씀하신다.

당시 이방인은 감히 예루살렘 성전 안으로 들어갈 수조차 없었다. 그래서 예수님은 그렇게 배타적인 성전의 높은 벽들은 무너져 내려야만 한다고 말씀하신다. "강도의 소굴"이라는 표현이 등장하는 문맥의 배경을 살펴보면(렘 7:1-15), 이 표현은 단순히 당시 성전 내부에서 이루어지던 이기적인 상거래 행위만을 묘사하는 표현이 아님을 알 수 있다. 여기서 '소굴'이라는 표현은 강도가 강탈 행위를 범하는 장소라기보다는 강도가 다른 장소에서 범행을 저지른 후 되돌아와 잠시 숨어 있는 장소를 의미한다.

비록 예루살렘 성전 건물이 거대하여 위력을 발휘하는 듯 보이지만, 예수님이 새롭게 부패한 성전 건물의 기능을 대신하시기 때문에, 이제 사람들은 예수님과 성전 사이에서 선택을 내려야 한다. 예수님이 나중에 부활하시고 하나님 아버지께로 승천하신 후, 유대인과 이방인 모두를 포함한 하나님의 백성은 성령을 통해 하나님의 임재를 경험할 것이다. 하나님은 사람이 만든 건물에 갇혀 계실 수 없다! 오히려 하나님이 자신의 백성 안에 내주하실 것이다. 하나님이 거하시는 성전은 사람이 만든 건물이 아니라 하나님의 백성 그 자체가 될 것이다. 사도 바울이 고린도 교회에 교훈한 바와 같이, "우리는 살아 계신 하나님의 성전"이다(고후 6:16; 참조. 고전 3:16; 엡 2:21-22).

예수님과 성경의 다른 이야기를 연결하는 강력한 연결 고리 가운데 하나는 유월절 만찬에서 전하신 예수님의 말씀과 관련된다. 유월절 만찬에서 예수님은 자신에게 곧 발생할 십자가 사건이라는 조명 아래서 출애굽 이야기를 새롭게 바꾸어 들려주신다. 그래서 하나님의 가장 유명한 구원 사건은 (애굽의 노예 생활에서 이스라엘 백성을 구원한) 과거의 출애굽 사건에서 (죄와 죽음으로부터 백성들을 구원하는) 십자가와 부활로 대체되고 실현된다. 과거 유월절을 기념하기 위한 상징적 만찬이 이제 주의 만찬으로 대체된다.

- 애굽의 노예—죄의 노예
- 유월절 어린 양을 통한 하나님의 구원—하나님의 어린양이신 예수님을 통한 하나님의 구원(고전 5:7)

- 애굽으로부터의 탈출 혹은 해방—죄의 용서
- 시내산 언약—예수님의 피를 통한 새 언약
- 유월절 만찬—주의 만찬(성만찬)

강도의 소굴

예수님은 밖에서 무슨 악을 범하든지, 성전을 죄 사함을 받고 하나님과 교제를 얻도록 하는 자신의 안전한 은신처로 타락시킨 이들을 간접적으로 책망하신다.…당시 지도자들은 과부의 집을 강탈할 수 있다고 생각하고(막 12:40), 경전에 규정된 성스러운 공간에서 규정된 희생 제사를 규정된 방식으로 시행하면 모든 경고로부터 안전하며, 평안을 얻을 수 있다고 생각했다. 하지만 그들의 생각은 틀렸다. 짐승의 희생 제사가 거짓말하고 도적질하며 폭력을 행사하고 간음하는 사람들에게 하나님이 내리기로 하신 심판의 운명을 결코 피하게 할 수는 없다(막 7:21-23을 보라). 하나님이 거룩하게 하신 성소는 하나님의 심판을 피해 보호받는다고 착각하는 강도들의 은신처로 변질되고 말았다.[9]

-데이비드 갈런드

예수님이 주의 만찬을 제정하면서 "언약의 피"라는 표현을 사용하시는 것은, 주의 만찬이라는 예식을 구약 시대에 모세가 하나님과 백성 사이에 언약을 체결하기 위해 제단에 피를 쏟고 그 백성에게 피를 뿌리는 예식에 관하여 기록한 출애굽기 24:8의 언급과 연결하시기 위해서다. 출애굽기에 기록된 이러한 독특한 행위들은 희생 제물의 피가 백성들의 죄를 덮는 것을 나타낸다. 이런 배경에서 예수님은 자신의 피, 곧 하나님 어린양의 피가 백성의 죄를 용서한다는 점을 분명히 강조하신다. 십자가에서 성취한 예수님의 희생 제사는 백성들의 '죄 용서'를 가능하게 만들었다.

예수님이 언약에 대해 언급하실 때, 그분은 예레미야 31장에 소개된 새 언약을 언급하신다. 새 언약은 이전의 낡은 언약을 대체할 뿐 아니라 훨씬 능가할 것이다(32절). 하나님은 자신의 법을 우리 마음에 두시고 우리 가슴에 기록하실 것이다(33절). 매우 중요한 점은, 이 새로운 언약은 죄 용서를 가져다줄 것이며(34절), 하나님과의 인격적 관계(33-34절)를 새롭게 갱신할 것이다. 그 새 언약은 이제 예수님의 죽음으로 체결된다.

예수님이 십자가에 죽으실 때 성전 휘장이 위에서 아래로 찢어졌다(막 15:38; 예수님이 세례받으실 때 하늘이 갈라진 것에 대해서는 막 1:10을 참조하라). 히브리서 저자는 예수님의 십자가 희생이 어떻게 단번에 이전의 희생 제사 제도를 영원히 종결하고, 백성이 죄 사함을 받는 하나님의 임재 안으로 들어가는 새로운 길을 열었는지에 대해 자세히 묘사한다(히 9-10장을 보라). 예전에는 성전에 들어가는 것이 금지되었던 이방인(비유대인)조차 참 대제사장이신 예수님을 통해 하나님의 임재 안으로 들어갈 수 있게 되었다(히 4:14-5:10). 게다가 이제 우리는 놀라운 기도의 특권 또는 하나님의 임재 가운데로 바로 나아갈 수 있는 통로를 확보하게 되었다.

신명기 21:23은 나무에(혹은 십자가에) 달린 자마다 하나님의 저주를 받은 자라고 한다. 그러므로 유대인들은 하나님의 백성을 구원하기 위해 보냄을 받은 메시아라면 결코 십자가에 달려 하나님의 저주 아래 죽을 수 없다고 생각했다. 이것은 완전히 어리석은 일처럼 보일 수도 있다(고전 1:20-31을 보라). 이런 이유로 '십자가에 달린 그리스도'는 유대인에게 심히 모욕적인 표현이었다. 그러나 사도 바울은 갈라디아 교회에 다음과 같이 말한다.

> 그리스도께서 우리를 위하여 저주를 받은 바 되사 율법의 저주에서 우리를 속량하셨으니, 기록된바 나무에 달린 자마다 저주 아래에 있는 자라 했음이라. 이는 그리스도 예수 안에서 아브라함의 복이 이방인에게 미치게 하고 또 우리로 하여금 믿음으로 말미암아 성령의 약속을 받게 하려 함이라. (갈 3:13-14)

이제 우리는 예수님의 죽음이 참으로 귀하다는 것을 이해한다. 예수님이 (십자가 위에서 두 범죄자가 당한 것처럼) 큰 고통을 당하셨기 때문이 아니라, 죄가 전혀 없는 하나님의 아들로서 악한 죄인들을 **대신하여** 고통당하셨기 때문에 그분의 죽음이 참으로 귀하다. 하나님은 한편으로 모든 사람을 사랑하시며 인격적인 관계를 맺기 원하신다. 그러나 다른 한편으로는 참으로 거룩하시고 의로우시므로 사람의 죄를 벌하셔야 한다. 그렇다면 하나님은 어떻게 죄를 심판하시는 그분의 거룩함과 사람의 죄를 용서하시는 그분의 사랑을 동시에 표현하실 수 있을까? 이 질문에 대한 대답은 죄인을 위해 죄 없는 대속물을 준비하여 희생 제물로 사용하는 것이다. 대속물은 하나님의 심판을 받지만, 그 덕분에 죄인은 용서를 받기 때문이다.

하나님이 죄인들을 위하여 스스로 대속물이 되신 십자가 위에서 이 신비로운 역설적 사건이 발생했다. 하나님이 친히 준비하신 '자기 대속'(self-substitution)의 사건은 하나님 자신의 사랑이 자신의 거룩함이 요구하는 바를 충족시켰음을 의미한다. 존 스토트가 설명한 것처럼 "그분은 자신의 거룩함을 포기하면서 사랑 안에서 행동하거나, 반대로 자신의 사랑을 포기하면서 거룩함 안에서 행동하고 싶어 하지 않으셨다. 그래서 우리는 이렇게 말할 수 있다. 하나님은 스스로를 죽이는 죽음으로 그리고 죄인이 받아야 할 심판을 스스로 감당함으로써 그분의 거룩한 사랑을 충족시키셨다."[10]

이야기 실천하기

성경의 위대한 구원 이야기 안에서 이 부분의 페이지마다 말씀을 삶으로 실천하는 또 다른 방법을 발견할 수 있다. 여기 몇 가지 제안이 있다. 첫째로, 예수님의 감람산 강화는 우리가 성경의 예언이 정확히 어떤 방식으로 성취될 것인지 항상 알 수는 없음을 확실히 상기시켜 준다. 예수님은 이전에 구약의 예언자들이 일반적으로 사용한 근거리/원거리 전망 기법(near view/far view technique)을 사용하신다. 다시 말해서 구약의 예언자들은 두 가지 중요한 사건(예를 들어, 바벨론 침공에 의한 예루살렘의 멸망과 주님의 재림)이 실제로 발생할 때는 서로 관계없이 동떨어진 것으로 보이지만, 두 사건의 성취가 역사 속에서는 매우 밀접하게 연결되는 것처럼 예언한다. 예수님도 이런 방식으로 예루살렘 성전의 멸망과 자신의 재림에 관하여 예언하셨다.

하나님은 항상(혹은 일반적으로) 자신의 시간표를 사람들과 공유하지 않으신다(행 1:6-8을 보라). 우리가 종말을 미리 안다면 그날을 기다리는 동안 인생에서 정작 중요한 것에 대한 관점을 쉽게 잃어버릴 수 있다. 또 수많은 사람이 지나칠 정도로 종말에 일어날 일들에 마음을 빼앗겨서 사람의 힘으로는 결코 알 수 없는 시간에 대해 이리저리 추론하는 데 많은 시간을 허비하기도 한다. 하지만 예수님이 말씀하신 감람산 강화의 핵심 명령은 항상 깨어서 **하나님이 우리에게 명하신 것을 실천함으로** 그분의 재림을 준비하라는 것이다. 그러므로 정말로 그리스도의 재림을 준비하기 원한다면, 이미 알고 이해한 것을 실천함으로 하나님께 순종하라. 우리는 모두 똑같은 분량의 은사를 받지도 않았으며, 똑같은 경쟁력을 갖추고 생산적인 삶을 살라고 요구받지도 않았다. 다만 우리는 자신에게 이미 주어진 것에 신실하게 응답해야 한다. 이것이 바로 우리가 늘 깨어서 예수님의 재림을 준비하는 실제적 방법이다.

이 이야기를 실천하는 또 하나의 방법은 기도 생활에서 예수님을 본받는 것이다. 겟세마네 동산에서 세상의 모든 짐을 어깨에 지고 하나님께 기도하실 때, 예수님은 먼저 하나님 아버지께 완전히 마음을 열고 정직하게 기도하신다. 예수님은 솔직하고 단순한 자세로 자신은 결코 고난을 원하지 않는다고 아버지께 아뢴다. 예수님은 거짓으로 꾸미는 기도나 종교적 언어로 치장하여 문제의 본질을 은근슬쩍 회피하는 방식으로 기도하시지 않는다. 예수님은 하나님께 정직하셨고, 우리 또한 그래야 한다. 하나님은 우리 마음의 가장 깊은 외침과 가장 솔직한 울부짖음을 듣기에 충분히 크신 분이다.

하나님께 정직하기

우리는 우리 마음속에 있어야 마땅하다고 생각되는 것이 아니라, 지금 우리 마음속에 있는 것을 그대로 하나님 앞에 쏟아 내야 한다.[11]

-C. S. 루이스

하지만 예수님은 극강의 정직함에 머무르지 않으신다. 둘째로, 예수님은 자신의 열망을 아버지 하나님의 더 위대한 계획에 복종시키신다. 예수님은 십자가에서 고통당하기를 결코 원치 않으셨음에도 기꺼이 십자가 고난을 감당하신다. 참된 믿음은 하나님을 신뢰하고, 신뢰한 그대로 오직 그분의 뜻에 순종하는 것이다. 솔직함은 하나님과 대화를 시작하는 가장 좋은 출발점이지만, 우리는 솔직함을 넘어서 하나님 말씀에 복종하는 단계로 나아가야 한다. 때로는 옳은 일을 행하는 것이 무엇보다 어려울 때가 있다.

이 이야기를 실천하기 위한 마지막 제안은 제자들을 위한 예수님의 겸손한 사랑에 관한 것이다. 예수님은 승리의 예루살렘 입성에서부터 십자가 죽음에 이르기까지, 한순간도 빠짐없이 제자들을 헌신적으로 사랑하셨다. 예수님은 자신의 다급한 상황 때문에 정당한 권리를 주장하실 수 있을 때도 자신의 필요보다 제자들의 필요를 앞세우셨다. 그분은 서슴지 않고 제자들의 발을 씻어 주셨고, 앞으로 닥칠 일에 대해 염려하는 제자들을 위로하셨으며, 제자들에게 성령을 약속하시고 제자들을 위해 계속 기도하셨다. 이렇게 거듭하여, 제자들이 앞으로 닥칠 일을 감당할 수 있도록 준비시키셨다. 그런 다음 제자들을 위해 죽으러 십자가로 나아가셨다.

예수님은 심지어 십자가 위에서도 제자들의 입장과 필요를 고려하셨다. 인생에서 가장 힘들고 어두운 시간임에도 예수님의 헌신적 사랑은 결코 식거나 소멸하지 않았다. 그래서 그분의 십자가는 우리를 위한 하나님 사랑의 궁극적 증거가 되었다(롬 5:8). 당신을 향한 하나님의 사랑에는 용서가 있다. 어떤 종류의 죄가 당신을 짓누르든 관계없이, 그 죄를 하나님께 고백하고 돌아선다면 그리스도의 십자가 희생으로 인한 하나님의 용서는 여전히 당신에게 효력을 발휘한다(히 10:19-22; 요일 1:9). 하나님의 사랑을 받아들이는 자유를 경험하면, 당신은 예수님이 하셨던 것처럼 사심 없이 타인을 사랑할 기회를 가진다. 빌립보 교회를 향한 서신에서 사도 바울은 그러한 사랑을 다음과 같이 감동적으로 표현한다.

너희 안에 이 마음을 품으라. 곧 그리스도 예수의 마음이니

그는 근본 하나님의 본체시나
 하나님과 동등됨을 취할 것으로 여기지 아니하시고
오히려 자기를 비워
 종의 형체를 가지사
 사람들과 같이 되셨고
사람의 모양으로 나타나사
 자기를 낮추시고
 죽기까지 복종하셨으니
  곧 십자가에 죽으심이라. (빌 2:5-8)

당신이 직면한 고난을 능히 감당할 힘을 예수님이 공급해 주실 것을 알기에, 당신의 삶 속으로 보내신 사람들을 당신이 이타적인 사랑으로 사랑할 힘과 능력을 공급해 주시기를 기원한다.

마무리 «

이번 장에서는 예루살렘에서 있었던 예수님의 마지막 한 주간에 대해 살펴보았다. 매우 도발적인 기적이었던 죽은 나사로의 소생 사건을 계기로, 당시 유대의 종교 지도자들은 하루빨리 예수님을 처형해야 한다는 동기를 얻었다. 하지만 메시아에 대한 군중의 기대감은 점차 고조되었고, 예수님이 예루살렘으로 입성하심으로 말미암아 예수님의 메시아 직분이 대중적으로 승인된 듯 보였다. 하지만 예수님은 대중의 왜곡된 기대와 정반대로 자신을 희생 제물로 드리심으로 악을 정복할

자로서 겸손한 자세로 예루살렘에 입성하셨다. 이러한 상징적 행동을 통해 예수님은 하나님 임재의 매개체로 예수님 자신과 예루살렘 성전 중 하나를 택할 것을 사람들에게 분명히 요청하셨다.

제자들에게 전하신 마지막 말씀들은 깊은 의미로 가득 차 있다. 제자들은 예수님이 유월절 만찬을 주님의 만찬으로 바꾸시자, 그분의 임박한 죽음에 담긴 심오한 뜻을 깨달을 수 있었다. 이제 예수 그리스도의 십자가는 하나님의 위대한 이야기 가운데 가장 위대한 구원의 행위로 부각되었다. 예수님이 제자들을 헌신적으로 섬기시며 고난의 시간을 끝까지 인내하신 모습은 우리도 그대로 뒤따라 실천해야 할 완전한 사랑의 모델이다.

암송 구절

인자가 온 것은 섬김을 받으려 함이 아니라 도리어 섬기려 하고 자기 목숨을 많은 사람의 대속물로 주려 함이니라. (막 10:45)

심층 연구

| 도서들 |

Hengel, Martin. *Crucifixion in the Ancient World and the Folly of the Message of the Cross*. Philadelphia: Fortress, 1977. 『십자가 처형』(감은사).

Köstenberger, Andreas J., and Justin Taylor. *The Final Days of Jesus: The Most Important Week of the Most Important Person Who Ever Lived*. Wheaton, IL: Crossway, 2014. 『예수의 마지막 일주일』(CH북스).

Schreiner, Thomas R., and Matthew R. Crawford. *The Lord's Supper: Remembering and Proclaiming Christ Until He Comes*. NAC Studies in

Bible & Theology. Nashville: B&H, 2010.

Stott, John R. W. *The Cross of Christ*. 20th anniversary ed. Downers Grove, IL: InterVarsity Press, 2006. 『그리스도의 십자가』(IVP).

| 토론을 위한 질문 |

a. 예수님이 승리 가운데 예루살렘에 입성하시던 날 당신이 그 현장에 있었다면, 어떤 생각을 하고 어떤 감정을 느꼈겠는가?

b. 예수님이 성전을 그저 정결케 하신 게 아니라 성전을 향해 유죄 판결을 내리셨다는 인식은 어떤 면에서 중요한가? 무화과나무 일화는 예수님이 성전을 심판하셨다는 관점을 어떻게 지지하는가?

c. 제자들에게 주어진 구체적 교훈과 명령에 집중한다면, 예수님의 감람산 강화를 이해하고 적용하는 데 어떤 도움을 얻을 수 있겠는가?

d. 예수님이 십자가에 달리시기 전날 저녁에 제자들의 발을 씻기신 것, 누군가 예수님을 배반하리라 예언하신 것, 마지막 만찬을 나누신 것, 요한복음 13-17장에 나오는 고별 담화를 전하신 것, 겟세마네에서 기도하신 것 등 많은 일이 일어났다. 이 가운데 당신에게 가장 의미 있게 느껴지는 일은 무엇인가? 그 일이 당신에게 그토록 의미 있게 느껴진 이유는 무엇인가?

e. 예수님의 십자가 사건은 기독교 신앙의 핵심이다. 십자가 사건에 대해 배우며 당신의 신앙이 더 굳건해졌다면, 그에 대해 나눠 보라.

과제

1. 예수님의 마지막 한 주간은 종교 지도자들과의 논쟁으로 가득 차 있다. 예수님이 성전의 타락상을 비판하시자 여기에 관련된 종교 지도자들은 예수님의 권위에 도전한다(마 21:23-27). 이러한 도전에 대해 예수님은 직접적으로 반응하시지 않고 다음 세 가지 비유를 들려주신다. 두 아들의 비유(마 21:28-32), 악한 소작인들의 비유(마 21:33-44), 큰 잔치의 비유(마 22:1-14). 비유를 들은 종교 지도자들은 예수님이 그들을 비판하고 있음을 눈치챈다(마 21:45-46). 각 비유를 설명하는 짧은 글을 적어 보라. 그리고 결론으로 예수님이 종교 지도자들을 비판하기 위하여 이 이야기들을 어떻게 사용하셨는지 설명해 보라.

2. 복음서를 읽어 보면 예수님이 승리의 예루살렘 입성 후 마지막 한 주 동안 다양한 상징적 행동들(예를 들어, 나귀를 타고 입성하기, 성전에서 상 뒤집어엎기, 제자들의 발 씻기기)을 하셨음을 알 수 있다. 먼저, 마지막 주간에 일어난 예수님의 모든 상징적 행동을 찾아보라. 그리고 왜 예수님이 당시에 이런 방법으로 의사를 전달하셨는지에 대한 당신의 생각을 한 문단으로 적어 보라.

3. 유대의 재판이 진행되는 동안 시몬 베드로는 예수님을 세 번 부인한다. 베드로의 부인에 대한 본문들(마 26:69-70, 71-71, 73-75)을 읽고 베드로의 관점에서 전체 경험에 대한 묵상을 두 면 분량으로 적어 보라.

4. 예수님이 십자가상에서 말씀하신 마지막 일곱 마디는 그분이 마음속에서 가장 중요하게 생각하셨던 것이 무엇인지를 우리에게 알려 준다. (이 장의 첫머리에 있는 가상칠언 표를 참조하면서) 가상칠언을 연구해 보고, 각 말씀이 의미하는 바가 무엇이며 그것이 왜 중요한지 설명하는 짧은 글을 적어 보라.

15. 그리스도

무덤에서 부활하신 예수님

도입 »

제자들은 예수님의 약속이 지상에 실현될 날을 기다리면서 수년 동안 예수님을 따라다녔다. 그러나 이제 그분은 십자가에서 돌아가셨다. 그동안 제자들은 예수님의 권위 있는 가르침에 도전받았고, 그분의 놀라운 기적에 사로잡혔으며, 그분의 사랑과 긍휼에 깊은 감동을 받으며 여기까지 따라왔다. 제자들은 이분이야말로 진정 하나님의 기름 부음 받은 자, 즉 적들로부터 이스라엘을 구원하며 이 땅 위에 하나님의 왕국을 건설하도록 하나님이 보내신 메시아라고 생각했다. 그러나 로마의 십자가형은 그들의 희망을 꺾어 버렸다. 로마인은 죄수를 극도의 고통과 괴로움 가운데 죽이는 법을 잘 알고 있었다. 십자가에서 죽은 예수님의 시신은 이제 아리마대 요셉의 무덤에 안치되었다. 예수님은 금요일 오후 6시부터 시작되는 안식일이 되기 전에 급히 매장되었다. 이제 영구적으로 매장하기 위해 예수님의 시신에 향품을 바를 일만 남았다. 예수님이 정말로 사망하셨기 때문이다.

우리는 대부분 가까운 이들, 즉 가족이나 가까운 친구들의 죽음을 경험해 본 적이 있을 것이다. 그럴 때 우리는 이별의 상실감으로 인한 충격과 주체할 수 없는 슬픔, 상실의 고통을 경험한다. 그때의 장례 예배가 우리 마음 한구석에 잊을 수 없는 기억으로 남아 있다. 또 장례식이 모두 끝난 다음에 평범한 '일상의 삶'으로 되돌아가기 위해 몸부림친 기억들도 생생하다. 그런데 장례식이 모두 끝나고 이틀 후 현관 벨소리에 밖으로 나가 보니 현관문 앞에 그대로 살아 돌아온 ________(직접 그 이름을 넣어 보라)를 대면하는 일을 과연 상상이나 할 수 있겠는가? ________가 죽음에서 부활하여 당신 앞에 나타나는 것이 과연 어떨지 잠시라도 생각해 볼 수 있다면, 초기 그리스도인들이 부활하신 예수님에 대해 느꼈을 심정을 조금이나마 이해할 수 있을 것이다. 그들은 처음에 예수님이 죽음에서 부활하셨다는 사실을 전혀 믿을 수 없었다. 그들은 두려웠고, 회의적이었으며 의문으로 가득 차 도무지 믿을 수 없었다. 부활하신 예수님에 대한 그들의 첫 반응은 당신이 현관문 앞에 서 있는 ________를 볼 때 느낄 법한, 몸이 얼어붙는 공포와 말할 수 없는 기쁨이 혼재하는 그런 복잡한 감정이었다.

준비

마태복음 28장; 마가복음 16장; 누가복음 24장; 요한복음 20-21장; 고린도전서 15장을 읽거나 들어 보라.

계속되는 이야기

| 예수님의 부활과 출현 |

주일 아침 일찍 예수님의 무덤을 찾아온 첫 방문객들은 금요일에 미처 끝내지 못한 시신 방부 처리를 마무리하러 온 몇몇 여인이었다. 예수님이 운명하신 금요일은 안식일을 준비하는 날이었기에 그들은 예수님의 장례를 급히 서둘러야 했으며, 이는 온전한 장례 절차의 일부를 연기했음을 의미한다. 그래서 이 여인들은 충실하게 장례 절차를 마무리하기 위해 무덤으로 돌아왔다. 그런데 이들은 무덤에서 매우 놀라운 일을 목격한다. 누가복음 24:1-6을 살펴보자.

> 안식 후 첫날 새벽에 이 여자들이 그 준비한 향품을 가지고 무덤에 가서 돌이 무덤에서 굴려 옮겨진 것을 보고 들어가니 주 예수의 시체가 보이지 아니하더라. 이로 인하여 근심할 때에 문득 찬란한 옷을 입은 두 사람이 곁에 섰는지라. 여자들이 두려워 얼굴을 땅에 대니 두 사람이 이르되 어찌하여 살아 있는 자를 죽은 자 가운데서 찾느냐. 여기 계시지 않고 살아나셨느니라. 갈릴리에 계실 때에 너희에게 어떻게 말씀하셨는지를 기억하라.

이후로 예수님은 40일 이상 여러 장소와 다양한 증인들의 모임에 부활한 몸으로 등장하신다. 비록 각각의 복음서 저자가 부활 기사의 다른 국면들을 독특한 방식으로 강조하지만, 복음서 저자들은 모두 다음과 같은 기본 이야기의 플롯을 공유한다(뒤에 나오는 "부활하신 예수님의 등장에 관한 사복음서 간의 조화"를 보라).

기독교 신앙의 중심에는 예수 그리스도의 부활이 자리한다. 사도 바울이 고린도의 그리스도인들에게 교훈한 바와 같이 "만일 죽은 자의 부활이 없으면 그리스도도 다시 살아나지 못하셨으리라. 그리스도께서 만일 다시 살아나지 못하셨으면 우리가 전파하는 것도 헛것이요 또 너희 믿음도 헛것"이다(고전 15:13-14). 온전한 기독교 신앙은 예수 그리스도의 육체 부활에 근거한다. 그러나 역사를 거쳐 오면서, 특히 현대에 이르러 어떤 이들은 예수 그리스도의 부활이 실제로 발생했음을 부인한다. 그들은 예수님의 육체 부활을 부정하는 몇 가지 합리적 이유를 다음과 같이 제시한다.

1. **혼수상태.** 예수님은 실제로 죽은 것이 아니라 단지 죽은 것처럼 보였다. 이 설명에 따르면 예수님은 실신했거나 혼수상태에 빠지신 것이다. 그분은 무덤 속에 살아 계셨으나 다만 의식이 없다가 나중에 의식을 되찾았고, 무덤에서 탈출하여 제자들에게 나타나셨다가 십자가에서 겪은 심한 상처로 결국 죽으셨다.
2. **도둑질.** 예수님의 무덤은 사실 비어 있었는데, 이는 그분이 죽음에서 부활했기 때문이 아니라 누군가가 무덤에서 그분의 시신을 훔쳐 갔기 때문이다(마 28:11-15을 보라).
3. **다른 무덤.** 맨 처음 예수님의 무덤에 방문했다가 무덤이 빈 것을 발견한 여인들은 매우 혼란스러웠다. 그들이 발견한 빈 무덤은 예수님의 무덤이 아니라 다른 무덤이었다. 하지만 여인들은 제자들에게 잘못된 정보를 전했고, 제자들 역시 다른 무덤을 방문했다. 그리고 제자들은 예수님이 죽음에서 부활하셨다고 오해하면서 그렇게 설교하기 시작했다.
4. **교회가 거짓으로 만든 전설.** 예수님의 제자들은 시간이 흐를수록 예수님에 대한 꿈과 비전이 마음속에 생생해졌다. 그들이 생전에 예수님과 함께 경험하고 공유한 감정적·영적 경험들은 시간이 흘러도 전혀 사라지지 않았고, 결국 그들의 신앙을 지탱하기 위해 예수님이 죽음에서 부활하셨다는 이야기(전설)들을 만

부활하신 예수님의 등장에 관한 사복음서 간의 조화[1]

1. 한 무리의 여인이 새벽 미명에 예수님의 무덤을 방문하는데, 아마도 막달라 마리아가 맨 처음 도착했을 것이다(마 28:1; 막 16:1-3; 눅 24:1; 요 20:1-3).
2. 마리아와 다른 여인들은 젊은 청년의 모습을 한 천사 둘을 만나는데 그중 한 천사는 하나님의 대변자로서 예수님의 부활 소식을 알린다(마 28:2-7; 막 16:4-7; 눅 24:2-7).
3. 그 여인들은 두려움과 기쁨이 뒤섞인 채로 동산을 내려갔고, 처음에는 예수님의 부활에 관하여 아무 말도 할 수 없었지만 다시 그 사실을 열두 제자에게 알리기로 결심한다(마 28:8; 막 16:8). 아마도 막달라 마리아가 다른 여인들보다 앞장서 달려가서 다른 여인들이 도착하기 전에 베드로와 요한에게 그 소식을 알렸을 것이다(요 20:1-2).
4. 예수님은 도중에 나머지 여인들을 만나 자신이 이전에 한 약속대로 갈릴리에 먼저 가서 그들을 기다리겠다는 소식을 제자들에게 전하라는 임무를 맡기신다. 그래서 여인들은 예수님의 말씀에 순종한다(마 28:9-10; 눅 24:8-11).
5. 그 사이 마리아의 보고를 들은 베드로와 요한은 무덤으로 달려갔고, 무덤이 비어 있음을 발견한다(요 20:3-10; 눅 24:9-12).
6. 베드로와 요한이 떠난 후 마리아도 무덤으로 되돌아간다. 그녀는 천사들을 만나고, 처음에 동산지기로 착각한 예수님과도 대면한다(요 20:11-18).
7. 늦은 오후, 예수님은 엠마오로 가는 길에서 글로바와 다른 한 제자에게 나타나시고, 이와 별도로 시몬 베드로에게도 나타나신다(눅 24:13-35).
8. 같은 날 저녁, 예루살렘에서 예수님은 문이 닫힌 집 안에 나타나셔서 (열두 제자 중 유다와 도마를 제외한) 열 제자를 만나신다(눅 24:36-43; 요 20:19-23).
9. 일주일 후, 예수님은 문이 닫혀 있던 같은 장소에 다시 나타나셔서 열한 명의 제자들을 만나신다. 이번에는 도마도 부활하신 예수님을 대면한다(요 20:24-29).
10. 이후에도 예수님은 갈릴리 사람들을 비롯하여 500명 이상의 사람에게 40일에 걸쳐 나타나신다(요 21장; 행 1:3; 고전 15:3-8).
11. 갈릴리에서 제자들에게 대위임령을 주시면서 예수님은 전 세계 곳곳에 복음을 전파하라고 명령하신다(마 28:16-20).
12. 곧이어 예수님은 오실 성령을 기다리라는 고별 말씀을 전하신 다음 하늘로 올라가신다(눅 24:44-53; 행 1:4-11).

들어 내도록 초대교회를 자극했다. 그 결과 성경에 나오는 부활 이야기는 교회가 나중에 꾸며 낸 허구나 마찬가지다. 이러한 주장에 따르면 예수님의 부활에 대한 신약성경의 기록들은 역사적으로 전혀 신뢰할 수도 없고 믿을 만한 내용도 아니다.

부활의 중요성

예수님의 부활은 예수님이 세상의 진정한 주권자이자 '하나님의 아들'이심을 입증한다. 그분은 피조 세계 안에 있는 모든 사람과 모든 것으로부터 절대적인 온전한 충성을 받기에 합당하시다. 그분은 창조주의 새로운 세계의 시작, 곧 그 세계로 인도하는 프로젝트의 시작이며, 실제로 그 프로젝트의 인도자이시다.[2]

-N. T. 라이트

여기서 핵심 질문은 이것이다. '예수님이 과연 죽은 자 가운데서 부활하셨는가?' 이 질문은 역사적 사실 여부에 관한 질문이지 과학적 가능성에 관한 질문이 아니다. 과학자는 실험실에서 여러 실험을 통해 이론과 가설의 실현 가능성을 시험한다. 그런데 역사가들에게 이런 방법은 가능하지 않다. 그들은 역사적 증거들을 얼마나 잘 설명할 수 있는지를 살펴봄으로써 그들의 설명이나 재구성을 시험해야 한다. 그래서 역사가는 경쟁자의 설명을 능가할 설명을 찾는다. 우리는 모두 참된 설명에 근거한 신앙을 원한다. 예수님의 육체적 부활이 실제로 발생했음을 믿는 데는 다음과 같이 설득력 있는 이유들이 있다.

1. **예수님은 실제로 죽으셨다.** 다음과 같은 구체적 사실들이 예수님의 죽음이 실제로 일어났음을 보여 준다. 잔인한 채찍질, 십자가

에 못 박혀 있던 여섯 시간, 예수님의 옆구리를 관통한 창, 창에 찔려 쏟아진 물과 피, 시신에 대한 방부 처리, 수의용 천으로 둘둘 감은 시신, 무덤의 봉인. 예수님이 죽으셨다는 사실을 믿는 것보다 예수님이 죽지 않았다고 믿는 데 더 많은 믿음이 요구된다. 당시 로마인들은 사람 죽이는 법을 잘 알고 있었다.

2. **예수님은 무덤에 장사되셨다.**

- 예수님을 무덤에 장사한 아리마대 요셉과 니고데모. 초대교회 성도들은 예수님을 죽인 책임이 누구보다도 유대 종교 지도자들에게 있다고 확신했다(행 2:23-24; 3:15; 4:10; 5:30; 10:39-41). 요셉은 유대 산헤드린의 유력한 회원이었으며(막 15:43; 참조. 막 14:55에 언급되는 "온 공회"), 예수님의 은밀한 제자였다(요 19:38). 바리새인이며 (요셉처럼) 산헤드린 공회원이었던 니고데모가 밤에 예수님께 찾아왔다(요 3:1-2). 아마도 낮에 예수님과 함께 있으면 소문이 날까 두려웠기 때문일 것이다. 그런데 예수님이 부활하지 않으셨다면, 초대교회 성도들의 입장에서는 그토록 미워하는 유대 종교 지도자인 산헤드린 공회원들이 예수님을 위하여 선을 베풀었다는 내용을 이야기로 만들어 퍼뜨릴 이유도 없었을 것이다. 게다가 마가복음 14:50에 의하면 예수님의 가장 가까운 제자들은 예수님이 체포될 당시 겁에 질려서 모두 그분을 버리고 도망갔다고 하는데, 그럴듯한 이야기를 만들어 낼 능력이 있다면 왜 굳이 자기들의 최고 지도자들의 모습을 부정적으로 묘사하는 그런 이야기를 만들어 냈겠는가?
- 이 외에 다른 장례 전승은 없다. "만약 아리마대 요셉이 예수님을 무덤에 장사 지냈다는 사실이 일종의 조작된 전설이라

면, 유대인의 전승을 포함하여 그 어디에서도 이 전설을 반박하는 또 다른 전설이 만들어지지 않았다는 점도 이상하다. 부활에 관한 복음서의 기사가 본질적으로 사실에 근거한 진술이 아니라면, 진짜 이야기에 덧붙일 만한 가짜 여담이나 심지어 진실과 대립하는 가짜 이야기가 하나도 없다는 것도 쉽게 설명되지 않는다."[3]

- 예수님은 안식일의 준비일에 늦게 장사되셨다. "유대의 규례에 의하면, 시체는 해지기 전 금요일 저녁에 무덤에 장사 지내야 했고(요 19:42), 시체가 땅을 더럽힐 수 있기 때문에 밤이 지나도록 십자가 위에 그대로 방치하지 못하도록 했다."[4]
- 예수님의 장례는 여인들이 치렀다. 그 여인들은 십자가 처형의 증인이고, 장례의 증인이며, 빈 무덤의 증인이다(막 15:40-41, 47; 16:1-6). 유대 사회에서 여인은 법정에 증인으로 나설 자격이 없기 때문에, 부활이 실제로 일어나지 않았다면 복음서 저자들이 왜 이토록 중요한 자리에 (남성 제자 대신) 증인 자격도 없는 여인을 기록했는지 이해하기란 거의 불가능하다.

3. **무덤은 비어 있었다**. 예수님의 부활을 반대하는 한 가지 입장은 예수님의 시신이 도둑맞았다는 주장이다. 하지만 당시 제자들이 예수님의 시신을 훔쳐 가지 않은 이유에 대해서는 나름대로 설득력 있는 이유들이 있다. 당시 유대인들은 전통적으로 종말에 있을 의인의 보편적 부활을 믿기는 했지만, 아무리 예수님이 생전에 자신의 부활을 예언하셨더라도 제자들은 그 예언을 믿지도 않았고 또 예수님이 실제로 그렇게 짧은 시간 내에 죽은 자 가운데서 부활하시리라고는 전혀 기대하지도 않았다. 제자들은 심지어 예수님이 부활하셨다는 여인들의 최초 보고마저

그대로 믿지 못하고 의심했다(눅 24:11). 당시 제자들이 진실이라 믿는 것을 위해서는 기꺼이 목숨을 내놓을 각오가 되어 있었는지 몰라도, 가짜라고 알고 있는 것(예를 들어, 거짓말)을 위해 기꺼이 고문을 받고 죽음도 감수하려 했다고 보기는 어렵다.

어떤 사람들은 (제자들이 아니라) 당시 유대인들이 예수님의 시체를 훔쳤다고 주장하기도 한다. 그러나 초기에 유대인들에게서 흘러나온 설명은 예수님의 무덤이 비어 있다는 사실을 전제로 한다. 마태복음 28:12-15에서 유대 지도자들은 무덤이 비어 있음을 부정하지 않는다. 오히려 그들은 무덤이 비었다는 사실을 진실로 받아들이고, 그리스도인들이 시체를 훔쳐 갔다고 사건을 조작할 계획을 모의한다. 게다가 당시 그리스도인들은 즉시로 그리스도의 부활을 선포하기 시작했다. 그래서 만일 유대인들이 자기들의 세상을 뒤집어 변혁시키는 그리스도인의 설교를 당장 중지시키고자 했다면, 최선을 다해 예수님의 시체를 대중 앞에 내놓아야 했을 것이다. 윌리엄 레인 크레이그(William Lane Craig)는 "예수님의 부활 신앙에 기초한 기독교 공동체가 예수님이 처형당하고 묻힌 바로 그 도시에서 생존하고 번성했다는 이 단순한 사실이 빈 무덤의 역사적 확실성에 대한 강력한 증거"라고 설명한다.[5]

4. **부활에 대한 또 다른 증거들**

- 2세기에 가공되고 유포되기 시작한 외경 기사들과는 대조적으로, 복음서에 기록된 기사들은 예수님의 부활 직후 즉시 세상에 알려지기 시작했다. 예수님의 죽음과 부활을 목격한 살아 있는 증인들의 존재는 신화를 만들어 내려는 그 어떤 시도도 차단하는 최대의 해결책이다(고전 15:6을 보라). 사복음

서는 교회가 후대에 조작하여 꾸며 낸 가공의 이야기가 아니라 목격자들의 증언을 있는 그대로 진술한 기록물이다.[6]

- 처음 목격한 제자들이 영적 환상을 본 것뿐이라는 주장에 대해서는 부활 이후 예수님의 출현 방식이 매우 다양하다는 점을 고려해 볼 수 있다. 예수님은 다양한 사람에게, 다양한 장소에서, 다양한 시간에, 다양한 규모의 모임에서, 다양한 방식으로 나타나셨다(고전 15:5-8을 보라). 마크 스트라우스의 말처럼 "종교적 환상은 일반적으로 개인적·주관적 체험이지 결코 공동체적 경험이 아니다. 그렇게 많은 사람이 다양한 장소에서 다양한 방식으로 경험했음에도 결국 같은 모습을 보았다는 것은 사실이 아니고서는 불가능하다."[7]
- 여자들이 발견한 빈 무덤에 대한 기록은 진실이 아니라면 기록으로 받아들이기 힘든 일이다. 또다시 크레이그는 이렇게 말한다. "예수님의 부활이 사실이 아니라면, 왜 교회는 여인들이 담대하게 예수님의 시신을 위하여 마지막 헌신을 다하고 있는 동안 교회의 지도자들은 예루살렘의 비겁자들 틈에 숨어 있다는 사실을 기록하여 그들에게 굴욕을 안겨 주겠는가?"[8]
- 예루살렘에서 최초로 전파되기 시작한 예수 그리스도의 부활에 기초한 신앙으로서의 기독교가 그토록 신속하고도 지속적으로 확산된 비결은, 그 부활이 실재가 아니라면 설명할 수 없다.
- 제자들은 예수님의 죽음 전후에는 매우 겁이 많고 용기도 전혀 찾아볼 수 없었지만, 부활 이후에 담대한 증인들로 변화한다(막 14:50, 66-72; 요 20:19). 또한 핍박자에서 전도자로 변한 바울의 회심 역시 부활의 사실성에 근거하지 않고서는 설명

이 불가능하다.

- 초대 기독교의 유대 문화적 환경이 예수 그리스도의 부활을 지지한다. 크레이그 블롬버그는 다음과 같이 결론을 맺는다.

> 기독교라는 종교가 유대 땅이 아니라 그리스에서 시작되어 나중에 이스라엘로 전파되었다면, 육체의 부활을 기대하지 않는 그리스의 풍토에서 생겨난 영적 갱신에 관한 이야기가 시간이 흐르면서 나중에 이스라엘로 들어와서 육체의 부활에 관한 언어들이 덧붙은 것으로 이해하는 것이 훨씬 설득력 있었을 것이다. 하지만 헬라 세계에서는 단순히 영혼의 불멸성만 용납되는 데 반하여 대부분의 유대인은 문자적으로 마른 뼈에 육신의 살이 생겨나는 육체의 부활을 항상 기대하고 믿어 왔다(참조. 겔 37장). 그러므로 유대교에서 시작되어 나중에 그리스-로마 세계로 확산된 종교의 관점에서 볼 때, 영혼의 부활에서 나중에 육체의 부활로 발전되었다는 가설은 실제와는 정반대인 것으로 드러났다.[9]

- 부활 이후 예수님의 제자들은 전통적인 안식일(토요일)보다 부활을 기념하는 일주일의 첫날(일요일)을 예배일로 지키기 시작했다. 유대인 제자들이 수천 년간 내려온 안식일 준수를 갑자기 바꾼 것으로 보아 예수님의 부활 사건 전후로 어떤 극적이고 강력한 사건이 발생한 것이 틀림없다.
- 유대인이나 로마인 누구도 이와 반대되는 증거를 아직 내놓지 못하고 있다.

오늘날의 우리보다 역사적으로 예수님의 부활 현장에 훨씬 가까이 있었던 초기 그리스도인들은 예수님의 육체 부활을 그대로 믿고 또 그분의 부활을 역사적 사건으로 선포했다. 그 후로 이와 동일한 믿음이 지금까지 계속 보존되어 왔다. 만약 하나님이 예수님을 죽은 자 가운데서 일으키셨다면, 그분의 주장은 참될 뿐만 아니라 모두에게 유효한 구원을 성취하신 것이 분명하다.

| 대위임령 |

부활 이후에 예수님은 40일이 넘는 시간 동안 많은 사람에게 나타나셨다. 그중 한 번은 예루살렘에 사는 몇몇 여인에게 나타나서 (유다를 제외한) 열한 제자들에게 '갈릴리 북쪽으로 올라와서 그곳에서 예수님을 만나라'는 메시지를 전달하도록 지시하신다.

> 천사가 여자들에게 말하여 이르되 너희는 무서워하지 말라. 십자가에 못 박히신 예수를 너희가 찾는 줄을 내가 아노라. 그가 여기 계시지 않고 그가 말씀하시던 대로 살아나셨느니라. 와서 그가 누우셨던 곳을 보라. 또 빨리 가서 그의 제자들에게 이르되 그가 죽은 자 가운데서 살아나셨고 너희보다 먼저 갈릴리로 가시나니 거기서 너희가 뵈오리라 하라. 보라 내가 너희에게 일렀느니라 하거늘
> 그 여자들이 무서움과 큰 기쁨으로 빨리 무덤을 떠나 제자들에게 알리려고 달음질할새 예수께서 그들을 만나 이르시되 평안하냐 하시거늘 여자들이 나아가 그 발을 붙잡고 경배하니 이에 예수께서 이르시되 무서워하지 말라 가서 내 형제들에게 갈릴리로 가라 하라 거기서 나를 보리라 하시니라. (마 28:5-10)

부활이 남긴 흔적

우리에게는, 사람이 실제로 부활했다면 남아 있으리라고 기대되는 역사적 증거들이 있다는 측면에서, 예수님의 부활을 증명하는 증거가 충분하다. 그리고 그분이 부활하시지 않았다고 보기보다 부활이 역사적 사실임을 가리키는 증거가 더 많다. 달리 말하자면 역사적 자료 속에는 부활이 남긴 흔적들이 있다. 이런 이유로 부활이 불가능하다고 생각하는 사람들까지도 부활에 관한 주제를 매우 심각하게 받아들인다.[10]

-존 딕슨

잠시 후 예수님은 갈릴리 어느 산(성경 이야기 전체에 걸쳐서 중요한 장소) 위에서 열한 제자들을 다시 만나신다. 제자들이 예수님을 보았을 때, 어떤 이는 그분을 경배하나 어떤 이들은 의심한다. 마태복음 28:17의 "의심"이라는 단어는 불신이라기보다는 머뭇거림을 의미할 것이다. 이제 예수님은 제자들에게 세계 선교를 위한 진군 명령을 내리신다. 사실 예수님은 이 사명(mission) 안에서 우리와도 긴밀하게 연결되시기 때문에 일반적으로 그 명령을 가리켜서 '대위임령'(Great commission)이라고 부른다.[11]

> 예수께서 나아와 말씀하여 이르시되 하늘과 땅의 모든 권세를 내게 주셨으니 그러므로 너희는 가서 모든 민족을 제자로 삼아 아버지와 아들과 성령의 이름으로 세례를 베풀고 내가 너희에게 분부한 모든 것을 가르쳐 지키게 하라. 볼지어다 내가 세상 끝날까지 너희와 항상 함께 있으리라 하시니라. (마 28:18-20)

대위임령의 구조와 배치가 중요하다. 대위임령의 세부 요소들을 살펴보면서, 예수님의 첫 번째 제자들과 오늘날 우리에게 부과되는 대위임령의 구조 안에서 각 요소가 어떻게 기능하는지를 살펴보자.

- **명령을 내리는 자**. 성부 하나님은 모든 권세를 예수님에게 부여하셨다. 여기에서 "모든"이란 단어는 **모든** 권세자와 **모든** 민족과 나라가 **모든** 차원과 영역에서 **항상** 예수님께 복종해야 함을 의미한다. 이 최고 권세 때문에 예수님께는 자기 백성이 해야 할 것을 말씀하실 권리가 있다. 그리고 예수님은 제자들을 군사적·정치적 정복자가 아니라 복음의 전달자로 세상에 파송하신다. 여기서도 예수님은 또다시 자신이 세상과 다른 종류의 메시아로 왔음을 천명하신다.
- **명령의 내용**.

  '가라': 이것은 핵심 명령을 수행하는 데 꼭 필요한 보조 명령이다. 우리가 바다를 건너든 거리를 가로지르든 모든 민족에게로 나아가지 않는다면, 결코 "모든 민족"을 제자 삼을 수 없다.

  '제자 삼으라': 이것은 대위임령 중에서도 핵심이 되는 명령이다. 제자란 선생이나 지도자를 따르는 헌신된 추종자다. 사람들을 예수님의 '제자로 삼으려면' (1) 그들을 예수님과의 관계 안으로 초청하는 것과 (2) 그 관계 안에서 자라도록 돕는 것이 필요하다. 달리 말하자면, 그리스도의 제자라면 다른 사람들이 예수님의 제자가 되도록 도와야 한다. 우리는 누구도 배제하지 않고 모든 사람, 모든 "민족"을 제자로 삼아야 한다. 이어 나오는 두 가지 행동은 우리가 어떻게 이 명령을 수행할 것인지 설명해 준다.

  '세례 베풀기': 세례식은 기독교 공동체로 입문하는 신자를 위한 단 한 번의 공식 입교 예식이다. 세례는 그리스도 안에서 새로운 삶의 출발을 의미하며, "아버지와 아들과 성령의 이름으로" 시행된다(삼위로 존재하시는 한 분 하나님).

'가르치기': 그리스도인으로 성장한다는 것은 평생에 걸친 과정을 일컫는다. 복음 전도만으로 예수님의 대위임령을 성취할 수는 없다. 예수님 시대의 문화에서는 특혜받은 몇몇 사람만이 랍비의 지도를 받을 수 있었다. 그러나 예수님은 모든 사람을 초청하여 자신을 따르며 자신에게 배우라고 말씀하신다. 가르침은 평생의 영적 성숙 과정의 중심에 있으며, 이 가르침의 종류는 신학적 토론 그 이상이다. 예수님은 그저 그들이 '지성으로 알 수 있도록 가르치라'고 말씀하시는 것이 아니라 '순종하도록 가르치라'고 말씀하신다. 그래서 참된 제자도는 삶을 바꾸는 순종을 이끌어 내는 교육이다(요 14:21).

- **함께 있으리라는 약속**. 책임과 함께 특권도 수반된다. 예수님은 우리가 명령을 수행하는 동안 우리와 함께 있겠다고 약속하신다. 이 약속의 성취는 오순절 날에 성령 하나님이 신자들에게 강림하여 내주하시면서 시작된다(참조. 요 14:16. 예수님이 "또 다른 보혜사" 또는 상담자를 보내기로 약속하셨다).

| 승천 |

예수님은 부활하시고 제자들에게 여러 차례 나타나신 후 하늘로 올라가신다. 누가는 예수님의 승천 사건을 복음서의 마지막과 사도행전의 시작 부분에서 다음과 같이 진술한다.

> 예수께서 그들을 데리고 베다니 앞까지 나가사 손을 들어 그들에게 축복하시더니 축복하실 때에 그들을 떠나 [하늘로 올

려지시니] 그들이 [그에게 경배하고] 큰 기쁨으로 예루살렘에 돌아가 늘 성전에서 하나님을 찬송하니라. (눅 24:50-53)

데오빌로여 내가 먼저 쓴 글에는 무릇 예수께서 행하시며 가르치시기를 시작하심부터 그가 택하신 사도들에게 성령으로 명하시고 승천하신 날까지의 일을 기록하였노라. 그가 고난받으신 후에 또한 그들에게 확실한 많은 증거로 친히 살아 계심을 나타내사 사십 일 동안 그들에게 보이시며 하나님 나라의 일을 말씀하시니라.…

이 말씀을 마치시고 그들이 보는데 올려져 가시니 구름이 그를 가리어 보이지 않게 하더라. 올라가실 때에 제자들이 자세히 하늘을 쳐다보고 있는데 흰옷 입은 두 사람이 그들 곁에 서서 이르되, 갈릴리 사람들아 어찌하여 서서 하늘을 쳐다보느냐 너희 가운데서 하늘로 올려지신 이 예수는 하늘로 가심을 본 그대로 오시리라 하였느니라. (행 1:1-3, 9-11)

대위임령-외부로, 내면으로, 위로

외부로의 조망. 대위임령은 모든 민족을 제자 삼는 선교 지향적 의미로 외부를 조망한다. 이 세상에는 잃어버린 바 되어 구세주 없이 죽어 가는 자들이 있다. 예수님의 마지막 대위임령은 우리가 자신만 생각하거나 현실에 안주하거나 무관심하지 못하게 한다. 우리는 바깥을 바라보아야 하고 모든 민족에게 천국 복음을 가져다주어야 한다.

내면으로의 조망. 대위임령은 예수님의 제자가 된 사람들의 계속된 변화를 말해주기 때문에 내면을 바라보도록 한다.…하지만 혼자서는 이 사명을 성취할 수 없다. 더 성숙한 제자들은 예수님이 분부하신 모든 것을 순종하는 방법을 다른 제자들에게도 가르쳐야 한다. 제자 공동체는 그 안에서 구체적 모범과 사랑의 격려 그리고 조직적이면서도 일상적 가르침을 제공한다.

위로의 조망. 대위임령은 또한 제자들이 주인, 스승, 주님으로서 부활하시고 승천하신 예수님을 바라보도록 하기 때문에 위를 바라본다. 그 어떤 스승도 예수님을 대체할 수 없으며, 우리는 스스로를 그 어떤 다른 제자들의 스승으로 여겨서도 안 된다.…이것을 가능하게 만드는 것은 예수님이 세상 끝 날까지 항상 우리와 함께 계실 것을 약속하셨다는 사실이다.[12]

–마이클 윌킨스

솔직히 말하자면, 대부분의 그리스도인은 예수님의 승천에 그다지 많은 관심을 기울이지 않는다. 그분은 하늘로 올라가셨고 그것으로 끝났다는 것이다. 게다가 누가도 승천 사건을 그렇게 지나치게 과장하여 묘사하지 않는다. 하지만 신약성경 저자들은 의외로 이 사건의 중요성을 강조하는데, 우리는 이 점을 종종 간과한다. 아래 본문들을 통해 예수님의 승천이 어떻게 그분의 공생애 사역을 마무리하며, 동시에 이에 근거하여 어떻게 하나님의 영광스러운 하늘의 사역을 다양한 방식으로 계속 확장하는지 살펴보자.

- 예수님은 이제 그리스도와 만왕의 주님으로서 통치권을 행사하는 (궁극적인 능력과 영광의 상징인) "하나님 우편"에 좌정하신다(시 110:1; 행 2:32-36; 5:30-31; 엡 1:20-21; 빌 2:8-11; 딤전 3:16; 히 1:3; 2:9; 10:12; 12:2; 벧전 3:22; 계 1:12-18; 3:21).
- 예수님은 자기 백성 안에 거하며 그들에게 권능을 베풀기 위해 성령을 부어 주셨다(요 14:12; 16:4-7, 13; 행 2:32-33).
- 예수님은 사역을 위한 우리의 준비가 갖춰지도록 교회에 은사들을 주셨다(엡 4:7-12).
- 우리의 신실한 대제사장으로서 예수님은 이제 우리를 위해 중보

하신다(롬 8:34; 히 4:14; 6:19-20; 7:25; 8:1; 9:24).

- 예수님은 우리를 위해 장차 우리가 머물 처소를 예비하신다(요 14:2).

초대교회 성도들이 고난 중에도 붙잡은 소망에는 단지 '그리스도가 죽으셨다'와 '그리스도가 부활하셨다'뿐만 아니라 '그리스도가 다시 오실 것이다'도 포함되어 있다(행 1:11을 보라). 주님의 승천은 우리에게 그리스도께서 역사의 마지막 날에 또다시 오실 것이라는 진리를 상기시킨다.

연결하기

하나님의 위대한 구원 이야기 안에서의 현재 위치를 복습해 보자.

창조와 위기
언약
불러냄
계명
정복과 가나안화
왕국의 설립
친교와 상식
왕국의 분열
포로 생활과 귀환
중간기: 구약과 신약의 중간 시기
▸그리스도

이 세상 속으로 오신 예수님

예수님의 메시지

예루살렘을 향한 예수님의 여정

십자가 위에서 죽으신 예수님

무덤에서 부활하신 예수님

교회

완성

기독교 신앙의 기초를 형성하는 부활은 여러 차원에서 중요한 의미를 지닌다. 첫째로, 부활 사건은 예수님에 관해 매우 중요한 진리를 보여 준다. 사도 바울은 부활 사건에 담긴 중요한 진리를 로마에 있는 성도들에게 보내는 편지의 처음에서 다음과 같이 잘 요약하고 있다.

> 예수 그리스도의 종 바울은 사도로 부르심을 받아 하나님의 복음을 위하여 택정함을 입었으니, 이 복음은 하나님이 선지자들을 통하여 그의 아들에 관하여 성경에 미리 약속하신 것이라. 그의 아들에 관하여 말하면 육신으로는 다윗의 혈통에서 나셨고 성결의 영으로는 죽은 자들 가운데서 부활하사 능력으로 하나님의 아들로 선포되셨으니, 곧 우리 주 예수 그리스도시니라. (롬 1:1-4)

하늘의 성부 하나님은 부활 사건을 통해 예수님이 진정 하나님의 아들이심을 증명하셨다. 예수님은 당시 종교 지도자들에게 가짜 메시아로 심판을 받고 십자가에서 처형되셨다. 그러나 부활 사건을 통해 성부 하나님은 예수님이 참된 메시아이시며 온 세상의 구세주이심을 입증하신다! 그래서 사도 베드로는 사도행전 2장 오순절 설교에서 시편 16편과 특별히 시편 110편을 인용하면서 이렇게 마무리한다. “그런즉 이스라엘 온 집은 확실히 알지니 너희가 십자가에 못 박은 이 예수를 하나님이 주와 그리스도가 되게 하셨느니라”(행 2:36). 예수님의 부활로 말미암아 인간의 모든 판결이 뒤집어졌다. ‘예수는 주시다’라는 초기 기독교 신자들의 신앙 고백은 예수 그리스도의 육체 부활의 역사적 실재에 확고히 근거한다.

예수님의 부활은 또한 성경의 더 큰 구원 이야기와 밀접하게 관련을 맺고 있다. 창세기 3장에서 처음 하나님의 선한 창조 세계에 침투한 죄와 죽음은 예수님의 부활로 치명타를 입었다. 예수님이 우리 죄를 위해 십자가 위에서 희생 제물로 죽으심으로 말미암아, 그리고 장사 지낸 지 3일 만에 죽은 자 가운데서 부활하심으로 말미암아 죄로 인한 하나님의 저주의 사슬이 끊어져 버렸고, 하나님의 최고 원수들이 결정적으로 파멸에 놓였으며, 그리스도 안에 있는 자들을 위한 영원한 생명이 드디어 시작되었다. 이제 우리는 하나님의 구원 이야기가 행복하게 끝날 것이라는 사실을 잘 안다. 하나님은 참으로 신실하시다.

예수님의 부활은 또한 성경 이야기의 마지막 부분과도 긴밀하게 연결되며, 더 구체적으로 그분의 제자들에게 앞으로 일어날 일들과 밀접하게 연결된다. 초기 그리스도인들은 예수님을 죽은 자 가운데서 “먼저 나신 이”로 묘사하는가 하면(골 1:18; 계 1:5), 예수님의 부활을 가리켜서 앞으로 일어날 더 큰 추수의 “첫 열매”로도 묘사한다(행 26:23; 고전 15:20, 23). 그리스도께서 재림하실 때, 예수님의 제자들은 죽은 자 가운데서 일어나 새 하늘과 새 땅에서의 삶에 적합한 부활의 몸을 얻을 것이다(고전 15:20-26, 50-55; 살전 4:13-18). 예수님께 일어난 일이 우리에게도 일어날 것이다. 그분의 육신의 부활이 미래에 있을 우리의 부활을 약속하고 그대로 보장하기 때문이다.

예수님의 대위임령은 창세기 12:3에서 일찍이 하나님이 아브라함에게 하신 약속, 그를 통해 세상 모든 민족이 복을 받으리라는 그 약속과 밀접하게 연결된다. 예수님은 하나님이 본래 아브라함에게 하신 약속을 성취하는 수단인 신실한 이스라엘을 새롭게 구성하는 일종의 상징으로 열두 제자를 택하여 부르셨다. 이제 예수님은 십자가와 부활 사건 이후에 "이스라엘과 이방인들에게 빛을 전하[라]"는 명령을 위임하신다(행 26:23). 이것이야말로 예수님이 다문화적 왕국인 하나님 나라를 세우기 위하여 이 땅에 강림하신 중요한 목적이다. 성경 이야기 마지막 부분에서는 하나님의 백성이 "각 나라와 족속과 백성과 방언" 가운데서 모여들 것이라고 말한다(계 5:9; 7:9).

이야기 실천하기

성경 전체 이야기 가운데 그리스도의 이야기 마지막 장에 해당하는 이번 장의 말씀들을 실천할 여러 방법이 있다. 예수님의 부활은 우리의 신앙이 단순한 희망적 사고를 훨씬 초월한다는 점을 잘 말해 준다. 제자들은 세상의 다른 그 어떤 이유 때문이 아니라 오직 부활의 열매 때문에 예수님을 메시아와 주님으로 믿게 되었다. 예수님의 부활은 당신이 그저 그렇게 믿고 싶어서 만들어 낸 이야기도 아니며, 현실과 아무 관련도 없는 어떤 사상을 그저 지적으로 이해하는 것도 아니다. 우리의 믿음은 실제로 발생한 역사적 사건에 기초한다.

예수님의 부활이 의미하는 바는 또한 우리의 미래가 단지 죽어서 천국에 가는 것만이 아니라 그 이상의 것을 포함한다는 것이다. 미국의 대중 기독교 신앙은 우리가 죽으면 영혼은 몸에서 벗어나 눈에 보

삶과 죽음 이후의 새로운 삶

부활은 사람이 '죽은 후에 하늘로 올라간다'는 다소 공상에 가까운 언어적 표현이 아니며 '죽음 이후의 삶'에 관한 것도 아니다. 기독교의 부활은 오히려 육체의 죽음 **이후에** 새롭게 시작되는 육체적 삶을 말하는 방식다. 그래서 부활은…죽음 이후의 삶 **'이후의** 삶'에 관한 것이다. 당신이 죽으면 이제는 '그리스도와 함께' 살러 가는 것이다(죽음 이후의 삶). 하지만 당신의 몸은 여전히 죽어 있다.…그래서 그 중간기 **이후에** 약속된 것은, 하나님의 새로운 세상에서 하나님과 함께 살도록 완전히 새로워진 육체적 삶(죽음 이후의 삶 **'이후의** 삶')이다.[13]

–N. T. 라이트

이지 않고 육체가 없는 상태로, 어쩌면 영원히 하프 음악을 들으며 구름 위를 미끄러지듯 다니는 상태로, 하늘에서 영원히 산다는 것이다. 그러나 성경은 예수님의 부활이 미래에 있을 우리의 부활에 대한 보장이라고 명명백백하게 가르친다. 우리도 죽음에서 부활하여 새로운 몸을 입을 것이며(롬 8:18-25; 고전 15:35-58; 살전 4:13-18), 우리도 주님과 함께 새 하늘 **그리고** 새 땅에서 살게 될 것이다!(벧후 3:13; 계 21:1-5)

하나님의 계획은 보이지 않는 영혼을 위한 장소를 준비하는 것 이상이다. 그분은 우리를 죽음에서 일으켜 새 몸을 주실 것이다. 그리스도인의 위대한 소망은 현실의 고난에서 잠시 벗어나 황홀감에 취해 있거나 우리가 예전에 사랑한 이들을 잊지 않거나 죽어서 천국에 가는 것이 아니라, 죽음으로부터 육체를 가지고 부활하여 하나님의 새로운 피조물로 사는 것이다! 죽음이 궁극적으로 완전히 패하는 날이 반드시 도래할 것이며, 사망이 영원히 사망하는 날이 올 것이다. 그 결과, 우리는 사도 바울이 부활 장의 끝에서 고린도 교회에 실천하라고 권면한 그대로 정확하게 실천할 수 있다. "그러므로 내 사랑하는 형제들아 견실하며 흔들리지 말고 항상 주의 일에 더욱 힘쓰는 자들이 되라. 이는 너희 수고가 주 안에서 헛되지 않은 줄 앎이라"(고전 15:58).

예수님의 대위임령은 우리를 하늘로 데리고 들어가는 것이 아니라 이 현실 세계의 땅으로 데리고 내려오며, 그리스도의 재림 전에 성취해야 할 많은 일이 있음을 우리에게 상기시켜 준다. 예수님은 대위임령을 통해 우리의 사명이 모든 민족으로 제자 삼는 것임을 분명히 선포하신다. 우리의 사명은 단지 복음 전도나 사회봉사, 혹은 교회 봉사에 국한되지 않는다. 우리의 사명은 예수님을 따르는 것과 다른 이들을 초청하여 예수님을 따르도록 안내하는 것 그리고 예수님의 가르침에 순종하도록 서로를 돕는 것이다.

예수님의 승천 사건은 부활하신 주님이 지금 하늘에서 온 세상을 통치하고 계시며 역사의 마지막 날에 이 땅에 재림하실 것을 분명히 교훈한다. 예수님이 승천하셨을 때, 단지 증발하거나 분해된 것이 아니라 육체적으로 제자들이 보는 앞에서 하늘로 올라가셨는데, 이 사건은 우리도 부활의 몸을 입고 하늘로 승천하신 대표자를 따라 영광스럽게 변화할 것을 암시할 뿐 아니라 그분의 재림을 기대해야 할 것을 의미한다(행 1:11). 예수님의 승천과 관련하여 N. T. 라이트는 "교회는 예수가 **아니고**, 예수도 교회가 **아니다**.…승천의 진실, 다시 말해서 성령으로 지금 우리와 동행하시는 분이 또한 기이하게도 우리 가운데 부재하시며, 기이하게도 우리와 다른 분이라는 사실을 확고하게 붙잡을" 필요가 있음을 지적한다.[14]

이 이야기는 예수님의 통치가 새 하늘과 새 땅을 완전히 포괄할 때까지는 완성되지 않는다. 그날까지 우리는 "복스러운 소망과 우리의 크신 하나님 구주 예수 그리스도의 영광이 나타나심을" 계속해서 기다린다(딛 2:13). 그래서 우리는 다음과 같이 주님이 가르쳐 주신 기도를 계속해서 드린다. "하늘에 계신 우리 아버지여 이름이 거룩히 여김을 받으시오며 나라가 임하시오며 뜻이 하늘에서 이루어진 것같이 땅에서도 이루어지이다"(마 6:9-10). 또 우리는 계속해서 고대 아람어 기도문을 따라 주님께 "'마라나타'(*maranatha*), 주 예수여 오시옵소서"라고 기도드린다(계 22:20; 참조. 고전 16:22).

마무리 «

예수님이 십자가에 달려 돌아가시자 메시아에 대한 제자들의 소망은 산산조각이 났다. 그러한 극심한 실망감 때문에 제자들은 부활이라는 충격적 사건을 전혀 기대하지 못했던 것이 분명하다. 그러나 예수님의 부활은 그분이 실로 주님이시고 메시아시라는 사실을 만천하에 증명했다! 하나님은 죄와 죽음의 손아귀에서 피조물을 구원하겠다는 약속을 신실하게 지키신다. 모든 것은 새롭게 창조될 것이다. 한편 예수님은 제자들에게 이 세상에서 감당해야 할 사명으로 "너희는 가서 모든 민족을 제자로 삼[으라]"고 분명히 말씀하신다(마 28:19). 예수님이 승천하심으로 그분의 지상 사역은 마무리되었지만, 승천은 또한 예수님의 천국 사역을 새로운 차원으로 확장할 뿐 아니라 그분의 재림을 분명히 상기시켜 준다. 이제 성경 이야기의 다음 부분은 예수님의 제자들, 곧 교회가 하나님 나라의 최종 완성을 기다리는 동안 이 세상에서 어떻게 살아가야 하는지에 대한 해답과 관련된다.

암송 구절

천사가 여자들에게 말하여 이르되, 너희는 무서워하지 말라. 십자가에 못 박히신 예수를 너희가 찾는 줄을 내가 아노라. 그가 여기 계시지 않고 그가 말씀하시던 대로 살아나셨느니라. (마 28:5-6)

심층 연구

| 도서들 |

Bauckham, Richard. *Jesus and the Eyewitnesses: The Gospels as Eyewitness Testimony*. Grand Rapids: Eerdmans, 2008. 『예수와 그 목격자들』(새물결플러스).

Craig, William Lane. "Did Jesus Rise from the Dead?" In *Jesus under Fire*, edited by Michael J. Wilkins and J. P. Moreland, 141–76. Grand Rapids: Zondervan, 1995.

Licona, Michael R. *The Resurrection of Jesus: A New Historiographical Approach*. Downers Grove, IL: IVP Academic, 2010. 『예수의 부활』(새물결플러스).

Wright, N. T. *The Resurrection of the Son of God*. Philadelphia: Fortress, 2003. 『하나님의 아들의 부활』(CH북스).

______. *Surprised by Hope: Rethinking Heaven, the Resurrection, and the Mission of the Church*. New York: HarperOne, 2008. 『마침내 드러난 하나님 나라』(IVP).

| 토론을 위한 질문 |

a. 예수님이 죽은 자 가운데서 부활하셨다는 성경의 주장에 대해 대부분의 불신자가 어떻게 반응한다고 생각하는가? 다시 말해, 오늘날 예수의 육체 부활을 부정하게 만드는 가장 대중적인 이유가 무

엇이라고 생각하는가?

b. 예수님의 부활에 대한 여러 증거 가운데 당신에게 가장 설득력 있는 것은 무엇인가?

c. 이번 장에서 배운 내용에 근거해 예수님의 승천의 중요성을 친구에게 어떻게 설명하겠는가?

d. 예수님의 부활은 하나님이 자기 백성을 위해 예비하신 미래와 어떻게 관련되는가?

| 과제 |

1. 부활에 대한 가장 강력한 토론 중 하나가 고린도전서 15장에 소개된다. 좋은 성경 주석을 옆에 놓고 그 장을 연구해 보라. 그리고 그 장 전체를 관통하는 사도 바울의 생각을 따라갈 수 있도록 고린도전서 15장의 확장된 개요를 만들어 보라. 결론으로, 믿는 자들에게 미치는 예수 그리스도의 부활의 중요성에 관한 문단을 작성해 보라.

2. 부활 후 예수님의 등장 사건 목록(377쪽)을 살펴보라. 부활 후 예수님이 모습을 보이신 사람들과 집단들의 목록을 작성해 보라. 예수님이 이 사람들과 집단들에게 모습을 보이신 이유는 무엇일까? 부활 후 예수님의 출현이 중요한 이유는 무엇일까?

3. 예수님의 육체 부활이 사실임을 뒷받침하는 이유(378-383쪽)를 다시 읽어 보라. 당신이 예수님의 부활을 믿는다면, 이 가운데 어떤 이유 때문인지 두 가지를 꼽아 보라. 왜 그 이유가 설득력 있게 다가왔는가?

4. 예수님의 마지막 며칠 동안 진행된 시몬 베드로의 순례 여정은 마치 영적 롤러코스터를 타는 것과 같았다. 예를 들어 그는 겟세마네 동산에서

예수님이 잡히셨을 때 예수님을 위해 싸우려 했다가 결국 도망쳤다. 그는 예수님을 결코 부인하지 않겠다고 자랑스럽게 다짐했다가 얼마 지나지 않아 세 번이나 예수님을 부인했다. 그러다가 예전처럼 어부 생활로 돌아가기로 마음먹는다. 부활 후 예수님과 베드로가 나눈 대화가 담긴 요한복음 21:1-22을 읽어 보라. 예수님은 베드로에게 어떤 말씀을 주셨으며, 베드로는 이에 어떻게 반응했는지에 대해 한두 문단의 글을 써 보라.

16. 교회

오순절 성령 강림

도입 »

어렸을 때 나는 텔레비전 시리즈 〈배트맨〉의 열혈 팬이었다. 수업을 마친 오후 시간이면 나는 브루스 웨인이 망토 두른 배트맨으로 변신해서 조커나 리들러, 펭귄, 캣우먼 또는 미스터 프리즈 같은 악당들 때문에 위험에 빠진 고담 시티를 구하는 장면을 시청하곤 했다. 대부분의 일화는 악당들이 도시에 나타나 범죄를 저지르는 장면으로 시작된다. 이어서 사건을 해결해야 할 경찰 국장 고든과 오하라 반장은 배트맨을 유일한 해결책으로 생각하고 배트폰을 통해 그의 도움을 구하곤 한다. 웨인의 영지에서 배트폰을 받아든 알프레드 집사는 한가한 시간을 보내는 브루스와 딕에게 달려간다. 구조 요청을 받은 브루스와 딕은 책장 뒤에 설치된 배트 기둥을 타고 배트 동굴로 떨어진다. 이제 배트맨과 로빈으로 변신한 다이내믹 듀오는 범죄와 싸우기 위해 배트카를 타고 배트 동굴에서 달려 나와 그들이 사랑하는 도시를 악당들로부터 구해 낸다.

어떤 일화는 마지막 순간까지 손에 땀을 쥐게 한다. 그런 일화의 끝에서 배트맨과 로빈은 심각한 문제에 직면해 보통은 해결책이나 탈출구가 전혀 보이지 않는 죽음의 문턱까지 다다른다. 악당들과 힘겹게 싸우는 그들이 마지막 숨을 내쉬자마자, 곧이어 "다음 회에 계속"이라는 문구가 화면에 떠오르면서 흥미진진한 일화는 그만 막을 내린다. 이런 문구를 볼 때마다 즐거운 기분이 싹 사라진다. 왜냐하면 그 주인공들이 얼마나 멋지게 악당을 물리치는지를 다시 보려면 일주일을 기다려야 하기 때문이다.

어떤 의미에서, 사도행전은 마지막 순간까지 손에 땀을 쥐게 하는 대단원의 결말을 지닌 일화와 같다. 물론 배트맨을 예수 그리스도에 비할 수는 없겠지만, 사도행전은 성경의 전체 이야기 가운데 복음서의 뒤를 잇는 속편 같은 역할을 한다. 사실 원래 누가복음과 사도행전은 두 권으로 이루어진 하나의 저작물이었다. 예수님의 삶과 사역에 관해서는 마태, 마가, 누가, 요한이 기록한 네 가지 저작물이 있지만, 초대교회의 삶에 관해서는 사도행전만 존재한다. 이렇게 유일무이하게 초대교회의 진실을 우리에게 보여 주는 사도행전은, 예수님의 부활(기원후 30년경) 시점부터 사도 바울의 복음 전도 사역의 후반부(기원후 60년대 중반)까지 진행된 기독교 첫 세대의 모습에 관하여 기술하고 있으며, 하나님의 이야기가 예수님의 승천 이후에 어떻게 계속 진행되는지에 대해서도 소개한다.

준비

누가복음 1:1-4; 24:36-53; 사도행전 1-2장; 예레미야 31장을 읽거나 들어 보라.

계속되는 이야기

앞서 누가복음에서 우리는 예수 그리스도를 통해 세상에 구원을 베푸시고자 하는 하나님의 계획이 어떻게 시작되고 전개되는지를 살펴보았다. 그다음 두 번째 책인 사도행전에서는 이제 성령의 능력을 입은 하나님의 백성을 통해 하나님의 구속 목적이 어떻게 계속 실현되는지 살펴볼 수 있다. 예수님이 시작하신 구속 사역을 이제 성령이 교회를 통해 진행하고 계신 것이다. 계속되는 예수님의 구속 사역은 사도행전의 첫 구절에 다음과 같이 암시되어 있다. "데오빌로여 내가 먼저 쓴 글에는 무릇 예수께서 **행하시며 가르치시기를 시작하심부터**…"(행 1:1, 강조 추가). 드디어 하나님 나라가 본격적으로 시작되었지만 아직 완전히 도래한 것은 아니다. 예수님의 초림과 재림 사이에는 온 세상을 향한 구속 사역의 사명이 남아 있다. 그래서 예수님의 구속 사역이 그분의 백성을 통해 마지막 날까지 계속될 것이라는 사실이 바로 사도행전의 핵심이다.

누가와 데오빌로

누가는 많은 교육을 받은 이방인 의사이며, 사도 바울의 선교 동역자였다(골 4:14; 몬 1:24). 당신이 전혀 짐작하지 못했을 수 있지만, 누가는 신약성경에서 바울을 포함한 그 어떤 저자보다 방대한 성경 말씀을 기록한 저자다. 누가는 필시 예수님을 직접 본 목격자는 아닐 것이다. 그러나 이 두 권의 책을 쓰기 위하여 이전의 모든 자료를 철저히 조사했다(눅 1:1-4). 또한 누가복음과 사도행전이 탁월한 문학성을 보여 주는 고급 그리스어로 기록되었음을 고려할 때 누가는 탁월한 언어 구사력을 지닌 사람이다. 사도 바울은 선교 여행의 상당 부분을 누가와 함께했다(사도행전의 다음 구절에서 인칭대명사 "우리"의 용법에 주목하라. 행 16:10-17; 20:5-21:8; 27:1-28:16; 참조. 딤후 4:11).

누가복음과 사도행전은 수신자가 둘 다 "데오빌로 각하"다(눅 1:3; 행 1:1). 데오빌로의 직함(각하)은 그가 당시 사회에서 지위가 매우 높고 부유했으며, 특히 누가복음과 사도행전을 널리 보급하기 위해 사본을 제작하는 데 재정적 지원을 베풀었을 가능성이 있는 인물임을 보여 준다. 누가가 누가복음 1:1-4에서 언급한 바에 따르면, 데오빌로는 그리스도를 믿고자 최근에 회심한 사람인 것 같다. 예를 들어 누가는 "우리 중에 이루어진" 사건들(눅 1:1)과 이전의 가르침(눅 1:4)에 대해 언급한다. 누가는 아마도 데오빌로에게 새로운 믿음에 관하여 교훈을 주고 격려하고 싶었을 것이다. 학자들 대부분이 누가복음-사도행전은 폭넓은 청중, 곧 로마 제국에 흩어진 이방 그리스도인들을 염두에 두고 저술되었다고 믿는다.

| 오순절 성령 강림을 위한 준비(행 1장) |

다음 페이지의 도표는 성경 전체의 구속 이야기가 한 단락에서 다른 단락으로 끊임없이 자연스럽게 전환되듯이 누가복음의 끝부분과 사도행전의 시작 부분이 어떻게 자연스럽게 연결되는지를 보여 준다. 예수님이 복음서에서 시작하신 여러 일이 사도행전에서도 이어진다. 예수님의 죽음과 부활로 말미암은 죄 용서에 관한 복된 소식은 이제 예루살렘에서 시작하여 모든 민족에게 전파될 것이다. 누가복음에서 예수님은 십자가라는 거룩한 약속을 감당하시기 위해 예루살렘으로 올라가셨다. 그런데 사도행전에서 교회는 예수님이 행하신 일을 온 세상에 증거하기 위해 예루살렘에서부터 새로운 순례 여정을 시작할 것이다. 하지만 그 사명을 감당하기 전에, 제자들은 약속하신 성령에 의해 "위로부터 능력으로 입혀질" 때까지 예루살렘에서 기다려야 한다(눅 24:49).

제자들은 예수님의 부활 이후 40일이 지나고 승천 이후로 10일이 더 지나서 오순절이 이를 때까지 계속 약속된 성령을 기다렸다. 그렇게 기다리는 동안 제자들과 초대교회에 다음 네 가지 중요한 사건이 발생했다. (1) 제자들은 성령의 강림과 그다음에 증인으로서 감당해야 할 자기들의 역할에 관해 가르침을 받는다(행 1:6-8). (2) 그들은 승천하시는 예수님을 직접 목격한다(1:9-11). (3) 그들은 함께 기도하기 위해 계속해서 모였다(2:12-14). (4) 그들은 열두 사도의 온전한 숫자를 채우기 위해 유다 대신에 맛디아를 선택한다(1:15-26). 이런 연속되는 사건들, 곧 성령에 의해 공급되는 능력, 증인으로서의 사명을 감당하라는 예수님의 명령, 하늘 보좌에서 사명을 인도하시는 주님, 기도의 중요성, 사도들의 중심적 역할 등은 사도행전 전체에 걸쳐서 초대교회를 지탱하는 중요한 뼈대로 작용한다.

누가복음의 끝 → 사도행전의 시작

눅 24:46-53	행 1:1-11
또 이르시되 이같이 그리스도가 고난을 받고 제삼 일에 죽은 자 가운데서 살아날 것과 또 그의 이름으로 죄 사함을 받게 하는 회개가 예루살렘에서 시작하여 모든 족속에게 전파될 것이 기록되었으니 너희는 이 모든 일의 증인이라. 볼지어다. 내가 내 아버지께서 약속하신 것을 너희에게 보내리니 너희는 위로부터 능력으로 입혀질 때까지 이 성에 머물라 하시니라. 예수께서 그들을 데리고 베다니 앞까지 나가사 손을 들어 그들에게 축복하시더니 축복하실 때에 그들을 떠나 [하늘로 올려지시니] 그들이 [그에게 경배하고] 큰 기쁨으로 예루살렘에 돌아가 늘 성전에서 하나님을 찬송하니라.	데오빌로여 내가 먼저 쓴 글에는 무릇 예수께서 행하시며 가르치시기를 시작하심부터 그가 택하신 사도들에게 성령으로 명하시고 승천하신 날까지의 일을 기록했노라. 그가 고난받으신 후에 또한 그들에게 확실한 많은 증거로 친히 살아 계심을 나타내사 사십 일 동안 그들에게 보이시며 하나님 나라의 일을 말씀하시니라. 사도와 함께 모이사 그들에게 분부하여 이르시되 예루살렘을 떠나지 말고 내게서 들은 바 아버지께서 약속하신 것을 기다리라. 요한은 물로 세례를 베풀었으나 너희는 몇 날이 못 되어 성령으로 세례를 받으리라 하셨느니라. 그들이 모였을 때에 예수께 여쭈어 이르되 주께서 이스라엘 나라를 회복하심이 이때니이까 하니, 이르시되 때와 시기는 아버지께서 자기의 권한에 두셨으니 너희가 알 바 아니요 오직 성령이 너희에게 임하시면 너희가 권능을 받고 예루살렘과 온 유대와 사마리아와 땅끝까지 이르러 내 증인이 되리라 하시니라. 이 말씀을 마치시고 그들이 보는데 올려져 가시니 구름이 그를 가리어 보이지 않게 하더라. 올라가실 때에 제자들이 자세히 하늘을 쳐다보고 있는데 흰옷 입은 두 사람이 그들 곁에 서서 이르되 갈릴리 사람들아 어찌하여 서서 하늘을 쳐다보느냐. 너희 가운데서 하늘로 올려지신 이 예수는 하늘로 가심을 본 그대로 오시리라 하였느니라.

누가복음과 사도행전에서 예수님이 '복음이 모든 민족에게 전파될 것'을 특히 강조하셨음에 주목해야 한다(눅 24:47; 행 1:8). 하나님의 구원이 실현될 영역은 제자들이 사도행전 1:6에서 "주께서 이스라엘 나라를 회복하심이 이때니이까?"라고 질문할 때 염두에 둔 것과 선명한

대조를 이룬다. 당시 제자들은 (정치적으로 이스라엘 같은) 국가적 왕국을 기대하고 있었지만, 예수님은 아브라함에게 약속한 (모든 민족을 포함하는) 우주적 왕국에 대해 말씀하신다. 또한 제자들이 성령 강림과 관련해서도 어쩌면 당장에라도 도래할 왕국을 기대했다면, 예수님은 그 나라가 오직 주님의 재림 때에 온전하고도 완전하게 임할 것이라고 교훈하신다. 예수님은 제자들에게 재림의 구체적 "때와 시기"를 알려고 애쓰지 말고, 재림을 기다리는 동안 그들에게 부여된 실제적 사명에 관심을 두도록 이끄신다(행 1:7-8). 그래서 제자들은 계속해서 하나님 아버지로부터 임할 약속된 선물인 성령의 강림을 기다린다.

하나님의 보좌 오른편으로의 승귀

그런 다음 예수님은 하늘로 올라가셨다(행 1:9). 혹은 베드로가 나중에 말한 대로 '하나님께서는 이 예수를 높이 올리셔서 자기 오른편에 앉히셨다'(행 2:33; 5:31). 이날은 대관식 날이다! 이제 메시아가 온 창조세계와 온 백성을 다스리시는 하나님의 보좌에 함께 앉으신다. '하나님의 오른편'이라고 묘사된 자리의 의미를 올바로 이해하는 것이 중요하다. 많은 유대인이 메시아가 하나님의 보좌에 함께 앉으시리라고 믿기는 했지만, 그들은 하나님의 보좌가 예루살렘 안에 있어서 메시아가 거기서부터 전 세계의 유대 왕국을 다스리실 것으로 기대했다. 그러나 베드로가 묘사한 메시아의 보좌는 절대로 예루살렘에 있지 않았다. 그것은 확실히 이 세상 너머에, 하늘의 하나님 오른편에 있다. 여기는 최고의 권위와 영예가 있는 곳이다. 하나님 나라에서는 어떤 종류의 경계도 없다. 예수님은 그저 우리 마음의 보좌에 앉으셔서 그곳에서 다스리시는 것만이 아니다. 그분의 권위를 나타내기에 그것은 너무나도 좁은 개념이다. 예수님은 모든 인간의 삶과 모든 역사 그리고 모든 민족을 다스리신다.[1]

-크레이그 바르톨로뮤, 마이클 고힌

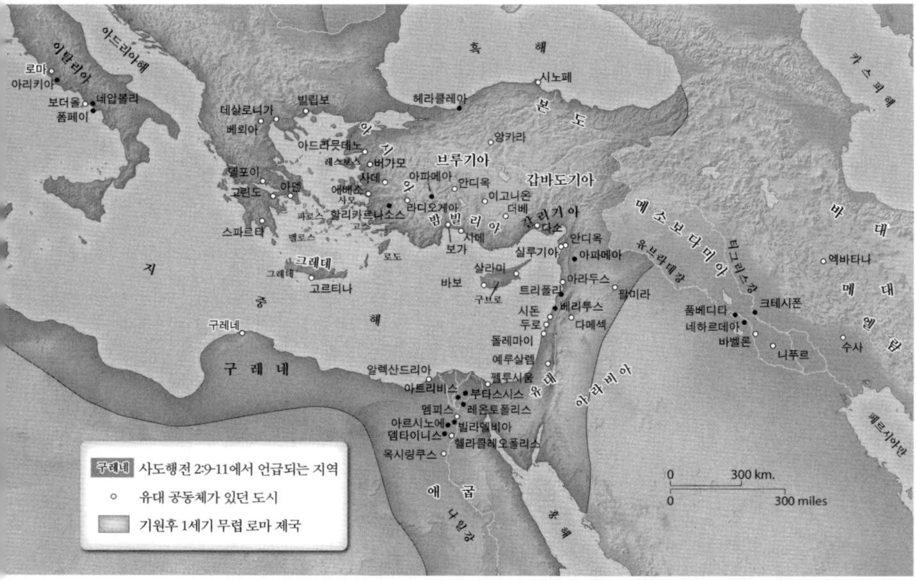

오순절에 복음이 확장된 지역

| 오순절: 성령 강림(행 2:1-13) |

모든 기다림과 간절한 기도 후에 드디어 하나님의 선물인 성령이 강력한 방식으로 임했다(행 2:1-12). 그리스어로 '50번째'라는 의미가 담긴 유대인의 축제 날인 **오순절**은 수장절이라고도 불린다. 유월절 이후 50일이 지나면 유대인은 매년 풍성한 수확과 추수에 대한 감사의 의미로 오순절을 지킨다. 이 축제 기간에 유대인은 지난 한 해 함께하신 하나님의 신실한 은혜와 섭리에 감사하며, 애굽의 노예에서 하나님의 언약 백성으로 구원받은 사건을 기억하고 경축했다(신 16:9-12; 레 23:15-22; 민 28:26-31). 나중에 오순절을 경축하는 이유로, 하나님이 시내산에서 모세에게 율법을 주신 것을 축하하는 의미도 추가되었다. 오순절은 또한 순례자들의 축제이기도 했기 때문에, 이 기간에 전 세계에서 예루살렘을 방문하려는 순례자들로 인해 예루살렘의 인구가 비약적으로 증가하기도 한다. 오순절의 기적이 일어날 당시 120명의 신자가 한자리에 모여서 기도하고 있었다.

> 홀연히 하늘로부터 급하고 강한 바람 같은 소리가 있어 그들이 앉은 온 집에 가득하며 마치 불의 혀처럼 갈라지는 것들이 그들에게 보여 각 사람 위에 하나씩 임하여 있더니 그들이 다 성령의 충만함을 받고 성령이 말하게 하심을 따라 다른 언어들로 말하기를 시작하니라. (행 2:2-4)

성경에서 바람과 불은 종종 하나님의 강력한 임재를 상징한다. 에스겔의 마른 뼈 환상에서는 죽은 뼈들을 다시 살리기 위해 하나님의 생명을 공급하는 호흡이 바람의 형태로 강림한다(겔 37장). 출애굽 사건에서 하나님은 불붙은 나무의 모습으로 모세에게 나타나시며, 나중에 시내산에서는 불 가운데 모세에게 강림하신다(출 3, 19장). 성령의 강림은 그 자체가 곧 하나님의 강림이다. 그분은 마치 바람처럼 그리고 불처럼 위대한 능력으로 강림하신다.

오늘날 영어가 전 세계 공용어로 널리 사용되듯이 당시에는 그리스어가 그리스-로마 전역에서 가장 널리 사용되던 공식 언어였다. 하지만 대부분의 사람이 모국어를 포함하여 여러 언어를 사용할 수 있었다. 그런데 지중해 주변 지역에 흩어져 살던 유대인들이 오순절을 지키기 위하여 예루살렘으로 모여들었다. 여러 나라에서 예루살렘을 방문한 많은 유대인은 오순절 날에 예수님의 제자들과 초대교회 성도들의 간절한 기도 소리를 듣고서 도대체 무슨 일이 벌어지고 있는지 알아보려고 당시 성도들이 기도하던 집 주변으로 모여들었다. 120명의 갈릴리 출신 그리스도인들이 "하나님의 큰 일"에 관하여 말하는데,

놀랍게도 이들은 전혀 방문해 보지도 않은 각 나라의 방언으로 하나님을 찬양하고 있었다(행 2:5-12).

하나님은 우리가 그분의 능력을 의지하기 바라신다

캄캄한 밤에 전등 하나 없고 텔레비전도 전혀 볼 수 없고 심지어 시계도 찾아볼 수 없는 마을을 방문한다고 상상해 보라. 게다가 그 마을에 전원도 사실상 거의 바닥이 난 상태여서, 그 마을의 사는 누구도 집에 있는 전기 제품을 사용할 생각조차 하지 못한다고 상상해 보라. 그렇다면 당신이 보기에 그 마을에 정착하여 산다는 것은 참으로 어리석어 보이지 않겠는가? 그런데 실상을 말하자면 오늘날 교회가 바로 이런 마을과 매우 흡사하다. 하나님은 우리에게 세상에서 그분의 사명을 완수할 성령의 능력을 공급해 주셨는데, 겨우 극소수의 그리스도인만이 그분의 능력에 의지하여 살아간다.[2]

-크레이그 키너

이런 맥락에서 등장하는 "방언"(tongues)이라는 용어는 이미 알려진 언어를 가리킨다(행 2:6, 8, 11). 이 방언은 고린도전서 12-14장에서 묘사된 방언의 은사와는 전혀 다르다. 그 이유는 120명의 신자가 방언으로 하나님의 일을 진술할 때 예루살렘을 방문한 유대인들은 각기 자신이 외국에서 사용하는 언어로 그 메시지를 들을 수 있었기 때문이다. 나중에 바울이 언급한 방언의 은사는 이와 달리 개인 기도와 찬양 시간에 사용된 것으로 보인다. 이 신자들에게 방금 일어난 일을 목격한 주변 사람들은 대부분 놀라기도 하고 궁금해도 했지만, 일부 사람들은 오히려 그들을 조롱하고 비웃었다(행 2:12-13).

그리스도인들에게 오순절 성령 강림 사건은 유대인의 연례 축제 이상으로 중요한 의미를 지니게 되었다. 성령이 예수 그리스도의 제자

각 사람 안에 영원토록 거하기 위해 하늘로부터 강림함으로 오순절은 하나님의 구원 이야기 안에서 새로운 장을 열었다.

| 오순절 사건의 중요성을 설명하는 베드로(행 2:14-41) |

시몬 베드로가 사람들 앞에 서서 방금 일어난 사건을 설명하기 시작한다. 베드로는 지금이 오전 9시에 불과하므로 120명의 신자가 하는 말은 결코 술에 취하여 하는 말일 수가 없다고 주장한다(행 2:14-15). 그보다는 구약에서 요엘이 미리 예언한 바와 같이(행 2:16-21; 욜 2:28-32), 성령이 하나님의 백성 위에 부어졌다는 것이다. 성령 강림은 "그 마지막 날들"의 시작, 즉 예수님의 초림부터 성령의 강림을 거쳐 그리스도의 재림으로 연결되는 시간이 시작되었음을 알려 준다. 예언자 요

학습하는 공동체

반지성주의와 성령 충만은 양립할 수 없다. 왜냐하면 성령은 진리의 영이기 때문이다. 초기 제자들은 자신들이 성령을 받았기 때문에 성령만이 그들에게 필요한 유일한 교사이며 더는 인간 교사 없이도 잘 지낼 수 있다고 생각하지는 않았다. 반대로 그들은 가르침을 받기 위해 간절한 심정으로 사도들의 발아래 모여 앉았고, 사도들의 가르침을 꾸준히 받았다.…사도들에 관한 두 가지 언급, 즉 [사도행전 2장의] 42절(가르침)과 43절(기사와 표적)이 동시에 언급된 것은 결코 우연이 아니다. 사도들의 가르침은 신약성경이라는 최종 형태로 오늘날 우리에게 전해졌으므로, 오늘날 우리가 사도의 가르침을 받아들인다는 것은 신약성경의 권위에 순종한다는 의미다. 성령 충만한 교회는, 신약성경의 가르침을 공부하고 그것에 순종한다는 의미에서 신약성경의 교회다. 하나님의 영은 하나님의 백성이 하나님의 말씀에 순종하도록 인도하신다.[3]

-존 스토트

엘은 하나님이 말세에 그분의 영을 모든 백성(종, 남자와 여자, 젊은이와 노인뿐 아니라 하나님의 가족)에게 부어 주실 것이라고 예언했다. 그 결과 성령을 받은 백성은 하나님의 큰일을 예언하고 선포할 것이다. 본질적으로 모든 믿는 자가 하나님의 계시를 선포하는 예언자가 되거나 하나님의 큰일을 선포하는 자가 될 것인데, 그렇게 예언된 사건이 120명의 신자에게 지금 발생했다는 것이다.

계속해서 사도 베드로는 더 많은 성경 구절을 인용하여 예수님이 이전에 시작하신 것을 어떻게 성령이 계속 이끌어 가고 있는지를 주위 사람에게 설명했다. 공생애 동안에 예수님은 하나님 나라의 도래를 증명하는 여러 기사와 표적을 실행하셨다(행 2:22). 그 덕분에 병에 걸린 사람들은 고침을 받았고, 악한 영의 눌림에서 벗어났고, 심지어 죽음으로부터 자유를 맛보았다. 그럼에도 불구하고 예수님은 당시 유대교 지도자들의 손에 강압적이고 비극적인 죽음을 맞이하셨다(행 2:23). 그러나 하나님은 예수님을 죽음에서 건지셔서 가장 높은 자리로 올리셨다(행 2:24-35; 시 16:8-11; 110:1). 달시 말해서 "너희가 십자가에 못 박은 이 예수를 하나님이 주와 그리스도가 되게" 하셨으며, 이러한 십자가와 부활 사건은 다시 성령 강림 사건으로 귀결되었다는 것이다(행 2:33, 36).

베드로의 설교를 듣던 많은 사람이 양심의 가책으로 "마음에 찔려" "우리가 어찌할꼬?"라고 물었다(행 2:37). 그러자 베드로는 그들에게 회개하고 세례를 통해 믿음을 공개적으로 고백할 것을 요청했다. 그렇게 할 때, 그들은 약속하신 성령을 선물로 받을 것이다(행 2:38-39). 그런데 놀랍게도 베드로의 설교를 듣고 회개하여 당시에 약 3천 명이 예수님의 제자가 되었다(행 2:40-41).

| 성령의 새로운 공동체(행 2:42-47) |

이제 누가는 성령의 역사로 형성된 새로운 공동체를 묘사한다. 하나님은 이 새로운 공동체를 통해 성경의 위대한 구속 이야기를 마무리하실 것이다. 이 새로운 성령의 공동체 혹은 교회의 특징은 그 나름의 독특한 실천과 자질에서 찾아볼 수 있다. 첫째로, 그들은 하나님의 말씀에 헌신적이다. "그들은 사도들의 가르침에 몰두"(새번역)했는데, 이 가르침은 "기사와 표적"으로 진정성을 보증받았다(행 2:42-43). 예수님의 증인인 사도들은 예수님의 삶과 사역, 죽음 그리고 부활에 초점을 맞춘 교훈과 가르침을 후대에 계승했고, 이들의 가르침은 새로운 공동체를 위한 진리의 기둥과 터가 되었다.

둘째로, 이 새로운 공동체는 사랑이 풍성하고 자비로운 공동체다. 그들은 "교제"에 헌신했으며 다른 이들의 필요를 돕기 위해 자기 소유를 기꺼이 포기했다(행 2:42, 44-45). '교제'[그리스어로 '코이노니아'(*koinônia*)]라는 개념은 자기 소유물을 타인과 나누거나 베푸는 것, 혹은 참여하는 것을 포함한다. 이 새로운 공동체에서는 사람이 가장 중요하다.

셋째로, 이 새로운 공동체는 예배하는 공동체다. 그들은 "떡을 떼며 오로지 기도"하는 일에 헌신했다(행 2:42). 또한 그들은 "집에서 떡을 떼며" 하나님을 찬미하며 "기쁨과 순전한 마음으로 음식을" 함께 먹었다(행 2:46-47a). 떡을 떼는 것은 일반적인 식탁 교제에서 함께 음식을 나누는 것의 일환으로서, 주님의 성만찬을 지킨 초기 그리스도인의 실천과 관련 있었을 것이다. 그리고 본문에 등장하는 "기도"라는 단어는 문자적으로는 '기도들'로, 개인 기도 시간보다는 오히려 여러 신자가 함께 모여 진행하는 기도 시간을 가리킨다. 초대교회 신자들은 "기쁨과 순전한 마음으로" 예배를 드렸는데, 이러한 표현은 그들의 모임 가운데 참된 기쁨과 진정성이 공동체의 특징으로 나타났음을 의미한다.

공동체와 고독

홀로 있을 수 없는 사람은 공동체를 주의하라. 이런 사람은 자신과 공동체에 해를 끼칠 뿐이다. 하나님이 부르실 때 당신은 홀로 그분 앞에 서야 하고, 홀로 그 부르심에 응답해야 한다. 당신은 홀로 십자가를 지고 싸우며 기도해야 한다. 그리고 홀로 죽을 것이요, 홀로 하나님 앞에서 결산해야 한다. 당신은 스스로를 회피할 수 없다. 하나님이 당신을 구별하셨기 때문이다.…

그러나 그 반대도 진리다. **공동체 안에 있지 않는 사람은 홀로 있음에 주의하라.** 당신은 공동체 안에서 부르심을 받았다. 그 부르심은 당신에게만 해당되지 않는다. 당신은 부르심을 받은 사람들의 공동체 안에서 십자가를 지고 싸우며 기도한다. 당신은 홀로 있지 않다. 죽음과 마지막 날에도 예수 그리스도의 위대한 공동체의 한 지체로서만 존재할 것이다.

그러므로 우리가 깨닫는 진리는, 우리는 공동체 안에 있을 때만 비로소 홀로 설 수 있고, 또한 홀로 설 수 있는 사람만이 비로소 공동체 안에 있을 수 있다는 사실이다.[4]

-디트리히 본회퍼

넷째로, 하나님을 향한 열정적 예배와 서로를 향한 사랑과 나눔 및 하나님 말씀에 대한 헌신의 결과로, 주님은 그들의 수가 늘어나도록 복을 주셨다. 그 새로운 공동체는 "온 백성에게 칭송을 받[는]" 열린 공동체이며 성장하는 공동체였다(행 2:47). 또한 이들은 의심의 여지 없이 모일 때마다 왜 자신들이 메시아 예수 그리스도를 구세주로 믿으며 그분께만 소망을 두는지를 설명하는 데 더욱 헌신했을 것이다

(행 2:46). 그래서 주님은 구원받는 사람들을 그 새로운 공동체에 계속 더하여 주셨다(행 2:47).

연결하기

하나님의 위대한 구원 이야기 안에서의 현재 위치를 복습해 보자.

창조와 위기
언약
불러냄
계명
정복과 가나안화
왕국의 설립
친교와 상식
왕국의 분열
포로 생활과 귀환
중간기: 구약과 신약의 중간 시기
그리스도
▶교회
오순절 성령 강림
예루살렘과 유다와 사마리아에서
이방 선교
예루살렘에서 로마로 전파되는 복음
완성

베드로가 오순절 성령 강림 사건의 의미를 설명할 때, 그는 모든 내용을 이전에 예수 그리스도에게 발생한 사건들에 근거하여 설명했다. 베드로는 같은 유대인으로서 동족 유대인에게 설득력 있게 말했다. "당신들이 이 나사렛 출신의 골칫덩어리를 십자가에서 죽임으로 제거했다고 생각했지만, 하나님에게는 다른 생각이 있었습니다. 하나님이 그분을 직접 사망으로부터 살리셨기 때문에, 예수님의 부활은 그분이 참으로 이스라엘의 메시아요, 전 우주의 주권자이신 주님이라는 사실을 분명히 선포하고 있습니다"(행 2:23-24, 31-32, 36을 보라). 예수님이 하나님 우편에 높이 들림을 받으시자, 하나님의 이전 약속 그대로 성령이 그분의 백성에게 부어졌다. 이러한 성령 강림 사건은 예레미야 31:31-34에 예언된 것처럼, 하나님이 자신의 율법을 백성의 마음에 직접 기록하고 그들과 영원히 함께 사는 새 언약을 맺겠다는 구약성경의 예언들이 실제로 성취된 것이다.

여호와의 말씀이니라. 보라 날이 이르니
내가 이스라엘 집과
　유다 집에
새 언약을 맺으리라.
이 언약은
　내가 그들의 조상들의 손을 잡고
　　애굽 땅에서 인도하여 내던 날에
　　맺은 것과 같지 아니할 것은
내가 그들의 남편이 되었어도
　그들이 내 언약을 깨뜨렸음이라.
　　여호와의 말씀이니라.

그러나 그 날 후에
  내가 이스라엘 집과 맺을 언약은 이러하니
곧 내가 나의 법을 그들의 속에 두며
  그들의 마음에 기록하여
나는 그들의 하나님이 되고
  그들은 내 백성이 될 것이라.
    여호와의 말씀이니라.
그들이 다시는 각기 이웃과 형제를 가리켜 이르기를
  너는 여호와를 알라 하지 아니하리니
이는 작은 자로부터 큰 자까지
  다 나를 알기 때문이라.
내가 그들의 악행을 사하고
  다시는 그 죄를 기억하지 아니하리라.
    여호와의 말씀이니라.

하나님은 본래 세상 모든 백성에게 복을 주기 위해 이스라엘이라는 나라를 세우셨다(창 12:1-3). 그러나 이스라엘은 그 소명을 수행하는 데 실패했고, 하나님의 메시아에 대항하기까지 했다. 그러나 하나님은 자기 백성을 회복시키셔서 그들을 통해 이 세상의 모든 피조물을 온전히 회복하는 사명을 달성하시겠다는 약속을 신실하게 성취하신다. 이런 계획 속에서 예수 그리스도는 이스라엘 열두 지파의 회복을 상징하는 열두 사도를 부르심으로 하나님의 백성을 회복하기 시작하셨다. 또 성경은 이 회복의 과정에서 성령이 중요한 순간에 자기 백성에게 부어질 것이라고 예언했다(겔 36:24-28; 37:14; 39:29; 욜 2:28-29). 그리고 그 약속대로 하나님의 본래 목적을 성취하고 하나님의 메시지를 모든 민족에게 전파하기 위하여 "참 백성 이스라엘"에게 성령이 부어졌다(롬 9:6; 갈 6:16; 엡 3:6). 하나님은 아브라함에게 하신 약속을 성취하고자 이 새로운 성령 공동체를 통해 일하시며, 그 결과 복음을 전해 듣고 회개한 모든 사람이 하나님과의 새로운 관계 안으로 들어갈 기회를 얻었다.

성령 강림 사건에 내포된 하나님의 더 큰 목적은 인격적 방법으로 자기 백성 가운데 내주하고자 하시는 그분의 열망에 있다.[5] 예레미야 31:33("나는 그들의 하나님이 되고 그들은 내 백성이 될 것이다")은 성경 전체 이야기 안에서 일관성 있게 발견되는 하나님의 더 큰 약속과 연결되는데, 이 약속은 다른 어떤 것과 비교할 수 없는 소망을 가져다준다. 이 약속은 종종 다음과 같이 세 부분으로 구분된다(레 26:12; 겔 37:27; 고후 6:16).

- 나는 너희의 하나님이 될 것이다.
- 너희는 내 백성이 될 것이다.
- 나는 너희 가운데 거할 것이다.

이상의 세 가지 약속은 '구원받는 것'이나 '천국에 가는 것' 또는 '사역을 행하는 것'과도 비교할 수 없는 가장 큰 하나님의 약속이다. 하나님은 처음부터 공동체 안에서 일하셨으며, 하나님의 백성도 새롭게 창조된 공동체 안에서 그분과 온전한 교제를 누릴 수 있다.

십자가 죽음 전날 밤에 예수님은 '보혜사' 또는 '변호인'인 성령이 자신의 임재를 제자들에게 알게 하실 거라고 약속하셨다(요 14:16, 26; 15:26; 16:7).

오순절의 성령 강림 사건은, 예수님이 세상에 오셔서 시작하신 구

하나님은 늘 자기 백성과 함께 살기를 원하신다

- 에덴동산에서 아담과 하와와 함께(창 3:8)
- 아브라함, 이삭, 야곱, 모세 그리고 예언자 같은 이들에게 특별히 나타나심으로
- 성막에서(출 25:8; 40:33-35)
- 성전에서(왕상 8장; 대하 6:18; 겔 10:18)
- 말씀(예수님)이 육신이 되심으로, 즉 우리와 함께하시는 임마누엘로 오심으로 (사 7:14; 요 1:1, 14)
- 성령의 새로운 공동체, 즉 교회에서(요 14:16-17; 고전 3:16)
- 새 하늘과 새 땅에서 얼굴과 얼굴을 대하며(계 21:3)

속 사역을 계속 이어 감으로써 하나님의 거대한 구속 계획 안에서 큰 도약을 이루었다. 성령 강림으로 말미암아 새로운 공동체가 창조되었으며, 하나님의 성령이 신자들 안에 내주하시면서 열방 가운데 하나님 나라의 복된 소식을 전하기 위해 그들을 사용하신다. 하나님은 자기 백성과 새로운 언약을 맺고 계시며 그들 가운데 영원히 살기 위해 그 약속을 계속 성취하고 계신다.

이야기 실천하기

예수님의 십자가와 부활 그리고 오순절 성령 강림의 관점에서 볼 때 오늘날 우리는 초대교회 성도와 동일한 입장에 있다. 그렇기에 성경의 위대한 구원 이야기 안에서 중요한 위치를 차지하는 이 부분의 이야기를 실천하는 것은 너무나 당연하며 시의적절하다. 오늘날 우리가 이 이야기대로 생활하는 첫 번째 방법은, 우리가 하나님과 함께, 그러니까 공동체적으로 뿐만 아니라 개인적으로도 하나님과 함께 살기 위하

여 창조되었다는 사실을 직시하는 것이다. 성령이 "불의 혀"가 갈라지듯이 오순절에 신자들 각자에게 임했으며(행 2:3), 그 결과 이들은 모두 성령으로 충만해졌다(2:4). 하나님의 영이 공동체에 속한 신자들에게 개별적으로 임재하신다. 우리는 모두 관계적으로 깊이 하나님께 연결되도록 창조되었다. 연필은 쓰거나 그림을 그리는 목적으로 만들어졌으며, 망치는 무언가를 두드리거나 못을 박기 위한 목적으로 만들어졌고, 안경은 시력을 증진하기 위한 목적으로 만들어졌다. 이와 마찬가지로 사람은 하나님과 관계 맺고, 다른 사람들을 포함한 하나님의 피조물과 깊은 관계를 맺기 위해 창조되었다. 사람의 마음속에 있는 가장 간절한 욕구는 관계 맺기다. 오순절의 성령 강림 사건은 하나님이 자기 백성 가운데 내주하시겠다는 오래된 하나님의 비전을 그 이전과 비교할 수 없을 정도로 실제가 되게 했다. 그러므로 하나님의 임재를 경험하기 위해 나중에 죽어서 천국에 갈 때까지 기다릴 필요가 없다. 하나님과 동행하는 삶을 지금 당장 시작할 수 있게 되었다. 성령의 임재에 감사하라.

소망 없는 삶이란 어떤 것일까?

> 소망 없는 삶은 더 이상 사는 것이 아니다. 지옥은 희망 상실이며, 단테가 말한 지옥 입구에 적힌 "여기에 들어오는 자는 모든 희망을 버려라"라는 말처럼 아무것도 바라는 것이 없는 삶이다.[6]

-위르겐 몰트만

더 감사한 일은, 우리에게 성령만 있는 것이 아니라 주변에 함께 믿는 다른 형제자매도 있다는 사실이다. 죄악이 하나님의 거대한 구원 이야기 안으로 흘러 들어와 사람들을 분열시켰으나 우리가 속한 새로운 공동체에서는 그 장벽이 무너지기 시작했다. 오순절에 하나님은 여러 언어로 찬양을 받으셨다. 여자와 남자가 하나님의 큰일을 예언하거나 선포했으며, 젊은이와 노인이 다 같이 주님과의 친교를 경험했다. 하나님은 사람을 모두 동일한 모습으로 만들지 않으셨고, 우리가 각기 다양성을 인정하면서도 하나로 연합되는 것을 기뻐하신다. 남과 다르다는 것은 더 우수하다는 것이 아니라 다름을 의미할 뿐이다.

하나님은 하나의 획일화된 기독교 문화를 만들 목적으로 전 세계의 독특한 문화를 파괴하시는 분이 아님을 기억하는 것이 매우 중요하다. 하나님은 우리 모두를 그리스도 안에서 연합시키고 그리스도 안에서 하나의 공동체로 만드시지만, 우리는 그러한 연합의 관계를 다양한 문화와 양식으로 표현하면서 살아간다. 중요한 것은 당신이 지역 공동체의 일부라는 사실을 확신하는 것이다. 당신은 하나님의 말씀을 이해하면서 함께 자라갈 지역 공동체에 연결되어 있는가? 베풀고 나누는 것을 상식으로 여기는 공동체에서 지내고 있는가? 기쁜 마음으로 주님을 예배하는 공동체에 참여하고 있는가? 성령이 내주하시는 지역 공동체에 함께 연결되지 않고서 성경 이야기를 삶으로 실천하는 것은, 전혀 불가능하지는 않더라도 매우 힘든 일이다.

예수님이 공생애 동안 성령의 능력으로 사역을 감당하신 것처럼, 우리 역시 성령을 의지해야 한다. 성령이 우리 안에서 변화의 역사를 일으킬 때 우리는 기쁜 마음으로 주님에 대해 이야기할 것이고, 그 결과 주님을 모르는 자들이 하나님과 우리 공동체에 매력을 느낄 것이다. 오순절 사건에 관한 이야기 전체에 걸쳐서 얼마나 자주 '말하기'(speech)가 강조되는지 눈여겨보라(예를 들어, 불의 혀와 같이 갈라지는 성령이나 여러 방언, 예언의 성취, 베드로의 설교). 사람은 자기가 열정적으로 좋아하는 것을 입 밖에 내기 마련이다. 우리가 어떤 스포츠에 푹 빠지거나 어떤 취미를 열광적으로 좋아한다면, 우리는 반드시 그것에 대해 이야기하고 싶어 안달일 것이다. 가족을 사랑한다면 그들에 대해 많이 이야기할 것이고, 정말로 주님을 사랑한다면 그분에 대해서도 많이 이야기할 것이다.

오순절 날 신자들은 하나님에 관하여 담대하게 말하는 새로운 능력을 받았다. 두려움 때문에 예수님을 안다는 사실을 맹렬히 거부했던 베드로가, 나중에 성령의 능력을 받아 오순절에 그토록 강력한 메시지를 전한 인물이라는 사실을 생각해 보면 우리에게 큰 용기를 준다. 성령만이 두려움에 가득 찬 실패자를 예수님을 위하여 담대하게 헌신하는 증인으로 바꿀 수 있다. 성령은 지금도 이렇게 사람을 변화시키는 일을 계속하신다.

마무리 «

사도행전은 성경에서 초대교회의 생활상에 관해 중요한 이야기를 들려준다는 점에서 그 독특성을 찾아볼 수 있다. 또한 복음서(특히 누가복음)가 멈춘 부분을 이어받아서 나머지 일화를 계속 진행한다. 사도행전이 말하는 내용은 예수님이 공생애 동안 시작하신 구원 사역을 이제는 성령과 교회를 통해 계속하고 계신다는 것이다.

승천하시는 예수님을 목도한 후, 제자들은 약속된 성령 강림을 기대하며 기다렸다. 그렇게 함께 모여 간절히 기도하던 어느 날, 오순절이 이르러 드디어 성령이 120명의 신자가 모인 가운데 강림했다. 그 시점으로부터 하나님의 영은 이제 하나님의 백성들 가운데 공동체적이며 동시에 개인적으로 임재하시고, 하나님과 함께 구원과 창조의 회복을 위한 사명을 감당하도록 자기 백성에게 능력을 공급하신다.

암송 구절

그들이 사도의 가르침을 받아 서로 교제하고 떡을 떼며 오로지 기도하기를 힘쓰니라. (행 2:42)

심층 연구

| 도서들 |

Fernando, Ajith. *Acts*. The NIV Application Commentary. Grand Rapids: Zondervan, 1998.

Garland, David E. *Acts*. Teach the Text Commentary. Grand Rapids: Baker, 2017.

Peterson, David G. *The Acts of the Apostles*. Pillar New Testament Commentary. Grand Rapids: Eerdmans, 2009.

Polhill, John B. *Acts*. New American Commentary. Nashville: Broadman, 1992.

| 토론을 위한 질문 |

a. 당신이 방에 모여 성령 강림을 기다리던 120명의 신자 중 하나라고 상상해 보라. 성령이 강림하실 때 당신이 어떤 생각을 하고 어떤 감정을 느꼈을지 묘사해 보라.

b. 성경 전체 이야기에서 우리는 성령이 각각의 신자 안에 내주하시는 시대에 살고 있다. 이러한 삶은 실제적이고 개인적인 측면에서 어떤 장점이 있는가?

c. 성령의 새로운 공동체가 어떠했는지 읽으며 놀랍게 다가온 부분이 있었는가? 있다면 나누어 보라. 그들이 당시에 풍성히 경험한 것

가운데 오늘날 우리에게 가장 필요한 것은 무엇이겠는가?

d. 이번 장 내용을 통해 오순절이 하나님의 백성에게 의미하는 바를 새롭게 이해하게 되었다면 나눠 보라.

과제

1. 누가복음의 결론과 사도행전의 서두를 비교한 내용(404쪽)을 읽어 보라. 예수님이 승천하신 이유가 무엇이라고 생각하는가? 다시 말해, 하나님의 더 욱 큰 계획 안에서 예수님의 승천에 담긴 목적이 무엇이겠는가?

2. 사도행전 2:1-41을 읽어 보라. 오순절에 실제로 일어난 일 목록을 만들어 보라. 오순절은 세상을 구원하려는 하나님의 계획에서 새로운 장의 포문이 열렸음을 어떻게 드러냈는가?

3. 사도행전은 교제의 중요성을 강조하면서, 교제의 중심에 나눔과 베풂이 있다고 묘사한다. 사도행전 2:41-47과 4:32-37을 주의 깊게 읽으며 신자들 사이에 후히 나누고 베푼 사례 목록을 만들어 보라. 이번에는 사도행전 5:1-11을 읽어 보라. 이 이야기는 사도행전 2장과 4장에 나오는 이야기와 어떤 면에서 대조를 이루는가? 초대교회에서 교제가 얼마나 중요했는지 설명하는 한 문단의 글을 작성해 보라.

4. 먼저 사도행전에서 성령으로 충만해진 사람들을 묘사하는 본문을 찾아보라(예를 들어, 행 4:8, 31; 7:55; 8:15-17; 9:17-19). 사도행전에서 누군가 성령으로 충만해질 때 어떤 일이 일어났는가? 이 점이 오늘날 그리스도인들에게 시사하는 바가 무엇이라고 생각하는가?

17. 교회

예루살렘과 유다와 사마리아에서

도입 »

몇 년 전, 나는 교회 개척을 준비하는 모임에 참여했다. 소그룹 성도들은 1년 전부터 나와 아내에게 그 모임에 함께 참여해서 리더십으로 섬겨 달라고 요청했었고, 우리 부부는 그들의 제안에 무척 고무되었다. 당시 우리는 대학 도시에 살고 있었고, 그 모임에 참여하고 얼마 지나지 않아 예배에 참석하는 학생이 점점 늘었다. 당시 그 교회의 기본 철학은 매우 단순했다. 즉, 주일 아침에는 하나님께 예배하기 위해 함께 모일 것, 주일 저녁에는 삶(과 음식)을 나누기 위해 집에서 모임을 가질 것, 그리고 주중에는 공동체 안에서 교회가 되도록 노력하라는 것이다.

우리는 하나님이 우리 공동체 안에서, 그리고 공동체 너머로 놀라운 일을 행하시는 것을 목도했다. 박해를 당한 것은 아니었지만, 우리는 교회 정치 형태(장로가 이끄는 회중제)와 관련한 저항을 해결해야 했다. 성경적 우선순위를 지키면서도 동시에 회중의 실제 필요를 충족시켜 줄 조직을 갖추기 위해 사투를 벌여야 했다. 또 나이 든 성인 리더가 부족해서 고생했고, 교회 안에서 절대 피해 갈 수 없다고 여겨지는 돈 문제에 직면하기도 했다. 당시 우리 교회는 미국 남부에서 다문화를 지향하는 회중으로 구성된 교회를 세우려는 열망을 우선순위에 놓고 최선의 노력을 기울였지만, 그러한 목회 철학은 새로운 문제를 초래했다. 그 모든 난관에도 불구하고, 성령 하나님은 우리 가운데 일치와 관용의 태도를 증진시켜 주셨고, 그러한 태도는 곧 널리 확산되었다. 그중에 가장 놀라운 일은 성령 하나님이 우리로 하여금 '보내는 교회'가 되도록 격려해 주셨다는 사실이다. 달리 말하자면, 더 많은 재원으로 현재의 조직체를 더 크게 만드는 데 투자하기보다 선교를 위해 사람들을 밖으로 내보내는 데 더 큰 가치를 두도록 격려하셨다.

그 후로 다른 교회로 옮기기는 했지만, 교회를 새롭게 개척하는 현장에 10여 년 동안 있으면서 나는 초기 교회가 어떠했을지 조금이나마 느낄 수 있었다. 지상의 교회는 어떤 경우에도 완벽할 수는 없지만(행 5장을 다시 읽어 보라), 성령 하나님이 자신의 선교를 수행하기 위해 자기 백성들 가운데 역사하시듯, 교회는 항상 살아서 역동성을 발휘해야 한다. 자, 이제 오순절 성령 강림 직후 교회가 겪은 모험을 살펴보자.

준비

사도행전 3-12장; 히브리서 8-12장; 야고보서 1-3장; 베드로전서 1-2장; 유다서를 읽거나 들어 보라.

계속되는 이야기

많은 사람들은 "오직 성령이 너희에게 임하시면 너희가 권능을 받고 예루살렘과 온 유대와 사마리아와 땅끝까지 이르러 내 증인이 되리라 하시니라"가 한 절로 잘 압축된 사도행전의 개요라고 생각한다(행 1:8). 성령은, 예수님이 십자가에서 죽으시고 부활하신 예루살렘에서 초대교회가 예수 그리스도에 대한 최초의 증인 역할을 잘 감당할 수 있도록 필요한 능력을 공급한다. 예수님이 세상의 죄를 대신 감당하기 위해 죽음을 향해 예루살렘으로 나아가신 것처럼, 이제 교회는 하나님의 용서라는 복음을 들고 예루살렘을 떠나 세상의 모든 지역으로 나아간다. 이번 장(17장)에서 우리는 초기 기독교의 증인들이 끝없이 퍼져 가는 파도처럼 유다와 사마리아 주변 지역으로 뻗어 나가기 전에, 먼저 예루살렘 안에서 어떻게 생겨났는지를 살펴볼 것이다. 이어서 다음 장(18장)에서는 열방을 향한 하나님의 마음을 분명히 보여 주는 이들의 메시지가 로마 제국과 온 세상을 향하여 어떻게 뻗어 나가는지를 살펴볼 것이다. 사도행전 3-28장을 다루는 세 장에서는 신약성경의 여러 서신에 대해서도 살펴볼 것이며, 이를 통해 독자들은 초대교회 안에서 무슨 일들이 일어났는지 그 심장 박동 소리를 들을 수 있을 것이다.

| 예루살렘에서: 성령은 사도들을 통해 일하신다(행 3:1-4:31) |

유대 그리스도인인 초대교회 신자들은 성전을 방문하여 기도하는 관습을 유지하고 있었다. 어느 날 베드로와 요한이 미문을 통하여 성전 안으로 들어가다가(행 3:1-3), 도움을 간절히 구하는 지체 장애인 거지를 만난다. 비록 그들은 이 사람에게 돈을 안겨 줄 수는 없었지만, 예

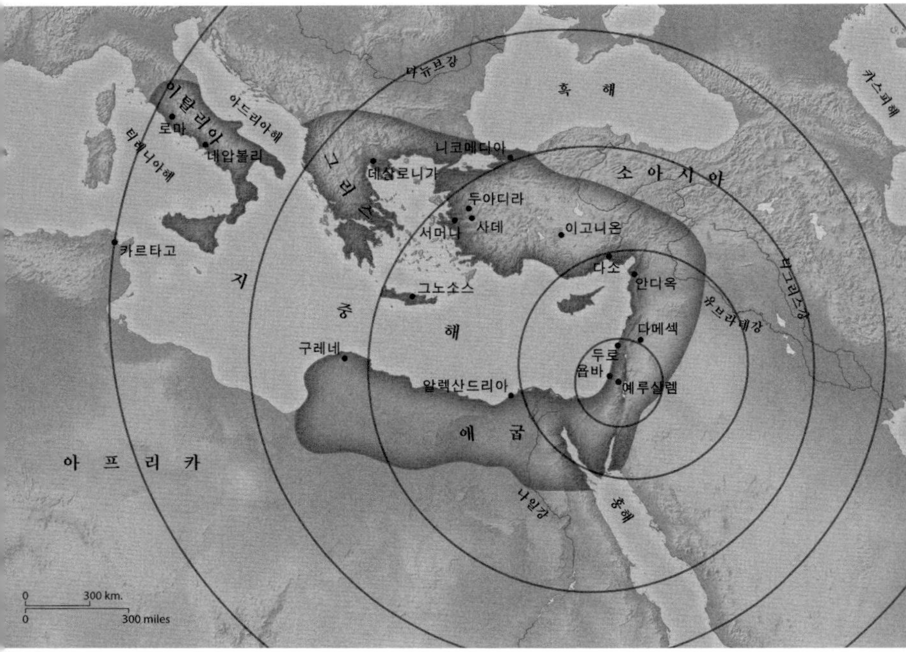

사도행전에 나오는 교회의 확장

수님의 이름으로 육신의 장애를 고쳐 준다(행 3:4-7). 그러자 그 남자는 기쁨으로 놀라 뛰면서 성전 마당에서 하나님을 찬양했고, 주변 사람들은 놀라서 그 광경을 지켜보았다(행 3:8-10). 이 남자는 아주 오래 성전 미문에서 구걸하며 살아온 사람이었고, 그렇기에 그는 열렬히 경축했다.

사복음서에 등장하는 기적들은 대체로 기적 사건 배후에 놓인 더 중요한 메시지를 가리키는 표지 역할을 한다. 이제 베드로는 두 번째 설교에서 성경 구절들을 동원하여 성전 미문의 치유 사건을, 그 이전 아브라함과 모세와 예언자들이 미리 예언한 메시아 곧 십자가에서 죽고 부활하신 예수 그리스도와 연결한다(행 3:11-26). 이 설교가 끝나갈 무렵 베드로는 주변 사람에게 영생을 얻기 위해 지금 당장 각자의 죄악을 회개하고 하나님께로 돌아오도록 촉구했다.

이 치유 사건을 계기로 주변의 많은 유대인이 예수님께로 회심하자 유대의 산헤드린 공회는 베드로와 요한을 심문하고자 체포했다(행 4:1-22). 산헤드린 공회원들은 사도들이 나타나서 예수님의 부활을 선포하고 많은 유대인이 사도의 메시지를 믿게 되자 마음이 불편해졌다. 예전에 자기 입으로 예수님을 부인한 베드로는, 오늘 이 병자를 고친 사람은 자신들이 아니라 예수 그리스도라고 담대하게 선포하는 데서 더 나아가, 그 예수님이 모든 사람의 구원을 위한 유일한 길이라고 증거한다. 그런데 산헤드린 공회가 예수님의 이름으로 더 이상 아무 말도 하지 말라고 경고하자, 베드로와 요한은 자기들의 입장을 다음과 같이 천명한다. "하나님 앞에서 너희의 말을 듣는 것이 하나님의 말씀을 듣는 것보다 옳은가 판단하라. 우리는 보고 들은 것을 말하지 아니할 수 없다"(행 4:19-20). 공회에서 풀려난 후에도 사도들은 그들이 경험한 모든 일을 다른 신자들에게 알렸고, 이들은 한마음으로 하나님을 찬미하며 계속해서 담대히 하나님의 말씀을 전할 용기를 허락해 달라고 기도한다(행 4:23-31).

삶으로 구현된 영성

교회가 복음을 삶에서 실천하지 않으면, 복음은 주변 문화 속에서 여전히 불가사의한 것으로 남아 있을 수밖에 없다. 교회 밖의 비신자들은 예수님을 믿는 신자들의 공동체가 서로 인격적 관계를 맺는 방식을 통해 예수님의 이야기를 구체적으로 이해할 수 있다. 복음이 그러한 구체적 사례와 연결될 때 비로소 교회 밖의 비신자들은 "당신이 말하는 의미가 무엇인지 이제 이해하겠습니다"라고 말할 수 있다.[1]

-브래드 칼렌버그

| 예루살렘에서: 성령이 공동체 안에 역사하다(행 4:32-5:11) |

또다시 성령은 초대교회 공동체에 관용과 나눔의 정신을 불어넣어 “그중에 가난한 사람이 없게” 한다(행 4:34). 특히 주목할 만한 인물로는 자기 소유의 밭을 팔아 가난한 이들에게 나누어 주도록 사도들에게 밭을 판 돈을 가져온 바나바가 있다(행 4:36-37). 그런데 성경은 정직하고 너그러운 바나바와 대조되는 아나니아와 삽비라의 탐욕과 위선, 속임수에 대해서도 지적한다. 이들 부부는 자기 재산을 팔아 모든 수입을 기부한 것처럼 속이고 일부분을 숨겼다(행 5:1-11). 이들은 성령과 공동체를 속여 초대교회에 심각한 위협이 되었으므로 가차 없이 육체적 죽음의 형벌을 받는다.

| 예루살렘에서: 더 강한 능력 그리고 더 심한 박해(행 5:12-42) |

초대교회 그리스도인들은 한마음으로 솔로몬 행각에 모였고, 주님은 이들에게 더 많은 회심자를 더해 주신다. 그들이 예수님의 복음에 관한 메시지를 선포하고 또 사도들이 이적과 기사를 행함으로써, 예수님이 지상 사역 기간에 시작하신 것이 승천 후에도 성령과 사도들을 통해 계속 실행되고 있다는 사실이 더욱 명백해진다(행 5:12-16).

기적이 계속되고 더 많은 사람이 예수님을 믿자 종교 권위자들의 압박 역시 더욱 거세진다. 그들은 질투심이 발동하여 사도들을 또다시 체포하고 감옥에 가두었다(행 5:17-18). 그런데 이번에는 주님이 밤중에 그들을 구출해 주시면서 성전으로 돌아가 그들이 하던 대로 그리스도 안에 있는 새로운 생명에 대해 전파하고 가르치는 일을 계속하라고 명령하신다(행 5:19-21). 그런데도 사도들이 또다시 체포되어 산헤드린 공회 앞에서 대제사장의 심문을 받게 되었다. 왜 예수님에 대해 말하는 것을 중단하지 않느냐는 질문을 받았을 때, 베드로와 다른 사도들은 다음과 같이 대답한다.

> 베드로와 사도들이 대답하여 이르되 사람보다 하나님께 순종하는 것이 마땅하니라. 너희가 나무에 달아 죽인 예수를 우리 조상의 하나님이 살리시고 이스라엘에게 회개함과 죄 사함을 주시려고 그를 오른손으로 높이사 임금과 구주로 삼으셨느니라. 우리는 이 일에 증인이요 하나님이 자기에게 순종하는 사람들에게 주신 성령도 그러하니라 하더라. (행 5:29-32)

사도들의 답변을 들은 종교 지도자들이 크게 분노하며 그들을 죽이려 하자, 가말리엘이라 하는 바리새인이 이를 말린다. 가말리엘은 사도들이 주도하는 운동은 곧 사라질 것이니 사도들을 적당히 체벌한 다음에 풀어 주라고 산헤드린 공회원들을 설득한다. 그러나 이 운동이 하나님에게서 비롯된 경우에 유대 지도자들은 하나님을 대적하여 싸우고 싶지 않았다(행 5:33-39). 가말리엘의 충고를 들은 유대교 지도자들은 사도들을 잔인하게 때린 다음 풀어 주면서 더 이상 예수님에 대해 공개적으로 말하지 말라고 경고한다. 하지만 사도들은 예수님을 위하여 고난받는 것을 기뻐하면서 산헤드린 공회를 떠난다. 이어서 독자들은 다음과 같은 내용을 듣는다. "그들이 날마다 성전에 있든지 집에 있든지 예수는 그리스도라고 가르치기와 전도하기를 그치지 아니하니라"(행 5:42).

| 예루살렘에서: 교회는 우선순위를 지키고 필요를 채우기 위해 조직된다(행 6:1-7) |

갓 태어난 교회는, (아나니아와 삽비라의 범죄와 같은) 공동체 내에서의 위선 문제와 산헤드린 공회의 핍박 문제뿐만 아니라 점점 더 늘어나는 연약한 사람들을 돌봐야 하는 봉사 문제에도 직면한다. 그리스어를 구사하는 유대 출신 그리스도인 가운데 몇몇 과부가 일용할 양식을 배급받는 과정에서 소외되는 일이 발생한다(행 6:1-2). 그러자 사도들은 이러한 불공정 문제를 수습하기 위해 신속히 사건에 개입한다. 사도들은 일곱 명의 지혜롭고 성령 충만한 사람을 발탁하여, 이 중요한 사역을 책임지도록 맡기고 자신들은 기도와 말씀을 가르치는 일에 계속 집중한다(행 6:3-4). 그 일곱 가운데 두 집사, 스데반과 빌립은 사도행전 다음 장에서 중요한 역할을 수행한다. 사도가 제안한 해결책은 적절하게 시행되었고 그 결과 교회의 연합은 제대로 유지된다. 누가는 초대교회의 성장 과정에 관한 이야기 안에서 이때까지의 경과를 "하나님의 말씀이 점점 왕성하여 예루살렘에 있는 제자의 수가 더 심히 많아지고 허다한 제사장의 무리도 이 도에 복종하니라"라는 말로 요약한다(행 6:7).

| 예루살렘에서: 스데반의 사역과 순교(행 6:8-8:3) |

사도행전 6장에서 선택된 일곱 집사 가운데 특히 스데반은 "은혜와 권능이 충만하여 큰 기사와 표적을 민간에 행하[는]" 자로 소개된다(행 6:8). 스데반은 과부들에게 필요한 음식을 공급하는 역할과, 아울러 예수님을 변호하고 복음을 공개적으로 변론하는 위대한 사역도 잘 감당한다(행 6:9-10). 하지만 스데반의 반대자들은 그가 모세와 하나님을 모독하는 말을 했다고 거짓으로 고소한다(행 6:11). 이토록 부당한 고소로 체포된 스데반은 산헤드린 공회 앞에 끌려가서 성전과 율법을 대적하는 가르침을 퍼트렸다고 심문을 당한다(행 6:12-15).

그러자 스데반은 사도행전 7장에서 긴 연설로 자신을 변호한다. 이

사도행전의 경과 보고

누가는 복음의 진전과 교회 공동체의 성장 과정을 묘사하기 위해 잠시 초대교회 이야기를 중단한다. 이와 관련하여 사도행전에는 다섯 개의 보고와 맨 마지막에 하나의 요약문이 소개된다.

- 사도행전 6:7. "하나님의 말씀이 점점 왕성하여 예루살렘에 있는 제자의 수가 더 심히 많아지고 허다한 제사장의 무리도 이 도에 복종하니라."
- 사도행전 9:31. "그리하여 온 유대와 갈릴리와 사마리아 교회가 평안하여 든든히 서 가고 주를 경외함과 성령의 위로로 진행하여 수가 더 많아지니라."
- 사도행전 12:24. "하나님의 말씀은 흥왕하여 더하더라."
- 사도행전 16:5. "이에 여러 교회가 믿음이 더 굳건해지고 수가 날마다 늘어가니라."
- 사도행전 19:20. "이와 같이 주의 말씀이 힘이 있어 흥왕하여 세력을 얻으니라."
- 사도행전 28:30-31. "바울이 온 이태를 자기 셋집에 머물면서 자기에게 오는 사람을 다 영접하고 하나님의 나라를 전파하며 주 예수 그리스도에 관한 모든 것을 담대하게 거침없이 가르치더라!"

변론에서 그는 아브라함부터 다윗에 이르는 성경의 기나긴 역사를 다시 언급하면서, 하나님을 향한 예배가 예루살렘 성전과 같은 특정한 장소에 국한될 수 없다는 사실과 유대인들이 항상 메시아 예수를 포함하여 하나님이 보내신 예언자들을 배척해 왔던 역사적 사례들을 지적한다. 이어서 스데반은 다음과 같은 결론으로 연설을 끝맺는다.

> 목이 곧고 마음과 귀에 할례를 받지 못한 사람들아 너희도 너희 조상과 같이 항상 성령을 거스르는도다. 너희 조상들이 선지자들 중의 누구를 박해하지 아니하였느냐? 의인이 오시리라 예고한 자들을 그들이 죽였고 이제 너희는 그 의인을 잡아 준 자요 살인한 자가 되나니 너희는 천사가 전한 율법을 받고

도 지키지 아니했도다 하니라. (행 7:51-53)

스데반의 연설로 주변의 종교 지도자들은 격노하여 광분했고, 결국 스데반을 예루살렘 밖으로 끌고 가 그 자리에서 돌로 쳐 죽였다. 그런데 당시에 사울이라 하는 젊은 남자가 스데반을 죽이는 자들 옆에서 돕고 있었다(행 7:57-8:1). 한편 스데반은 돌에 맞아 죽는 순간 십자가 위의 예수님처럼 철저하게 하나님을 신뢰하며 적들의 죄를 용서해 달라고 기도한다(행 7:59-60).

스데반의 순교를 계기로 엄청난 반대와 핍박이 예루살렘 교회를 덮치기 시작하자, 사도들을 제외한 많은 그리스도인이 유다와 사마리아 전역으로 흩어진다(행 8:1). 누가의 기록에 따르면, 당시 사울이 교회를 맹렬하게 핍박하기 시작했다(행 8:3).

| 유다와 사마리아에서: 복음 전도자 빌립(행 8:4-40) |

아이러니하게도 초대교회를 향한 핍박 때문에 교회는 예루살렘을 벗어나 멀리 흩어지면서 선교 사역을 진척시키는 결과를 가져왔다. 일곱 집사 가운데 특히 빌립은 사마리아 지역으로 나아가서 그리스도를 전파하고 마귀를 몰아내며 병자를 고치고 낙심한 사람들을 격려했다(행 8:4-8). 빌립의 전도 사역으로 많은 사람이 예수님을 믿기 시작했다. 그중에는 시몬이라 불리는 유명한 사마리아인도 포함되었는데, 그는 주술적 능력으로 사람들을 놀라게 한 사람이었다(행 8:9-13). 이렇게 제자들을 통해 역사하는 성령의 능력은 마술의 불가사의한 능력보다 훨씬 강력했다.

예루살렘의 사도들은 사마리아에 있는 많은 사람이 복음을 받아들였다는 소문을 듣고 이를 확인하기 위해 베드로와 요한을 파송한다(행 8:14-25). 당시에는 유대인과 사마리아인 사이에 엄격한 사회적 장벽이 존재했기 때문에 사마리아에 있는 사람들이 복음을 받아들였음을 검증하는 데 있어 사도의 역할이 중요할 수밖에 없었다. 이렇게 인종적 차별과 경계를 넘어서는 성령의 역사에 대한 사도들의 확증은 다문화적 교회의 연합과 일치를 이루어 내는 데 큰 몫을 감당했다. 베드로와 요한은 예루살렘으로 돌아가는 길에 "사마리아인의 여러 마을

야고보서: 참된 믿음은 행동한다!

야고보서라는 제목을 가진 이 서신은 아마도 예수님의 이복형제이자 예루살렘 교회의 지도자였던 야고보가 쓴 것으로 추정된다(행 1:14; 12:17; 15:12-21; 21:18; 갈 1:18-19). 그는 부활 후 예수님의 제자가 된다(고전 15:7). 야고보는 기원후 62년경에 순교한 것으로 추정된다.

이 서신은 "흩어져 있는 열두 지파"(약 1:1)에 보내졌는데, 이는 팔레스타인 밖에 살던 유대인 그리스도인을 가리키는 듯하다. 이 신자들은 박해가 극심해지자 예루살렘을 떠나야만 했던 예루살렘 교회의 일원이었을 것이다(행 8:1; 11:19). 그리고 아마도 많은 사람이 오순절에 회심한 후 팔레스타인 밖에 흩어져 있던 고향으로 돌아갔을 것이다. 많은 학자는 야고보서를 기원후 45-50년경에 쓰인 신약성경 최초의 서신으로 여긴다.

야고보는 이 흩어진 회중 가운데 몇 가지 문제점을 파악하고, 이 신자들(그리고 우리)에게 실제적인 방식으로 믿음을 실천하는 것의 중요성을 일깨워 준다. 그는 진정한 믿음이라면 열매를 맺는다고 단언한다! 그는 매일의 경건한 삶을 위한 실질적 조언을 제공한다. 예를 들어, 시련에 어떻게 대처해야 하는지, 돈을 어떻게 사용해야 하는지, 다른 이들에 대해 어떻게 말해야 하는지, 그러니까 어떻게 살아야 하는지에 관한 내용이다. 예수님의 산상수훈과 많은 공통점이 있으며, 때때로 야고보서는 구약성경 잠언을 인용하여 가르침과 계명을 강조한다. 야고보서는 하나님의 지혜는 신학적 내용뿐 아니라, 행동으로도 증명된다고 말한다. 우리는 시련 속에서 하나님을 신뢰하고, 우리의 소유물을 사용하여 정의를 실천하고 필요를 채워야 하며, 우리의 말을 통해 하나님을 찬양하고 그리스도 안의 형제자매들을 세워야 한다.

에서 복음을" 전한다(8:25).

한편, 하나님은 특별한 만남을 위하여 빌립을 예루살렘에서 가사로 내려가는 광야 길로 보내신다(행 8:26-40). 이곳에서 빌립은, 하나님을 경외하는 사람이나 유대교로 개종한 사람들처럼 예루살렘에서 하나님을 예배한 후 고국으로 돌아가는 에티오피아의 재무 장관을 만난다. 그는 거세당한 내시였다. 유대의 율법은 공적 예배 자리에서 내시를 제외했으며 그런 부류를 불결한 사람으로 간주했기 때문에 그 내시는 사회적으로나 종교적으로 거부당했을 것이 분명하다(레 21:18-20; 신 23:1을 보라). 그런데 이 남자는 마차를 타고 가면서 이사야서를 읽고 있었다. 아마도 이사야서의 한 부분이 내시들에게 희망을 주고 있기 때문일지도 모른다(사 56:3-8). 하지만 그는 이사야서의 광범위한 본문이 정확히 무엇을 의미하는지 이해하기 어려웠다. 이때 빌립은 하나님의 어린양이신 예수님에 의해 성취된 이사야 53장을 그에게 설명해 줄 절호의 기회를 포착한다. 이를 계기로 그 내시는 그리스도를 믿게 되고, 다시 길을 떠나기 전에 복음을 발견한 기쁨 가운데 세례를 받는다. 그 후에 빌립은 성령에 이끌려 여러 도시를 방문하면서 복음을 전한다.

| 유다와 사마리아에서: 바울의 회심(행 9:1-31) |

에티오피아 출신 한 사람의 회심은 이방인, 즉 전 세계에 살고 있는 비유대인을 향한 선교가 시작되었음을 알린다. 그런데 이방인 선교는 사울(사울의 로마식 이름은 바울)의 소명을 통해 더욱 구체화되며, 하나님은 그를 이방인의 사도로 구별하신다(우리는 행 9:1-30; 22:3-21; 26:2-23에서 사울의 회심 및 세 번의 부르심에 대해 읽는다).

이전에 사울은 스데반이 돌에 맞아 죽임당할 때 그 옆에 서서 찬동하며 스데반의 죽음을 구경했으며, 유대 산헤드린 공회의 권위로 그리스도인들을 핍박하고자 그들을 열광적으로 뒤쫓는다(행 9:1-2). 그러나 다메섹으로 가는 길에서 그는 하늘의 빛에 눈이 멀고 땅에 엎드러져서 다음과 같은 하늘의 음성을 듣는다.

> 사울아 사울아 네가 어찌하여 나를 박해하느냐? 하시거늘
> 대답하되 주여 누구시니이까?
> 이르시되 나는 네가 박해하는 예수라. (행 9:4-5)

당시 사울은 예수님의 제자들을 핍박함으로써 사실상 예수님을 핍박하고 있었다. 하늘로부터 들려온 음성과 밝은 빛 때문에 사울은 며칠간 눈이 멀고 무기력한 상태에 빠진다. 그동안 저지른 악한 행위로 인해 벌을 받을 것이라는 공포에 휩싸여 있었는지도 모른다.

하지만 주님은 다메섹에서 살던 제자 아나니아에게 사울, 곧 바울을 만나 그의 육체적 회복과 영적 치유를 위해 기도해 주라고 명령하신다. 이어서 아나니아는 바울에 대해 "내 이름을 이방인과 임금들과 이스라엘 자손들에게 전하기 위하여 택한 나의 그릇이라"는 말씀을 듣는다(행 9:15). 이제 교회를 박해하던 주도 세력 중 한 사람이 그리스도를 위한 핵심 증인으로 뒤바뀌는 놀라운 변화가 시작된다.

회심 이후 바울은 조금도 주저하지 않고 다메섹 회당을 방문하여 예수님이 곧 하나님의 아들이시오, 하나님의 보냄을 받은 메시아라고 전파하기 시작한다. 그러자 그를 그저 새로운 도를 박해하던 사람으로 알았던 주위 사람들은 크게 당황하며 놀란다(행 9:19-22). 심지어 유대인들은 바울을 죽이려는 음모를 꾸미지만, 그의 친구들은 비밀리에 그를 성 밖으로 빼낸다. 바울은 예루살렘으로 돌아가 주님의 제자들

을 만나고자 하지만, 제자들은 그를 만나는 것을 극도로 두려워한다. 그러자 '격려의 아들'이라는 뜻의 이름을 가진 바나바가 바울을 보증해서 예루살렘 성도들이 그를 조심스럽게 받아들인다. 덕분에 바울은, 유대인들이 그를 죽이려고 하여 황급히 예루살렘을 떠나기 전까지 그곳에서 담대하게 그리스도를 전파한다. 이 시점에서 누가는 사도행전의 흐름 속에서 두 번째 경과 보고를 다음과 같이 삽입한다. "그리하여 온 유대와 갈릴리와 사마리아 교회가 평안하여 든든히 서 가고 주를 경외함과 성령의 위로로 진행하여 수가 더 많아지니라"(행 9:31).

| 유다와 사마리아에서: 예루살렘을 넘어 나아가는 베드로의 사역(행 9:32-11:18) |

하나님은 사도 베드로를 예루살렘 밖에서 인상적인 방법으로 사용하시며, 이를 계기로 복음이 땅끝까지 전파되는 전환점이 마련된다. 베드로가 유다의 해변 마을을 따라 선교 여행을 하는 도중에 하나님은 그를 통하여 놀라운 기적을 행하신다. 베드로는 룻다에 있는 중풍 병자 애니아를 고치며(행 9:32-35), 욥바에 사는 다비다(그리스어로 "도르가")라 하는 제자를 죽음에서 일으킨다(행 9:36-43). 이런 기적의 결과로 많은 사람이 주님을 믿고 따르기 시작한다.

가이사랴에 있는 고넬료라 하는 로마 백부장은, 하나님이 그의 기도에 응답하셨으니 욥바에 있는 베드로에게 사람을 보내라는 하늘의 음성을 듣게 된다(행 10:1-8). 한편, 베드로도 고넬료를 향한 하나님의 음성에 상응하는 환상으로, 보자기에 싸여 하늘에서 내려온 부정한 동물들을 거절하지 말고 잡아먹으라는 환상을 세 번 목격한다(행 10:9-16). 이 환상에 담긴 요점은 "하나님이 깨끗하게 하신 것을 네가 속되다 하지 말라"는 것이다(행 10:15). 베드로는 부정하게 보이는 동물들이 실상은 하나님이 한 가족으로 받아들이신 이방인을 의미한다는 사실을 곧 깨닫는다. 이어서 성령께서 베드로에게 가이사랴에서 온 사람들을 따라가라고 말씀하신다(행 10:17-23).

성령의 지시를 따라나선 베드로는 가이사랴에 도착하여 이방인 고넬료의 집으로 들어가는데, 이러한 행동은 독실한 유대인의 눈에는 매우 온당치 못한 처신이다. 고넬료의 집 안에서 만난 두 남자는 주님으로부터 각자 받은 말씀과 환상을 서로 나눈다(행 10:24-33). 이어서 베드로가 모인 모든 사람에게 하나님이 예수 그리스도를 통하여 행하신 일과 하나님이 그분을 경외하는 모든 나라 백성을 친 백성으로 받아들이고 계심을 전하기 시작한다(10:34-43). 베드로가 복음을 전하는 그 순간 성령의 은사가 그 방에 있는 모든 이방인에게 부어지는데, 베드로와 함께 온 유대인들은 이 사건을 목격하고 크게 놀란다. 왜냐하면 방금까지 오직 유대인만이 하나님의 복을 받을 수 있다고 생각했기 때문이다(10:44-48).

베드로전서: "하나님의 은혜 안에 굳게 서라"
베드로후서: "하나님의 진리 안에 굳게 서라"
유다서: "믿음을 위해 힘써 싸우라"

초대교회는 종종 외부의 박해와 내부의 거짓 가르침 문제에 직면했다. 이런 상황에서 베드로전서는 그리스도인들이 박해와 핍박을 잘 극복하도록 인도하기 위해 작성되었으며, 베드로후서와 유다서는 거짓 가르침에 대응하는 지혜를 제시하고자 기록되었다.

베드로전서와 베드로후서 모두 예수 그리스도의 사도가 된 어부 베드로가 기록했다(벧전 1:1; 벧후 1:1). 베드로는 빌립보 가이사랴에서 예수님을 메시아로 고백했지만, 그 말의 의미를 깨닫는 데는 실패했다. 베드로는 예수님이 십자가에 달리시기 전날 밤 그분을 세 번 부인한 것으로 유명하다. 하지만 예수님은 부활하신 다음 베드로를 회복시켜 지상의 교회를 위해 그에게 권능을 주시고 다시 선하게 사용하셨다. 베드로는 그리스도의 고난을 증거할 뿐만 아니라 기꺼이 고난도 받았다. 그는 로마 출신 실라(혹은 실루아노)의 도움으로 성경을 기록했다(벧전 5:12-13). 유다서의 저자는 스스로를 "예수 그리스도의 종이요 야고보의 형제"로 소개한다(유 1장). 기독교 전통은 유다를 예수님의 이복형제이자 야고보서의 저자 야고보의 형제로 이해한다(마 13:55; 막 6:3).

베드로는 로마에서(벧전 5:13) 핍박에 직면하여 소아시아 전역으로 흩어진 성도들을 대상으로 서신을 작성한 것으로 보인다(벧전 1:1; 2:19-21; 3:14, 17; 4:1, 12-16; 5:9-10). 베드로후서 3:1에서 언급한 편지가 베드로전서라면, 두 편지를 수신한 회중은 분명 동일할 것이다. 초기 기독교 전통에 따르면, 베드로는 기원후 60년대 중엽에 로마 황제 네로가 기독교를 핍박하기 시작할 무렵에 순교한 것으로 알려져 있다. 결과적으로, 베드로전서는 기원후 63-64년경에 기록되었을 것이고, 베드로후서는 기원후 68년경 그가 죽기 직전에 기록되었을 것이다(벧후 1:13-15). 베드로후서와 유다서는 상당 부분 유사하며, 한쪽 서신이 다른 쪽 서신으로부터 상당한 영향을 받은 것으로 보인다. 그래서 여러 학자는 유다서가 베드로후서보다 앞서, 그러나 거의 비슷한 시기에 기록되었을 것으로 추정한다.

베드로는 예수 그리스도의 죽음과 부활을 통해 구원을 베푸신 하나님을 찬양한다. 그는 서신에서 성도들에게 하나님의 은혜에 굳게 서서 산 소망을 꽉 붙잡으라고 권면한다(벧전 5:12). 하나님의 은혜로 성도들은 권능을 받을 것이며, 진정한 정체성을 깨닫고 거룩한 삶을 살며, 고난 가운데서도 믿음에 굳게 설 수 있을 것이다. 신자들은 무엇보다 하나님의 백성으로서 합당한 삶을 살아야 하며, 비신자들 앞에서 하나님을 영화롭게 하려는 소망을 가지고 경건한 삶을 살아야 한다.

베드로후서와 유다서에서 다루는 문제는 주로 교회 내부에 관한 것으로, 성경 말씀의 능력을 거부하고 불신앙을 조장하며 그리스도의 재림과 미래의 심판을 거부하는 거짓 스승을 비판한다. 성도는 이러한 거짓 가르침에 맞닥뜨리더라도 잘 극복하고 주님을 올바로 아는 지식 속에서 자라 가야 한다(벧후 3:18). 거짓에 맞서는 최선의 방책은 하나님의 진리에 뿌리내리고, 진리 위에 기초를 세우는 것이다. 유다서도 이와 비슷한 방식으로 믿는 자들에게 "성도에게 단번에 주신 믿음의 도를 위하여 힘써 싸우라"고 촉구한다(유 3절).

베드로는 이방인의 집에 들어간 것에 대해 비난하는 유대 그리스도인들에게 해명하기 위해 예루살렘으로 돌아간다(행 11:1-3). 예루살

렘에 도착한 베드로는 그간 무슨 일이 일어났는지를 설명하고 다음과 같이 결론을 맺는다. "하나님이 우리가 주 예수 그리스도를 믿을 때에 주신 것과 같은 선물을 그들에게도 주셨으니 내가 누구이기에 하나님을 능히 막겠느냐?"(행 11:17) 유대 그리스도인들은 이러한 사실을 인정하고 이방인에게도 회개할 기회를 주시고 예수님 안에서 생명을 얻게 하신 하나님을 찬양한다. 이렇게 고넬료의 회심 사건은 기독교 선교의 중요한 전환점을 제공한다. 이때를 시작으로 사도행전의 초점은 유대인을 위한 선교에서 이방 민족을 위한 선교로 전환된다.

바울의 간증

그러나 나도 육체를 신뢰할 만하며 만일 누구든지 다른 이가 육체를 신뢰할 것이 있는 줄로 생각하면 나는 더욱 그러하리니, 나는 팔일 만에 할례를 받고 이스라엘 족속이요 베냐민 지파요 히브리인 중의 히브리인이요 율법으로는 바리새인이요 열심으로는 교회를 박해하고 율법의 의로는 흠이 없는 자라.

그러나 무엇이든지 내게 유익하던 것을 내가 그리스도를 위하여 다 해로 여길 뿐더러 또한 모든 것을 해로 여김은 내 주 그리스도 예수를 아는 지식이 가장 고상하기 때문이라. 내가 그를 위하여 모든 것을 잃어버리고 배설물로 여김은 그리스도를 얻고 그 안에서 발견되려 함이니. (빌 3:4-9a)

| 과도기: 복음은 장애물에도 불구하고 전파된다(행 11:19-12:25) |

스데반의 순교 후 거세진 핍박을 피해 예루살렘을 떠난 대부분의 성도는 유대인에게 복음을 전한다. 그러나 몇몇 사람은 이방인에게도 전한다. 그 결과 안디옥에 이방인 교회가 세워진다(행 11:19-21). 안디옥은 로마와 알렉산드리아에 이어 로마 제국에서 세 번째로 큰 도시였다. 안디옥에 교회가 세워졌다는 소식이 예루살렘에 전해지자, 예루

히브리서: "하나님의 마지막 말씀은 예수님이다"

그 누구도 히브리서의 저자가 정확히 누구인지 알 수 없다. 서신에서 바울은 항상 자기 이름을 분명히 밝히지만, 히브리서의 저자는 자기 이름에 대해 침묵한다. 이 서신을 작성한 저자는 구약성경에 대한 해박한 지식과 아울러 설득력 있는 논쟁을 전개하는 탁월한 수사적 기교를 갖추고 있다. 아볼로가 히브리서의 저자 후보로 언급될 수 있겠지만, 그가 실제 저자라고는 확신할 수 없다(행 18:24-28). 히브리서는 아마도 초대교회를 향한 네로의 핍박이 진행되던 시기에(기원후 60년대 중반) 유대 배경을 가진 신도들로 구성된 가정 교회를 위하여 기록되었을 것이다. 그들은 로마 근교에서 살았으며 한동안 그리스도인으로도 살았을 것이다(히 5:11-6:3; 13:24). 이 편지는 특별히 "권면의 말" 혹은 설교라고도 불린다(히 13:22; 참조. 행 13:15). 이 서신이 염두에 둔 신자들은 끊임없는 시련과 박해에 직면하여 점점 신앙이 약해졌으며, 그중 몇 사람은 박해를 피하고자 기독교 신앙을 포기하고픈 유혹에 빠져 유대 회당으로 돌아가기도 했다(히 10:24-25; 32-34; 12:4-6). 초대교회 당시 안정적인 고대 종교로서의 유대교는 로마 정부의 핍박에서 제외되었고, 박해받는 기독교를 대신할 안전한 대안을 제공했다.

이런 상황에서 히브리서 저자는 당시 상황을 비판적으로 평가하면서 신자들에게 예수님의 제자답게 인내하도록 그들을 설득하는 서신을 작성한다. 히브리서 저자는 예수님이 곧 하나님의 마지막 말씀임을 중심 주제로 강조한다. 또 이 저자는 예수님이 하나님의 최고 계시이시며 천사, 모세, 구약의 대제사장들이나 사역자들을 포함한 이전의 그 어떤 계시의 형태보다 우월하시다는 점을 강조한다. 그리고 예수님으로부터 등을 돌려 배교하지 않도록 신자들을 설득하기 위해 엄히 경고하기도 하고(히 2:1-4; 3:7-19; 4:12-13; 6:4-8; 10:26-31; 12:25-29), 거듭하여 진리에 대한 확신을 제시하기도 한다(6:9-12, 19-20; 7:25; 10:14, 32-39). 또한 그리스도에 대한 가르침(설명)과 그 가르침대로 살기 위한 명령(실천적 권면)을 반복적으로 다룬다.

예수님은 히브리서의 핵심이다. 예수님은 창조 이전부터 존재하셨으며 온 우주를 통치하시는 절대적 주인이시다. 또한 그분은 긍휼이 많은 대제사장으로서 우리의 연약함을 철저히 이해하시며, 자신을 희생함으로써 우리 죄를 위한 충분한 대가를 치러 주셨다. 예수 그리스도는 유일한 믿음의 대상이며, 결코 우리를 버리지 않는 구세주시다. 우리는 우리 눈을 하나님의 궁극적 계시인 예수님께 고정시키고 그분을 향한 믿음 안에 든든히 서야 한다.

살렘 교회는 바나바를 안디옥으로 보낸다. 그리고 바나바는 이 일이 진정한 하나님의 역사라고 확증한다(11:22-24). 바나바는 안디옥 교회의 사역을 돕고자 바울을 불렀고, 성도를 가르치기 위해 거기서 1년을 보낸다. 누가는 "제자들이 안디옥에서 비로소 그리스도인이라 일컬음을 받게 되었더라"고 기록한다(11:26). 첫 번째 그리스도인들은 예수님의 본을 따라, 사람의 영혼뿐 아니라 전 인격에 관심을 가졌다. 안디옥의 성도들은 유대 땅의 심각한 기근 소식을 듣자 그곳에 사는 그리스도인을 위해 모금을 해서 바나바와 바울 편으로 보낸다(11:27-30).

초대교회는 또한 엄청난 정치적 반대에 직면한다. 아기 예수를 죽이려 한 헤롯 대왕의 손자 헤롯 아그립바 1세는 예루살렘에서 교회를 핍박한다. 그는 요한의 형제이자 예수님의 열두 사도 가운데 한 사람인 야고보를 죽이고, 베드로를 감옥에 가둔다(행 12:1-4). 그러나 성도들의 기도에 대한 응답으로, 주님은 기적적으로 베드로를 구출하여 공동체로 돌려보내 주신다(행 12:5-19). 그리고 하나님의 심판이 임하여 아그립바 1세는 기괴한 죽음을 맞는다(행 12:19-23). 수많은 어려움에도 불구하고, 하나님의 말씀은 계속해서 흥왕하여 널리 전파된다(12:24).

그 무엇도 하나님이 행하시는 일을 막을 수 없다! 바나바와 바울은 이방인들을 향한 1차 선교 여행을 준비하기 위해 마가와 함께 안디옥으로 돌아온다(행 12:25). 이때부터 사도행전의 초점은 예루살렘 교회에서 사도 바울과 땅끝을 향한 선교로 옮겨진다.

연결하기

하나님의 위대한 구원 이야기 안에서의 현재 위치를 복습해 보자.

창조와 위기

언약

불러냄

계명

정복과 가나안화

왕국의 설립

친교와 상식

왕국의 분열

포로 생활과 귀환

중간기: 구약과 신약의 중간 시기

그리스도

▶ 교회

  오순절 성령 강림

  예루살렘과 유다와 사마리아에서

  이방 선교

  예루살렘에서 로마로 전파되는 복음

완성

성경 전체의 이야기와 이 부분의 이야기를 서로 이어 주는 여러 연결 고리가 존재하지만 여기서는 다음의 다섯 가지 연결 고리만 살펴보고자 한다. 첫째로, 사도들과 이후 초기 기독교 지도자들을 통하여 성령이 행하신 기적들은 최고의 기적인 그리스도의 부활 사건을 암시한다. 사도행전에서 어떤 기적이 소개될 때, 기적을 일으킨 당사자는 대부분 기적의 근본 원인으로 부활한 주님을 지목한다. 일반적으로 우리가 성경을 읽을 때마다 성경 전체 이야기에서 그 핵심 지향점으로 예수님의 죽음과 부활을 발견한다.

둘째로, 하나님은 항상 모든 사람의 전인격적 필요에 관심을 기울이시며, 이러한 사실은 사도행전 6:1-7에서도 다시 한번 강조된다. 하나님은 에덴동산에서부터 아담과 하와의 관계적 필요와 함께 육체적 필요에 대해서도 응답해 주셨다. 그 후 하나님은 이스라엘이 광야를 여행할 때도 그들의 육체적 생존을 위해 만나와 메추라기를 공급해 주셨다. 사복음서 모두에 기록된 기적 사건 중 예수님의 부활 외에 유일한 사건은 예수님이 굶주린 5천 명을 먹이신 사건이다. 이제 사도행전 6장에서도 우리는 음식을 분배하는 일이 교회의 필수 사역으로 부각되는 것을 발견한다. 하나님이 전인격을 돌보시기 때문에 우리도 그렇게 해야 한다.

셋째로, 스데반의 긴 설교에서 우리는 기독교와 유대교의 결정적 차이점을 발견할 수 있다. 비록 두 종교가 상당 부분 동일한 역사를 공유하면서 흘러왔지만, 예수 그리스도가 결정적 분기점이 되어 갈라진다. 만일 예수님이 진정한 메시아이시고 주님이시며, 성전보다는 하나님의 백성이 이제 하나님이 거하시는 참된 처소라면, 하나님과의 바른 관계를 맺기 위해서는 반드시 예수를 주님과 메시아로 인정하고 받아들여야 한다. 우리는 예수님이 구약성경의 모든 이야기를 성취하셨다는 사실을 사도행전에서 더욱 분명하게 깨달을 수 있다.

넷째로, 비록 초대교회 성도들이 경험했듯이 비신자들의 반대와 박해로 심각한 아픔과 고통이 뒤따른다 하더라도, 그런 반대는 자기 백성을 구속하시고 자신의 피조물을 회복시키는 하나님의 주권적 계획을 방해하거나 멈추지 못한다. 예를 들어 베드로, 요한, 야고보의 입장에서 볼 때 기독교 지도자의 삶은 결단코 쉽지 않았다. 그들은 감옥살이, 매 맞음, 심지어 그리스도 때문에 죽는 고통까지도 겪어야 했다. 그러나 누가가 계속 상기시키듯이, 하나님의 말씀은 계속 전파되며 전 세계에 엄청난 영향을 미친다. 하나님은 자기 백성들이 당하는 핍박과 같은 악한 사건에서도 선한 것을 끌어내시는 분이다. 바울이 로마서 8:28에 기록한 바와 같이 “우리가 알거니와 하나님을 사랑하는 자 곧 그의 뜻대로 부르심을 입은 자들에게는 모든 것이 합력하여 선을 이[룬다].” 비록 하나님의 백성이 잠깐 고난을 겪는다고 할지라도, 하나님의 목적은 여전히 성취된다!

다섯째로, 이 부분의 이야기를 통해 우리는 열방을 구원하시려는 하나님의 마음을 분명히 이해할 수 있다. 태초부터 하나님은 모든 사람을 가족으로 초청해 오셨다. 그분은 항상 다양한 문화를 지닌 백성들로 이루어진 나라를 추구해 오셨다. 사도행전 3-12장에서 우리는 예수님 안에 있는 생명의 복된 소식이, 장애를 지닌 거지나 내시처럼 주류 사회에서 배척당하던 사람들에게로 확산되는 모습을 발견할 수 있다. 우리는 또한 복음이 예루살렘을 넘어서 사마리아인과 이방인들에게로 뻗어 나가는 것도 볼 수 있다. 심지어 예수님을 죽음으로 내몬 사람들을 대표하는 로마 군병들과 예수님을 핍박한 바리새인들이라 할지라도 하나님의 가족으로 환영받을 수 있다.

이야기 실천하기

만약 예수님이 성경 이야기의 핵심이라면, 예수님의 말씀을 청종하는 것은 신자들의 최우선 과제다. 얼마 전 베드로가 빌립보 가이사랴에서 예수님을 그리스도로 고백한 사실을 기억하는가? 당시 베드로는 예수님이 절대로 십자가를 지시면 안 된다고 그 길을 가로막으려 했으나 예수님은 그를 엄히 꾸중하신다. 그로부터 일주일 후 베드로는 변화산상에서 예수님의 말을 "들으라"고 하는 하늘의 음성을 듣는다(마 17:5). 우리와 마찬가지로 베드로도 값비싼 대가를 치르며 힘들게 교훈을 얻어야 했다. 결국 베드로는 주님을 안다는 사실을 세 번이나 부인하고 만다. 하지만 부활하신 예수님은 베드로를 갈릴리 바닷가에서 다시 회복시키신다. 그 덕분에 겸손을 배우고 회복된 베드로는 이제 하나님께 쓰임을 받는 자리에 서 있다. 흥미롭게도 사도행전 3장에서 베드로가 두 번째로 설교할 때, 그는 하나님의 말씀을 듣고 순종하는 일을 매우 중요하게 여긴다.

> 형제들아 너희가 알지 못하여서 그리하였으며 너희 관리들도 그리한 줄 아노라. 그러나 하나님이 모든 선지자의 입을 통하여 자기의 그리스도께서 고난받으실 일을 미리 알게 하신 것을 이와 같이 이루셨느니라. 그러므로 너희가 회개하고 돌이켜 너희 죄 없이 함을 받으라. 이같이 하면 새롭게 되는 날이 주 앞으로부터 이를 것이요 또 주께서 너희를 위하여 예정하신 그리스도 곧 예수를 보내시리니 하나님이 영원 전부터 거룩한 선지자들의 입을 통하여 말씀하신바 만물을 회복하실 때까지는 하늘이 마땅히 그를 받아 두리라. 모세가 말하되 주 하나님이 너희를 위하여 너희 형제 가운데서 나 같은 선지자 하나를 세울 것이니 너희가 무엇이든지 그의 모든 말을 들을 것이라. 누구든지 그 선지자의 말을 듣지 아니하는 자는 백성 중에서 멸망 받으리라 하였고 또한 사무엘 때부터 이어 말한 모든 선지자도 이때를 가리켜 말했느니라. (행 3:17-24)

베드로뿐 아니라 우리도 예수님의 말씀에 청종해야 한다. 이 진리는 우리에게 여러 의미를 전해 준다. 그것은 어떤 사람에게는 하나님의 계획에 대한 세속적 생각을 하나님의 참된 생각으로 바꾸시도록 하나님께 자신을 내어 드리는 것을 의미할 수도 있다. 또 어떤 사람에게는 고난을 회피하기 위해 가능한 모든 일을 시도하는 것보다 오히려 고난을 정면으로 극복하고 미래로 나아가는 길을 택하는 것을 의미할 수도 있다. 또 그것은 매일 성경을 펼치는 것이나 하나님의 말씀을 읽는 것, 그리고 당신의 마음을 기도 가운데 하나님께 쏟아붓는 것과 같은 기본적인 경건 생활을 의미할 수도 있다. 예수님의 말씀을 듣기 위해서는 우리의 마음을 예수님께로 재조정하고 하나님이 생각하시는 것이 우리의 최고 목표라는 생각으로 마음을 열어 두어야 한다.

성경의 위대한 구원 이야기 안에 속한 이 부분의 이야기를 실천할 또 다른 방법은 오늘날 우리가 속한 신앙 공동체 안에서 초대교회의 관용을 그대로 따르는 것이다. 의심의 여지 없이, 오늘날 우리 문화는 물질적 소유를 가장 높은 가치로 여긴다. 그래서 많은 사람이 자신의 정체성과 가치를, 상품을 구매하고 소비하거나 재물을 축적하는 데서 찾으려 한다. 하지만 사도행전 전체에서 우리는 진정 아름답고 매력적인 풍성한 관용과 나눔의 정신을 깨달을 수 있다. 사도행전 4:32-37을 살펴보자.

> 믿는 무리가 한마음과 한뜻이 되어 모든 물건을 서로 통용하고 자기 재물을 조금이라도 자기 것이라 하는 이가 하나도 없더라. 사도들이 큰 권능으로 주 예수의 부활을 증언하니 무리가 큰 은혜를 받아 그중에 가난한 사람이 없으니 이는 밭과 집 있는 자는 팔아 그 판 것의 값을 가져다가 사도들의 발 앞에 두매 그들이 각 사람의 필요를 따라 나누어 줌이라.

> 구브로에서 난 레위족 사람이 있으니 이름은 요셉이라. 사도들이 일컬어 바나바라(번역하면 위로의 아들이라) 하니 그가 밭이 있으매 팔아 그 값을 가지고 사도들의 발 앞에 두니라.

우리는 사람들이 기꺼이 자기 소유물을 다른 사람을 위해 사용하도록 허락할 때, 그 순간 성령이 일하셨음을 알 수 있다. 사도행전에서 우리는 "그중에 가난한 사람이 없으니"라는 사실을 발견할 수 있다. 이 얼마나 놀라운가! 당신의 삶을 사로잡은 것이 너무 많아서 어쩌면 당신의 공동체의 필요를 충족시키기 위해 그것들을 내주는 것이 너무 어렵지는 않은가? 당신은 공동체 안에서 물질이 궁핍한 사람들의 필요를 생각해 본 적이 있는가? 그렇다면 음식이나 옷, 머물 만한 안전한 장소처럼 생존을 위해 필요한 최소한의 물질이 갈급한

고독한 신자는 없다

우리는 마치 무인도의 로빈슨 크루소처럼 혼자서 신앙생활을 할 수는 없다. 누구든지 지역 교회에 소속되는 것은 선택의 문제가 아니다. 사실 지역 교회에 소속되지 않고서는 온전한 그리스도인이 될 수 없다. 신약성경을 연구해 보면 그리스도인이 되는 것은 '그리스도 안으로' 들어가는 것이며, 그리스도 안으로 들어가는 것은 그리스도께서 살아 있는 머리의 역할을 감당하시는 지역 교회라는 새로운 사회의 구성원이 되는 것을 의미한다. 그래서 신약성경은 무소속 교인에 대해서는 전혀 아는 바가 없다. 이 점을 좀 더 일상적 방식으로 생각해 보자. 군인이 되고 싶어 하지만 전투에는 전혀 참여하지 않고도 완벽한 군인이 될 수 있다고 생각하는 사람을 당신은 어떻게 생각하는가? 무소속 군인이란 개념이 터무니없듯 고독한 무소속 신자 역시 터무니없는 생각이다.[2]

-브루스 쉘리

사람들을 돕기 위해 하나님이 당신에게 베풀어 주신 자원들을 사용하고 있는가? 우리는 관대하게 베푸는 초대교회로부터 큰 교훈을 얻을 수 있다.

앞의 교훈에서 우리는 또 다른 교훈을 끌어낼 수 있다. 하나님은 결코 단지 자신의 선교를 수행하려는 목적으로 사람을 이용하시지 않으신다. 그분은 먼저 자기 백성 가운데 참된 영적 변화의 역사가 일어나기를 원하시며, 그렇게 변화된 사람들을 통해 자신의 선교가 수행되기를 원하신다. 달리 말하자면 사람은 단지 하나님의 목적을 성취하는 도구가 아니라, 그들 자체로 의미가 있다. 그래서 공동체 구성원들이 먼저 참된 영적 변화를 경험할 때 그런 변화를 계기로 그 공동체는 더 많은 사명을 넘치도록 감당할 수 있다. 성령 하나님은 먼저 교회 안에서 역사하시고 이어서 그 교회를 통하여 세상으로 나아가신다. 세상의 많은 사람들은 먼저 복음이 능력으로 역사하는 지역 교회 공동체의 매력에 이끌려 나와서 그 교회 안에서 성경의 구원 이야기가 실현되는 모습을 목격한다. 기독교 공동체 안에서 함께 생활하는 것은 마치 행복한 결혼 생활처럼 매우 사소한 동시에 매우 보람 있는 일이다. 만일 당신이 지역 교회 공동체의 핵심 구성원이라면, 당신은 세상에 복음을 전파하는 일에 생각보다 매우 중요한 역할을 감당하는 것이다.

마무리 «

사도행전 3-12장에서 우리는 예수님이 제자들에게 명하신 대위임령이 드디어 구체적으로 실행되는 모습을 본다. 오순절 성령 강림 후 성령 하나님은 예루살렘에서 사도들을 통하여 계속 역사하신다. 그래서 병든 사람들이 고침을 받고 예수님의 복음이 널리 전파되고, 많은 사람이 복음을 받아들이고 예수님을 믿는다. 그러나 이러한 선교의 성취는 반대나 박해 없이 저절로 이루어진 것이 아니다. 산헤드린 공회나 헤롯 아그립바 1세와 같은 종교적이고 정치적인 권력자들은 예수님의 증인들을 침묵시키고자 심각한 반대와 박해를 행사했다. 하지만 하나님의 백성이 고난을 당할지라도, 하나님의 선교는 방해받지 않고 계속 진행된다.

이 가운데 성령의 역사로 관용의 결실이 나타나지만, 교회는 이제 하나님의 말씀을 가르치고 새롭고 실제적인 필요에 부응하기 위해 조정 과정을 거쳐야만 한다. 스데반의 순교 이후, 강력한 핍박으로 많은 신자가 예루살렘 밖으로 내몰렸다. 그러나 하나님은 자신의 선교를 이루시기 위해 이런 난관까지도 사용하신다. 심지어 전에 교회를 핍박한 바울도 예수님의 제자가 된다. 빌립은 사마리아로 내려가고, 베드로는 고넬료의 집으로, 그리고 바울과 바나바는 장차 확장될 이방인 선교를 위한 전초 기지로 사용될 안디옥으로 나아간다.

암송 구절

오직 성령이 너희에게 임하시면 너희가 권능을 받고 예루살렘과 온 유대와 사마리아와 땅끝까지 이르러 내 증인이 되리라 하시니라. (행 1:8)

심층 연구

| 도서들 |

Bock, Darrell L. *Acts*. Baker Exegetical Commentary on the New Testament. Grand Rapids: Baker, 2007.

Pinter, Dean. *Acts*. The Story of God Bible Commentary. Grand Rapids: Zondervan, 2019.

Schnabel, Eckhard J. *Acts*. Zondervan Exegetical Commentary on the New Testament. Grand Rapids: Zondervan, 2012. 『강해로 푸는 사도행전』(도서출판 디모데).

Stott, John R. W. *The Message of Acts*. The Bible Speaks Today. Downers Grove, IL: InterVarsity Press, 1990. 『사도행전-BST 성경 강해 시리즈』(IVP).

| 토론을 위한 질문 |

a. 사도행전 첫 몇 장에서 보았듯 성령 하나님이 초대교회 가운데 강력하게 역사하셨음에도 불구하고, 초대교회는 핍박을 당해야 했다. 하나님이 자기 백성에게 핍박과 고난을 허락하시는 이유가 무엇이라고 생각하는가?

b. 초대교회는 날이 갈수록 늘어나는 필요를 채우기 위해 어떤 조직을 구성했는가? 오늘날 우리가 그들의 이러한 대응에서 배울 수 있는 교훈은 무엇인가?

c. 사도행전 9장에 나오는 바울의 회심 이야기를 다시 읽어 보라. 악독한 핍박자였던 그가 헌신된 선교사로 변화하는 과정에서 인상적인 부분은 무엇인가?

d. 당신이 시몬 베드로처럼 유대교 전통 아래서 살던 사람인데, 이방인도 하나님의 백성이 될 수 있다는 말씀을 하나님에게서 듣는다고 상상해 보라. 사도행전 10-11장에 나오는 베드로와 고넬료 이야기를 다시 읽어 보라. 베드로가 이제 하나님이 이방인을 구원하고 계신다는 사실을 받아들이는 게 어떤 면에서 어려웠을지 나눠 보라.

과제

1. '증언하기'(witnessing)라는 개념이 사도행전에 자주 등장한다. 흥미롭게도 오늘날 이 단어는 종종 하나님이 신자들의 삶에 베푸신 은혜나 섭리에 대한 개인적 간증의 의미로만 쓰인다. 이 점도 분명히 중요하지만, 사도행전에서 '증언'의 정확한 의미는 무엇일까? 정확히 사도들은 무엇을 증언했는가? 사도행전 1:22; 2:32; 3:15; 5:32; 10:39, 41; 13:31을 주의 깊게 살펴보라. 사도들과 초대교회 신자들은 각 구절에서 무엇을 증언했는지 짧게 설명해 보라. 그리고 결론으로 사도행전에서의 '증인'이라는 단어의 기본 의미를 설명하는 문단을 적어 보라.

2. 지역 교회와의 관계에 대한 개인의 역사를 짧게 서술해 보라. 당신이 몸담았던 각 교회와 그 교회의 주요 강조점에 대해 묘사해 보라. 결론으로 향후 5년간 지역 교회와 어떻게 관계를 맺을 것인가에 관한 문단을 적어 보라. 당신은 어떤 종류의 교회에 속하기를 원하며, 그 속에서 어떻게 기여하고자 하는가?

3. 사도행전 3-12장에서 기독교 지도자들을 통해 역사하는 하나님의 능력과 세속적 종교 권력자들로부터의 극심한 반대, 그리고 열방을 향한 하나님의 선교 진행이라는 세 가지 현실 사이에 흥미로운 조우를 찾아볼 수 있다. 사도행전의 이 부분에서 이 세 가지 현실 사이의 상관관계를 묘사하는 도표나 그림을 만들어 보라.

18. 교회

이방 선교

도입 »

생수병에 붙은 영양 성분 목록을 본 적이 있는가? 혹시 본 적이 없다면, 그 내용은 대체로 다음과 같을 것이다.

칼로리—0그램
총 지방—0그램
나트륨—0밀리그램
총 탄수화물—0그램
단백질—0그램

성분을 보면 대단찮은 것 같으니, 물 없이 살아 보는 건 어떤가? 내가 영양학자는 아니지만, 생수병에 붙은 영양 성분 표시가 그 물에 포함된 모든 것을 말해 주고 있다고는 생각하지 않는다. 때로는 어느 한 개인이 건강을 유지하는 데 필요한 것들이 그러한 영양 성분 목록이나 도표로 표시될 수 있는 것은 아니다. 동일한 진리가 지역 교회에도 적용된다.

오늘날 서구의 많은 교회는 누군가에게 사명을 부여하여 교회 밖으로 파송하지 않더라도 교회를 아주 잘 꾸려 갈 수 있다고 믿는다. 그래서 우리는 정확히 조직체를 구성하고, 앞으로 해야 할 사역을 집중적으로 광고하고, 신자들을 충실하게 가르치고, 필요가 있는 사람들을 끊임없이 돌보고, 현명하게 예산을 세운 다음, 계획한 모든 것이 잘 진행될 것으로 철석같이 믿는다. 그러나 성경의 이야기는 우리가 짠 목록에 없는 어떤 것을 요구하는데, 그것이 없는 지역 교회들은 결국 시들어 죽음을 맞이할 수밖에 없다. 사도행전 뒷부분에서는 어떻게 성령께서 지역 교회들을 사용하셔서 복음을 전하고, 선교사들을 파송하여 또 다른 지역 교회들을 세워 가시는지에 초점을 맞춘다. 사도행전은 '보내는 교회'가 되는 것이 하나님의 구원 이야기의 핵심이라고 주장한다.

준비

사도행전 13-21장; 로마서 1, 3-6, 8, 12장; 고린도전서 12-15장; 고린도후서 3-5장; 갈라디아서 5-6장; 데살로니가전서 4-5장; 데살로니가후서 2장을 읽거나 들어 보라.

계속되는 이야기

사도행전에 등장하는 두 주인공은 베드로와 바울이다. 베드로는 사도행전 1-12장에서 유대인을 향한 선교를 이끄는 인물이다. 반면 바울은 사도행전 13-28장에서 이방인을 향한 선교 사역을 주도한다. 그러나 사도행전 전체를 이끄는 인물은 베드로와 바울이라는 두 인물을 통해 유사한 방법으로 역사하시는 성령 하나님이다. 다음 도표를 살펴보라.[1]

사도행전에 나타난 성령의 역사

베드로	바울
오순절에 설교함(행 2:14-41)	비시디아 안디옥에서 설교함(행 13:13-41)
저는 자를 치유함(3:1-10)	저는 자를 치유함(14:8-11)
기도로 건물이 흔들리게 함(4:31)	찬양으로 건물이 흔들리게 함(16:25-26)
아나니아와 삽비라를 책망함(5:1-11)	엘루마를 책망함(13:8-12)
베드로의 그림자를 통해 치유함(5:15-16)	바울의 손수건을 통해 치유함(19:11-12)
기도와 안수를 통해 사마리아인에게 성령이 임함(8:14-17)	안수를 통해 이방인에게 성령이 임함(19:1-7)
마술사 시몬을 책망함(8:18-24)	유대 마술사를 책망함(13:6-11)
다비다의 소생(9:36-42)	유두고의 소생(20:7-12)
쇠사슬이 풀리고 문이 열려 옥에서 빠져나옴(12:5-11)	쇠사슬이 풀리고 문이 열려 옥에서 빠져나옴(16:22-34)

| 땅끝을 향하여: 1차 선교 여행(행 12:26-14:28) |

다문화적 배경을 지닌 성도들이 안디옥 교회에서 하나님을 예배할 때, 성령께서 이방인 선교를 위해 바나바와 바울을 따로 세울 것을 말씀하신다(행 13:1-3). 스데반의 죽음 이후 연이은 핍박으로 많은 신자가 예루살렘 밖으로 흩어졌으며, 그들과 함께 예수님의 복음도 온 땅에 널리 확산되었다. 그러나 이제 성령의 인도를 받은 안디옥 교회가 전략적으로 선교사들을 땅끝으로 파송한다. 사도행전의 이 시점에서는 "사울"의 이름도 "바울"로 바뀌는데, 이는 그의 회심 때문이 아니라 로마식 이름인 "바울"이 이방인들을 위한 사역에 더 적합하기 때문이다.

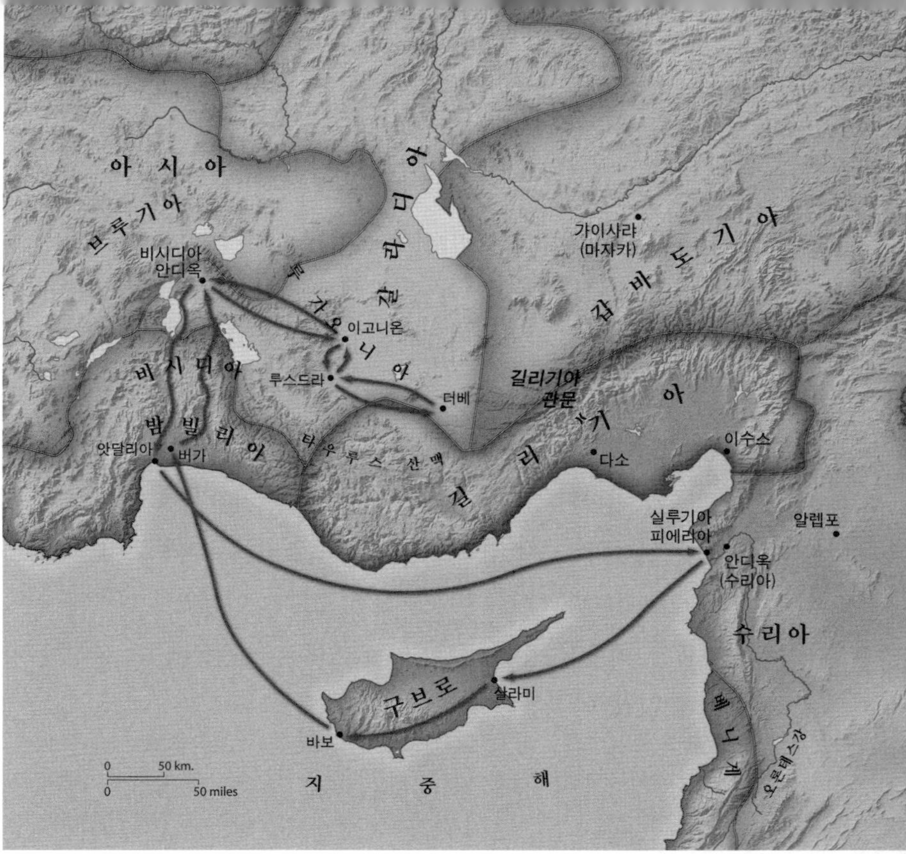

바울의 제1차 선교 여행

바나바와 바울은 마가 요한을 동반하고 안디옥을 떠나 구브로섬으로 항해하여 살라미에 있는 유대인 회당에서 처음으로 복음을 선포한다(행 13:4-5). 사실 바울은 사역 초기에 주로 회당에서 복음을 전할 청중을 찾았다. 한편 바보에서는 총독 서기오 바울이 사도 바울의 복음을 듣고 회심한다(행 13:6-12). 바나바와 바울의 선교팀이 구브로섬의 바보에서 버가로 항해할 때, 우리는 잘 알 수 없는 이유로, 마가가 여행을 중단하고 예루살렘으로 되돌아간다(행 13:13).

이후에 바울과 바나바는 육로를 따라 여행하다가 비시디아 안디옥에 이르러 다시 유대인 회당에서 설교한다. 바울은 구약성경에 기록된 하나님의 백성을 향한 그분의 약속이 어떻게 예수 그리스도 안에서 성취되었는지를 선포한다(행 13:14-41). 다시 말해서 사도 바울의 설교는 성경의 위대한 구원 이야기에 근거한 것이다. 이 설교에서 바울은 예수님 안에 있는 하나님의 죄 용서를 받아들이도록 청중을 초대하며, 하나님의 제안을 거부할 때 뒤따를 비극적 결과에 대해서도 경고한다. 사도 바울의 설교를 들은 사람들은 설교를 더 듣기 원했지만, 다음 안식일에 바울과 바나바는 유대 지도자들의 극심한 반대에 직면한다. 바울과 바나바는 영생의 복음을 들을 가치가 전혀 없다고 생각하는 유대인들에게 먼저 전해야 하는 의무를 완수한 다음 이방인에게로 발길을 돌린다(행 13:44-48). 그 결과 수많은 이방인이 바울과 바나바가 전하는 메시지를 받아들이지만, 반대자들 때문에 그 도시를 떠날 수밖에 없었다.

하나님을 경외하는 사람

사도행전에서 '하나님을 경외하는 사람'(God-fearer)은 주로 이스라엘의 유일하신 하나님을 예배하려는 열망으로 이전에 유대 공동체와 연결되었던 이방인 혹은 비유대인을 가리킨다(행 10:1-2, 22; 13:16, 26, 43, 50; 17:4, 17; 18:7). 이들은 회당에 참여하거나 선행을 통해 하나님께 영광을 돌리는 삶을 추구했다. 이들이 꼭 유대교 공동체에 완전히 결합한 개종자일 필요는 없다. 최초의 기독교 선교사들은 이들처럼 하나님을 경외하는 사람들에게 메시아 예수에 대한 메시지를 기꺼이 경청하려는 마음이 있음을 발견하곤 했다.

바울과 바나바는 이고니온과 루스드라 그리고 더베로 여행하면서 이전과 비슷한 사건들을 경험한다(행 14:1-20). 이곳에서도 바울과 바나바는 복음을 전했고, 성령께서 이적과 기사로 그들이 전하는 메시지의 진정성을 확증해 주신 덕분에 어떤 이들은 예수님의 제자가 되

바울의 생애와 편지들

사건 연대	편지 작성 연대	사건/편지
5-10		바울의 출생
30-33		예수님의 죽음과 부활
32-34		바울의 회심
35-36		바울의 예루살렘 첫 방문
46-47		바나바와 바울의 예루살렘 기근 구제
47-49		1차 선교 여행(행 13-14장)
	49	? 갈라디아서(안디옥)
49		예루살렘 공의회(행 15장)
50-52		2차 선교 여행(행 15:36-18:21)
	51-52	데살로니가전후서(고린도)
53-57		3차 선교 여행(행 18:22-21:16)
	53	? 갈라디아서(에베소)
	54	? 고린도전서(에베소)
	56	고린도후서(마게도냐)
	57	로마서(고린도)
57-59		예루살렘에서 체포됨(행 21:26-33), 가이사랴에서 2년간 감옥 생활
59		로마로의 여행(행 27:1-28:14)
60-62		로마에서 2년간 가택 연금(행 28:14-14-30)
60-62		옥중서신: 빌레몬서, 골로새서, 에베소서, 빌립보서(로마)
63		출감 이후 더 많은 선교 사역
63-67		목회서신: 디모데전서, 디도서, 디모데후서(어느 시점에 다시 감옥에 갇힘)
66-68		로마에서 순교

기도 했지만, 유대 지도자들은 계속해서 그들을 반대한다. 완전히 이

교적인 도시 루스드라에서 바울과 바나바는 처음에 일종의 신으로 추앙받기도 했다. 그러나 후에 그곳에서 바울은 돌에 맞아 죽을 지경이 되어 도시 밖으로 끌려 나갔다.

이 선교 여행에서 사도들은 복음만 전한 것이 아니라 교회도 설립했다. 바울은 고립된 기독교 신자들이 아니라 진리의 반석 위에 굳건히 세워진 지역 공동체의 중요성을 잘 이해했다. 이제 그들은 같은 도시들을 다시 여행하면서 각 교회에 장로를 세우고 제자들에게 "우리가 하나님의 나라에 들어가려면 많은 환난을 겪어야 할 것이라"는 말씀을 교훈한다(행 14:22). 맨 처음 그들에게 사명을 부여한 안디옥으로 돌아온 사도들은 "하나님이 함께 행하신 모든 일과 이방인들에게 믿음의 문을 여신 것"(14:27)을 보고했고, 제자들과 함께 안디옥에 오래 머문다.

갈라디아서: 사랑할 자유!

사도 바울이 갈라디아서를 저술했다는 데는 의심의 여지가 없지만, 그 기록 연대는 논쟁의 여지가 있다(갈 1:1; 5:2). 이 편지는 "갈라디아 여러 교회"(1:2; 3:1; 4:8-9)에 보내졌는데, 이들은 아마도 바울이 1차 선교 여행 때 방문한 도시에 살던 이방 그리스도인일 것이다(행 13-14장). 바울은 기원후 53-58년(갈 2장=행 15장) 3차 선교 여행 기간에 갈라디아서를 저술했거나, 대략 기원후 48-49년(갈 2장=행 11장) 1차 선교 여행에서 돌아온 직후 안디옥에서 기록했을 것이다. 우리는 사도행전 15장에 언급된 예루살렘 공의회(49년) 이전인 앞선 연대를 지지하면서, 갈라디아서를 바울이 저술한 최초의 서신으로 간주하는 것을 선호한다.

바울이 첫 번째 선교 여행에서 교회들을 개척하자마자, 거짓 선생들이 교회에 들어와 온전한 그리스도인이 되기 위해서는 이방 그리스도인도 할례를 받아야 하며 유대교의 다른 규례들도 준행해야 한다고 요구했다(갈 4:9-10; 5:2-4; 6:12-13).

이러한 복음의 대적자들은 바울이 전한 복음을 오염시키며, 갈라디아 교회 신자들의 믿음의 여정을 방해하며, 그들이 믿음의 아버지인 바울을 등지도록 유혹했다. 이러한 거짓 메시지는 그들이 방금 가진 새로운 믿음에 율법의 행위를 덧붙이면 더욱 '영적인 삶'을 살 수 있다고 새 신자들을 유혹했다. 그리하여 그리스도를 향한 어린아이 같은 믿음은 율법을 지키라는 육체적 시도로 대체되고 있었다.

이러한 위기 상황에서 바울은 근본적으로 신학적 주제, 즉 무엇이 한 사람을 온전한 그리스도인이 되게 하는가 하는 주제를 다룸으로써 이러한 위기를 극복하고자 한다. 복음의 진정성은 복음 전달자의 진정성과 긴밀하게 결부되기 때문에 사도 바울은 먼저 자신의 사도직과 영적 권위를 방어한다(갈 1:1-2:14). 이어서 오직 그리스도만을 의지하는 참된 복음을 명료하게 설명한다(2:15-4:11). 그렇게 함으로써 성경 전체의 위대한 이야기에 근거하여 거짓 복음의 문제를 해결하고자 한다(갈 3장의 아브라함에 대한 언급을 주목하라). 그리고 바울은 계속해서 갈라디아 교인들에게 영성의 참된 증거인 사랑을 베풀 힘을 공급하시는 성령을 따라 행할 것을 요청한다.

갈라디아서는 구원이 행위의 결과가 아니고, 그리스도를 믿는 믿음을 통해 은혜로 받는 것임을 다시 한번 우리에게 일깨워 준다. 예수 그리스도의 신실함을 붙잡는 것 외에 우리가 복음에 덧붙일 수 있는 것은 아무것도 없다. 하나님은 예수님의 삶과 죽음과 부활을 통하여 우리를 자유롭게 하셨지만, 우리는 자신의 이기적인 목적을 추구하려는 유혹에서 아직 완전히 자유롭지는 않다. 그래서 우리는 성령으로부터 남을 사랑하고 섬길 힘을 공급받아야 하며, 그러한 사랑이 결국 율법을 충족시킨다(갈 5:14; 6:2).

| 땅끝을 향하여: 예루살렘 공의회(행 15:1-35) |

사도행전 1:8을 잊지 않았다면, 예수님이 제자들에게 "예루살렘과 온 유대와 사마리아와 땅끝까지 이르러 내 증인이 되리라"는 사명을 주신 것을 잘 기억할 것이다. 이방 지역을 향한 바울의 첫 선교 여행은 성공적으로 끝났다. 그러나 초대교회는 이방 그리스도인이 유대 그리스도인이 지키는 유대의 전통과 실천들을 그대로 따라서 똑같이 지켜야 하는가의 문제로 심각한 갈등에 직면했다. 그래서 이방 선교를 더 진척시키기 전에 먼저 이방 지역에서 어떻게 유대의 전통을 조화시킬지에 대한 합의점을 마련해야 했다. 사도행전 15장에서는 바로 이러한 질문에 관한 안건이 예루살렘 공의회에 제출된다.

유대에서 안디옥으로 온 어떤 사람들이 구원받기 위해서는 이방인도 할례를 받아야 한다고 주장한다(행 15:1). 그러나 바울과 바나바는 이러한 주장에 강력히 반대했고, 안디옥 교회는 바울과 바나바를 예루살렘으로 보내 그곳에서 사도들과 이 문제를 토의하고 그 해답을 얻어 오도록 한다(15:2). 그들은 예루살렘에 도착하여 하나님이 모든 믿는 자에게 성령을 부어 주신 일을 포함하여 이방인 가운데 행하신 모든 일을 보고한다(15:3-4, 8). 그러자 어떤 믿는 바리새인들은 이방인도 반드시 유대의 할례를 받고 모세의 율법에 순종해야 한다고 주장하지만(15:5), 베드로와 야고보, 바울, 바나바는 이방인 출신 그리스도인에게 할례나 유대의 전통 율법 혹은 그 어떤 것으로도 복음과 무관한 짐을 지워서는 안 된다고 주장한다(15:6-21).

결국 예루살렘 공의회는 사도들의 입장을 지지하여 유대 그리스도인은 이방인이 하나님께로 돌아오는 것을 어렵게 만들거나 방해해서는 안 된다고 결정한다(행 15:19). 그러고는 이방인이 그리스도를 따르기 위해 새롭게 할례받을 필요도 없고, 구약의 율법을 액면 그대로 지킬 필요가 없다는 공의회의 결정 사항을 안디옥 교회에 통지하도록 바울과 바나바를 되돌려 보낸다(15:22-35). 하지만 예루살렘 공의회에서는 이방 그리스도인이 유대 그리스도인과 식탁 교제를 나눌 수 있도록 (예를 들어, 우상에게 바쳐진 음식을 먹는 행위와 같이) 유대 그리스도인에게 특별히 혐오스러운 것들은 피해 달라고 부탁한다(15:20, 29).

| 땅끝을 향하여: 제2차 선교 여행(행 15:36-18:22) |

2차 선교 여행도 안디옥에서 시작되지만, 선교팀의 구성은 이전과 다르다. 바울과 바나바는 1차 선교 여행에서 나타난 마가의 돌발 행동 때문에 마가에 대한 의견이 나뉜다. 그래서 바나바는 마가를 데리고

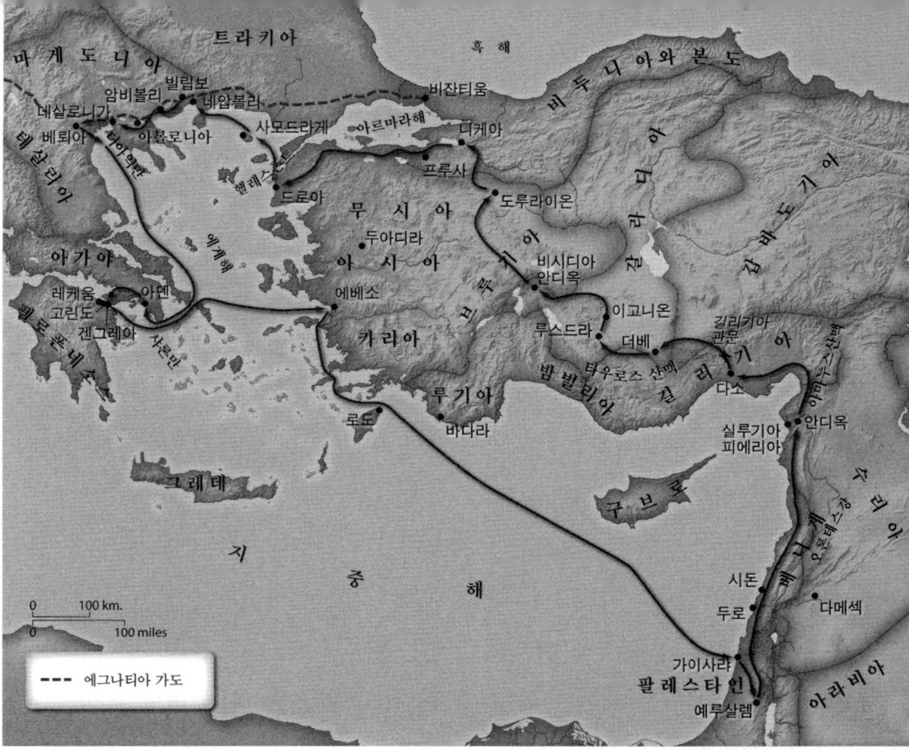

바울의 제2차 선교 여행

구브로로 돌아가고, 바울은 실라와 함께 북쪽으로 향한다. 바울과 실라는 바울이 거의 죽을 뻔했던 더베와 루스드라를 통과할 때, 디모데라는 제자를 만나 선교팀에 합류시킨다. 바울이 크나큰 고통을 겪은 바로 그 장소에서, 바울에게 크나큰 축복이 되는 디모데가 등장한 것이다.

바울 일행은 남쪽 갈라디아와 브루기아를 거쳐 여행을 계속한다. 그러나 성령은 이들이 아시아 혹은 비두니아로 들어가 북쪽으로 가는 것을 막으신다(행 16:6-7). 그러다가 드로아에서 바울은 마게도냐에서 자신을 부르는 환상을 본다(16:8-10). 그래서 바울과 실라와 디모데는 이제 누가와 동행하여 빌립보로 여행한다. 여기서 이들은 하나님을 경외하는 여성 사업가 루디아를 만난다. 이 만남을 계기로 루디아와 온 가족이 복음에 응답하여 세례를 받는다(16:11-15). 빌립보에 있는 동안 바울은 어떤 소녀에게서 악령을 쫓아냈는데, 그녀의 주인은 바울과 실라 때문에 자신의 주술 사업이 망했다고 이들을 비난한다. 그래서 도시 관원들이 바울과 실라를 체포하고 그들의 옷을 벗기고 때려서 감옥에 가둔다(16:16-24). 그들이 감옥에서 하나님을 찬양하자 하나님은 지진을 통해 기적적으로 그들을 구출하신다. 그 과정에서 간수장과 그의 가족들이 그리스도를 믿는 자리로 나아오게 된다(16:25-34). 하나님은 계속해서 일하고 계신다!

선교사들은 계속해서 데살로니가의 유대인 회당에서 복음을 전해 비슷한 결과를 얻는다. 이후에 많은 사람이 회심하지만, 또 예수가 주님이라는 주장에 반대하는 유대인과도 충돌한다(17:1-9). 그들은 계속해서 베뢰아로 여행하며 긍정적인 반응을 얻는다. 그러나 데살로니가의 반대자들이 그들을 계속 따라와 방해하므로 바울은 아덴으로 떠나야 했다(17:10-15).

아덴에서 바울은 유대인 회당과 장터 두 곳에서 그리스도를 증언한다. 심지어 시의회의 모임에서 철학자 무리에게도 복음을 설교한다(행 17:16-21). 이 과정에서 사도 바울은 성경 전체 이야기에 근거하여 이들을 설득하려 하지 않고, 오히려 하나님이 창조주이시자 참된 예배를 받기에 유일하게 합당한 분이라는 사실을 강조하면서 이들을 설득한다(17:22-25). 이어서 바울은 이방의 우상숭배에서 돌이켜 부활하신 예수님을 통해 하나님을 발견한 한 사람을 소개함으로써 철학자들을 향한 연설을 마무리한다(17:26-31). 바울은 이 설교에서 예수님의 부활을 강조하여 청중에게서 여러 반응을 얻는다(17:32-34).

바울은 고린도로 옮겨 와 회당에서 예수님이 메시아라는 사실을 설명하고 증언하는 데 대부분의 시간을 집중한다(18:1-6). 그러자 회당장 그리스보가 그리스도를 믿는 자리로 나아오고 많은 고린도 사

데살로니가전후서: 그리스도의 재림을 기다리며 어떻게 살아야 하는가?

이 두 편지는 '바울과 실라와 디모데'가 보낸 서신으로 알려졌지만, 대부분의 사람은 사도 바울을 이 서신의 저자로 받아들인다(살전 1:1; 2:18; 3:5; 5:27; 살후 1:1; 2:5; 3:17). 선교팀은 데살로니가에서 잠시 머물다가 이 지역의 폭력적인 반발로 인해 곧 떠나야 했다. 아직은 어리고 연약한 데살로니가 교회가 이제 홀로 엄청난 도전에 직면한다. 이러한 상황을 걱정한 사도 바울은 다시 데살로니가로 돌아가려고 여러 번 시도했지만 여의치 않았다(살전 2:18). 그는 새로 세워진 이 교회를 위로하고 교훈하려는 목적으로 기원후 50년대 초반에 고린도에서 이 두 편지를 기록한다.

두 편지에서 바울은 그리스도인들이 다시 오실 주님이신 그리스도를 기다리면서 어떻게 살아야 하는지에 초점을 맞춘다. 바울은 데살로니가전서의 장 끝부분마다 그리스도의 재림이 가깝다고 언급한다. 그리고 데살로니가후서의 40퍼센트 분량이 이 주제를 언급한다. 바울은 신자들의 건강한 공동체에 관심을 쏟는, 공감하는 목회자의 입장에서 이 서신을 저술한다. 그는 반복적으로 우리가 그리스도 안에서 가지는 소망에 대해 강조하며, 데살로니가 교인들이 환란에도 불구하고 어떻게 그리스도의 복음을 담대하게 받아들였는지를 상기시킨다. 그리고 그가 데살로니가를 떠난 것에 대해 추후에 일게 될 잘못된 비판을 미연에 방지하기 위하여, 그의 충실한 사역에 대해서도 그들에게 상기시킨다. 이를 통해 바울은 데살로니가 신자들이 그리스도의 재림을 기다리며 어떻게 살아야 하는지를 분명하게 가르친다. 첫 번째와 두 번째 편지가 전달되는 사이에, 교회에 대한 외부 압력은 점점 증가하고, 몇몇 사람은 바울의 이전 가르침에 대해 오해한 것 같다. 바울은 그리스도의 재림과 관련한 혼란을 정리하고 거룩한 생활을 유지하도록 신자들을 격려하기 위해 두 번째 편지를 쓴다.

우리 시대의 그리스도인들은 그리스도의 재림이라는 주제에 완전히 몰두하거나 그것의 중요성을 전적으로 인식하지 못하고 있는 듯 보인다. 하지만 이 두 편지는 재림이라는 주제에 대해 적절한 균형과 통찰을 제공한다. 예수님은 분명 다시 오고 계시고 우리는 매일매일 그 사실을 마음에 두고 살아야 한다고 교훈한다. 우리가 지금 무엇에 맞닥뜨렸든지 상관없이, 우리는 흔들리지 않는 강하고 확실한 소망을 가졌다.

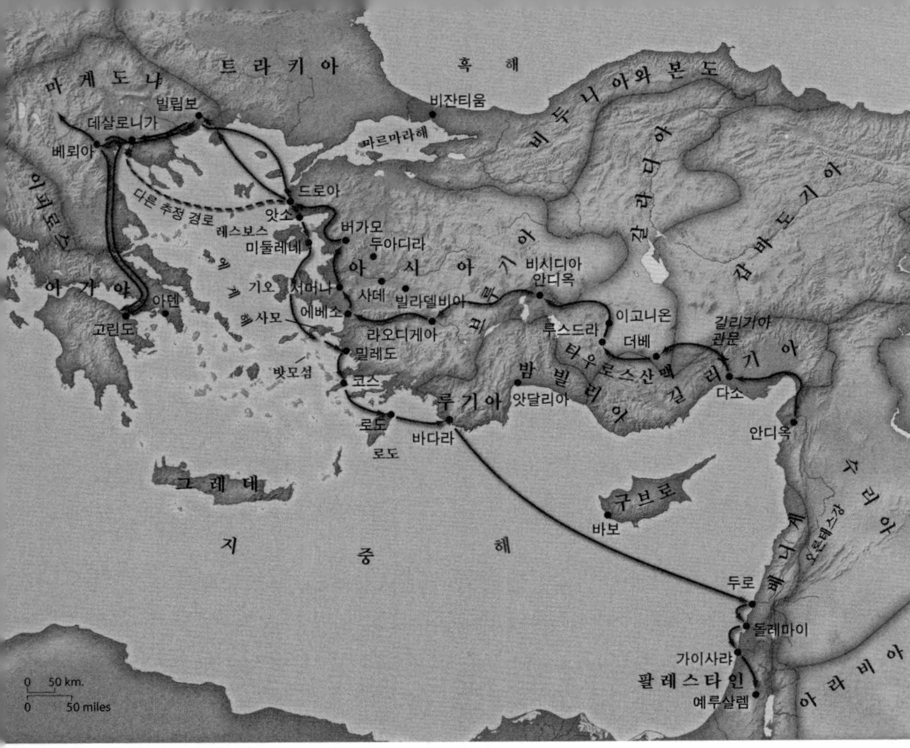

바울의 제3차 선교 여행

람이 신자가 된다(18:7-8). 이후에 바울은 주님이 주시는 환상으로 큰 위로를 받고 고린도에서 1년 반 동안 가르치는 사역을 지속한다(18:9-11). 그는 다시 유대 반대자들로부터 공격을 당하지만, 로마 총독 갈리오가 바울에게 유리하게 판결함으로써(18:12-17), 마침내 바울은 파송 교회인 안디옥 교회로 되돌아온다(18:18-22).

| 땅끝을 향하여: 제3차 선교 여행(행 18:23-21:16) |

또다시 바울은 안디옥을 출발해서 갈라디아와 브루기아를 거쳐 에베소에 도착하기까지 말씀으로 제자들을 굳건하게 하면서 선교 여행을 진행한다(18:23; 19:1). 사도행전 19장은 바울이 에베소에서 장기 사역을 하게 되는 전환점을 제공한다. 유대 회당에서 석 달 동안 설교한 바울은 공개 강의 장소로 옮기도록 강요당했다. 거기서 2년을 더 가르치자 "아시아에 사는 자는 유대인이나 헬라인이나 다 주의 말씀을" 배울 수 있었다(19:10).

고린도전후서: 교회 내 문제 해결하기

이 두 편의 편지에서는 참 목자로서 바울의 심정을 분명히 느낄 수 있다. 그는 2차 선교 여행에서 고린도 교회를 개척하여 세웠다(행 18:1-18). 고린도는 여러 철학과 종교, 다양한 삶의 양식을 받아들였고 특히 성적 문란과 부도덕으로 유명했다. 예를 들어 '고린도 방식을 따르다'(Corinthianize)라는 단어는 '문란하게 행동하다'라는 의미다. 고린도에 있는 교회는 주변의 이교도적 환경의 영향에서 벗어나기 위해 몸부림치고 있었기 때문에 자연히 바울의 마음에 다른 어떤 교회보다 강한 압박을 받았다. 바울은 3차 선교 여행 동안 이 두 편지를 작성했다. 먼저 기원후 54년경 에베소에서 고린도전서를 썼고, 기원후 56년경에 마게도냐에서 고린도후서를 썼다.

고린도 교회는 부정확한 신념의 문제에서부터 자랑과 교만, 그리고 무엇보다도 영적 미성숙에서 기인한 문제들을 안고 있었다. 에베소에서 사역하는 동안, 바울은 많은 문제를 일으키는 교회로부터 오는 편지와 함께 글로에의 집에서 온 혼란스러운 소식을 전해 듣는다(고전 1:11). 이러한 보고와 편지에 대한 응답으로, 바울은 고린도전서를 기록한다. 이 서신에서 바울은 교회의 분열, 근친상간과 그에 대한 교회 치리의 부재, 이방 재판관 앞에서 신자들의 소송, 성적 타락, 결혼, 우상에게 바쳐진 제물을 먹는 문제, 공적 예배에서 영적 은사의 사용, 죽은 자의 부활, 예루살렘 교회를 위한 모금과 같은 다양한 문제를 다룬다.

바울이 고린도전서를 기록한 후, 교회와의 관계는 다소 악화되었다. 그래서 바울은 아마도 그 교회에 개인적으로 (그리고 고통스러운 마음으로) 방문했고(고후 2:1), 그 후에 좀 더 강하게 책망하는 내용을 담은 편지를 다시 보낸다(고후 2:4; 7:8-9). 그래서 중간의 사적인 방문까지 포함한다면, 고린도후서는 이토록 심각한 문제에 직면한 교회에 보낸 바울의 네 번째 편지이기도 하다. 교회 내에 암약하던 바울의 대적자들은 몇몇 교인을 부추겨서 바울에게 대항하도록 유혹한다. 그 결과, 교회의 회중은 바울이 과연 합법적 사도인지 아닌지의 문제로 견해 차이가 나뉘어 분열한다. 이런 상황에서 바울의 방문을 통해 어떤 교인들은 죄를 회개하고 바울의 입장을 지지하지만, 반대로 일부는 여전히 바울의 사도직에 의문을 품는다. 그래서 바울은 예수 그리스도의 복음을 드높이고 고린도 교회 성도들의 영적 복리를 증진시킬 수단인 자신의 사도직을 변호하기 위하여 그의 서신 중에서 가장 감정적이고 사적인 내용이 담긴 고린도후서를 작성하여 교회에 보낸다.

이 두 서신은 지역 교회의 매우 중요한 삶을 다룬다. 먼저 고린도전서에서 독자는 교회 사역이 어떤 방식으로 처리되어야 하는지에 대한 실제적 지혜를 발견할 수 있다. 바울에게 있어서 (바라건대 우리에게 있어서도) 신학은 실천적이다. 성경 이야기는 단지 연구하거나 감탄만 하라고 기록되지 않고, 삶의 실천을 목적으로 기록된다. 고린도후서에 따르면 동료 신자들과의 화해가 때로는 고통스러울 수도 있고 우리의 기존 태도나 계획을 무너뜨릴 수도 있으며 정서적 부담도 클 수 있지만, 그 화해는 당연히 추구할 만한 가치가 있다. 고린도후서 2:5-13을 읽고 이어서 곧바로 7:2-7을 읽어 보면, 공동체 안에서 진정한 화해가 일어날 때 동반되는 참 기쁨과 평강을 느낄 수 있을 것이다.

마술과 거짓 종교의 중심지인 에베소에서 성령은 바울의 열정적 가르침뿐 아니라 기적의 역사들을 통해서도 복음의 진정성을 계속 확증해 주신다(19:11-17). 그 결과, 수많은 그리스도인이 이전의 이교적 과거를 완전히 청산한다(19:18-20). 하지만 사도 바울은 이방 신 아데미 숭배와 관련해 돈벌이하는 사람들의 심각한 반대에 직면한다(19:21-20:1).

에베소에 머무는 동안, 사도 바울은 에게해 너머 고린도 지역의 교회에서 발생한 여러 문제에 응답한다(고린도 교회와 바울의 접촉에 관한 도표를 살펴보라). 석 달간 그는 에베소를 출발하여 마게도냐를 거쳐 고린도로 여행한다(20:1-3a). 그다음 육로로 마게도냐를 거쳐 에베소로 돌아와서 다시 유다로 가는 항해를 시작한다. 그의 3차 선교 여행 중에 기록된 모든 편지에서 바울은 예루살렘에 있는 곤궁한 신자들을 위해 마련된 모금 사역에 관해 언급한다(롬 15:25-33; 고전 16:1-4; 고후 8:1-9:15). 분명 사도 바울은 이방 교회들이 모금하여 기근을 당한 유대 그리스도인들에게 전달하는 금전적 선물이 단지 유대 그리스도인들의 물질적 필요만 충족시키는 것이 아니라 구제 헌금을 계기로 그리스도의 하나 된 몸 안에서 실제적인 연합을 증진시켜 주기를 기대한다.

고린도 교회와 바울의 접촉

연대	사건	내용
50-51	1차 방문	2차 선교 여행 중 고린도에 복음을 전하다(행 18:1-17) 고린도를 떠나 에베소를 거쳐 안디옥으로 돌아오다(행 18:18-22)
54	1차 편지	잃어버린 이전의 편지(고전 5:9) 바울은 에베소로 돌아와 3년간 머문다(행 19:1-20:38). 에베소에서 그는 글로에 집에서 보낸 (교회의 파당에 대해 보고하러 온) 어떤 사람의 방문을 받는다(고전 1:11-17). 그리고 고린도에서 보낸 (충고와 지도를 구하는) 한 편지를 받는다(고전 7:1, 25; 8:1; 11:2; 12:1; 15:1; 16:1). 에베소에서 머무는 동안 바울은 그에 대한 응답으로 고린도전서를 저술한다(고전 16:8-9).
54	2차 편지	**고린도전서**(에베소에서) 3차 선교 여행 중
54		바울은 디모데에게 특별한 임무를 맡겨 고린도로 보낸다(고전 4:17; 16:10). 고린도에서 바울을 공격하는 강력한 반대에 직면한 디모데는 이 문제를 바울에게 보고하기 위해 돌아간다.
55	2차 방문	에베소에서 고린도로의 '고통스러운 방문'(고후 2:1)
55	3차 편지	'눈물의 편지'(고후 2:4; 7:8-9; 12:14; 13:1)는 필시 그 고통스러운 방문 후 에베소에서 기록되었고 디도 편에 전달되었을 것이다.
55		바울은 고린도에 대한 보고를 가져올 디도를 만날 기대로 드로아에 간다(고후 2:12-13). 디도를 찾지 못한 바울은 마게도냐로 여행한다.
56		마게도냐에서 바울은 디도를 찾는다. 디도는 고린도 교회에 대한 긍정적인 소식을 전달한다(고후 7:5-9).
56	4차 편지	3차 선교 여행 중 **고린도후서**(마게도냐에서)를 써서 디도 편에 고린도로 전달했다.
57	3차 방문	바울은 고린도에서 디도와 만난 다음(행 20:2-3), 그곳에서 겨울을 지내며 로마서를 저술한다.

사도 바울과 그 일행은 오순절 전까지 예루살렘에 도착하고 싶었다(20:13-16). 그래서 에베소를 그냥 지나쳐 항해하다 밀레도 근처에서

로마서: 하나님의 의

서신을 대필한 더디오의 도움으로 사도 바울은 로마서를 기록한다(롬 1:1; 16:22). 로마에서 처음으로 예수님을 믿은 사람 중 많은 이가 유대 그리스도인이었다. 그들은 아마도 오순절 성령 강림 사건을 계기로 회심했을 것이다. 그러나 기원후 49년에 글라우디오 황제가 로마에서 유대인을 추방하자, 상당수의 유대 그리스도인도 그 도시를 떠나야 했다(행 18:1-3). 그 결과, 남은 교회에서 이방 그리스도인들이 지도자로서의 책임을 감당해야 했다. 글라우디오가 기원후 54년에 사망하자 유대 그리스도인의 귀환이 허용되었다. 따라서 (필시 수많은 작은 가정 교회들로 구성된) 로마에 있는 교회는 다수의 이방인과 소수의 유대인으로 구성되었고 두 그룹 사이에 약간의 긴장이 있었다.

바울은 기원후 57년 3차 선교 여행이 끝나갈 무렵 고린도에 도착한 후에 로마서를 저술했다(행 20:2-3). 이때 고린도 교회와 갈등 및 화해의 기간을 거치면서, 로마의 여러 가정 교회에 속한 회중에게 화해를 장려하기 위해 로마서를 쓴다. 교회의 하나 됨은 무엇보다도 선교를 진척시키기 때문에 바울은 이 서신에서 연합과 하나 됨의 중요성을 강조한다. 그리고 하나 됨을 증진하기 위해 복음 자체에 초점을 둔다. 그래서 로마서의 핵심은 다음과 같이 요약될 수 있다.

복음 → 교회의 하나 됨 → 교회의 선교

사도 바울은 여기서 하나님의 의(복음)로 말미암은 복된 소식을 강조하여 로마의 유대인들과 이방인들 사이에 하나 됨을 이끌어 내고자 한다. 그래서 이 서신의 첫머리부터 복음 혹은 하나님의 복음을 강조하고(롬 1:1, 2, 9, 15-17), 이어 중반부(2:16; 10:15-16; 11:28)와 마지막 부분에서도(15:16, 19-20; 16:25) 계속 복음을 강조한다. 복음으로 하나 된 교회는, 서바나에 복음을 전하려는 바울의 소원을 포함하여 교회의 사명을 착수할 전초 기지가 될 것이다(롬 15:22-29). 이러한 목적을 반영한 로마서의 개요는 다음과 같다.

1:1-17	서론
1:18-3:20	우리의 문제: 모든 사람이 범죄했고 악하다.
3:21-5:21	하나님의 해결: 믿음을 통한 의
6:1-8:39	결과: 그리스도에 참여
9:1-11:36	중요한 관심: 신실하신 하나님은 그의 약속을 반드시 성취하신다.

12:1-15:13	실제적 의미: 관계적 의로움
15:14-16:27	결론

이 서신은 성경 전체의 이야기에서 복음을 가장 명료하고 강력하게 진술하고 있음이 분명하다. 복음은 나쁜 소식으로 시작된다. 그 소식은 인간이 거룩하신 하나님 앞에서 범죄하여 죄악이 가득하다는 것이다. 그토록 지독하고 비참한 죄악에 절망할 수밖에 없는 상황에서 우리는 하나님이 그리스도 안에서 우리를 구원하시고자 찾아오셨다는 복된 소식을 듣는다. 하나님은 우리가 우리 자신을 위해서는 결코 행할 수 없는 것을 실행하셨다. 하나님은 그의 은혜 안에서 우리 죄악을 용서해 주시고, 이제는 결코 우리를 버리지 않겠다는 약속과 함께 언약 공동체의 일원이 되게 하셨다. 그 은혜 안에서 이제 우리는 신비롭게도 예수 그리스도의 삶과 죽음 그리고 부활에 참여할 수 있게 되었고, 그 결과 더는 죄의 노예가 아니라 그리스도를 따르는 자유자가 되었다. 이러한 은혜로운 삶의 실제 결과는 참으로 풍성하며, 바울은 편지의 마지막 부분에 그것들을 자세히 기록한다. 하지만 은혜의 복음은 단지 몇몇 개인만을 위한 하나님의 구원보다 훨씬 크며, 하나님은 이 세상의 모든 피조물과 계속해서 구원을 위한 언약의 약속을 지켜 오셨다. 하나님은 이 세상의 모든 피조물을 죄악으로부터 회복하시려는 목적을 가지고, 죄와 죽음의 저주를 역전시키기 원하신다. 또 하나님은 모든 악의 형태로부터 자유로운, 새로운 창조 세계 안에서 자기 백성들과 영원히 살기를 원하신다. 주님에게 영광을 돌릴지어다!

잠시 멈추어 거기서 에베소 교회의 장로들을 청하여 만났다(20:17). 사도 바울이 이때 장로들에게 전한 고별 설교는 목회 사역의 도전과 보상에 대해 성경 전체에서 가장 감동적인 내용을 담고 있다(20:18-38을 보라). 이제 바울은 두로로 항해하고 예루살렘에 도착하기 전 가이사랴로 간다. 이때가 기원후 57년 봄으로 추정된다. 바울은 예루살렘에 도착하면 그곳에서 많은 고난을 겪을 것이라는 경고를 거듭하여 받지만, 예루살렘으로 가는 길을 재촉한다(21:1-14).

얼마 후, 사도 바울은 유대 그리스도인 친구들과 교회 지도자들의 따뜻한 환영을 받으며 예루살렘에 도착한다(21:17-18). 그리고 그들에게 하나님이 그의 사역을 통해 이방인 가운데 행하신 일들을 자세히 보고한다(21:19). 그들은 바울과 함께 크게 기뻐하지만, 다른 한편으로는 그리스도의 제자가 된 많은 유대인 가운데 팽배한 바울에 대한 부정적 평판을 두고 염려한다. 그들은 바울이 유대 그리스도인도 유대의 전통을 무시하고 이방 그리스도인처럼 살아야 한다고 주장한다는 소문을 들었다. 그러나 그 소문은 전혀 진실이 아니다(21:20-21). 그래서 그들은 바울에게 다른 네 남자와 함께 성전에 가서 유대의 정결 의식에 참여하라고 조언했다. 그런데 바울 일행이 성전을 방문하자 이곳에서 새로운 문제들이 계속 불거져 나온다(21:22-26).

연결하기

하나님의 위대한 구원 이야기 안에서의 현재 위치를 복습해 보자.

창조와 위기
언약
불러냄
계명
정복과 가나안화
왕국의 설립
친교와 상식
왕국의 분열
포로 생활과 귀환
중간기: 구약과 신약의 중간 시기

그리스도

▸교회

오순절 성령 강림

예루살렘과 유다와 사마리아에서

이방 선교

예루살렘에서 로마로 전파되는 복음

완성

성경의 전체 구속 이야기는 사도행전과 사도 바울의 서신들 전체와 다음과 같은 강력한 방식으로 긴밀하게 연결된다. 첫째로, 두 부분의 연결 고리를 통해 우리는 온 열방을 향한 하나님의 간절한 마음을 이해할 수 있다. 다시 한번 창세기 12:1-3과 아브라함을 통해 온 열방을 축복하려는 하나님의 약속을 상기해 보자. 예루살렘과 사마리아 그리고 유대 땅까지 복음을 확장시키고, 거기서 멈추는 것은 성령 하나님께는 너무나도 쉬운 일이었을 것이다. 심지어 어떤 사람은 유대 땅 밖에서 이방인이 회심한 대표적 도시인 안디옥까지 복음이 확산된 것을 놓고서 '땅끝까지 가라'는 대위임령이 이미 성취되었다고 주장할 수도 있다.

그러나 성령 하나님은 여기서 멈추지 않으시고 이방 세계로 더 멀리 나아가는 선교 사역을 위하여 바울과 바나바를 특별히 따로 세우신다. 우리는 하나님의 구속된 백성이 "각 족속과 방언과 백성과 나라 가운데에서" 나아올 것이라는 약속의 말씀을 잘 기억하고 있다(계 5:9). 그리고 창세기 12장에 언급된 하나님의 약속은 창세기 1-11장의 배경 속에서 등장한 것이다. 구속의 전체 역사 속에서 하나님은 새 창조를 위해 본래 작정하신 뜻을 이루시며, 하나님의 거대한 회복 프로젝트의 일부분으로 만백성을 그분께로 인도할 백성들을 창조하고 계신다.

성경의 위대한 구원 이야기에 속한 이 부분의 내러티브를 읽다 보면, 바울과 다른 선교사들은 계속해서 그리스도의 복음에 집중하고 있음을 분명히 알 수 있다. 범죄의 결과로 인간은 하나님의 정당한 요구들을 충족시킬 수 없게 되었다. 그 결과 우리는 하나님의 진노를 받아 마땅한 처지가 되었다. 그러나 하나님은 위대한 자비로 우리에게 구주 예수 그리스도를 보내셨고, 이제 그분을 믿는 자들은 누구나 구원을 얻을 수 있다. 이 구원은 갈라디아서와 로마서가 매우 강력하게 주장하듯이 오직 하나님의 은혜로만 가능하다.

선교 비전의 핵심인 이 복음은 예수 그리스도, 특히 그의 죽음과 부활 그리고 주 되심에 초점을 둔다. 사실 '예수가 주님이시다'라는 고백은 이방 그리스도인의 입에서 흘러나오는 가장 첫째 되는 신앙 고백이다(롬 10:9). 유대 그리스도인 가운데 예수를 주로 고백하는 것은 종종 예수를 메시아로 고백하는 것과 밀접하게 결부된다(예를 들어, 눅 2:11; 행 2:36). 사도 바울이 비시디아 안디옥에 있는 회당에서 설교할 때(행 13:14-41), 그는 출애굽을 통한 이스라엘의 선택에서 시작하여 약속의 땅으로의 진입, 사사와 예언자, 다윗왕에 이르기까지 구약성경의 전체 구원 이야기를 따라 설교 메시지를 풀어 갔다. 그다음에 구약성경의 전체 예언과 약속은 이스라엘을 위해 약속된 구세주이시며 다윗의 후손이신 예수 그리스도 안에서 성취되었다고 단언했다.

그런데 이스라엘 백성은 하나님의 은혜로운 섭리에도 불구하고 예수님을 십자가에 못 박음으로써 메시아를 거부했다. 하지만 하나님은 예수님을 죽음에서 다시 일으키셨고, 이제 사도 바울은 다음과 같이 선포한다. "그러므로 형제들아 너희가 알 것은 이 사람을 힘입어 죄

사함을 너희에게 전하는 이것이며 또 모세의 율법으로 너희가 의롭다 하심을 얻지 못하던 모든 일에도 이 사람을 힘입어 믿는 자마다 의롭다 하심을 얻는 이것이라"(행 13:38-39). 하나님의 저주를 받아 죽은 것처럼 보인 사람이, 다시 하나님이 보내신 부활한 구세주요 구속자로 확정된 것이다(갈 3:13-14). 예수님이 하나님이 보내신 메시아이자 구세주이시기에 그분 안에서 하나님 나라가 임했고 지금은 구원의 날이다(고후 5:17; 6:2). 이것이 바로 사도 바울이 전한 메시지의 핵심이다.

우리는 사도행전에서 바울이 개인 전도에만 머무르는 것이 아니라 건강한 믿음의 공동체를 세우는 데에도 헌신했던 모습을 발견할 수 있다. 이러한 점은 하나님의 최종 목표가 공동체라는 사실을 상기시켜 준다. 삼위일체 하나님은 항상 온전한 공동체로 존재하시며, 그 거룩한 공동체 안에서 함께 모든 은사를 공유할 백성을 양육해 오고 계신다. 사도 바울이 얼마나 많은 시간을 에베소(거의 3년)와 고린도(두 해) 그리고 안디옥(수년)에 쏟아부었는지를 생각해 보라. 이 기간은 그의 첫 번째 선교 여행부터 시작하여 예루살렘에서 체포될 때까지 그의 전체 선교 기간의 약 3분의 2에 해당된다. 물론 그 당시 여러 지역을 여행한다는 것은 지금보다 훨씬 힘들고 비용도 많이 들기 때문에 바울도 생계를 위해 돈을 벌 시간이 필요했을 것이다. 하지만 사도행전과 여러 서신에서 우리는 건강한 지역 교회들을 양육하기 위한 바울의 헌신적인 모습을 자주 발견한다. 사도 바울은 공동체들을 위하여 많은 시간을 투자했고, 그 덕분에 그들은 주변 세상을 향하여 성숙하고도 일관성 있는 증인의 사역을 감당할 수 있었다. 우리는 사도행전과 서신의 이야기를 통해, (고린도 교회처럼) 지역 교회가 건강하지 않을 때 그 안에서 어떤 일들이 일어나는지를 그리고 (로마 교회와 서진하는 선교 사역들처럼) 공동체가 건강할 때 그 속에서 어떤 일들이 가능한지를 분명히 알 수 있다.

드디어 우리는 하나님의 구원 이야기가 어떻게 끝나는지 분명히 이해하는 것이 그 이야기를 현재 우리 삶 속에 그대로 구현하는 데 매우 중요하다는 점을 이해할 수 있게 되었다. 달리 말하자면, 희망은 언제나 하나님 나라의 결정적인 요소였다. 하나님은 약속의 하나님이시다. 그분은 아브라함에게, 모세에게, 예언자들을 통해 그의 백성에게, 예수님을 통해, 그리고 이제는 그분의 사도들을 통해 약속하신다. 하나님 나라가 그리스도 안에서 도래했지만, 아직 완전히 성취된 것은 아니다. 그 나라의 온전한 완성은 그리스도의 재림을 기다리고 있다.

사도 바울은 데살로니가 교회에 보내는 서신에서 이러한 주제를 반복적으로 기록하면서, 예수님이 다시 오실 때 그들의 소망이 반드시 성취될 것임을 기억하라고 격려한다(살전 1:9-10; 2:19-20; 3:12-13; 4:13-18; 5:1-11, 23-24; 참조. 롬 8:23-24). 하나님은 사탄, 죄 그리고 죽음이 자신의 피조물을 해치려고 그 주변에 남아 있는 한, 자신의 구원 이야기에 결코 만족하지 않으신다(계 21:1-8). 하나님이 우리가 상상할 수 있는 이상으로 모든 것을 회복하셔서 죽음이나 고통, 그 어떤 아픔도 모두 사라지는 날이 반드시 올 것이다. 그때까지 우리는 인내하며 그리스도의 재림을 기대하며 기다려야 한다. 우리가 그분의 재림 전에 죽는다면, 우리의 소망은 죽음으로부터의 부활에 있으며, 그리스도의 부활은 그분이 또한 우리도 마지막 날에 다시 일으키실 것이라는 하나님의 약속이 성취될 것을 미리 보여 주는 증거다(고전 15:20-26, 50-55; 살전 4:13-18).

이야기 실천하기

성경 이야기의 이번 부분을 실천하는 중요한 방법 가운데 하나는, 우리 내면에 믿음이 생기면 그 믿음에 근거하여 '외부 지향적 마음 자세'를 갖는 것이다. 내가 믿기로 이 분야의 대가는, 화살표가 있는 상자와 선을 사용하여 두 가지 유형의 사람(혹은 교회)을 비교하여 가르치는 하워드 헨드릭스(Howard Hendricks)다. 한 상자 안에 있는 여러 개의 화살표(우리의 마음 자세와 헌신을 상징한다)가 모두 내면의 중심을 향하고 있다. 이는 이기심을 지녀서, 결국은 죽어 가는 사람들을 나타낸다. 다른 상자 안의 화살표들은 모두 중심으로부터 밖을 향하여 있는데, 이는 다른 사람들에게 나누어 주고 베풂으로써, 결과적으로 참으로 살아 있는 사람들을 의미한다. 이러한 도식은 예수님이 누차 말씀하신 교훈을 상기시킨다. "누구든지 자기 목숨을 구원하고자 하면 잃을 것이요, 누구든지 나와 복음을 위하여 자기 목숨을 잃으면 구원하리라"(막 8:35). 당신의 삶의 중심은 무엇인가? 무엇이 당신의 시간과 에너지와 자원의 대부분을 점령하고 있는가? 진실한 삶을 살기 위해 우리는 다른 사람들을 섬기는 데 집중해야 한다.

사도행전 15장의 예루살렘 공의회는 종종 아우구스티누스가 말한 것으로 추정되는 경구 하나를 떠올리게 한다. "본질적인 것에는 일치를, 비본질적인 것에는 자유를, 그리고 모든 일에 사랑을." 초대교회의 매우 중요한 공의회에 모인 신자들은 복음의 핵심 주제에 대해서는 일치를 유지하기로 결정하고, 나머지 지엽적 주제들에서는 유연하게 대처하기로 결정했다. 이것을 우리에게 어떻게 적용할지 생각해 볼 때, 우리의 믿음을 약화시키는 한 가지 분명한 방법은 (신념과 소신과 견해 같은) 모든 영역의 중요성을 동일하게 보고 그 모든 요소를 동일한 세기로 붙잡으려고 노력하는 것이다.

예를 들어, 예수님이 거룩하시다는 핵심 신념과 그리스도인은 성인용 영화를 보지 말아야 한다는 개인적 소신을 동일한 수준으로 중요하고 심각하게 생각하는 사람은 (사소한 문제나 중요한 문제를 구분하지 않고) 모든 문제에 대해 목숨을 걸고 싸울 것이다. 그러다가 그들의 소신 가운데 하나가 위협당하거나 허물어지면, 그들의 믿음 체계 전체도 취약해지거나 허물어질 것이다. 우리의 핵심 신앙 구조는 예수 그리스도와 그분의 복음 위에 세워져야 하지만, 나머지 부차적 주제에 대해서는 유연하게 대응해야 한다. 복음을 확실히 이해하기 위해, 로마 교회에 보낸 바울의 편지를 연구하는 것보다 좋은 방법은 없다.

이 이야기를 실천하는 또 다른 방법은 시련 중에 인내하는 것이다. 사도행전과 바울의 사역을 기록한 서신 전체에 걸쳐 우리는 고난받는 신자들에 대해 살펴보았다. 선교사로서의 삶이 얼마나 힘든 것인지에 대해 사도 바울 자신의 고백을 들어 보자.

> 그들이 그리스도의 일꾼이냐 정신없는 말을 하거니와 나는 더욱 그러하도다. 내가 수고를 넘치도록 하고 옥에 갇히기도 더 많이 하고 매도 수없이 맞고 여러 번 죽을 뻔하였으니, 유대인들에게 사십에서 하나 감한 매를 다섯 번 맞았으며 세 번 태장으로 맞고 한 번 돌로 맞고 세 번 파선하고 일주야를 깊은 바다에서 지냈으며 여러 번 여행하면서 강의 위험과 강도의 위험과 동족의 위험과 이방인의 위험과 시내의 위험과 광야의 위험과 바다의 위험과 거짓 형제 중의 위험을 당하고 또 수고하며 애쓰고 여러 번 자지 못하고 주리며 목마르고 여러 번 굶고 춥고 헐벗었노라. 이 외의 일은 고사하고 아직도 날마

다 내 속에 눌리는 일이 있으니 곧 모든 교회를 위하여 염려 하는 것이라. (고후 11:23-28)

우리는 대부분 이런 종류의 고난을 겪어 보지 않았지만, 우리도 예수님을 따르려고 할 때 각자 여러 유형의 시련에 직면할 것이다. 하지만 그 자리에서 인내해야 한다! 믿음을 지키고 인내하라! 하나님은 아주 심오한 방법으로 당신의 인격을 변화시키기 위해, 사람들을 하나님께로 이끌기 위해, 그리고 그분의 이름이 영광을 받기 위해 심지어 시련까지 사용하신다(약 1:2-4).

우리는 또한 하나님의 구원 이야기에 속한 이 부분의 일화에서, 화해가 쉽지는 않지만 충분히 노력할 가치가 있음을 배울 수 있다. 바울은 고린도 교회 회중에 대한 감정적 에너지 소모가 많았다. 조심스럽

하나의 거대한 모자이크

공동체란 거대한 모자이크 같은 것이다. 작은 조각만 보면 다 시시해 보인다. 어떤 조각은 밝은 빨간색이고, 또 다른 조각은 차가운 파란색이다. 칙칙한 녹색도 있고 따뜻한 자주색도 있고 선명한 노란색도 있고 눈부신 황금색도 있다. 어떤 조각은 귀해 보이고 어떤 조각은 평범해 보이고, 요긴해 보이는 것도 있고 별로 쓸모없어 보이는 것도 있다. 번듯해 보이는 것도 있고 볼품없어 보이는 것도 있다. 개개의 돌로 보자면 서로 비교하며 멋과 가치를 따지는 것 외에 달리 할 일이 별로 없다. 그러나 작은 돌들이 한데 모여 커다란 그리스도의 얼굴을 보여 주는 모자이크를 이룬다면 누가 감히 돌 하나하나의 중요성에 의문을 달 수 있겠는가? 가장 볼품없는 한 개라도 잃어버리면 전체 얼굴이 온전할 수 없다. 한 모자이크 안에 함께 있을 때 작은 돌은 저마다 필수 요소가 되어 하나님의 영광에 독특하게 기여한다. 그것이 바로 이 세상에서 함께 하나님을 보여 주는 작은 사람들의 모임인 공동체다.[2]

–헨리 나우웬

게 말하면, 고린도 교회는 바울에게 일종의 문제아나 다름없었다. 심지어 하나님이 선교의 문을 열어 주셨음에도, 사도 바울은 고린도 교인과의 악화된 관계로 인한 고통 때문에 쉽사리 그 문으로 들어가지 못했다(고후 2:12-13). 하나님은 우리의 깊은 상처들을 치유하기 위해 용서라는 선물을 주셨다. 이 선물은 다른 사람이 변화를 거부할 때조차 여전히 효과적이다. 그러나 하나님이 주시는 분명한 소망은 회개와 용서와 화해가 우리 앞에 놓여 있다는 사실이다.

예수님은 "예물을 제단에 드리려다가 거기서 네 형제에게 원망들을 만한 일이 있는 것이 생각나거든 예물을 제단 앞에 두고 먼저 가서 형제와 화목하고 그 후에 와서 예물을 드리라"고 말씀하셨다(마 5:23-24). 그리스도인끼리 싸우는 것은 하나님의 영광을 가리며, 비신자들을 하나님 나라에서 더욱 멀어지게 한다. 신자들의 하나 됨 그 자체는 주변의 비신자들에게 예수님이 어떤 분인지를 증언하는 강력한 메시지이기 때문에, 예수님은 제자들이 하나 되기를 간절히 기도하셨다(요 17:23). 당신의 삶 가운데 치유와 회복이 필요한 인간관계가 있는가?

사도 바울은 예루살렘에서 멀리 떨어져 사역할 때도 예루살렘의 가난한 자들을 계속 기억하며 이들의 필요를 염두에 두고 있었다. 우리가 앞에서 살펴본 것처럼, 사도 바울이 예루살렘의 가난한 신자들을 위하여 이방 교회들로부터 모금했던 헌금은 그의 최우선 관심사 중 하나였다. 하나님의 사명을 감당한다는 것은 단지 말씀을 전하는 것이나 조직을 수립하는 것 혹은 계획을 완수하는 것만이 아니다. 그것은 근본적으로 사람들을 돕는 것이며, 사람들은 여전히 입을 옷과 먹을 음식을 필요로 한다. 그래서 성경의 이야기는 우리 가운데 가난한 자들을 돌보라는 명령으로 가득 차 있다. 그렇다면 우리는 과연 그 가난한 자들이 누구인지 알고는 있는가?[3]

마무리 «

사도행전 12-21장에서 예수님의 복음을 땅끝까지 전하려는 교회의 사명은 전속력을 내고 있다. 확실히 '보내는 교회'라 할 수 있는 안디옥 교회에서부터, 성령은 바울과 바나바와 다른 사람들을 사용하여 그리스-로마 세계를 가로질러 선교 여행을 시작한다. 그들은 먼저 회당에서 유대인에게 예수님의 복음을 전하고, 그 후 장터와 강당으로 옮겨 이방인에게도 복음을 전한다. 여러 선교 여행의 결과로 갈라디아와 에베소, 빌립보, 데살로니가, 고린도 같은 지역에 교회가 세워지고 그 안에서 신자들이 양육을 받는다. 이어서 사도 바울은 특별한 상황에 처한 그들을 위로하고 교훈하기 위해 신자들에게 서신을 보낸다. 비록 지역 교회에 지도자들이 세워져 있지만, 사도 바울은 먼 거리에서도 서신을 통해 믿음 안에서 그들의 사도이자 아버지로 섬길 수 있었다. 이 부분은 바울의 3차 선교 여행에서 가난한 신자들을 위한 모금을 가지고 예루살렘으로 귀환하는 내용으로 마무리된다. 사도 바울의 인생 다음 단계는 예상보다 훨씬 어려워질 것이다.

암송 구절

곧 예수 그리스도를 믿음으로 말미암아 모든 믿는 자에게 미치는 하나님의 의니 차별이 없느니라. 모든 사람이 죄를 범했으매 하나님의 영광에 이르지 못하더니, 그리스도 예수 안에 있는 속량으로 말미암아 하나님의 은혜로 값 없이 의롭다 하심을 얻은 자 되었느니라. (롬 3:22-24)

심층 연구

| 도서들 |

Banks, Robert J. *Paul's Idea of Community: Spirit and Culture in Early House Churches*. 3rd ed. Grand Rapids: Baker Academic, 2020. 『바울의 공동체 사상』(IVP).

Bird, Michael F. *Introducing Paul: The Man, His Mission and His Message*. Downers Grove, IL: InterVarsity Press, 2008. 『손에 잡히는 바울』(IVP).

Capes, David B., Rodney Reeves, and E. Randolph Richards. *Rediscovering Paul: An Introduction to His World, Letters and Theology*. 2nd ed. Downers Grove, IL: InterVarsity Press, 2017.

Walker, Peter. *In the Steps of Paul: An Illustrated Guide to the Apostle's Life and Journeys*. Grand Rapids: Zondervan, 2008. 『바울의 발자취를 따라서』(CUP).

Wright, N. T. *Paul: A Biography*. New York: HarperOne, 2018. 『바울 평전』(비아토르).

| 토론을 위한 질문 |

a. 당신이 한 걸음 물러나 사도 바울의 사역을 살펴본다면, 가장 충격적인 부분은 무엇이겠는가? 현대에서 바울과 같은 그리스도인 지도자를 꼽을 수 있겠는가?

b. 갈라디아서, 데살로니가전후서, 고린도전후서, 로마서 등의 바울 서신 중에서 당신의 삶을 향해 가장 강력히 말씀하는 서신은 무엇인가? 그 이유는 무엇인가?

c. 예루살렘 공의회의 결정은 무엇이었으며, 그 결정이 초대교회에게

너무나 중요했던 이유는 무엇인가?

d. 마가 요한이 바울의 선교 여행에 함께하는 과정은 상당히 흥미롭다. 1차 선교 여행 당시 마가 요한이 먼저 집으로 돌아간 뒤, 2차 선교 여행에서 바울이 그를 데려가기를 거부한 이유가 무엇이라고 생각하는가? 이와 반대로 바나바가 그와 동역하기로 결정한 이유는 무엇이라고 생각하는가?

e. 이번 장 내용에 비추어 볼 때, 하나님의 백성이 이 세상에서 대위임령을 수행해 나갈 때 기대해야 할 것은 무엇이겠는가?

과제

1. 사도행전에서 3차에 걸친 바울의 선교 여행을 묘사하는 본문을 읽어 보라(행 13-21장). 이 여행 중 하나를 골라 좀 더 자세히 연구하라. 훌륭한 선교 사역에 대한 원리나 교훈을 찾는 대로 적어 목록을 만들라. 바울의 선교 전략이 오늘날 우리의 선교 방식에 어떤 영향을 주었다고 생각하는지 설명하는 한 문단의 글을 작성해 보라.

2. 사도행전 13:16-41에 나오는 바울의 회당 안 설교에서 복음에 대한 접근 방법과 17:22-31에서 아레오바고 앞에서의 연설을 서로 비교하고 대조하라. 두 메시지의 공통점과 차이점을 확인한 후에, 바울이 어떻게 메시지를 청중에게 효과적으로 맞추어 변화시켰는지, 그리고 복음을 나눌 때 왜 이것이 중요한지에 관하여 간략한 설명을 적어 보라.

3. 로마서는 복음의 빼어난 요약을 제공한다. 한 쪽 분량으로 로마서를 개괄하라. 그리고 다음 면에 그 개괄이 복음을 어떻게 요약하고 있는지 설명하라.

4. 고린도전서에서 바울은 복잡한 문제를 안고 있는 교회의 상황을 다룬다.

이 중요한 편지를 다시 읽어 보고 그가 설교한 각각의 주요 문제를 확인하라. (a) 구체적으로 문제이 무엇인가? (b) 바울이 제안한 해결책은 무엇인가? (c) 바울의 해결책은 하나님에 대한 바울의 어떤 관점을 잘 나타내고 있으며, 하나님 나라 안에서의 바람직한 사역 자세나 방식에 관하여 무엇을 교훈하는가?

19. 교회

예루살렘에서 로마로 전파되는 복음

도입 »

몇 년 전, 나는 초보자 수준의 자전거와 모든 장비를 구입하여 자전거 타기를 시작했다. 처음에는 8킬로미터를 타다가 그다음에는 24킬로미터, 48킬로미터 그리고 마침내 80킬로미터를 주파했다. 그리고 내 마음에 160킬로미터 주파에 도전하고 싶다는 야망이 생겼다. 160킬로미터 자전거 타기는 하나의 도전이다. 자전거 훈련을 올바로 받았다면, 처음 40에서 48킬로미터 정도의 경주는 일반적으로 쉽고 재미있는 수준이다. 그래서 앞으로도 평생 그 페이스를 유지할 것처럼 느껴진다. 그러다가 약 80킬로미터 표지판을 돌아서면서부터는 자전거 안장에 오래 앉아 있었다는 것이 몸으로 느껴지기 시작할 것이다. 그러다가 100킬로미터를 돌파할 때면 이제 상당한 피곤이 몰려오지만, 120킬로미터까지는 그런대로 견딜 수 있다. 그러다가 120킬로미터를 넘어서면 정신적으로나 육체적으로 한계를 느끼고, 마지막 지점에 이를 때까지 계속 고통을 느낀다. 그래서 160킬로미터 경주를 마치는 것은 순전하고 단순하게 말하면 일종의 인내력 시험이다.

인내는 성경적으로도 매우 중요한 덕목이다. 사도행전 마지막 부분에서 우리는 사도 바울의 마지막 단계의 사역을 볼 수 있는데 그것은 결코 쉬운 길이 아니니다. 바울은 감옥에서도 수년을 보내야 했고 모든 일이 베테랑 선교사가 계획한 대로 진행되지 않는다. 하지만 그 모든 어려움 속에서도 사도 바울은 인내했고 결국 하나님의 정하신 목적은 바울의 삶을 통해 하나씩 성취되었다. 당신에게도 당장 멈추고 싶은 그런 순간들이 있을 것이다. 우리는 이번 장의 이야기가 당신에게 끝까지 인내할 수 있는 능력을 공급해 줄 수 있기를 기도한다.

준비

사도행전 21-28장과 에베소서; 빌립보서 2-3장; 빌레몬서; 디모데전서 3장, 그리고 디모데후서 4장을 읽거나 들어 보라.

계속되는 이야기

| 땅끝을 향하여: 예루살렘에서 바울의 증언(행 21:17-23:35) |

이전 일화에서 사도 바울은 따뜻한 환영을 받으며 예루살렘에 도착했다. 바울은 그의 전도 사역을 통해 하나님이 이방인 가운데 행하신 일을 모두 보고했고, 유대 그리스도인은 한마음으로 기뻐했다. 그러나 사도 바울이 성전과 율법을 거스르는 설교를 전한 것으로 오해하여 유대 그리스도인들이 사도 바울을 마치 이스라엘의 전통을 무너뜨리려는 원수로 여기는 것에 대해 그들은 걱정한다. 이러한 오해를 불식시키기 위하여 사도 바울은 성전을 방문하여, 자신이 비록 이방인 가운데 사역하고 있지만 반유대주의자가 아님을 증명하는 수단으로 유대의 정결 의식에 동참하기로 결심한다.

그런데 정결 의식을 진행하는 과정에서, 아시아(아마도 에베소)에서 온 몇몇 유대인이 성전에서 바울을 목격하고 그가 문제를 일으킨다고 고소한다(행 21:27-29). 그 결과 큰 소요가 일어나고 폭도들이 바울을 잡아다 막 죽이려는 순간 로마 병사들이 개입하여 바울을 체포한다(21:30-36). 로마 병사들이 바울을 병영으로 끌어왔을 때, 바울은 자기를 핍박하는 자들에게 변호할 수 있도록 허락을 얻는다. 이때 사도 바울은 이 지역의 유대인이 널리 사용하던 아람어로 변론을 시작하여, 자신이 유대교에 머물러 있던 이전의 삶과 다메섹 도상에서 부활하신 예수님을 목격한 이야기를 반복하여 전한다(21:37-22:21). 폭도들은 바울이 성전에서 환상을 보고 이방 선교의 사명을 받아 이방인에게로 나아가게 되었다는 이야기를 듣자, 바울을 당장 죽이라고 소리친다(22:17-22). 하지만 사도 바울이 가진 로마 시민권 덕분에 정당한 재판을 거치지 않고 태형을 당하는 것은 피할 수 있었다.

다음 날 바울은 유대 공회 앞에 선다. 자신이 재판받는 이유는, 바리새인들은 인정하지만 사두개파는 인정하지 않는, 죽음에서의 부활을 믿는 믿음 때문이라고 주장하며 스스로를 변호했다(행 22:30-23:10). 이 지혜로운 전략 때문에 산헤드린 공회는 부활을 믿는 무리와 믿지 않는 무리로 나뉘게 되고, 결국 그 청문회는 두 그룹의 폭력적 논쟁으로 변질된다. 그다음 날 주님은 바울에게 나타나셔서 "담대하라 네가 예루살렘에서 나의 일을 증언한 것같이 로마에서도 증언하여야 하리라"고 말씀하신다(23:11).

한편 사도 바울의 생명이 계속해서 유대인들에게 위협을 당하고 있었기 때문에, 로마의 지휘관은 중무장한 군인들의 호위 아래 바울을 예루살렘에서 가이사랴로 호송한다. 바울은 그 당시 유대의 총독이었던 벨릭스가 그 사건을 심문할 때까지 헤롯의 감옥에 갇혀 있었다(행 23:12-35). 이런 고난의 과정은 하나님의 계획과 전혀 무관하게 진행되는 듯 보이지만, 사도 바울은 자신이 증언한 그 믿음 위에 굳게 서 있었으며, 어떤 의미에서 보자면 로마를 향한 그의 여행은 이미 시작된 것이다.

| 땅끝을 향하여: 가이사랴에서 바울의 증언(행 24:1-26:32) |

사도 바울을 핍박하려는 유대 반대자들이 가이사랴에 도착하자, 벨릭스는 그 사건을 심문하기 시작한다. 반대자들은 바울을 "나사렛 이단"의 괴수요, 로마 제국 전역에 사는 유대인들에게 문제를 일으킨 자로, 그리고 좀 더 최근에는 성전을 모독한 자라고 고소한다(행 24:1-9). 하지만 사도 바울은 그러한 고소가 명백히 거짓이라고 반박하면서 자신은 다만 기독교의 도를 따르는 자로서 유대 조상들이 섬긴 동일한 하나님을 경배할 뿐이라고 주장한다. 그래서 자신은 예루살렘에 골치아픈 문제를 가지고 온 것이 아니라 오히려 이방 교회들이 마련한 선물을 가지고 왔으며, 다만 죽은 자의 부활을 믿는다고 고백한다. 바울의 변론을 들은 벨릭스 총독은 판결을 유보하고 바울에게 제한된 자유를 허락하면서 다시 감옥에 가두어 둔다.

그로부터 며칠이 지나 사도 바울은 벨릭스와 그의 아내이자 유대계 여인이며 헤롯 아그립바 1세의 딸인 드루실라에게 하나님의 말씀을 전할 기회를 얻는다(행 24:24-26). 이때 사도 바울은 예수 그리스도에 대해, 의에 대해, 그리고 장차 올 심판에 대해 말씀을 전한다. 그리고 다음 두 해 동안 가이사랴에 있는 감옥에서 머문다(24:27). 이 기간에 그의 선교 사역이 특별한 이유 없이 멈췄다는 점을 고려한다면 이 시기는 바울에게 있어 고난의 시기임이 분명하다. 하지만 사도 바울은 계속 하나님만을 신뢰한다.

그 후로 2년이 흘러가고 베스도가 로마 행정관으로서 벨릭스의 자리를 이어받는다. 이런 상황에서 유대 지도자들은 사도 바울을 예루살렘으로 데려와 재판정에 세워 달라고 요청했지만(이동하는 도중에 그를 죽이려는 계략으로), 베스도는 유대인들에게 사건을 심문하게 될 가이사랴로 오라고 전한다(행 25:1-5). 유대인들은 바울을 고소할 심각한 문제들을 가지고 나오지만, 그 가운데 어느 하나도 제대로 증명할 수 없었다. 이때 바울은 자신은 결코 율법과 성전을 반대한 것도 아니고 가이사에 반대하는 그 어떤 행위도 하지 않았다고 주장한다. 베스도가 바울에 대한 재판권을 예루살렘으로 옮기려 하자 바울은 자신을 가이사에게 보내 달라고 호소한다(25:6-12).

하나님께 완전히 헌신한 사람

하나님께 완전히 헌신한 사람을 하나님이 얼마나 영광스럽게 사용하시는지를 세상은 지켜봐야한다는 말이 있다. 사도 바울이야말로 바로 그런 사람이고 세상은 그 결과를 충분히 목격했다.[1]

-리처드 롱네커

바울은 태어나면서부터 로마 시민이었으며, 그 시민권에는 특별한 권리들이 수반되었는데, 그중 하나가 로마 황제 앞에서 자신의 문제를 변론하는 권리였다. 유대인들의 매복으로 인한 죽음의 위험을 무릅쓰고 예루살렘의 타락한 재판정 앞으로 가기보다, 바울은 그 문제를 가지고 로마로 가기를 원했다. 이러한 과정을 통해, 사도 바울이 회심할 때 아나니아에게 주셨던 말씀이 조금씩 성취되고 있는 것이다(9:15-

16). "이 사람은 내 이름을 이방인과 임금들과 이스라엘 자손들에게 전하기 위하여 택한 나의 그릇이라. 그가 내 이름을 위하여 얼마나 고난을 받아야 할 것을 내가 그에게 보이리라 하시니."

누가는 바울에게 가이사랴에서 왕들에게 복음을 증언할 새로운 기회가 주어졌다고 기록한다. 아그립바 2세와 그의 누이 베니게가 베스도를 방문하러 와서, 바울에게서 어떤 이야기를 듣기 원했다(행 25:13-22). 이 기회를 통해 바울은 유대교에서 보낸 이전 생활과 그리스도인들을 핍박했던 자신의 열심, 다메섹 도상에서의 회심 사건, 그리고 그리스도께 받은 자신의 사명에 대한 이야기를 들려준다(26:1-18; 참조. 9:1-19; 22:3-16). 이 과정에서 사도 바울은 예수님과 그분의 부활, 그리고 사람들이 회개하고 그분을 믿어야 할 필요성에 대한 메시지를 전함으로써 하나님의 뜻에 순종한다. 또 바울은 아그립바를 설득하여 믿게 하려고 최선을 다하지만 성공하지는 못했다. 사도 바울의 이야기를 들은 아그립바왕은, 바울은 마땅히 사형을 받아야 할 그 어떤 흉악한 죄도 범하지 않았기에 그가 만일 가이사에게 호소하지 않았다면 지금 당장 풀어 줄 수도 있었을 것이라고 베스도에게 말한다. 그러나 하나님은 바울에게 더 큰 계획을 갖고 계셨기에, 로마를 향한 그리고 황제를 비롯한 청중을 향한 바울의 여행이 곧 시작된다.

| 땅끝을 향하여: 로마에서 바울의 증언(행 27:1-28:31) |

사도 바울은 거의 300명 가까이 되는 승객과 배편으로 로마를 향해 떠난다(행 27:1). 누가는 사도행전 27-28장에서 이들의 모험적인 항해에 대해 자세히 묘사한다. 이들이 바다에서 큰 폭풍을 만나 모든 것을 잃게 되었을 때, 사도 바울은 주님으로부터 자신이 반드시 가이사 앞에 서야 하며 그 배에 타고 있는 모든 사람이 해를 당하지 않고 안전할 것임을 보증하는 하나님의 환상을 본다(행 27:21-26). 이들은 드디어 멜리데라는 아주 작은 섬에 상륙하고, 그 배에 타고 있던 276명의 사람은 모두 목숨을 건진다. 폭풍 가운데 지중해를 항해할 때 멜리데처럼 작은 섬을 지나치는 것이 너무나 당연한 일임을 생각한다면, 이는 사도 바울을 위한 하나님의 주권적 보호인 것이 틀림없다. 멜리데섬에 상륙한 다음에도 하나님의 보호는 계속된다. 해변에 피운 불에 나무를 넣다가 사도 바울은 그만 독사에게 물린다. 그러나 독사가 그에게 아무런 해를 끼치지 못하자 멜리데 사람들은 그를 신으로 추앙하며 섬기려 한다(28:1-6). 바울과 그 일행들은 이 섬의 추장 집에서 환대받고, 하나님은 바울을 사용하여 많은 병자를 고쳐 주신다(28:7-10).

바울의 옥중서신: 빌레몬서, 골로새서, 에베소서, 빌립보서

사도 바울이 위 네 개의 서신을 감옥에서 작성했다는 단순한 이유로, 이 서신들은 '옥중서신'으로 분류된다. 비록 서로 다른 언어 스타일과 신학적 강조점의 차이, 그리고 골로새서의 경우 청중과 저자 사이의 친밀성 부족 때문에 사도 바울이 골로새서와 에베소서를 모두 저술했다는 것에 간혹 의문을 제기하는 사람들도 있지만, 사도 바울이 빌레몬서와 빌립보서를 썼다는 것에 대해서는 거의 이견을 찾아볼 수 없다. 그러나 서신의 저자로 바울을 직접 언급하는 경우와 바울 저작권을 지지하는 초대교회의 입장, 개인 정보에 대한 일인칭 표현, 서신의 전체 취지나 목적, 신뢰할 만한 대필자가 있음을 암시하는 모습은 이 서신의 저자로 바울을 지목할 만한 충분한 이유를 제공한다.

사도 바울이 기원후 60년대 초반 로마 감옥에 갇혀 있을 때 이 서신들을 기록했다는 주장이 가장 가능성 있다. 어떤 이들은 바울이 가이사랴에 갇혀 있는 동안 기록했다고 주장하지만, 로마에서 기록했다는 전통 견해가 가장 설득력 있는 주장으로 받아들여진다. 기록이 끝나면 두기고가 에베소와 골로새 그리고 빌레몬의 교회에 전달했는데, 이러한 사실도 이 서신들이 같은 장소에서 기록되었음을 암시한다(엡 6:21-22; 골 4:7-9). 빌립보서의 기록 장소는 네 개의 서신 가운데 가장 큰 논란이 있는데, 만일 빌립보서가 동일한 로마 감옥에서 기록되었다면, 바울과 빌립보 교회 사이의 적절한 소통을 위해서는 더 많은 시간이 필요했을 것이므로 빌립보서는 그의 수감 생활이 끝나 가는 말년에 저술되었다고 추정할 수 있다.

빌레몬에게 보내는 짧은 서신은 유대 그리스도인인 사도(바울)와 부유한 이방인 노예 주인(빌레몬), 도망간 노예(오네시모)가 그리스도를 믿는다는 공통점으로 어떻게 하나 됨을 이루는지에 대해 잘 보여 준다. 빌레몬은 사도 바울의 사역을 통해 그리스도를 영접한 노예 주인이다. 그런데 오네시모는 도망친 노예 신분으로 바울을 만나 새롭게 신자가 되었다. 그래서 사도 바울은 오네시모가 이전 주인의 집으로 되돌아가게 되면 로마 세계에서 도망간 노예를 다룰 때 관례적으로 내린 엄벌로 그를 다루거나 죽이지 말고, 그리스도 안에서 한 형제로 환영해 달라고 빌레몬을 설득하고자 이 서신을 썼다. 이 편지는 우리에게 다음과 같은 교훈을 제시한다. 우리가 그리스도와 연합된 것은 또한 다른 사회적·인종적·경제적 상황에 있는 사람들과 연합된 것이고, 우리는 세상이 뭐라고 하든지 그들을 믿음의 동료로 대해야 한다.

골로새 교회는 하나님과의 더 깊고 신비한 경험을 약속하면서도, 예수 그리스도를 옆으로 제쳐 놓고 공동체 내부에 자만과 파당을 만들어 내는 거짓 가르침 때문에 심각한 위협에 놓여 있다. 이 '허망하고 기만적인' 가르침은 '좋게 들리는 논쟁'이나 개인의 환상, 특별한 지식이나 신비한 경험, 엄격한 종교적 규칙에 의존한다(골 2:4, 8, 16-18, 21-23). 하지만 이러한 거짓 가르침에 담긴 근본 문제는, 이 가르침이 그리스도를 '유일한' 진리로 두지 않고, 유대교의 신조나 민간 종교, 마술, 천문학 같은 이방 사상들에 기독교 요소를 적당히 혼합하여 파생된 여러 교훈 중의 '하나'로 평가 절하한다는 것이다. 이런 위기에 빠진 골로새 교회를 향한 사도 바울의 처방은 간단하다. 그것은 예수 그리스도는 하나님이 주신 최고의 계시이며, 그분만이 하나님에 대한 가장 깊은 경험을 가능하게 하신다는 것이다. 그리스도는 모든 것을 초월하는 영적 능력이시며, 골로새의 그리스도인들을 위하여 절대적으로 충분한 분이다. 그래서 우리 그리스도인들은 미신에 사로잡히거나 닥쳐올 운명에 대한 두려움으로 살지 않고, 그리스도 안에 담긴 영적 충만함과 풍성함을 경험하고 누리며 산다. 예수 그리스도는 가장 존귀하시며 우리의 온전한 헌신을 받기에 합당하신 분이다.

사도 바울은 **에베소** 교회에 발생한 어떤 특별한 위기에 대한 처방으로 이 서신을 작성한 것이 아니라, 에베소에 있는 가정 교회들에 자기 백성을 위한 하나님의 위대한 계획에 대해 교훈하고자 이 서신을 기록했다. 좀 더 말하자면 에베소서는 그리스도 안에서 시작된 신자의 새로운 삶, 즉 다른 성도들과 함께하는 새로운 공동체와 하나님의 백성으로 살아야 하는 우리의 새로운 책임에 초점을 맞춘다. 그래서 에베소서는 매우 위엄이 있으면서도 매우 실제적이다. 그리스도 안에서 공급되는 하나님의 은혜는, 우리를 죄악의 늪에서 구원하며 우리의 생활 방식과 관계성을 변화시킨다. 그리고 하나님이 그리스도 안에서 우리를 위해 행하신 모든 일 때문에 우리는 하나님의 부르심에 합당한 삶을 살아야만 한다.

사도 바울은 2차 선교 여행 중에 개척한 **빌립보** 교회에 서신을 보낸다. 이 교회는 다른 어떤 교회보다 재정적으로 더 풍성하게 바울을 지원해 주었다. 사도 바울이 감옥에 갇혔다는 소식을 들었을 때, 그들은 바울을 지원하고자 선물을 보냈다(빌 2:25; 4:18). 그래서 바울은 빌립보 교회가 베풀어 준 헌신에 감사하기 위해(1:4-5; 4:10-19), 자신이 처한 상황을 다시 보고하기 위해(1:12-26; 4:10-19), 다가오는 방문을 준비하기 위해(2:19-24), 거짓 교사들에 대해 경고하기 위해(3:1-4, 18-19), 교회의 일치와 연합을 격려하기 위해(2:1-11; 4:2-5) 이 서신을 썼다. 빌립보서는 너그럽게 베푸는 관용과 섬김의 중요성에 대해, 염려하지 않고 기뻐하는 삶에 대해, 교회 안의 연합을 지키기 위해 그리스도의 겸손의 본을 따르는 것에 대해, 우리 자신의 의가 아니라 그리스도의 의를 의지하는 것에 대해 우리에게 교훈한다.

봄이 되어 사도 바울 일행은 항해를 계속하여 이탈리아에 도착했고, 몇몇 신자를 만나 그들과 함께 한 주간을 보낸 다음 로마로 떠난다. 로마에 도착한 바울 일행은 여러 성도에게 환영받고, 그를 지키는 병사의 감독 아래 자유롭게 지내도록 허락을 받는다. 바울은 즉시 자신의 입장을 해명하기 위하여 유대의 지도자들을 만난다. 그런데 이들은 바울에 대해 그 어떤 부정적인 소식도 듣지 못했다고 말하면서, 당시 모든 사람이 새롭게 확산되는 기독교 종파에 대해 말하고 있기 때문에 그 종교에 대해 더 많이 듣고 싶다고 관심을 표명한다. 그래서 사도 바울은 성경이 말하는 하나님 나라와 메시아 예수 그리스도에 관해 설명한다. 사도 바울의 설명을 들은 어떤 이들은 수긍하지만, 또 다른 이들은 메시지를 거부한다. 그래서 바울은 하나님이 말씀을 듣게 될 이방인에게 구원을 베풀어 주셨음을 담대히 선포하며, 사도행전

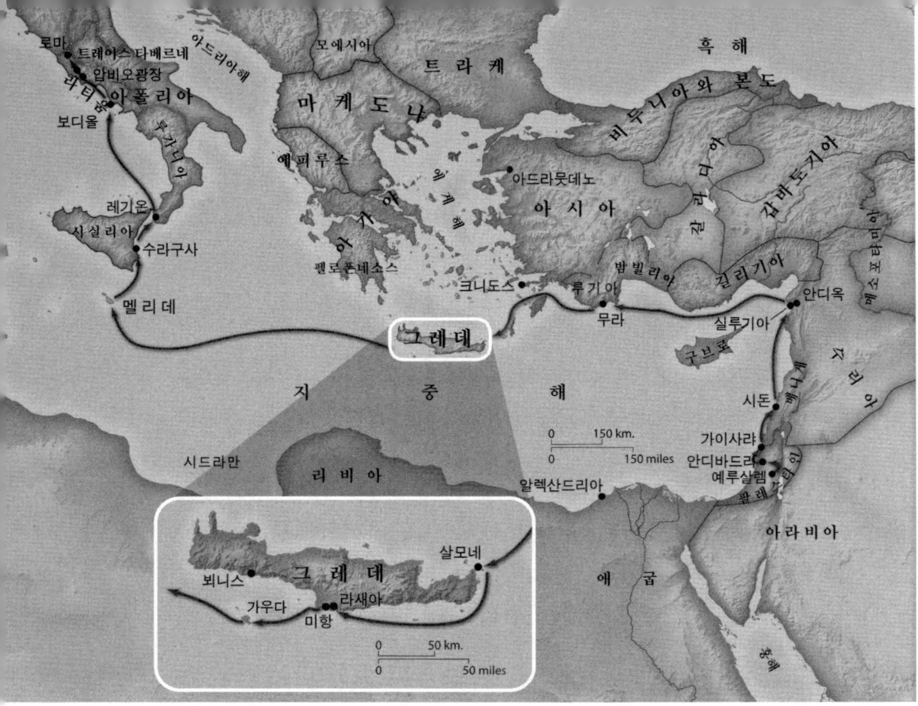

바울의 로마를 향한 여정

은 다음의 말씀으로 결론을 맺는다.

> 바울이 온 이태를 자기 셋집에 머물면서 자기에게 오는 사람을 다 영접하고 하나님의 나라를 전파하며 주 예수 그리스도에 관한 모든 것을 담대하게 거침없이 가르치더라. (행 28:30-31)

결국 사도 바울은 그토록 오기 원했던 로마에 도착하지만 그 모습은 그가 마음속으로 기대했던 모습과 거리가 멀다. 그는 자유 여행자라기보다 죄수의 몸으로 로마에 도착했다. 또 그리스도로 인하여 큰 고난을 당하지만, 충성스러운 증인으로 살아간다. 비록 그의 몸은 묶였지만, 복음은 어디에도 묶이지 않기에 그 복음을 듣고자 하는 모든 이에게로 확산된다. 그래서 사도행전의 마지막 단어 "거침없이"('without hindrance'는 그리스어로 한 단어이고, 문장의 맨 끝에 위치한다)는 복음의 자유

바울의 목회서신: 디모데전후서와 디도서

디모데전서와 디모데후서 그리고 디도서는 에베소 교회를 섬기던 디모데와 그레데섬에서 섬기던 디도라는 두 목회자에게 보내졌기에 목회서신으로 알려져 있다. 세 서신은 한결같이 저자를 사도 바울로 주장하지만, 서로 다른 문제와 교리적 강조점의 차이 때문에 일부 학자는 사도 바울의 저작이라는 데 의문을 제기하기도 한다. 게다가 사도행전의 연대를 고려해 보면 이 서신이 기록될 만한 마땅한 시기를 확보하는 것이 쉽지 않아 보인다. 이러한 이견에도 불구하고, 목회서신들의 저자가 바울이라는 설득력 있는 이유들이 있다. 목회서신들의 상이한 주제나 저술 목적, 저술 환경의 문제점들은 여러 특수성으로 충분히 설명된다. 그리고 사도 바울이 누가와 같은(딤후 4:11을 보라) 믿을 수 있는 대필자의 도움을 받았을 것이고, 그에게 이 서신들을 어느 정도 편집할 수 있는 자유를 허용했을 가능성도 있다.

사도행전은 자신의 변론과 복음을 들을 황제와 청중을 기다리는 바울의 모습으로 끝을 맺는다. 초대교회 전승에 의하면 바울은 마침내 로마 감옥에서 풀려났다가(기원후 60-62년), 다시 체포되어 로마에 갇히기 전까지 잠깐 선교 사역을 계속했고, 기원후 67-68년경에 순교 당했다. 사도 바울은 기원후 63년에서 67년 사이의 어느 시기에 신뢰할 만한 두 동역자에게 교회 사역에 대한 충고와 격려의 메시지를 담은 서신을 작성했다.

디모데전서에서 바울은 에베소 교회에 퍼지고 있는 거짓 가르침을 교정하고, 교회의 지체로서 신자들 스스로 어떻게 처신해야 하는지를 교훈하기 위해 이 서신을 작성하여 보낸다(행 20:30; 딤전 1:3-7; 6:3-5). 그래서 디모데전서의 핵심은 올바른 진리를 가르치는 것이다. 디도서에서 바울은 그레데에 있는 그리스도인들이 직면한 이교적 사회에서 어떻게 신앙을 지키며 살아야 하는지에 대해 분명히 설명한다. 디도서의 주제는 '선한 것을 행하라'이다(딛 1:8, 16; 2:7-8, 14; 3:1-8, 14). 디모데후서는 바울의 평생 친구이자 사역 파트너인 디모데에게 보내는 개인적 송별사다. 이 서신에서 바울은 자신의 친구에게 믿음에 굳게 서서 고난을 견뎌 내고, 늘 하나님의 은혜를 의지하라고 강권한다.

바울의 목회서신들은 오늘날의 그리스도인에게도 강력하게 호소하고 있다. 즉 이 서신들은 우리가 전하는 복음 증거가 단순히 말에 그치지 않고 우리가 가진 선한 믿음을 있는 그대로 삶으로 증명하고 또 교회의 리더십을 신중하게 실천하는 경건한 삶의 중요성에 대해 강조한다. 아울러 고난과 박해 중에도 끝까지 참고 견디는 인내에 대해서도 강조한다.

로운 영향력을 선명하게 묘사하며, 사도행전 1:8에서 땅끝까지 복음이 전파되리라는 예수 그리스도의 말씀이 그대로 성취되고 있음을 매우 적절히 보여 준다.

연결하기

하나님의 위대한 구원 이야기 안에서 현재 위치를 복습해 보자.

창조와 위기
언약
불러냄
계명
정복과 가나안화
왕국의 설립
친교와 상식
왕국의 분열
포로 생활과 귀환
중간기: 구약과 신약의 중간 시기
그리스도
▶ 교회
　오순절 성령 강림
　예루살렘과 유다와 사마리아에서
　이방 선교
　예루살렘에서 로마로 전파되는 복음
완성

예수님의 말씀에 따르면, 하나님 나라는 아주 작고 보잘것없게 시작되는 듯 보이지만 마침내 광범위한 영향력을 행사한다. 예를 들어, 마태복음 13:31-33에 소개되는 겨자씨와 누룩 비유에서, 예수님은 하나님 나라의 미미한 시작을 그 나라의 엄청난 성장과 영향력에 대비시키신다. 사도행전의 이 단락에서는 하나님 나라가 로마 제국 전역을 향하여 확산될 때 우리는 예수님의 예언이 실제로 성취되고 있음을 깨닫게 된다. 기독교 운동의 강력한 영향력에 관한 다음 언급들을 살펴보자.

- 사도행전 24:5. "우리가 보니 이 사람[바울]은 전염병 같은 자라. 천하에 흩어진 유대인을 다 소요하게 하는 자요 나사렛 이단의 우두머리라."
- 사도행전 26:26. "[아그립바]왕께서는 이 일을 아시기로 내가 왕께 담대히 말하노니 이 일에 하나라도 아시지 못함이 없는 줄 믿나이다. 이 일은 한쪽 구석에서 행한 것이 아니니이다."
- 사도행전 28:22. "이에 [로마에 있는 유대 지도자들인] 우리가 너의 사상이 어떠한가 듣고자 하니 이 파에 대하여는 어디서든지 반대를 받는 줄 알기 때문이라 하더라."

처음에는 예수님과 그분을 믿는 무리가 팔레스타인 땅에서 아주 작은 규모로 시작되었지만, 잠시 후 로마 제국 전역을 뒤덮을 수만 명의 제자로 성장하면서 예수님의 말씀이 그대로 실현된다. 하나님 나라는 유다와 사마리아를 넘어서 땅끝까지 확장된다(행 1:8).

이 메시지가 로마 제국 전역에 선포될 때 그 중심에는 예수님의 부활이 자리하고 있다. 사도들은 예수님의 부활을 사도행전의 처음부터 끝까지 증거했다. 오순절에 전한 설교에서 베드로는 예수님의 부활을 중점적으로 강조했다(행 2:23-24, 31-33). 또 사도행전 뒷부분에 나오는 아그립바왕을 향한 바울의 연설도 예수님의 부활에 초점이 집중되어 있었다(26:8, 23). 무엇보다 중요한 것은, 사도 바울이 이 부활 메시지가 바로 이스라엘의 소망임을 강조한 것이다(26:6-7). 이 부활의 소식은 정확하게 말하자면 이전에 하나님이 바울의 유대 조상들에게 약속하셨던 메시지이며, 부활을 계기로 메시아가 유대인과 이방인 모두에게 영생의 삶을 베풀어 줄 것이라고 약속하셨다. 하지만 바울을 고소한 유대인들은 열방을 향한 하나님의 마음을 알지 못했기 때문에, 바울이 전한 메시지를 받아들이기를 거부했다.

비록 사도 바울은 이방인의 사도로 부름을 받았지만, 그렇다고 유대인에게 복음 전하는 일을 중단한 것은 아니었다. 사도행전 마지막 장에서 사도 바울은 유대 회당의 지도자들을 불러 모아서 그들에게 이스라엘의 소망이신 예수님의 죽음과 부활에 집중된 복음의 메시지를 전한다(행 28:20, 23). 유대인의 불신앙이라는 이 가슴 아픈 비극은 전 인류의 역사 속에서 매우 중요한 인물인 예수 그리스도를 거부한 것이다. 그래서 사도 바울은 사도행전 28:26-27에서 이사야 6:9-10을 인용하는데, 이 본문은 유대인이 그들의 메시아를 거부한 이유를 설명하기 위해 일찍이 예수님이 인용하신 구절로, 사도 바울은 결코 유대인의 구원을 포기하지 않는다. 자기 동족 유대인이 대부분 예수님 믿기를 거부하기 때문에 사도 바울의 마음은 찢어질 듯 고통스럽지만, 그는 결코 다음과 같은 소망을 포기하지 않는다. "형제들아 내 마음에 원하는 바와 하나님께 구하는 바는 이스라엘을 위함이니, 곧 그들로 구원을 받게 함이라"(롬 10:1; 참조. 11:11-26). 예수님은 공생애 동안 자신의 구원 사역을 이스라엘 사람에게 집중하셨지만, 이방인을 무시하지도 않으셨다(마 15:21-28). 반면 사도 바울은 그 평생의 사역에서 이방인의 구원에 집중했지만, 유대인을 결코 포기하지 않았다. 결국, 이방 그리스도인이 유대인에게 복음을 전하는 중요한 역할을 맡게 되었다.

사도행전의 이 부분을 성경의 전체 구원 이야기와 연결시키는 중요한 연결 고리는 하나님의 주권에서 발견된다. 사도행전 전체에 걸쳐 계속 나타나는 여러 갈등과 박해에도 불구하고, 하나님의 목적은 포기되거나 좌절되지 않고 성취를 향하여 전진한다. 하나님은 "내 이름을 이방인과 임금들과 이스라엘 자손들에게 전하기 위하여"(행 9:15) 사도 바울을 택하셨음을 분명히 천명하신다. 하지만 그 목적을 성취하는 과정에서 사도 바울은 수많은 시련을 만난다. 바울은 기원후 50년대 초에 로마를 방문하고 싶은 희망을 피력했지만(19:21), 당장 방문하지 못하고 그로부터 10년이 지난 다음에야 비로소 그 도시에 도착했다. 게다가 그는 그동안 기대했던 순례하는 선교사의 모습이 아니라, 오히려 몸이 속박된 죄수의 모습으로 로마에 도착해서 지구상에서 가장 강력한 권세를 쥔 로마 황제 앞에서 재판을 기다린다. 하지만 하나님은 항상 고난을 통해 선을 이루신다. 예를 들어, 하나님은 이스라엘을 구원하기 위해 형제들에게 버림받은 요셉을 사용하셨고, 자기 백성을 애굽의 노예 생활에서 구원하여 건지셨다. 그분의 목적은 결코 좌절되거나 실패할 수 없다. 사도행전에서만 보더라도, 하나님은 투옥이나 인간의 여행 계획, 강력한 유대 산헤드린 공회, 바다의 사나운 폭풍, 재판에서 벌어지는 인간의 실수들, 그 밖의 모든 것을 통치하시면서 자신의 목적을 성취해 가신다.

이야기 실천하기

하나님의 계획은 복음의 증인들이 건강하거나 부귀를 누리는 것보다 복음을 성공적으로 전파하는 것에 초점이 맞추어져 있다. 사도 바울은 참으로 고된 삶을 살았다. 그는 부당하게 고소당했고, 억울하게 매를 맞았으며, 수년 동안 옥에 갇혔다. 그래서 그는 필시 자신이 처한 상황이 과연 하나님의 부르심에 적합한 것인지를 여러 차례 궁금해했을 것이다. 우리도 종종 같은 긴장과 고민 속에서 산다. 우리 인생을 향한 하나님의 소명과 현재 우리가 처한 곤경이 서로 어울리지 않을 때, 우리는 하나님이 과연 우리에게 무엇을 원하시는지 궁금할 때가 많다. 이 모든 고난 중에도 사도 바울은 더욱 깊이 하나님 중심의 태도와 관점을 고수했다. 사도 바울은 하나님이 자신의 삶에 어떻게 복 주시는가보다 자신이 하나님의 계획에 어떻게 맞추어 순종할 것인가에 더 큰 관심을 가졌다. 우리는 다음 본문을 포함한 여러 곳에서 사도 바울의 이런 모습을 발견한다.

> 형제 중 다수가 나의 매임으로 말미암아 주 안에서 신뢰함으로 겁 없이 하나님의 말씀을 더욱 담대히 전하게 되었느니라.…
>
> 나의 간절한 기대와 소망을 따라 아무 일에든지 부끄러워하지 아니하고, 지금도 전과 같이 온전히 담대하여 살든지 죽든지 내 몸에서 그리스도가 존귀하게 되게 하려 하나니. (빌 1:14, 20)

사도 바울은 자신의 소명이나 주변 환경에 초점을 맞추는 것이 아니라 오히려 하나님의 더 큰 계획과 하나님이 어떻게 자신의 상황을 사용하셔서 그리스도께 영광을 돌리고 교회를 세우게 하실지에 초점

맞추어야 함을 배웠다. 이것이 바로 그의 기도이고 그의 인생의 중심이었으며, 그대로 우리의 기도이고 우리 인생의 중심이어야만 한다.

사도 바울이 품은 광대한 비전에도 불구하고, 그는 여전히 개인적으로 고된 환경과 싸우고 있었다. 하나님은 그를 잊지 않으셨다. 그래서 사도 바울의 경험을 보며 우리는 삶이 바닥으로 곤두박질할 때라도 늘 우리와 함께하시는 하나님의 임재에 의지할 수 있다는 교훈을 배운다. 우리의 모든 죄는 용서받았고(우리의 과거), 하나님은 새 하늘과 새 땅의 한 곳을 우리의 거처로 약속해 주셨다(우리의 미래). 그러나 현재의 삶은 매우 힘들 수 있다. 사도행전의 희망을 전혀 찾아볼 수 없는 상황 속에서도, 주님은 여전히 바울과 동행하시며 여전히 그와 함께 일하고 계심을 일깨워 주시고자 여러 특별한 방법으로 바울에게 말씀하신다.

- 사도행전 23:11. "그날 밤에 주께서 바울 곁에 서서 이르시되 담대하라. 네가 예루살렘에서 나의 일을 증언한 것같이 로마에서도 증언하여야 하리라 하시니라."
- 사도행전 27:23-24. "내가 속한바 곧 내가 섬기는 하나님의 사자가 어젯밤에 내 곁에 서서 말하되, 바울아 두려워하지 말라. 네가 가이사 앞에 서야 하겠고 또 하나님이 너와 함께 항해하는 자를 다 네게 주셨다 하였으니."

성경 이야기 전체에 걸쳐서 하나님은 항상 자기 백성과 동행하신다는 사실을 말씀하신다. 하나님은 아브라함과 모세에게, 다윗에게, 예언자들에게 그리고 현재의 교회에게, 가장 어둡고 캄캄한 날일지라도 우리를 지켜보시는 하나님의 신실하신 임재와 동행을 약속하신다.

사도행전의 후반부에서, 우리는 사도 바울이 로마의 법적 제도를 따라 이동하는 모습 속에서 그가 자신의 로마 시민권을 지혜롭게 사용하는 방식을 지켜볼 수 있다. 물론 사도 바울은 자신에게 밀려오는 고난을 막기 위해 로마 시민권이란 카드를 사용하지 않을 때도 있다(예를 들어, 사도행전 16장에서 바울이 핍박받고 빌립보 감옥에 갇혔을 때 그는 적극적으로 시민권을 주장하지 않고 나중에서야 비로소 자신의 시민권을 언급한다). 바울은 그리스도를 위해서라면 고난을 피해 도망가지 않았지만, 그렇다고 맹목적으로 고난을 받은 것도 아니며, 고통을 적극적으로 떠안아 기괴한 즐거움을 구한 것도 아니다. 사도 바울은 억울한 구타를 중지시키거나(22:23-29) 불공정한 재판을 막기 위해(25:10-11) 자신의 정당한 시민권으로 호소할 때가 있다. 다시 말해서 정의를 증진시키고, 가능한 경우 무의미한 괴롭힘을 방지하기 위해 자신의 정당한 시민권을 사용한다. 그래서 우리도 하나님의 목적을 진척시키기 위해 시민권 같은 도구를 어떻게 사용할지 지혜를 구하는 기도를 할 수 있다.

성경의 이야기 가운데 이 부분은 복음 전도를 교회의 최우선 순위에 놓도록 우리에게 도전한다. 사도행전 전체에 걸쳐 우리는 그리스도인의 복음 전도와 하나님 나라와 주 예수 그리스도를 증언하는 일의 중요성에 대해 배울 수 있다(행 28:31). 성경적 복음 전도는 단순히 종교 영역에서만이 아니라 삶의 모든 영역에서 하나님의 백성답게 사는 것을 수반한다. 우리는 말로 증언하기 전에 먼저 삶과 행동으로 증언한다. 복음 증거란 삶과 행동의 증언에 이어, 사람들에게 십자가에 죽으시고 부활하신 주님이신 예수 그리스도를 말로 제시하는 것을 포함한다. 바울은 반복적으로 사람들에게 회개하고 복음을 믿으라고 설득하기를 시도한다. 그래서 결국 우리는 사업이나 정치, 가족, 스포츠,

교육 혹은 그 무엇이든 삶의 모든 활동 영역에서 하나님 나라를 향한 동일한 목적 아래 다른 신자들과 연합할 수 있다. 이러한 폭넓은 사고방식은 우리의 구원이 모든 만물을 구원하시려는 하나님의 거대한 목적을 무시하고 그저 협소한 개인 구원에 머무르지 않도록 우리를 지켜 줄 것이다. 이제 당신은 성경의 위대한 이야기와 그것이 가져다주는 소망을 들을 필요가 있는 사람들을 향해 당신의 눈을 열어 주시도록 하나님께 간구함으로써 만유를 구원하시는 하나님의 구원에 동참하는 삶을 시작할 수 있다.

마무리 «

사도 바울은 3차 선교 여행을 마치고, 기근에 처한 예루살렘 교회를 위하여 이방 교회들이 모은 헌금을 가지고 예루살렘으로 돌아온다. 하지만 유대인과 이방인 사이의 연합을 도모하려는 그의 소망은 불결한 이방인을 성전에 데리고 들어갔다는 고소로 여지없이 꺾여 버리고, 바울은 다시 체포되어 갇힌다. 그는 유대 산헤드린 공회 앞에서 자신의 입장을 변호하지만, 다시 감옥에 갇혔다가 마침내 해변 도시인 가이사랴로 압송되어 벨릭스와 베스도와 헤롯 아그립바 2세 같은 통치자들 앞에서 심문을 받으며 2년 동안 가이사랴에 수감된다. 이런 상황에서 사도 바울은 예루살렘으로 되돌아가는 것을 피하기 위해, 자신이 가진 로마 시민권을 이용하여 가이사에게 호소한다. 그리하여 로마로의 긴 항해를 시작한다. 결국 사도행전은 로마 감옥에 갇혀서 네로 황제 앞에서의 재판을 기다리는 사도 바울의 모습으로 결론을 맺는다.

암송 구절

너희는 그 은혜에 의하여 믿음으로 말미암아 구원을 받았으니 이것은 너희에게서 난 것이 아니요 하나님의 선물이라. 행위에서 난 것이 아니니 이는 누구든지 자랑하지 못하게 함이라. (엡 2:8-10)

심층 연구

| 도서들 |

Beitzel, Barry J., ed. *Lexham Geographic Commentary on Acts through Revelation*. Bellingham, WA: Lexham, 2019.

Bomar, David, ed. *Journeys of the Apostle Paul*. Bellingham, WA: Lexham, 2020.

Goheen, Michael W., and Jim Mullins. *The Symphony of Mission: Playing Your Part in God's Work in the World*. Grand Rapids: Baker Academic, 2019. 『하나님의 선교를 연주하다』(IVP).

Schnabel, Eckhard J. *Paul the Missionary: Realities, Strategies and Methods*. Downers Grove, IL: InterVarsity Press, 2008. 『선교사 바울』(부흥과개혁사).

Wright, Christopher J. H. *The Mission of God's People: A Biblical Theology for the Church's Mission*. Biblical Theology for Life. Grand Rapids: Zondervan, 2010. 『하나님 백성의 선교』(IVP).

| 토론을 위한 질문 |

a. 바울은 자신이 어려움에 처해 있을 때도 하나님의 일하심을 신뢰했지만, 많은 고난을 겪어야 했다. 당신은 힘겨운 때를 지날 때도 하나님의 일하심을 믿는가? 바울의 삶에서 어떤 교훈을 얻을 수 있

겠는가?

b. 사도행전에서 우리는 바울이 증언한 그리스도의 복음을 읽을 수 있다. 바울이 사람들에게 전한 메시지를 요약해 보라.

c. 사도행전의 이 부분에서 하나님은 자신이 바울과 함께하심을 바울에게 어떻게 드러내셨는가?

d. 이번 장에서 다룬 서신 가운데 가장 마음에 와닿은 서신은 무엇인가? 그 이유는 무엇인가?

과제

1. 바울은 많은 시간을 에베소에서 보냈다. 성경 사전이나 성경 핸드북에서 에베소를 찾아 1세기 당시의 도시 모습을 글로 묘사해 보라. 바울이 에베소에서 사역한 모든 장소를 사도행전에서 찾아보라. 바울의 사역과 관련하여 에베소에서 무슨 일이 일어났는지에 대한 목록을 만들어 보라.

2. 사도행전 21-28장을 사도 바울의 입장에서 읽어 보라. 하나님이 당신을 이방인의 사도로 부르셨지만 하나님의 부름과는 전혀 상관없는 것처럼 보이는 어려운 환경 가운데 방치되어 있는 당신의 모습을 상상해 보라. 이러한 환경을 극복하며 살아가는 바울이 경험했을 법한 영적 갈등과 승리에 대한 사적인 일기를 한 쪽 분량으로 작성해 보라.

3. 디모데전서와 디모데후서를 읽고 지역 교회를 건강하게 만드는 요인들에 관하여 당신이 발견한 지혜나 교훈을 요약해 보라. 예를 들어, 디모데전서 1:3-7에서 사도 바울은 가르치는 장로들이 거짓 교리를 가르치지 못하게 하라고 디모데에게 명령한다. 이 본문에서 우리는 건강한 교회의 한 가지 중요한 특징은 건전한 교리 교육에 있음을 깨달을 수 있다.

20. 완성

위대한 이야기의 행복한 결말

도입 »

당신이 보고 읽는 모든 영화나 책에서 결말이 삭제된다면 얼마나 실망스러울지 상상할 수 있겠는가? 결말이 없는 이야기는 이야기라 할 수 없다. 구약성경의 예언서들이나 예수님의 가르침들 그리고 신약성경의 서신을 포함한 다른 모든 부분에서 우리는 하나님의 위대한 구원 이야기가 어떻게 끝날지 예상할 수 있지만, 그 대단원의 결말은 요한계시록에서 가장 선명한 모습으로 묘사된다. 당신이 알고 있듯이 성경은 별도의 책 66권이 하나로 묶인 단순한 모음집이 아니다. 성경은 66장으로 이루어진 한 권의 책이고 그 마지막 장이 요한계시록이다.

이 책은 "예수 그리스도의 계시"로 알려져 있다(계 1:1). 이 구절은 중심인물인 '예수 그리스도에 관한 계시' 혹은 예수님이 요한에게 거룩한 메시지를 계시하셨다는 측면에서 '예수 그리스도로부터 주어진 계시'라는 의미를 담고 있다. 아마 요한계시록은 이 두 의미를 모두 내포하고 있을 것이다. 성경의 위대한 이야기 마지막 장에서 하나님은 인류 역사를 위한 그분의 계획, 즉 예수님을 중심으로 진행되는 계획을 계시하시기 위해 커튼을 젖힌다.

요한계시록은 다채로운 언어와 강력한 이미지로 성경 이야기의 결말을 보여 주는데, 여기에서 하나님은 악의 세력을 무너뜨리고 죄악의 저주를 역전시키며, 모든 창조 세계를 회복하고 자신의 백성 가운데 영원히 내주하신다. 이 놀랍고도 신비한 책의 세부 사항에 대해서는 여러 방식으로 연구되고 논의되고 있지만, 그 핵심 주제에 관한 논의는 다소 빈약한 것 같다. 하나님은 우리가 요한계시록을 읽기 원하시며 요한계시록을 읽음으로 변화되고, 예수님이 재림하실 때까지 이 타락한 세상에서 신실하게 살아가기를 원하신다. 성경의 이 마지막 책은 성경의 위대한 구원 이야기가 어떻게 대단원의 막을 내릴 것인지에 대해 들려줄 뿐만 아니라, 성경 이야기 안에서 우리의 위치를 파악하도록 인도한다.

요한계시록을 더 잘 이해하려면, 요한계시록의 문학적·역사적 맥락을 올바로 이해해야 하며, 이 책이 전체적으로 어떻게 전개되는지 그리고 요한계시록의 전체 목적이 무엇인지에 대해 올바로 배워야 한다. 그뿐 아니라 요한계시록이 성경의 전체 이야기의 나머지 부분들과 어떻게 연결되고 어떻게 결론을 맺는지 올바로 이해할 필요가 있다.

준비

요한계시록을 읽거나 들어 보라.

계속되는 이야기

| 문학적 맥락 |

요한계시록을 계속 읽어 나가려면, 이 책이 일반적인 책과는 구별되는 독특한 책이라는 사실을 먼저 알아야 한다. 요한계시록 1:13-16에서 우리는 "인자 같은 이"에 대한 다채로운 묘사와 아울러 요한계시록 2-3장에서 일곱 교회 가운데 강림하시고 동행하시는 그분의 극적인 임재의 모습을 발견할 수 있는데, 4-5장에 이르러 그 장면은 다시 천상의 예배로 변화된다. 이후에도 요한계시록을 읽다 보면 사람의 얼굴을 하고 전갈처럼 쏘는 꼬리를 가진 메뚜기나(9:7-10), 해를 옷 입은 여인(12:1), 일곱 머리와 열 뿔을 가진 짐승(13:1), 음녀들의 어미 바벨론(17:5)에 관한 묘사가 등장하면서 요한계시록의 모습은 독자들에게 점점 더 기묘하게 다가온다. 이렇듯 요한계시록은 오늘날 우리에게 매우 생소한 책이다. 그렇다면 그 이유는 무엇일까?

요한계시록이 다른 신약의 성경들과 달라 보이는 한 가지 이유는, 이 책이 서신과 예언서와 묵시록이라는 세 가지 문학 양식을 한 권의 책에 결합했기 때문이다. 오늘날 우리는 일상생활에서 다양한 문학 양식으로 작성된 여러 문서를 끊임없이 접하며 살아간다. 예를 들어, 가벼운 문자 메시지부터 식당의 메뉴판이나 교회 소식을 알리는 주보나 소식지, 전화 요금 청구서, 정치적 선전 문구 같은 다양한 양식의 문서를 읽는다. 그럴 때마다 우리는 본능적으로 각기 다른 양식을 어떻게 읽어야, 혹은 해석해야 하는지 잘 알고 있다. 그러나 요한계시록의 난해성은 한 권의 책에 몇 가지 양식이 혼합되어 있다는 점이다.

요한계시록의 첫 번째 중요한 문학 양식은 **서신**이다. 이 책에는 전통적인 서신의 인사말과(1:4-5) 축복의 맺음말(22:21)이 실려 있다. 그래서 요한계시록의 전체 메시지는 구체적으로 소아시아의 일곱 교회를 향해 기록된 한 통의 서신으로 간주해야 한다(1:11). 소아시아 지도를 살펴보면 요한계시록에 언급된 도시들의 이름이 당시 요한이 머물던 장소인 밧모섬에서 출발하여 시계 방향으로 열거되는데, 이는 이 서신의 전달자가 방문한 순서와 일치한다. 요한계시록에서 숫자 7은 전부와 완전성을 상징하기 때문에, 소아시아 지역의 일곱 교회에 보낸 이 서신은 또한 오늘날의 그리스도인을 포함한 모든 교회에 보낸 서신이기도 하다.

대체로 신약성경의 서신들은 예배 시간에 신자들에게 큰 소리로 낭독되었다. 그런데 요한계시록 1:3은 서신을 크게 읽는 사람과 그 내용을 듣기 위하여 담대하게 모여 있는 회중에게 축복을 선언한다. 그리고 이 책은 어떠한 방법으로든지 그 내용을 바꾸려고 시도하는 자에게 엄한 경고의 메시지를 보내는 것으로 끝맺는다(22:18-19).

신약성경의 서신에서 매우 중요한 점은, 그 서신들이 어떤 특별한 상황에서 제기된 문제들을 해결하려는 목적으로 기록되었다는 것이다. 요한계시록의 역사적 맥락은 이러한 상황을 간략히 묘사한다. 물론 요한계시록의 메시지는 분명 최초의 수신자인 1세기 회중의 상황을 초월하여 멀리 확장될 수 있지만, 그 메시지에 대한 올바른 해석 과정에는 반드시 최초 청중의 상황이 포함되어야 한다. 요한계시록의 메시지가 먼저 소아시아의 일곱 교회를 위하여 기록되었다는 역사적 정황을 무시하면, 요한계시록에 대한 그 어떤 해석적 시도도 결국 이 책의 의미를 심각하게 왜곡하고 말 것이다.

두 번째로 요한계시록은 명백히 **예언서**라 할 수 있다(계 1:3; 22:7, 10, 18-19; 참조. 19:10; 22:9). 성경의 다른 예언서들처럼 요한계시록도 미래에 대한 **예언**과 현재에 대한 **선포**를 모두 포함한다. 놀랍게도 성경

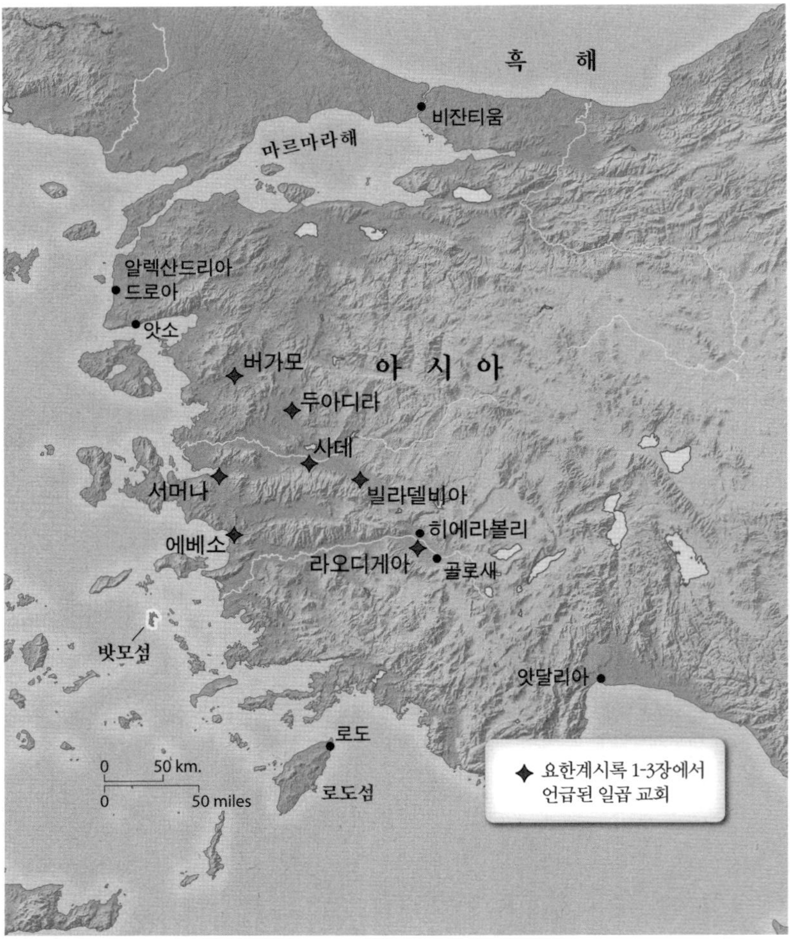

요한계시록 1-3장에 언급된 일곱 교회

의 예언서들은 이 두 요소 가운데서 두 번째 것을 강조하는데, 흥미로운 점은 요한계시록이 미래의 일에 관한 예언을 언급하는 구절에서 현재 독자들에게 당장 그 예언에 **순종**할 것을 명령한다는 사실이다(1:3; 22:7, 18-19). 이 점이 중요하다. 우리는 미래에 관한 이 예언의 말씀을 지금 순종하거나 지켜야 한다. 어떻게 이것이 가능할까? 그것은 우리

확실하고도 분명한 소망

결국 요한계시록은 소망에 관한 책이다. 요한계시록은 지금의 삶이 얼마나 어렵고 절망적으로 보인다 해도 언젠가 예수께서 원수들을 물리치시고, 자기 백성을 구하시며, 피조 세계를 회복하러 다시 오실 것을 우리에게 상기시킨다. 언젠가 하나님은 악을 심판하시고, 새 하늘과 새 땅에서 자기 백성과 함께 살 것이다. 신실하게 인내하고 변함없이 충성하며 마지막까지 견뎌 내려면 반드시 소망을 지녀야 한다. 요한계시록은 종종 우리를 대적하는 이 세상에서 확실하고도 분명한 소망을 품게 해 준다. 하나님의 승리는 확실하다![1]

-스캇 듀발

가 요한계시록에 기록된 예언의 말씀을 미래에 일어날 일에 관한 예고로 이해하기보다 지금 당장 반응해야 하는 선포의 말씀으로 이해할 때 가능하다. 당신은 어떻게 미래의 예언을 지금 순종하겠는가? 물론 요한계시록은 분명히 미래에 일어날 일들을 언급하는 측면이 있고, 우리는 이런 측면을 결코 무시하고 싶지 않다. 그러나 요한계시록은 기본적으로 하나님이 그분의 백성이 지금 여기서 어떻게 살기를 원하시는지에 대해 말하고 있다.

세 번째로 요한계시록은 **묵시록**이다. 요한계시록 1:1에서는 이 책을 가리켜서 "계시"[그리스어로는 '아포칼립시스'(*apokalypsis*)]라고 표현하는데, 이 용어는 감추어져 있는 것을 '드러내다' 혹은 '폭로하다'라는 의미를 담고 있다. 구약성경에 등장하는 묵시문학 작품으로는 다니엘서, 스가랴서와 더불어 예언서의 일부분(겔 38-39장)을 들 수 있다. 또한 구약과 신약의 중간기에는 『에녹1서』와 『에녹2서』, 『희년서』, 『바룩2서』, 『바룩3서』, 『에스라4서』, 『아브라함의 묵시록』과 같은 다양한 유대 묵시문학 작품이 등장했다. 예수님의 감람산 강화(마 24-25장; 막 13

장)에서도 묵시적 분위기를 찾아볼 수 있다. 묵시문학에는 사도 요한이나 다니엘같이 잘 알려진 사람에게 주시는 하나님의 약속이 등장한다. 그 약속은 하나님이 악한 제국을 전복시키고 그분의 왕국을 건설하기 위해 역사에 개입하실 것이라는 내용이다. 이런 형태의 문학은 기본적으로 시각적 이미지를 주로 활용하여 의미를 전달한다. 요한계시록 1:1에서 "속히 일어날 일들을 그 종들에게 보이시려고 그의 천사를 그 종 요한에게 보내어 '알게 하신'[그리스어로 '세마이노'(*sēmainō*)] 것이라"고 말할 때, 독자들은 요한계시록 전체에 걸쳐서 상징을 통한 소통 방법이 사용되리라고 예상할 수 있다. 이 단어는 '상징을 통해 알게 한다'는 의미를 담고 있다. 요한계시록은 강력한 메시지를 전하기 위해 그림 언어를 자주 사용한다. 이러한 그림 언어는 독자들에게 최초의 청중이 직면한 특별한 상황을 더 잘 이해할 수 있도록 도와준다.

| 역사적 맥락 |

학자들은 대부분 요한계시록의 연대가 도미티아누스 황제가 통치하던 1세기 말엽, 즉 대략 기원후 95년이라는 데 동의한다. 이것은 예수님이 십자가에 죽으시고 부활하신 후, 사도행전에서 살펴본 것처럼 기독교 신앙이 로마 제국의 넓은 영역으로 퍼져 나간 이래로 약 65년이 흐른 뒤였다. 예수님은 승천 직전에 자신이 반드시 재림할 것이라고 약속하셨고, 1세기 그리스도인은 그 엄청난 재림 사건을 간절히 기대하며 살았다. 그러나 로마의 통치 아래서 그리스도인이 신앙을 유지하며 살아간다는 것은 결코 쉽지 않았다.

소아시아 전역에 걸쳐—로마 제국의 우상숭배인—황제 숭배가 광범위하게 퍼져 있었다. 예를 들어, 도미티아누스 황제(기원후 81-96년)는 신하들이 자신을 가리켜 "우리 주(主)와 하나님", 곧 '도미누스 에트 데우스 노스테르'(*dominus et deus noster*)로 불러 주기를 원했다. 그 당시 황제 숭배는 정치적 요소와 사회 경제적 모든 요소를 하나의 강력한 종교적 영향력으로 통합시켜 주었기 때문에 엄격하게 지켜지도록 강요되었다. 최초이면서 가장 근본적인 기독교 신앙 고백은 '예수가 주님이시다'였기 때문에, 초대교회 그리스도인들은 '가이사가 주'라는 황제 숭배를 강하게 거부했다. 하지만 이를 거부했을 때, 그들은 제국에 불충한 자로 간주되었고 핍박을 면할 길이 없었다.

요한계시록을 읽어 보면 일부 그리스도인은 믿음 때문에 지금 당장 고난을 받고 있고, 더 많은 그리스도인이 장차 다가올 고난을 각오하고 대비해야 한다는 분명한 인상을 받게 된다. 사도 요한은 "하나님의 말씀과 예수를 증언하였음으로" 밧모섬에 유배되었다(계 1:9). 이런 상황 때문에 요한계시록의 저자 요한은 자신을 가리켜 "너희 형제요 예수의 환난과 나라와 참음에 동참하는 자"로 묘사한다(1:9). 게다가 버가모 성도인 안디바는 벌써 죽임을 당했고(계 2:13), 예수님도 서머나 교회에 그들의 상황이 더 나빠질 것을 각오해야 한다고 말씀하신다(계 2:10).

> 너는 장차 받을 고난을 두려워하지 말라. 볼지어다. 마귀가 장차 너희 가운데에서 몇 사람을 옥에 던져 시험을 받게 하리니 너희가 십 일 동안 환난을 받으리라. 네가 죽도록 충성하라. 그리하면 내가 생명의 관을 네게 주리라.

요한계시록 전반에 걸쳐 하나님의 백성들에게 피를 흘리게 하는 이교도의 권세에 대한 언급이 자주 등장한다(계 6:10; 16:6; 17:6; 18:24; 19:2). 의심의 여지 없이 대다수의 초기 그리스도인은 용과의 전쟁을 실감하고 있었고, 몇몇 그리스도인은 신앙 때문에 궁극적인 대가를 치러야 했다(2:13; 6:9; 20:4). 그래서 요한계시록은 이교도의 정치적 세력과 결탁한 거짓 종교의 실상에 관해 자주 언급한다. 그리스도를 따르기로 선언한 사람들은 그 거짓 종교 때문에 그리스도에 대한 믿음을 포기하고 황제 숭배를 따르라는 거센 압력에 직면한다.

그런데 안타깝게도, 소아시아 지역의 모든 그리스도인이 믿음 위에 굳게 서지는 못했다. 핍박이 닥칠 위기에 직면하자, 어떤 신자들은 핍박을 피하고자 신앙을 양보했다. 그래서 일곱 교회에 전달된 메시지에는 그리스도로부터 등을 돌려 세상의 안락한 제도와 결탁하는 유혹에 대해 자주 언급된다. 에베소 교회는 첫사랑을 잃어버렸고(계 2:4), 버가모와 두아디라 지역의 일부 그리스도인은 거짓 교사들을 따라갔으며(2:14-15, 20), 사데 교회는 살아 있다는 평판을 얻고 있지만 실상은 죽었으며(계 3:1), 라오디게아 지역의 미지근한 교회는 주님이 입에서 막 토하여 버리려던 참이었다(계 3:16).

요한1서: 그리스도인의 참된 신앙과 행실

요한2서: 사랑과 진리 가운데 걸으라

요한3서: 선한 것을 본받으라

사도 요한은 1세기가 끝나 갈 무렵 요한계시록을 저술하던 시기에 에베소 지역에 살고 있는 그리스도인을 위하여 별도로 세 서신을 작성하여 보냈다. 당시 교회들은, 하나님과 특별한 관계를 맺기 위해서는 사랑보다 오히려 특별한 지식(영지)이 더 중요하며 사람의 몸을 악하다고 여기는 초기 영지주의의 공격을 받고 있었다. 이렇게 특별한 지식을 강조하는 엘리트주의는 그릇된 자만심을 심어 줄 뿐만 아니라, 사람의 몸을 열등하다고 주장하여 성경이 분명하게 확증하듯이 예수님이 완전한 하나님인 동시에 완전한 사람이라는 진리를 부인하도록 유인했다. 영지주의의 거짓 교사들은 육체적 요소는 악하고 영적인 것만이 선하기 때문에 예수님이 진짜 인간의 몸을 입으실 수 없다고 주장했다.

이 모든 문제보다 더욱 심각한 것은, 이렇게 거짓된 가르침을 받아들이는 사람들은 이제 아무 죄가 없는 완벽한 경지에 도달했다고 주장하면서(요일 1:8, 10; 3:9-10) 기존 신앙 공동체와의 교제를 단절해 버린다는 것이다(요일 2:19). 그래서 사도 요한은 예수 그리스도와 참된 기독교 신앙에 대한 전통적 가르침을 강화하기 위해 서신들을 작성했다. 요한1서에서는 신자들의 참된 표지들을 제시하며, 요한2서와 요한3서에서는 이러한 표지들을 신자의 구체적 상황에 적용했다.

먼저 요한1서는 참된 신자의 세 가지 특징으로 (도덕적 자기 방종에 반대하여) 하나님을 향한 순종, (자만에 반대하여) 사랑, (육체가 악하다는 주장에 반대하여) 참 사람이며 참 하나님이신 예수님에 대한 올바른 믿음을 제시한다. 요한1서에 제시된 두 가지 목적 진술문은 이 서신을 통해 신자들에게 거짓된 교훈에 관하여 경고하는 것(요일 2:26)과 신자들에게 영생이 선물로 주어졌음을 깨닫도록 돕는 것이다(요일 5:13).

요한2서는 거짓 교사들에 대한 경고와 서로 사랑하라는 격려, 순회 교사들을 환영하고 이들을 지원할 때 분별력을 가지라는 교훈이 특별히 필요한 회중을 위하여 기록되었다. 당시에는 그리스도인들이 먼 지역을 여행할 때, 음식과 숙소 문제를 해당 지역에 사는 다른 그리스도인에게 크게 의존해야 했다. 또 요한2서를 통해 오늘날 우리는 어떤 사역을 지원할 것인지 말 것인지를 결정할 때 중요한 판단 기준이나 올바른 분별력을 배울 수 있다.

요한3서는 다른 신자들에게 호의를 베푸는 것의 중요성을 더욱 직접적으로 강조한다. 그 당시 어떤 권위 있는 지도자가 사도 요한이 직접 파송한 순회 교사들을 받아들이기 거부했다. 그래서 사도 요한은 이 문제를 시정하기 위해 서신을 작성하여 보냈다. 이 서신으로부터 우리가 배워야 할 점은, 몇몇 사람이 기만적이라고 해서 모든 사역을 향한 우리의 열정과 사랑의 마음이 식어서는 안 된다는 것이다.

요약하자면, 요한계시록의 역사적 맥락은 이교도의 정치적 세력과 결탁한 거짓 종교에 대한 것이다. 이 역사적 맥락에서 일부 그리스도인은 세상과 타협하고, 또 신실한 그리스도인들도 세상의 제도에 순응하라는 압박을 받는다. 그래서 요한계시록은 그리스도께 충성하며 인내하고 있는 성도들을 위로하며, 세상에 팔려 가는 자들에게 엄히 경고한다. 위로와 경고라는 이중의 메시지는 요한계시록의 전체 목적과

도 밀접한 관계가 있다.

| 전체 목적 |

간단히 말해서 요한계시록의 전체 목적은 핍박당하는 자들에게 위로와 소망을 제시하며, 자기만족에 도취된 자들을 책망하고 도전하기 위하여 하나님의 거대한 이야기가 어떻게 결론을 맺고 끝나는지를 보여 주려는 것이다. 요한계시록은 이러한 목적을 성취하기 위해 다양한 이미지와 상징을 사용한다. 이 책을 읽는 소리를 듣고 있으면, 자신이 지금 그 세계 안에 살고 있다는 느낌이 드는 일종의 가상 세계가 독자의 마음속에 펼쳐진다. 그 결과 독자는 이러한 상징 세계 안에서 모든 실재를 하나님의 관점으로 조망하는 법을 익힐 수 있으며, 하나님이 악보다 강력한 분이심을 깨닫는다. 독자들은 또한 모든 주권이 하나님께 속했으며, 그 모든 원수를 굴복시키실 것임을 깨닫는다. 리처드 보컴(Richard Bauckham)은 요한계시록 17장에서 어떻게 이런 일들이 가능한지를 다음과 같이 설명한다.

> 예를 들어, 요한계시록 17장에서 독자는 한 여인에 대한 저자의 전망을 공유할 수 있다. 본문의 역사적 맥락을 고려해 볼 때, 이 여인은 고대 근동의 소아시아 도시들에 세워진 여러 신전에서 숭배되었으며 눈부시게 발전한 로마 문명을 의인화한 로마의 여신처럼 보일 수도 있다. 하지만 사도 요한의 입장에서 그녀는 로마의 음녀 즉 유혹하는 매춘부이자 사악한 마녀로, 그녀가 자랑함직한 부귀와 영화는 그녀가 주도하는 흉악한 거래에서 얻은 이윤을 상징한다. 한 술 더 떠서, [이세벨을 묘사하는 왕상 16-21장을 읽어 보면] 그녀는 성경에 나오는

> 음란한 왕비 이세벨에 대한 이미지를 강하게 연상시킨다. 이렇게 사도 요한이 묘사하는 여인의 이미지를 통해 독자들은 로마의 실상을 이해할 수 있으며, 그들이 매일 살아가는 도시에서 늘 접할 수밖에 없는 로마의 매혹적인 선전술 뒤에 숨은 도덕적 부패를 감지할 수 있다.[2]

이 세상의 진면목을 하늘의 관점으로 바라볼 수 있게 된 다음에야 비로소 하나님의 백성들은 자신의 세계로 다시 들어가 그 속에서 믿음의 삶을 살 수 있다. 충성된 신자라면 이 책을 통해 진정한 주님은 로마의 황제가 아니라 예수님이며, 그들이 믿고 있는 것은 미친 이야기가 아니라 완전한 진리이며 전적으로 신뢰할 만하다는 것을 거듭 확인할 수 있다.

근본적으로 요한계시록은 '누가 주님인가?'라는 질문에 대한 답을 제시한다. 가혹한 학대와 박해의 시대에는 의인이 고난을 당하고 악인은 번창하는 듯 보인다. 이런 현실 속에서는 '하나님이 아직도 그 보좌에 계신가?'라는 질문에 대한 해답도 전혀 찾아볼 수가 없다. 그런데 요한계시록은 세상이 아무리 비정상적으로 돌아간다고 하더라도, 가이사도 주가 아니고 사탄도 주가 아니며, 다만 예수님이 주님이시고 또한 그분은 자신의 피조물을 회복시키며 자신의 영원한 나라를 세우기 위해 곧 오실 것임을 천명한다. 악한 세력들은 최종 권한을 얻지 못할 것이며, 결국 하나님이 승리하신다! 그래서 신실하게 인내하는 사람들은 이 책을 통해 소망의 견고한 반석이 오직 그리스도 안에 있음을 깨달을 수 있다. 반면 그들의 영혼을 이교 세력에게 팔아 버린 사람들은 미래에 펼쳐질 하나님의 심판을 보고 충격을 받아 회개할 기회를 갖게 하신다. 결국 요한계시록은 독자들에게 모든 만물을 통치하시는 하나님의 주권 아래 펼쳐지는 변화에 대한 비전을 제시한다.

> **소망이 있는 곳에 생명이 있다**
>
> '생명이 있는 곳에 소망이 있다'는 속담은 맞는 말이기는 하지만 오래된 속담에 불과하다. 그보다는 '소망이 있는 곳에 생명이 있다'라고 해야 더 맞을 것이다. 소망은 인간의 가장 근원적 동기 중 하나다. 우리는 지금 경험하는 것보다 나은 어떤 것이 앞에 놓여 있다는 느낌을 잃어버리면 빠져나오기 어려운 캄캄한 절망의 구덩이 속으로 빠져 버리는 경향이 있다.[3]
>
> -폴 스필스버리

| 요한계시록의 개요 |

서론(계 1:1-20). 요한계시록 1장은 서막(1:1-8)과 부활하신 영광의 그리스도에 대한 자세한 묘사로 시작된다(1:9-20). 이 첫 장에서는 앞으로 전개될 거룩한 드라마의 주요 인물들에 대한 소개가 제시된다.

요한계시록의 서막은 계시의 근원을 하나님→예수님→천사→요한→그 외 하나님의 종들 순서로 언급하면서 시작된다. 이어서 요한계시록의 일곱 축복 가운데 첫째 복이 요한계시록 1:3에 제시되고, 이어서 1:4-8에서는 서신다운 인사말이 등장한다. 그 인사말은 삼위일체 하나님의 이름으로 전달된다. "이제도 계시고 전에도 계셨고 장차 오실"(1:4) 하나님 아버지, "그의 보좌 앞에 있는 일곱 영[성령]", "또 충성된 증인으로 죽은 자들 가운데에서 먼저 나시고 땅의 임금들의 머리가 되신 예수 그리스도"(1:4-5)를 언급하며 인사한다. 인사말 다음에는 예수님에 대한 찬송과 재림에 대한 약속 그리고 하나님이 모든 역사를 주관하신다는 증언이 이어진다.

예수님에 대한 충성스러운 증언 때문에 밧모섬에 유배당한 요한은, 그가 본 것을 기록하여 소아시아의 일곱 교회에 보내라는 명령을 받는다(계 1:9-11). 사도 요한이 받은 비전은 모든 영광 가운데 있는 예수 그리스도와 일곱 촛대 또는 교회들 가운데 지속적으로 임재하시는 예수님의 임재에 집중된다. 여기에서 예수 그리스도는 다니엘 7장과 8장의 이미지가 사용되어 죽음과 부활로 악한 세력들을 모두 정복하는 강력한 권세를 가진 인물로 묘사된다(계 1:12-18). 계속해서 사도 요한은 두려워 말고 과거와 현재와 미래에 관련된 그 비전을 충성되게 기록하라는 말씀을 듣는다(1:17-20).

일곱 교회를 향한 메시지(계 2:1–3:22). 2장과 3장은 소아시아 일곱 교회인 에베소 교회, 서머나 교회, 버가모 교회, 두아디라 교회, 사데 교회, 빌라델비아 교회, 라오디게아 교회를 향한 특별한 메시지를 담고 있다. 일곱 교회를 향한 메시지는 예수님에 대한 묘사에서 시작하여, 교회의 선한 일에 대한 칭찬과 범죄한 교회에 대한 책망, 경고 혹은 격려가 첨부된 권고의 메시지, 성령께 경청하라는 훈계, 고난을 극복한 자들에게 주는 약속의 순서로 이루어진 유사한 문학적 패턴을 따른다. 일곱 교회를 향한 메시지에서 예수님은 몇몇 회중에게 핍박 중에도 끝까지 충성스럽게 인내하라고 권면하시는 분으로 묘사되지만, 이보다 더 두드러지는 장면은 우상숭배와 도덕적 타락으로 인해 영적으로 약해진 교회의 모습들이다.

이렇게 세상과 타협한 교회들은 이제 너무 늦기 전에 회개하라는 요구를 받는다. 그리고 교회들을 향한 각각의 메시지는, 요한계시록 전체에 걸쳐 핵심 주제로 부각되는 이긴 자들을 위한 약속으로 끝을 맺는다. 생명나무의 실과를 먹을 권리나 둘째 사망으로부터의 보호, 열방을 통치할 권세, 하나님 안에서 영원한 평안이 포함된 미래의 보상들은 예수님을 충성스럽게 믿는 모든 신자를 위하여 마련된 것이다.

하늘 보좌에 대한 비전(계 4:1–5:14). 위의 일곱 교회를 향한 메시지는 세상으로부터의 핍박과 세상과의 타협이라는 이중적 위협에 직면한 교회가 속한 이 세상의 땅을 배경으로 한다. 이제 요한계시록 4-5장에서 내러티브의 배경 장면은, 하나님이 위대한 능력으로 통치하시는 하늘로 전환된다. 여기서 우리는 요한계시록 전체의 중심 비전으로서 모든 만물의 중심으로 보좌에 앉으신 하나님의 모습을 바라볼 수 있다. 온 하늘은 그분의 영원한 거룩함과 창조주의 놀라운 솜씨를 경배한다. 이로 보건대 예배야말로 천상의 매우 중요한 활동인 것은 분명하다.

하늘의 하나님은 일곱 인으로 봉인된 두루마리를 쥐고 계시며, 그 두루마리는 하나님의 구속 계획을 의미하는 듯하다. 그런데 처음 보기에는 그 두루마리를 열 만한 사람이 이 세상에 한 사람도 없는 것 같다. 이 때문에 사도 요한은 절망하여 울다가 유다 지파의 사자가 두루마리의 인봉을 열기에 합당한 자라는 이야기를 듣는다. 그런데 사도 요한이 이 사자를 처음 보았을 때 그 모습은 마치 도살당한 어린양처럼 보였다. 그 어린양의 상처는 십자가에서의 대속적 죽음 때문에 생긴 것이다. 그 사자-어린양이신 예수님만이 하나님의 계획을 성취할 수 있는 존귀한 분이다. 세상의 모든 사람 가운데 그분만이 하나님의 백성을 구속하기 위해 십자가에서 대신 죽으시고 부활하셨기 때문에, 그분만이 하나님의 계획을 성취하기에 합당하시다. 예수님 덕분에 성부 하나님의 목적들이 드디어 성취될 수 있다. 그래서 성부 하나님은 창조주로서 찬양받으시기에 합당하시며, 예수 그리스도 역시 구속자로서 영원토록 찬양받으시기에 합당하다.

일곱 인봉 열기(계 6:1–8:1). 하나님의 영광을 위한 무대가 준비되었고,

악에 대한 심판을 포함한 하나님의 궁극적 승리를 위한 제막식이 공식적으로 시작되었다. 이어서 우리는 각각 일곱 요소로 이루어진 세 번의 연속적 심판들, 즉 인봉 심판(6:1-8:1), 나팔 심판(8:2-11:19) 그리고 대접 심판(15:1-16:2) 중에서 첫 번째 심판인 인봉 심판들에 관한 장면을 볼 수 있다. 요한계시록 6장은 처음 네 개의 인봉이 열리는 장면으로 시작한다. 그 유명한 묵시에 관한 네 명의 말 탄 자, 곧 정복, 전쟁, 기근, 죽음이 등장한다. 이어서 다섯째 인봉은 "거룩하고 참되신 대주재여 땅에 거하는 자들을 심판하여 우리 피를 갚아주지 아니하시기를 어느 때까지 하시려나이까"라고 묻는 순교자들의 질문으로 이루어진다(6:10). 그리고 여섯째 인봉은 "누가 능히 서리요?"(6:17) 혹은 '누가 어린양의 진노에서 생존할 수 있는가?'라는 질문으로 끝을 맺는다.

위의 질문에 대한 해답은 하나님 나라에 속한 백성에 관한 두 가지 비전, 즉 하나님의 거룩한 보호로 안전한 확증의 도장을 받은 이 땅의 14만 4천 명의 성도들과 하나님의 보좌 앞에 서 있는 천상의 수많은 성도에 관하여 묘사하는 요한계시록 7장에서 주어진다. 이 두 가지 비전은 동일한 무리를 서로 다른 두 가지 관점으로, 즉 사망 이전과 사망 이후의 관점에서 묘사하기 위해 등장한 것이다. 지상의 교회들은 핍박과 박해를 인내하고 끝까지 견딜 수 있도록 준비해야 하지만, 천상의 교회는 승리로 인하여 기뻐한다. 하나님의 심판을 끝까지 견딘 사람들은 진실로 하나님께 속한 사람들이다. 하나님의 백성은 핍박과 시련을 경험하겠지만, 결코 하나님의 진노를 경험하지는 않을 것이다.

일곱 나팔 소리(계 8:2-11:19). 일곱 나팔은 악한 세상에 임하는 하나님의 심판을 계속해서 보여 준다. 그 나팔들은 출애굽 이전에 애굽 땅에 임한 열 가지 재앙의 형식을 따른다. 즉, 계속해서 더욱 악화되는 하나님의 심판에도 불구하고 악인들은 회개하기를 거부한다(9:20-21). 그러나 그 심판 속에서도 하나님의 백성은 하늘의 진노로부터 "인침" 받거나 진노를 받지 않도록 보호받는다(9:4).

이어서 연속적인 일곱 번째 나팔이 울리기 전에 또다시 천사와 작은 두루마리(10:1-11)와 두 증인(11:1-14)이라는 두 개의 환상으로 이루어진 막간의 일화가 등장한다. 이 두 환상은 앞선 내용과 같이 하나님이 타락한 역사의 현장에서 그분의 목적을 반드시 성취하신다는 사실을 천명함으로써 하나님의 백성에게 용기와 교훈을 준다. 그래서 "어느 때까지 하시려 하나이까?"라는 질문(계 6:10)에 대해 이제 요한계시록 10:6에서는 "지체하지 아니하리니"라는 말씀으로 응답한다.

(말씀의 두루마리가 입에 달듯이) 하나님의 계획은 흔들림 없이 전진하지만, (그 두루마리가 삼켜진 다음에 요한의 뱃속에서 쓴맛으로 바뀐 것처럼) 하나님의 계획에는 자기 백성의 고난도 포함되어 있다. 요한계시록 11장에 등장하는 두 증인은 분명 증언하는 교회를 상징한다. 비록 하나님의 백성들이 증인의 삶을 산다는 이유로 핍박은 물론 순교에도 직면하지만, 그들은 하나님의 영적 보호를 받을 것이며 장차 부활을 통해 하나님의 임재 안에서 영원한 평안을 확신할 수 있다. 이어서 일곱 번째 나팔은 우리를 다시 천상의 예배 장면으로 인도한다.

하나님의 백성 vs. 악의 세력들(계 12:1-14:20). 요한계시록 12-14장은 연속으로 이어지는 둘째 심판(나팔들)과 셋째 심판(대접들) 사이에 이전보다 좀 더 확장된 막간 이야기를 담고 있다. 먼저 요한계시록 12장은 왜 하나님의 백성이 이 세상에서 시련과 고초를 겪어야 하는지 그 이유를 설명한다. 그 모든 이유는 하나님과 사탄 사이에 진행되는 거대한 우주적 투쟁과 관련된다. 필시 참 이스라엘을 상징하는 한 여인이

요한계시록에 나타나는 인, 나팔, 대접[4]

	인(6:1-17; 8:1)	나팔(8:2-9:21; 11:14-19)	막간(12:1-14:20)	대접(16:1-21)
1	흰말-군사 정복	피 섞인 우박과 불이 쏟아져 땅의 3분의 1이 타 버림.		짐승의 표를 받은 사람들에게 종기가 남.
2	붉은 말-폭력에 의한 피 흘림	불붙은 큰 산으로 인해 바다의 3분의 1이 피가 되고 피조물과 배의 3분의 1이 파괴됨.		바다가 피로 변하고 바다의 모든 생물이 죽음.
3	검은 말-기근	불에 타는 큰 별(쓴 쑥)이 떨어져 강의 3분의 1이 쓴 물이 되고 많은 사람이 죽음.		강과 물 근원이 피로 변함.
4	청백색 말-사망과 음부가 땅 4분의 1을 죽임.	해와 달과 별의 3분의 1이 어두워짐.		해가 사람들을 불로 태우고 사람들이 하나님을 비방함.
5	순교자들이 신원해 달라고 하나님께 부르짖고 기다리라는 응답을 받음.	별이 땅에 떨어지고 무저갱이 열리자 그 구멍에서 황충-전갈들이 나와 다섯 달 동안 인침 받지 않은 사람들을 해함.	막간: 12:1-14:20	짐승의 왕좌가 어두워지고, 다시 사람들이 하나님을 비방함.
6	온 우주가 흔들리고 악인들이 하나님과 어린 양의 진노로부터 숨으려 함.	유브라데 강에 결박되었던 네 천사가 풀려나고 땅 위의 사람 3분의 1을 죽이기 위해 뱀-사자 군대를 일으킴.		유브라데강이 마르고 귀신의 영이 아마겟돈으로 이 땅의 왕들을 소집함.
	막간: 7:1-17	막간: 10:1-11:14		막간 없음
7	고요함+일곱 나팔 8:3-5에 나오는 폭풍-지진	그리스도의 나라가 임하고, 죽은 자를 심판하시고 성도들에게 상 주시며 백성들을 신원해 주신 하나님께 장로들이 감사함. 11:19에 나오는 폭풍-지진		성전에서 "되었다"라는 소리가 나자 폭풍우-지진이 일어나고 하나님에 의해 바벨론이 무너짐. 섬과 산이 없어지고 큰 우박이 떨어지자 사람들이 하나님을 비방함. 16:18에 나오는 폭풍-지진

한 남자아이, 메시아 예수를 낳는다. 그러자 사탄(붉은 용)이 그리스도(그 남자아이)를 멸망시키려고 하지만, 오히려 그리스도의 죽음과 부활로 인해 결정타를 맞는다. 그렇게 하나님 때문에 패배한 사탄은 자신의 분노를 하나님의 백성에게 쏟으려 한다. 이런 맥락에서 지상의 신

자들은 장차 임할 하나님의 확실한 승리와 더불어 지금 당하는 핍박의 참된 이유를 이해함으로써 고난 중에도 끝까지 인내할 힘을 공급받는다.

요한계시록 13장은 하나님 백성에 대항하여 전쟁하는 사탄의 두 하수인으로 바다에서 나온 짐승(13:1-10)과 땅에서 나온 짐승(13:11-18)을 소개하는데, 요한계시록이 직접적으로 '적그리스도'(Antichrist)라는 용어를 사용하지는 않지만, 이 두 짐승은 때때로 적그리스도와 거짓 예언자로 언급된다. 이 두 짐승은 이교적 정치 세력과 거짓 종교를 상징하는 것처럼 보인다. 용과 두 짐승이란 사악한 삼위일체(trinity)가 등장하는데, 그들의 목적은 하나님의 백성들을 유혹하고 파괴하는 것이다.

요한계시록 14장은 하나님이 자기 백성을 위하여 예비하신 미래의 축복을 독자들에게 보여 준다. 여기서 우리는 천국에 안전하게 도착한 14만 4천 명의 성도의 모습을 바라볼 수 있다. 이러한 모습은 요한계시록 7장에 등장하는 14만 4천 명의 성도와 큰 무리의 하나님 백성에 대한 이해를 더 분명하게 해 준다. 이 사람들은 "어린양이 어디로 인도하든지 따라가는 자"들이다(14:4). 예수님을 따르는 제자의 삶 때문에 여러 어려움과 환란에 직면하더라도, 언젠가 그들은 하나님의 존전에 서서 구원의 새 노래를 찬송할 것이다. 14장은 다가오는 하나님의 심판을 선포하고, 사람들에게 회개를 권고하며, 신자들에게 끝까지 예수님을 붙들도록 격려하는 천사가 전하는 세 개의 메시지로 결론을 맺는다.

일곱 대접을 쏟아 버림(계 15:1-16:21). 15장은 하나님의 진노로 가득 찬 일곱 금 대접과 일곱 천사를 묘사함으로 이어지는 셋째 심판을 준비한다. 16장에서는 일곱 대접에 담긴 하나님의 진노가 회개하지 않는 세상을 향하여 쏟아진다. 이 심판들은 죄와 악에 대한 파멸적이고 거침없는 하나님의 꺼지지 않는 진노를 나타내는 전 우주적 표현이다. 이러한 하나님의 진노에도 불구하고 불신자들은 회개하기를 거부할 뿐만 아니라, 하나님을 저주할 정도로 극악무도한 지경에 이르며(16:9, 11, 21), 결국 함께 모여서 마지막 때에 하나님을 대적하여 아마겟돈이라 불리는 전쟁을 일으킨다. 그러나 하나님의 심판은 1세기 상황에서는 로마 제국을 의미하는 큰 성 바벨론 위에 임하여 음녀 바벨론에게 하나님의 "맹렬한 진노의 포도주 잔"(16:19)을 마시게 하신다.

바벨론의 심판과 멸망(계 17:1-19:5). 요한계시록 17장과 18장은 "성도들의 피와 예수의 증인들의 피에 취한"(17:6) 이교 권능자 바벨론의 죽음을 묘사한다. 여기서 바벨론은 장차 나타날 이교 세력의 중심부이기도 하지만, 더 나아가 의심의 여지 없이 1세기 당시에 이교 세력의 중심이었던 로마 제국을 가리킨다. 여기서부터 요한계시록은 (파괴될 운명에 처한 바벨론으로서의) 사람의 도시와 (하나님이 자기 백성과 영원히 살아갈 하늘의 예루살렘인) 하나님의 도시를 서로 대조한다. 이어서 18장에서는 죽은 바벨론을 위한 세상의 장송곡이 흐른다.

하나님의 궁극적인 승리(계 19:6-22:5). 여기서 우리는 악의 세력을 최종적으로 멸망시키는 하나님의 궁극적 승리와 하나님의 백성이 마지막에 받게 될 상급을 발견한다. 마지막 천국의 장면이 열리면서 어린양의 혼인 잔치(19:6-10)와 그의 신부를 위한 그리스도의 재림(19:11-16)이 선언된다. 그리스도는 이제 유황불이 타는 못에 두 짐승과 그들의 동맹자들을 던져 넣기 위해 전사의 모습으로 강림하신다(19:17-21). 그리고 사탄은 결박당하고(20:1-3), 사탄이 결박당해 있는 동안 예수님의 신실한 제자들이 주님의 통치에 참여한다(20:4-6). 그러다가 사탄은 잠깐 풀려나서 즉시 열방을 다시 한번 미혹하기 시작한다. 하지만 사탄은 하나님에게 단번에 영원히 멸망당하여, 영원한 유황불의 고통 가운데 결박당한 두 짐승과 만난다(20:7-10).

죽은 자들은 크고 흰 보좌에 앉으신 이의 심판을 받으며, 생명책에 자기 이름이 기록되지 않은 자들도 영원히 불타는 못에 던져진다(20:11-15). 이 지점에서는 사망 그 자체가 하나님의 심판을 당한다. 하나님은 죄악과 사탄 그리고 사망을 심판하신 다음에 영원한 영광의 자리로 나아가신다. 요한계시록 21:1-8에서는 새 하늘과 새 땅에 관한 종합적인 묘사가 이어지고, 그런 다음 이에 대한 좀 더 자세한 묘사가 21:9-22:5에 이어진다. 자기 백성 가운데 강림하여 내주하시려는 하나님의 오랜 약속이 드디어 성취되었다(21:3). 전능하신 하나님과 그 어린 양이 그 자체로 하늘의 성전이시기 때문에 천국에는 또 다른 별도의 성전이 존재하지 않는다(21:22). 하나님의 승리는 완전하며, 하나님이 맨 처음에 아담과 하와에게 기대하셨던 친교는 이제 생명나무가 자라는 새로운 낙원 도시에서 온전히 회복된다(22:1-2). 이곳에서 죄의 저주는 완전히 제거되었고, 구속받은 인류는 다시 하나님과 함께 거닐며 그분의 얼굴을 친히 뵐 수 있다(22:4).

결론(계 22:6-21). 요한계시록은 "이 두루마리의 예언의 말씀을 지키는 자"(22:7)에게 주어지는 최종적인 복과 아울러, 성적 방종과 우상숭배 같은 죄악을 행하는 자들을 향한 경고의 메시지로 마무리된다(22:15). 이 책은 전적으로 하나님이 주신 참된 계시이기에 지상의 교회는 충직한 자세로 읽고 순종해야 한다(22:6, 16). 예수님은 자신의 재림이 임박했음을 자기 백성에게 여러 차례 보증하신다(22:7, 12, 20). 그리고 사도 요한은 모든 시대의 그리스도인이 자기 입술을 열어 직접 기도할 만한 기도문인 "아멘, 주 예수여 오시옵소서"라는 기도로 응답하며, 마지막으로 "주 예수의 은혜가 모든 자들에게 있을지어다, 아멘"으로 마무리한다(22:21).

연결하기

하나님의 위대한 구원 이야기 안에서의 현재 위치를 복습해 보자.

창조와 위기
언약
불러냄
계명
정복과 가나안화
왕국의 설립
친교와 상식
왕국의 분열
포로 생활과 귀환
중간기: 구약과 신약의 중간 시기
그리스도
교회
▶ **완성**

요한계시록이 성경 전체의 나머지 이야기와 어떻게 연결되는지 올바로 이해하기 위해 요한계시록을 해석하는 주류 학자들의 다섯 가지 견해를 먼저 살펴보고자 한다.

1. **과거주의자**(Preterist). 요한계시록은 기본적으로 1세기에 발생한 역사적 사건을 다룬다. 사도 요한은 1세기 그리스도인에게 하나님이 로마 제국의 악으로부터 그들을 구원하기 위한 어떤 계획

을 가지고 계신지 전달하기 위하여 비유적인 언어를 사용한다.

2. **역사주의자**(Historicist). 요한계시록은 1세기부터 장차 그리스도께서 다시 오실 재림 때까지 교회의 전체 역사에 대한 예언적 메시지의 개요를 제공한다.
3. **미래주의자**(Futurist). 요한계시록은 역사의 끝에 발생할 사건들을 담고 있다.
4. **이상주의자**(Idealist). 요한계시록은 하나님과 사탄 사이에 진행되는 우주적 전쟁을 묘사하는 상징적 표현을 담고 있다. 요한계시록은 시간을 초월하여 핍박과 고통과 불공평을 인내로 견디며 극복하는 모든 시대의 그리스도인들에게 영감을 주는 영적 진리를 제공한다.
5. **절충주의자**(Eclectic). 이 학파의 접근법은 이상의 해석 방법들의 장점을 결합한다. 즉, 일차 독자를 향한 메시지로서의 가치, 미래의 성취를 기다리는 부분, 모든 시대의 교회를 향한 영적 메시지라는 장점을 모두 수용한다.

이상의 주요한 해석학적 접근법들이나 천년 왕국에 대한 통찰을 더 많이 이해하는 것도 중요하겠지만, 우리는 요한계시록의 주요 주제들이 하나님의 위대한 성경 이야기의 완성을 어떻게 성취하는지 이해하는 것이 요한계시록을 올바로 해석하는 데 더 건설적인 방법이라고 생각한다. 그러한 요한계시록의 주요 주제들로는 보좌에 앉으신 하나님, 하나님의 원수들, 사자-어린양이신 예수님, 하나님의 백성, 악에 대한 하나님의 심판, 새 하늘과 새 땅이라는 주제들이 있다.[5]

| 보좌에 앉으신 하나님 |

비록 요한계시록은 하나님의 이미지를 자세히 묘사하지는 않지만, 그분은 여전히 현실 세계의 중심이시다. 요한계시록 전체에 걸쳐 하나님은 그분의 백성에 대한 주권을 가지고 계시며, 예배받기에 합당하시고, 사랑이 풍성하신 하나님 아버지의 모습으로 독자들에게 다가오신다. 요한계시록을 시작하는 인사말에서도 하나님은 "알파와 오메가라 이제도 있고 전에도 있었고 장차 올 자요 전능한 자"로 소개되신다(계 1:8).

또한 요한계시록 4-5장에서는 창조주이시며 우주의 주권적 통치자이신 하나님의 모습에 보좌에 앉으신 모습이 첨가된다. 그분은 이 세상에서 행하신 모든 것으로 인하여 우리의 예배와 경배를 받으시기에 합당한 분이다(계 4:11; 참조. 14:7; 19:6). 하나님은 악을 심판하시고, 자기 백성을 보호하시며, 온 세상 피조물을 회복하는 일에 집중하신다(계 16:5-7; 19:1-2). 하나님은 이 모든 일을 통해 끊임없이 하나님의 백성을 보호하고 위로함으로 그들을 깊이 사랑하시는 분으로 자신을 계시하신다(계 7:2-3, 15, 17; 21:4). 마침내 하나님은 온전한 친교 안에서 자신의 백성 가운데 살고자 하는 그분의 오랜 약속을 성취하실 것이다(21:6-7; 22:1-5).

| 하나님의 원수들 |

모든 피조물이 주권자요 피조물을 사랑하는 창조주이신 하나님을 경배하는 것은 아니다. 하나님께도 원수들이 있다. 요한계시록에 하나님을 대적하는 네 가지 주된 원수들이 등장한다. 하나님의 최고 대적자인 용 혹은 사탄은 하나님의 계획들을 무너뜨리려고 애쓴다. 요한계시록 12장은 왜 사탄이 그토록 하나님과 그분의 백성들을 미워하는지 그 이유를 설명한다. 사탄은 결정적으로 하나님께 패배를 당했기 때

대표적인 천년 왕국설

후천년설(Postmillennialism, post는 after의 의미): 그리스도는 천년 왕국 이후에 재림하실 것이다. 그리스도의 복음은 마침내 승리를 거두고 천년 왕국 시대를 가져올 것이다. 전 세계에 걸친 복음의 진전과 확산을 통해 예수 그리스도의 영적 통치가 이루어질 것이다. 천년 왕국에 이어서 그리스도의 재림과 부활, 심판 그리고 영원한 왕국이 뒤따를 것이다.

무천년설(Amillennialism, a는 not의 의미): 이 세상의 가시적 천년 왕국은 존재하지 않는다. 요한계시록 20:4-6은 상징적 관점에서 다음 두 가지 의미로 해석되어야 한다. (1) 그리스도인이 죽은 다음에 주님과 함께하는 그리스도의 천국 통치를 의미하거나, (2) 현시대를 살아가는 신자의 마음속에 임하는 그리스도의 영적 통치를 상징한다. 사탄은 그리스도의 사역과 그분의 복음으로 결박당했으며 역사의 끝에 그리스도의 재림과 부활과 마지막 심판이 있을 것이다.

전천년설(Premillennialism, pre는 before의 의미): 그리스도는 자기 백성과 함께 이 땅의 통치를 수립하기 전에 지상에 재림하실 것이다. 전천년은 문자적으로 천년의 기간을 의미할 수도 있고 그렇지 않을 수도 있지만, 그 통치는 전적으로 온전히 이 땅에서 이뤄질 것이다. 요한계시록 19-21장은 역사의 끝에 일어날 일련의 사건을 묘사한다. 그리스도는 반드시 재림하실 것이다(계 19장). 사탄은 결박당하고, 성도는 1천 년 동안 그리스도와 함께 다스리기 위해 부활할 것이다(20:1-6). 그런 다음 사탄은 최종 멸망 직전에 마지막 반역을 수행하기 위해 풀려난다(20:7-10). 이어서 부활과 마지막 심판이 도래하고(20:11-15), 그 뒤를 이어 새 하늘과 새 땅이 임한다(계 21장).

전천년설의 두 가지 주요한 형태로는 역사적 전천년설과 세대주의적 전천년설이 있으며, 세대주의적 전천년설에는 고전적이거나 진보적인 두 가지 주요 형태가 있다.

문에 이제 그의 분노가 하나님의 백성들을 향하고 있는 것이다.

그 용을 수행하는 두 동반자는 바다에서 올라온 짐승과 땅에서 올라온 짐승이다(계 13장을 보라). 사도 요한의 일차 독자들은 (일반적으로 적그리스도로 알려진) 그 첫 번째 짐승을 로마 제국으로 생각하곤 했다. 하지만 이 첫째 짐승은 1세기의 역사적 배경을 뛰어넘어 충성과 경배의 대상이신 하나님과 경쟁하는 세상의 모든 세력을 다 포함한다. 둘째 짐승은 첫째 짐승을 지원하는 종교 세력을 의미한다. 1세기 상황에서 이 둘째 짐승은 로마 제국의 우상숭배와 관련된다. 용과 두 짐승은 사탄의 삼위일체를 구성한다.

하나님의 넷째 원수로는 사람들, 즉, 땅의 거주자들도 포함된다. 이들은 스스로를 우상숭배와 음란에 바치고(계 17:2), 짐승을 숭배하며(13:8, 12), 신자들을 핍박한다(6:10; 11:10). 결국 하나님의 모든 원수는 주님의 진노하시는 심판대 앞에 서게 될 것이다.

요한계시록의 일곱 가지 복	
1:3	이 예언의 말씀을 읽는 자와 듣는 자와 그 가운데에 기록한 것을 지키는 자는 **복이 있나니** 때가 가까움이라
14:13	또 내가 들으니 하늘에서 음성이 나서 이르되 기록하라 지금 이후로 주 안에서 죽는 자들은 **복이 있도다** 하시매, 성령이 이르시되 그러하다 그들이 수고를 그치고 쉬리니 이는 그들의 행한 일이 따름이라 하시더라.
16:15	천사가 내게 말하기를 기록하라 어린양의 혼인 잔치에 청함을 받은 자들은 **복이 있도다** 하고, 또 내게 말하되 이것은 하나님의 참되신 말씀이라 하기로.
20:6	이 첫째 부활에 참여하는 자들은 **복이 있고** 거룩하도다. 둘째 사망이 그들을 다스리는 권세가 없고 도리어 그들이 하나님과 그리스도의 제사장이 되어 천 년 동안 그리스도와 더불어 왕 노릇 하리라.
22:7	보라 내가 속히 오리니 이 두루마리의 예언의 말씀을 지키는 자는 **복이 있으리라** 하더라.
22:14-15	자기 두루마기를 빠는 자들은 **복이 있으니** 이는 그들이 생명나무에 나아가며 문들을 통하여 성에 들어갈 권세를 받으려 함이로다. 개들과 점술가들과 음행하는 자들과 살인자들과 우상숭배자들과 및 거짓말을 좋아하며 지어내는 자는 다 성 밖에 있으리라.

| 사자-어린양이신 예수님 |

하나님은 예수 그리스도를 통하여 인류를 구원하시고 자신의 창조 세계를 회복하려는 우주적 계획을 실행하신다. 요한계시록에서 예수님은 사자-어린양의 이미지로 묘사되신다(계 5:5-7). 요한계시록은 끊임없이 예수님을 하나님과 하나이며, 그 하나 됨 안에서 하나님이 받으실 모든 권세와 영광과 경배를 공유하시는 분으로 묘사한다(1:4-5, 14-16; 5:6, 9-14; 7:10, 17; 12:10; 21:22-23; 22:1, 3).

예수님은 자신의 대속적인 죽음과 부활로 악을 이기시고, 하나님을 위해 열방으로부터 자기 백성들을 구원하신다(계 1:5; 5:9). 죽임당했으나 곧 부활한 어린양이신 예수님은 자기와 연합하는 과정의 일부분으로 현재의 시련을 인내하는 자기 백성들의 고난을 체휼하실 수 있다(1:9; 12:17; 20:4). 예수님은 또한 다시 오실 것을 약속하셨는데, 다시 오실 때는 이전처럼 더 이상 어린양으로서가 아니라 전사이자 심판자로 임하실 것이다(1:7; 3:11; 16:15; 19:11-21). 재림 때에 예수님은 사탄의 힘을 완전히 정복하고, 자기 백성들을 영원한 왕국으로 인도하실 것이다.

| 하나님의 백성 |

요한계시록은 하나님의 백성을 다음과 같이 다양한 방법으로 묘사한다. "교회"(1:4, 11; 2:1; 3:1; 22:16), "성도"(5:8; 13:10; 14:12; 17:6), "종"(1:1; 2:20; 6:11; 7:3; 19:2), "14만 4천"(7:4; 14:1-3), "큰 무리"(7:9; 19:1, 6), 어린양의 "신부"(21:2, 9; 22:17), "새 예루살렘"(21:2, 10). 하나님의 백성은 죽임당한 어린양의 피로 구속받은 백성이다(1:5; 5:9). 그들은 "각 족속과 방언과 백성과 나라"로부터 나온다. 다시 말해서 하나님은 다문화적인 백성을 창조하고 계신다(5:9; 7:9; 14:6). 무엇보다 그들은 "하나님의 계명을 지키며 예수의 증거를 가진 자들"이다(12:17).

하나님의 백성은 "어린양이 어디로 인도하든지 따라"가며(14:4) 세상 권세에 경배하기를 거부하여 조롱과 핍박을 당하고 심지어 죽음도 경험한다(1:9; 2:9-10; 6:9-11; 12:10; 13:7, 15). 그들이 감당해야 할 도전은 세상과의 타협이 아니라 인내 혹은 극복이다(계 2-3장; 12:11; 15:2; 21:7). 그리스도인들이 사탄으로 말미암아 핍박과 심지어 죽임을 당하며 이 땅에서 패배로 고통당할지라도, 그들은 십자가에서 죽고 부활하신 그리스도에 대한 확증을 굳게 붙잡음으로써 실제로는 사탄을 정복한다. 하나님의 백성을 이긴 것처럼 보이는 사탄의 승리는 사실상 사탄을 이긴 하나님 백성의 승리다. 하나님의 백성은 고난을 통해 승리한 주님이 사탄을 이기신 것과 똑같은 방법으로 사탄을 이긴다(3:21; 5:5-6).

태초	창세기	종말	요한계시록
"태초에 하나님이…"	1:1	"나는 알파와 오메가요 처음과 마지막이라."	21:6
하나님이 창조하신 하늘과 땅이 죄로 인해 결국 저주받는다.	1:1	하나님은 그 어느 곳에서도 죄를 찾아볼 수 없는 새 하늘과 새 땅을 창조하신다.	21:1
물은 무질서한 혼돈을 보여 준다.	1:2	거기에 더는 혼돈의 바다가 없다.	21:1
하나님이 빛을 만들고 어둠으로부터 빛을 분리하신다.	1:3-5	더는 밤 혹은 자연 세상의 빛은 없다. 하나님 그분이 직접 빛의 원천이시다.	21:23; 22:5
하나님은 사람에게 땅의 지배권을 부여하신다.	1:26-28	하나님의 백성은 주님과 함께 영원히 다스릴 것이다.	20:4, 6; 22:5
아담과 하와의 혼인	1:27-28; 2:7, 18-25	마지막 아담과 그의 신부인 교회와의 혼인 잔치	19:7; 21:9-10
사탄은 세상에 죄를 끌어들인다.	3:1-7	사탄은 심판을 당하고 더 이상 죄의 길로 유혹하지 못한다.	20:7-10
뱀은 사람을 속인다.	3:1-7, 13-15	옛 뱀은 "만국을 미혹하지 못하[도록]" 결박당한다.	20:2-3
죽음이 세상에 들어온다.	3:3; 4:6-8; 6:3	죽음이 영원토록 죽임당한다.	20:14; 21:4
죄가 세상에 들어온다.	3:6	죄는 하나님의 도성에서 추방당한다.	21:8, 27; 22:15

범죄한 백성들은 하나님을 섬기며 순종하기를 거부한다.	3:2-7; 4:6-8; 6:5	하나님의 백성이 주님을 섬긴다.	22:3
하나님과 함께하는 공동체의 상실	3:8; 4:8	진정한 공동체를 경험한다.	21:3, 7
하나님은 죄인들로부터 버림받으신다.	3:8-10; 6:5	(새 예루살렘이며 그리스도의 신부인) 하나님의 백성이 하나님을 위해 예비된다. 어린양과의 결혼.	19:7-8; 21:2, 9-21
죄인들은 하나님의 존전에서 부끄러워한다.	3:8-11	하나님과 하나님의 백성은 얼굴과 얼굴을 마주 볼 것이다.	22:4
죄인들은 참된 하나님을 거역하고, 그 결과 육체적·영적 죽음을 맞는다.	3:8-19	하나님의 백성은 죽음을 무릅쓰고 참된 하나님을 예배하고 생명을 얻는다.	20:4-6
죄는 고통과 눈물을 가져온다.	3:16-17; 6:5-6	하나님은 그분의 백성을 위로하시고 눈물과 고통을 없애 주신다.	21:4
죄인들은 저주 아래 있다.	3:16-19	저주는 구속된 인류로부터 떠나고 그들은 복을 받는다.	22:3
죄인들은 생명나무의 과실을 먹는 것이 금지된다.	3:22-24	하나님의 백성은 생명나무의 과실을 자유롭게 먹을 수 있다.	22:2, 14
죄인들은 생명으로부터 쫓겨난다.	3:22-24	하나님의 백성은 생명책에 그들의 이름이 기록된다.	20:4-6, 15; 21:6, 27
에덴동산에서 쫓겨난다.	3:23	어린양의 혼인 잔치에 초청된다.	19:9
인류는 거룩한 하나님으로부터 분리된다.	3:23-24	하나님의 백성은 하나님의 거룩함을 경험한다. (네모난 성=지성소)	21:15-21
죄인들은 동산에서 쫓겨난다.	3:23-24	새 하늘과 새 땅에 동산이 있다.	22:2
죄인들은 하나님 앞에서 추방된다.	3:24	하나님은 자기 백성 가운데 거하신다.	21:3, 7, 22; 22:4
죄를 범한 인류는 저주받아 방황한다(추방).	4:10-14	하나님의 백성은 영원한 집을 상속받는다.	21:3
죄를 범한 인류는 땅에서 방황하는 포로가 되어 고통을 당한다.	4:11-14	하나님은 자기 자녀들에게 유산을 나누어 주신다.	21:7
피조물이 점점 늙어 죽기 시작한다.	5:6, 8, 14, 17, 20, 27, 31; 6:3	모든 것이 새로워진다.	21:5
죄는 영적 질병의 원인이다.	6:5	하나님은 열방을 치유하신다.	22:2

물은 사악한 인간을 파멸하는 데 사용된다.	6:1-7:24	하나님은 생명 샘의 물로 목마름을 해갈시키신다.	21:6; 22:1
범죄한 백성들은 흩어진다.	11:3-9	하나님의 백성은 주를 찬양함으로 하나 된다.	19:6-7
죄를 범한 인류의 언어들이 혼란스럽게 흩어진다.	11:6-9	하나님의 백성은 다문화적 백성이다.	21:24, 26

| 악에 대한 하나님의 심판 |

성경 이야기 전체에 걸쳐, 하나님은 단번에 영원히 악을 심판하실 것을 약속하셨다. 우리는 그 최후 심판이 요한계시록에서 절정에 도달하는 것을 볼 수 있다. 요한계시록에는 일곱 심판이 인봉들(6:1-8:1)과 나팔들(8:2-11:19)과 대접들(16:1-21)로 세 차례에 걸쳐 연속으로 등장한다. 이렇게 연속으로 등장하는 요한계시록의 심판들은 하나님이 원수를 심판하시고 자기 백성을 애굽에서 구원하시는 과정에서 바로에게 내린 재앙들과 흡사해 보인다. 요한계시록 14장은 심판과 관련하여 다음과 같은 강력한 메시지를 선포한다. 즉, 하나님을 두려워하며 그 분께 영광을 돌리거나(14:7), 아니면 큰 성 바벨론과 짐승을 숭배하던 자들에게 예비된 하나님의 무서운 심판이 임하리라는 것이다(14:8-9).

요한계시록 17-20장은 사탄과 악에 대한 하나님의 마지막 심판을 묘사한다. 그 마지막 '전투'에서 어린양이 용과 두 짐승을 이기고 이 세 악마를 모두 영원히 꺼지지 않는 불 못에 던져 넣으면, 이들은 그 곳에서 영원토록 고통당한다(19:20; 20:10). 회개하라고 반복적으로 경고하지만, 회개를 거부하는 믿지 않는 자들에게 하나님 진노의 심판이 임한다(20:14-15). 그리고 마침내 창조 세계의 회복으로 가는 길이 열리면서 죽음과 음부(Hades)는 최종적으로 불 못에 던져진다.

| 새 하늘과 새 땅 |

하나님은 창세기 1-2장에서 시작하신 구속 계획을 요한계시록 21-22장에서 완성하신다(앞에 있는 태초와 종말에 관한 도표를 살펴보라).[6] 이것이야말로 하나님의 위대한 이야기가 마무리되는 행복한 결말이다. 하나님은 원수들을 멸망시키시고 자기 백성을 구원하심으로써 창조 세계를 온전히 회복하신다. 요한계시록 21장은 하나님이 자기 백성 가운데 영원히 살겠다고 하신 그분의 약속이 성취된 "새 하늘과 새 땅"의 모습을 선포한다(21:1). 새 예루살렘으로 알려진 이 아름다운 도시에는 어떤 종류의 죄악도 없으며, 밝은 빛을 비추시는 하나님의 임재와 위로하시는 사랑 그리고 풍성한 베풂과 공급이 넘쳐날 것이다(21:4-7; 22:1-2). 아브라함을 통해 천하 열방이 복을 받을 것이라는 하나님의 약속(창 12:1-3)이 이제 열방으로부터 구속받은 하나님의 백성이 새로운 창조 세계에 거함으로써 비로소 성취된다(계 22:2). 모든 것 가운데 가장 큰 복은 하나님이 자기 백성과 친밀한 교제 가운데 함께 사신다는 것이다.

> 다시 저주가 없으며 하나님과 그 어린양의 보좌가 그 가운데에 있으리니, 그의 종들이 그를 섬기며 그의 얼굴을 볼 터이요. 그의 이름도 그들의 이마에 있으리라. 다시 밤이 없겠고 등불과 햇빛이 쓸데없으니, 이는 주 하나님이 그들에게 비치심이라 그들이 세세토록 왕 노릇 하리로다. (계 22:3-5)

하나님이 아담과 하와와 더불어 누리기를 원하신 그 친교가 마침내 마지막 아담이신 예수 그리스도에 의해 구속된 백성과 더불어 실현되었다. 그리스도로 말미암아 회복된 낙원에는 더 이상 사탄도, 죄도, 고통과 죽음도 없다. 하나님의 영광이 모든 밤과 어두움을 완전히 몰아낼 것이다. 하나님이 자기 백성 가운데 거하시고, 그 백성은 하나님을 얼굴과 얼굴을 마주 대하듯 알 수 있을 것이다. 그들은 수많은 천사와 연합하여 하나님을 영원히 섬기며 경배할 것이다.

이야기 실천하기

요한계시록은 독자들에게 변화에 관한 참된 전망을 제공한다. 요한계시록을 읽거나 듣는 방법으로 그 안으로 들어가면, 우리는 비로소 세상의 사물들을 하나님의 관점으로 이해하기 시작하며, 세상의 관점이 아닌 하늘의 관점을 소유할 수 있다. 사도 요한의 비전으로 들어가 보면 다음 몇 가지를 더욱 분명하게 이해할 수 있다. 첫째로, 요한계시록은 독자들에게 참다운 소망을 제공한다. 성경적 소망은 실제로 얻지 못하는 어떤 것을 단순히 기대하는 사고방식보다 훨씬 강력한 것으로, 하나님이 자신의 약속을 반드시 성취하시리라는 확신에 찬 기대감을 제공한다. 또한 참된 소망은 하나님의 성품에 미래를 거는 것이다. 요한계시록은 하나님이 이미 예수님의 십자가와 부활로 악을 이기셨고, 장차 악을 완전히 멸망시키고 모든 것을 새롭게 회복하실 것이라는 사실을 상기시킨다. 성경을 살펴보거나 역사를 돌이켜 볼 때 하나님은 항상 약속을 지켜 오셨기 때문에 우리는 하나님이 앞으로도 자신의 약속을 반드시 지키실 것을 믿을 수 있다.

둘째로, 요한계시록은 그리스도인의 삶의 본질에 대한 우리의 기대치를 수정할 수 있도록 도움을 준다. 요한계시록은 결코 그리스도인이 이 세상에서 그 어떤 갈등이나 핍박도 겪지 않고 순교당할 일도 전혀 없을 것이라고 거짓으로 약속하지 않는다. 물론 요한계시록은 신

소망

소망은 신학적 덕목이다. 이 말이 뜻하는 바는, 영원한 세계를 계속 소망하는 일은 도피주의나 몽상의 한 형태가 아니라, 그리스도인이라면 마땅히 가져야 할 삶의 자세라는 것이다. 소망을 품는다는 것은 눈에 보이는 이 세상으로부터 떠난다는 뜻이 아니다. 역사를 되돌아보면, 이 세상을 위하여 가장 많이 일한 그리스도인들은 바로 다음 세상에 대해 가장 많이 생각한 사람들임을 이내 깨닫는다.…대부분의 그리스도인이 다음 세상에 대해 생각하는 일을 중단하면서부터, 기독교는 이 세상에서 그 영향력을 잃어버리고 말았다. 하지만 천국을 지향하면 이 세상을 덤으로 얻을 것이고, 반대로 세상을 지향하면 이 세상과 저 세상 모두를 잃을 것이다.[7]

-C. S. 루이스

자들이 하나님의 진노와 심판을 결단코 경험하지 않을 것이라고 아주 분명하게 밝히지만, 또한 예수님을 따른다는 이유로 여러 핍박과 고난을 겪을 것을 예상해야 한다고 분명히 교훈한다. 예수님은 공생애 동안 자기 제자들에게 "세상에서는 너희가 환난을 당하나 담대하라. 내가 세상을 이기었노라"고 말씀하셨다(요 16:33). 그 말씀은 우리에게도 동일하게 적용된다.

예수님은 요한계시록 2-3장에서 일곱 교회에 주시는 메시지에서 교회와 성도들이 핍박 앞에서도 신실한 신자가 되어야 한다고 거듭 촉구하신다. 이러한 예수님의 메시지는 고난을 피하려고 모든 방법과 수단을 동원하려는 사람들이 아니라, 고난을 기꺼이 감당하고 이를 믿음으로 극복하려는 사람들에게 적용된다. 그래서 우리는 고난과 핍박이 면제되기를 기대하기보다는, 오히려 핍박과 시련을 견뎌 낼 수 있기를 기대해야 한다. 이렇게 요한계시록은 고난과 핍박에 대한 우리의 기대를 바꿀 것을 요구한다. 더 이상 시련을 면제받고자 기대해서는 안 된다. 오히려 그리스도를 위해 시련에 직면하고 이를 감당할 준비를 해야 한다(계 12:11; 참조. 벧전 4장).

셋째로, 요한계시록은 독자들에게 진정한 승리가 무엇인지를 명료하게 교훈한다. 이 시대에 하나님과 그분의 백성은 악의 세력과 전쟁 중이다. 예수 그리스도는 자기 삶과 죽음 그리고 부활을 통해 죄악과 사탄의 권세를 향하여 치명적인 일격을 가하여 승리를 거두셨지만, 신자들은 여전히 잡다한 시험과 유혹이 도사리고 있는 원수의 영역에서 살고 있다. 소극적 측면에서 볼 때 죄와 사탄을 이기는 것은 거짓 가르침을 거부하는 것과 음행을 그만두는 것, 우상숭배에 저항하는 것, 타협을 거절하는 것을 포함한다. 좀 더 적극적인 측면에서 볼 때 신자의 승리는 고난 가운데 인내하는 믿음(과 선행, 기도, 진정성을 드러내는 예배)을 의미한다. 또한 예수님을 증언하는 삶을 감당함으로 열방을 향한 하나님의 더 큰 사명에 참여하는 것도 포함한다. 요약하자면, **이긴다는 것**은 삶의 마지막 순간까지 전 인생에 걸쳐 어린양을 따르기로 결단하는 것이다.

마무리 «

역사 전반에 걸쳐서 완전한 충성을 요구하는 세상 권력의 중심에 거짓 종교가 이교적이고 정치적이며 군사적인 세력들과 연합할 때가 종종 있었다(예를 들어, 로마의 도미티아누스 황제나 독일의 아돌프 히틀러처럼). 그러한 권력 체계의 화신이 된 통치자는 스스로를 주님이라고 주장하며 우상숭배를 요구할 것이다. 이런 이교적 세력 아래 사는 사람들은 독재 권력자의 핍박을 피하려면 믿음을 버리라는 유혹에 직면할 것이다. 하지만 요한계시록은 예수님이 참 주님이시고 하나님이 마침내 악의 세력을 멸하시고 최종 승리를 거두실 것임을 우리에게 상기시킨다. 어떤 권력자나 독재자가 나타나든 관계없이, 이 세상은 오직 하나님이 통치하신다는 믿음과 희망을 버려서는 안 된다. 언젠가 주님은 악을 완전히 멸망시키고, 자신의 창조 세계를 회복시키며, 새 하늘과 새 땅에서 자기 백성과 함께 영원히 사실 것이다. 요한계시록은 이 세상을 하늘의 관점으로 조망함으로써 이 세상에서 믿음을 지키며 살 수 있도록 하나님이 허락하여 보여 주신 하늘의 비전과 전망을 담고 있다.

암송 구절

또 우리 형제들이 어린양의 피와 자기들이 증언하는 말씀으로써 그를 이겼으니, 그들은 죽기까지 자기들의 생명을 아끼지 아니하였도다. (계 12:11)

심층 연구

| 도서들 |

Beale, G. K. *Revelation: A Shorter Commentary*. Grand Rapids: Eerdmans, 2015. 『그리고리 빌 요한계시록 주석』(복있는사람).

Duvall, J. Scott. *Revelation*. Teach the Text Commentary. Grand Rapids: Baker, 2014.

Keener, Craig S. *Revelation*. The NIV Application Commentary. Grand Rapids: Zondervan, 2000. 『요한계시록-NIV 적용주석』(솔로몬).

Mounce, Robert H. *The Book of Revelation*. Rev. ed. New International Commentary on the New Testament. Grand Rapids: Eerdmans, 1997. 『NICNT 요한계시록』(부흥과개혁사).

Osborne, Grant. *Revelation*. Baker Exegetical Commentary on the New Testament. Grand Rapids: Baker Academic, 2001.

Smalley, Stephen S. *The Revelation to John*. Downers Grove, IL: InterVarsity Press, 2005.

| 토론을 위한 질문 |

a. 당신은 요한계시록을 무시하는 편이었는가? 아니면 요한계시록에 집착하는 편이었는가? 요한계시록과 관련해 당신이 어떤 태도를 보여 왔는지 나눠 보라.

b. 요한계시록의 역사적 맥락과 문학적 맥락에 대해 설명해 보라.

c. 요한계시록의 전체 목적을 설명해 보라.

d. 우리가 살펴본 요한계시록의 여섯 가지 주요 주제 가운데(물론 이 외에 다른 주제가 있을 수 있다) 당신 삶에 적용할 만한 주제 두 가지를 꼽아 보라. 그 이유는 무엇인가?

e. 요한계시록이 가르치는 '승리'가 무엇인지 당신의 친구에게 어떻게 설명할 수 있겠는가?

| 과제 |

1. 앞서 소개된 "요한계시록의 일곱 가지 복"에 관한 도표를 찾아보라(529쪽). 다음 질문에 답하면서 복에 대한 각 구절을 연구해 보라. 요한계시록에서 '이긴다는 것'이 무엇을 의미하는지를 이해하는 데 이상의 일곱 자기 복은 어떤 실마리를 제공하는가? 일곱 가지 복에 근거해 당신이 '이긴다는 것'을 어떻게 이해하는지 요약하는 한 문단 분량의 글을 작성해 보라.

2. 요한계시록의 의미를 쉽게 설명해 달라는 친구를 위해 요한계시록의 주요 메시지를 요약하는 한두 장 분량의 편지를 써 보라.

3. 이 책, 14장에 나온 "감람산 강화"에 대한 내용을 다시 읽어 보라(342-346쪽). 이제 예수님의 감람산 강화의 메시지와 요한계시록의 중심 메시지를 비교하는 두 쪽 분량의 글을 작성해 보라.

4. 우리가 언젠가 죽은 자 가운데서 부활해, 새로운 세상을 위해 완벽히 준비된 새로운 몸을 입는다고 상상해 보라. 영생에 대한 관점을 새롭게 하라. 우리는 몸으로부터 분리된 영으로 영생하는 게 아니라, 물리적 세상, 즉 산과 강과 숲과 도시가 있는 새로운 세상에서 영생할 것이다. 이 새로운 세상에는 시험, 죄, 질병, 전쟁, 고통, 배고픔, 폭력, 죽음을 비롯해 어떤 형태의 악도 존재하지 않을 것이다. 이 이름다운 새 피조 세계에서 우리는 예수님을 사랑하는 가족과 친구들을 만날 것이다. 예수 그리스도를 통해 하나님과 교제한다는 중요한 공통점을 가졌기에 다양한 문화권 출신의 사람들과 참된 공동체를 이룰 것이다. 뿐만 아니라 우리는 완전히 새로운 몸을 입을 것이다. 새 하늘과 새 땅에 들어간 후 첫 10년을 어떻게 보내고 싶은지 묵상해 보고 두 쪽 분량의 글을 작성해 보라.

결론

나의 인생 이야기는 그저 일부분에 불과한, 더 위대하고도 참된 이야기는 무엇인가?[1]

레슬리 뉴비긴

[교회의] 사명은, 성경 전체를 사용하여…온 교회가 온전한 복음을 가지고 온 세상을 향해 나아가는 것이다.[2]

크리스토퍼 라이트

2002년에 상영된 영화 〈엠퍼러스 클럽〉은 고전문학을 담당하는 열정적인 윌리엄 헌더트 교수(케빈 클라인 분)가 오랫동안 성 베네딕트 아카데미에서 가르치고 지도했던 학생들과의 관계에 관한 이야기를 다루고 있다. 영화 마지막 부분에서, 헌더트 교수는 어느덧 성공의 반열에 오른 여러 제자와 재회의 시간을 갖는다. 그는 매우 감동적인 연설을 전하는 도중에 한 가지 도덕적 교훈이 담긴 "끝은 시작에 달렸다"라는 의미의 학교 교훈인 라틴어 '피니스 오리지네 펜데트'(*Finis Origine Pendet*)를 인용한다. 한 사람이 어디에서 어떻게 시작하느냐가 이후 그 사람의 인생에서 매우 중요한 역할을 감당한다는 생각은 성경의 위대한 이야기에도 적용될 수 있다. 비록 하나님이 원하시는 아름다운 결말을 조화롭게 펼치기 위해서는 오랜 시간이 걸릴지라도, 성경 이야기의 시작은 매우 중요하다.

"태초에 하나님이 천지를 창조하시니라"는 말씀처럼 하나님은 선하고 아름다우며 완벽한 장소를 창조하셨다(창 1:1). 삼위일체 하나님은

온전한 공동체

하나님이 인간을 창조하신 이유는 고독하거나 지루하셔서가 아니다.… 또 인간이 필요해서 인간을 창조하신 것도 아니다. 하나님은 공동체를 너무나 사랑하신 나머지 그 공동체 안에서 사랑을 함께 나눌 사람들로 가득한 세상을 원하셔서 인간을 창조하셨다.[3]

-존 오트버그

자신의 형상을 따라 만들어진 피조물인 사람들과 함께 완전한 공동체를 공유하기 원하셨다. 이렇게 사랑하고, 주고, 공유하시는 분이 바로 하나님이다. 성경 이이야기의 후반부에서 하나님은 자신의 독생자를 죗값으로 내어 주시고, 그분을 궁극적인 희생 제물로 삼으셔서 우리가 이 완전한 공동체 안에서 살 수 있도록 하셨다.

성경의 위대한 이야기 개요

하나님의 위대한 이야기는, 하나님과 최초의 인류인 아담과 하와가 창조 세계 안에서 구주이신 하나님과 친밀한 교제를 나누며 완벽한 조화 가운데 살도록 창조되면서부터 시작된다. 그 세상 안에서 이들은 하나님과 함께 걷고 말하며, 하나님과의 관계, 서로 간의 관계, 그리고 하나님의 피조물들과의 완벽한 관계가 가져다주는 놀라움과 풍성함 속에서 번영을 누리고 있었다. 다시 말하자면 더 이상 좋을 수 없을 정도로 완벽한 삶을 살고 있었다.

그러나 슬프게도, 그들의 삶은 악화되고 말았다. 그 악한 뱀(사탄)은 아담과 하와가 무언가 부족한 것이 있다고 착각하도록 그들을 속였다. 사탄은 그들을 속여서 하나님이 그들에게 무언가를 허락하지 않고 숨기신다고 믿도록 조장했다. 그 결과, 그들은 하나님께 죄를 짓고 그분을 반역하도록 하는 사탄의 초대에 응답하고 말았다. 그 순간 죄가 하나님의 온전한 세상 속으로 들어오고 말았다. 이 한 가지 반역 행위로 말미암아 모든 완전한 관계가 산산조각 났다. 아담과 하와가 하나님이 아닌 그 밖의 다른 어떤 것에서 삶을 만족시키는 원천을 찾고자 할 때, 그들은 유일한 삶의 원천이신 주 하나님에 비하면 다른 모든 선택이 부적절하고, 일시적이며, 심각한 결함이 있을 수밖에 없음을 뒤늦게 깨달았다.

또한 죄의 결말은 참으로 비참하다. 최초의 사람들에게는 완벽한 낙원으로의 입장이 금지되었고, 그 즉시로 하나님과의 관계 분리로 인한 아픔과 고통 그리고 죽음을 경험해야 했다. 또 사람들은 서로 미워하고 죽이기 시작했다. 이런 악한 행동이 죄로 얼룩지고 망가진 세상에서는 지극히 당연한 "일상"이 되어 버렸다. 그런데도 사람들은 하나님 없이 살기 위해 그들 나름의 최선을 다한다. 죄가 모든 관계의 파괴를 가져왔다고 해도 과언이 아니다.

그러나 하나님은 창조 프로젝트를 포기하지 않으시고, 죄의 문제를 해결하고 자신의 창조물을 회복하는 길고 험난한 과업을 시작하신다. 하나님은 아브라함과 언약을 맺음으로써 피조물의 회복을 시작하신다. (창 12-17장의) 아브라함 언약은 창세기 3-11장에 등장하는 죄

위대한 이야기의 능력

우리가 성경 이야기에서 보편적 인간의 경험을 풍성히 발견하는 이유는, 그 이야기의 저자께서 그림과 이미지, 등장인물과 사건 속에서 이야기의 내용을 친히 육화하고 구체화하셨기 때문이다.[4]

-리랜드 라이켄

의 문제에 대한 하나님의 해결책이다. 하나님은 아브라함이라는 한 남자를 택하여 부르셔서 그가 자기 나라를 떠나 믿음의 여행을 시작하도록 인도하신다. 아브라함은 하나님을 믿음으로 그 부르심에 응답하고, 하나님은 그의 응답을 의로 여겨 주신다(창 15:6). 하나님과 아브라함은 올바른 언약 관계를 맺었고, 하나님은 죄를 교정하기 위한 계획을 세우신다. 하나님은 아브라함에게 복을 주시고, 그를 통해 큰 나라를 세우고 그로 말미암아 열방이 복을 받게 될 것이라고 약속하신다(창 12:1-3). 또 하나님은 아브라함에게서 이스라엘 백성을 만드시고, 이 땅의 다른 백성들에게 복 주기 위한 도구로 이스라엘을 사용할 계획을 세우신다.

하나님은 아브라함과의 언약 체결식에서 스스로를 속박하심으로써 아브라함과 자기 주도적인 언약을 맺으신다(창 15장을 보라). 성경 이야기의 많은 부분은 모든 창조물의 회복을 가져오는 아브라함 언약을 최종적으로 성취하기 위하여 하나님이 인류 역사 가운데서 어떻게 일하시는지를 보여 주면서 전개된다. 아브라함은 하나님의 약속에 대한 믿음의 응답을 통해 하나님이 세우신 그 언약에 참여한다. 우리도 예수님에 의해 세워진 새 언약 안에서 이와 유사한 측면을 발견한다.

이후의 성경 이야기는 아브라함의 자손들인 이삭과 야곱 그리고 야곱의 열두 아들을 통해 계속 펼쳐진다. 이 열두 아들은 이스라엘 열두 지파의 기원이다. 하나님은 아브라함에게 한 최초의 약속을 아브라함의 자손들에게도 계속 상기시키신다. 그리고 대표적으로 애굽의 노예 생활 같은 일련의 시련 가운데서 이스라엘 백성을 돌보신다(예를 들어, 창 26:16-24; 28:10-15; 45:1-7).

하나님이 아브라함과 언약을 맺은 후 400년이 지난 다음, 하나님의 백성들은 애굽에서 노예가 된다. 그러나 이러한 사로잡힘과 포로

됨은 자기 백성을 향한 하나님의 전능한 구원을 나타내 보일 적절한 기회가 된다. 아브라함과의 약속을 지키기 위해 하나님은 자기 백성을 애굽의 노예 생활에서 구출하신다. 노예로부터의 구출 혹은 '출애굽'은 구약성경에서 발견되는 가장 강력한 하나님의 구속 행위이며, 그분의 아들 예수 그리스도를 통해 죄악과 사망으로부터 자기 백성을 구원하시는 하나님의 최종적 구원 행위를 예시해 준다.

하나님은 자기 백성들을 애굽의 노예 생활에서 구원하신 후, 이들을 모세 언약이라 불리는 특별한 언약을 맺는 자리로 인도하신다. 이렇게 하나님의 구원은 항상 그 백성들의 반응, 즉 예배와 거룩한 삶보다 우선하여 발생한다.

> 내가 애굽 사람에게 어떻게 행하였음과 내가 어떻게 독수리 날개로 너희를 업어 내게로 인도하였음을 너희가 보았느니라. 세계가 다 내게 속했나니, 너희가 내 말을 잘 듣고 내 언약을 지키면 너희는 모든 민족 중에서 내 소유가 되겠고 너희가 내게 대하여 제사장 나라가 되며 거룩한 백성이 되리라. 너는 이 말을 이스라엘 자손에게 전할지니라. (출 19:4-6)

모세 언약은 그 언약이 온전하게 지탱되기 위해서는 순종이라는 언약 백성의 반응에 의존하시는 듯 보인다. 그래서 이 단계에서 제기될 핵심 질문은 '사람이 하나님의 명령을 지킬 것인가, 안 지킬 것인가' 하는 것이다. 모세 언약에서 하나님은 자신을 거룩한 하나님으로 계시하시며, 그 백성들이 하나님의 거룩한 백성답게 하나님과의 관계 속에서 살아가기를 기대하시는 하나님의 기대가 얼마나 큰지를 보여 준다. 하나님의 기대는 단지 자기 백성의 '종교' 생활에 국한되지 않으며, 이 기대를 설명하는 가장 잘 알려진 해설은 십계명에서 찾아볼 수 있다(출 20장; 신 5장). 하나님께 순종하면 복을 받을 것이요, 불순종하면 저주를 받을 것이다.

하나님이 이스라엘 백성을 약속의 땅으로 인도하실 때 그들은 잠깐 하나님께 순종한다. 그러나 그들의 충성은 지속되지 못한다. 그들은 하나님의 말씀에 불순종하고 하나님께 반역하여 결국 황폐한 결말을 보고야 만다. 하지만 시대마다 하나님의 예언자들이 등장하여 하나님이 원하시는 기대가 무엇인지를 자기 백성에게 상기시키며 경고의 말씀을 전한다. 그러나 이스라엘 백성은 우상숭배와 음행, 사회적 불의 그리고 종교적 의식주의를 범함으로 하나님의 뜻을 거역한다. 결국 이들은 하나님의 경고를 무시했기 때문에 하나님의 심판에 직면하게 되고, 이방 나라들에 참패를 당하고 다시 한번 포로로 끌려간다. 하지만 이스라엘 백성의 불순종에도 불구하고, 예언자들의 메시지에는 또 하나의 더욱 희망적인 차원이 담겨 있는데, 그것은 하나님이 당장의 심판을 뛰어넘어 미래의 회복을 약속하신다는 것이다.

아브라함 언약은 여전히 유효하다. 하나님은 아브라함에게 하신 약속을 반드시 성취하실 것이다. 이 시점에서 하나님이 아브라함에게 하신 약속을 지키는 주된 방법은 다윗 언약을 통해서다. 하나님은 다윗 왕에게, 백성들을 보호할 다윗과 같은 새로운 통치자를 세울 것이라고 약속하신다(삼하 7:9-17). 이 통치자는 메시아가 될 것이고 그분의 왕국은 결코 멸망하지 않을 것이다. 이 약속대로 세상에 오신 예수 그리스도는 하나님의 메시아이고 이 땅에 영원한 왕국을 세우기 위해 강림하신 다윗 계열의 왕이시다. 그래서 아브라함을 통해 열방에 복을 주시고자 하는 하나님의 약속은 다윗왕의 후손으로 오신 예수님을 통해 성취된다.

복음서는 우리가 아브라함과 다윗과 예수님 사이의 중요한 관계들을 놓치지 않도록 하는 데 도움을 준다. 마태복음은 "아브라함과 다윗의 자손 예수 그리스도의 계보라"는 선언으로 시작된다(마 1:1). (세례 요한의 아버지) 사가랴도 누가복음 1:68-73 에 등장하는 그의 찬송에서 이 점을 분명히 선언한다.

> 찬송하리로다. 주 이스라엘의 하나님이여
> 그 백성을 돌보사 속량하시며
> 우리를 위하여 구원의 뿔을
> 그 종 다윗의 집에 일으키셨으니
> 이것은 주께서 예로부터 거룩한 선지자의
> 입으로 말씀하신 바와 같이
> 우리 원수에게서와
> 우리를 미워하는 모든 자의 손에서 구원하시는 일이라.
> 우리 조상을 긍휼히 여기시며
> 그 거룩한 언약을 기억하셨으니
> 곧 우리 조상 아브라함에게 하신 맹세라.

예수님은 아브라함에게 약속하신 하나님의 언약을 성취하는 다윗의 후손으로 오신 메시아이시다.

모세 언약 아래서 하나님께 반역한 사람들은 그 언약을 파기하고 하나님의 심판을 받았다. 그러나 하나님의 신실하심 때문에 아브라함 언약과 다윗 언약은 폐기되지 않고 유지되었다. 다만 한 개인이 메시아 예수를 거부함으로써 이 언약을 개인적으로 파기할 수 있을 뿐이다. 또는 예수님을 받아들임으로써 새 언약을 맺고 구원을 베푸시는 하나님의 은혜로운 섭리를 경험할 수도 있다. 이 믿음으로 그들은 예수님의 가르침의 주요 주제인 하나님 나라에 백성으로 참여할 수 있다. 그러나 예수님을 거부한 사람들은 구원을 베푸시는 하나님의 은혜를 거절함으로써 심판을 당하고 말 것이다.

사도 바울은 갈라디아 교인들(그리고 우리)에게 아브라함 언약이 모세 언약보다 400년 이상 먼저 체결되었음을 상기시킨다. 그렇다면 나중에 체결된 모세 언약은 어떤 가치가 있을까? 왜 모세 언약이 나중에 첨가되었을까? 모세 언약은 하나님의 성품과 자기 백성을 향한 기대를 명확히 제시하며, 자기 백성을 향한 하나님의 기대가 삶의 모든 영역에 어떻게 골고루 스며 있는지를 보여 준다. 모세 언약에서 우리는 하나님의 통치 아래 사는 삶에 대한 하나님의 기준을 분명하게 찾아볼 수 있다. 예수님은 이러한 언약의 기준들을 지지하실 뿐만 아니라, 외적 행동과 마찬가지로 마음의 문제를 다루심으로 심지어 한 단계 더 나아가신다(마 5-7장에 나오는 예수님의 산상수훈을 보라). 그러나 비록 모세 언약이 우리에게 하나님의 기준들을 보여 준다 할지라도, 우리에게는 그러한 기준들을 충족시킬 방법이 없다. 모세 언약은 하나님의 기대를 보여 주지만, 그 기준에 맞추어 사는 궁극적인 길을 제공하지는 못한다. 그래서 모세 언약의 잠정적 기능은 메시아 안에 있는 구원이라는 궁극적 은혜를 예표할 뿐이며, 예수 그리스도의 근본적인 사역을 예시하는 복사본에 불과하다.

이제 우리는 이 모든 것이 어떻게 서로 연결되는지에 대해 사도 바울이 다음과 같이 갈라디아의 그리스도인들에게 전하는 가르침을 이해할 수 있다(갈 3:19-22).

> 그런즉 율법은 무엇이냐 범법하므로 더하여진 것이라. 천사들을 통하여 한 중보자의 손으로 베푸신 것인데 약속하신 자손이 오시기까지 있을 것이라. 그 중보자는 한 편만 위한 자가 아니나 하나님은 한 분이시니라.
>
> 그러면 율법이 하나님의 약속들과 반대되는 것이냐. 결코 그럴 수 없느니라. 만일 능히 살게 하는 율법을 주셨더라면 의가 반드시 율법으로 말미암았으리라. 그러나 성경이 모든 것을 죄 아래에 가두었으니 이는 예수 그리스도를 믿음으로 말미암는 약속을 믿는 자들에게 주려 함이라.

율법(모세 언약)은 하나님의 인격과 하나님이 자기 백성에게 기대하시는 기준이 무엇인지를 보여 줄 뿐만 아니라, (갈 3:19의 말씀처럼 범법하므로) 우리가 그러한 기준에 따라 살지 못하고 어떻게 실패하는지를 보여 주기 위해 주어졌다. 율법은 불의한 사람을 의롭게 하지 못하기 때문에 모세 언약은 죄인인 우리를 능히 '살리지' 못한다. 그러나 모세 언약보다 앞서고 더욱 광범위한 것은 아브라함에게 하신 하나님의 은혜로운 언약이다. 아브라함 언약이 다윗의 후손으로 오신 메시아 예수를 통해 실현된다.

신약성경에서 우리는 모세 율법이 결코 구원의 방편이 될 수 없음을 분명히 배울 수 있다. 또한 신자는 예수님이 성취하신 하나님의 기준에 관심을 가져야 한다는 가르침도 계속 듣는다. 예수님은 하나님의 인격과 하나님의 기준 모두를 이해할 수 있게 하는 완벽한 모델이시다. 서로 사랑하는 능력을 공급하시는 성령에 순종할 때, 우리는 하나님의 기준을 충족할 수 있을 것이라는 말씀도 듣는다(롬 13:10; 갈 5:14, 18; 6:2). 비록 모세 언약이 파기되었고 그리스도인이 더는 옛 언약 아래서 살아갈 필요가 없다 할지라도, 예수님을 따르며 그분의 영과 함께 걸음으로써 우리는 여전히 하나님의 선한 율법을 성취할 수 있다.

요약하면 하나님은 창세기 3-11장에 묘사된 죄 문제를 해결하기 위해 아브라함과의 언약을 주도적으로 성취해 가시며, 이 언약은 다윗 왕의 후손으로 오신 메시아 예수 안에서 궁극적으로 성취된다. 예수님은 성경에 등장하는 네 번째이자 마지막 언약인 새 언약을 세우신다. 이전에 예레미야는 예수님의 죽으심과 부활로 말미암아 세워지는 언약(막 14:22-25; 고전 11:23-26을 보라)인 새 언약(렘 31:31-34)이 세워질 것을 예언했다. 예수님은 천국의 교훈과 놀라운 기적들, 희생적 죽음과 부활을 통하여 이스라엘 백성이 실패한 것을 성취하셨다. 결국 하나님이 미리 약속하신 약속들은 순종하는 독생자이신 예수님 안에서 온전히 성취되었다.

예수님이 행하신 능력과 아름다움은 또한 다음과 같이 표현될 수 있다. 즉, 예수님 안에서 하나님은 자기 백성에게 요구하셨던 의로움을 당신 스스로 제공하셨다. 하나님은 메시아 예수를 통해 이 땅의 모든 열방으로부터 한 백성을 만드실 것이다. 하나님의 바람은 늘 자기 백성 가운데 임재하여 그들과 함께 사시는 것이다.

성경에 등장하는 중요한 언약들은, 창조 세계의 회복과 세계 열방으로부터 구원받은 다문화적 백성 가운데 강림하여 내주하기를 원하시는 하나님의 궁극적 목적을 이루고자, 하나님이 사용하시는 근본적인 방법을 제공한다. 이스라엘 백성이 애굽의 노예 생활에서 구출되었을 때 하나님은 자신의 임재를 위한 임시 거처로 장막을 만들도록 백성에게 명령하신다. 그 후로 시간이 흘러 솔로몬 왕정 시대에 이스라엘 백성은 하나님을 위하여 장엄한 성전을 건설한다. 하지만 슬프게도 이스라엘 백성의 죄로 인해 하나님의 영광스러운 임재는 예루살렘 성전에서 떠나고 말았다(겔 10장을 보라). 결국 이방 민족의 침략으로 성전은 파괴되었고, 시간이 흘러 에스라 시대에 재건된다. 구약성경은 하나님의 영광스러운 임재가 그분의 백성 가운데 살아날 것에 대한 미래의 소망으로 마무리한다.

성경의 성전들		
최초의 성전	에덴동산에 임한 하나님의 임재	인류는 죄로 인해 에덴에서 추방당했다.
제1성전	기원전 10세기에 솔로몬왕이 건립했다.	기원전 587년에 바벨론에 의해 파괴된다.
제2a성전	기원전 536년경 포로 생활에서 귀환한 후에 스룹바벨이 건립했다.	
제2b성전	헤롯대왕이 크게 확장했다(기원전 19/20년-기원후 64년). 이것이 예수님 시대의 성전이다.	기원후 70년에 로마 군대에 의해 파괴된다.
성령의 전	하나님의 영이 거하는 성전으로 언급된 교회(고전 3:16-17; 6:19; 고후 6:16; 엡 2:21-22; 히 3:6; 벧전 2:4-5).	이제 하나님의 백성은 성령을 통해 하나님의 인격적 임재를 경험한다.
새 예루살렘	새 땅에는 더 이상 물리적인 성전이 없다. 왜냐하면 "주 하나님 곧 전능하신 이와 및 어린 양이 그 성전"이시기 때문이다(계 21:22).	하나님은 영원한 동산-도시에서 영원토록 자기 백성과 함께 거하신다.

메시아 예수님이 예루살렘 성전 문을 통과하여 안으로 들어가셨을 때, 하나님의 영광스러운 임재가 드디어 돌아왔다. 하지만 하나님의 임재는 더 이상 장막과 성전에 국한되지 않는다. 하나님의 임재가 한 사람, 예수 그리스도 안에 임한다. 예수님은 사람들이 하나님의 임재를 경험하는 중요한 장소인 옛 성전을 대체하신다. 사역의 말미에 예수님은 자신이 아버지께로 승천하신 후에 자기 백성 가운데 거하기 위해 다시 이 땅에 성령을 보낼 것을 약속하신다. 오순절 성령 강림을 계기로(행 2장), 하나님의 백성이 직접 하나님의 영이 임재하고 내주하시는 거룩한 성전으로 변화한다. 이제 하나님은 그분의 백성 가운데

내주하신다.

우리는 사도행전에서 하나님이 자기 백성을 다문화적 배경을 지닌 사람들로 꾸리기를 원하신다는 것을 보았다. 유대인과 사마리아인 그리고 마침내 이방인까지 모두 다 예수님의 제자가 되었을 때 비로소 아브라함을 통해 이 땅의 모든 백성이 복을 받을 것이라는 하나님의 약속이 성취되기 시작했다. 이렇게 성경 이야기의 시작은 성경 이야기의 끝을 결정한다.

아브라함에게 하신 하나님의 약속은 오순절 성령 강림을 통해 부분적으로 성취되었다. 그러나 그것은 또한 궁극적이고 완전한 최종 성취를 기다리고 있다. 하나님은 여전히 영원하면서도 인격적인 방법으로 자기 백성 가운데 거할 완전한 장소를 제공하기를 원하신다. 하나님의 임재를 위한 장소는 여전히 중요하다! 언젠가 하나님은 악과 불의를 하나님께 파멸시키고 이 완전한 장소, 즉 새 하늘과 새 땅을 우리에게 허락하실 것이다. 요한계시록은 완전한 낙원 도시이자 하나님이 아무런 제약 없이 친밀함으로 자기 백성 가운데 내주하시고 동행하시는 새 예루살렘에 대해 다음과 같이 묘사한다.

> 또 내가 새 하늘과 새 땅을 보니 처음 하늘과 처음 땅이 없어졌고 바다도 다시 있지 않더라. 또 내가 보매 거룩한 성 새 예루살렘이 하나님께로부터 하늘에서 내려오니 그 준비한 것이 신부가 남편을 위하여 단장한 것 같더라. 내가 들으니 보좌에서 큰 음성이 나서 이르되 보라 하나님의 장막이 사람들과 함께 있으매 하나님이 그들과 함께 계시리니 그들은 하나님의 백성이 되고 하나님은 친히 그들과 함께 계셔서 모든 눈물을 그 눈에서 닦아 주시니 다시는 사망이 없고 애통하는 것이나 곡

> 하는 것이나 아픈 것이 다시 있지 아니하리니 처음 것들이 다 지나갔음이러라.
>
> 보좌에 앉으신 이가 이르시되 보라 내가 만물을 새롭게 하노라 하시고 또 이르시되 이 말은 신실하고 참되니 기록하라 하시고
>
> 또 내게 말씀하시되 이루었도다. 나는 알파와 오메가요 처음과 마지막이라. 내가 생명수 샘물을 목마른 자에게 값없이 주리니 이기는 자는 이것들을 상속으로 받으리라. 나는 그의 하나님이 되고 그는 내 아들이 되리라. (계 21:1-7)

장대한 회복 프로젝트가 드디어 완성되었다. 이 세상의 모든 종족과 온갖 언어를 사용하는 민족 가운데 메시아 예수를 따르는 백성은 완전히 회복된 창조 세계에 환영받으며 들어온다. 새 하늘과 새 땅에서는 더 이상 성전이 필요 없다. 왜냐하면 새 하늘 새 땅 전체가 하나님이 그분의 백성 가운데 영원히 거하시는 성전이기 때문이다(계 21:22). 삼위일체 하나님이 예전에 죄와 사탄이 파괴했던 것을 완전히 회복하셨다. 하나님은 자신의 약속들을 지키셨다.

성경의 위대한 이야기는 참으로 장대하다. 아담과 하와가 죄를 짓지 않고 하나님께 순종했더라면 구속의 역사는 어떻게 달라졌을까 궁금하기도 하다. 그것은 결코 알 수 없는 일이다. 하지만 우리가 분명히 아는 것은, 하나님이 과거의 잘못된 일들을 바로잡으시고 창조 세계를 회복하기 위한 생명의 길을 멋지고도 아름답게 그리고 자비롭게 예비하시고 진척시키시고 드디어 완수하셨다는 것이다. 새 하늘과 새 땅에서 우리의 모든 관계는 주 하나님과 함께, 다른 사람들과 함께, 창조 세계 그 자체와 함께 온전히 새롭게 형성될 것이다. 그날이

올 때까지 히브리서 저자가 언급한 것처럼 우리는 "모든 무거운 것과 얽매이기 쉬운 죄를 벗어 버리고 인내로써 우리 앞에 당한 경주를 하며 믿음의 주요 또 온전하게 하시는 이인 예수를" 바라보아야 한다(히 12:1-2).

이제는? 성경의 위대한 이야기 안에서 우리의 위치 발견하기

우리 삶을 형성하는 데 이야기처럼 중요한 요소는 없다. 누군가 당신의 삶 속에서 매우 중요한 순간이 언제였냐고 묻는다면, 당신은 분명 어떤 이야기를 들려주기 시작할 것이다. 그 이야기 속에는 중요한 (등장인물들과의) 관계와 의미심장하게 연속되는 사건들(줄거리), 문제 혹은 도전(갈등), 목적이 있는 결말(해결)이 들어 있을 것이다. 과연 우리는 이야기 없는 삶을 상상조차 할 수 있을까? 게다가 근원적이거나 거대한 이야기는 온 세상을 설명해 주고, 진정한 삶의 변화를 일으킨다. 우리가 깨닫든 깨닫지 못하든, 모든 사람은 어떤 위대한 이야기나 거대한 담론에 따라 살아간다. 중요한 문제는 결국 그것이 어떤 이야기인가 하는 것이다.

비록 성경이 66권의 다양한 책을 모아 놓은 책이지만, 성경은 또한 모든 것을 포괄하는 거대한 이야기이자 대단히 중요한 이야기다. 우리는 (그리고 수많은 다른 사람도) 성경의 위대한 이야기가 (계몽주의 이야기나 무슬림 이야기, 또는 포스트모던 이야기처럼) 경쟁 관계에 있는 다른 이야기들과는 결코 비교할 수 없을 정도로 가장 광대한 이야기를 제공한다고 믿는다. 이와 관련하여 크리스토퍼 라이트는 다음과 같이 설명한다.

> 우리는 우리가 진실이라고 믿는 이야기에 의지하여 살아가며,

> 그 이야기가 현실 세계를 있는 그대로 묘사하고 있다고 생각한다. 이 이야기로 살아간다는 것은 도대체 무슨 의미일까? 여기, 창조의 순간부터 마지막 새 창조까지 포괄하며 그 가운데 있는 모든 것을 설명하는 광대한 우주적 내러티브인 바로 그 이야기가 있다. 이것이 바로 성경이 펼쳐 보여 주는 하나님의 위대한 구원 이야기다. 성경의 이야기는 우리가 과연 어디에서 왔으며, 어떻게 여기에 존재하며, 우리가 누구이며, 왜 이 세상은 혼란스럽고, 어떻게 그것을 바꿀 수 있으며 (그리고 바뀌었으며), 궁극적으로 우리가 어디로 가는지를 말해 준다. 그리고 그 전체 이야기는 하나님의 실재와 사명에 기초한다. 하나님은 그 이야기의 창시자이며, 그 이야기의 화자이자 주인공이며, 그 이야기의 줄거리와 의미와 궁극적 완결을 위한 기획자이며, 동시에 그 과정을 인도하는 안내자시다. 하나님은 그 이야기의 시작이며 끝이며 중심이시다. 성경 이야기는 하나님의 선교(The mission of God)에 대한 이야기이며, 그 누구도 아닌 하나님 그분에 대한 이야기다.[5]

우리가 성경의 위대한 이야기를 이 세상에서 매우 중요한 이야기라고 믿는 몇 가지 이유가 있다.[6] 성경의 위대한 이야기는 다른 이야기들과 달리 당신에게 강요하지 않는다. 당신은 이 이야기의 중심인물인 예수님이나 그 이야기의 절정(십자가와 부활)에서 당신을 강요하는 강압적 요소를 결코 찾을 수 없을 것이다. 예수님은 자신의 생명을 다른 사람들을 위해 내주신 고난받는 메시아시다. 또한 성경 이야기 속에서, 하나님은 진실로 다양한 사람이 자신과 함께 살도록 구속 역사를 계획하고 주관하신다. 이 이야기는 모든 사람을 똑같은 틀이나 모양에 쑤셔 넣지 않는다. 요한계시록이 "각 족속과 방언과 백성과 나라"를 언급한 데서 볼 수 있듯, 성경의 위대한 이야기는 하나님이 주신 다양성을 긍정적으로 칭송한다. 이에 덧붙여 우리는 성경의 위대한 이야기를 따라 살아감으로써 인생의 근본 질문들에 대한 최고의 해답을 찾을 수 있다.

1. 우리는 지금 어디에 있는가? 어떤 종류의 세상에 살고 있는가? 성경의 위대한 이야기에 따르면, 우리는 지금 하나님이 창조하시고 지탱하시며 유지하시는 세상에 살고 있다. 이 세상에는 단순히 과학이나 기술, 진보, 혹은 우리의 상상력을 초월하는 무언가가 존재한다.
2. 우리는 누구인가? 인간으로 존재한다는 것은 무슨 의미인가? 성경은 우리가 하나님과 다른 사람들과 더불어 사랑의 관계를 맺으며 살기 위해 하나님의 형상을 따라 창조되었다고 말씀한다. 우리는 자신의 운명을 스스로 통제할 줄 아는 자생적인 자아(autonomous selves)도 아니고, 우리 주변의 환경에 종속된 다원적인 자아(multiple selves)도 아니다.
3. 무엇이 문제인가? 우리와 이 세상의 근본 문제는 무엇인가? 성경에 의하면 문제는 죄악이다. 우리는 창조주에게 반역했고, 그 결과 죄악이 우리 관계를 손상시켰다. 이 점이 우리가 이 세상의 문제에 대해 단순히 외부 환경만 탓할 수 없는 이유다.
4. 해결책은 무엇인가? 어떻게 그 문제를 바로잡을 수 있는가? 성경은 하나님이 예수 그리스도 안에서 우리를 구원하시려고 이 세상에 강림하셨다고 말한다. 예수 그리스도의 삶과 죽음과 부활이 구원의 길을 열어 준다. 우리에게 구원이 필요하지만, 우리는 결코 스스로를 구원할 수 없다. 그러나 예수님은 우리를 구

원하실 수 있다.

5. 우리는 성경 이야기 속에서 어디에 위치하는가? 우리는 어디에 속했으며, 성경 이야기가 지금 당장 우리 삶에 어떤 영향을 미치는가? 우리는 십자가와 부활로 인한 결정적 승리와 최종 완성 사이를 살아가는 하나님 나라의 시민이다. 우리는 하나님의 선교 안에서 하나님과 연합하도록 부름받았다.

어떤 사람이 예수 그리스도를 따르기로 결단했을 때, 그는 기본적으로 "나는 하나님의 이야기 가운데 일부분이 되기를 원합니다! 나는 그분의 이야기가 나의 이야기가 되기를 원합니다!"라고 고백하는 것이다. 바꾸어 말하면, 우리가 하나님의 위대한 이야기와 합쳐지는 것이다. 혹은 이렇게 표현할 수도 있다. 하나님이 우리 삶을 자신의 놀라운 이야기 안으로, 비단에 수를 놓듯이 짜 넣는 것이다. 성경의 위대한 이야기를 당신의 이야기로 받아들인다는 것은, 인생의 매우 중요한 문제에 대한 해답을 얻는 것일 뿐만 아니라, 하나님의 사명 가운데 그분과의 연합을 위해 부름받았음을 의미한다. 하나님의 이야기 안에서 우리 자리를 발견하는 또 다른 방법은, 이 세상을 향한 하나님의 사명에 동참하는 것이다. 우리가 하나님의 사명에 동참하는 것은, 우리 삶의 목표를 우리 자신이 아니라 하나님과 그분의 목표에 고정시키는 것이기 때문에, 이를 통해 우리 인생의 궁극적이고 참다운 의미와 목적을 발견할 수 있다.

하나님의 선교는 다음 쪽의 그림과 같이 다섯 가지 중요한 영적 실체의 연결망으로 묘사될 수 있다.

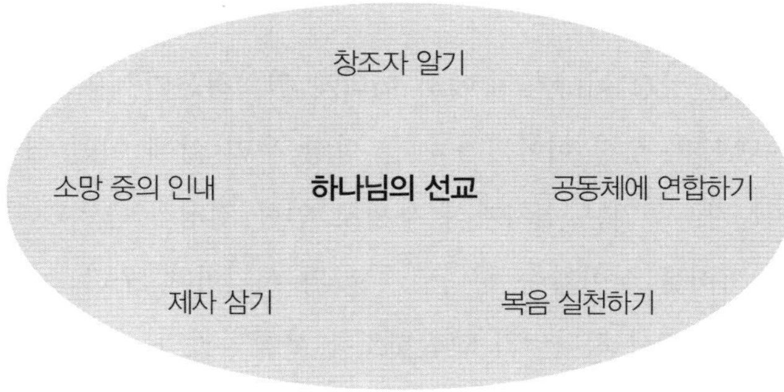

| 창조자 알기 |

요한복음 17:3. **"영생은 곧 유일하신 참 하나님과 그가 보내신 자 예수 그리스도를 아는 것이니이다."**

하나님의 선교에 참여하는 첫 번째 방법은, 위대한 구원 이야기의 창시자인 하나님을 알고 그분과 인격적 관계를 맺는 것이다. 우리는 주님이시며 메시아이신 예수 그리스도를 따름으로써 하나님과 인격적 관계를 맺을 수 있다. 성경은 반복해서 우리의 믿음을 예수님께 두라고 요청한다(예를 들어, 요 3:16; 롬 10:9-10; 엡 2:8-9).

| 공동체에 연합하기 |

사도행전 2:42. **"그들이 사도의 가르침을 받아 서로 교제하고 떡을 떼며 오로지 기도하기를 힘쓰니라."**

우리는 우리 스스로의 힘으로는 절대로 하나님의 선교를 이행할 수 없다. 우리는 반드시 믿음의 공동체에 구성원으로 소속되어야 한다. 그 믿음의 공동체는 예수님을 따르며 성경의 위대한 구원 이야기를 따라 살아가는 공동체로서의 교회다. 신앙 공동체에 함께 참여하는 가운데 이 세상에 죄가 들어옴으로 말미암아 상실되었던 것들이

다시 구속되고 회복되기 시작한다. 이렇게 교회는 하나님의 선교를 수행하는 데 중심 역할을 한다.

| 복음 실천하기 |

로마서 8:14. **"무릇 하나님의 영으로 인도함을 받는 사람은 곧 하나님의 아들이라."**

하나님의 선교는 무엇보다도 먼저 우리 자신에게 결정적 영향을 미친다. 구약성경에서 '복음을 실천하는 삶'은 미가 6:8 "오직 정의를 행하며 인자를 사랑하며 겸손하게 네 하나님과 함께 행하는 것"으로 요약될 수 있다. 예수님은 우리를 부르셔서 하나님 나라의 백성답게 살도록 인도하신다(마 5-7장). 사도 바울도 복음을 실천하는 것은 성령의 인도를 받으며 사는 것과 같다고 말할 것이다(예를 들어, 롬 8:14; 갈 5:18). 우리는 다른 사람들에게 성경 이야기를 들려주려고 세상으로 향하기 전에 먼저 자신의 삶 속에서 이야기를 실천하는 삶을 살아야 한다.

| 제자 삼기 |

마태복음 28:19-20. **"그러므로 너희는 가서 모든 민족을 제자로 삼아 아버지와 아들과 성령의 이름으로 세례를 베풀고 내가 너희에게 분부한 모든 것을 가르쳐 지키게 하라. 볼지어다. 내가 세상 끝날까지 너희와 항상 함께 있으리라 하시니라."**

교회는 공동체에 연합하고 복음을 실천하는 차원을 뛰어넘어 세상 속에서 복음을 증언하도록 부름받았다. 예수님은 제자들에게 하나님 아버지께서 자신을 이 세상에 보낸 것같이 이제 자신도 제자들을 세상으로 파송하고 있다고 말씀하신다(요 20:21). 예수님은 온 세상에 복음을 증언할 수 있도록 성령으로 제자들에게 능력을 공급하신다(행 1:8). 제자 삼기 위해서는 단순히 전도지를 나누어 주거나 선교 여행에 동참하는 것보다 훨씬 많은 것이 필요하다. 우리는 삶의 모든 영역에 선한 영향을 미치는 복음을 증거하기 위하여 오락이나 스포츠, 사업, 정치, 예술, 교육 등의 모든 영역을 망라하는 통전적 접근을 제안한다. 이러한 접근은 고힌과 바르톨로뮤가 '문화적 관여에 관한 포괄적인 전망'(a comprehensive vision of cultural engagement)이라고 부르는 것이다.[7] 우리에게는 '전임 사역자'로 부름받은 그리스도인이 필요한 것이 아니라, 삶의 모든 영역에서 신실하게 성경을 실천할 그리스도인이 필요하다.

| 소망 중의 인내 |

요한계시록 12:11. **"또 우리 형제들이 어린양의 피와 자기들이 증언하는 말씀으로써 그를 이겼으니 그들은 죽기까지 자기들의 생명을 아끼지 아니했도다."**

하나님의 백성은 하나님이 언젠가 창조 세계의 완전한 구원을 위한 그분의 약속을 완전히 성취하시리라는 소망을 붙잡고 살아간다. 그날이 오기까지 우리가 감당해야 할 사명의 한 부분은 인내하고 견디는 것이다. 요한계시록에 따르면 우리가 어떻게 '이기는가' 혹은 '승리하는가'에 대한 해답은 신실한 인내다(참조. 계 21:7). 성경 이야기를 실천하고 하나님의 사명을 완수하는 일은, 영적 대적들과 방해물로 가득한 망가진 세상에서 쉽게 감당할 수 없는 어려운 일이다. 그러나 우리는 하나님이 시작하신 구원의 역사를 그분이 반드시 완수하실 것이라는 소망 속에서 함께 인내한다.

선택의 시간

성경의 위대한 이야기는 우리의 온전한 참여를 요구한다. 사람들이 성경 이야기 속에서 발견되는 하찮은 부스러기들을 자신의 변하지 않은 삶 속에 양념을 치듯 더하는 수준에서 적당히 만족하고 있다면, 그리고 성경의 이야기를 제쳐 놓고 다른 이야기를 따라 살고 있다면, 그 사람은 결코 성경의 위대한 이야기를 제대로 경험하지 못할 것이다. 성경의 이야기는 너무나도 강력해서 가랑비처럼 우리의 일부만을 적시지 못한다. 성경의 이야기는 우리에게 100퍼센트의 전적 헌신을 요구한다. 당신이 하나님의 위대한 이야기라는 고속 도로에 올라탄다면, 액셀을 밟아 감동적인 속도를 느끼고 싶어 하지 결코 뒤돌아보며 주춤거리지 않을 것이다. 그렇다면 과연 성경의 이야기는 그렇게 헌신할 만한 가치가 있는가?

다음 질문들을 고려해 보라.[8]

- "하나님은 내가 주도하는 삶의 어느 부분을 충족시키기에 적당한가?"라고 질문하기보다는, "나의 삶은 하나님이 주도하시는 위대한 구원 이야기 속에서 어느 부분에 연합하기에 적합한가?"라는 질문을 던져야 한다.
- 나의 개인적 삶을 성취하기 위해 하나님의 목적에 초점을 맞추기보다는, "이 세상을 위한 하나님의 사명을 성취하는 데 어떻게 하면 나의 삶이 적합해질까?"라는 질문을 던져야 한다.
- 성경을 우리 삶에 어떻게 끼워 맞춰 적용할 것인가에 대해 많은 이야기를 하는 대신에, 우리는 "어떻게 우리 삶을 성경에 맞출 수 있을까?"라는 질문을 던져야 한다.

- “하나님은 **나를** 위해 어떤 종류의 사명을 예비하고 계신가?”를 궁금해하기보다 “하나님은 **자신의** 선교를 이루기 위해 나에게 어떤 모습을 기대하시는가?”라는 질문을 던져야 한다.

하나님의 위대한 구원 이야기 안에서 우리의 자리를 발견한다는 것은, 실존의 중심에 우리 스스로를 확고하게 고정시켜 놓은 상태에서 하나님께 얼마나 많은 여분의 공간을 내어 드릴 수 있는가 하는 문제를 훨씬 뛰어넘는 일이다. 성경 이야기 안에서 우리 자리를 찾는 모험은, 자신을 포함하여 이 세상의 모든 현실 세계 속에서 유일하고도 참된 중심이신 하나님이 그분의 합당한 자리를 취하시도록 우리 자신을 내려놓는 것부터 시작된다. 이것이 바로 예수님이 자기를 부인하고, 십자가를 지고, ‘나를 따르라’고 사람들에게 도전할 때 하신 말씀의 의미다. 회심은 자리의 변화를 포함한다. 예수님은 자기 스스로 삶과 인생의 중심임을 부인하고 주님이 그 중심에 서시도록 승복한 사람들을 향하여, 그렇게 자기의 중심 자리를 내어 드리는 과정에서 그들의 생명이 반드시 구원받을 것이라고 약속하셨다는 사실에 주목해야 한다(막 8:34-35). 이것이 모든 사람이 찾는 것이 아닌가? 생명 그 자체보다 더 중요한 것이 과연 무엇인가?

“태초에 하나님이 천지를 창조하시니라.” 이것이 바로 성경의 위대한 이야기가 시작되는 방식이다. 우리는 하나님의 온전한 공동체를 경험하도록 창조되었지만, 이 세상은 무언가 엄청나게 잘못된 방향으로 흘러가려고 한다. 사탄과 죄악이 하나님이 창조하신 아름다운 세계를 침공했고 붕괴와 죽음을 끌어들였다. 하지만 하나님의 큰 사랑 때문에 그분은 자신의 피조물을 결코 포기하지 않으셨다. 오히려 하나님의 독생자 예수께서 이 세상을 구원하시고자 세상으로 내려오셨다. 그리고 하나님은 예수님의 삶과 죽음과 부활을 통해 죄악으로 말미암은 저주를 역전시키고 자신의 피조물들을 회복하시기 시작했다. 이제, 성령의 능력이 임한 교회인 우리는 궁극적 구원과 창조 세계의 회복이라는 사명을 완수하기 위해 하나님과 연합한다. 그리고 우리는 하나님이 모든 것을 새롭게 하셔서 더 이상 죽음이나 눈물도 없고 고통도 없는 그날을 소망 중에 기다린다. 그날이 되면 하나님이 완벽하게 아름다운 장소에서 그분의 백성 가운데 임재하실 것이다(계 21:1-4; 22:3-5). 우리는 그날을 간절히 기다리며 "주 예수여 오시옵소서"라고 기도한다(계 22:20). 참으로 성경은 우리의 모든 관심과 전적 헌신을 받기에 합당하다. 무엇보다도 성경이 하나님의 위대한 이야기이기 때문이다.

그리스도를 향한 결단의 중요성

대학교 기숙사 방에 혼자 있을 때, 그토록 피하고 싶었던 그분이 잠시 여유가 생길 때면 꾸준히, 한 치의 양보도 없이 다가오시는 것을 밤마다 느껴야 했던 내 처지를 상상해 보기 바란다. 너무나도 두려워하던 그 일이 마침내 일어나고야 말았다. 1929년 여름 학기에 나는 드디어 항복했고, 하나님이 하나님이시라는 사실을 인정했으며, 무릎을 꿇고 기도했다. 아마도 그날 나만큼 맥 빠진 채 마지못해 회심한 사람은 없을 것이다. 지금은 너무나도 찬란하고 선명해 보이는 일이 당시 내 눈에는 그렇게 보이지 않았다. 하나님은 얼마나 겸손하신지 그런 불완전한 마음의 회심자까지 받아주신다. 성경에 나오는 탕자는 적어도 제 발로 집에 돌아갔다. 그러나 끌려가는 와중에도 발길질하고 몸부림치고 씩씩대고 사방을 두리번거리며 도망갈 기회를 찾는 탕자에게도 하늘 문을 활짝 열어 주신 그분의 사랑을 그 누가 찬양하지 않으랴?…하나님의 준엄함은 인간의 온화함보다 따뜻하다. 그분의 강요는 우리를 해방시킨다.[9]

–C. S. 루이스

심층 연구

| 도서들 |

Alexander, T. Desmond. *From Eden to the New Jerusalem: An Introduction to Biblical Theology*. Grand Rapids: Kregel, 2009. 『에덴에서 새 예루살렘까지』(부흥과개혁사).

Emerson, Matthew Y. *The Story of Scripture: An Introduction to Biblical Theology*. Hobbs College Library. Nashville: B&H Academic, 2017.

Greidanus, Sidney. *From Chaos to Cosmos: Creation to New Creation*. New Studies in Biblical Theology. Wheaton, IL: Crossway, 2018. 『혼돈과 질서 성경신학』(부흥과개혁사).

| 토론을 위한 질문 |

a. 성경의 시작과 끝이 긴밀히 연결되는 방식에서 가장 의미 있게 느껴지는 부분은 무엇인가?

b. 성경의 위대한 이야기를 한 문장으로 요약해 보라.

c. 성경의 위대한 이야기가 가장 중요한 이야기인 이유는 무엇인가?

d. 당신의 삶을 인도하는 내러티브로 성경의 위대한 이야기를 선택한다는 의미에서 예수 그리스도를 따르기로 결정한다면, 구체적으로 어떤 삶을 살아야 하겠는가?

과제

1. 이 책의 서론 말미에서 우리는 동일한 과제를 제시했다. 이전에 당신이 작성한 답을 보지 말고, 다시 한번 답을 작성해 보라. 성경 이야기와 서구 문명의 이야기는 종종 양립할 수 없다. 이 책의 서론에서 언급한 다섯 가지 기본 질문에 대한 해답을 먼저는 서구 문명의 관점에서 적어 보고, 이어서 성경 이야기의 관점에서 적어 보라. 해답을 길게 적을 필요는 없지만, 깊이 있는 성찰을 담아야 한다. 그런 다음 결론으로 두 이야기가 어디에서 중첩되는지 그리고 어디에서 철저하게 대조되는지를 보여 주는 문단을 적어 보라.

2. 이제 당신이 이전에 작성한 답을 찾아 비교해 보라. 이 책을 공부하면서 당신이 얼마나 변화되었거나 성장했다고 생각하는지 설명하는 한 문단의 글을 작성해 보라.

3. 이번 장에서 우리는 하나님의 선교가 다섯 가지 영적 실체의 연결망으로 묘사될 수 있음을 살펴보았다. 각 영적 실체가 하나님의 선교 안에서 어떤 중요한 역할을 하는지 설명하는 한 쪽 분량의 글을 작성해 보라. 그런 후에 이 다섯 가지 영적 실체가 현재 당신의 삶과 어떤 관계에 있는지 설명하는 한 문단 분량의 글을 작성해 보라.

4. 성경의 위대한 이야기는 전적 헌신을 요구하는 근원적인 이야기다. 바로 이 시점에서 성경의 위대한 이야기와 당신의 삶이 어떻게 연결되는지를 설명하는 두 쪽 분량의 글을 적어 보라. 당신은 성경 이야기를 100퍼센트 전적으로 받아들이는가? 당신은 성경의 위대한 이야기에 잠깐 발을 담가 보는 중인가? 또는 성경 이야기를 당신의 근원 이야기로 받아들이기를 거부하는가? 당신이 성경의 이야기와 관계를 맺게 된 이유를 설명해 보라. 이 시간을 개인적 성찰의 시간으로 만들어 보라.

주

왜 이 책이어야 하는가?

1. N. T. Wright, *The New Testament and the People of God* (Minneapolis: Fortress, 1992), p. 38. 『신약성서와 하나님의 백성』(CH북스).
2. 다음을 보라. Craig G. Bartholomew and Michael W. Goheen, *The Drama of Scripture* (Grand Rapids: Baker, 2000), p. 18. 『성경은 드라마다』(IVP).
3. 세계관적 질문들에 성경이 어떻게 탁월한 해답을 제시하는지에 대해서는 다음을 보라. Brian J. Walsh and J. Richard Middleton, *The Transforming Vision: Shaping a Christian World View* (Downers Grove, IL: Intervarsity Press, 1984, 『그리스도인의 비전』, IVP); Leslie Newbigin, *The Gospel in a Pluralistic Society* (Grand Rapids: Eerdmans, 1989, 『다원주의 사회에서의 복음』, IVP); Christopher J. H. Wright, *The Mission of God: Unlocking the Bible's Grand Narrative* (Downers Grove, IL: Intervarsity Press, 2006, 『하나님의 선교』, IVP); Michael W. Goheen and Craig G. Bartholomew, *Living at the Crossroads: An Introduction to Christian Worldview* (Grand Rapids: Baker, 2008, 『세계관은 이야기다』, IVP); Matthew Y. Emerson, *The Story of Scripture: An Introduction to Biblical Theology* (Nashville: B&H Academic, 2017).
4. Newbigin, *The Gospel in a Pluralistic Society*, p. 89.
5. 자신의 저서에서 Christopher Wright는 성경의 위대한 이야기가 교회로 하여금 이 세상을 어떤 관점으로 바라보도록 안내하는지에 대해 잘 제시하고 있다. Christopher J. H. Wright, *The Mission of God's People: A Biblical Theology of the Church's Mission* (Grand Rapids: Zondervan, 2010). 『하나님 백성의 선교』(IVP).

서론

1. Eugene H. Peterson, *Working the Angles: The Shape of Pastoral Ministry* (Grand Rapids: Eerdmans, 1987), p. 119. 『균형 있는 목회자』(좋은씨앗).
2. N. T. Wright, *The New Testament and the People of God* (Minneapolis: Fortress, 1992), p. 40. 『신약성서와 하나님의 백성』(CH북스).

1. 창조와 위기

1. Philip Yancey, *The Bible Jesus Read* (Grand Rapids: Zondervan, 1999), p. 27. 『예수님이 읽으신 성경』(IVP).
2. Allen Rose, *Creation and Blessing: A Guide to the Study and Exposition of Genesis* (Grand Rapids: Baker, 1988), p. 101. 『창조와 축복』(디모데).
3. John H. Walton, *The Lost World of Genesis One: Ancient Cosmology and the Origins Debate* (Downers Grove, IL: IVP Academic, 2009), pp. 162-163. 『창세기 1장의 잃어버린 세계』(그리심).
4. Dietrich Bonhoeffer, *Creation and Fall: A Theological Interpretation of Genesis 1-3* (New York: Macmillan, 1959), p. 143. 『창조와 타락: 창세기 1-3장에 대한 신학적 해석』(대한기독교서회).

2. 언약

1. Walter C. Kaiser, Jr., *The Promise-Plan of God: A Biblical Theology of Old and New Testament* (Grand Rapids: Zondervan, 2008), p. 53.

3. 불러냄

1. 이 도표는 다음 자료를 참고하여 작성한 것이다. Peter Enns, *Exodus*, The NIV Application Bible (Grand Rapids: Zondervan, 2000), p. 208. Enns는 다음 책에서 소개되는 정보의 상당 부분을 긍정적으로 수용하는 입장이

다. Nahum M. Sarna, *Exploring Exodus: The Heritage of Biblical Israel* (New York: Schocken, 1986), p. 76. 『출애굽기 탐험』(솔로몬).

5. 정복과 가나안화

1. Paul Copan, *Is God a Moral Monster? Making Sense of the Old Testament God* (Grand Rapids: Baker, 2011), p. 168. 『구약 윤리학』(CLC).

6. 왕국의 탄생

1. Emily Dickinson, "I'm Nobody! Who Are You?" *The Poems of Emily Dickinson*, ed. R. W. Franklin (Cambridge, MA: Belknap, 1998), 1:279.
2. Walter Brueggemann, *First and Second Samuel* (Interpretation; Louisville: John Knox, 1990), p. 140. 『사무엘상·하』(한국장로교출판사).

7. 왕국의 친교와 상식

1. C. S. Lewis, *Reflection on the Psalm* (San Diego and New York: Harcourt, 1958), pp. 95-97. 『시편사색』(홍성사).

8. 왕국의 분열

1. Timothy Keller, *Generous Justice: How God's Grace Makes Us Just* (New York: Dutton, 2010), p. 177. 『정의란 무엇인가』(도서출판 두란노).

11. 그리스도: 이 세상 속으로 오신 예수님

1. 성탄절에 관해 성경이 실제로 어떻게 말하는지를 이해하려면 Verlyn Verbrugge의 작은 책을 강력히 추천한다. *A Not-So-Silent Night: The*

Unheard Story of Christmas and Why it Matters (Grand Rapids: Kregel, 2009). Verlyn은 크리스마스의 어두운 부분—고통, 낮아짐, 두려움 그리고 위험—을 잘 소개하며 하나님의 아들이 실제로 어떻게 이 세상에 들어오셨는지 그리고 관계된 모든 사람에게 그것이 어떤 영향을 미쳤는지에 대한 실제적 관점을 우리에게 제공한다.

2. Philip Yancey, *The Jesus I Never Knew* (Grand Rapids: Zondervan, 2002), p. 32. 『내가 알지 못했던 예수』(IVP).
3. 명예와 수치의 문화에 대해 좀더 알기 원하면 John Dickson의 책을 보라. *Humilitas: A Lost Key to Life, Love, and Leadership* (Grand Rapids: Zondervan, 2011), 특히 5장을 보라. "Philotimia: Why the Ancient World Didn't Like Humility." 『후밀리타스』(포이에마).
4. Verbrugge, *A Not-So-Silent Night*, p. 57.
5. Tim Stafford, *Surprised by Jesus: His Agenda for Changing Everything in A.D. 30 and Today* (Downers Grove, IL: InterVarsity Press, 2006), p. 18. 『유대인의 옷을 입은 예수』(예수전도단).
6. Stafford, *Surprised by Jesus*, p. 29.
7. C. S. Lewis, *The Screwtape Letter* (New York: HarperCollins, 2001; orig. 1942), pp. 34, 126. 『스크루테이프의 편지』(홍성사).
8. 자기 백성 가운데 임재하시는 하나님이라는 주제를 종합적으로 이해하기 원한다면, 다음을 보라. J. Scott Duvall and J. Daniel Jays, *God's Relational Presence: The Cohesive Center of Biblical Theology* (Grand Rapids: Baker Academic, 2019). 『하나님의 임재 신학』(새물결플러스).
9. Yancey, *The Jesus I Never Knew*, pp. 38-39.
10. George McDonald, *Life Essential: The Hope of the Gospel* (Wheaton, IL: Harold Shaw, 1974), p. 25.
11. John Ortberg, *The Life You've Always Wanted: Spiritual Disciplines for Ordinary People* (Grand Rapids: Zondervan, 2002), p. 54. 『평범 이상의 삶』(국제제자훈련원).

12. 그리스도: 예수님의 메시지

1. 하나님 나라(혹은 마태복음에서는 '천국'으로 번역되어 유대인 청중에 대한 예수님의 감수성을 반영한 용어)는 복음서에 87회 등장한다. 또한 이 주제는 산상수훈과 고별 설교 그리고 여러 비유와 같은 예수님의 중요한 교훈에서 빈번하게 발견된다. Robert H. Stein, *Jesus the Messiah* (Downers Grove, IL: InterVarsity Press, 1996), p. 126을 보라. 『메시아 예수』(IVP).
2. Gordon D. Fee and Douglas K. Stuart, *How to Read the Bible for All Its Worth*, 4th ed.(Grand Rapids: Zondervan, 2014), pp. 150-153. 『성경을 어떻게 읽을 것인가』(성서유니온). 하나님 나라에 대한 예수님의 이해가 어떤 배경을 가졌는지 보다 깊이 살펴보려면, 다음 책의 첫 일곱 장을 보라. N. T. Wright, *Simply Jesus: A New Vision of Who He Was, What He did, and Why He Matters* (New York: HarperOne, 2011). 『Simply Jesus』(아드벤트).
3. Michael J. Wilkins, *Following the Master: A Biblical Theology of Discipleship* (Grand Rapids: Zondervan, 1992), p. 105. 『제자도』(은성).
4. 이 도표는 Preben Vang과 Terry Carter의 *Telling God's Story: The Biblical Narrative from Beginning to End* (Nashville: Broadman&Holman, 2006), p. 196를 참고하여 다시 작성했다. 이 도표는 본래 J. Scott Duvall이 만들었고 Ouachita Baptist University에서 사용된 그의 미출판작 New Testament Survey에 처음 실렸다.2
5. Yancey, *The Jesus I Never Knew*, p. 182.
6. Michael Green, *Evangelism and the Early Church*, rev. ed.(Grand Rapids: Eerdmans, 2004), pp. 26-27. 『초대교회의 복음전도』(복있는사람).
7. Craig L. Blomberg, *Jesus and the Gospel: An Introduction and Survey*, 2nd ed.(Nashville: Broadman&Holman, 2009), p. 287. 『예수와 복음서』(CLC).
8. D. A. Carson, *Jesus' Sermon on the Mount and His Confrontation with the World: An Exposition of Matthew 5-10* (Grand Rapids: Baker,

2004), p. 11.

9. 예수님의 메시지 전달법에 대한 연구는 Robert H. Stein, *The Method and Message of Jesus' Teaching* (Louisville: Westminster John Knox, 1994)을 보라. 『예수의 가르침에 나타난 방법과 메시지』(한국장로교출판사).

10. 이런 해석적 지침을 위해서는 예수님의 비유에 대한 획기적 연구인 다음 책을 보라. Craig L. Blomberg, *Interpreting the Parables*, 2nd ed. (Downers Grove, IL: InterVarsity Press, 2012). 『비유해석학』(생명의말씀사).

11. Blomberg, *Jesus and the Gospels*, p. 295.

12. 이 목록들에 대해서는 다음 책을 보라. Blomberg, *Jesus and the Gospels*.

13. C. S. Lewis, *The Great Divorce* (New York: HarperCollins, 2001; orig. 1946), p. 75. 『천국과 지옥의 이혼』(홍성사).

14. Dallas Willard, *The Great Omission: Reclaiming Jesus' Essential Teaching on Discipleship* (New York; HarperOne, 2006), pp. 3, 13. 『잊혀진 제자도』(복있는사람).

15. David E. Garland, *Mark*, The NIV Application Commentary (Grand Rapids: Zondervan, 1996), p. 333. 『NIV 적용주석-마가복음』(솔로몬).

16. Jürgen Moltmann, *The Way of Jesus Christ* (Minneapolis: Augsburg Frotress, 1995), p. 99. 『예수 그리스도의 길』(대한기독교서회).

13. 그리스도: 예루살렘을 향한 예수님의 여정

1. Tim Stafford, *Surprised by Jesus* (Dawners Grove, IL: InterVarsity Press, 2006), pp. 90-92. 『유대인의 옷을 입은 예수』(예수전도단).

2. Peter Walker, *In the Steps of Jesus* (Grand Rapids: Zondervan, 2007), p. 94.

3. Thomas à Kempis, *Imitation of Christ*, 2.11.

4. G. K. Beale and D. A. Carson, *Commentary on the New Testament Use of the Old Testament* (Grand Rapids: Baker, 2007), p. 336. 『신약의 구약 사용 주석』(CLC).

5. Josephus, *The Antiquities of the Jews 10.3.8*, in William Whiston,

trans., *The Works of Josephus: Complete and Unabridged* (Peabody: Hendrickson, 1996).

6. Richard J. Foster, *Celebration of Discipline*, 25th anniversary ed.(San Francisco: HarpeSanFrancisco, 2003), p. 132. 『영적 훈련과 성장』(생명의 말씀사).
7. John Dickson, *Humilitas* (Grand Rapids: Zondervan, 2011), pp. 169-170. 『후밀리타스』(포이에마).

14. 그리스도: 십자가 위에서 죽으신 예수님

1. Frederick Dale Bruner, *The Churchbook: Matthew 13-28* (Dallas: Word, 1990), p. 730.
2. David E. Garland, *Mark*, The NIV Application Commentary (Grand Rapids, MI: Zondervan, 1996), p. 439. 『NIV 적용주석 마가복음』(솔로몬).
3. Darrell L. Bock, *Jesus According to Scripture* (Grand Rapids: Baker, 2002), pp. 357-358. 『복음서를 통해 본 예수』(솔로몬).
4. Gary M. Burge, *John*, NIV Application Commentary (Grand Rapids: Zondervan, 2000), pp. 382-383. 『NIV 적용주석-요한복음』(솔로몬).
5. Robert Stein, *Jesus the Messiah* (Downers Grove, IL: InterVarsity Press, 1996), p. 204. 『메시아 예수』(IVP).
6. Warren Carter, *Seven Events that Shaped the New Testament World* (Grand Rapids: Baker Academic, 2013), p. 87. 『신약세계를 형성한 7가지 사건』(좋은씨앗).
7. Bock, *Jesus According to Scripture*, p. 374.
8. 같은 책, p. 382.
9. David Garland, *Mark*, NIV Application Commentary (Grand Rapids: Zondervan, 1996), p. 439. 『NIV 적용주석 마가복음』(솔로몬).
10. John R. W. Stott, *The Cross of Christ* (Downers Grove, IL: InterVarsity Press, 1986), p. 152. 『그리스도의 십자가』(IVP).

11. C. S. Lewis, *Letters to Malcolm: Chiefly on Prayer* (Orlando: Harcourt, 1992, orig. 1963), p. 22. 『개인기도』(홍성사).

15. 그리스도: 무덤에서 부활하신 예수님

1. 다음을 보라. Craig L. Blomberg, *Jesus and the Gospels: An Introduction and Survey*, 2nd ed.(Nashville: Broadman & Holman, 2009), pp. 354-355. 『예수와 복음서』(CLC).
2. N. T. Wright, *The Resurrection of the Son of God*, Christian Origins and the Question of God (London: Society for Promoting Christian Knowledge, 2003), p. 731. 『하나님의 아들의 부활』(CH북스).
3. William Lane Craig, "Did Jesus Rise from the Dead?" in *Jesus under Fire*, ed. Michael J. Wilkins and J. P. Moreland (Grand Rapids: Zondervan, 1995), p. 149.
4. Craig, "Did Jesus Rise," p. 148.
5. Craig, "Did Jesus Rise," p. 152.
6. 이와 관련해 다음 역작을 보라. Richard Bauckham, *Jesus and the Eyewitnesses: The Gospels as Eyewitness Testimony* (Grand Rapids: Eerdmans, 2008). 『예수와 그 목격자들』(성서유니온).
7. Mark L. Strauss, *Four Portraits, One Jesus: An Introduction to Jesus and the Gospels* (Grand Rapids: Zondervan, 2007), p. 520. 『네 편의 초상, 한 분의 예수』(성서유니온).
8. Craig, "Did Jesus Rise," p. 151.
9. Blomberg, *Jesus and the Gospels*, p. 353.
10. John Dickson, *Life of Jesus* (Grand Rapids: Zondervan, 2010), p. 157.
11. Christopher Wright는 다음과 같이 주장한다. 초대교회의 선교 활동은 단지 대위임령에 의거하는 것이 아니라 성경의 위대한 이야기에 그들이 참여한다는 것에 대한 유대 그리스도인의 폭넓은 이해에 기초한다. *The Mission of God's People: A Biblical Theology of the Church's Mission* (Grand

Rapids: Zondervan, 2010), pp. 35–36을 보라. 『하나님 백성의 선교』(IVP).

12. Michael J. Wilkins, *Matthew*, The NIV Application Commentary (Grand Rapids: Zondervan, 2004), pp. 963–964. 『NIV 적용주석-마태복음』(솔로몬).
13. N. T. Wright, *Simply Christian: Why Christianity Makes Sense* (New York: HarperOne, 2006), pp. 114-115, 218-219. 『톰 라이트와 함께하는 기독교 여행』(IVP).
14. N. T. Wright, *Surprised by Hope: Rethinking Heaven, the Resurrection, and the Mission of the Church* (New York: HaperOne, 2008), p. 113. 『마침내 드러난 하나님 나라』(IVP).

16. 교회: 오순절 성령 강림

1. Craig G. Bartholomew and Michael W. Goheen, *The Drama of Scripture: Finding Our Place in the Biblical Story* (Grand Rapids: Baker, 2004), p. 172. 『성경은 드라마다』(IVP).
2. Craig S. Keener, *Three Crucial Questions about the Holy Spirit* (Grand Rapids: Baker, 1996), p. 17.
3. John R. W. Stott, *The Message of Acts* (Downers Grove: InterVarsity, 1994), p. 82. 『BST 사도행전 강해』(IVP).
4. Dietrich Bonhoeffer, *Life Together* (New York: Harper&Row, 1954), p. 77. 『신도의 공동생활』(대한기독교서회).
5. J. Scott Duvall and J. Daniel Hays, *God's Relational Presence: The Cohesive Center of Biblical Theology* (Grand Rapids: Baker Academic, 2019), pp. 206–215을 보라. 『하나님의 임재 신학』(새물결플러스).
6. Jürgen Moltman, *Theology of Hope* (Minneapolis: Fortress, 1993), p. 32. 『희망의 신학』(대한기독교서회).

17. 교회: 예루살렘과 유다와 사마리아에서

1. Brad Kallenberg, *Live to Tell: Evangelism to the Postmodern Age* (Grand Rapids: Brazos, 2002), p. 50.
2. Bruce Shelley, *Theology for Ordinary People* (Downers Grove, IL: InterVarsity Press, 1993), p. 146.

18. 교회: 이방 선교

1. J. Scott Duvall and J. Daniel Hays, *Grasping God's Word: A Hands-On Approach to Reading, Interpreting, and Applying the Bible* (Grand Rapids: Zondervan, 1998), p. 272. 『성경해석』(성서유니온).
2. Henri J. M. Nouwen, *The Only Necessary Thing* (New York: Crossroad, 1999), p. 124. 『기도의 삶』(복있는사람).
3. 가난한 자들을 돕는 좋은 출발점은 물질의 소유와 사용 방식에 관한 성경의 가르침을 이해하는 것이다. 이와 관련하여 다음 도서를 추천한다. Craig L. Blomberg, *Neither Poverty nor Riches: A Biblical Theology of Material Possessions* (Grand Rapids: Eerdmans, 1999). 『가난하게도 마옵시고 부하게도 마옵소서』(IVP).

19. 교회: 예루살렘에서 로마로 전파되는 복음

1. Richard N. Longenecker, *The Ministry and Message of Paul* (Grand Rapids: Zondervan, 1971), p. 112.

20. 완성

1. J. Scott Duvall, *The Heart of Revelation: Understanding the 10 Essential Themes of the Bible's Final Book*, Rev. ed. (Nashville: B&H

Academic, 2019), p. 7. 『요한계시록의 심장』(새물결플러스).

2. Richard J. Bauckham, *The Theology of the Book of Revelation* (Cambridge: Cambridge Univ. Press), pp. 17-18. 『요한계시록 신학』(부흥과개혁사).
3. Paul Spilsbury, *The Throne, the Lamb and the Dragon: A Reader's Guide to the Book of Revelation* (Downers Grove, IL: InterVarsity Press, 2002), p. 129.
4. From J. Daniel Hays, J. Scott Duvall, and C. Marvin Pate, *An A-to-Z Guide to Biblical Prophecy and the End Times* (Grand Rapids: Zondervan, 2007), p. 407.
5. 요한계시록의 신학적 주제에 대해 더 알고 싶다면, Duvall, *Heart of Revelation*을 보라.
6. J . Daniel Hays and J. Scott Duvall, *The Baker Illustrated Bible Handbook* (Grand Rapids: Baker, 2011), pp. 30-31. 『베이커 성경 핸드북』(부흥과개혁사).
7. C. S. Lewis, *Mere Christianity* (New York: Simon & Schuster, 1996; orig. 1943), p. 119. 『순전한 기독교』(홍성사).

결론

1. Leslie Newbigin, *The Gospel in a Pluralist Society* (Grand Rapids: Eerdmans, 1989), p. 15. 『다원주의 사회에서의 복음』(IVP).
2. C. H. J. Wright, *Mission of God's People* (Grand Rapids: Zondervan, 2010), p. 266. 『하나님 백성의 선교』(IVP).
3. John Ortberg, *Everybody's Normal Till You Get to Know Them* (Grand Rapids: Zondervan, 2003), p. 38.
4. Leland Ryken, *How Bible Stories Work: A Guided Study of Biblical Narrative, Reading the Bible as Literature* (Bellingham, WA: Lexham, 2015), p. 19.

5. C. H. J. Wright, *The Mission of God* (Downer's Grove, IL: InterVarsity, 2006), p. 533. Wright는 그의 위대한 작품에서, 하나님의 선교가 최고의 해석학적 렌즈라고 주장한다. 그 렌즈를 통해 우리는 성경 전체를 분명하게 이해할 수 있다. 『하나님의 선교』, IVP.

6. Michael W. Goheen의 공개 강의: "The Urgency of Reading the Bible as One Story in the 21st Century" (밴쿠버 리젠트 칼리지에서 2006년 11월 2일에 강연).

7. Michael W. Goheen and Craig G. Bartholomew, *Living at the Crossroads: An Introduction to Christian Worldview* (Grand Rapids: Baker, 2008), pp. 1-10. 『세계관은 이야기다』(IVP).

8. Wright, *Mission of God*, pp. 533-534에서 인용.

9. C. S. Lewis, *Surprised by Joy* (New York: HarperOne, 2017), pp. 279-280. 『예기치 못한 기쁨』(홍성사).

성경 찾아보기

출애굽기

레위기

민수기

신명기

마가복음

사도행전

초판 『성경 수업』 595면에 585면이 인쇄되었습니다. 인쇄되지 못한 595면을 이 게시글에 첨부하여 드립니다.
단행본에 오류가 없도록 앞으로 계속 주의를 기울이며 작업하겠습니다.

마가복음

주제 찾아보기

ㅇ

인명 찾아보기

성경 수업

수업 목표: 하나님의 구원 드라마 속 삶의 자리 찾기

지은이 스캇 듀발, 대니얼 헤이즈 • 옮긴이 이승진
펴낸곳 (사)한국성서유니온선교회 • 등록 제14-6호(1978. 10. 21.)
 • 초판 발행 2014년 3월 14일 • 개정판 2025년 8월 25일
주소 05663 서울시 송파구 오금로22길 13 • 전화 02-2202-0091 • 팩스 02-2202-0095
이메일 edit02@su.or.kr • 홈페이지 www.su.or.kr

ISBN 978-89-325-2174-9 03230

성서유니온선교회(Scripture Union)는 1867년에 영국에서 어린이 전도와 성경읽기 사역을 시작하여, 현재 120여 개국에서 다양한 사역을 펼치고 있는 국제 선교단체입니다.

한국성서유니온선교회는 1972년에 시작되어 한국 교회에 성경묵상(QT)을 소개하였고, 현재 전국 12개 지부에서 성경읽기, 어린이 · 청소년 전도, 캠프, 개인성경공부(PBS), 그룹성경공부(GBS), 지도자 훈련, 기독교 서적 출판 등의 사역에 힘쓰고 있습니다.

성서유니온선교회의 목적은 어린이와 청소년 그리고 그들의 가정에 하나님의 복음을 전하는 한편, 모든 그리스도인이 규칙적이고 체계적인 성경묵상을 통해 온전한 믿음에 이르도록 돕는 것입니다.